"东线文库"总策划 王鼎杰

# ENDGAME AT STALINGRAD

# 斯大林格勒

—— 三部曲 ★ 苏德战争1942.12—1943.2 ——

终局
第三部·卷二
上册
7

[美] 戴维·M.格兰茨　[美] 乔纳森·M.豪斯 著

小小冰人 译

台海出版社

ENDGAME AT STALINGRAD: BOOK TWO: DECEMBER 1942--FEBRUARY 1943 (MODERN WAR STUDIES: THE STALINGRAD,VOL. 3)by DAVID M. GLANTZ AND JONATHAN M. HOUSE
Copyright:2014 by the University Press of Kansas
This edition arranged with UNIVERSITY PRESS OF KANSAS through Big Apple Agency, Inc., Labuan, Malaysia.Simplified Chinese edition copyright: 2018 ChongQing Zven Culture communication Co., Ltd
All rights reserved.

版贸核渝字（2015）第206号

**图书在版编目（CIP）数据**

斯大林格勒三部曲. 第三部. 终局. 卷二 /（美）戴维·M.格兰茨,（美）乔纳森·M.豪斯著；小小冰人译. -- 北京：台海出版社, 2017.8
书名原文: Endgame at Stalingrad:Book Two: December 1942-February 1943;The Stalingrad Trilogy,Volume3
ISBN 978-7-5168-1497-0

Ⅰ.①斯… Ⅱ.①戴… ②乔… ③小… Ⅲ.①斯大林格勒保卫战(1942-1943)－史料 Ⅳ.①E512.9

中国版本图书馆CIP数据核字(2017)第178629号

# 斯大林格勒三部曲 . 第三部 . 终局 . 卷二

著　　者：[美]戴维·M.格兰茨　[美]乔纳森·M.豪斯　　译　　者：小小冰人

责任编辑：高惠娟　　　　　　　　　　策划制作：指文文化
视觉设计：舒正序　　　　　　　　　　责任印制：蔡　旭

出版发行：台海出版社
地　　址：北京市东城区景山东街20号　　　邮政编码：100009
电　　话：010－64041652（发行、邮购）
传　　真：010－84045799（总编室）
网　　址：www.taimeng.org.cn/thcbs/default.htm
E－mail：thcbs@126.com

经　　销：全国各地新华书店
印　　刷：重庆大美印刷有限公司
本书如有破损、缺页、装订错误，请与本社联系调换

开　　本：787mm×1092mm　　　　　1/16
字　　数：743千　　　　　　　　　　印　　张：46.5
版　　次：2018年1月第1版　　　　　印　　次：2018年1月第1次印刷
书　　号：ISBN 978-7-5168-1497-0

定　　价：149.80元

版权所有　翻印必究

# "东线文库"总序

泛舟漫长的人类战争史长河,极目四望,迄今为止,尚未有哪场陆战能在规模上超过二战时期的苏德战争。这场战争挟装甲革命与重工业革命之双重风潮,以德、苏两大军事体系 20 年军改成果为孤注,以二战东线战场名扬后世。强强相撞,伏尸千里;猛士名将,层出不穷。在核恐怖强行关闭大国全面战争之门 70 年后的今天,回首望去,后人难免惊为绝唱。在面对那一串串数字和一页页档案时,甚至不免有传说时代巨灵互斫之苍茫。其与今人之距离,似有千年之遥,而非短短的七十春秋。

但是,如果我们记得,即便是在核武器称雄的时代,热战也并未绝迹,常规军事力量依然是大国达成政治诉求的重要手段;而苏德战争的胜利者苏联,又正是冷战的主角之一,直到今天,苏系武器和苏式战法的影响仍具有全球意义。我们就会发现,这场战争又距离我们是如此之近。

要知道这场战争究竟离我们有多近,恰恰要先能望远——通过对战争史和军事学说发展史的长程回顾,来看清苏德战争的重大意义。

正如俾斯麦所言:"愚人执着于自己的体验,我则师法他者的经验。"任何一个人、一个组织的直接体验总是有限的,但如能将别人的间接经验转化为自己的直接体验,方是智者之所为。更高明的智者又不仅仅满足于经验的积累,而是能够突破经验主义的局限,通过学说创新形成理论体系,从而在经验和逻辑、事实与推理之间建立强互动,实现真正的以史为鉴和鉴往知来。

无怪乎杜普伊会说:"军事历史之所以对军事科学的发展至关重要,是因为军事科学不像大多数其他学科那样,可在实验室里验证它们的理论和假说。军事试验的种种形式,如野战演习、对抗演习和实兵检验等,都永远不会再现战争的基本成分:致命环境下对死亡的恐惧感。此类种种试验无疑是非常有益的,但是,这种益处也只能是在一定程度上的。"[1] 但这绝不等于说战争无法研究,只能在战争中学战争。突破的关键即在于如何发挥好战争史研究的作用。所以杜普伊接着强调:"像天文学一样,军事科学也是一门观测科学。正如天文学家把天体作为实验室(研究对象),而军人的真正的实验室则永远是军事历史。"[2]

从这个角度上讲，苏德战争无疑是一个巨型实验室，而且是一个直接当下，具有重大特殊意义的实验室。

回顾战争史册，不难发现，受技术手段的局限，战场的范围长期局限在指挥官的目力范围之内。故而，在这个时期，战争行为大致可以简化为两个层级，一为战略（strategy），一为战术（tactic）。

战术是赢得战斗的方法，战略则是赢得战争的方法。战之术可以直接构成战之略的实施手段。一般而言，战争规模越有限，战争结局越由战斗决定，战略与战术的边界便越模糊，甚至可以出现"一战定乾坤"的戏剧性结局。这又进一步引发出战局和会战两个概念。

所谓战局，就是英语中的 Campaign，俄语的 кампания，德语的 Feldzug。Campaign 的词源是 campus，也就是营地。因为在罗马时代，受当时的技术条件限制，军队每年会有一个固定的季节性休战期，是为宿营时期。这样就可以很清晰地划分出以年度为单位的"战局"。相对不同的是德语 Feldzug 的词根有拖、拉、移动的意思，对弈中指移动棋子。已隐约可见机动战的独特传统。但三方对战局的理解、使用并无本质不同。

而会战（英语中的 Battle，俄语的 Битва，德语的 Schlacht）则是战斗的放大。换言之，在早期西方军事学说体系中，战略对应战局，战术对应战斗，而"会战"则是战略与战术的交汇地带，战局与战斗的中间产物。在早期冷兵器战争时代，会战较为简单，很多时候就是一个放大的战术行动和缩小的战略行动。但是，随着技术的变革，社会结构、动员体系、战争规模的巨变，会战组织越来越复杂，越来越专业，逐渐成为一个独立于战略和战术之外的层级。拿破仑的战争艺术，归根结底其实就是会战的艺术。

但是，拿破仑并未发展出一套会战学说，也没有形成与之相表里的军事制度和军事教育体系，反而过于依赖自己的个人天赋，从而最终走向不归路。得风气之先的是普鲁士军队的改革派三杰（沙恩霍斯特、格奈瑟瑙、克劳塞维茨），收功者则是促成德意志统一的老毛奇。普德军事体系的发展壮大，正是研究透彻了拿破仑又超越了拿破仑，在战略和战术之间增加了一个新层级——Operation，从根本上改变了军事指挥和军事学术研究范式。所谓

"Operation"，本有操作、经营、（外科）手术等多层含义，其实就是战略实施中的落实性操作，是因为战术已经无法直接构成战略的实施手段而增加的新环节。换言之，在德军军事体系中，Operation 是一个独立的、高度专业化的军事行动层级。

与之相表里，普德军事系统又形成了现代参谋制度，重新定义了参谋，并形成了以参谋军官为核心的现代军官团，和以参谋教育为核心的现代军校体系。总参谋部其实是一个集研究、教育、指挥为一体的复合结构。参谋总长管理陆军大学，而陆军大学的核心课程即为战争史研究，同时负责将相关研究兵棋化、实战化、条令化。这种新式参谋主要解决的就是 Operation Level 的问题，这与高级统帅思考战略问题，基层军官、士官思考战术问题正相等同。

普法战争后，普鲁士式总参谋部制度迅速在全球范围内扩散，举凡英法俄美意日等列强俱乐部成员国，无不效法。但是，这个制度的深层驱动力——Operation Level 的形成和相应学说创新，则长期为德军秘而不宣，即便是其亲传弟子，如保加利亚，如土耳其，如日本，均未得其门径窍奥，其敌手如法，如英，如俄，如美，亦均茫然不知其所以然。

最早领悟到德军作战层级独创性和重要性的军队，正是一战后涅槃重生的苏联红军。

苏军对德语的 Operation 进行了音译，是为 Операция，也就是日后中苏合作时期经苏联顾问之手传给我军的"战役"概念。换言之，所谓战役学，其实就是苏军版的 Operation 学说。而美军要到冷战期间才明白这一点，并正式修改其军事学说，在 Strategy 和 Tactic 之间增设 Operation 这个新层级。

与此同时，英美体系虽然在战役学层次反应迟钝，却看到了德、苏没有看到的另一个层次的变化——战争的巨变不仅发生在传统的战略、战术之间，更发生在战略之上。

随着战争本身的专业性日趋强化，军人集团在战争中的发言权无形中也被强化，而文官和文人战略家对战争的介入和管控力逐渐弱化。但正如克劳塞维茨强调指出的那样，战争是政治的延续[3]。因而，战争只是手段，不是目的。无论军事技术如何变化，这一个根本点不会变化。但现代战争的发展却导致了手段高于目的的客观现实，终于在一战中造成了莫大的灾难。战争的胜利不等于政治的胜利这一基本事实，迫使战争的胜利者开始反思固有战争理论的局限性，逐渐形成了"大战略"（Grand Strategy）的观念，这就在英美体系中形成了大战略（又称国家战略、总体战略、高级战略）、分类战略（包括军事战略、经济战略、外交战略、文化战略等）、战术的三级划分。大战略不再像传统战略那样执着于打赢战争，而是追求战争背后的终极目标——政治目的。因为此种战略在国家最高决策层面运作，所以美国学界又将大战略称为国家战略。用美国国防部的定义来说明，即："国家战略是平时和战时在使用武装力量的同时，发展和运用国家的政治、经济和心理力量，以实现国家目标的艺术和科学。"

冷战初期，美国以中央情报局、国家安全委员会、民营战略智库（如兰德公司）、常青藤联盟高校人才库相呼应的制度创新，其实就是建立在大战略学说领先基础上的国家安全体系创新[4]。而德军和苏军受传统"战略—战局"概念的束缚，均未看清这一层变化，故而在宏观战略指导上屡屡失误，只能仰赖希特勒、斯大林这样的战略怪才，以杰出个体的天赋弥补学说和制度的不足，等于又回到了拿破仑困境之中。

从这个角度上看二战，苏德战争可以说是两个走在战役学说创新前列的军事体系之间的超级碰撞。同为一战失败者的德、苏，都面对一战式的堑壕难题，且都嗅到了新时代的空气。德国的闪电战与苏军的大纵深战役，其实是两国改革派精英在同一场技术革命面前，对同一个问题所做出的不同解答。正是这种军事学说的得风气之先，令两国陆军在军改道路上走在列强前列。二战期间两国彗星撞地球般的碰撞，更进一步强化了胜利者的兼容并蓄。冷战期间，苏军的陆战体系建设，始终以这个伟大胜利为基石，不断深化。

在这个基础上再看冷战，就会发现，其对抗实质是美式三级体系（大战略、战略、战术）与苏式三级体系（战略、战役、战术）的对抗。胜负关键在于谁能先吸取对方之所长，弥补己方之所短。结果，苏联未能实现大战略的突破，建立独立自主的大战略学说、制度、教育体系。美国却在学科化的战略学、国际政治学和战争史研究的基础上，建立了自己的 Operation Level，并借力新一轮技术变革，对苏军进行创造性的再反制。这个连环反制竞争链条，一直延续到今天。虽然苏军已被清扫出局，但这种反制的殷鉴得失却不会消失，值得所有国家的军人和战史研究者注目。而美国借助遏制、接触战略，最终兵不血刃地从内部搞垮苏联，亦非偶然。

正是这种独特的历史地位，决定了东线史的独特重要性，东线研究本身也因而成为另一部波澜壮阔的历史。

可以说，苏军对苏德战争最具切肤之痛，在战争期间就不断总结经验教训。二战后，这个传统被继承下来，形成了独特的苏军式研究。与此同时，美国在二战刚刚结束之际就开始利用其掌握的资料和德军将领，进行针对苏军的研究。众多德军名将被要求撰写关于东线作战的报告[5]。但是，无论是苏军的研究还是美军的研究，都是内部进行的闭门式研究。这些成果，要到很久之后，才能公之于世。而世人能够看到的苏德战争著述，则是另一个景象。

二战结束后的最初15年，是宣传品与回忆录互争雄长的15年。作为胜利者的苏联，以君临天下的优越感，刊行了一大批带有鲜明宣传色彩的出版物[6]。与之相对应，以古德里安、曼施坦因等亲身参与东线鏖战的德国军人为代表的另一个群体，则以回忆录的形式展开反击[7]。这些书籍因为是失败者痛定思痛的作品，著述者本人的军事素养和文笔俱佳，故而产生了远胜过苏联宣传史书的影响力，以至于很多世人竟将之视为信史。直到德国档案资料的不断披露，后人才逐渐意识到，这些名将回忆录因成书年代的特殊性，几乎只能依赖回忆者的主观记忆，而无法与精密的战史资料互相印证。同时，受大环境的影响，这些身为楚囚的德军将领大多谋求：一，尽量撇清自己的战争责任；二，推卸战败责任（最常用的手法就是将所有重大军事行动的败因统统归纳为希特勒的瞎指挥）；三，宣传自身价值（难免因之贬低苏联和苏军）。而这几个私心又迎合了美国的需求：一，尽快将西德纳入美国领导的反苏防务体系之中，故而必须让希特勒充分地去当替罪羊，以尽快假释相关军事人才；二，要尽量抹黑苏联和苏军，以治疗当时弥漫在北约体系内的苏联陆军恐惧症；三，通过揭批纳粹政体的危害性，间接突显美国制度的优越性。

此后朱可夫等苏军将领在后斯大林时代刊行的回忆录，一方面固然是苏联内部政治生态变化的产物，但另一方面也未尝不可说是对前述德系著述的回击。然而，德系回忆录的问题同样存在于苏系回忆录之中。两相对比，虽有互相校正之效，但分歧、疑问更多，几乎可以说是此亦一是非、彼亦一是非，俨然是在讲两场时空悬隔的战争。

结果就是，苏德战争的早期成果，因其严重的时代局限性，而未能形成真正的学术性突破，反而为后人的研究设置了大量障碍。

进入 20 世纪 60 年代，虽然各国关于东线的研究越来越多，出版物汗牛充栋，但摘取桂冠的仍然是当年的当事人一方。幸存的纳粹党要员保罗·卡尔·施密特（Paul Karl Schmidt）化名保罗·卡雷尔（Paul Carell），在已有研究的基础上，大量使用德方资料，并对苏联出版物进行了尽量全面的搜集使用，更对德国方面的幸存当事人进行了广泛的口述历史采访，在 1964 年、1970 年相继刊行了德军视角下的重量级东线战史力作——《东进：1941—1943 年的苏德战争》和《焦土：1943—1944 年的苏德战争》[8]。

进入 20 世纪 70 年代后，研究趋势开始发生分化。北约方面可以获得的德方档案资料越来越多，苏方亦可通过若干渠道获得相关资料。但是，苏联在公布己方史料时却依然如故，仅对内进行有限度的档案资料公布。换言之，苏联的研究者较之于北约各国的研究者，掌握的史料更为全面。但是，苏联方面却没有产生重量级的作品，已经开始出现军事学说的滞后与体制限制的短板。

结果，在这个十年内，最优秀的苏德战争著作之名被英国军人学者西顿（Albert Seaton）的《苏德战争》摘取[9]。此时西方阵营的二战研究、希特勒研究和德军研究均取得重大突破，在这个整体水涨的背景下，苏德战争研究自然随之船高。而西顿作为英军中公认的苏军及德军研究权威，本身即带有知己知彼的学术优势，同时又大力挖掘了德国方面的档案史料，从而得以对整个苏德战争进行全新的考订与解读。

继之而起者则有西方学者约翰·埃里克森（John Ericsson）与厄尔·齐姆克（Earl F. Ziemke）。

和西顿一样，埃里克森（1929 年 4 月 17 日—2002 年 2 月 10 日）也曾在英军中服役。不同之处则在于：

其一，埃里克森的研究主要是在退役后完成。他先是进入剑桥大学圣约翰学院深造，1956 年苏伊士运河危机爆发后作为苏格兰边民团的一名预备军官被重新征召入役。危机结束后，埃里克森重启研究工作，1958 年进入圣安德鲁大学担任讲师，开始研究苏联武装力量。1962 年，埃里克森首部著作《苏联统帅部：1918—1941 年》出版，同年在曼彻斯特大学出任高级讲师。1967 年进入爱丁堡大学高级防务研究所任职，1969 年成为教授，研究重心逐渐转向苏德战争。

其二，埃里克森得益于两大阵营关系的缓和，能够初步接触苏军资料，并借助和苏联同行的交流，校正之前过度依赖德方档案导致的缺失。而苏联方面的战史研究也取得了较大的进展，足以为这种校正提供参照系，而不像五六十年代时那样只能提供半宣传品性质的承旨之作。同时，埃里克森对轴心国阵营的史料挖掘也更全面、细致，远远超过了之前的同行。关于这一点，只要看一看其著述后面所附录的史料列目，即可看出苏德战争研究的史料学演进轨迹。

埃里克森为研究苏德战争，还曾专程前往波兰，拜会了苏军元帅罗科索夫斯基。这个非同凡响的努力成果，就是名动天下的"两条路"。

所谓"两条路"，就是 1975 年刊行的《通往斯大林格勒之路》与 1982 年刊行的《通往柏林之路》[10]。正是靠了这两部力作，以及大量苏军研究专著[11]，埃里克森在 1988—1996 年间成为爱丁堡大学防务研究中心主任。

厄尔·齐姆克（1922 年 12 月 16 日—2007 年 10 月 15 日）则兼有西顿和埃里克森的身影。出生于威斯康星州的齐姆克虽然在二战中参加的是对日作战，受的也是日语训练，却在冷战期间华丽转型，成为响当当的德军和苏军研究权威。曾在硫磺岛作战中因伤获得紫心勋章的齐姆克，战后先是在天津驻扎，随后复员回国，通过军人权利法案接受高等教育，1951 年在威斯康星大学获得学位。1951—1955 年，他在哥伦比亚的应用社会研究所工作，1955—1967 年进入美国陆军军史局成为一名官方历史学家，1967—1977 年在佐治亚大学担任全职教授。其所著《柏林战役》《苏维埃压路机》《从斯大林格勒到柏林》《从莫斯科到斯大林格勒》《德军东线北方战区作战报告，1940—1945 年》《红军，1918—1941 年：从世界革命的先锋到美国的盟友》等书[12]，对苏德战争、德军研究和苏军研究均做出了里程碑般的贡献，与埃里克森堪称双峰并峙、二水分流。

当《通往柏林之路》刊行之时，全球苏德战争研究界人士无人敢想，仅仅数年之后，苏联和华约集团便不复存在。苏联档案开始爆炸性公布，苏德战争研究也开始进入一个前人无法想象的加速发展时代，甚至可以说是一个在剧烈地震、风暴中震荡前行的时代。在海量苏联史料的冲击下，传统研究纷纷土崩瓦解，军事界和史学界的诸多铁案、定论也纷纷根基动摇。埃里克森与齐姆克的著作虽然经受住了新史料的检验，但却未能再进一步形成新方法的再突破。更多的学者则汲汲于立足新史料，急求转型。连保罗·卡雷尔也奋余勇，在去世三年前的1993年刊行了《斯大林格勒: 第6集团军的覆灭》。奈何宝刀已老，时过境迁，难以再掀起新的时代波澜了。

事实证明，机遇永远只向有准备、有行动力的人微笑，一如胜利天平总是倾斜于能率先看到明天的一方。风起云涌之间，新的王者在震荡中登顶，这位王者就是美国著名苏军研究权威——戴维·格兰茨（David Glantz）。

作为一名参加过越战的美军基层军官，格兰茨堪称兼具实战经验和学术积淀。1965年，格兰茨以少尉军衔进入美国陆军野战炮兵服役，并被部署到越南平隆省的美国陆军第2军的"火力支援与协调单元"（Fire Support Coordination Element，FSCE，相当于军属野战炮兵的指挥机构）。1969年，格兰茨返回美国，在陆军军事学院教授战争史课程。1973年7月1日，美军在陆军训练与条令司令部下开设陆军战斗研究中心（Combat Studies Institute，CSI），格兰茨开始参与该中心的苏军研究项目。1977—1979年他出任美国驻欧陆军司令部情报参谋办公室主任。1979年成为美国陆军战斗研究所首席研究员。1983年接掌美国陆军战争学院（United States Army War College）陆战中心苏联陆军作战研究处（Office of Soviet Army Operations at the Center for Land Warfare）。1986年，格兰茨返回利文沃思堡，组建并领导外国军事研究办公室（Foreign Military Studies Office，FMSO）。在这漫长的研究过程中，格兰茨不仅与美军的苏军研究同步前进，而且组织翻译了大量苏军史料和苏方战役研究成果[13]。

1993年，年过半百的格兰茨以上校军衔退役。两年后，格兰茨刊行了里程碑著作《巨人的碰撞》[14]。这部苏德战争新史，系格兰茨与另一位美国军人学者乔纳森·M. 豪斯（Jonathan M. House）合著，以美军的苏军研究为基石，兼顾苏方新史料，气势恢宏地重构了苏德战争的宏观景象。就在很多人将这本书看作格兰茨一生事功的收山之作的时候，格兰茨却老当益壮，让全球同行惊讶地发现，这本书根本不是终点线，而是格兰茨真正开始斩将搴旗、攻城略地的起跑线：

1998 年刊行《泥足巨人：苏德战争前夕的苏联军队》[15]《哈尔科夫：1942 年东线军事灾难的剖析》[16]。

1999 年刊行《朱可夫最大的败仗：红军 1942 年"火星"行动的惨败》[17]《库尔斯克会战》[18]。

2001 年刊行《巴巴罗萨：1941 年希特勒入侵俄罗斯》[19]《列宁格勒之围 1941—1944，900 天的恐怖》[20]。

2002 年刊行《列宁格勒会战：1941—1944》[21]。

2003 年刊行《斯大林格勒会战之前：巴巴罗萨，希特勒对俄罗斯的入侵》[22]《八月风暴：苏军在满洲的战略攻势》[23]《八月风暴：苏联在满洲的作战与战术行动》[24]。

2004 年与马克·里克曼斯波尔（Marc J. Rikmenspoel）刊行《屠戮之屋：东线战场手册》[25]。

2005 年刊行《巨人重生：大战中的苏联军队》[26]。

2006 年刊行《席卷巴尔干的红色风暴：1944 年春苏军对罗马尼亚的攻势》[27]。

2009 年开始刊行《斯大林格勒三部曲·第一部：兵临城下》[28] 和《斯大林格勒三部曲·第二部：决战》[29]。

2010 年刊行《巴巴罗萨脱轨：斯摩棱斯克交战（1941 年 7 月 10 日—9 月 10 日）·第一卷》[30]。

2011 年刊行《斯大林格勒之后：红军的冬季攻势》[31]。

2012 年刊行《巴巴罗萨脱轨：斯摩棱斯克交战（1941 年 7 月 10 日—9 月 10 日）·第二卷》[32]。

2014 年刊行《巴巴罗萨脱轨：斯摩棱斯克交战（1941 年 7 月 10 日—9 月 10 日）·第三卷》[33]《斯大林格勒三部曲·第三部：终局》[34]。

2015 年刊行《巴巴罗萨脱轨：斯摩棱斯克交战（地图集）·第四卷》[35]。

2016 年刊行《白俄罗斯会战：红军被遗忘的战役 1943 年 10 月—1944 年 4 月》[36]。

这一连串著述列表，不仅数量惊人，质量亦惊人。盖格兰茨之苏德战史研究，除前述立足美军对苏研究成果、充分吸收新史料及前人研究成果这两大优势之外[37]，还有第三个重要优势，即立足战役层级，竭力从德军和苏军双方的军事学说视角，双管齐下，珠联璧合地对苏德战争中的重大战役进行深度还原。

其中，《泥足巨人》与《巨人重生》二书尤其值得国人注目。因为这两部著作不仅正本清源地再现了苏联红军的发展历程，而且将这个历程放在学说构造、国家建设、军事转型的大框架内进行了深入检讨，对我国今日的军事改革和军事转型研究均具有无可替代的重大意义。

严谨的史学研究和实战导向的军事研究在这里实现了完美结合。观其书，不仅可以重新认识那段历史，而且可以对美军专家眼中的苏军和东线战史背后的美军学术思想进行双向感悟。而格兰茨旋风业已在多个国家掀起重重波澜。闻风而起者越来越多，整个苏德战争研究正在进入新一轮的水涨阶段。

如道格拉斯·纳什（Douglas Nash）的《地狱之门：切尔卡瑟战役1944.1—1944.2》（2002）[38]，小乔治·尼佩（George Nipe Jr.）的《在乌克兰的抉择：1943 年夏季东线德国装甲作战》（1996）[39]、《最后的胜利》（2000）[40]以及《鲜血·钢铁·神话：武装党卫队第2 装甲军与通往普罗霍罗夫卡之路》（2013）[41]均深得作战研究之精髓，且能兼顾史学研究之严谨，从而将老话题写出新境界。

此外，旅居柏林多年的新西兰青年学者戴维·斯塔勒（David Stahel）于 2009 年刊行的《"巴巴罗萨"与德国在东线的失败》[42]，以及美国杜普伊研究所所长、阿登战役与库尔斯克战役模拟数据库的项目负责人克里斯托弗·劳伦斯（Christopher A. Lawrence）2015 年刊行的《库尔斯克：普罗霍罗夫卡之战》[43]，均堪称卓尔不群，又开新径。前者在格兰茨等人研究的基础上，重新回到德国视角，探讨了巴巴罗萨作战的复杂决策过程。整书约40% 的内容是围绕决策与部署写作的，揭示了德国最高统帅部与参谋本部等各部门的战略、作战观念差异，以及战前一系列战术、技术、后勤条件对实战的影响，对"巴巴罗萨"作战——这一人类历史上最宏大的地面作战行动进行了精密的手术解剖。后者则将杜普伊父子的定量分析战史法这一独门秘籍发扬到极致，以 1662 页的篇幅和大量清晰、独特的态势图，深入厘清了普罗霍罗夫卡之战的地理、兵力、技战术和战役部署，堪称兼顾宏观、中观、微观的全景式经典研究。曾在英军中服役的高级军医普里特·巴塔（Prit Buttar）同样以半百之年作老当益壮之后发先至，近年来异军突起，先后刊行了《普鲁士战场：苏德战争 1944—1945》（2010）、《巨人之间：第二次世界大战中的波罗的海战事》（2013）、《帝国的碰撞：1914 年东线战争》（2014）、《日耳曼优先：1915 年东线战场》（2015）、《俄罗斯的残息：1916—1917 年的东线战场》（2016）[44]。这一系列著作兼顾了战争的中观与微观层面，既有战役层级的专业剖析，又能兼顾具体人、事、物的栩栩如生。且从二战东线研究追溯到一战东线研究，溯本追源，深入浅出，是近年来不可多得的佳作。

　　行文及此，不得不再特别指明一点：现代学术著述，重在"详人之所略，略人之所详"。绝不可因为看了后出杰作，就将之前的里程碑著作束之高阁。尤其对中国这样的后发国家而言，更不能限在"第六个包子"的思维误区中。所谓后发优势，无外乎是能更好地以史为鉴，以别人的筚路蓝缕为我们的经验教训。故而，发展是可以超越性布局的，研究却不能偷懒。最多是随着研究的深入，实现阅读、写作的加速度，这是可取的。但怀着投机取巧的心态，误以为后出者为胜，从而满足于只吃最后一个包子，结果必然是欲速不达，求新而不得新。

　　反观我国的苏德战史研究，恰处于此种状态。不仅新方法使用不多，新史料译介有限，即便是经典著述，亦乏人问津。更值得忧虑之处在于，基础学科不被重视，军事学说研究和严肃的战争史研究长期得不到非军事院校的重视，以致连很多基本概念都没有弄清。

　　以前述战局、战役、会战为例：

| 汉语 | 战局 | 战役 | 会战 |
| --- | --- | --- | --- |
| 英语 | Campaign | Operation | Battle |
| 俄语 | кампания | Операция | Битва |
| 德语 | Feldzug | Operation | Schlacht |

比如科贝特的经典著作 *The Campaign of Trafalgar*[45]，就用了 "Campaign" 而非 "Battle"，原因就在于这本书包含了战略层级的博弈，而且占据了相当重要的篇幅。这其实也正是科贝特极其自负的一点，即真正超越了具体海战的束缚，居高临下又细致入微地再现了特拉法尔加之战的前因后果，波澜壮阔。故而，严格来说，这本书应该译作 "特拉法尔加战局"。

我国军事学术界自晚清以来就不甚重视严肃的战争史研究和精准的学说体系建立。国民党军队及其后身——今日的台军，长期只有一个 "会战" 概念，后来虽然引入了 Operation 层级，但真正能领悟其实质者甚少[46]，而且翻译为 "作战"，过于具象，又易于引发误解。相反，大陆方面的军事学术界用 "战役" 来翻译苏军的 Операция，胜于台军用 "作战" 翻译 Operation。因为战役的 "役" 也正如战略、战术之 "略" 与 "术"，带有抽象性，不会造成过于具象的刻板误解，而且战略、战役、战术的表述也更贯通流畅。但是，在对 "战役" 进行定义时，却长期没有立足战争史演变的实践，甚至形成如下翻译：

| 汉语 | 作战、行动 | 战役 | 会战 |
|------|-----------|------|------|
| 英语 | Operation | Campaign Operation Battle | Battle Operation |
| 俄语 | — | Операция кампания | Битва |
| 德语 | Operation | Feldzug Operation | Schlacht Operation |

但是，所谓 "会战" 是一个仅存在于国—台军的正规军语中的概念。在我军的严格军事学术用语中，并无此一概念。所以才会有 "淮海战役" 与 "徐蚌会战" 的不同表述。实质是长期以来用 "战役" 一词涵盖了 Campaign、Operation 和 Battle 三个概念，又没有认清苏俄军事体系中的 Операция 和英德军语中的 Operation 实为同一概念。其中虽有小异，实具大同。而且，这个概念虽然包含具体行动，却并非局限于此，而是一个抽象军事学说体系中的层级概念。而这个问题的校正、解决又绝非一个语言问题、翻译问题，而是一个思维问题、学说体系建设问题。

正因为国内对苏德战争的理解长期满足于宣传品、回忆录层级的此亦一是非、彼亦一是非，各种对苏军（其实也包括了对德军）的盲目崇拜和无知攻击才会同时并进、甚嚣尘上。

　　因此之故，近数年来，我多次向多个出版大社建议，出版一套"东线文库"，遴选经典，集中推出，以助力于中国战史研究发展和军事学术范式转型。其意义当不限于苏德战史研究和二战史研究范畴。然应之者众，行之者寡。直到今年六月中旬，因缘巧合认识了指文公司的罗应中，始知指文公司继推出卡雷尔的《东进：1941—1943 年的苏德战争》《焦土：1943—1944 年的苏德战争》，巴塔的《普鲁士战场：苏德战争 1944—1945》和劳斯、霍特的回忆录《装甲司令：艾哈德·劳斯大将东线回忆录》《装甲作战：赫尔曼·霍特与"巴巴罗萨"行动中的第 3 装甲集群》之后，在其组织下，小小冰人等国内二战史资深翻译名家们，已经开始紧锣密鼓地翻译埃里克森的"两条路"，并以众筹方式推进格兰茨《斯大林格勒》三部曲之翻译。经过一番沟通，罗先生对"东线文库"提案深以为然，乃断然调整部署，决定启动这一经典战史译介计划，并与我方团队强强联合，以鄙人为总策划，共促盛举，以飨华语读者。罗先生并嘱我撰一总序，以为这一系列的译介工作开宗明义。对此，本人自责无旁贷，且深感与有荣焉。

　　是为序。

*王鼎杰，知名战略、战史学者，主张从世界史的角度看中国，从大战略的视野看历史。著有《复盘甲午：重走近代中日对抗十五局》《李鸿章时代》《当天朝遭遇帝国：大战略视野下的鸦片战争》。现居北京，从事智库工作，致力于战略思维传播和战争史研究范式革新。

1. ［美］T. N. 杜普伊，《把握战争——军事历史与作战理论》，北京：军事科学出版社，2001。第2页。

2. 同上。

3. ［德］克劳塞维茨，《战争论》，第1册，北京：商务印书馆，1995。第43—44页。

4. 这就是为什么很多优秀制度被一些后发国家移植后往往不见成效，甚至有反作用的根源。其原因并非文化的水土不服，而是忽视了制度背后的学说创新。

5. 战争结束后美国陆军战史部（Historical Division of the U. S. Army）即成立德国作战史分部［Operational History（German）Section］，监督被俘德军将领，包括蔡茨勒、劳斯、霍特等人，撰写东线作战的回忆录，劳斯与霍特将军均以"装甲作战"（Panzer Operation）为主标题的回忆录即诞生于这一时期。可参见：［奥］艾哈德·劳斯著，［美］史蒂文·H. 牛顿编译，邓敏译、赵国星审校，《装甲司令：艾哈德·劳斯大将东线回忆录》，北京：中国长安出版社，2015年11月第一版。［德］赫尔曼·霍特著，赵国星译，《装甲作战:赫尔曼·霍特大将战争回忆录》，北京：中国长安出版社，2016年3月第一版。

6. 如国内在五六十年代译介的《苏联伟大卫国战争史》《苏联伟大卫国战争简史》《斯大林的军事科学与苏联伟大卫国战争》《苏军在伟大卫国战争中的辉煌胜利》等等。

7. 此类著作包括古德里安的自传《闪击英雄》、曼施坦因的自传《失去的胜利》、梅林津所写的《坦克战》、蒂佩尔斯基希的《第二次世界大战史》等等。

8. Paul Carell, Hitler Moves East, 1941–1943, New York: Little, Brown; First Edition edition, 1964; Paul Carell, Scorched Earth, London: Harrap; First Edition edition, 1970.

9. Albert Seaton, The Russo–German War 1941–1945, Praeger Publishers; First Edition edition, 1971.

10. John Ericsson, The Road to Stalingrad: Stalin's war with Germany (Harper&Row,1975); John Ericsson, The Road to Berlin: Continuing the History of Stalin's War With Germany (Westview,1983).

11. John Ericsson,The Soviet High Command 1918–1941: A Military–Political History (Macmillan,1962); Panslavism (Historical Association, 1964); The Military–Technical Revolution (Pall Mall, 1966); Soviet Military Power (Royal United Services Institute, 1976); Soviet Military Power and Performance (Archon, 1979); The Soviet Ground Forces: An Operational Assessment (Westview Pr, 1986); Barbarossa: The Axis and the Allies (Edinburgh, 1994); The Eastern Front in Photographs: From Barbarossa to Stalingrad and Berlin ( Carlton, 2001).

12. Earl F. Ziemke, Battle for Berlin: End of the Third Reich (Ballantine Books, 1972); The Soviet Juggernaut (Time Life, 1980); Stalingrad to Berlin: The German Defeat in the East (Military Bookshop, 1986); Moscow to Stalingrad: Decision in the East (Hippocrene, 1989); German Northern Theatre Of Operations 1940–45 (Naval & Military, 2003); The Red Army, 1918–1941: From Vanguard of World Revolution to US Ally (Frank Cass, 2004).

13. 这些翻译成果包括：Soviet Documents on the Use of War Experience, Ⅰ, Ⅱ, Ⅲ (Routledge,1997); The Battle for Kursk 1943: The Soviet General Staff Study (Frank Cass,1999); Belorussia 1944: TheSoviet General Staff Study (Routledge, 2004); The Battle for L'vov: The Soviet General Staff Study (Routledge,2007); Battle for the Ukraine: The Korsun'–Shevchenkovskii Operation (Routledge, 2007).

14. David M. Glantz &Jonathan M. House, When Titans Clashed: How the Red Army Stopped Hitler, University Press of Kansas; First Edition edition, 1995.

15. David M. Glantz, Stumbling Colossus: The Red Army on the Eve of World War (Kansas, 1998).

16. David M. Glantz, Kharkov 1942: Anatomy of a Military Disaster (Sarpedon, 1998).

17. David M. Glantz, Zhukov's Greatest Defeat: The Red Army's Epic Disaster in Operation Mars (Kansas, 1999).

18. David M. Glantz & Jonathan M House, The Battle of Kursk (Kansas, 1999).

19. David M. Glantz, Barbarossa: Hitler's Invasion of Russia 1941 (Stroud, 2001).

20. David M. Glantz, The Siege of Leningrad, 1941−1944: 900 Days of Terror (Brown, 2001).

21. David M. Glantz, The Battle for Leningrad, 1941−1944 (Kansas，2002).

22. David M. Glantz, Before Stalingrad: Barbarossa, Hitler's Invasion of Russia 1941 (Tempus, 2003).

23. David M. Glantz, The Soviet Strategic Offensive in Manchuria, 1945: August Storm (Routledge，2003).

24. David M. Glantz, The Soviet Operational and Tactical Combat in Manchuria, 1945: August Storm (Routledge, 2003).

25. David M. Glantz & Marc J. Rikmenspoel, Slaughterhouse: The Handbook of the Eastern Front (Aberjona, 2004).

26. David M. Glantz, Colossus Reborn: The Red Army at War, 1941−1943 (Kansas, 2005).

27. David M. Glantz, Red Storm Over the Balkans: The Failed Soviet Invasion of Romania, Spring 1944 (Kansas, 2006).

28. David M. Glantz &Jonathan M. House, To the Gates of Stalingrad: Soviet−German Combat Operations, April−August 1942 (Kansas, 2009).

29. David M. Glantz &Jonathan M. House, Armageddon in Stalingrad: September−November 1942 (Kansas, 2009).

30. David M. Glantz, Barbarossa Derailed: The Battle for Smolensk,Volume 1, 10 July−10 September 1941 (Helion&Company, 2010).

31. David M. Glantz, After Stalingrad: The Red Army's Winter Offensive 1942−1943 (Helion&Company, 2011).

32. David M. Glantz, Barbarossa Derailed: The Battle for Smolensk,Volume 2, 10 July−10 September 1941 (Helion&Company, 2012).

33. David M. Glantz, Barbarossa Derailed: The Battle for Smolensk,Volume 3, 10 July−10 September 1941 (Helion&Company, 2014).

34. David M. Glantz&Jonathan M. House, Endgame at Stalingrad: December 1942−February 1943 (Kansas, 2014).

35. David M. Glantz, Barbarossa Derailed: The Battle for Smolensk,Volume 4, Atlas (Helion&Company, 2015).

36. David M. Glantz&Mary Elizabeth Glantz, The Battle for Belorussia: The Red Army's Forgotten Campaign of October 1943− April 1944 (Kansas, 2016).

37. 格兰茨的研究基石中，很重要的一块就是马尔科姆·马金托什（Malcolm Mackintosh）的研究成果。之所以正文中未将之与西顿等人并列，是因为马金托什主要研究苏军和苏联政策、外交，而没有进行专门的苏德战争研究。但其学术地位及对格兰茨的影响是不容忽视的。

38. Douglas Nash, Hell's Gate: The Battle of the Cherkassy Pocket, January−February 1944 (RZM, 2002).

39. George Nipe Jr. , Decision in the Ukraine: German Panzer Operations on the Eastern Front, Summer 1943 (Stackpole, 1996).

40. George Nipe Jr. , Last Victory in Russia: The SS—Panzerkorps and Manstein's Kharkov Counteroffensive, February—March 1943 (Schiffer, 2000).

41. George Nipe Jr. , Blood, Steel, and Myth: The Ⅱ. SS—Panzer—Korps and the Road to Prochorowka (RZM, 2013).

42. David Stahel, Operation Barbarossa and Germany's Defeat in the East (Cambridge, 2009).

43. Christopher A. Lawrence, Kursk: The Battle of Prokhorovka (Aberdeen, 2015).

44. 普里特·巴塔先生的主要作品包括：Prit Buttar, Battleground Prussia: The Assault on Germany's Eastern Front 1944—45 (Ospery, 2010); Between Giants: The Battle of the Baltics in World WarⅡ (Ospery, 2013); Collision of Empires: The War on the Eastern Front in 1914 (Ospery, 2014); Germany Ascendant: The Eastern Front 1915 (Ospery, 2015); Russia's Last Gasp, The Eastern Front, 1916—1917 (Ospery, 2016).

45. Julian Stafford Corbett, The Campaign of Trafalgar (Ulan Press, 2012).

46. 参阅：滕昕云，《闪击战——迷思与真相》，台北：老战友工作室/军事文粹部，2003。该书算是华语著作中第一部从德军视角强调"作战层级"重要性的著作。

# 前言

　　阿道夫·希特勒的第三帝国国防军及其盟国军队在斯大林格勒与约瑟夫·斯大林的苏联红军展开激烈厮杀，11月，红军发起反攻，这场史诗般的战役就此到达高潮。自轴心国军队向东突击、跨过苏联南部以来，时间已过去约6个月。这段时间里，轴心国入侵者重创了防御中的苏军，毙伤100多万红军将士，前进600多公里，一举到达高加索山脉北坡和伏尔加河畔的斯大林格勒。虽然红军屡遭挫败，一次次遏止并击退入侵者的尝试徒劳无获，但1942年10月，他们终于在斯大林格勒瓦砾遍地的街道上挡住轴心国军队。德国独裁者及其军队的声誉危在旦夕，希特勒命令德军最精锐的集团军——弗里德里希·保卢斯将军的第6集团军——不惜一切代价攻占斯大林格勒。激烈的战斗耗尽了第6集团军的实力，失望的希特勒别无选择，只得将轴心盟友的军队投入前线。

　　正如一年前所做的那样，斯大林和苏军最高统帅部巧妙地利用了希特勒肆无忌惮的野心，这种野心驱使德军远远超出了其能力的极限。1942年夏季和秋季确认并利用轴心国军队防御弱点的尝试屡屡受挫后，苏军最高统帅部终于以精心策划的"天王星"行动做到了这一点，这是苏军一系列以星座命名的反攻行动中最重要的一个，旨在击败轴心国军队，夺取苏联人所称的"伟大卫国战争"中的战略主动权。"天王星"反击战期间，红军以三个方面军发起进攻，一举击败、歼灭了两个罗马尼亚集团军的主力，并将德国第6集团军和第4装甲集团军的半数力量包围在斯大林格勒，彻底颠覆了德军的进攻势头。接下来的10周，红军实施防御，挫败了德军救援第6集团军的两次尝试，粉碎了意大利第8集团军和匈牙利第2集团军，重创德国第4装甲集团军和第2集团军，并将德国第6集团军歼灭在斯大林格勒的废墟中。东线作战序列中的50余万德军士兵被粗暴地抹去，希特勒的盟友们惊恐地见到战争态势突然发生了变化，胜利者陡然沦为被征服者。总之，轴心国在斯大林格勒的惨败是这场战争的转折点，因为德国及其军队再也无法从这场灾难中彻底恢复过来。

本三部曲的前两部描述了这场灾难的由来：第一部讲述的是德军攻向高加索和斯大林格勒这场虚假的胜利进军，第二部叙述的是斯大林格勒城内残酷的消耗战，事实证明，这场消耗战对整场战役至关重要，一如斯大林格勒战役对于整个战争的重要性。前两部都大量使用了新近公开的档案资料，以辨别、佐证、祛除自战争结束以来关于这场战役一直盛行于世的神话。

与斯大林格勒战役相关的神话，是基于既往历史资料来源自然产生的一种副产品。70年来，德国第6集团军在斯大林格勒废墟中的毁灭深深地吸引了历史学家和公众。尽管这个主题深具魅力，相关著作汗牛充栋，但这场悲剧的诸多原因和事件并不为后人知晓。正如本三部曲前两部业已证明的那样，斯大林格勒争夺战只能在德军整场战役的背景下加以理解，而这场战役最初对夺取这座城市并无兴趣。侵略者真正的目标是高加索油田，但他们在距离这一目标很近处失败了。这场失利的广泛原因几乎与导致德军1941年失败的原因如出一辙：后勤补给线过度延伸、未能集中力量对付单一目标、组织机构越来越复杂、苏联红军的行动。

造成我们集体误解这场战役的第二个原因是，交战双方的参与者根据他们的记忆撰写回忆录，几乎没有使用官方记录。冷战期间，德国方面的许多记录似乎不可避免地遗失了，而苏军参战人员，例如瓦西里·崔可夫和格奥尔吉·朱可夫，也仅局限于他们自己的回忆。

误解斯大林格勒战役的第三个原因是，至少在西方，人们普遍接受了关于整场战争的德方神话。为自身的失败寻找借口，甚至以某种合乎逻辑的方式重新编排相关记忆，这是人类的本性使然，尽管一个过于简单化的解释背后，经常是复杂、纷乱的过程。因此，大多数德军东线生还者提供的字面真相，实际上是他们为失败寻的借口（也许是无意识的）。在这类记述中，德军生还者记住的是他们的进军势如破竹，几乎没有遭遇抵抗，直到卷入斯大林格勒被炸毁的各条街道。然后（也只有在此之后），德国人的集体记忆是，笨拙但狂热的敌人以上百场作战行动耗尽了他们的实力。待德军大伤元气后，苏军便以压倒性攻势打垮了侧翼的罗马尼亚和意大利军队，这才得以包围并歼灭第6集团军。这种集体辩解认为，即便如此，如果不是希特勒的胡乱干预和保卢斯令人难以置信的不作为，被围的第6集团军仍有可能脱困。本部的重点在于阐述犯错的并非希特勒一人，以及红军已变得极其强大，第6集团军虚弱不堪，保卢斯根本无法率部突出重围，与德军救援部队会合。

至于德军失败和苏军获胜的其他原因，我们留给读者们探寻，本部和前两部对此都有详尽的阐述。简单说来，虽然交战双方都付出了极大的勇气，并遭受了令人难以置信的痛苦，但红军最终胜出，就此开始了收复苏联国土的漫长征途。

与前两部的主题一样，第三部以全新的文件证据为基础，审视那些存有争议的问题和流传甚广的神话。本部与前两部的主要区别是与这一时期作战行动相关的疑问和神话的数量问题。简言之，这段时间的战斗中充斥着颇具争议、悬而未决的疑问，最显著的如下：

· 是谁提出了"天王星"行动的概念？

· "天王星"攻势为何能赢得胜利？

· 第6集团军是否能突出包围圈，或者被解救？

· 德军救援行动为何失败？

· 谁该为第6集团军的败亡负主要责任？

除了各种广泛的传统资料来源，本部还使用了此前从未提供给研究者的两大类文件资料。第一类包括德国第6集团军作战日志中的大量记录，战争结束后，这份作战日志消失不见了，现在已被重新找到并予以出版。第二类是苏联（俄罗斯）新近公开的大量档案资料，其中包括红军总参谋部每日作战概要摘录；最高统帅部、国防人民委员部（NKO）和红军总参谋部下达的各种命令和指示；以及大多数时候都在斯大林格勒城内作战的苏军第62集团军及辖内各师、各旅的作战日志。

由于持续存在的争议和神话构成了这一时期的特点，我们认为有必要审慎地将许多文件的英译本加入本部，正是根据这些文件，我们得出了自己的判断和结论。这些文件和另外一些以表和表格方式呈现的详尽证据构成了本部一二卷的实质。这是对第三部的补充，也提供了接受、拒绝或仅仅是证实我们的结论所必要的确凿证据。因此，与前两部一样，本部提供了斯大林格勒战役后期阶段前所未有的细节，以及新的观点、解释和评价。

这一部只集中于苏德双方的策划和在斯大林格勒周边实施的作战行动。具体说来，重点是第6集团军包围圈内外的战斗，包括德军救援行动的发起和失利；红军竭力向奇尔河、顿河和阿克赛河扩大合围对外正面；顿河方面军和斯大林格勒方面军消灭包围圈内第6集团军的行动。因此，本部只对西南方面军和沃罗涅日方面军策划、实施的"小土星"攻势以及斯大林格勒方面军（后改为南方面军）发起的科捷利尼科沃、托尔莫辛攻势做出简要叙述。

由于红军1942年12月下半月和1943年1月在斯大林格勒南部和西部地区发动的攻势极其庞大，增补的第四部将阐述本三部曲范围外的军事行动。具体说来，包括与斯大林格勒关系不大，但对第6集团军的最终命运具有重要影响的作战行动，例如：

· 西南方面军和沃罗涅日方面军打击意大利第8集团军的"小土星"行动

· 斯大林格勒方面军（南方面军）打击德国第4装甲集团军、罗马尼亚第4集团军、德国第1装甲集团军的科捷利尼科沃和罗斯托夫进攻战役

· 沃罗涅日方面军和西南方面军打击匈牙利第2集团军的奥斯特罗戈日斯克—罗索希进攻战役

· 布良斯克方面军主力和沃罗涅日方面军打击德国第2集团军的沃罗涅日—卡斯托尔诺耶进攻战役

· 西南方面军和斯大林格勒方面军在顿巴斯东部地区打击"弗雷特–皮科"集团军级支队和"霍利特"集团军级集群的攻势

· 外高加索方面军在北高加索地区打击德国第1装甲集团军和第17集团军的攻势

　　如果没有诸多个人和机构的支持，根本无法完成如此庞大的研究工作。在这方面，我们必须再次感谢詹森·马克，既因为他个人提供的慷慨帮助，也是为了他在澳大利亚悉尼"跳跃骑士"出版社推出的关于斯大林格勒战术记述的开创性著作。另外还有威廉·麦克罗登，他毕生致力于编写详细、准确的德军战时作战序列，与我们分享了他的大量研究成果。

　　对本部而言，还有两个人最应该感谢，他们的德文和敏锐的战争知识被证明是不可或缺的。出色的德国军事历史学家罗梅迪奥·格拉夫·冯·图恩–霍恩施泰因博士慷慨无私地自愿对本部手稿做出评价。他花了很多时间阅读这份稿件，并对其各个方面做出评判，指出其中的错误之处，确定必要的资料来源，还纠正了我们对德文的频频曲解。洛塔尔·蔡德勒博士是一名经历过战争的老兵，他在德军第168步兵师服役了两年多时间，两次负伤，他翻译了许多页德国文件，并与我们分享了他的大量笔记和另外一些战时日记。两位的慷慨协助都是为了使本部更加准确、更加客观。我们对他们的无私帮助深表谢意。

　　一如既往，我们要衷心感谢玛丽·安·格兰茨为编辑、校对这份手稿发挥的重要作用。

戴维·M. 格兰茨　　　　　　　　　　　　　　　乔纳森·M. 豪斯
宾夕法尼亚州卡莱尔　　　　　　　　　　　　堪萨斯州利文沃思

# *CONTENTS* 目录

# *MAP* 地图目录

# 第一章
# 苏德双方的困境

## 背景

如果说"天王星"行动头10天的情况令德国人目瞪口呆,那么,苏联人的心理也非常矛盾。当年9月和10月的多次进攻遭遇惨败后,11月19日—23日的反攻取得了前所未有的胜利,令红军深感震惊。实际上,第6集团军被围让德国人猝不及防,暂时掩盖了苏军击败的是罗马尼亚军队而非德国军队这一事实,也导致德军未能采取有效的反措施遏止、击败苏军坦克部队的纵深突破。结果,没等德国人做出应对,合围已成事实,他们再也没能恢复平衡。

尽管精心策划了进攻行动,并给各部队分配了深具破坏性的任务,但"天王星"行动的初步胜利令苏联人兴奋之余也惊讶不已。另外,与德国人的情况一样,这种兴奋与惊讶的混合掩盖了将困扰苏军指挥员数周之久的困难。11月24日—30日,随着德国人以七拼八凑的部队挡住了对方沿克里瓦亚河和奇尔河的推进,以及苏军迅速消灭包围圈内第6集团军的希望彻底破灭,这些困难开始凸显出来。

简而言之,到1942年12月1日,严酷的战场现实开始平复苏联人的兴奋和德国人的震惊。"天王星"行动头10天的初步胜利和挫败暂告结束后,德国人和苏联人都面临着真正的、生死攸关的困境,主要与第6集团军的最终命运有关。在德国人看来,最大的挑战是加强或解救保卢斯将军陷入合围的集团军,同时稳定住防线。而苏联人面临的挑战是抢在德军救援第6集团军之前歼灭该集团军,从而完成"天王星"行动的既定目标。双方为这些困境寻求解决之道，催生了一场致命的猫鼠游戏，这番角逐将在接下来的三周内持续进行。

## 希特勒、曼施泰因和保卢斯

### 救还是不救

11月22日—24日，希特勒、魏克斯、保卢斯之间的电报往来不断，在此过程中，元首严禁第6集团军实施任何后撤，这很容易让人得出结论：希特勒应对该集团军的覆灭负全部责任。但是，当时的态势并不那么明显。红军1942年5月在哈尔科夫、7月—8月在顿河大弯曲部、9月—10月在科特卢班的进攻战役准备得非常仓促，更为灵活的德军装甲部队和顽强防御的步兵、摩托化步兵师轻而易举地粉碎了苏军的进攻。红军刚一发起"天王星"行动，OKH（德国陆军总司令部）便开始沿东线调整其预备队，并派出色的陆军元帅冯·曼施泰因指挥即将展开的反攻。实际上，曼施泰因在11月24日发给OKH的一封电报中称，如果许诺的援兵及时赶至，他认为救援行动可以在12月初发起，尽管他强调这将是一场势均力敌的角逐。[1]

同一天，18点15分，B集团军群致电新成立的"顿河"集团军群司令部，宣布了后者的编成，但曼施泰因直到11月27日8点才将该司令部投入运作。这封编号419742的绝密电报指出："'霍特'集团军级集群、第6集团军、罗马尼亚第3集团军和'霍利特'集团军级支队转隶'顿河'集团军群（司令官：冯·曼施泰因元帅），具体日期将于11月26日另行通知。"[2]尽管面临着第6集团军陷入重围这一严酷现实，但OKW（德国国防军最高统帅部）11月25日的作战日志中却洋溢着一股乐观的气氛：

东线态势。元首对第6集团军的处境颇具信心。第294、第62步兵师［霍利特集团军级支队］迅速赶至，并与第22装甲师会合。另外，第336步兵师正从西面赶来。我们仍希望第6、第11装甲师也能迅速赶到。

罗马尼亚第3集团军参谋长、来自德国陆军总参谋部的温克上校，正沿奇尔河组织一条防线。

第一支预备队已赶至第4装甲集团军所在的科捷利尼科夫斯基地域。

德国驻罗马尼亚军事代表团团长豪费将军联系了安东内斯库元帅，请他提供新锐罗马尼亚部队。

昨天，曼施泰因元帅被任命为"顿河"集团军群司令。

身陷包围圈的第6集团军正坚守其阵地，但补给情况岌岌可危。不利的冬季气候和敌人在战斗机方面占据的优势使我们不得不怀疑，我们能否以空运的方式为第6集团军提供所需要的每日定量物资，这包括700吨食物、弹药、燃料等。第4航空队只有298架运输机，他们需要约500架飞机。第8航空军在斯大林格勒地域作战，军长里希特霍芬上将［此处有误，里希特霍芬指挥的是第4航空队，第8航空军军长是菲比希中将］建议元首将第6集团军向西后撤，然后再度发起进攻。但元首断然拒绝这一建议。[3]

基于这种评估，以及曼施泰因即将亲临战场，外加戈林保证能以空运补给第6集团军（尽管有些不切实际），希特勒有理由相信德军能够击败"天王星"合围，在获得空运再补给的前提下，第6集团军尚能坚持一段时间。

有些人和希特勒一样抱有乐观情绪，这一事实被后来发生的灾难所掩盖。德军第76步兵师守卫着刚刚形成的斯大林格勒包围圈的西北角，该师一名营长汉斯–约阿希姆·洛泽上尉回忆起他最初的反应：

　　［1942年］11月22日或24日，师部通知各团：我们已陷入重围，元首命令我们坚守斯大林格勒要塞……年轻军官们发现了根本性问题，即，北面的罗马尼亚人无力沿顿河据守开阔地，这使我们无法挡住敌人的进攻。但我们并不觉得态势会发生重大变化。师长［炮兵上将马克西米利安·冯·安格利斯[①]］视察了我的支撑点，并介绍了严峻的态势："我们经常遇到类似情况，您本人也多次经历过。我们的位置非常好，这些勃兰登堡［第76步兵师的征兵区］人会出色地完成他们的任务，我本人对此并不担心。"我们对他的话深信不疑，因为我们过去遇到过类似状况，阵地更小，情况可能也更困难［但我们还是成功脱困了］。[4]

---

[①] 译注：安格利斯时任第44军军长，第76步兵师师长是卡尔·罗登布尔格中将。

可是，包括魏克斯、保卢斯、他们的参谋长、里希特霍芬和第6集团军几位军长在内的几乎所有高级指挥官，都赞成必须立即突围，并认为空运补给第6集团军毫无机会可言。曼施泰因打破了这些将领就第6集团军面临的危险所结成的统一战线，这一事实表明，他对该集团军的最终命运负有个人责任。当时在希特勒看来，就具体作战事宜而言，曼施泰因可能是德国陆军最具影响力的人物。

鉴于许多方面的疑虑，空运问题必然在后来与希特勒的会谈中重新浮出水面。陆军总参谋长蔡茨勒再次成为这些会谈的主要倡导者和唯一见证人，因此，对他的记述必须持怀疑态度。根据OKH（德国陆军总司令部）工作人员的估测，蔡茨勒认为被围部队每天最少需要300吨补给物资；考虑到恶劣的气候，在可供飞行的日子，每天的运输目标应当为500吨。由于先前已向希特勒做出承诺，戈林坚称德国空军能够交付规定吨位的物资。希特勒也被过去的说辞所困：他一直辩称德国空军是帝国新式的现代化空中力量，比不太配合的陆军更具进取心、更加高效。驳回戈林的保证，就意味着拒绝接受德国空军及其司令官，这对总是阻挠元首意愿的陆军将领们有利。这番会谈以希特勒接受戈林的承诺而告终；蔡茨勒在这场冲突中获得的最大成果是获准报告每日交付的实际吨位数。[5]

无疑，戈林一再承诺提供必要的空运补给；蔡茨勒参加了此次会谈，这也毫无疑问。但是，这场会谈的确切日期有值得商榷之处。据蔡茨勒回忆，他11月24日（希特勒返回"狼人"的第二天）与希特勒、戈林发生争执。但乔尔·海沃德指出，戈林11月22日离开贝希特斯加登，27日赶至腊斯登堡后才再次见到希特勒。此时，希特勒已命令第6集团军坚守斯大林格勒要塞。在此期间，里希特霍芬将军接连打电话给魏克斯、蔡茨勒和（德国空军总参谋长）耶顺内克，试图改变空运的决定，但全然无效。[6]

撤离第6集团军的建议仍是二战中最大的"如果……将会怎样"争论话题之一。许多事后诸葛亮认为，保卢斯将军应违抗希特勒的命令，率部向西突围，从而挽救他的部下，并使苏军的伟大胜利功亏一篑。这种假设实际上涉及两个不同问题——保卢斯违背元首命令所负的道德责任，以及顺利撤离的现实可能性。

违抗命令，特别是在战斗中，总是一种激烈的措施。回顾往事，希特勒的行为像个疯子，他的自尊远比他的部队更加重要。但1942年间，这种特点并未清晰暴露出来，尤其是对保卢斯这种曾在之前战役中为元首效过力的军官。元首及其追随者对抗性的粗野行为无疑令保卢斯深感厌恶，他本人是个讲究礼仪的典范。可是，保卢斯亲眼目睹过希特勒取得的非凡成就，自己也从中受益；现在质疑这种成就，无疑是一种自私的行径，同那位独裁者的所作所为没什么两样。另外，保卢斯确信，如果他在这一阶段违抗命令，只会被另一名指挥官直接取代。据说，保卢斯告诉他的参谋长阿图尔·施密特少将，"为了第6集团军，他宁愿奉上自己的头颅，但他觉得此举无济于事。"[7]实际上，赛德利茨将军决定将第94步兵师撤至奥尔洛夫卡，随后遭到惨败，希特勒对此极为不满，他立即委派赛德利茨指挥第6集团军北部防线，这是一个明确的信号——如果保卢斯打算撤退，他会立即解除对方的职务[①]。就连赛德利茨也支持保卢斯接受元首的决定，并称"除了服从别无他法"。[8]

因此，就部队面临的危险据理力争后，保卢斯觉得自己不得不默然接受元首的命令，并希望他的上司那里有一些他不知情的解决方案。待这位集团军司令意识到根本不存在这种方案时，已经来不及改变他的立场了。

这里还有个后撤是否可行的问题。当然，11月最后10天，苏军尚未加强合围圈，这是德军突围的最佳良机，但第6集团军并未做好突围准备。这方面的一个例子是，魏克斯命令第14装甲军离开斯大林格勒、抗击苏军攻势的北钳，第16装甲师用了近两天时间才脱离市区的战斗。之后，这场再部署使第6集团军失去平衡，用于守卫西北部和西部防线的快速部队太多，而在西南部实施防御或准备突围的部队太少。

燃料短缺也是个问题，甚至在苏军完成合围前，这个问题便已影响到第6集团军辖内部队。另外，苏军发起"天王星"攻势前，第6集团军疏散了许多马匹，以便它们安然过冬，并估计部队要到次年春季才会离开斯大林格勒。

---

① 译注：赛德利茨自作主张，命令部队做好突围准备，但希特勒误以为这是保卢斯下达的命令，因为希特勒对赛德利茨这位"杰米扬斯克解围者"的印象非常好，不相信他会下令突围。

没有这些驮畜，各步兵师无法拖曳他们的火炮或物资。[9]苏军发动反攻前，"机动系数"已妨碍到第6集团军的机动能力，现在又成为该集团军12月中旬前成功突围的主要障碍，这主要是第6集团军在合围战期间运输工具严重受损所致。对比保卢斯第6集团军在合围战之前和之后的机动系数，便能看出该集团军组织突围行动所面临的困难（参见副卷附录8A、8B）。苏军发动反攻前，第6集团军67%的作战营和44%的炮兵连机动性超过75%，94%的作战营和69%的炮兵连机动性超过50%。但截至12月15日，第6集团军只有27%的作战营和17%的炮兵连机动性超过75%，只有42%的作战营和38%的炮兵连机动性超过50%。换言之，11月16日，第6集团军30个作战营（28%）和21个炮兵连（12%）拥有90%~100%的机动性，但到12月15日，该集团军只剩下23个作战营（17%）和16个炮兵连（10%）尚有90%~100%的机动性。第6集团军大部分损失发生在历时一周的合围战和苏军力图消灭斯大林格勒包围圈的头两周激战期间。

另外，如果第6集团军选择情况最紧急的11月24日—30日实施突围，其突击群很可能编有第14、第16、第24装甲师，第3、第29、第60摩步师的部队（第6集团军各快速师的战斗力等级和坦克数量参见副卷附录8C）。这些师共计有29个实力不等的装甲掷弹兵营或摩步营，约121辆二号和四号坦克——相当于一个满编装甲师。但这29个作战营中，只有7个营的战斗力达到"强"或"中强"，11个"中等"、8个"虚弱"、3个已然"耗尽"。由于121辆坦克中的大部分发挥着支援步兵的重要作用，所以短时间内可以集结起来、不会导致前线其他地段处于极度危险状态的坦克不到半数。

因此，正如保卢斯在11月23日发给希特勒的电报中不太情愿地承认的那样，第6集团军也许能逃离斯大林格勒，但只能依靠步行，还得丢弃大部分重装备和物资。这样一场后撤有可能挽救半数人马，但会导致第6集团军无力从事后续作战，并面临在红军后续攻势中全军覆没的危险。作为一名谨慎的军人，保卢斯不愿冒险采取这样一场绝望的行动，这会使他的集团军在冰天雪地中沦为一群毫无战斗力可言的难民。

另外，包围圈外起初没有能够协助第6集团军突围的部队。罗马尼亚第3集团军崩溃后，伫立在红军与德军后方地域之间的唯一部队是第48装甲军残部，以及一些临时组建的战斗群。一些积极进取的德军指挥官组建起这些临时战斗群，他们指挥着该地域内各种维修、工程和劳动单位。保卢斯的副官威廉·亚当上校也指挥着一个战斗群，据守在顿河与奇尔河交汇处。

### "冬季风暴"行动的由来

就在苏军最高统帅部力图以各种手段维系战略主动权、继续围困第6集团军之际，德军指挥官们不得不应对希特勒决定留在斯大林格勒所导致的后果。这些后果包含两个相关问题：如何增援或解救被围部队；如何为保卢斯提供再补给，直到第6集团军获得增援或解救。对这些问题的商讨，开始于保卢斯和魏克斯撤出第6集团军的要求被希特勒明确拒绝的那一刻。组织救援行动的艰巨任务落在了"顿河"集团军群及其司令官埃里希·冯·曼施泰因元帅肩头。

曼施泰因向保卢斯发去慰问电并承诺"设法救你们出去"的两天后，11月26日，明显松了口气的保卢斯向他的上司坦率描述了自己的情况（参见副卷附录8D）。这位第6集团军司令在信件开头处直截了当地阐述了苏军攻势的性质和他接到的初步命令。他随后指出，战斗结果"尚不明朗"，在过去36小时内他"未收到上级的命令或消息"，他请求元首赋予他"自主决定权"，但没有得到任何直接答复。[10]上级部门未提供丝毫指导，第6集团军的处境日趋恶化，保卢斯请求曼施泰因协助解决这些至关重要的问题。信件结尾处，保卢斯添加的"附言"无意中透露出他目前的处境："因条件所限，用纸和书写不甚规范，敬请谅解。"

尽管曼施泰因默然支持希特勒原地坚守的决定，但他11月24日赶赴集团军群司令部途中给保卢斯发去慰电时，很可能对局势不太清楚。[11]这位陆军元帅在魏克斯的司令部商讨第6集团军的态势时，并不知道被围部队的困境。他不了解有多少将士陷入重围，也不清楚德国空军空运补给该集团军的实际能力。不管怎样，对曼施泰因来说，现在重要的是拟制解救第6集团军的计划，并获得必要的兵力采取行动。

11月24日，这位"顿河"集团军群司令与OKH取得联系，建议第6集团军推迟突围，这一建议基于两个假设：空运补给可以维持第6集团军，需要更多部队来确保救援行动取得成功。正如曼施泰因在回忆录中解释的那样：

眼前「11月24日」最重要的问题是，在最佳时机「11月21日—22日」已然错过的情况下，此时是否仍应尝试解救第6集团军。自保卢斯向希特勒提出突围请求后已过去两天，据B集团军群估计，11月29日或30日前难以实施解围行动。到那时，敌人已获得超过一周的时间加固其合围圈。

因此，曼施泰因最终得出结论："救援行动要等12月初部队到达后才能发起。"[13]

曼施泰因随后探讨了第6集团军突围和相关救援行动的两个选择：向西突围，赶往卡拉奇附近的顿河渡口和上奇尔河，但他认为此举风险较大，因为苏军沿这个方向部署的力量相当强大；第二个选择是穿过第4装甲集团军残部，向西南方突围，此举也存在风险，因为德军在这个方向上的力量较为薄弱。他对这些方向上可用部队的初步评估如下：

·第57装甲军军部，编有第23装甲师和强大的统帅部炮兵预备队，从A集团军群派往第4装甲集团军，任务是从斯大林格勒南面实施解围。

·第6装甲师（近期恢复了满编）从西线调至第4装甲集团军，任务是从斯大林格勒南面实施解围。

·向罗马尼亚第3集团军左翼增派1个军部（第17军或第48装甲军）和4—5个师，组成"霍利特"集团军级支队，从上奇尔河向东推进，对斯大林格勒实施解围。[14]

这份初步评估实际上设想的是从车尔尼雪夫斯卡亚北面、沿上奇尔河畔的博科夫斯卡亚地域发起救援行动，投入霍利特第17军辖下的第62、第294步兵师、第48装甲军余部和从西线或其他战线调来的新锐步兵师（例如第336步兵师和后来的第304、第306步兵师）。本章前文引用的OKW战时日志在考虑了其他重要事项后，对救援行动做出了乐观描述。实际上，霍利特第62和第294步兵师11月25日沿克里瓦亚河一线对西南方面军近卫第1集团军发起的小规模攻势，也反映出这一设想。但是，苏军的抵抗远比预计的强，最终打消了德国人的这个想法，曼施泰因不得不把注意力从上奇尔河转至下奇尔河和顿河，特别是下奇尔斯卡亚和雷奇科夫斯基地域。

根据曼施泰因11月24日提交给OKH的建议，两天后，OKH致电"顿河"集团军群，谈及哪些部队可用于救援行动：

（a）第4装甲集团军编成内：基希纳将军指挥的第57装甲军（调自A集团军群），该军编有第6、第23装甲师和第15空军野战师。这些部队按计划应于12月3日前到达科捷利尼科沃地域。

（b）罗马尼亚第3集团军防区内：新组建的"霍利特"集团军级支队，编有第62、第294、第336步兵师、辖第11和第22装甲师的第48装甲军（冯·克诺贝尔斯多夫将军）、第3山地师、第7、第8空军野战师。该支队应于12月5日前后在上奇尔河做好战斗准备①。[15]

11月28日，冯·曼施泰因元帅更改了他对第6集团军处境的判断，当天，他给希特勒发去一份详细的态势评估。与里希特霍芬和皮克特（空军第9高射炮师师长）商谈后，曼施泰因明确排除了空运补给第6集团军的一切可能性。他还认为，在目前的情况下，充其量只能打开一条狭窄的通道与第6集团军取得联系，他的结论是，将该集团军继续留在斯大林格勒包围圈内断不可取。由于时间至关重要，曼施泰因决定，第57装甲军应做好12月3日前发起救援行动的准备；"霍利特"集团军级支队应于6天后以第48装甲军展开行动。但是，他强调一切都取决于许诺的援兵能否及时赶至——这个现实最终对两场救援行动产生了重大影响。[16]

得到希特勒的批准后，"顿河"集团军群12月1日就救援行动下达了"冬季风暴"作战令（参见地图1）。正如曼施泰因最初所说的那样，第6集团军"在包围圈内继续坚守现有阵地"之际，集团军群将发起两场救援突击，解救

---

① 译注：霍利特这支部队的番号较为复杂，根据辖内部队的不同大致分为：1942年11月24日编为"霍利特"集团军级支队，又称"霍利特"突击集群或"霍利特"集群；12月27日改称"霍利特"集团军级集群；1943年1月23日再度改称"霍利特"集团军级支队；1943年3月6日改编为第6集团军。后面的翻译混用了"集团军级集群"和"集团军级支队"的称谓，请读者们自行鉴别。

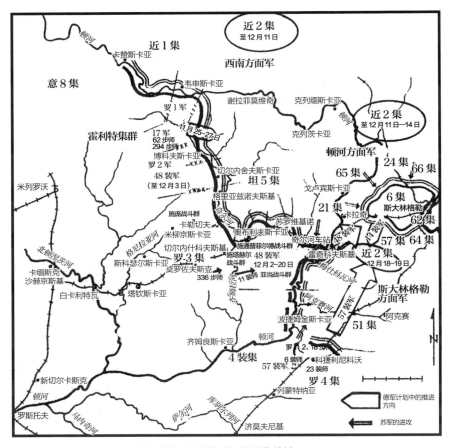

地图 1 1942 年 12 月 1 日，"顿河"集团军群的"冬季风暴"计划

#### 第6集团军：

在一个尚待确定的日子（但无论如何不会早于12月8日），第4装甲集团军应以其主力从顿河以东的科捷利尼科沃地域出击。突破敌掩护兵力的阵地后，其任务即为攻击并席卷斯大林格勒包围圈南部及（或）西部的敌军阵地。

"霍利特"集团军级支队应以第48装甲军提供一支小股力量，从下奇尔斯卡亚的顿河—奇尔河登陆场出击，攻入敌掩护部队后方。如果在进攻发起前，位于科捷利尼科沃以北的第4装甲集团军当面之敌得到极大加强，或是负责掩护第4装甲集团军绵长东翼的罗马尼亚第4集团军再度面临危机，就应采取以下补救措施：第4装甲集团军辖内装甲师应沿顿河西岸突然向北机动，从下奇尔斯卡亚登陆场发起主要突击。另外还应以一个较小的突击群冲出顿河西面的顿河—奇尔河登陆场，攻向卡拉奇，以切断敌人的交通线，并为第6集团军打通顿河大桥。

至于第6集团军，集团军群的命令规定，第4装甲集团军发动进攻后，第6集团军遵照集团军群规定的某一天，先朝西南方的顿斯卡亚察里察河突围，任务是与第4装甲集团军会合，参加攻破苏军南部和西部合围圈的战斗，并夺占顿河上的渡口。[17]

曼施泰因认为，希特勒别无选择，只能接受第6集团军不得不放弃部分阵地的事实。

第48装甲军参谋长W.F.冯·梅伦廷少将在回忆录中详细阐述了该军在行动中的作用：

预计将第11装甲师、第336步兵师和一个空军野战师转隶第48装甲军，这些师12月4日尚在开赴前线的途中。霍特第4装甲集团军攻向斯大林格勒时，第48装甲军将渡过顿河，与该集团军左翼会合。第6集团军司令部的亚当上校待在下奇尔斯卡亚，在那里集结了一些东拼西凑的部队。[18]

重要的是，曼施泰因策划的两个救援方案都强调了顿河与奇尔河交汇处附近、雷奇科夫斯基和下奇尔斯卡亚对面顿河东岸登陆场的重要性。因此，曼施泰因的计划展开时，为两场主要突击提供了相关背景，这两场突击都涉及苏军阻截德军救援行动的企图。苏军的第一个行动沿奇尔河展开，西南方面军辖下的坦克第5集团军（一周后，斯大林格勒方面军辖下的突击第5集团军也加入其中）发起一场进攻，意图夺取雷奇科夫斯基和下奇尔斯卡亚。在这种情况下，苏军最高统帅部打算挡住第48装甲军从下奇尔河地域向斯大林格勒发起的一切救援尝试——也就是"冬季风暴"行动的北钳。"霍利特"集团军级支队和第48装甲军最初在罗马尼亚第3集团军麾下，12月3日转隶第4装甲集团军。第4装甲集团军第57装甲军构成曼施泰因救援计划中的南钳，从西南方攻向斯大林格勒，第二场战斗沿科捷利尼科沃方向爆发开来。面对这种状况，苏军最高统帅部组织起顽强的防御，并集结了一股相当庞大的力量，以粉碎第57装甲军的突击。历时2—3周的这两场战斗，从根本上改变了苏军最高统帅部将"天王星"行动拓展为"土星"行动的计划。当然，除了这些战斗，最重要的问题是：第6集团军能否坚持到获救的那一天？这个问题的答案在很大程度上取决于戈林的空军。

## 第6集团军的空运再补给

事后，几位历史学家计算出一场成功空运的真实需求量。他们根据空军将领汉斯·耶顺内克的估计得出结论，戈林的飞行员们每天必须运送750吨物资，才能为第6集团军提供充足的补给。尽管保卢斯集团军每天需要500吨物资方能勉强维持，但蔡茨勒向希特勒提交的建议是300吨，这是第6集团军维生的最低限度，不包括维持一支作战力量所需的所有物资。从飞机的角度说，运送750吨物资至少需要375架Ju-52，每架飞机的有效载荷为2吨，每24小时在包围圈内着陆一次。实际上，由于飞行距离太远，每架Ju-52的实际载荷大约为1.5吨。鉴于超负荷运作的运输机战备完好率只有30%~35%，这就意味着德国空军至少需要1050架Ju-52，但1942年11月，整个空军只有约750架Ju-52，可立即用于斯大林格勒地域的只有47架。

Ju-52数量有限，这是因为斯大林格勒包围战期间，希特勒将至少三分之一的德军运输机用于运送部队至突尼斯，以应对盟军在西北非的登陆[19]。除了英美联军在北非发动进攻的战略影响，英国和美国对德国本土的轰炸攻势也牵制了德国空军大批防空（高射炮）单位，如果这些部队部署至东线，可能会给红军坦克力量造成严重损失。

另外，由于苏联糟糕的公路网，加之德国与苏联的铁路轨距不同，德国空军和B集团军群一样，在漫长补给线的末端从事行动。所以，并非所有Ju-52都能投入空运行动，需要一些飞机将重要的零部件和高时效要求的物资运至顿河下游的起飞机场。因此，即便不考虑天气和苏联空军这些因素，维持一场空运从逻辑上说也是不可能做到的。

　　尽管如此，戈林却向希特勒做出保证，耶顺内克也暗示空运补给第6集团军有可能做到，空军中没有谁想抛弃保卢斯集团军的将士。11月23日，德国空军开始向东调遣运输机。训练指挥部移交了数百架飞机和大批技艺娴熟的飞行教官。这番调动，加之空运突尼斯和斯大林格勒期间的作战损失，意味着德国运输机队再也无法从1942年末的危机中恢复过来，就连汉莎航空公司的民用飞机也被临时征用。

　　但是，调遣这些运输机也存在问题，许多飞机需要维修，从德国到苏联东南部2000多公里的航程也颇耗时间。包括Ju-86、He-111和新服役的He-177在内的轰炸机，改装为运输机还需要一些额外时间。12月2日，第6集团军被围一周后，第4航空队总共只拼凑到200架运输机，12月8日，这个数字增加到300架。此时，里希特霍芬掌握着9个Ju-52团、4个He-111团、2个Ju-86团、1个He-177团、2个He-111大队，还有些FW-200"秃鹰"和其他型号的远程飞机。后续赶至的飞机数量几乎跟不上空运期间遭受的损失。[20]

　　运输机集结之际，在里希特霍芬第4航空队的指挥下，第8航空军军长马丁·菲比希中将开始组织空运行动。里希特霍芬11月26日实施了一场彻底重组，以加强工作效率，维克托·卡尔加尼科少将在菲比希的监督下全面负责空运事务。里希特霍芬和卡尔加尼科将各种飞机分开，相同型号的运输机集结在一个机场，以简化维护和装载工作。主起飞机场位于皮托姆尼克以西211公里处的塔钦斯卡亚，所有Ju-52运输机驻扎在此，另外还有沿空中走廊巡逻的14架Me-109战斗机；He-111单位驻扎在莫罗佐夫斯卡亚（莫罗佐夫斯克），这座最靠前的基地位于皮托姆尼克以西168公里处；远程轰炸机和侦察机驻扎在斯大林诺，距离包围圈440公里。德军掌握的机场很快变得拥挤不堪，特别是斯大林格勒以西28公里处的皮托姆尼克到达机场，以及包围圈内的4座小型简易机场。[21]除了皮托姆尼克，古姆拉克还有一座机场，位于斯大林格勒以西15公里、皮托姆尼克车站西北方，但德国人并未彻底开发使用，因为它离第6集团军司令部太近。卡尔波夫卡、巴萨尔吉诺（皮托姆尼克以南8公里）和斯大林格勒斯基（戈罗季谢以南5公里）也有几座小型简易机场，但无法接收大型飞机，斯大林格勒斯基的机场最靠近前线，就在马马耶夫岗西面数公里处。[22]

德国人的组织工作非常出色，但必须应对严重的维护问题、恶劣的气候和苏军的打击。当年夏秋季，红空军遭到重创，但德国人实施空运时，苏联空军集结起大批战机阻止里希特霍芬的飞行员们完成任务。截至11月中旬，苏军部署在斯大林格勒地域的几个空军集团军共计1350多架飞机，而德国第4航空队只有732架飞机（不包括调来的运输机）。另外，与夏季相比，苏军投入的战机大多是更新、性能更佳的型号。拉-5、雅克-7歼击机替换了几乎所有业已过时的拉格-3，而佩-2双发轰炸机和伊尔-2强击机使苏军获得更强的对地攻击能力。特别是在大多数德军运输机飞行的低空，这些苏军战机完全能与他们的德国对手展开有效对抗。与德国第4航空队破旧的飞机相比，苏军新式飞机的维护完好率也较高。另外，几乎所有苏军战机都配备了电台，地面控制空中拦截任务的能力得到极大加强，这在战争期间尚属首次。[23]

德国人的空运起初令苏联空军指挥员们措手不及，但到12月初，他们已组织起一场卓有成效的空中拦截战。德军机场上方，西南方面军编成内的空军第17集团军和斯大林格勒方面军编成内的空军第8集团军在夜间轰炸停在地面上的运输机，使其无法在白天起飞。红空军指挥员亚历山大·亚历山德罗维奇·诺维科夫上将[①]围绕斯大林格勒组织起三个同心圆区。外区大致对应合围对内、对外正面之间地带，分成五个防区。顿河方面军编成内的空军第16集团军和斯大林格勒方面军辖下的空军第8集团军（获得一个国土防空歼击机师的加强）将各歼击机单位分配至各具体防区，使他们得以熟悉各自的作战空域。科特卢班机场成为指挥空中拦截任务的地面控制中心，发现敌运输机后，该控制中心便引导歼击机实施截击。[24]中区是一片约30公里的地带，苏军高炮连在这里沿德国人最有可能的飞行方向构设起密集的防空火力网。包围圈西侧最为重要，德军运输机会在那里降低高度，并降落在皮托姆尼克机场。最后是包围圈上空，苏军歼击机拦截德军运输机，轰炸机空袭到达机场。[25]

除了未能满足第6集团军的最低补给需求，这场空运在飞机和飞行员方面也付出了高昂代价。据德方资料统计，德军损失488架运输机（266架Ju-52、

---

① 译注：此时的诺维科夫为中将，尚未担任苏联空军司令员，而是主管空军的副国防人民委员。

42架Ju-86、165架He-111、9架FW-200、5架He-177、1架Ju-290）和约1000名飞行员。Ju-52的损失数超过德国这款飞机总数量的三分之一。损失的488架运输机中，166架被击毁，108架失踪，214架报废。[26]

相比之下，据苏联方面估计，他们击毁了903架德军运输机和轰炸机（包括676架Ju-52），击落了162架战斗机，共计1065架飞机。计算空战损失时，这种差异很常见，并不代表哪一方故意作假。例如，德方的数字可能并不包括坦克第24军12月下旬奇袭塔钦斯卡亚机场时在地面上击毁的47架运输机。[27]但就连最乐观的德方统计也承认，苏联空军、冬季气候和旷日持久的作战行动令德国空军在空运期间元气大伤。

那么，付出惨重代价的德国空军成果如何？无论以何种标准来看（理想中的每天750吨或最低限度的300吨），这场空运都是失败的。头五天（11月25日—29日），平均每天有53.8吨物资运抵斯大林格勒。OKW（国防军最高统帅部）的每日报告经常提及飞抵包围圈的飞机数量。例如，对空运补给最早的一份评估报告出现在11月27日的战时日志中。鉴于后来发生的事情，日志中的乐观情绪被证明荒谬至极：

*东线态势*。"顿河"集团军群今日8点就位。敌人在斯大林格勒的部署情况对第6集团军的目的非常有利。到目前为止，集团军的补给状况比预想的更好些。今天只有27架Ju-52飞抵斯大林格勒地域。我们有298架Ju-52，每天可为斯大林格勒运送700吨物资。在此期间，日需补给量为700吨，待储备物资耗尽后，日需补给量会上升至1500吨……东线的燃料消耗不太大，每天3100立方米；而元首分配给A、B集团军群的每日消耗量为3500立方米。[28]

接下来几天的作战日志如下：

· 11月28日：**"顿河"集团军群**，昨天只有30架Ju-52飞入斯大林格勒。被围的德国和罗马尼亚部队约为40万人［德国编辑：实际上约为25万人、100辆坦克、1800门火炮和10000部车辆］。[29]

· 11月30日：第6集团军司令部打算继续后撤其西北翼。昨天起飞38架Ju-

52, 只有12架到达斯大林格勒。[30]

　　·12月1日：昨天，30架Ju-52和35架He-111飞入斯大林格勒地域。第6集团军的食物可支撑到12月5日，大口径武器弹药可支撑到12月12日。[31]

　　·12月2日：曼施泰因元帅打算12月4日向斯大林格勒发起进攻。12月1日只有15架Ju-52和He-111飞入斯大林格勒地域。[32]

　　·12月3日：包围圈内的第6集团军，总兵力并非先前估计的40万，而是30万人。昨天，73架飞机（其中半数为轰炸机）将115吨食物、弹药和燃料运至斯大林格勒地域。[33]

　　·12月4日：在斯大林格勒地域，由于气候恶劣（雾、冰、气温下降至0度），德国空军无法遂行再补给任务。[34]

　　12月初，实施空运补给的日均飞行架次有所增加，大批运输机提高了空运量（参见副卷附录8E）。可是，其间只有两天的空运量逼近300吨大关。12月7日，德国空军以188个飞行架次交付282吨物资。12天后的12月19日，第4航空队取得了最大成果：154架飞机将289吨物资运抵皮托姆尼克机场，并疏散了包围圈内的1000名伤员。如果第6集团军的数据准确无误，那么，12月1日—15日，德国空军平均每天向斯大林格勒运送118吨物资。其他资料的说法各不相同：一份资料指出，12月1日—12日，交付给第6集团军的补给物资平均每天为97.3吨，12月12日—31日，这个数字增加到137.7吨。[35]无论哪个数字更加准确，都远低于第6集团军每日300吨的最低需求量。因此，保卢斯集团军从陷入包围圈伊始就不得不对弹药、燃料和食物实施配给。

　　总之，历时71天的空运期间，德国空军运送了8350.7吨食物和补给，平均每天117.6吨。虽说空运行动未能满足第6集团军的需求，但至少疏散了24900名伤员，否则这些人会死在包围圈内，或沦为苏军战俘。[36]但矛盾的是，重伤员得到疏散的机会非常小，因为一名躺在担架上的重伤员，在机舱内占据的空间可容纳三名或更多"可行走的轻伤员"。

　　11月30日后，支援包围圈内第6集团军的所有空运再补给工作都由第4航空队辖下的第8航空军负责，军长菲比希将军担任斯大林格勒空运行动负责人。德国空军部署了三个机场，以此作为空运基地：

·塔钦斯卡亚，距离皮托姆尼克211公里，飞行时间60分钟，驻有Ju-52和Ju-86运输机，由汉斯·弗尔斯特上校指挥。

·莫罗佐夫斯卡亚（莫罗佐夫斯克），距离皮托姆尼克168公里，飞行时间50分钟，驻有第8航空军第55轰炸机团的He-111和Ju-86中型轰炸机，由伯恩哈德·屈尔上校指挥。

·斯大林诺，距离皮托姆尼克322公里，飞行时间80分钟，驻有远程侦察机和轰炸机，由维勒斯少校指挥。

如果第3战斗机团有空，气候条件又允许，便以战斗机为运输机提供护航，指挥该团的是沃尔夫－迪特里希·维尔克少校。[37]

要了解斯大林格勒包围圈内的食物配给情况，就必须知道，一名士兵每天至少需要2500卡路里，才能在严冬条件下保持他的战斗力。苏军的合围铁钳11月23日闭拢后，第6集团军的将士们获得全额配给量的日子只有6天。随着空运补给行动的失败，11月26日，第6集团军将每个士兵的食物摄入量减少至1500卡路里，12月8日又降为1000卡路里。[38]这个削减过程最具代表性的是，11月23日，每个士兵每天的面包配给量为8盎司（正常口粮配给的一半），到12月26日，这个数字降为2盎司。除了面包，每个士兵每天中午还能得到不到一夸脱的蔬菜汤，晚上要么是罐头食品，要么是第二碗汤。[39]另一份资料指出，12月下旬，德军士兵的每日口粮是200克（7盎司）面包，外加200克马肉、30克（1盎司）黄油和3支香烟。[40]可资对比的是，1941—1942年冬季，列宁格勒遭到可怕的围困，城内居民的每日食物配给量为：工人及其家属7—12.2盎司面包，而守城士兵每天能获得17.6盎司面包。[41]

第44步兵师第134团第2营的一名老兵证实了斯大林格勒包围圈内的食物配给情况，他后来写道：

「1942年12月」食物配给一次次削减。起初，每人每天能得到三分之一条面包，后来是四分之一，再后来减少为五分之一。这种单调的食物偶尔会得到几片香肠或马肉汤的补充。只有获得疏散的伤员能得到半块巧克力和一些白兰地，以便让他们恢复精神。[42]

保卢斯在12月11日20点30分发给"顿河"集团军群的电报中，谈及了这些问题：

到目前为止，给养仍远远落后于预期。自11月23日起，每天运抵的物资仅60吨，而不是所需要的600吨。

弹药状况正发生危险的下降，食物供应大约能支持到12月19日。

除非大力加强空运补给，否则，必须在12月18日前解救集团军。[43]

保卢斯直截了当地陈述了问题，一天后，第9高射炮师师长沃尔夫冈·皮克特将军给第6集团军发去一封电报，题为"空军为集团军提供补给"，其中包含一份空运缺点列表。皮科特首先指出，到目前为止，实际运抵斯大林格勒的物资数量与飞机的有效承载能力不符。例如，尽管每架Ju-52可装运2—2.5吨货物，每架He-111可搭载1.8—2吨物资，但11月23日至12月10日，共计57架Ju-52和313架He-111飞抵斯大林格勒，每架飞机平均只搭载了1.6吨物资。[44]

12月15日后，保卢斯与"顿河"集团军群、OKH之间关于第6集团军补给状况恶化的往来电报急剧增加，特别是霍特麾下第57装甲军发起的救援行动开始步履蹒跚时。总之，到12月中旬，保卢斯和他的下属们已非常清楚，除非立即采取措施改善集团军补给状况或将其彻底救出，否则，他们的士兵肯定会遭遇没顶之灾，不是死在俄国人手里就是被饿死。

## 苏军最高统帅部、华西列夫斯基和瓦图京
### "土星"行动的演变，12月1日—8日

轴心国军队11月底沿克里瓦亚河、奇尔河和科捷利尼科沃地域实施的坚决防御，迫使斯大林、苏军最高统帅部、最高统帅部代表华西列夫斯基和身处斯大林格勒地域的三位方面军司令员重新评估他们的计划。实际上，苏军在斯大林格勒取得的成功也使他们自己陷入了大麻烦。他们起初认为包围了9万名德国人，但后来发现包围圈内的轴心国士兵多达30万。因此，顿河方面军和斯大林格勒方面军不得不抽调大部分兵力封锁、消灭陷入重围的第6集团军，这个过程最终需要两个多月时间。[45]

　　苏军最高统帅部原先的战略构思，是待"天王星"行动取得胜利后，发起更庞大的"土星"行动，从而将轴心国军队彻底逐出整个东顿巴斯地区，困住并歼灭高加索地区之敌（参见本部卷一地图35）。"土星"行动要求瓦图京将军的西南方面军在戈利科夫将军沃罗涅日方面军第6集团军的协助下，扩展"天王星"攻势，从顿河、克里瓦亚河和奇尔河向西南方推进，夺取顿河畔上马蒙以南300公里、奇尔河畔下奇尔斯卡亚西南方300公里处的顿河畔罗斯托夫。一旦攻占罗斯托夫和顿河下游另外几个重要交通中心，苏军就将切断德国A集团军群的后勤支援和后撤路线，该集团军群目前仍在高加索山区深处鏖战。

　　11月的最后几天，斯大林、华西列夫斯基和瓦图京加强了"土星"行动最终的指挥部署。他们在近卫第1集团军左右两翼组建起两个强有力的突击集群，将沃罗涅日方面军第6集团军纳入进攻计划，并分配了罗季翁·雅科夫列维奇·马利诺夫斯基中将指挥新组建的、实力强大的近卫第2集团军，这是瓦图京发展胜利最重要的力量。12月初，"土星"行动的参与者们焦急地等待着最终进攻令。

　　然而，此时的战略形势发生了巨大变化，主要是因为德国人已开始集结兵力，准备解救被围的第6集团军。因此，苏军最高统帅部面对的不是一个，而是三个相关任务——歼灭包围圈内的第6集团军；击败集结起来准备解救第6集团军的德军援兵，特别是沿奇尔河一线；发起"土星"行动。从某种意义上说，斯大林和他的助手们面临的问题与四个月前令希特勒倍感困扰的问题相类似——如何以不足的兵力同时完成位于多地的目标。

　　从编制上看，问题的核心在于如何使用马利诺夫斯基的近卫第2集团军，该集团军总计122000多人、2325门火炮/迫击炮和469辆坦克。这使近卫第2集团军的规模几乎是1941—1942年间苏军普通集团军的两倍，在兵力和技术装备方面接近于德国野战集团军。该集团军编有近卫步兵第1、第13军，每个军辖三个近卫步兵师；一支满编的支援炮兵；新组建的近卫机械化第2军拥有200多辆坦克。另外，该集团军还获得了坦克第7、机械化第6军的加强，这使其战车数量超过450辆。列柳申科的近卫第1集团军将在"土星"行动中担任先锋，其规模甚至超过马利诺夫斯基集团军，拥有142000多名士兵，集团军辖下的近卫机械化第1军配有163辆坦克。[46]

11月底和12月初，斯大林两边下注，希望马利诺夫斯基集团军仍能用于"土星"行动。因此，最高统帅部和华西列夫斯基12月第一周完善作战计划时，近卫第2集团军依然是"土星"行动的发展胜利力量。可是，苏军无力消灭包围圈内的德国第6集团军，12月9日，对此深感失望的最高统帅部将马利诺夫斯基集团军调离"土星"行动，赋予其歼灭第6集团军的任务。但没过几天，德国第4装甲集团军从科捷利尼科沃地域发起救援行动，这一令人不安的幽灵迫使苏军最高统帅部再次抽调近卫第2集团军，这一次他们受领的任务是击败敌人的救援行动（参见下文）。

这个决定殊为不易。受到"天王星"行动初期胜利的激励，斯大林希望继续执行他的战略计划，粉碎苏联南部所有德军。但此时，苏军进攻部队的物资和预备力量已消耗大半。这一点，加之突然性的丧失，以及德军沿奇尔河和科捷利尼科沃地域防御的增强，致使苏军的后续推进更加困难。虽然朱可夫此时专注于失利的"火星"行动，但还是以最高副统帅的身份敦促谨慎行事。11月29日，他给斯大林发去一封长电，建议组建强有力的坦克预备队，以挫败敌人即将在下奇尔斯卡亚（第48装甲军）和科捷利尼科沃附近（第57集团军）发起的反扑。一些参谋人员提议从包围圈抽调部队继续遂行进攻，华西列夫斯基和罗科索夫斯基强烈反对，他们说服斯大林，必须将主要力量集中于歼灭第6集团军的战斗。[47]这最终导致"土星"行动缩减为规模小得多的"小土星"行动——战役目的是挫败德军救援企图。但是，完成这一转变需要一个多星期的时间。

遵照华西列夫斯基的指示，11月28日，瓦图京重新部署西南方面军右翼部队，以便他们执行"土星"行动（参见副卷附录7C）。他在上马蒙地域沿顿河组建起一支庞大的突击力量，部署在列柳申科近卫第1集团军右翼，并任命他的副手库兹涅佐夫将军指挥该突击群。因此，"土星"行动发起时，列柳申科掌握着集团军左翼突击群和整个集团军，而库兹涅佐夫指挥着集团军右翼沿顿河部署的突击群。列柳申科集群将向托尔莫辛和莫罗佐夫斯克发起突击，以此支援西南方面军辖下的坦克第5集团军，而沃罗涅日方面军第6集团军负责支援库兹涅佐夫，将攻向坎捷米罗夫卡（Kantemirovka）。

　　解决指挥控制问题后，瓦图京12月2日下达了"土星"行动进攻令（参见副卷附录8F）。这道指令要求西南方面军以列柳申科近卫第1集团军发起进攻，包围并歼灭意大利第8集团军主力、罗马尼亚第3集团军残部和德军从其他方向调来抗击西南方面军的战役预备队——主要是"霍利特"集团军级支队。同时，在西南方面军左翼，坦克第5集团军应继续向南进攻，渡过奇尔河，夺取托尔莫辛，然后转身向西，沿莫罗佐夫斯克方向攻击前进，歼灭在那里行动的敌军并前出至北顿涅茨河。总之，西南方面军辖下的近卫第1和坦克第5集团军，将在右翼沃罗涅日方面军第6集团军支援下，前出至伊利因卡（莫罗佐夫斯克东北方60公里处）、卡利特瓦河和北顿涅茨河一线。

　　完成进攻集结后，近卫第1集团军将编有近卫机械化第1和机械化第5军；步兵第159、第197、第278、第203、第266师；近卫步兵第47、第50、第14师；步兵第90、第94、摩托化步兵第22旅；3个坦克团；19个炮兵团；混编航空兵第1军。这股力量将"突破敌人在阿斯塔霍夫和斯维里多夫（Sviridov）地域的防御，［以5个加强步兵师和2个机械化军］沿博科夫斯卡亚—上奇尔斯基、博科夫斯卡亚—卡沙雷（Kashary）方向攻击前进，并冲向五一镇（Pervomaiskii）和博利申卡（Bol'shinka），与库兹涅佐夫中将向南攻往博古恰尔和卡沙雷的战役集群会师，包围并歼灭盘踞在顿河南岸之敌"。[48]这道指令还详细阐述了快速兵团和步兵部队在三天战斗中所要完成的具体任务、部队在进攻发起前的调动、沿各方向部署的部队之战斗编成、炮兵进攻的类型、对弹药消耗的限制及空中支援的细节。按照惯例，这道指令在结尾处谈及了进攻准备期间需要完成的训练任务。

　　尽管这个计划非常周密，但苏军最高统帅部还是有些忐忑不安，因为将一个集团军分为两个突击集群遂行进攻这种做法不太常见，更不必说沿两个相距甚远的方向了。因此，最高统帅部一再要求华西列夫斯基确保各突击部队之间密切配合。12月3日，华西列夫斯基在上格尼卢沙（Verkhniaia Gnilusha）的近卫第1集团军司令部亲自会晤沃罗涅日方面军司令员戈利科夫中将、第6集团军司令员哈里东诺夫少将和近卫第1集团军战役集群司令员库兹涅佐夫将军。会上，华西列夫斯基要求参战各方签署一份正式"条例"，加强他们的联系和进攻期间的具体责任（参见副卷附录8G）。

就后续进攻行动的相关问题磋商了几天后，12月3日晚，斯大林签发最高统帅部指令，批准"土星"行动，并将该指令发送给华西列夫斯基、瓦图京和戈利科夫将军。可没过几个小时，他又发出一封电报，严厉申斥华西列夫斯基，批评他在消灭斯大林格勒包围圈的行动中指挥不力。尽管大加责备，但斯大林还是派华西列夫斯基继续担任最高统帅部协调员，指导顿河方面军和斯大林格勒方面军歼灭第6集团军的行动，不过，他另派沃罗诺夫炮兵上将协调执行"土星"行动的沃罗涅日方面军和西南方面军。最重要的是，斯大林要求12月10日发起"土星"行动：

1. 批准1942年12月2日的"土星"行动计划。

2. 行动的准备工作，即进攻准备的完成——运送弹药、调运部队和战机以做好全面战斗准备——定于12月9日。

3. 进入出发阵地——12月10日夜间。行动于12月10日发起。

4. 两个方面军辖内的航空兵由法拉列耶夫中将负责监督。

5. 炮兵上将沃罗诺夫同志负责在战役准备和实施期间协调两个方面军的行动。[49]

除了确定沃罗诺夫和华西列夫斯基在即将发起的进攻行动中的职责，最高统帅部还调整了执行"土星"行动的高级指挥员，任命布良斯克方面军第48集团军参谋长S.S.比留佐夫少将为近卫第2集团军参谋长，并命令比留佐夫立即向设在坦波夫的集团军司令部报到。[50]

斯大林对华西列夫斯基的批评收录在克里姆林宫12月4日5点50分签发的一道最高统帅部指令中。这道指令表面上似乎是为了改善顿河方面军和斯大林格勒方面军作战行动的协调工作，但其特点是简明扼要、尖锐刻薄：

米哈伊洛夫同志［华西列夫斯基］，您的任务是把伊万诺夫和顿佐夫［叶廖缅科和罗科索夫斯基］的行动联合起来。但您那里目前仍在分散力量，而不是联合行动。

尽管您下达了命令，伊万诺夫在2日和3日发起进攻，但顿佐夫却无法投入进攻。敌人获得了实施机动的机会。4日，顿佐夫将发起进攻，但伊万诺夫却又无力投入进攻了。于是敌人再次获得实施机动的可能。

因此，请你们以后不要再犯类似的错误。给伊万诺夫和顿佐夫下达联合进攻的命令前，您必须确认他们是否具备进攻条件。［签名］瓦西里耶夫［斯大林］。[51]

离"土星"行动发起日期只剩6天，接下来的48小时内，瓦图京与列柳申科、库兹涅佐夫密切配合，确保对进攻战役的各个方面加以检查，并及时发现、纠正每一个问题。他们将重点放在两个地段：顿河畔上马蒙地域，库兹涅佐夫战役集群将从南岸的一座小型登陆场发起突击；西面的新卡利特瓦地域，哈里东诺夫的部队将从那里发起进攻，跨过顿河冰面。经过这番磋商，瓦图京12月4日下达一道新指令，规定了库兹涅佐夫战役集群的步兵和炮兵进入前沿阵地的时间，并指示他如何执行某些重要任务，例如占据进攻出发阵地、与友邻部队相配合、渡过顿河等。这道指令的附件详细阐述了库兹涅佐夫集群投入战斗的作战编成，并提供了关于炮兵和空中支援、地空识别信号、牵制行动、指战员们必要的训练的详情（参见副卷附录8H和8I）。[52]

就一系列繁复的战役和战术事项进行的48小时磋商使瓦图京和沃罗诺夫确信，以一个集团军司令部指挥并协调相距约150公里（库兹涅佐夫集群位于近卫第1集团军右翼的上马蒙地域，列柳申科集群位于集团军左翼的阿斯塔霍夫地域）的两个战役集群是非常愚蠢的行为。因此，根据沃罗诺夫和瓦图京的请求，12月5日4点20分，最高统帅部将近卫第1集团军分成两个集团军：库兹涅佐夫指挥近卫第1集团军，而列柳申科指挥新成立的近卫第3集团军（参见副卷附录8J）。[53]

由于分割近卫第1集团军的决定完全是为了改善指挥控制工作，因此，即便加上最高统帅部调拨的援兵，两个新集团军的规模还是远远小于原先的近卫第1集团军，但最高统帅部认为，这两个集团军比其潜在对手强得多："霍利特"集团军级支队第17军辖下的第62和第294步兵师、罗马尼亚第1军几个虚弱的师及意大利第8集团军主力。不过，为确保遂行"土星"行动的部队有足够的力量赢得胜利，最高统帅部以沃罗涅日方面军第6集团军提供加强，指挥该集团军的是费奥多尔·米哈伊洛维奇·哈里东诺夫少将。第6集团军肩负着重要的双重任务：增援近卫第1集团军在上马蒙地域的突破；遂行"土星"行动的部队向南面的北顿涅茨河发展胜利时，为其右翼提供掩护。根据最高统帅部的指示，沃罗涅日方面军司令员戈利科夫将军12月5日给哈里东诺夫下达了进攻令（参见副卷附录8K）。

戈利科夫的命令要求第6集团军以步兵第127、第172、第350、第267、第160师和坦克第17、第25军在近卫第1集团军右侧发起支援性进攻，为这场突击提供加强的部队包括1个坦克旅、2个坦克团、1个反坦克歼击炮兵旅、炮兵第8师的15个炮兵团、3个团又5个营的近卫迫击炮兵（喀秋莎）和整个空军第2集团军。集团军的任务是突破意大利军队的防御，前出至坎捷米罗夫卡地域，并掩护西南方面军突击部队的右翼。[54]鉴于"土星"行动的复杂性和重要性，直至最后一刻，最高统帅部、沃罗诺夫和瓦图京仍在调整进攻计划。这方面的一个例子是，12月6日，沃罗诺夫和瓦图京又给戈利科夫发去一道命令，以确保哈里东诺夫的第6集团军将其坦克军尽可能深地投入敌军后方，并构设一道防线，以掩护西南方面军突击群右翼（参见副卷附录8L）。[55]

虽然"土星"行动的策划缜密而又复杂，但出于两个根本原因，军事态势在12月8日和9日开始发生剧烈变化。首先，罗曼年科将军的坦克第5集团军向南渡过奇尔河，对下奇尔斯卡亚和托尔莫辛发起的进攻，面对德军强有力的抵抗发生了动摇（参见下文）。这一现实导致沃罗诺夫和华西列夫斯基别无选择，只能建议最高统帅部组建一个新集团军，协助坦克第5集团军阻截德军从西面救援斯大林格勒包围圈的一切尝试。第二个原因更加重要，斯大林和华西列夫斯基终于意识到顿河方面军、斯大林格勒方面军缺乏足够的力量消灭包围圈内的第6集团军。将近卫第2集团军调离"土星"行动，以该集团军担任突击先锋，一举粉碎第6集团军非常必要。因此，最高统帅部无法以目前的形式遂行"土星"行动。

12月8日—13日间，苏军迅速调整作战计划。12月8日，根据华西列夫斯基的请求，斯大林组建起突击第5集团军（参见副卷附录8M）。突击第5集团军由M.M.波波夫中将指挥，隶属于斯大林格勒方面军，编有近卫步兵第4、步兵第258、第300、第315、第87师、机械化第4、坦克第7、第23和近卫骑兵第3

军。集团军的任务是"配合坦克第5集团军，歼灭敌'下奇尔斯卡亚'和'托尔莫辛'集团"，并"不惜一切代价阻止敌人从下奇尔斯卡亚和托尔莫辛地域达成突破、与被围于斯大林格勒地域之敌会合的企图"。尔后，该集团军应做好向西攻往顿河北面乌斯季贝斯特良斯卡亚（Ust'–Bystrianskaia）的准备[56]。

待波波夫的突击集团军接管坦克第5集团军近卫步兵第4、步兵第258师和近卫骑兵第3军后，就将于12月11日—12日夜间正式投入运作。集团军的初步任务是夺取雷奇科夫斯基和下奇尔斯卡亚，这充分表明瓦图京和最高统帅部对坦克第5集团军司令员罗曼年科的表现深感不满。这道命令还给予波波夫（他担任叶廖缅科副手时的表现非常出色）完成其任务必要的兵力——特别是满编的坦克第7和第23军，分别由P.A.罗特米斯特罗夫坦克兵少将和E.G.普希金坦克兵少将指挥。可是，虽然罗特米斯特罗夫的坦克军从最高统帅部预备队迅速调入突击第5集团军，但普希金的坦克军仍留在伏尔加河沿岸军区，直到12月底才调至西南方面军预备队。最后，为了让突击第5集团军从南北两面对下奇尔斯卡亚发起突击，斯大林格勒方面军将第57集团军编成内的机械化第4军和步兵第300、第315师转隶波波夫集团军。因此，除了以至少一个坦克军和一个骑兵军进攻顿河西岸的雷奇科夫斯基外，突击第5集团军还有一个机械化军和两个步兵师位于顿河东岸，可用于消灭雷奇科夫斯基和下奇尔斯卡亚对面的德军登陆场。

另外，12月9日，为弥补坦克第5集团军将近卫骑兵第3军和两个步兵师调拨给突击第5集团军的损失，瓦图京将机械化第5军和近卫步兵第47师（为遂行"土星"行动，坦克第5集团军将这两支部队转隶近卫第3集团军）还给罗曼年科。当然，瓦图京还指示列柳申科略微调整战役计划（参见副卷附录8N）。[57]

## "土星"行动到"指环"行动，12月9日—13日

12月9日晚，华西列夫斯基终于"下定决心"，并建议彻底更改"土星"行动和消灭包围圈内第6集团军的作战计划。18点30分呈交最高统帅部的这份报告显然事先同斯大林商量过，并获得了他的批准，华西列夫斯基坦率、冷静地承认，他原先的计划已告失败（参见副卷附录8O）。一如既往，这位最高统帅部代表直率地指出，与罗科索夫斯基协商后，他设法请斯大林批准，

将马利诺夫斯基的近卫第2集团军用于粉碎德国第6集团军，而不是加强"土星"行动。

华西列夫斯基指出，马利诺夫斯基集团军正在开赴斯大林格勒地域的途中，他建议，该集团军应与顿河方面军第21、第65、第24集团军配合，以一场分为三个阶段的攻势歼灭被围的德军集团。他还指出，顿河方面军诸集团军，连同斯大林格勒方面军第64和第62集团军，已于12月8日发起第一阶段的进攻，目的是牵制德军并歼灭罗索什卡河以西之敌。行动的第二阶段，顿河方面军将在近卫第2集团军的加强和斯大林格勒方面军第64集团军的支援下向前推进，分割并俘获第6集团军部署在包围圈南部防线之敌。第三阶段是这场攻势的高潮，顿河方面军和斯大林格勒方面军以辖内所有集团军攻向古姆拉克和斯大林格勒市区，彻底粉碎第6集团军的抵抗。

华西列夫斯基随后详细阐述了这项计划的细节，指出近卫第2集团军将在炮兵第1师17个炮兵团和第65、第21集团军的加强下，沿巴布尔金、135.6高地、皮托姆尼克和沃罗波诺沃方向向东发起突击。与左侧第24和第65集团军、右侧第21集团军相配合，马利诺夫斯基集团军负责分割被围的第6集团军，同时阻止敌人向南或西南方突围。最后，华西列夫斯基建议12月16日发起第二阶段攻势，如果需要推延，行动发起日期不得迟于12月17日—18日。[58]

就这样，华西列夫斯基承认原先的计划失败了，他还坦率地指出，如果马利诺夫斯基近卫第2集团军不提供支援，顿河方面军和斯大林格勒方面军就无法歼灭第6集团军。另外，近卫第2集团军转隶顿河方面军，显然排除了以原定计划遂行"土星"行动的一切希望。但是，对意大利第8集团军发起进攻是苏军总体战略构想的一个基本要素，最高统帅部别无选择，只能督促华西列夫斯基、沃罗诺夫、瓦图京和戈利科夫拟制一个缩减版的"土星"行动计划。这个计划至少要强大到足以粉碎意大利第8集团军，并阻止德军从西面（即雷奇科夫斯基和下奇尔斯卡亚地域）发起救援斯大林格勒的行动。

斯大林和华西列夫斯基研究消灭第6集团军的新计划时，最高统帅还征求了他的副手朱可夫的意见，后者此时正在指导"火星"行动。斯大林在12月10日1点20分发出的电报中写道：

我把米哈伊洛夫［华西列夫斯基］的构想转发给您。请向我汇报您的意见。从米哈伊洛夫的电报看，第57集团军在消灭被围之敌的总攻中发挥的作用不甚明确。与米哈伊洛夫交谈后弄清了这个问题，第57集团军将从拉科季诺、克拉夫措夫（Kravtsovo）和齐边科地域朝戈尔纳亚波利亚纳国营农场和沙谷（Peschanaia Balka）这个总方向展开行动。

我想我们可以批准米哈伊洛夫的计划。近卫第2集团军投入行动的时间定于「12月」18日。歼灭被围之敌的整个行动应在12月25日—26日前完成。我等待您的回复，［签名］瓦西里耶夫［斯大林］。[59]

考虑了朱可夫的建议后，斯大林在12月11日0点20分发给华西列夫斯基的一封电报中批准了代号为"指环"的行动：

致米哈伊洛夫同志［华西列夫斯基］，只限本人阅读：
1. "指环"行动将分为两个阶段实施。
2. 第一阶段——前出至巴萨尔吉诺和沃罗波诺沃地域，歼灭西面和南面之敌。
3. 第二阶段——以两个方面军辖内所有集团军发起总攻，消灭斯大林格勒西面和西北面的敌军主力。
4. 行动第一阶段的发起时间不得迟于瓦西里耶夫［斯大林］与米哈伊洛夫［华西列夫斯基］在电话交谈中确定的日期。
5. 行动第一阶段的结束日期不得迟于12月23日。[60]

最高统帅部刚刚批准华西列夫斯基的新进攻计划，随即获悉将近卫第2集团军运至斯大林格勒西北方集结区的运输工作遇到困难。红军副总参谋长博科夫将军11日中午发给马利诺夫斯基集团军的指令反映了这些问题。指令中强调，由于组织工作缺乏计划、后勤支援糟糕，以铁路运送部队的任务受到严重影响（参见副卷附录8P）。面对这些问题，华西列夫斯基请求将进攻发起日期推延至15日，并获得斯大林的批准。尽管最高统帅部默许了这一推延，但斯大林对此不太情愿，他担心德国人可能突然施展惊人之举，救出保卢斯陷入重围的集团军。

## 从"土星"行动到"小土星"行动，12月14日—15日

虽说对于将近卫第2集团军调至斯大林格勒地域的辩论12月12日已告平息，但对苏军来说，当天一场新的、更加严重的危机——德国第6集团军获救——已经隐约可见，这种可能性非常可怕。危机出现在12月12日拂晓，德国第4装甲集团军投入基希纳将军的第57装甲军，全力冲向斯大林格勒，意图解救第6集团军。傍晚时，基希纳的部队离阿克赛河已不到半数路程。次日，担任该军先头部队的第6装甲师向北而去，渡过阿克赛河，上库姆斯基村（Verkhne-Kumskii）附近一场历时四天的激战就此打响。德军这场坦克突击粉碎了斯大林格勒方面军第51集团军的防御，德军坦克距离第6集团军设在斯大林格勒南面的防线已不到75公里。虽然最高统帅部代表华西列夫斯基命令叶廖缅科的斯大林格勒方面军以两个机械化军加强第51集团军，但12月13日夜幕降临前，很难说特鲁法诺夫将军的第51集团军能否遏止或迟滞德军的冲击。

德军出人意料而又快速的推进令苏军指挥部门震惊不已。华西列夫斯基立即意识到危险，他设法联系莫斯科的斯大林，未果。12月12日傍晚，这位最高统帅部代表赶至顿河方面军设在扎瓦雷金（Zavarygin）的司令部，与方面军司令员罗科索夫斯基和恰巧也在该司令部的近卫第2集团军司令员马利诺夫斯基商讨态势。根据会谈结果，华西列夫斯基主动采取措施，指示马利诺夫斯基做好将近卫第2集团军南调至梅什科瓦河的准备。此时，运送该集团军的165列火车中，只有60列到达了斯大林格勒西北方的卸载点，因此，剩下的部队向南调动比较容易。[61]华西列夫斯基随后联系第57集团军司令员托尔布欣将军，安排马利诺夫斯基暂时使用第57集团军司令部，并要求托尔布欣全力协助马利诺夫斯基集团军的南调任务。

华西列夫斯基终于在12日夜间晚些时候同莫斯科取得联系。向斯大林简要介绍了危险的态势和他采取的措施后，华西列夫斯基敦促斯大林予以批准，特别是将近卫第2集团军调至梅什科瓦河一线的决定[①]。斯大林起初不愿推延

---

① 译注：斯大林对华西列夫斯基的先斩后奏非常恼火，他在乎的不是调动一个集团军，而是华西列夫斯基擅作主张，故而没有立即答复后者，而是推说"与GKO讨论后再决定"。

歼灭第6集团军的进攻行动，但最后答应与国防委员会（GKO）讨论此事，晚些时候将结果告知华西列夫斯基。后者坦率地承认："我怀着万分焦急的心情等待着最高统帅部的决定。"[62]12月13日5点，斯大林终于命令华西列夫斯基，"12月15日将近卫第2集团军从顿河方面军转隶斯大林格勒方面军""接管消灭敌解围集团的部队""在最近几天向最高统帅部提交使用近卫第2集团军的计划"。[63]

苏军指挥层12月12日和13日这番激烈的争执，促使最高统帅部12月13日和14日晚些时候下达了两道至关重要的决定：一是以近卫第2集团军加强斯大林格勒方面军辖下的第51集团军；二是将"土星"行动缩减为一场目标更加适度的攻势。由于斯大林已于13日晨命令近卫第2集团军向南调往梅什科瓦河，最高统帅部先下达了"土星"指令，然后又签发了调动近卫第2集团军的命令。

苏军最高统帅部的第一道指令签发于12月13日22点10分，发给华西列夫斯基、瓦图京和戈利科夫。这道指令向最高统帅部代表和西南方面军、沃罗涅日方面军司令员明确解释了缩减"土星"行动的必要性，并宣布替代"土星"的是"小土星"行动（参见副卷附录8Q）。[64]指令开头处称，按照原先的态势，发起"土星"行动是可行的——即，德国人在奇尔河后方缺乏战役预备队，近卫第2集团军可用于发展攻势，将卡缅斯克和罗斯托夫列为"土星"行动的目标合乎情理。但现在，德军战役预备队（第17军和第48、第57装甲军）出现了，而近卫第2集团军"正在另一条战线作战"。[65]因此，该指令宣布，更改作战计划完全合理，新目标是"歼灭敌'博科夫斯卡亚—莫罗佐夫斯基'集团"（指的是德国第17军和第48装甲军）和"意大利人"（意大利第8集团军）。[66]另外，这道指令还将进攻发起日期定于12月16日，完整保留了原先的突破和机动方案，但把新组建的机械化第6军从西南方面军调至斯大林格勒方面军。

完成对战略计划的紧张修正后，12月14日23点，苏军最高统帅部下达了第二道指令，再次更改近卫第2集团军的目的地——这一次是赶往科捷利尼科沃方向（参见附件附录8R）。发给华西列夫斯基的这道指令推迟了"指环"行动，命令近卫第2集团军以强行军向南开拔，部署至"正抗击敌'科捷利尼科沃’集团的我军部队后方”。同时，罗科索夫斯基和叶廖缅科应“继续以空中和地面力量按部就班地歼灭被围敌军，白天和夜晚都不能让敌人得到喘息之机，压缩包围圈，并从一开始就遏止敌人突出包围圈的企图”。最重要的是，指令要求“我南方部队”（指的是近卫第2集团军和第51集团军）应“击败敌‘科捷利尼科沃’集团，占领科捷利尼科沃，并以特鲁法诺夫［第51集团军］和雅科夫列夫［马利诺夫斯基］的部队在那里构设起牢固的防御”。[67]

因此，12月9日—14日这六天里，战场上的态势迫使苏军最高统帅部两次更改近卫第2集团军的部署计划。第一次是12月9日，为实施歼灭德国第6集团军的“指环”行动，最高统帅部将马利诺夫斯基的集团军调离“土星”行动。没过四天，为阻截德军从科捷利尼科沃地域向斯大林格勒发起的解围攻势，最高统帅部推迟“指环”行动——罗科索夫斯基的顿河方面军负责执行“指环”行动，他极不赞成这个决定。苏军统率机构之所以做出这些更改，除了保卢斯第6集团军在包围圈内的坚决抵抗以外，主要是因为位于克里瓦亚河和奇尔河后的德国第17军和第48装甲军，以及第4装甲集团军第57装甲军从科捷利尼科沃向斯大林格勒极具威胁的推进。这些变更都涉及马利诺夫斯基的近卫第2集团军，最高统帅部认为，不论想在哪个方向赢得胜利，这个集团军都不可或缺。苏军更改作战计划的直接后果就是“土星”行动缩减为“小土星”，“指环”行动推延，在从西南方通往斯大林格勒的道路上，沿科捷利尼科沃、阿克赛河和梅什科瓦河方向的关键战斗就此打响。这些变更使12月下半月成为了真正的关键时期。

德国人和苏联人制定的计划使12月下半月变得至关重要，而上半月下奇尔河地域的态势发展同样重要。曼施泰因从西面向斯大林格勒发起的救援行动前景岌岌可危。尽管被德军随后沿科捷利尼科沃方向的戏剧性进展所掩盖，但12月初奇尔河沿岸的战斗太过重要，无法轻易绕过。

## 注释

1. *"Manstein an OKH/OpAbt. vom 24.11.1942, betr. Beurteilung der Lage der 6. Armee. FS (Abschrift) ObKdo der HGrDon/la Nr. 4580/42 gKdos Chefs, vom 24.11.1942, ca. 1300 Uhr HGr Don/la, 39 694/3a,"*（曼施泰因致电陆军总司令部/作训处，1942年11月24日，对第6集团军态势的评估，"顿河"集团军群司令部作训处的副本，1942年11月24日13点），收录在曼弗雷德·克里希的 *Stalingrad: Analyse und Dokumentation einer Schlacht*（《斯大林格勒：战役分析和相关文件》）（斯图加特：德意志出版社，1974年）一书第464页。尽管许多关于斯大林格勒战役的专著都称曼施泰因提及10个师的援兵，但这位陆军元帅实际上并未谈到具体数字。由于其完整性、准确性和客观性，克里希这本著作可以说是关于"天王星"行动德方视角的"圣经"。

2. 这封电报收录在V.A.日林（主编）的 *Stalingradskaia bitva: Khronika, fakty, liudi v 2 kn.*（《斯大林格勒战役：编年史、真相和人物，两卷本》）（莫斯科：奥尔玛出版社，2002年）一书第二册，第62页；档案引自 *TsAMO RF, f. 500, op. 12451, d. 77,1*，第18页。

3. H.格赖纳和P.E.施拉姆主编的 *Kriegstagebuch des Oberkommandos der Wehrmacht 1940-1945*（《德国国防军最高统帅部作战日志，1940—1945年》），第二册（1942年1月1日—12月31日），第1018—1019页。另可参阅俄文译本 *"Iz dnevnika boevykh deistvii Verkhovnogo Glavnokomandovaniia Vermakhta"*（德国国防军最高统帅部作战日志中的每日报告），收录在V.A.日林（主编）的《斯大林格勒战役：编年史、真相和人物，两卷本》一书第二册，第71—73页，引自KTB OKW, Bd. II, hb. 2。

4. 约阿希姆·洛泽主编，*Bittere Pflicht: Kampf und Untergang der 76.Berlin-Brandenburgischen Infanterie-Division*（《誓言：第76柏林—勃兰登堡步兵师的征程和毁灭》）（奥斯纳布吕克：文献记录出版社，1988年），第227页。

5. 在弗里丁和理查森合编的《致命的决定》一书中，蔡茨勒阐述了对于空运问题的争论。另可参阅卡尤思·贝克尔的《德国空军战时日志》（纽约：双日出版社，1968年），第407—410页。

6. 乔尔·S.A.海沃德，《止步于斯大林格勒：德国空军和希特勒在东线的失败，1942—1943年》，第241—243页。希特勒决定以空运的方式为第6集团军提供补给，最应对这一决定负责的大概是耶顺内克将军。离开贝希特斯加登赶赴腊斯登堡前，希特勒曾向耶顺内克问及空运补给的可行性。耶顺内克没有明确排除这种可能性，并暗示空运补给有可能做到。这种回复很可能影响了元首的最终决定。

7. 格尔利茨，《保卢斯与斯大林格勒：陆军元帅弗里德里希·保卢斯传，他的笔记、书信和文件》，第213—215页。

8. 赛德利茨的说法引自齐姆克和鲍尔的《从莫斯科到斯大林格勒：东线决战》，第474—475页；安东尼·比弗，《斯大林格勒：决定命运的围攻，1942—1943年》，第271—272页。

9. 安东尼·比弗，《斯大林格勒：决定命运的围攻，1942—1943年》，第248、第250—252页。

10. 参见 *"HGr Don/la, 39 694/3a"*，收录在曼弗雷德·克里希《斯大林格勒：战役分析和相关文件》一书第568—570页。

11. 参见蒙戈·梅尔文的《曼施泰因：希特勒最具争议的指挥官》（草稿，2009年）一书第11章，文中根据曼施泰因的日记条目探讨了他的动机。在这种情况下，也可以指责曼施泰因过度自信。

12. 曼施泰因，《失去的胜利》，第303—305页。关于突围，曼施泰因指出："可以肯定地说，如果后者［第6集团军］在敌人进攻初期就实施突围，渡过顿河向西，或沿顿河东岸突向西南方，是可以避免被合围的。但下达这样的命令是最高统帅的事。虽说保卢斯将军自己也应做出撤离斯大林格勒的决定，但在陆军总司令部把友邻部队的情况告诉他以前，他是不可能作此决定的，待他11月22日或23日要求准许突围时，关键时机已然错过。"

13. 同上，第307页。

14. 同上，第301页。

15. 引自OKH发给"顿河"集团军群司令的电报，关于指定用于解救第6集团军的部队编成，1942年11月26日，曼施泰因，《失去的胜利》，第318—319页。

16. 同上，第319—321页。

17. 同上，第323页。

18. W.F.冯·梅伦廷少将，《坦克战》，H. 贝茨勒尔译（诺曼：俄克拉荷马大学出版社，1956年），第175页。

19. 对于这个问题的详细讨论，可参阅海沃德的《止步于斯大林格勒：德国空军和希特勒在东线的失败，1942—1943年》，第235—245页；普洛歇尔与弗莱彻合编的《德国空军对苏作战，1942年》，第260—279页；塔兰特，《斯大林格勒：对这场痛苦的剖析》，第141—145页；哈德斯蒂和格林贝格，《火凤凰：苏联空军力量的崛起，1941—1945年》，第107页。

20. 威廉姆森·穆雷，《德国空军》，第147页；海沃德，《止步于斯大林格勒：德国空军和希特勒在东线的失败，1942—1943年》，第246页。

21. 海沃德，《止步于斯大林格勒：德国空军和希特勒在东线的失败，1942—1943年》，第247—249页；塔兰特，《斯大林格勒：对这场痛苦的剖析》，第149页。

22. 曼弗雷德·克里希，《斯大林格勒：战役分析和相关文件》，第2、第9页；"Karten, Nov 1942-Jan 1943, AOK 6"（第6集团军态势图集，1942年11月—1943年1月），30155/37号文件，NAM T-312，1459卷。

23. 关于反攻期间苏联空军的活动和对德军运输机的拦截，更多详情可参阅哈德斯蒂和格林贝格的《火凤凰：苏联空军力量的崛起，1941—1945年》，第106—107页；海沃德，《止步于斯大林格勒：德国空军和希特勒在东线的失败，1942—1943年》，第225页。

24. 哈德斯蒂和格林贝格，《火凤凰：苏联空军力量的崛起，1941—1945年》，第112—114页。

25. 同上，第113—114页。

26. 这组德方数据，来自哈德斯蒂和格林贝格的《火凤凰：苏联空军力量的崛起，1941—1945年》，第110页；海沃德，《止步于斯大林格勒：德国空军和希特勒在东线的失败，1942—1943年》，第310页。

27. 苏联方面的数据引自I.V.季莫霍维奇的Operativnoe iskusstvo Sovetskikh WS v Velikoi Otechestvennoi voine（《伟大卫国战争中苏联空军的作战艺术》）（莫斯科：军事出版社，1976年）一书第177页。另可参阅哈德斯蒂和格林贝格的《火凤凰：苏联空军力量的崛起，1941—1945年》，第110页；海沃德，《止步于斯大林格勒：德国空军和希特勒在东线的失败，1942—1943年》，第272、第310、第322页。

28. *"Iz dnevnika boevykh deistvii Verkhovnogo Glavnokomandovaniia Vermakhta"*（德国国防军最高统帅部作战日志中的每日报告），收录在V.A.日林（主编）的《斯大林格勒战役：编年史、真相和人物，两卷本》一书第二册，第96—97页，引自KTB OKW, Bd. II, hb. 2.

29. 同上，第102页。

30. 同上，第117—118页。

31. 同上，第124页。

32. 同上，第130—131页。

33. 同上，第136—137页。

34. 同上，第142页。

35. 格尔利茨，《保卢斯与斯大林格勒：陆军元帅弗里德里希·保卢斯传，他的笔记、书信和文件》，第251页。

36. 总吨位数引自海沃德的《止步于斯大林格勒：德国空军和希特勒在东线的失败，1942—1943年》一书第310页，他在书中称30000名伤员得到疏散。

37. 普洛歇尔与弗莱彻合编的《德国空军对苏作战，1942年》，第282—283页。

38. 塔兰特，《斯大林格勒：对这场痛苦的剖析》，第151页。

39. 海因茨·施勒特尔，《斯大林格勒》，第145—146页。

40. 保罗·卡雷尔，《斯大林格勒：德国第6集团军的败亡》，第187页。

41. 戴维·M. 格兰茨，《列宁格勒战役，1941—1944年》（劳伦斯：堪萨斯大学出版社，2002年），第134页。

42.《历史研究：德国侵苏战争中小股部队的作战行动》，第63页。

43. 第6集团军12月11日的每日报告，收录在《第6集团军作战日志附件册，第二卷，1942年11月24日至12月24日》，第194页。

44. 同上，第200—201页。

45. 华西列夫斯基，《毕生的事业》，第197—198页。

46. 关于近卫第2集团军的实力，可参阅佐洛塔廖夫，VOV，第二册，第82页；近卫第1集团军的实力，可参阅M.E.莫罗佐夫（主编）的*Velikaia Otechestvennaia voina 1941-1945 gg. Kampanii i strategicheskie operatsii v tsifrakh v 2 tomakh. Tom 1*（《1941—1945年，伟大卫国战争，数据中的战役和战略行动，两卷本，第一册》），第495—496页。

47. 朱可夫，《回忆与思考》，第二册，第128—129页；罗科索夫斯基，《军人的天职》，第204—205页；华西列夫斯基，《毕生的事业》，第238—239页。

48. *"Iz direktivy Voennogo Soveta fronta komanduiushchemu 1-i gv. Armii general-leitenantu Leliushenko"*（方面军军事委员会发给近卫第1集团军司令员列柳申科中将的指令），收录在《1942年12月，意大利-德国军队在顿河的覆灭：战役-战术的简短总结》一书第116—119页。

49. *"Direktiva Stavki VGK No. 170697 komanduiushchim voiskami Iugo-Zapadnogo i Voronezhskogo frontov, predstaviteliu Stavki ob utvershdenii plana operatsii 'Saturn'"*（最高统帅部大本营发给西南方面军、沃罗涅日方面军司令员、最高统帅部代表，关于批准"土星"行动计划的170697号令），收录在佐洛塔廖夫的《最高统帅部1942》一书第459页；档案引自TsAMO, 148a, op.

*3763, d. 136,1*，第160页。

50. *"Prikaz Stavki VGK No. 00465 o naznachenii nacha'nika shtaba 2-i Gvardeiskoi Armii"*
（最高统帅部大本营关于任命近卫第2集团军参谋长的00465号令），同上，第458—459页；档案引自
TsAMO, 148a, op. 3763d. 126,1，第199页。

51. *"Rasporiazhenie Verkhovnogo Glavnokomanduiushchego No. 170698 predstaviteliu
Stavki ob uluchshenii koordinatsii deistvii Stalingradskogo i Donskogo frontov"*（最高统帅部大本
营发给最高统帅部代表，关于改善斯大林格勒方面军和顿河方面军作战行动协调工作的170698号令），同
上，第459页；档案引自*TsAMO, 148a, op. 3763, d. 126,1*，第200页。据华西列夫斯基《毕生的事业》
第237页称，斯大林的命令签发于7点06分，而非5点50分。不管具体时间是什么，这位最高统帅部代表面
对斯大林的申斥指出："但这些错误并非战役失利的主要原因，主要原因是我们的兵力不足。"

52. *"Iz direktivy general-leitenanta Vatutina zamestiteliu komanduiushchego lugo-Zapadnym
frontom general-leitenantu Kuznetsovu"*（瓦图京中将发给西南方面军副司令员库兹涅佐夫中将的指
令），收录在《1942年12月，意大利-德国军队在顿河的覆灭：战役-战术的简短总结》一书第126—
127页。

53. *"Prikaz Stavki VGK o formirovanii 3-i Gvardeiskoi Armii"*（最高统帅部大本营关于组建近卫第
3集团军的命令）和*"Prikaz Stavki VGK o formirovanii 1-i Gvardeiskoi Armii"*（最高统帅部大本营关于
近卫第1集团军编成的命令），收录在佐洛塔廖夫的《最高统帅部1942》一书第460—461页。

54. *"Iz direktivy No. 00963 Shtaba Voronezhskogo fronta, 5 dekabria 1942 g."*（沃罗涅日方面
军司令部1942年12月5日下达的00963号令），收录在《1942年12月，意大利-德国军队在顿河的覆灭：
战役-战术的简短总结》一书第129—130页。

55. *"Iz otnosheniia general-polkovnika artillerii Voronova i general-leitenanta Vatutina
general-leitenantu Golikovu"*（沃罗诺夫炮兵上将和瓦图京中将发给戈利科夫中将的电报），同上，第
120页。

56. *"Prikaz Stavki V G K No. 170699 o formirovanii 5-i Udarnoi Armii"*（最高统帅部大本营关于
突击第5集团军编成的170699号令），收录在佐洛塔廖夫的《最高统帅部1942》一书第461—462页；档
案引自*TsAMO, f. 148a, op. 3763, d. 124, 11*，第302—304页。

57. *"Iz direktivy Voennogo Soveta fronta general-leitenantu Leliushenko"*（西南方面军军事委
员会下达给列柳申科的指示），收录在《1942年12月，意大利-德国军队在顿河的覆灭：战役-战术的简
短总结》一书第128—129页。

58. *"Doklad predstavitelia Stavki No. 15 Verkhovnomu Glavnokomanduiushchemu plana
ispol'zovaniia 2-i Gvardeiskoi Armii dlia likvidatsii okruzhennoi v Stalingrade gruppirovki protivnika"*
（最高统帅部代表发给最高统帅的第15号报告，关于投入近卫第2集团军消灭被围于斯大林格勒之敌的
计划），收录在佐洛塔廖夫的《最高统帅部1942》一书第565—566页；档案引自*TsAMO, f. 48a, op.
3408, d. 139,11*，第674—678页。

59. *"Rasporiazhenie Verkhovnogo Glavnokomanduiusnchego No. 170704 predstaviteliu
Stavki o srokakh woda v srazhenie 2-i Gvardeiskoi Armii i zavershenii likvidatsii okruzhennogo v
raione Stalingrada protivnika"*（最高统帅发给最高统帅部代表的170704号令，关于近卫第2集团军投入

战斗和完成消灭被困于斯大林格勒之敌的时间），同上，第464—465页；档案引自*TsAMO f. 148a, op. 3763, d. 124,1*，第208页。

60. *"Rasporiazhenie Verkhovnogo Glavnokomanduiushchego No. 170705 predstaviteliu Stavki o srokakh i etapakh operatsii "Kol'tso"*（最高统帅发给最高统帅部代表的170705号令，关于"指环"行动的时间和阶段），同上，第465页；档案引自TsAMO, f. 148a, op. 3763,d. 126,1，第209页。

61. 华西列夫斯基，《毕生的事业》，第243页。截至12月13日中午，近卫第2集团军只有近卫步兵第1军的三个步兵师已卸载。

62. 同上，第243—244页。

63. 同上，第244页。华西列夫斯基指出，他的好友罗科索夫斯基并不赞同抽调近卫第2集团军的决定，并"坚持要求我不要这样做，还试图说服斯大林站到他那一边"。据华西列夫斯基回忆，罗科索夫斯基后来对他说："不管怎么说，您那时候的意见是不对的，我和近卫第2集团军完全能够在曼施泰因到达前歼灭保卢斯冻饿交加的几个师。"罗科索夫斯基在《军人的天职》一书第208、213页承认他强烈反对斯大林的决定："当然，这些已是往事，但我还是认为，如果按照大本营起初的计划行事，即以近卫第2集团军迅速歼灭被围的德军集团，或许更为适宜。这个大胆的方案可以为我军日后在苏德战场南翼的行动开辟广阔的前景。正如老话所说的那样，是划得来的……当然，现在也许有人会说，时至今日一切都已明了，自然可以轻而易举地评论过去。对此我要说的是，当时我一直主张以近卫第2集团军为主力，粉碎被围的敌军集团，并建议在敌救援部队抵达包围圈时，以整个第21集团军转身应对敌军。但大本营认为采用其他方案更好些，可以确保免遭不测。"

64. *Direktiva Stavki VGK komanduiushchim voiskami lugo–Zapadnogo i Voronezhskogo frontov, predstaviteliu Stavki ob izmenenii plana operatsii 'Saturn'''*（最高统帅部大本营发给西南方面军、顿河方面军司令员和最高统帅部代表的指令，关于"土星"行动计划的变更），收录在佐洛塔廖夫的《最高统帅部1942》一书第466—467页；档案引自TsAMO, 148a,op. 3763, d. 126,11，第211—214页。

65. 同上，第466页。

66. 同上，第466—467页。

67. *"Rasporiazhenie Verkhovnogo Glavnokomanduiushchego No. 170708 predstaviteliu Stavki o izmenenii poriadkam razgroma okruzhennoi pod Stalingradom gruppirovki voiska"*（最高统帅发给最高统帅部代表的170708号令，关于更改歼灭被围于斯大林格勒之敌集团的顺序），同上，第465页；档案引自*TsAMO, f. 148a,op. 3763, d. 126,1*，第215页。

近卫第3集团军司令员德米特里·丹尼洛维奇·列柳申科中将

第6集团军司令员费奥多尔·米哈伊洛维奇·哈里东诺夫中将

坦克第5集团军司令员伊万·季莫费耶维奇·什列明中将

机械化第5军军长米哈伊尔·瓦西里耶维奇·沃尔科夫坦克兵少将

坦克第 17 军军长帕维尔·巴甫洛维奇·波卢博亚罗夫坦克兵少将

近卫机械化第 1 军军长伊万·尼基季奇·鲁西亚诺夫少将

坦克第 18 军军长鲍里斯·谢尔盖耶维奇·巴哈罗夫坦克兵少将

坦克第 24 军（后改为近卫坦克第 2 军）军长瓦西里·米哈伊洛维奇·巴达诺夫坦克兵少将。1942 年 12 月 26 日，巴达诺夫晋升为中将

坦克第 25 军军长彼得·彼得罗维奇·帕夫洛夫坦克兵少将

第 24 集团军司令员伊万·瓦西里耶维奇·加拉宁中将

斯大林格勒方面军副司令员、突击第 5 集团军司令员马尔基安·米哈伊洛维奇·波波夫中将，后担任坦克第 5 集团军司令员

维亚切斯拉夫·德米特里耶维奇·茨韦塔耶夫上将，1942 年 12 月 26 日担任突击第 5 集团军司令员

近卫第2集团军司令员罗季翁·雅科夫列维奇·马利诺夫斯基中将

坦克第7军（后改为近卫坦克第3军）军长帕维尔·阿列克谢耶维奇·罗特米斯特罗夫坦克兵少将。1942年12月29日，罗特米斯特罗夫晋升为中将

近卫机械化第2军军长卡尔普·瓦西里耶维奇·斯维里多夫少将

机械化第6军军长谢苗·伊里奇·波格丹诺夫坦克兵少将

从左至右分别为北高加索方面军空军司令员 K. A. 韦尔希宁、空军第 17 集团军司令员 S. A. 克拉索夫斯基、空军第 16 集团军司令员 S. I. 鲁坚科

"顿河"集团军群司令埃里希·冯·曼施泰因元帅

"霍利特"集团军级集群（支队）司令卡尔·霍利特（右），与第9集团军司令瓦尔特·莫德尔将军

第6装甲师师长埃哈德·劳斯中将

# 第二章

# 西南方面军沿克里瓦亚河和奇尔河之战

## 12月1日—15日

### 背景：德国人的救援计划

西南方面军完成"天王星"行动的主要任务（包围德国第6集团军）后，最重要的次要任务是夺取顿河畔关键的雷奇科夫斯基和上奇尔斯卡亚镇，以及奇尔河畔的苏罗维基诺和奥布利夫斯卡亚镇，然后向南渡过奇尔河，粉碎德军从西面发起进攻解救第6集团军的一切企图。瓦图京方面军11月24日完成了主要任务，但没能完成其次要任务。相反，到月底时，西南方面军仍在鏖战，以加强他们沿奇尔河构设的防御，但尚未夺取顿河和奇尔河畔四个重要城镇中的任何一座。

正如苏军最高统帅部预料的那样，德国人从罗马尼亚第3集团军的崩溃和德国第6集团军陷入重围的震惊中恢复过来后，"顿河"集团军群立即着手策划救援保卢斯集团军的行动。完成集结后，第4装甲集团军的南部救援力量编有基希纳将军第57装甲军辖下的第6和第23装甲师，还获得了罗马尼亚第6、第7军辖下第1、第2、第18步兵师和第5骑兵师的加强，他们将从科捷利尼科沃地域向东北方攻击前进，直扑斯大林格勒包围圈南端。"霍利特"集团军级支队指挥的北部救援力量12月3日转隶第4装甲集团军，编有第48装甲军辖下的第11装甲师、第336步兵师、第7空军野战师，以及"施通普菲尔德"集群的"亚当"战斗群。奥托·冯·克诺贝尔斯多夫中将12月4日接替克拉默将军出任第48装甲军军长，该军将从雷奇科夫斯基、上奇尔斯基和下奇尔斯卡亚地域向东突击，渡过顿河，攻向斯大林格勒包围圈西南端。因此，第57装甲军的部队推进140公里才能到达斯大林格勒包围圈南端，而冲向包围圈西端的第48装甲军必须前进52公里。

至于第6集团军在救援行动中的任务，按照"顿河"集团军群的要求，保卢斯将军的作训处长12月1日18点50分给集团军群作训处长发去一封简短的电报，详细说明了第6集团军集结兵力突出包围圈和协助援兵的能力。电报中称，必要的话，第6集团军大概可以集结起13—14个装甲或装甲掷弹兵营和100—120辆坦克组成的突围力量。具体说来，他估计第14装甲师可投入5个营，第3摩步师可投入4个营，第29摩步师可投入4—5个营。除了100多辆坦克，这股力量还包括现有弹药补给情况下能够供应的火炮、坦克歼击车、突击炮和高射炮。电报中指出，除了上述兵力，第16装甲师大概还能提供2个装甲掷弹兵营，集团军辖内其他部队可提供2—3个掷弹兵营，但只有等战斗打响后，这些部队才能脱离建制[1]。再往后，这股兵力的规模会随着包围圈之战的

**表 1：参加"冬季风暴"行动的部队之集结**

| 部队 | 部队可用日期和驻地 | |
|---|---|---|
| | 规定日期 | 实际到达日期 |
| **南部力量（第57装甲军）** | | |
| **第57装甲军（军部）** | 12月3日 | 11月30日 |
| 第6装甲师（11月24日调自法国） | 12月3日 | 11月28日位于科捷利尼科沃 |
| 第23装甲师（调自A集团军群） | 12月3日 | 11月28日位于列蒙特纳亚 |
| 第15空军野战师 | 12月3日 | 调离 |
| **罗马尼亚第6军** | 已就位 | 第57装甲军左翼 |
| 第1、第2、第18步兵师、第5骑兵师 | | |
| **罗马尼亚第7军** | 已就位 | 第57装甲军右翼 |
| 第4步兵师、第8骑兵师 | | |
| 第17装甲师（奥廖尔地域，12月10日调至米列罗沃担任"顿河"集团军群预备队） | | 12月11日位于莫罗佐夫斯克（担任集团军群预备队，12月13日转隶第57装甲军） |
| | | 12月15日位于顿河以东，12月16日—18日调至阿克赛河 |
| 第7装甲师（12月15日从法国调至"顿河"集团军群） | | 1月1日—5日位于沙赫特 |
| **北部力量（第48装甲军）** | | |
| **第48装甲军** | 12月5日 | 12月4日位于下奇尔斯卡亚 |
| 第11装甲师 | 12月5日 | 12月6日—7日 |
| 第336步兵师 | 12月5日 | 12月2日—6日 |
| 第7空军野战师 | 12月5日 | 12月7日—8日 |
| 第8空军野战师 | 12月5日 | 12月15日—17日 |
| 第304步兵师 | | 12月15日—16日 |
| 第306步兵师 | | 12月15日—16日 |

加剧和第6集团军补给物资（特别是弹药和燃料）的减少而显著缩小。[2]

事实证明，"冬季风暴"的时间安排存在问题，因为该行动的发起日期有赖于援兵及时赶到。无论希特勒和OKH多么乐观，集结部队耗费的时间比预期的更长，最终导致曼施泰因不得不缩减援兵的规模和实力（参见表1）。曼施泰因原先的打算是，救援行动的发起日期不能晚于12月8日；但是，重新部署部队的问题迫使他将科捷利尼科沃方向的行动推延至12月12日晨。在此期间，苏军坦克第5集团军沿奇尔河展开的攻势，粉碎了德国人以第48装甲军从下奇尔河谷发起一场救援行动的所有希望。

## 苏军的计划和初步行动，12月1日—6日

由于从顿河向东通往斯大林格勒包围圈的距离（52公里）不到从科捷利尼科沃地域至斯大林格勒包围圈路程（140公里）的一半，苏军最高统帅部认为前者是个更加危险的方向。因此，最高统帅部命令叶廖缅科斯大林格勒方面军以第51集团军守卫科捷利尼科沃方向，命令瓦图京西南方面军以坦克第5集团军渡过奇尔河遂行进攻。反过来，瓦图京又以机械化第5军加强坦克第5集团军，以坦克第216旅加强坦克第5集团军辖下的坦克第1军。他认为，这样一来，罗曼年科掌握着两个快速军，足以击败或至少能遏止德国人从雷奇科夫斯基和下奇尔斯卡亚地域向斯大林格勒发起的一切救援行动。与此同时，普利耶夫的近卫骑兵第3军将与近卫步兵第4、步兵第258师相配合，继续打击德军据守雷奇科夫斯基和下奇尔斯卡亚地域的"亚当"战斗群。归根结底，虽然最高统帅部的意图是夺取雷奇科夫斯基和下奇尔斯卡亚，尔后是托尔莫辛，但如果坦克第5集团军只实施了破坏性进攻，成功打乱曼施泰因北部集团（第48装甲军）的救援行动，最高统帅部肯定也会深感满意。

尽管最高统帅部允许瓦图京和罗曼年科自行决定进攻的最终形式，但要求他们必须在12月7日发起突击，并顽强坚持下去，直至德军无力从下奇尔河地域向斯大林格勒发起解围行动。坦克第5集团军为新攻势实施休整、补充、再补给的同时，还应遂行局部行动。12月7日发起突击前，该集团军最重要的任务是扩大步兵第333师在奇尔河南岸奥斯特罗夫斯基夺取的小型登陆场，以便布特科夫将军把坦克第1军集结在该登陆场。

　　罗曼年科将主要注意力和快速部队主力集中在渡过下奇尔河发起突击的同时，还指挥部队在其他地方继续实施小规模进攻。因此，在集团军中央地带，步兵第119、第321、近卫步兵第40师和骑兵第8军骑兵第112、第55师奉命继续进攻罗马尼亚第3集团军"施密特""魏克""施塔赫尔""万特克"战斗群在苏罗维基诺、奥布利夫斯卡亚及其之间和西北方沿奇尔河构设的防御。集团军右翼，步兵第346、近卫步兵第50、步兵第159师奉命继续进攻，打击位于车尔尼雪夫斯卡亚及其南北两面的罗马尼亚第3集团军第2军和"施庞"战斗群，德军第22装甲师、罗马尼亚第1装甲师和第7骑兵师残部仍据守在那里。坦克集团军右侧，列柳申科近卫第1集团军（12月第一周结束时改编为近卫第3集团军）继续沿克里瓦亚河和顿河实施防御，当面之敌是"霍利特"集群第17军辖下的第62、第294步兵师，以及罗马尼亚第1军。与此同时，两个近卫集团军继续准备"土星"行动，近卫第1集团军偶尔会击退德军从博科夫斯卡亚向东发起的进攻。

　　尽管12月头三天争夺奥布利夫斯卡亚、苏罗维基诺和雷奇科夫斯基断断续续的战斗仍在继续，但最重要的行动发生在奇尔河南岸的奥斯特罗夫斯基登陆场（西南方面军12月1日—6日的战果参见副卷附录9A）。在那里，马特维耶夫上校的步兵第333师压迫着"施通普菲尔德"集群位于奥斯特罗夫斯基村西面1公里处的"泽勒"战斗群，而近卫骑兵第3军辖下的近卫骑兵第6师夺取了萨温斯基村（Savinskii）和利辛斯基村（Lisinskii），将登陆场的宽度从6公里扩大至15公里，深度达到8公里。"施通普菲尔德"集群的应对是以第687团第1营加强"泽勒"战斗群的登陆场防御，该营是炮兵上将瓦尔特·卢赫特[①]刚刚赶到的第336步兵师的先遣部队（参见地图2）。[3]

　　与此同时，奇尔河北面，布特科夫将军的坦克第1军正在坦克第5集团军后方接受休整和补充，准备投入12月7日的进攻。此时的坦克第1军已不再像合围行动完成后那般虚弱，当时该军只剩20辆坦克。到11月29日，新运抵的坦克使布特科夫坦克军的实力加强到146辆坦克——5辆KV、75辆T-34和66辆T-70。[4]另外，罗曼年科还从罗金将军的坦克第26军抽调了坦克第216旅来

---

　　① 译注：此时为中将。

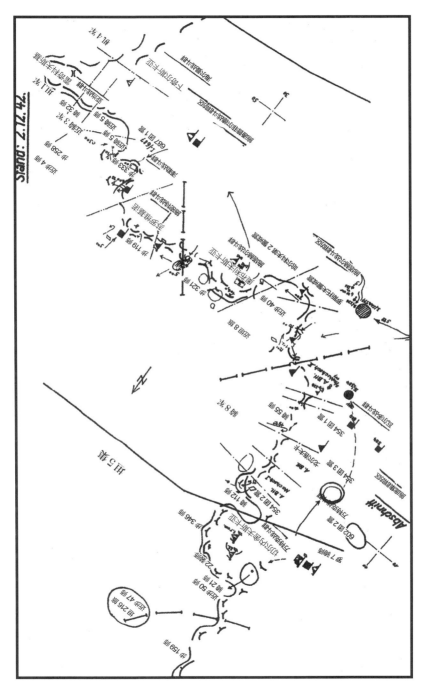

地图 2 坦克第 5 集团军沿奇尔河的战斗：1942 年 12 月 2 日的态势

加强布特科夫坦克军，这使得该军约有200辆战车。到12月初，坦克第5集团军还掌握着M.V.沃尔科夫少将新组建的机械化第5军。沃尔科夫军编有3个机械化旅和5个坦克团（每个机械化旅辖1个坦克团，外加2个独立坦克团），共计200辆坦克——2辆T-34、7辆T-70和191辆这段时期不太多见的英制坦克（114辆MkⅢ"瓦伦丁"、77辆MkⅡ"玛蒂尔达"），这是根据租借法案提供给苏联的。为实施这场进攻，坦克第5集团军还获得了近卫重型坦克第8旅，该旅拥有38辆KV坦克。[5]总之，瓦图京和罗曼年科有充分的理由相信，这股强大的力量足以完成其有限的任务——阻止德国第48装甲军向东冲往斯大林格勒包围圈。

加强快速军的同时，罗曼年科还以技术兵器增援普利耶夫的近卫骑兵第3军，以协助他们克服德军设在雷奇科夫斯基的防御。例如，12月4日晨，这位集团军司令员将坦克第1军的部分坦克和"喀秋莎"多管火箭炮调拨给骑兵军，他在命令中写道："集团军司令部要求将5辆重型或中型坦克、1个M-13多管火箭炮营和可供两轮齐射的火箭弹交给近卫骑兵第3军军长，以遂行夺取雷奇科夫斯基的局部行动。这些坦克和火箭炮务必在1942年12月4日8点前到达布罗金（Burokin）。"[6]

加紧准备12月7日"主要行动"的同时，近卫第1集团军在12月4日—6日的多数时间里仍处于防御状态，但坦克第5集团军继续进攻德军设在雷奇科夫斯基的防御。证明红军总参谋部对胜利抱以极高期望的是，他们在12月4日的每日作战概要摘录中错误地宣布攻克了德军支撑点（参见副卷附录9A）。这份声称夺取雷奇科夫斯基和上奇尔斯基的作战概要摘录，是基于近卫骑兵第3军的错误报告，该军辖内部队已到达雷奇科夫斯基东西两侧的顿河河段（参见地图3）。普利耶夫的部队的确前出至雷奇科夫斯基镇东面和西面的顿河河岸，但德军"亚当"战斗群辖下据守雷奇科夫斯基的"多宾"战斗群全力坚守该镇，并通过"绍尔布鲁赫"战斗群与上级指挥部门保持联系，而"绍尔布鲁赫"战斗群仍在雷奇科夫斯基对面的顿河东岸守卫着他们的登陆场。尽管坦克第5集团军近卫骑兵第3军对雷奇科夫斯基的突击失败了，但围绕德军支撑点的激烈战斗将德国人的注意力和兵力从奥斯特罗夫斯基登陆场吸引至西面，而布特科夫获得加强的坦克第1军即将从该登陆场发动进攻。

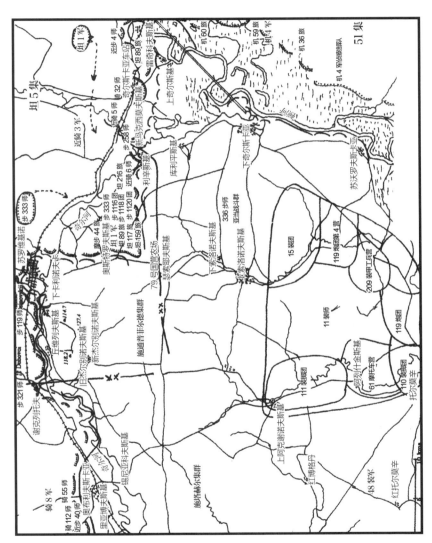

地图 3 1942 年 12 月 6 日，沿奇尔河的态势

# 奇尔河（托尔莫辛）进攻战役，12月7日—15日

## 坦克第5集团军的推进，12月7日—12日

### 准备工作

渡过奇尔河发动进攻前，坦克第5集团军情报部门密切留意着对面的德国军队。这方面的一个例子是，他们在12月5日21点呈交罗曼年科的一份报告中准确指出：

1942年12月5日在雷奇科夫斯基地域抓获敌第6集团军第672工兵营的一名士兵，据他交代，守卫雷奇科夫斯基的是第672工兵营的两个连（第1、第3连，第2连已被歼灭）。该营兵力为200—220人，配有卡宾枪和20支冲锋枪，外加2—4个迫击炮连。除了这些营①，雷奇科夫斯基还有来自不同单位的100—150人，这些人编为一个连队，另外还有2辆中型坦克。12月4日，（敌人）在雷奇科夫斯基北郊埋设了地雷。[7]

发给坦克第5集团军的后续报告指出，德军第336步兵师已于12月5日到达该地域，但直到12月7日投入行动前，他们才发现德军第11装甲师的部队。

12月6日—7日夜间，罗曼年科坦克第5集团军各突击群相继进入各自的集结区和出发阵地。集团军主力突击群编有布特科夫将军的坦克第1军，该军获得坦克第216旅的加强，另外还有马特维耶夫上校的步兵第333师，而尼科洛夫少校的近卫坦克第8旅和集团军直属的摩托车第8团担任预备队。后者已奉命深入敌军后方，向托尔莫辛发起突袭，破坏守军的后勤。马特维耶夫的步兵占据了8公里宽的出发地域，从苏罗维基诺东南偏南方3公里处向南延伸至161高地北面1公里，该高地位于奥斯特罗夫斯基西南偏南方5公里处。为遂行突击，马特维耶夫将步兵第1120团部署在左侧，当面之敌为德军第336步兵师第687团第1营；步兵第1118团部署在中央，与之对垒的是德军第336步兵师第686团第3营；步兵第1116团部署在右侧，对面是德国第7空军野战师"冯·布

---

① 译注：原文如此。

登布罗赫"营级战斗群，该战斗群隶属于"施密特"战斗群，后转隶"泽勒"战斗群。[8]

12月6日—7日夜间，布特科夫坦克第1军辖内各旅进入步兵第333师后方集结区，坦克第117、第159、重型坦克第216旅沿奥斯特罗夫峡谷集结，这条峡谷从奥斯特罗夫斯基向西南方延伸约5公里，直至162.0高地。布特科夫麾下的第四个坦克旅是第89旅，可能集结在步兵第333师右翼第1116团身后，而摩托车第8团部署在坦克军浅近后方。

布特科夫坦克军的任务是在奥斯特罗夫斯基西南方约3公里处（苏罗维基诺以南12公里）一片3公里宽的地段突破德军防御；向南扩大战果，夺取79号国营农场和东南面约1公里处的瑟索耶夫斯基村（Sysoevskii）；然后转向东南方，直扑下奇尔斯卡亚，歼灭敌"下奇尔斯卡亚"集团，切断莫罗佐夫斯基与斯大林格勒包围圈之间的一切联系，从而打垮德军沿下奇尔河构设的防御。罗曼年科故意将他的主要突击放在德军第336步兵师左翼与"泽勒"战斗群右翼的结合部，他认为德国人在那里的防御最为虚弱。

罗曼年科还打算在集团军主力突击群两翼实施两场辅助突击。坦克第1军左侧，普利耶夫将军近卫第3骑兵军辖下的近卫骑兵第5、第6师，会同富尔欣上校的步兵第258师，将从奥斯特罗夫斯基登陆场南端向南发起进攻，夺取奇尔河南岸的利辛斯基村和新马克西莫夫斯基村（Novo-Maksimovskii）。据守这些支撑点的分别是德军第336步兵师第685团第3营和"亚当"战斗群辖下的"埃德曼"战斗群。库拉金上校的步兵第119师将从坦克第1军右侧发起突击，夺取"施密特"战斗群据守的苏罗维基诺。

除了坦克第5集团军12月7日发起的主要突击，罗曼年科还命令沃尔科夫将军强大的机械化第5军（瓦图京12月6日将该军交给坦克第5集团军）12月9日向南发起进攻，渡过苏罗维基诺西面的奇尔河，向西扩展攻势。沃尔科夫军里的M.沙波什尼科夫上校（后升为坦克兵中将）描述了机械化第5军和坦克第5集团军的任务（参见副卷附录9B）。简言之，坦克第5集团军应歼灭德军"托尔莫辛"集团（第48装甲军），以阻止这股敌军从西面向斯大林格勒包围圈发起救援行动。沃尔科夫机械化军12月6日晨收到的进攻令中指出，步兵第321和第119师将于12月9日晨发起冲击，"强渡奇尔河，夺取登陆场，掩护该军当日上午投入战斗"。沃尔科夫的机械化军应在两个步兵师身后渡过奇尔河，"配合步兵师，日终前夺取丘维列夫斯基（Chuvilevskii）和下卡利诺夫卡（Nizhniaia Kalinovka）一线［苏罗维基诺西南方3—7公里］"；尔后，该军应"向新杰尔别诺夫斯基（Novo-derbenovskii）［苏罗维基诺西南方12公里］和上阿克谢诺夫斯基（Verkhne-Aksenovskii）［苏罗维基诺西南偏南方35公里，托尔莫辛以北20公里］扩展攻势"。[9]

因此，罗曼年科设想的是一场分为两个阶段的攻势，坦克第1军12月7日—9日的进攻将从西北面包围雷奇科夫斯基和下奇尔斯卡亚，而机械化第5军将于12月9日向南攻往托尔莫辛。这位坦克集团军司令员确信，他的突击群编有步兵第321、第119、第333师、坦克第1和机械化第5军的400多辆坦克、近卫骑兵第3军三个骑兵师的骑兵和近卫步兵第4、步兵第258师的步兵，这股力量远远超过下奇尔河南面的德国军队。[10]可是，他错了。

进攻前夕，罗曼年科坦克第5集团军面对的是部署在罗马尼亚第3集团军右翼的"施塔赫尔"和"施密特"战斗群，以及倚靠第4装甲集团军左翼的第48装甲军。"顿河"集团军群辖下的这些轴心国军队，据守的防线从奇尔河畔的奥布利夫斯卡亚东延至雷奇科夫斯基、下奇尔斯卡亚和更南面的顿河河段。四天前，曼施泰因已重组集团军群沿奇尔河和顿河下游展开行动的部队的指挥控制，为第48装甲军向东发起救援行动创造更有利的条件。12月3日，曼施泰因将克诺贝尔斯多夫将军指挥的第48装甲军从"霍利特"集团军级支队转隶第4装甲集团军，同时指定了克诺贝尔斯多夫装甲军的作战地域，从（奥斯特罗夫斯基登陆场以南7公里的）奇尔河畔利辛斯基村向南延伸40公里，直至顿河畔的比留奇（Biriuchi）。由于该装甲军的新防区分割了位于罗马尼亚第3集团军右翼的"施通普菲尔德"集群，曼施泰因便把施通普菲尔德麾下的"亚当"战斗群交给第48装甲军，施通普菲尔德的"施密特"战斗群则成为罗马尼亚第3集团军的新右翼。

因此，12月6日晚，罗马尼亚第3集团军的"施塔赫尔"集群以第8航空军地面部队守卫着奥布利夫斯卡亚镇和通往苏罗维基诺半途的奇尔河南岸，并获得第6集团军原后方单位、警戒和保安部队的加强。[11]"施塔赫尔"战斗群右侧，罗马尼亚第3集团军的"施密特"战斗群以"魏克"战斗群（第301装甲营）和各种支援单位据守苏罗维基诺、该镇西面的奇尔河南岸和奥斯特罗夫斯基登陆场西半部，并得到临时组建的"泽勒"战斗群的支援。最后是罗马尼亚第3集团军最右翼和第4装甲集团军左翼，第48装甲军据守的防区从奥斯特罗夫斯基登陆场南半部沿奇尔河向东延伸，跨过该河直至雷奇科夫斯基的顿河河段，然后沿顿河向南延伸，到达并越过下奇尔斯卡亚。此时，克诺贝尔斯多夫装甲军编有卢赫特将军的第336步兵师、赫尔曼·巴尔克中将[1]的第11装甲师、男爵沃尔夫·冯·比德尔曼少将的第7空军野战师和"亚当"战斗群。亚当的部队已从罗马尼亚第3集团军"施通普菲尔德"集群转隶第48装甲军，因为该战斗群据守着上奇尔斯基、雷奇科夫斯基和雷奇科夫斯基对面的顿河登陆场，第48装甲军打算从那里向斯大林格勒发起解围行动。但克诺贝尔斯多夫将缺乏战斗力的第7空军野战师调给"施塔赫尔"集群，以加强后者的防御。

第48装甲军为救援行动展开部署，以第336步兵师主力据守从奥斯特罗夫斯基西南方高地东延至奇尔河畔利辛斯基村这片防区，第11装甲师进入托尔莫辛东北面集结区，"亚当"战斗群坚守雷奇科夫斯基、顿河东岸登陆场和下奇尔斯卡亚。[12]守卫装甲军左翼和苏罗维基诺镇的是罗马尼亚第3集团军辖下的"施密特"集群和"魏克"战斗群（第301装甲营），并获得第7空军野战师部分力量的加强。而装甲军从下奇尔斯卡亚沿顿河西岸向南延伸至比留奇的漫长右翼，由"海尔曼"战斗群据守的一些警戒哨所防御。

### 坦克第1军的进攻和79号国营农场之战，12月7日—9日

12月7日9点，坦克第5集团军准时发起进攻，步兵第333师在奥斯特罗夫斯基西南方迅速突破"施塔赫尔"集群"施密特"战斗群与第336步兵师之间防御虚弱的结合部（参见地图4）。坦克第1军在步兵第333师身后推进的几个旅冲入突破口，前进6—7公里，意图夺取79号国营农场。黄昏时，罗曼年科向总参谋部汇报了集团军的进展（参见副卷附录9C）。

---

① 译注：此时为少将。

布特科夫坦克军以坦克第117、第159、重型坦克第216旅沿奥斯特罗夫峡谷向西南方攻击前进;该军辖下的坦克第89旅从峡谷北脊向西前进,摩托化步兵第44旅仍担任预备队,为坦克部队提供步兵支援。发起进攻前,布特科夫派出30辆坦克支援近卫骑兵第3军近卫骑兵第5、第6师的突击行动,这两个师在坦克军左侧遂行进攻。

布特科夫军的三个先遣坦克旅,在奥斯特罗夫斯基西南方6—11公里处一片5公里宽的地域突破第48装甲军的防御。进攻中的坦克粉碎了冯·布登布罗赫的小股战斗群,这股德军在“施塔赫尔”集群第7空军野战师右翼据守着虚弱的防御,苏军还绕过德军第336步兵师第686团左翼。三个坦克旅向南推进10公里,10点30分左右一举夺取79号国营农场和南面1公里处的瑟索伊金村(Sysoikin)。随后,几个旅迅速在国营农场西面、南面、东南面2公里处构设起环形防御,希望8日晨从这里继续向东南方攻击前进。在此期间,部署在坦克军右翼的坦克第89旅向西推进约2公里,力图夺取第7空军野战师杂乱无章的部队守卫的129.0高地。

布特科夫军突破第48装甲军防御后,摩托车第8团进入突破口,迅速冲向西南方的上阿克谢诺夫斯基。该团前出至奥斯特罗夫斯基西南方25公里、上索洛诺夫斯基(Verkhne-Solonovskii)以西10公里处,日终时被德军第11装甲师或第336步兵师向北派出的小股力量所阻。马特维耶夫步兵第333师的三个团跟随在坦克第1军身后,到达的位置向南延伸,经129.0高地至79号国营农场北面约2公里处,然后向东延伸,至德军第336步兵师据守的161.0高地之北面。

罗马尼亚第3集团军12月7日绘制的每日态势表明,50—70辆苏军坦克从奥斯特罗夫斯基地域向南发起突击,而第48装甲军14点签发的态势表明,50辆敌坦克从奥斯特罗夫斯基向西南方达成突破,8—15辆KV重型坦克位于79号国营农场以南2公里的河床处,30辆坦克集结在国营农场以西3公里,还有10辆坦克位于农场北面。这些坦克很可能都来自布特科夫坦克军主力。

苏军发起进攻后没多久,克诺贝尔斯多夫装甲军便获知了消息。尽管第11装甲师忙着在托尔莫辛进行烦琐的卸载工作,但该军别无选择,必须迅速做出应对。第48装甲军作战日志详细记录下苏军进攻行动每个小时的情况,评估了对己方防御构成的威胁,并阐述了该军迅速采取的措施:

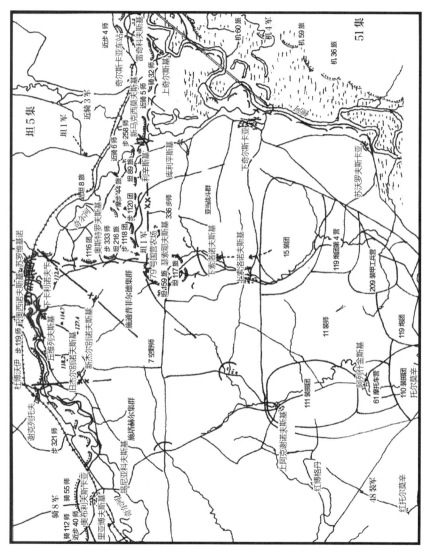

地图 4 1942 年 12 月 7 日，沿奇尔河的态势

**8点：**第336步兵师位于苏拉茨基［Sulatskii，奥斯特罗夫斯基东南方2公里，奇尔河畔的一座小村庄］以西地域的左翼部队发来警报，50辆敌坦克展开快速突击，沿奥斯特罗夫峡谷向西南方推进，已突破第7空军野战师一个团的防御，毫不停顿地继续向南攻击前进。

**9点30分：**先前提及的敌坦克穿过79号国营农场，继续向南赶往下索洛诺夫斯基（Nizhne-Solonovskii）。坦克的集结情况尚未完全确定。目前，大批敌军有可能从西面到达第336步兵师身后，并进入"亚当"战斗群后方……军部立即向装甲团［第11装甲师抵达该地域的第一支单位］发出警告，并请求第4装甲集团军司令部批准使用这股力量……尚不完全清楚敌人达成突破的位置，但"泽勒"战斗群与第336步兵师左翼部队之间的联系已中断……据俘虏交代，集结在那里的骑兵和坦克力量约为一个师。[13]

在此期间，第11装甲师已到达托尔莫辛，在该镇卸载后向东北方集结。下午晚些时候，该师师长赫尔曼·巴尔克将军从第15装甲团抽调一个支队派往北面，阻止苏军的一切后续推进。该支队显然遏止了苏军摩托车第8团的前进，尔后在下索洛诺夫斯基北面2公里、79号国营农场南面4公里处占据阻截阵地。巴尔克随后赶往南面5公里处的上索洛诺夫斯基，在那里与卢赫特将军商讨应当采取何种行动。[14]

有趣的是，就在布特科夫的坦克冲向79号国营农场之际，德军第336步兵师右翼部队也从156.0高地与利辛斯基村之间向北遂行攻势。无论是计划好的还是自发行为，第336步兵师第685、第686团、"泽勒"战斗群和第301装甲营约15辆坦克发起的这场反冲击，在普利耶夫近卫骑兵第3军两个师发起进攻前或进攻期间就袭向了他们。激战中，德军两个步兵团将苏军两个骑兵师向北驱赶了数公里，迫使后者退至萨温斯基村南郊和奥斯特罗夫斯基南面2公里处的新防线。在此过程中，遂行反冲击的德军攻占了萨温斯基村南面1公里处的106.6高地。[15]由于坦克第1军辖下的摩托化步兵第44旅不得不向东南方部署，以遏止德军第336步兵师的推进，普利耶夫遭遇的重挫导致他的骑兵和坦克第1军的摩托化步兵无法支援布特科夫的主要突击。

不过，普利耶夫各骑兵师此时实力太过虚弱，无法为进攻中的坦克集团军提供任何实质性支援。骑兵第8军骑兵第112师师长12月7日晚些时候提交给坦克第5集团军司令部一份清醒的报告证实了这一点。报告总结了近五天来几乎持续不断的战斗造成的影响，并承认：

从1942年11月29日至12月4日，为夺取奥布利夫斯卡亚，骑兵第112和近卫步兵第40师发起的联合行动使这两个师严重受损。近卫步兵第40师师长在策划两个师协同行动的同时，还确定了每日进攻的发起时间，但他的命令和计划未能实现……

从1942年11月19日至12月7日，骑兵第112师一直沿骑兵第8军的主要方向遂行任务。1942年11月19日至12月7日的伤亡情况如下：骑兵第275团——6名团级指挥员；骑兵第294团——5名团级指挥员；骑兵第313团——3名团级指挥员。我师还损失2631名士兵和2098匹马，主要是敌机空袭所致。[16]

其他地带遭受的挫败和集团军的严重损失并未吓住罗曼年科，12月7日19点15分，他要求布特科夫坦克军不惜一切代价完成受领的任务。罗曼年科宣布："我命令您12月8日晨继续遵照00141号作战令执行您的任务，12月8日日终前务必消灭敌'下奇尔斯卡亚'集团。〔签名〕罗曼年科和丹尼洛夫。"[17]因此，12月7日—8日夜间，布特科夫将坦克第89旅和摩托化步兵第44旅的一个营从右翼撤下后担任预备队，并把他们派往东南方加强步兵第258师，该师正在进攻"亚当"战斗群辖下的"埃德曼"战斗群在利辛斯基村东面沿奇尔河南岸构设的防御。

与此同时，巴尔克和卢赫特将军在第336步兵师设于上索洛诺夫斯基的师部策划着次日的行动。卢赫特关心的是迅速解决问题，因而建议第11装甲师以一场突然的正面进攻夺回79号国营农场。但巴尔克强烈反对，他认为地形条件不利于发起这种突击，正确的目标应当是尽可能多地歼灭苏军坦克力量，并提出一个合围计划。具体说来，巴尔克建议投入第15装甲团的大部分坦克，沿国营农场西面适合坦克行进的高地向北进击，然后转身向东，冲向国营农场西北面，从后方打击苏军。卢赫特同意后，巴尔克的最终计划要求第15装甲团和第111装甲掷弹兵团遂行合围任务，第110装甲掷弹兵团则从南面直接发起进攻，打击盘踞在国营农场及其周边之敌。进攻国营农场时，第11装甲师的装甲工兵营和高射炮单位应部署在国营农场南面，防止陷入合围的苏军朝该方向逃窜。

巴尔克忙于集结第11装甲师主力以实施这场合围时，东面的右翼上，第336步兵师的两个团和第7空军野战师的一个加强团在奥斯特罗夫斯基登陆场南面构设并据守一条马蹄形防线。因此，第336步兵师第686、第685团沿"马蹄"圆形北部和东翼占据防御，其阵地从奥斯特罗夫斯基西南偏南方7公里处的161高地向东延伸8公里，至萨温斯基村南面的奇尔河河段，然后沿奇尔河向南延伸4公里，直至利辛斯基村。第336步兵师左侧，第7空军野战师加强团的两个营沿"马蹄"西翼占据正面朝西的阻截阵地，从161高地向南延伸6公里，至79号国营农场以东约7公里处。[18]

12月7日—8日夜间，第11装甲师第15装甲团小心翼翼地向北调动，进入79号国营农场西南偏西方6—7公里处的出发阵地，该团受领的任务是于拂晓前再向北推进6—8公里，然后转身向右，6点50分向东发起突击。投入进攻时，第15装甲团共有约70辆可用的坦克。[19]与此同时，跟随在装甲团身后向北而行的第111装甲掷弹兵团将向右急转，梯次部署于装甲团两侧，在国营农场北面3—8公里处向东发起突击。最后是第11装甲师辖下的第110装甲掷弹兵团，该团将于上午10点投入战斗，向正北方攻入79号国营农场，而第336步兵师第687团的一个营在第110装甲掷弹兵团右侧向东推进，设法与第336步兵师马蹄形防御的西翼重新建立起紧密联系。简言之，第11装甲师进攻的目的是以一只装甲铁锤从北面和西北面砸向达成突破的苏军坦克部队，将对方赶往南面和东面第110装甲掷弹兵团和第336步兵师步兵团构成的铁砧。[20]

克诺贝尔斯多夫和巴尔克完成他们的进攻计划，并将部队调入出发阵地时，12月7日—8日夜间，布特科夫将坦克第117、第159、第216旅部署在围绕79号国营农场的一道环形防线上，从西面、南面和东面掩护着各个方向有可能存在的接近地。显然，他还命令摩托化步兵第44旅脱离支援步兵第333师的战斗，向西南方赶往79号国营农场，拂晓时归建。可是，由于第11装甲师实施合围的第15装甲团和第111装甲掷弹兵团在国营农场西面悄无声息地向北机动了3—5公里，坦克第1军部署在农场西面约2公里处的警戒和侦察单位没有发现他们。因此，第15装甲团6点50分向东发起突击时，遭遇的第一股苏军是摩托化步兵第44旅正向西南方开拔的行军队列。7点左右，德军坦克的进攻令苏军摩托化步兵猝不及防，后者的队伍正位于国营农场北面2—3公里处。

红军总参谋部关于12月8日79号国营农场及其周边战斗的作战概要简单地写道："步兵第333师击退敌人一个步兵团和50辆坦克11点30分发起的反冲击，正在既有阵地上战斗。坦克第1军击退敌步兵和坦克发起的数次反冲击，继续战斗的同时扩大了突破地带。"（参见副卷附录9C）[21]每日作战概要中没有提及的是（可能因为罗曼年科尚未报告），坦克第1军猝不及防，部署在79号国营农场周围的三个坦克旅中，至少有两个被第11装甲师的突袭所重创。罗曼年科显然回避了这一事实，而是在每日报告的结尾处详细阐述了布特科夫坦克军一周前夺取奇尔河车站的胜利，外加一份缴获各种战利品的详细清单。

据第48装甲军和第11装甲师的每日记录和态势图记载，巴尔克的部队6点50分准时发起进攻（参见地图5）。第15装甲团的坦克向东突击，7点在79号国营农场北面2—4公里的公路上粉碎坦克第1军摩托化步兵第44旅主力，在2小时的战斗中击毁了该旅的大部分卡车，击毙大批苏军士兵，并将残余敌军驱散。第15装甲团随后沿公路构设起正面朝北的拦截阵地，派出一队坦克向东赶往第336步兵师设于161高地的防御阵地，第二队坦克向南攻往国营农场。东面的坦克队列与第336步兵师第686团的步兵在161高地附近会合，将苏军坦克第1军的三个旅包围在79号国营农场及其周边。向南推进的坦克队列从北面对坦克第1军的三个坦克旅发起打击，几乎同一时间，第11装甲师第111和第110装甲掷弹兵团从西面、西南面、南面攻向坦克第1军设在国营农场周围的阵地。这场向心突击合围了坦克第1军辖内三个坦克旅，迫使他们向东北方杀出包围圈。

国营农场附近的战斗14点左右结束后，第11装甲师统计了战果，共击毁53辆敌坦克（约为布特科夫坦克军总实力的三分之一），自身的代价是损毁10辆坦克。[22]显然，由于坦克第89旅在更北面行动，位于第15装甲团构成的合围圈外，故而成为布特科夫坦克军辖内唯一毫发无损的部队。坦克第117、第159、第216旅残余的坦克向后败退，穿过步兵第333师设在奥斯特罗夫斯基西面和西南面的防御。虽然没有坦克第1军损失情况的更多资料，但布特科夫三个坦克旅和提供加强的重型坦克第216旅的200辆坦克中，损失很可能多达60辆。

12月8日日终前，第11装甲师第111和第110装甲掷弹兵团击退苏军步兵第

333师左翼第1120团发起的数次反击，并进入从苏罗维基诺以南8公里东延至奥斯特罗夫斯基南面约2公里处的阵地。第336步兵师第685团也击退了近卫骑兵第3军近卫骑兵第6师和步兵第258师一个团从萨温斯基村向南对利辛斯基村的进攻，守住了利辛斯基村支撑点。

正如坦克第5集团军12月8日21点签发的敌情摘要所示，他们对当面之敌的情况有所了解，也知道如果不能将德国第48装甲军从救援第6集团军的主要任务中调开将会面临怎样的危险：

> 敌人企图以第7、第94步兵师、第11装甲师（德）前方第336步兵师的部队发起进攻，旨在夺取苏罗维基诺和利辛斯基地域的奇尔河西岸。他们正在前线其他地段改善防御。重新部署部分部队的同时，他们还在集结从其他战线或防御纵深调来的新部队（第159步兵师、第6装甲师、"狗头"步兵师），目的是发起一场进攻，与"斯大林格勒"集团会合。对我们来说，探明第6装甲师、第169、第94步兵师（德）主力部队的接近、编成及其主要集结区非常必要。[23]

这份报告表明，坦克第5集团军大大高估了当面之敌的实力，他们认为第48装甲军已获得几个步兵师的加强，第6装甲师和另一个步兵师也将加入其中。

与此同时，对坦克第1军遭遇重挫的严重影响心知肚明的苏军最高统帅部，命令坦克第5集团军按计划继续进攻，12月9日拂晓将沃尔科夫将军的机械化第5军投入战斗。尽管坦克第1军已混乱不堪，但依然是一股强大的力量，仍有100多辆坦克，最高统帅部命令该军恢复进攻，但必须谨慎行事。12月8日午夜后不久接到最高统帅部最新指示后，坦克第5集团军参谋长丹尼洛夫少将12月9日2点30分给布特科夫坦克军下达命令："坦克第1军和摩托车第8团应与步兵第333师相配合，朝苏罗维基诺这个总方向发起进攻，歼灭敌336步兵师，尔后与步兵第119师共同夺取苏罗维基诺。"[24]这道命令表明，苏军最高统帅部仍然认为，以坦克第1军和机械化第5军发起一场合围，完全可以抢在德军大股装甲部队介入前歼灭第336步兵师并攻占苏罗维基诺。在苏军最高统帅部看来，即便做不到这一点，将德军第11装甲师拖入这场战斗也是有益的，不仅可以重创对方，还能使该师无法率领救援第6集团军的解围行动。

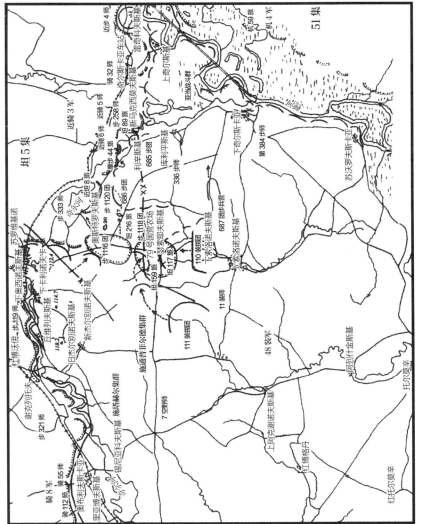

地图 5 1942 年 12 月 8 日，沿奇尔河的态势

**突击第 5 集团军的组建**

苏军最高统帅部担心，德国人打算在奇尔河南面的托尔莫辛地域集结一股强大力量解救第6集团军，坦克第5集团军12月8日呈交总参谋部的敌情报告打消了这一顾虑。实际上，报告中只提及第6装甲师，这就意味着德国人准备集结两个装甲师遂行救援行动。因此，除了命令坦克第5集团军继续进攻，最高统帅部还采取了更加坚决的措施，以确保击败第48装甲军。最高统帅部不再确信罗曼年科的坦克第5集团军能应对下奇尔河日益加剧的威胁，因而下令组建突击第5集团军，协助坦克第5集团军击败第48装甲军，并消除德军从雷奇科夫斯基和下奇尔斯卡亚向东发起解围行动的一切可能性（参见副卷附录8M）。

最高统帅部12月8日签发的这道指令，要求叶廖缅科将军的斯大林格勒方面军在短短四天内（12月9日—12日）组建一个全新的突击集团军。突击第5集团军由叶廖缅科的副手马尔基安·米哈伊洛维奇·波波夫中将指挥，编有斯大林格勒方面军第51集团军辖下的步兵第300、第315师，第57集团军辖下的机械化第4军，调自斯大林格勒方面军预备队的步兵第87师、坦克第7、第23军，调自坦克第5集团军的近卫步兵第4、步兵第258师和近卫骑兵第3军。另外，突击第5集团军在坦克第5集团军左翼接管雷奇科夫斯基对面的关键作战地域。波波夫这个新集团军的主要任务是"与坦克第5集团军相配合，歼灭敌'下奇尔斯卡亚'和'托尔莫辛'集团"，必须"不惜一切代价阻止敌人从托尔莫辛和下奇尔斯卡亚地域达成突破，进而与被困于斯大林格勒的敌集团会合"。[25]尔后，波波夫集团军将与坦克第5集团军一同"在顿河北面朝乌斯季贝斯特良斯卡亚这一总方向继续进攻"。[26]虽然集团军的组建较为仓促，但辖内各部队都经受过战斗考验，并已做好投入行动的准备。

突击第5集团军的组建至关重要，有两个原因。第一，这表明苏军最高统帅部意识到必须以一股新的、更强大的力量夺取雷奇科夫斯基和下奇尔斯卡亚，粉碎德军从西面救援斯大林格勒包围圈的一切企图。第二，这证明最高统帅部（也许还包括瓦图京）已对罗曼年科失去信心。虽然最高统帅部让罗曼年科继续当了一阵坦克集团军司令员，但委任更具干劲的波波夫将军指挥突击第5集团军。波波夫集团军应做好12月13日发起进攻，夺取雷奇科夫斯基和上奇尔斯基的准备。

　　作战经验丰富的坦克第7、第23军为波波夫新集团军提供了核心坦克力量。组建于1942年4月7日的坦克第7军由P.A.罗特米斯特罗夫少将指挥，这位颇具才干的坦克指挥员曾在莫斯科战役期间率领一个坦克旅赢得过赞誉；他后来指挥过著名的近卫坦克第5集团军，战争末期晋升为红军装甲坦克和机械化兵司令员①。[27]1942年7月，罗特米斯特罗夫的坦克军在沃罗涅日地域作战，隶属于原先的坦克第5集团军（参见本三部曲第一部），1942年8月—9月，该军部署在科特卢班地域，接受近卫第1集团军指挥（参见本三部曲第二部）。坦克第7军在这些激烈的进攻战役中遭受严重损失后，最高统帅部10月6日将其转入预备队，并把该军调往萨拉托夫地域接受休整和补充。11月29日，罗特米斯特罗夫的坦克第7军开始向斯大林格勒西北地域开拔。[28]该军12月3日在卡恰林斯卡亚车站卸载，12月7日排成旅级纵队向南行进100公里，赶往斯大林格勒西南方利亚皮切夫（Liapichev）、戈林（Gorin）、韦尔博夫斯基（Verbovskii）和新彼得罗夫斯基（Novo-Petrovskii）地域的集结地。尽管受到厚重积雪的妨碍，但该军12月9日完成了集结，军长罗特米斯特罗夫与波波夫在设于小卢奇卡国营农场（Malaia Luchka）的军部会面，商讨坦克第7军在即将发起的进攻行动中的任务。

　　组建于1942年4月12日的坦克第23军由E.G.普希金坦克兵少将指挥。该军在1942年5月的哈尔科夫战役中覆灭，但6月初重建，先后由A.M.哈辛上校（7月21日晋升为少将）、A.F.波波夫少将、V.V.科舍列夫中校指挥，直至1942年11月29日普希金将军再度担任军长。1942年7月，隶属第28集团军的坦克第23军在顿巴斯地区作战，1942年8月成为第62集团军"什捷夫涅夫"集群的组成部分（参见本三部曲第一部），当年9月守卫斯大林格勒郊区和工厂区，10月1日撤至伏尔加河东岸（参见本三部曲第二部）。此后，坦克第23军协防伏尔加河群岛，到1942年11月29日，普希金指挥的这个坦克军已恢复满编。

　　12月12日接管第57集团军机械化第4军和坦克第5集团军近卫骑兵第3军后，波波夫强大的突击集团军负责阻止德国人从雷奇科夫斯基和下奇尔斯卡亚地域向东发起进攻、解救第6集团军的一切企图。

---

　　① 译注：副司令员。

### 机械化第 5 军的进攻行动，12 月 9 日—12 日

尽管苏军最高统帅部要求坦克第5集团军在突击第5集团军组建之际，继续沿下奇尔河遂行进攻，但该集团军12月9日发起的突击几乎立即陷入了停顿（参见副卷附录9C）。缺乏经验的机械化第5军在苏罗维基诺以西渡过顿河投入战斗，面对德军的顽强抵抗，这场突击没过几小时便停滞不前，布特科夫的坦克第1军也无力在奥斯特罗夫斯基登陆场恢复有效进攻行动（参见地图6）。面对这些失利，红军总参谋部没有提及令人尴尬的细节，只是笼统地指出，罗曼年科集团军"继续在苏罗维基诺、雷奇科夫斯基地域的奇尔河右岸和奥布利夫斯卡亚地域遂行进攻，并在前线其他地段继续守卫其阵地。编写这份作战摘要时，尚未收悉该集团军各部队所在位置的消息。"[29]

实际上，沃尔科夫的机械化第5军完全做好了12月9日晨投入行动的准备。拂晓时，I.Ia.库拉金上校步兵第119师的两个团和I.A.马卡连科少将步兵第321师的两个团，从左至右部署在从苏罗维基诺西郊西延至谢克列托夫村（Sekretov）这片6公里宽的出发阵地上，他们跨过奇尔河冰面发起进攻。机械化第5军辖下的机械化第45和第49旅集结在四个步兵团身后，准备穿过推进中的步兵，向南扩展攻势。可是，苏军步兵跨过奇尔河发起冲击时，四个步兵团的先遣营遭遇到"施塔赫尔"集群编成内"魏克"战斗群密集的防御火力，该战斗群以第301装甲营和几个营级单位守卫着河流南岸，其中包括担任预备队的第36爱沙尼亚警察营和哈尔科夫警戒营。[30]苏军的一份报告指出，德国人将炮兵部署在丘维列夫斯基农场和下卡利诺夫卡〔分别位于苏罗维基诺西南偏西方18公里、6公里处〕，以极其猛烈的侧翼火力打击前进中的苏军步兵，迫使他们停止进攻并匍匐在地。因此，亲自赶至前线视察情况的罗曼年科将军下令将进攻推延至12月10日晨。次日恢复进攻时，罗曼年科命令机械化第5军以辖内几个机械化旅率领这场突击。[31]

与此同时，在苏罗维基诺东南方的奥斯特罗夫斯基登陆场，巴尔克第11装甲师（该师12月8日击败了坦克第1军）配合第336步兵师第686团第1营，继续歼灭他们身后79号国营农场东面被绕过、陷入重围的苏军，同时重组部队，准备消灭不断萎缩的苏军登陆场。将第61摩托车营派至奥斯特罗夫斯基以西4公里处的左翼后，第11装甲师又将第111装甲掷弹兵团主力和第110装甲掷弹兵

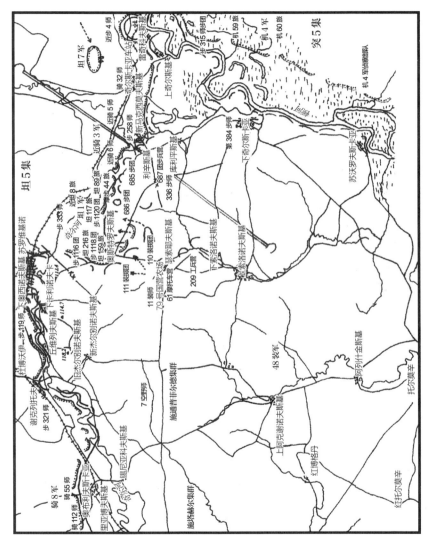

地图 6　1942 年 12 月 9 日，沿奇尔河的态势

团半数力量向北派至从奥斯特罗夫斯基南郊向西延伸的防线上。第110装甲掷弹兵团另一半兵力和第336步兵师第686团的一个步兵营共同肃清萨温斯基村西面的苏军散兵游勇，第336步兵师余部沿奇尔河南岸，占据了萨温斯基村向东南方延伸至利辛斯基村防御阵地。12月9日夜幕降临时，第11装甲师和第336步兵师完成了他们的清剿行动，打算次日休整部队。可是，苏罗维基诺地域的苏军和德军12月10日都没有获得喘息之机。

12月10日拂晓，新的战斗沿坦克第5集团军的整条战线爆发开来，从奥布利夫斯卡亚东面沿顿河延伸至雷奇科夫斯基地域。红军总参谋部12月11日8点签发的每日作战概要描述了12月10日的部分作战行动。尽管承认战斗发生在整个奥斯特罗夫斯基登陆场，但这份作战概要几乎没有提供任何宝贵的细节。实际上，报告中只提及步兵第333师与实施反突击的德军坦克和步兵展开战斗，坦克第1军为该师提供了坦克支援。这份作战概要没有提到机械化第5军终于在苏罗维基诺西面投入战斗，该军先遣旅设法在丘维列夫斯基村和下卡利诺夫卡村的奇尔河南岸夺得两座小型登陆场。

12月10日7点30分至8点间，坦克第5集团军在苏罗维基诺和奥斯特罗夫斯基地域投入战斗。在奥斯特罗夫斯基登陆场，一股暂时被德国人确认为近卫步兵第47师几个团的部队，在坦克第1军坦克第159旅50辆坦克支援下，7点30分对奥斯特罗夫斯基东南方约1公里、第11装甲师第110装甲掷弹兵团与第336步兵师第686团的结合部发起打击。进攻中的苏军设法推进约2公里，才被部署在第336步兵师后方的德军炮兵的猛烈火力所阻，损失6辆坦克后，这股苏军撤出战斗。[32]

当日上午9点，奥斯特罗夫斯基西面，德军第11装甲师第111装甲掷弹兵团在第15装甲团约50辆坦克支援下，向北攻往苏军步兵第333师的防御，随后转身向东，径直赶往奥斯特罗夫斯基西郊，但被坦克第1军部分部队、近卫坦克第8旅和近卫步兵第47师派出的一个团所阻。尽管12月10日的登陆场之战非常激烈，但战果很有限。第11装甲师没能粉碎苏军登陆场，但巴尔克的部队将该登陆场的深度又压缩了1公里，而第336步兵师挫败了苏军扩大登陆场的多次尝试。罗马尼亚第3集团军的一份敌情报告提及了令德国人深感不安的消息，报告中称，苏军坦克第4和第26军即将赶到。[33]尽管这份报告可能把机械化第5

军误判为坦克第4军，但还是提供了一些真实的情况。虽说坦克第4和第26军仍在罗科索夫斯基顿河方面军辖下，但应罗曼年科的请求，苏军最高统帅部、瓦图京和罗科索夫斯基很快将以坦克第4军坦克第102旅和坦克第26军坦克第216旅加强奥斯特罗夫斯基登陆场内的坦克第1军。[34]

12月10日，战斗在奥斯特罗夫斯基登陆场肆虐之际，上午8点，获得坦克第1军少量坦克支援的步兵第119师，对"施密特"战斗群设在苏罗维基诺的防御发起突击。尽管这些进攻徒劳无获，但事实证明，坦克第5集团军辖内部队沿苏罗维基诺西面的奇尔河河段取得的看似无足轻重的胜利，预示着更加严重的事态发展。

12月9日没能突破德军设在苏罗维基诺以西的防御后，罗曼年科命令机械化第5军10晨恢复进攻，务必取得更大战果。12月9日—10日夜间，该军军部人员确定，设在奇尔河南岸下卡利诺夫卡和丘维列夫斯基的支撑点是"魏克"战斗群沿谢克列托夫村与苏罗维基诺之间宽阔地带设防的关键点。机械化第5军军部人员知道，这两个德军支撑点非常强大，白天发起全面进攻根本无法将其攻克。因此，他们拟制了一个计划，从机械化第45和第49旅各抽调一个营（700人），在夜间渡河，设法夺取两个支撑点的一部分，拂晓时，两个旅和军内其他部队发起全面进攻。为达成出其不意，机械化第5军取消了炮火准备，并命令各部队不得开火，除非敌人发现先遣营并与之交战，或这些营已经取得初步胜利。

经过周密准备，S.P.格列齐金上校机械化第49旅第1营和M.V.舒托夫上校机械化第45旅第1营，在拂晓前60—90分钟到达奇尔河北岸。前者在下卡利诺夫卡西北方夺得奇尔河上的一座桥梁，并对其加以改造，以便坦克通行。后者渡过奇尔河，经过一场短暂而又激烈的战斗，在丘维列夫斯基农场夺得一个立足地。两场突袭都取得了成功。结果，机械化第49和第45旅12月10日晨跨过奇尔河冰面，分别在下卡利诺夫卡附近和丘维列夫斯基农场夺得一座登陆场，并于日终前设法将这些登陆场的深度扩大到1.5公里。可是，德国人显然认为对方取得的这些战果无关紧要：步兵第119师没能攻占苏罗维基诺，虽然步兵第321师在谢克列托夫粉碎了德军设在河流北岸的登陆场，但他们未能强渡奇尔河。[35]因此，沃尔科夫机械化军次日发起大规模进攻前，"施塔赫尔"集群并未试图消灭这些登陆场或加强"魏克"战斗群的防御。

当日的战斗在没能取得重大战果的情况下结束后，12月10日21点，坦克第5集团军情报处又向罗曼年科司令部呈交了一份报告，增加了尽快实施一场成功的进攻行动的紧迫性。除了其他方面的一些情况，这份报告还指出："60辆敌坦克和300辆汽车正从托尔莫辛赶往下奇尔斯基，敌人从别利亚温斯基（Beliavinskii）赶往塔拉辛斯基（Tarasinskii）的一个步兵团正通过波波夫。"[36]这些部队很可能隶属于正赶往第57装甲军位于顿河南面集结区的第11或第17装甲师，鉴于其调动的规模和地点，德国人显然正将援兵调至下奇尔河附近，可能是要加强他们正准备向东发起突击、直扑斯大林格勒包围圈的力量。这些和另一些报告促使瓦图京给罗曼年科施加压力，要求他加强进攻；具体说来，沃尔科夫的机械化第5军必须扩大其登陆场，然后全军发起一场总攻，切断据守苏罗维基诺地域的德军。

与此同时，12月10日日终前，波波夫将军的突击第5集团军已将其主力集结于顿河南北。在奇尔河和顿河以北坦克第5集团军原先的防区内，罗特米斯特罗夫的坦克第7军继续进入雷奇科夫斯基和奇尔斯卡亚车站以北地域，并开始拟制进攻计划，准备夺取雷奇科夫斯基和上奇尔斯基。在下奇尔斯卡亚对面的顿河东岸，集团军辖下的步兵第300和第315师向前推进，进入沃利斯基将军机械化第4军两侧的出发阵地。接下来的两天，坦克第5集团军继续进攻、彻底牵制住第48装甲军第11装甲师和第336步兵师之际，波波夫突击第5集团军做好了12月13日拂晓投入交战的准备。这个新组建的集团军突然出现在下奇尔河和顿河地域，将使态势发生根本性变化，变得对苏军更加有利。

12月11日，尽管坦克第5集团军主力仍处于防御状态，但罗曼年科命令位于苏罗维基诺和奥斯特罗夫斯基地域的部队发起目标有限的进攻，牵制并消耗第11装甲师、第336步兵师和第7空军野战师的两个团，这些部队已发生动摇。可是，没等坦克集团军发起这些进攻，斯大林插手干预了，他在3点45分下达的一道指令中要求瓦图京、罗曼年科和红空军参谋长为进攻行动提供更多空中支援。这道简洁的命令中写道："我要求你们为坦克第5集团军提供系统性空中支援。报告执行情况。"[37]目前没有相关文件证明坦克第5集团军为何需要这种支援以及是否得到了空中支援。但很可能是因为苏联空军没能发现并打击

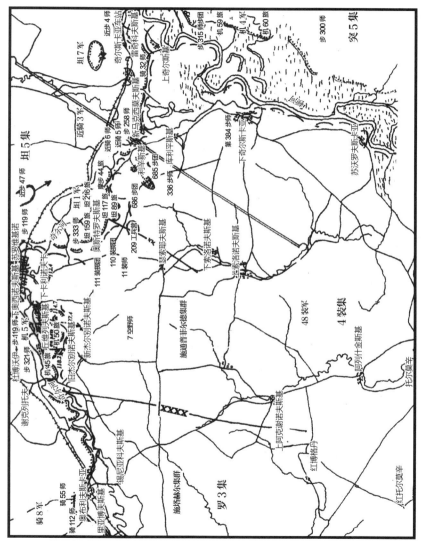

地图 7 1942 年 12 月 11 日，沿奇尔河的态势

德国第11装甲师的大股坦克部队，才促使他亲自介入。

12月11日，坦克第5集团军作战地域内最重要的行动是沃尔科夫机械化第5军为扩展苏罗维基诺以西登陆场发起的进攻，以及近卫骑兵第3军近卫骑兵第6师一部为突破德军第336步兵师在利辛斯基村及其周边沿奇尔河构设的防御而展开的行动（参见地图7）。与此同时，坦克集团军中央地带，步兵第346师在车尔尼雪夫斯卡亚南面发起辅助突击，意图沿顿河中游牵制德国和罗马尼亚军队。红军总参谋部的每日作战概要中提到了这些行动，但依然没有提供细节。

苏罗维基诺西面，机械化第5军第45和第49旅发起进攻，成功夺取丘维列夫斯基村和下卡利诺夫卡村，并将该军控制的两座登陆场扩大到几公里深。与此同时，苏罗维基诺东南方，近卫骑兵第3军辖下的近卫骑兵第6师，可能还有步兵第258师一部，在坦克第1军一个坦克旅（第89或第159旅）的支援下，跨过奇尔河发起突击，一举夺取利辛斯基村，并以一支编有15辆坦克的小股力量进入德军第336步兵师第685团后方。担任"魏克"战斗群预备队的哈尔科夫第2警戒营迅速做出应对，抢在苏军两个机械化旅进入德军防御纵深前挡住机械化第5军的突击；但是，由于该战斗群兵力不足，无法遏制苏军强有力的坦克突击，只能请求第48装甲军提供协助。另外，第336步兵师在利辛斯基村西北方战斗的第685团和"亚当"战斗群在该镇南面作战的"埃德曼"战斗群也无力阻挡近卫骑兵第3军的推进或重新夺回利辛斯基村，因此，他们也要求克诺贝尔斯多夫装甲军提供增援。罗曼年科的计划正在成功。他的牵制行动只投入少量兵力，便彻底分散了第48装甲军的注意力，特别是第11装甲师和第301装甲营。这场行动似乎证明了罗曼年科策略的合理性。第48装甲军参谋长F.W.冯·梅伦廷少将一直没有充分意识到这场战斗的意义，但他后来描述了苏军这场双重突击的影响：

12月11日晚，巴克尔将军收到以下通报："敌人在利辛斯基和下卡利诺夫斯基［下卡利诺夫卡］达成突破，两个突破口之间的直线距离为22公里。"第11装甲师师长决定先打击利辛斯基之敌。装甲团经过一场夜间行军，12月12日拂晓到达利辛斯基附近，歼灭了突入之敌。巴尔克下定这个决心是因为他意识到，第336步兵师的防线对第11装甲师的后续行动至关重要，必须不惜一切代价守住。第336步兵师也充分认识到其任务的重要性。该师以坚强的意志应对敌人的每一次威胁，并竭力以自身的力量抵挡一切，以便巴尔克在不需要以坦克支援步兵的前提下，投入全部力量实施反击。第336步兵师师长卢赫特将军从未惊慌失措过，即便在最危急的时刻也不吁请第11装甲师的支队提供支援。如果不是毗邻的两个师部采取的紧密协同，这一点不可能做到。另外，军长每天晚上都会见巴尔克，全面商讨态势。[38]

　　梅伦廷对12月12日的战斗描述得非常准确；第11装甲师将第15装甲团约半数力量派去对付从利辛斯基向西突破的苏军，留下第111和第110装甲掷弹兵团将苏军步兵第333、近卫步兵第47师和坦克第1军主力遏止在奥斯特罗夫斯基登陆场内。待第15装甲团的坦克（目前获得师属第209装甲工兵营的支援）粉碎发展胜利的苏军坦克部队后，第336步兵师辖下的第686和第685团从北面和南面发起向心突击，当日下午重新夺回利辛斯基村。[39]但此时的第11装甲师已别无选择，只能将第111装甲掷弹兵团和第15装甲团主力迅速调往西北方，应对苏军机械化第5军构成的威胁。梅伦廷再次描述了这一行动："12月12日消灭利辛斯基之敌后，第11装甲师向西北方开拔。当天下午，该师行进15英里后，攻入下卡利诺夫斯基的苏军登陆场，极大地压缩了对方的阵地。"[40]

　　据苏联方面的记述和档案文件称，机械化第5军12月12日恢复进攻，意图扩大两座登陆场，如有可能，便把两个立足地合并为一座大型登陆场，该军余部悉数投入奇尔河南面的战斗。机械化第45旅拂晓时发起进攻，从丘维列夫斯基向南推进2公里，随后被敌人从106.2高地射来的猛烈火力所阻。在其左侧，机械化第49旅向南推进3公里多，占领了分别位于下卡利诺夫卡西南面和南面的102.7高地和96.1里程碑。在这场战斗中，第49旅派出一个摩托化步兵营，在一个坦克连的加强下向西南方赶往苏罗维基诺以南2公里处的117.4高地。两天前，搭载着步兵的苏军坦克连也曾使用过这支部队的行进路线，当时，他们成功突入苏罗维基诺，直到步兵第119师从北面对该镇发起的突击失败后才被迫撤出。但这一次，S.P.格列齐金上校率领的营级特遣队12日夜间顺利夺取高地，并一直坚守在那里，没过48小时，德军便弃守苏罗维基诺。

　　12日上午晚些时候，沃尔科夫将军将I.N.采普利亚耶夫中校位于第二梯队的机械化第50旅投入战斗。这个新锐旅在T.G.卡拉斯中校坦克第168团支援下，径直穿过第45旅与第49旅之间的缺口，挡住德军第11装甲师第15装甲团先遣装甲营发起的反冲击，14点左右攻占丘维列夫斯基南面6公里处的118.2高地。第49旅就势扩大第50旅的胜利，又向前推进1公里，以夺取114.7高地。尽管第11装甲师第111装甲掷弹兵团和第15装甲团主力16点左右赶至机械化第5军登陆场的南部接近地，但机械化第50旅和坦克第168团牵制住德军，确保了两个小型登陆场合并为一座更大的登陆场。

苏军坦克看似接连不断的进攻显然极大地消耗了第11装甲师的实力，除了战斗所致，该师不得不穿越的平坦但布满峡谷、无路可行的地形也造成了耗损。结果，12月7日投入战斗时尚有70辆坦克的第11装甲师，12月10日的坦克力量急剧下降至58辆，12月20日只剩31辆。[41]待沿奇尔河的行动结束后，巴尔克装甲师还将投入同样复杂、代价甚至更加高昂的战斗，在西面50—60公里处抗击更大规模的苏军坦克部队。卢赫特第336步兵师的情况也好不到哪里去。这是曼施泰因北部救援力量最艰难的时刻。

## 突击第 5 集团军和坦克第 5 集团军的进攻，12 月 13 日—15 日

### 准备工作

持续六天的战斗中，第48装甲军辖下的第11装甲师在奥斯特罗夫斯基登陆场与苏罗维基诺地域之间单调、平坦的草原上疲于奔命，实力逐渐遭到消耗后，苏军的利斧砍向在顿河与奇尔河交汇处附近守卫雷奇科夫斯基和上奇尔斯基支撑点的德国军队。正如苏军最高统帅部计划的那样，波波夫将军的突击第5集团军将于12月13日投入进攻，以罗特米斯特罗夫将军的新锐坦克第7军发起猛烈突击，将德国人打个措手不及。

尽管存在突然性，但有迹象表明突击第5集团军即将发起进攻。例如，罗马尼亚第3集团军情报部门12月10日称，苏军坦克第4和第26军很可能已到达作战地域，他们曾参加过合围第6集团军的初期行动。虽然番号有误，但这份情报准确判断出了苏军新锐坦克部队的到来。可是，第48装甲军与坦克第5集团军坦克第1军、机械化第5军沿奇尔河历时一周的猫鼠游戏分散了德军指挥部门的注意力，导致他们对即将发生的事情的洞察力严重下降。

直到12月12日，罗马尼亚第3集团军和第48装甲军的情报图才标明坦克第1军和近卫骑兵第3军部署在雷奇科夫斯基北面和东北面，斯大林格勒方面军辖下的机械化第4军位于下奇尔斯卡亚对面的顿河东岸。罗马尼亚人的地图上以一个硕大的箭头标示坦克第4和第26军，指向西面的苏罗维基诺，但在箭头底部画了个大问号。12月13日14点，突击第5集团军发起进攻7小时后，轴心国军队的态势图上既未标出苏军坦克第7军，也没有标出步兵第300和第315师。相反，地图上布满许多鲜红色箭头，以此表示苏军的进攻；这些箭头跨过奇尔河指向南面，并沿整条战线排列，从苏罗维基诺向东延伸至雷奇科夫斯基。但是，12月14日晚，这种情况突然发生变化，地图上出现了字迹整齐的"坦克第7军"，该军辖内几个旅也被准确标注出来，出现在"雷奇科夫斯基"这个地名上。虽说罗马尼亚第3集团军和"霍利特"集团军级支队的情报部门12月17日前准确识别出突击第5集团军辖内各部队的所在位置，但他们没能指出突击第5集团军司令部所在地。但此时，这种识别已无关紧要，因为雷奇科夫斯基落入苏军手中，轴心国军队的两个指挥部正为自身的生存而战，竭力抗击遂行"小土星"行动的苏军。

实际上，波波夫将军的突击第5集团军几乎完全按照计划展开进攻。西南方面军情报部和坦克第5、突击第5集团军情报处12月12日晚间完成了他们的工作。正如许多报告指出的那样，两个情报部门对当面之敌的情况了如指掌（参见副卷附录9D）。如果说这些和另外数十份敌情报告仍不足以为坦克第5和突击第5集团军提供敌人的确切情况，那么，红军总参谋部不断督促这些执行进攻行动的指挥部门加紧情报收集工作，彻底弄清对面有可能存在的所有敌军。这方面的一个例子是，12月12日，红军总参谋部副总参谋长博科夫将军给斯大林格勒方面军参谋长下达了一道简短的指令："敌人正继续在托尔莫辛地域集结其兵力。在波波夫地域组织连续的侦察行动，朝托尔莫辛这一总方向实施。"[42]

随着进攻发起日期的临近，最高统帅部指示瓦图京和西南方面军军事委员会，尽快给波波夫调拨必要的部队，以完成突击第5集团军的组建工作。进攻发起前不到48小时，瓦图京给罗曼年科将军下达命令，要求他在12月11日—12日夜间将近卫步兵第4、步兵第258师和近卫骑兵第3军转隶突击第5集团军（参见副卷附录9E）。这道命令还赋予两个集团军歼灭下奇尔斯卡亚和托尔莫辛地域之敌、阻止其向东突破解救斯大林格勒包围圈内第6集团军的联合任务。[43]一系列复杂的作战行动共同构成了斯大林格勒战役，而这道简短的命令为其中最重要的一场、但迄今为止一直被忽视的行动拉开了帷幕。

## 突击第 5 集团军的进攻

波波夫将军的突击第5集团军按计划于12月13日晨发起进攻（参见地图8）。该集团军的主要目标是德军设在雷奇科夫斯基和上奇尔斯基的支撑点，分别由"米克施"战斗群和"格贝尔"战斗群据守。这两个战斗群都隶属于新组建的第384步兵师，该师师部设在下奇尔斯卡亚，与"亚当"战斗群指挥部在一起。罗特米斯特罗夫坦克第7军受领的任务是夺取这两个支撑点并歼灭守军，利连科夫将军的近卫步兵第4师和富尔欣上校的步兵第258师为坦克第7军提供步兵支援。当然，坦克第5和突击第5集团军辖内其他部队也受领了各自的任务，但罗特米斯特罗夫的坦克部队和利连科夫、富尔欣的步兵部队遂行的任务最为重要。

红军总参谋部12月14晨呈交的每日作战概要简述了12月13日"谁在何处做了什么"（西南方面军诸集团军和斯大林格勒方面军突击第5集团军12月13日—15日的战果可参阅副卷附录9F）。简言之，坦克第5集团军步兵第333和第119师继续在苏罗维基诺东、西面实施进攻之际，突击第5集团军编成内的坦克第7军夺取了雷奇科夫斯基，步兵第315师经过一整天的激战，肃清了上奇尔斯基以东树林中的德军。[44]据红军总参谋部作战概要摘录和第48装甲军作战日志记载，当日最重要的进展显然发生在雷奇科夫斯基，罗特米斯特罗夫坦克军从"米克施"战斗群手中一举夺取该镇，而其他苏军部队在两个多星期的战斗中一直没能拿下该镇。第48装甲军作战日志12月13日晚的条目描述了这场进攻的重要性和雷奇科夫斯基失守的严重影响：

敌人在一支强大坦克部队的支援下，开始对雷奇科夫斯基支撑点发起主要突击。"米克施"战斗群实施防御作战，紧急要求提供空中支援［但未能获得］……

雷奇科夫斯基支撑点不可避免地失陷了。在这种情况下，登陆场能否坚守值得怀疑；第384步兵师师长认为不太可能做到。[45]

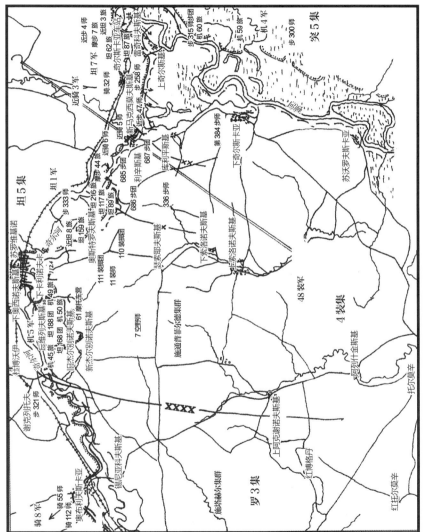

地图 8 1942 年 12 月 13 日，沿奇尔河的态势

具有讽刺意味的是，对12月13日奇尔河之战最著名的德方记述当属梅伦廷将军的回忆录《坦克战》，但他却把重点放在第11装甲师的战斗上，完全忽略了东面更加重要的事态发展：

12月13日拂晓，该师正要向下卡利诺夫斯基发起最后一次进攻时，右翼遭到苏军的猛烈冲击，造成一场暂时性危机。一个营陷入包围。第11装甲师停止了向登陆场的突击，转身对付进攻之敌。被围的营获救，毫无疑问，这场战斗以德军的成功防御而告终。遗憾的是，没能彻底清除下卡利诺夫斯基的苏军登陆场，这一点后来导致了严重的后果。我必须补充一点，遇到敌登陆场时，必须在对方予以强化前尽快将其消灭。在这八天里，第11装甲师夜间行军，白天打仗，急需休整。[46]

实际上，第11装甲师第15装甲团和第111装甲掷弹兵团12月12日下午和晚上遏止了苏军机械化第5军扩大下卡利诺夫卡以南登陆场的企图，而第110装甲掷弹兵团实施防御，抗击苏军从奥斯特罗夫斯基登陆场发起的冲击。可是，12月13日拂晓后不久，坦克第5集团军步兵第333和近卫步兵第47师，在坦克第1军和近卫坦克第8旅50—60辆坦克支援下，对第110装甲掷弹兵团和第336步兵师设在奥斯特罗夫斯基西南面和南面的防御发起冲击。苏军这场突如其来、强有力的进攻在第110装甲掷弹兵团与第336步兵师第686团结合部突破德军防御，包围第110装甲掷弹兵团的一个营，给第48装甲军造成了一场危机。[47]

面对这种情况，巴尔克无计可施，只得留下第61摩托车营和第7空军野战师的几个营在下卡利诺夫卡南面遂行防御，派第15装甲团和第111装甲掷弹兵团返回奥斯特罗夫斯基登陆场。两个团12月13日晨采取行动，先发起反冲击解救第110装甲掷弹兵团被围的营，尔后在该团左侧占据防御。因此，截至12月13日14点，第11装甲师辖下的第15装甲团、第110和第111装甲掷弹兵团，在第7空军野战师两个营支援下，据守在奥斯特罗夫斯基西面和西南面。在其右侧，第336步兵师第686、第685、第687团守卫的防线从奥斯特罗夫斯基南面向东延伸至萨温斯基村南面的奇尔河河段，再沿奇尔河西岸南延至利辛斯基村。西面，第11装甲师第61摩托车营和第119装甲炮兵团第3营仍面对着苏军机械化第5军设在下卡利诺夫卡的登陆场，奉命尽力遏制苏军。

　　因此，梅伦廷对12月13日作战情况的描述几乎完全忽略了东面雷奇科夫斯基地域更加危险的事态发展。梅伦廷将军只是在阐述第4装甲集团军（霍特集群）12月10日开始向斯大林格勒发起救援行动那一段提及了雷奇科夫斯基登陆场的失守。他指出："尽管奇尔河的情况非常紧急，但第48装甲军奉命参加反攻。不幸的是，我们设在下奇尔斯卡亚的顿河登陆场，在苏军不断攻击下已□□□□□□□投入行动并与第4装甲集团军会合前，必须夺回□□□□□□□调了苏军最高统帅部正加以实施的进攻计划是多□□□□□□团军12月12日和13日在苏罗维基诺西面和东面遂□□□□□第48装甲军的注意力和兵力调离突击第5集团军对□□□□□地域发起的主要突击。结果，克诺贝尔斯多夫装甲□□□□□苏军从下卡利诺夫卡和奥斯特罗夫斯基登陆场发起□□□□□击第5集团军轻而易举地夺取了最重要的目标——

□□□□□每日作战概要对于突击第5集团军进攻行动的细节语□□□□□的组织、目标和实施，其他资料透露了更多内容。例□□□□□在回忆录中指出，坦克第7军到达奇尔河车站以东15□□□□□夫附近的集结区后不久，他与华西列夫斯基、波波□□□□□林格勒方面军政委）、普利耶夫将军（近卫骑兵第3□□□□□的突击投入了骑兵和步兵部队，但未能成功，这番会□□□□□不同的进攻计划的必要性。波波夫起初预计德国人会□□□□□一场进攻，旨在击败他的集团军，并从西面向斯大林□□□□□。因此，他命令集团军第一梯队坚决守卫阵地，并指□□□□□和纵深组织一场反突击，如果敌人发起救援行动，务必□□□□□过顿河和奇尔河。为此，罗特米斯特罗夫将他的坦克军□□□□□前进集结区，做好12月12日中午前投入战斗的准备。□□□□□中午，波波夫收到斯大林格勒方面军司令部发来的警□□□□□沿科捷利尼科沃方向对第51集团军发起强有力的进攻。□□□□□国人打击突击第5集团军的行动同样迫在眉睫，但在罗特米斯特罗夫的支持下，波波夫决定12月13日晨按计划投入进攻（罗特米斯特罗夫对进攻行动的记述参见副卷附录9G）。[49]

在波波夫的陪同下，罗特米斯特罗夫立即返回坦克第7军军部，当晚，他们会晤了几位旅长。此时，坦克军的大部分进攻准备工作已然就绪。工兵们已肃清各旅既定前进路线上的地雷和铁丝网，新指挥所也已构设在前方，唯一要做的是决定进攻发起时间。由于拂晓是在7点，指挥员们一致决定I.A.沃夫琴科上校担任突击先遣部队的近卫重型坦克第3旅7点整穿过步兵第258师左翼发起冲击。德国人发现坦克旅的进攻后，罗特米斯特罗夫的支援炮火（主要由坦克第5集团军提供）和其他旅坦克的直射火力才能实施。

在罗特米斯特罗夫和波波夫将军的密切注视下，突击第5集团军按计划投入进攻（参见副卷附录9G）。担任先遣部队的近卫重型坦克第3旅排成三行向前推进，D.K.古梅纽克中校的坦克第62旅紧随其后，也排成三行，该旅的坦克搭载着摩托化步兵第7旅的一个营。深邃的战斗编队旨在确保即便德国人击毁前方几行坦克，进攻行动仍能继续下去。坦克军右翼，A.V.叶戈罗夫中校的坦克第87旅和摩托化步兵第7旅的两个步兵营发起一场辅助突击，以便从西北方包围雷奇科夫斯基。

守军猝不及防，沃夫琴科旅里的一小批坦克穿过积雪全速向前，绕过雷奇科夫斯基镇东北郊110.7高地上的德军支撑点，轰鸣着冲入镇内的街道。跳下坦克的苏军步兵与德军第384步兵师"米克施"战斗群的士兵展开激烈的近距离巷战。没过50分钟，沃夫琴科上校的所有部队都已进入雷奇科夫斯基，10分钟后，附近的雷奇科夫斯基农场落入罗特米斯特罗夫手中。截至上午9点，坦克第7军已将镇内守军彻底肃清，迫使他们逃向西南方2公里处的上奇尔斯基。步兵第258和近卫步兵第4师扩大坦克第7军顺利攻入雷奇科夫斯基镇的胜利，向南跨过主铁路线，12点前发起争夺上奇尔斯基农场的战斗，该农场位于上奇尔斯基镇正东面。

12月12日日终时，利连科夫将军的近卫步兵第4师已将其部队集结在坦克第7军左侧的雷奇科夫斯基登陆场对面（对近卫步兵第4师作战行动的描述可参阅副卷附录9G）。该师接到的命令是7点向雷奇科瓦峡谷（Rychkova Balka）和雷奇科夫斯基农场发起进攻，夺取火车站和农场东郊。近卫步兵第

4师在规定时间投入进攻，近卫步兵第8团夺取了镇东面的无名高地，并在5辆坦克支援下坚守该高地，击退德军步兵发起的数次反冲击。近卫步兵第11团以76毫米野炮击毁2辆敌坦克后攻入镇内，打垮了火车站北面的一个支撑点，夺取车站并前出至顿河北岸。该师实力较弱的近卫步兵第3团随后在顿河上的铁路桥构设起防御，防止东岸的"绍尔布鲁赫"战斗群撤回雷奇科夫斯基。近卫步兵第4师师史对这场战斗所做的描述在结尾处指出："敌人企图当作跳板向斯大林格勒发起进攻的雷奇科夫斯基登陆场，12月13日10点时已不复存在。"[50]与此同时，坦克第7军右侧，富尔欣上校的步兵第258师对"格贝尔"战斗群据守的上奇尔斯基接近地发起进攻，但面对德军的顽强抵抗，未能取得显著进展。

争夺雷奇科夫斯基的激战结束得非常快。经过一场5个小时的战斗，罗特米斯特罗夫的坦克部队占领该镇，而坦克第1军和近卫骑兵第3军在两个多星期的激战中一直没能完成这项任务。"米克施"战斗群的情况同样如此，11月24日后，该战斗群投入行动时的兵力为600人，12月初增加到约2000人，并将雷奇科夫斯基打造成一座支撑点，据说还配有重武器。事实证明，这股力量强于坦克第1军和普利耶夫骑兵军已在先前战斗中遭到严重消耗的部队。但是，"米克施"战斗群显然无法匹敌罗特米斯特罗夫的满编坦克军，尽管米克施的部下非常英勇，但根本无力抗击几百辆坦克在数千名摩托化步兵支援下发起的一场协同突击。

虽然德国方面对12月13日下奇尔河之战所做的记述，将重点放在第11装甲师在奥斯特罗夫斯基和苏罗维基诺南面的作战行动上，但并未完全忽略雷奇科夫斯基地域。例如，第48装甲军作战日志承认，从清晨5点起，获得空中力量支援的苏军坦克部队对雷奇科夫斯基发起一场历时3小时的猛烈突击，并确定一支由60辆坦克组成的部队几个小时后加入到进攻中。这份作战日志还提及苏军的进攻对"绍尔布鲁赫"战斗群位于顿河东岸的登陆场造成的严重影响。[51]几小时后，据该装甲军称，尽管雷奇科夫斯基失守，但第384步兵师设法将苏军的突击遏止在上奇尔斯基东面，顿河大桥以北1500米处。该装甲军的作战日志将苏军夺取雷奇科夫斯基镇之后的进攻行动描述为"犹豫不决"，认为苏军坦克是在等待支援步兵的到来。报告中称，30辆敌坦克位于镇内，42辆敌坦克位于火车站西南面，26辆位于铁路线北面的峡谷，还有10辆位于奇尔河车站。这份报告的结论是，苏军次日的进攻重点将是同一地区。[52]

与德方记述不同，苏联方面对于12月13日作战行动的记述几乎完全集中于雷奇科夫斯基的激战，并将坦克第5集团军在奥斯特罗夫斯基和下卡利诺夫卡登陆场发起的进攻视为无关紧要之举。但是，奥斯特罗夫斯基附近的战斗持续了一整天，这是因为第11装甲师调回的第15装甲团和第111装甲掷弹兵团打得非常顽强，当日日终前，他们暂时稳定住态势，并使自己的防线平静下来。

截至13日傍晚，苏军的奥斯特罗夫斯基登陆场已扩大到约18公里宽、2—8公里深。巴尔克第11装甲师第111和第110装甲掷弹兵团在奥斯特罗夫斯基西面据守着8公里宽的防区，"泽勒"战斗群在巴尔克师左侧守卫着4公里宽、延伸至苏罗维基诺南面奇尔河河段的防区。巴尔克师右侧，卢赫特将军的第336步兵师将第686、第685、第687团从左至右排列，守卫着6公里宽的防区，从奥斯特罗夫斯基南面延伸至利辛斯基村。与德军第11装甲师和第336步兵师对峙的是苏军步兵第333、近卫步兵第47师、坦克第1军、近卫骑兵第3军和近卫坦克第8旅。但此时双方都已筋疲力尽，坦克第1军和近卫坦克第8旅尚有60—70辆坦克，而第11装甲师的坦克略多于30辆。[53]

13日傍晚，第48装甲军采取了一连串措施，意图抢在突击第5集团军攻入上奇尔斯基地域前遏止其攻势，并稳定住奥斯特罗夫斯基和下卡利诺夫卡登陆场南面的态势（参见副卷附录9H）。首先，第48装甲军于19点通知第11装甲师及其辖下的"施通普菲尔德"集群，准许将"施密特"战斗群撤离苏罗维基诺，这样，该战斗群便可以加强"泽勒"战斗群和第336步兵师在奥斯特罗夫斯基登陆场周围及更南面沿奇尔河南岸构设的防御。第48装甲军的新任务是坚守上奇尔斯基周围的登陆场，弃守苏罗维基诺，腾出兵力加强其他地段的防御，并阻止苏军从下卡利诺夫卡和奥斯特罗夫斯基登陆场发起后续推进。具体说来，第384和第336步兵师应坚守阵地，而第11装甲师和"施通普菲尔德"集群应将一股装甲突击力量部署在79号国营农场北面，防止苏军突击部队从两座登陆场向南突破，"施密特"战斗群应撤离苏罗维基诺，在奥斯特罗夫斯基南面沿奇尔河南岸接替第11装甲师的部队。[54]

虽说采取了这些措施，但情况很明显，克诺贝尔斯多夫装甲军面对着一个大难题。第48装甲军沿顿河构设的正面存在崩溃的危险，他还面临着苏军坦克从奥布利夫斯卡亚和下卡利诺夫卡发起强大突击的威胁。尽管第11装甲师辖下的第61摩托车营，在一些警戒营和第7空军野战师部分部队支援下，成功地将苏军机械化第5军遏制在下卡利诺夫卡业已扩大的登陆场内，但该机械化军恢复其攻势仅仅是时间问题。待对方重新发起进攻，德军位于苏罗维基诺西南面的防御必然有崩溃的危险。对第48装甲军来说幸运的是，苏军最高统帅部和西南方面军暂时满足于突击第5集团军在下奇尔斯基持续实施的致命打击，这将消除德军从西面展开行动、解救保卢斯第6集团军的一切威胁。

　　因此，12月13日—14日夜间，波波夫将军赶至坦克第7军指挥部，听取了军长所做的情况报告，并与罗特米斯特罗夫达成一致，命令该军继续完成受领的任务。罗特米斯特罗夫分别以一个坦克旅和一个摩托化步兵旅加强步兵第258师和近卫骑兵第3军后，他的坦克军和另外两支部队将夺取上奇尔斯基，并肃清顿河与奇尔河之间的所有德军。不过，波波夫"警告"罗特米斯特罗夫，"坦克第7军决不能渡至奇尔河西岸，因为他打算将该军调至第51集团军作战地域。"[55]当晚晚些时候，波波夫详细阐述了他的警告，并告诉罗特米斯特罗夫："方面军司令员［叶廖缅科］对战果非常满意，但他提出要求，完成夺取上奇尔斯基的任务后，您应做好将坦克军调往科捷利尼科沃方向的准备。"[56]除了突出尽快夺取上奇尔斯基的重要性，叶廖缅科的新指令还强调了斯大林格勒方面军遭遇到的新威胁，要求罗特米斯特罗夫坦克军开赴另一条战线。

　　之所以出现这种情况，是因为当天晚上，曼施泰因救援第6集团军的南部力量（"霍特"集群辖下的第57装甲军）跨过阿克赛河向北推进，距离保卢斯的斯大林格勒包围圈南部防线已不到90公里，就在雷奇科夫斯基东南方60公里处。在苏军最高统帅部看来，这一现实使消灭德军雷奇科夫斯基登陆场、尔后夺取上奇尔斯基变得至关重要，因为一旦突击第5集团军攻占这两处，曼施泰因就无法利用这两个地点遂行解救保卢斯集团军的行动。12月13日—14日夜间，这一点尤为重要，因为德军第17装甲师（曼施泰因多次请求希特勒将该师调拨给他）仍在莫罗佐夫斯克地域担任预备队，就在下奇尔斯卡亚以西不到100公里处。希特勒直到12月13日晚才将该师交给曼施坦因，如果他早点批准，可以想象，第17装甲师将加入第48装甲军从下奇尔斯卡亚发起的救援行动，或至少可以加强该军，重新夺回13日落入突击第5集团军手中的雷奇科夫斯基。但等希特勒终于批准曼施坦因的请求时，雷奇科夫斯基已然陷落，波波夫的部队正逼近上奇尔斯基。曼施坦因别无选择，只能派第17装甲师从莫罗佐夫斯克向南开拔，渡过顿河加强第57装甲军。尽管波波夫和叶廖缅科都未充分意识到，但这意味着，如果他们打算挫败曼施泰因的计划，波波夫集团军就必须迅速夺取上奇尔斯基。

因此，12月13日晚，波波夫命令他的部队恢复进攻，尽快夺取上奇尔斯基，并迫使奇尔河东岸的所有德国守军退至该河南岸。此时，与雷奇科夫斯基一样，上奇尔斯基已成为一个强大的筑垒支撑点，由"亚当"战斗群辖下的"格贝尔"战斗群和前一天晚上撤离雷奇科夫斯基的"米克施"战斗群残部守卫。"格贝尔"战斗群和"绍尔布鲁赫"战斗群的部队仍驻扎在上奇尔斯基东面、顿河东岸的小型登陆场内，可能有3500多名士兵。用罗特米斯特罗夫的话来说："上奇尔斯基成了敌人实施抵抗的防御中心，部署了大量反坦克炮。为肃清这个据点……要求军属各部队加以认真准备，这些部队撤出战斗，然后沿从新马克西莫夫斯基至雷奇科夫斯基的铁路线部署。"[57]

红军总参谋部对12月14日的行动所做的描述，简短地提到机械化第5和坦克第1军被接替后撤入坦克第5集团军后方，突击第5集团军近卫步兵第4师和坦克第7军攻向上奇尔斯基时继续进行激烈的战斗。大约在同一时刻，斯大林格勒方面军辖下的步兵第315师设法渡过顿河，在下奇尔斯卡亚南面的西岸夺得一座小型登陆场。[58]机械化第5和坦克第1军的撤离表明，由于雷奇科夫斯基落入突击第5集团军手中，他们的任务宣告结束。

关于突击第5集团军对上奇尔斯基的突击，苏联方面的记述，最为详细的当属罗特米斯特罗夫（参见副卷附录9G）。据罗特米斯特罗夫称，他麾下的近卫坦克第3和摩托化步兵第7旅14日7点30分发起初步突击，激战持续了一整天，但没能打垮"格贝尔"战斗群。因此，罗特米斯特罗夫下令凌晨2点发起一场旨在令德国守军猝不及防的夜袭。苏军的第二次进攻引发了一场同样激烈的战斗，在此过程中，近卫坦克第3旅旅长沃夫琴科上校负伤。罗特米斯特罗夫承认，尽管他的坦克军在争夺雷奇科夫斯基的战斗中损失轻微，但为夺取上奇尔斯基损失了"几辆坦克"。他补充道："在上奇尔斯基毙命的敌官兵多达700名，这一事实证明了希特勒分子的激烈抵抗。显然，他们奉命战斗到最后一颗子弹，并得到许诺，敌'托尔莫辛'集团［第48装甲军］主力会支援他们。只有4名敌军士兵投降，而且我记得都是罗马尼亚人。"[59]突击第5集团军12月14日的每日报告大致证实了罗特米斯特罗夫的说法，但又补充道，步兵第258师也遭遇到极为激烈的抵抗，没能完成受领的任务（参见副卷附录9G）。

第48装甲军作战日志12月14日和15日的条目，以及该军的每日作战态势图，基本证实了苏联方面的记述和报告，但还有些有趣的描述。最有意思的是，该军当日下午收到冯·曼施泰因的指示，这位陆军元帅要求第48装甲军坚守整个或部分雷奇科夫斯基登陆场。作战日志的条目中写道："13点25分，第4装甲集团军报告，冯·曼施泰因元帅拒绝接受放弃顿河登陆场的建议。登陆场的大小无关紧要，但决不能丢失，因为它对包围圈内第6集团军［的士气］至关重要。"[60]当然，突击第5集团军次日的进攻使这道指令变得毫无意义。另外，第4装甲集团军和第48装甲军还表明，苏军坦克第7军（德军情报部门12月14日首次识别出该军）以80—90辆坦克发起突击，在对上奇尔斯基的初步进攻中折损20辆。[61]该军的每日态势图证实，争夺上奇尔斯基的战斗15日4点结束。[62]第48装甲军的态势图准确地标出近卫步兵第4师在坦克第7军左侧沿奇尔河一线布防，另外，步兵第258、近卫骑兵第5和步兵第154师从左至右部署，在一片约10公里宽的地域发起突击，该地域从上奇尔斯基向西延伸，经埃里茨基（Eritskii）直至库利平斯基（Kul'pinskii）北面的奇尔河东岸。步兵第154师已获得"近卫步兵第47师"的番号，该师很可能至少投入了一个步兵团，参加对埃里茨基的突击，以此支援近卫骑兵第3军。

最后，与梅伦廷"12月14日奇尔河战线平静无事"的说法相反，第48装甲军的记录表明，坦克第5集团军从奥斯特罗夫斯基登陆场发起目标有限的进攻，意图牵制第11装甲师的坦克力量。例如，第48装甲军12月14日14点的态势图指出，苏军投入45—50辆坦克（可能来自坦克第102旅），在步兵第333师一部支援下，对第11装甲师位于奥斯特罗夫斯基西面的第110装甲掷弹兵团和第15装甲团发起攻击。[63]与此同时，被德军识别为坦克第159旅的另一股苏军，对第336步兵师设在萨温斯基村以西防御的左翼发起冲击。这表明坦克第5集团军的任务是沿整条战线遂行突击，防止第48装甲军抽调部队增援遭受威胁的其他地段。

最后需要指出的是，梅伦廷将军"第11装甲师15日撤离遏制苏军卡利诺夫斯基登陆场的阵地，并向下奇尔斯卡亚转移，准备强渡半结冰的顿河，与霍特解围部队会合"的说法显然是错误的。实际上，第11装甲师主力12月15日仍在奥斯特罗夫斯基和下卡利诺夫卡地域，当日白天还对下卡利诺夫卡登陆场东端发起猛烈突击。傍晚时，该师将两个装甲掷弹兵团向南撤往下索洛诺夫斯基接受休整和补充；但该师12月16日晚些时候不得不将这些部队重新投入战斗，以击退苏军17日在奥斯特罗夫斯基发起的后续进攻。总之，第11装甲师并未在15日后向东赶往下奇尔斯卡亚的顿河河段；实际上，该师和其他德军部队根本不可能渡过顿河，因为雷奇科夫斯基和上奇尔斯基，以及其他任何一个渡河点此时都在突击第5集团军的严密控制下。

不管怎样，遵照波波夫12月14日晚些时候下达的命令，突击第5集团军12月15日着手肃清下奇尔河东岸之敌（参见地图9）。与此同时，坦克第5集团军情报处修改了关于当面之敌的报告，以确保沿奇尔河牵制第11装甲师，防止该师给其他地带造成破坏。例如，14日21点，坦克第5集团军的敌情摘要中写道：

1942年12月14日6点，敌第11装甲师第61摩托车营第3连的一名士兵，在新杰尔别诺夫斯基以东2—3公里处，携带一辆摩托车主动投奔我军，据他交代："第11装甲师辖第15装甲团、第110、第111装甲掷弹兵团、第119装甲炮兵团、第61反坦克营和第61摩托车营，12月14日夜间集结于新杰尔别诺夫斯基和塔洛瓦亚峡谷（Talovaia）东南郊附近，任务是12月15日晨向北、东北方发起进攻。"第336步兵师居右，空军野战师（他不知道该师的番号）居左。他还听说第6装甲师将与第11装甲师一同行动，总目标是与"斯大林格勒"集团会合。[64]

这份和另外一些报告证实了苏军最高统帅部决定以坦克第5、突击第5集团军同时沿奇尔河遂行进攻，防止德军从西面向斯大林格勒发起救援行动的正

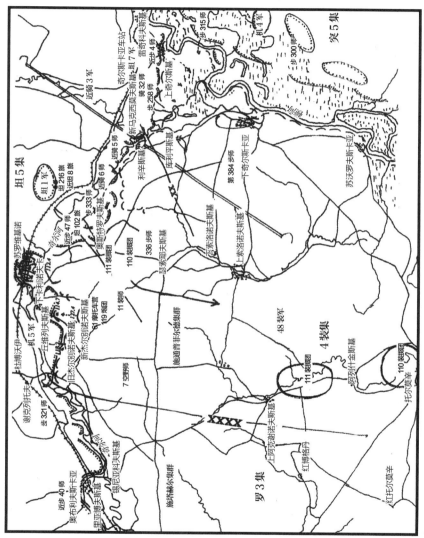

地图 9　1942 年 12 月 15 日，沿奇尔河的态势

确性，也证实了波波夫"这些进攻行动务必在12月15日日终前取得胜利"的判断准确无误。

结果，12月15日日终时，红军总参谋部得以宣布，不仅波波夫集团军夺取了上奇尔斯基，罗曼年科集团军也将苏罗维基诺攻克（参见副卷附录9G）。此时，波波夫的胜利大军已向西南方开进，赶往贝斯特里克河（Bystrik），那是奇尔河以东1—1.5公里处的一条支流。"亚当"战斗群辖下的几个子群在那里据守着中间防线，次日撤至奇尔河后。[65]令波波夫更加高兴的是，16日晚，他得以向上级报告，敌"绍尔布鲁赫"战斗群撤离下奇尔斯卡亚东面的顿河东岸登陆场，加入位于奇尔河后方的"亚当"战斗群。

尽管对丢失雷奇科夫斯基和上奇尔斯基后沮丧不已的克诺贝尔斯多夫毫无安慰，但第48装甲军的记录指出，在10天的激战中，该军辖内部队击毁或缴获134辆敌坦克、5门火炮、44门反坦克炮和大批轻重武器，其中66辆坦克的战果归功于第11装甲师。[66]

## 总结

波波夫突击第5集团军12月14日和15日夺取雷奇科夫斯基和上奇尔斯基，基本上结束了沿下奇尔河历时一个多星期的激烈战斗。在此之前，罗曼年科的坦克第5集团军成功夺取并守住了奥斯特罗夫斯基登陆场（位于苏罗维基诺东南面的奇尔河南岸）和下卡利诺夫卡登陆场（位于苏罗维基诺西面的奇尔河南岸）及其周边阵地。但是，坦克第1军、近卫骑兵第3军、机械化第5军付诸全力也没能完成攻占雷奇科夫斯基、上奇尔斯基、苏罗维基诺，击败并歼灭敌第11装甲师和第336步兵师的任务。不过，他们成功吸引这两个德军师的注意力达一个多星期之久，并严重削弱了对方。结果，由于第48装甲军辖下两个至关重要的师被牵制在苏罗维基诺南面，突击第5集团军只用三天便攻克雷奇科夫斯基和上奇尔斯基。这样一来，波波夫的部队消除了德国人从西面向斯大林格勒发起救援行动的一切希望。

待坦克第5和突击第5集团军12月15日日终前完成他们的致命任务后，就轮到西南方面军近卫第1、第3集团军对防御中的轴心国军队实施更加致命的打击。12月16日拂晓，苏军发起突击，遂行"小土星"行动的近卫第1、第3集团军和沃罗涅日方面军辖下的第6集团军攻向意大利第8集团军和"霍利特"集团军级支队。这场攻势以五个强大的快速军为先锋，没过一周，三个集团军便粉碎意大利人的防御，包围并歼灭了意大利第8集团军主力，迫使"霍利特"集群辖下的德国和意大利联军开始了一场凄惨、代价高昂的后撤。

"小土星"行动发展胜利之际，坦克第5集团军在奇尔河南面的进攻和突击第5集团军沿顿河展开的行动演变为托尔莫辛进攻战役，这场迄今为止依然含糊不清、但至关重要的"附属行动"在"小土星"行动东侧展开。近卫第1、第3集团军和沃罗涅日方面军第6集团军在"小土星"行动中赢得的空前胜利，与坦克第5、突击第5集团军沿奇尔河和顿河取得的胜利共同决定了曼施泰因元帅最重要的行动的命运，这个行动是以"霍特"集群辖下的第57装甲军沿阿克赛河和梅什科瓦河方向发起反击，解救保卢斯第6集团军。沿顿河和奇尔河取得胜利的两个快速军（罗特米斯特罗夫的坦克第7军和普利耶夫的近卫骑兵第3军）也将协助击败第57装甲军，这绝非巧合。

文件记录表明，情况允许时，克诺贝尔斯多夫第48装甲军沿下奇尔河展开的行动相当有效。从战术范畴看，巴尔克第11装甲师和卢赫特第336步兵师击败或遏止了坦克第5集团军坦克第1军、机械化第5军几乎每一次从奇尔河登陆场向南突破的尝试。同样，"施塔赫尔""施通普菲尔德""亚当"战斗群辖下临时组建的各个子群，以令人钦佩的顽强守卫着奥布利夫斯卡亚、苏罗维基诺和雷奇科夫斯基支撑点。但事实证明，第48装甲军取得的许多战术性胜利得不偿失，因为苏军最终赢得了战役性胜利。虽说坦克第5集团军屡屡受挫，但将第48装甲军辖内几个师牵制在苏罗维基诺东西两面的登陆场相当长一段时间，这使突击第5集团军得以轻松消灭雷奇科夫斯基和上奇尔斯基对面德军深具威胁的顿河登陆场。结果，曼施泰因策划的"冬季风暴"的半个行动（向东跨过顿河），尚未开始便宣告失败。

尽管自身的原因很重要，但第48装甲军计划的失利掩盖了另一个值得注意的情况——苏军快速部队的作战行动前所未有地有效。布特科夫的坦克第1军和沃尔科夫的机械化第5军重演了他们在"天王星"初期合围行动中的表现，导致德军第11装甲师在奇尔河南面几乎停滞不前，实力遭到严重削弱，每天可投入的坦克仅为30余辆。而罗特米斯特罗夫的坦克第7军只用三天便攻克了德军两个至关重要的支撑点。

作为突击第5集团军进攻行动一个有趣的后记，对罗特米斯特罗夫坦克军三天作战表现深感满意的波波夫将军，12月15日晚些时候给这位年轻的坦克部队指挥员发去一封热情洋溢的电报："我们对您这个军的战斗表现感到高兴。我衷心希望您和您的部下取得彻底的胜利。祖国高度评价你们解放雷奇科夫斯基和上奇尔斯基的行动。"[67]在罗特米斯特罗夫看来，这份贺电代表着进攻行动令人振奋的结局。用不了几天，他和他的军将被调去重演他们取得的胜利，这一次是在梅什科瓦河及其南面的战场上（坦克第7军参加突击第5集团军进攻行动的战后报告可参见副卷附录9G）。

# 注释

1. *"Funkspruch an Heeregruppe Don, A.O.K. 6/Ia. Nr. J3000/42 g. Kdos, A.H.Qu., 01.12.1942 1850 Uhr,"*（第6集团军作训处发给"顿河"集团军群的电报，1942年12月1日18点50分），收录于弗洛里安·冯·翁德·楚·奥夫塞斯男爵的《第6集团军作战日志附件册，第二卷，1942年11月24日至12月24日》，第83页。

2. 具体说来，对第6集团军突围部队的规模和实力逐渐衰减的预测是从12月1日的13—15个营和100—120辆坦克下降至12月7日的7—11个营和60—80辆坦克，到12月17日降为8—10个营和约50辆坦克。因此，同一时期该集团军预期的突围距离将从30公里降至20公里。

3. 12月1日—15日，苏德双方沿奇尔河的详细态势图和每日态势记录，可参阅戴维·M. 格兰茨的《斯大林格勒战役地图集：红军的进攻行动，1942年11月19日—1943年2月2日》（宾夕法尼亚州卡莱尔：自费出版，2000年）；*"Kriegstagebuch Armee Abteilung Hollidt, 23.11.42 bis 27.12.42, Deutscher Generalstab bei 3. rom.Armee, 27.12.42 bis 31.12.42,"*（"霍利特"集团军级支队作战日志，1942年11月23日—12月27日，罗马尼亚第3集团军德军参谋部，"霍利特"集团军级集群，1942年12月27日—12月31日），德国军事档案RH 20-6/246，原件副本。关于罗马尼亚第3集团军，可参阅*"Tätigkeitsbericht 5.-31. Dez. 1942, Ic, Rom. AOK. 3, der Chef des Deutschen Gen.-Stabes, dann Armeegruppe Hollidt, 1. Text, 2. Anlagen, 1–11 Feindlagenkarten, 3. Zwischen u. Tagesmeldungen,"*（1942年12月5日—31日的行动报告，罗马尼亚第3集团军情报处，德军参谋部参谋长及"霍利特"集团军级集群，1：文本；2：附件：1–11号敌军态势图；3：日中及每日报告），第6集团军26624/7 和 26624/9号文件，罗马尼亚第3集团军的行动报告，NAM序列号T-312，1452卷。

4. 维塔利伊·别洛孔和伊利亚·莫什昌斯基，*Na flangakh Stalingrada: Operatsii na Srednem i Verkhnem Donu, 17 iiulia 1942-2 fevralia 1943 goda*（《在斯大林格勒侧翼：顿河中游和上游之战，1942年7月17日—1943年2月2日》）（莫斯科：PKV出版社，2002年），第52页。

5. 同上，第54页。

6. *Boevye prikazy 1 Tankovoi korpusa (1942)*（坦克第1军作战令，1942年），档案引自*TsAMO MO RF, f. 3398, op. 1, d. 3,1*，第46页。以下引用为"坦克第1军作战令"。

7. *Operativnye svodki, boevye doneseniia, razvedsvodki 5 TA (1942 g.)*（坦克第5集团军的战役概要、作战报告和情报摘要，1942年），档案引自*TsAMO MO RF, f. 331, op. 5041, d. 130, 1*，第42页。签发这份报告的是"GRIVA"（含义不明）参谋长丹尼洛夫少将、"GRIVA"情报处长福明少校、副科长朱多夫上尉。以下引用为"坦克第5集团军文件集"。

8. 该战斗群的指挥官很可能是汉斯-约布尼斯特·冯·布登布罗赫男爵，他是德国一个著名的军人世家的后人，1944年12月1日晋升为少将。

9. M.沙波什尼科夫，*"Boevye deistviia 5-go mekhanizirovannogo korpusa zapadnee Surovikino v dekabre 1942 goda"*（《1942年12月，机械化第5军在苏罗维基诺以西的作战行动》），*VIZh*第10期（1982年10月），第32页。

10. 1942年12月6日，坦克第1军约有150辆坦克，机械化第5军有193辆坦克，坦克第216和近卫坦克第8旅约有89辆坦克——包括38辆KV和51辆T-60/70。参阅维塔利伊·别洛孔和伊利亚·莫什昌斯基的《在斯大林格勒侧翼：顿河中游和上游之战，1942年7月17日—1943年2月2日》，第54页；M.沙波什尼科夫，《1942年12月，机械化第5军在苏罗维基诺以西的作战行动》，第33页。

11. 轴心国军队沿顿河和下奇尔河部署的变更情况，可参阅"Kriegstagebuch Armee Abteilung Hollidt, 23.11.42 bis 27.12.42, Deutscher Generalstab bei 3. rom.Armee, 27.12.42 bis 31.12.42,"（"霍利特"集团军级支队作战日志，1942年11月23日—12月27日，罗马尼亚第3集团军德军参谋部，"霍利特"集团军级集群，1942年12月27日—12月31日），德国军事档案RH 20-6/246，原件副本。

12. 第384步兵师师长加贝伦兹将军及其参谋人员飞离斯大林格勒包围圈后，"亚当"战斗群12月8日改编为新的第384步兵师。12月3日—7日，第336步兵师留下第686团第1、第2营和第687团第2营支援奥布利夫斯卡亚西面的罗斯托夫警戒营，但苏军发起进攻后，这些部队返回奥斯特罗夫斯基登陆场南面归建。

13. Kriegs-Tagebuch, Gen. Kdo. XXXXVIII. Panzer. Ccrps, Dezember 1942（1942年12月，第48装甲军军部作战日志），1942年12月7日的条目，第16—18条（原件副本）。以下引用为"第48装甲军作战日志"。关于罗马尼亚第3集团军，可参阅"Tätigkeitsbericht 5.-31. Dez. 1942, Ic, Rom. AOK. 3, der Chef des Deutschen Gen.-Stabes, dann Armeegruppe Hollidt, 1. Text, 2. Anlagen, 1–11 Feindlagenkarten, 3. Zwischen u. Tagesmeldungen,"（1942年12月5日—31日的行动报告，罗马尼亚第3集团军情报处，德军参谋部参谋长及"霍利特"集团军级集群，1：文本；2：附件：1—11号敌军态势图；3：日中及每日报告），第6集团军26624/7 和 26624/9号文件，罗马尼亚第3集团军的行动报告，NAM序列号T-312，1452卷。

14. 除了第48装甲军作战日志，第11装甲师在79号国营农场附近战斗的详情，可参阅弗雷德里希·W·冯·梅伦廷的《坦克战》（诺曼：俄克拉荷马大学出版社，1956年），第175—177页；戴维·M·格兰茨和美国陆军联合作战司令部外军研究室编辑并于1992年再版的《1984年战争艺术研讨会，从顿河到第聂伯河：红军1942年12月—1943年8月的进攻行动，研讨会记录》（宾夕法尼亚州卡莱尔：美国陆军军事学院地面战争研究中心，1984年3月26日—30日），第99—113页；另外还可以参阅总参少校海因茨·施奈德撰写的"1942年12月10日—16日，苏军机械化第5军在奇尔河的突破行动：1942年12月10日—16日，德军第336步兵师和第11装甲师在奇尔河抗击苏军机械化第5军的防御作战"，收录在48号项目，《分队战术：单兵武器战术》，第二部分，MS P-060 f，第3装甲集团军参谋长布克哈特·米勒-希勒布兰德少将主编（德国柯尼希施泰因：欧洲司令部历史部外军研究处，1951年）。

15. 参见"坦克第5集团军文件集"中12月11日的敌情报告，档案引自TsAMO MO RF, f. 331, op. 5041, d. 130,1，第55页。

16. Otchety o boevykh deistviiakh 7 gv. KK(8 KK) 1942-1943【关于近卫骑兵第7军（骑兵第8军）作战行动的报告，1942—1943年】，档案引自TsAMO MO RF, f. 3475, op. 1, ed. khr. 12,11，第160—161页。

17. 坦克第1军作战令，档案引自TsAMO MO RF, f. 3398, op. 1, d. 3,1，第47页。

18. 第48装甲军作战日志，12月7日—8日的条目，以及第48装甲军1942年12月的每日态势图，原件副本。

19. 据托马斯·L·延茨在《装甲部队》（宾夕法尼亚州阿特格伦：希弗出版社，1996年）一书第31页称，第11装甲师第15装甲团1942年11月20日共有70辆可用的坦克：9辆二号、6辆三号短身管、46辆

三号长身管、6辆四号长身管和3辆指挥坦克。12月10日，79号国营农场之战两天后，第15装甲团还有58
辆可用的坦克：8辆二号、7辆三号短身管、34辆三号长身管、1辆四号短身管、5辆四号长身管和3辆指挥
坦克。因此，在国营农场之战中，该团损失了约10辆坦克。

20. 第11装甲师的进攻计划可参阅第48装甲军作战日志，第23页。

21. "Izvlechenie iz operativnoi svodkoi No. 343."（343号作战概要摘录），V.A.日林（主编）的
《斯大林格勒战役：编年史、真相和人物，两卷本》一书第二册，第166—169页；档案引自TsAMO RF,
f. 16, op. 1072ss, d. 12,11，第66—73页。

22. 梅伦廷在《坦克战》一书第178页称，12月8日击毁53辆苏军坦克，而第48装甲军作战日志
12月8日的条目指出，击毁46辆苏军坦克。罗马尼亚第3集团军的记录表明，12月8日击毁55辆苏军坦
克。参见"Tätigkeitsbericht 5.-31. Dez. 1942, Ic, Rom. AOK. 3, der Chef des Deutschen Gen.-
Stabes, dann Armeegruppe Hollidt, 1. Text, 2. Anlagen, 1-11 Feindlagenkarten, 3. Zwischen u.
Tagesmeldungen,"（1942年12月5日—31日的行动报告，罗马尼亚第3集团军情报处，德军参谋部参谋
长及"霍利特"集团军级集群，1: 文本；2: 附件: 1-11号敌军态势图；3: 日中及每日报告），1942
年12月9日的每日报告。罗马尼亚人这份报告指出，战斗前，坦克第1军辖下的坦克第117旅有6—8辆
KV、12辆T-34，坦克第89旅有28辆T-34，但这两个旅的大部分坦克在战斗中被击毁。

23. 摘自"Razvedsvodki Nr. 37, 2100 hours 8.12.42,"（37号情报摘要，1942年12月8日21点），
收录在"坦克第5集团军文件集"中，档案引自TsAMO MO RF, f. 331,op. 5041, d. 130,1，第49页。签
署这份报告的是"GRIVA"参谋长丹尼洛夫少将、"GRIVA"情报处长福明少校、副科长朱多夫上尉。

24. 坦克第1军作战令，档案引自TsAMO MO RF, f. 3398, op. 1, d. 3,1，第48页。

25. "Prikaz Stavki VGK No. 170699 o formirovanii 5-i Udarnoi Armii"（最高统帅部大本营
170699号令，关于组建突击第5集团军），收录在佐洛塔廖夫的《最高统帅部1942》一书第461—462
页；档案引自TsAMO, f. 148a, op. 3763, d. 124,11，第302—304页。

26. 同上。

27. 罗特米斯特罗夫的生平简历可参阅本三部曲第一部。其他方面的资料可参阅理查德·N. 阿姆
斯特朗的《红军坦克指挥员：装甲近卫军》（宾夕法尼亚州阿特格伦: 希弗出版社，1994年）；帕维
尔·A. 罗特米斯特罗夫，Stalnaia gvardiia（钢铁近卫军）（莫斯科: 军事出版社，1984年），第135—
139页。关于雷奇科夫斯基和上奇尔斯基之战的其他情况，可参阅亚历山大·瓦西列维奇·叶戈罗夫的V
Donskiky Stepyakh（《在顿河草原上》）（莫斯科: 海陆空三军合作志愿协会，1988年）；以及马尔基
安·M. 波波夫的"Iuzhnee Stalingrada"（《在斯大林格勒南部》），VIZh，第2期（1961年2月）。波波
夫是突击第5集团军司令员。

28. 罗特米斯特罗夫称他11月中旬走访了总参谋部，并陪同副总参谋长博科夫去克里姆林宫见斯大
林。尽管11月16日—19日、12月22日—25日博科夫的名字每天都出现在斯大林的会见记录中，但没
有见到罗特米斯特罗夫的名字。尽管如此，罗特米斯特罗夫很可能作为博科夫的随从参加了其中的某一
次会晤。关于坦克第7军在这段时间和随后的作战详情，可参阅罗特米斯特罗夫的《钢铁近卫军》，第
130—146页。

29. "Izvlechenie iz operativnoi svodkoi No. 344,"（344号作战概要摘录），收录在V.A.日林（主
编）的《斯大林格勒战役：编年史、真相和人物，两卷本》一书第二册，第178—180页；档案引自

*TsAMO RF, f. 16, op. 1072ss, d. 12,11,* 第74—80页。

30. "魏克"战斗群的资料非常少,12月1日—10日,该战斗群位于"施密特"战斗群右侧,守卫着苏罗维基诺以西2—8公里、从下卡利诺夫卡至谢克列托夫的防区。12月10日,"魏克"战斗群被哈尔科夫第2警戒营接替,后又被第11装甲师第61装甲(摩托车)侦察营的一部和第7空军野战师至少一个营的兵力所接替。据罗马尼亚第3集团军12月4日的每日态势图记载,"魏克"战斗群编有指挥部、第301装甲营(B集团军群直属部队)、"约尔格"战斗群(编成不明)、第51营(兵种不明)第3连、第36爱沙尼亚警察营、"舍尔内"战斗群(该战斗群可能隶属于第301装甲营,共有7辆坦克和1100名士兵)。据坦克第5集团军12月11日一份情报报告称,第301装甲营第1连参加了第336步兵师和"泽勒"战斗群12月7日对萨温斯基村的进攻。当时,该连共有18辆坦克,包括17辆三号和1辆四号坦克(参见副卷附录9D)。

31. M.沙波什尼科夫,《1942年12月,机械化第5军在苏罗维基诺以西的作战行动》,第33页。

32. 参见第48装甲军的每日态势图。该装甲军的作战日志证实了苏军发起进攻的时间和整体实力,但没有提供具体数据。

33. 参见"*Lagenkarte, Stand: 10.12.1942*"(截至1942年12月10日的态势图),收录在"*Tätigkeitsbericht 5.–31. Dez. 1942, Ic, Rom. AOK. 3, der Chef des Deutschen Gen.–Stabes, dann Armeegruppe Hollidt, 2. Anlagen, 1–11 Feindlagenkarten*"(1942年12月5日—31日的行动报告,罗马尼亚第3集团军情报处,德军参谋部参谋长及"霍利特"集团军级集群,2:附件:1–11号敌军态势图),原件副本。

34. M.F. 帕诺夫,*Na napravlenii glavnogo udara*(《在主要突击方向上》)(莫斯科:什切尔宾斯卡亚印务出版社,1993年)。

35. 关于这场夜袭的详情,可参阅M.沙波什尼科夫,《1942年12月,机械化第5军在苏罗维基诺以西的作战行动》,第34—36页。

36. 坦克第5集团军文件集,档案引自*TsAMO MO RF, f. 331, op. 5041, d. 130,1,*第52页。

37. "*Direktiva Stavki VGK No. 170706 komanduiushchemu voiskami I nachal'niku shtaba Iugo–Zapadnogo fronta, nachal'niku shtaba VVS Krasnoi Armii, komanduiushchemu 5–i Tankovoi Armii ob usilenii aviatsionnoi podderzhki armii*"(最高统帅部大本营发给西南方面军司令员和参谋长、红空军参谋长、坦克第5集团军司令员的170706号令,关于加强集团军的空中支援),收录在佐洛塔廖夫的《最高统帅部1942》一书第465页;档案引自*TsAMO, f. 148a, op. 3763, d. 136,1,*第152页。

38. 梅伦廷,《坦克战》,第178页。

39. 参见第48装甲军12月11日和12日的每日态势图,这些地图标明了每日截至14点的态势。

40. 梅伦廷,《坦克战》,第178页。

41. 延茨在《装甲部队》第二册第31页提供了第11装甲师的坦克实力随时间发生变化的表:1942年11月20日,70辆可用的坦克;12月10日,58辆;12月20日,31辆;1943年1月10日,34辆;1月21日,70辆;1月29日,61辆;2月10日,22辆。这段时期彻底损毁(无法修复)的坦克总数为:12月10日前1辆,1月10日前7辆,1月21日前4辆,1月29日前11辆。有利的一面是,该师12月20日前获得7辆重新投入使用的坦克,1月10日前获得22辆,1月21日前获得17辆,1月29日前又获得6辆。

42. "*Direktiva General'nogo Shtaba No. 158208 nachal'niku shtaba Stalingradskogo fronta o*

*organizatsii razvedki v napravlenii Tormosina"*（总参谋部发给斯大林格勒方面军参谋长的158208号指令，关于向托尔莫辛组织侦察活动），收录在佐洛塔廖夫的《最高统帅部1942》一书第408页；档案引自*TsAMO, f. 48a, op. 3408, d. 114,1*，第284页。

　　43. *"Iz direktivy Voennogo Soveta fronta komanduiushchemu 5-i TA general maioru Romanenko"*（西南方面军军事委员会下达给坦克第5集团军司令员罗曼年科少将的指令），收录在《1942年12月，意大利−德国军队在顿河的覆灭：战役−战术的简短总结》一书第128页。

　　44. *"Izvlechenie iz operativnoi svodkoi No. 348,"*（348号作战概要摘录），收录在V.A.日林（主编）的《斯大林格勒战役：编年史、真相和人物，两卷本》一书第二册，第209—210页；档案引自*TsAMO RF, f. 16, op. 1072ss, d. 12,11*，第105—111页。

　　45. 参见第48装甲军作战日志，1942年12月13日的条目，第44—46页。位于下奇尔斯卡亚的第384步兵师不过是以该师后勤单位组建而成的一个战斗群，外加一些小股战斗群，该师指挥机构飞离斯大林格勒包围圈后，将这些部队冠以“第384步兵师”的番号，以恢复对该师的控制。

　　46. 梅伦廷，《坦克战》，第178—179页；可与冯·梅伦廷将军在《1984年战争艺术研讨会，从顿河到第聂伯河：红军1942年12月—1943年8月的进攻行动，研讨会记录》中的发言稿作比对，第108页。

　　47. 关于13日的突击和随后发生的战斗的详情，可参阅第48装甲军作战日志12月13日—14日的条目，第45—55页。

　　48. 梅伦廷，《坦克战》，第179页。

　　49. 罗特米斯特罗夫，《钢铁近卫军》，第139—140页。

　　50. N.Z.卡德罗夫，*Ot Minska do Veny: Boevoi put' 4-i Gvardeiskoi strelkovoi Apostolovsko-Venskoi Krasnoznamennoi divizii*（《从明斯克到维也纳：近卫红旗阿波斯托洛沃一维也纳步兵第4师的征程》），第65—66页；坦克第7军近卫坦克第3旅旅长对战斗的描述，可参阅I.A.沃夫琴科的Tankisti（坦克兵）（莫斯科：海陆空三军合作志愿协会，1976年），第124—127页。

　　51. 第48装甲军作战日志，1942年12月13日的条目，第44、46页。

　　52. 同上，第48页。

　　53. 同上；据第48装甲军统计，13日下午晚些时候，40—50辆苏军坦克位于奥斯特罗夫斯基西面的戈拉亚峡谷，另外7辆分别位于北面和南面。

　　54. 同上，第49—50页。

　　55. 罗特米斯特罗夫，《钢铁近卫军》，第142—143页。

　　56. 同上，第143页。

　　57. 同上。

　　58. 第48装甲军对作战行动的描述可参阅第48装甲军作战日志，第51—53页。

　　59. 罗特米斯特罗夫，《钢铁近卫军》，第143—144页。

　　60. 第48装甲军作战日志，第53页。

　　61. 同上，第51页；另可参阅*"Lagenkarte XXXXVIII Pz. K. Stand: 14.12.42 1400 Uhr,"*（第48装甲军态势图，截至1942年12月14日14点），收录在第48装甲军1942年12月的态势图集中（原件副本）。态势表明，坦克第7军12月14日损失28辆坦克。

　　62. *"Lagenkarte XXXXVIII Pz. K. Stand: 15.12.42 1400 Uhr,"*（第48装甲军态势图，截至1942年

12月15日14点），收录在第48装甲军1942年12月的态势图集中（原件副本）。

63. 参见第48装甲军作战日志12月14日的条目，第53—55页。德国人判断投入进攻的是苏军坦克第102旅，这一点无疑是正确的，因为德军情报部门对苏军部署在战役纵深的师和旅的识别相当准确。这份态势图还标出苏军坦克第45旅可能也在奥斯特罗夫斯基登陆场，但画了个问号。西南方面军派坦克第26军辖下的坦克第216旅加强坦克第1军的同时，很可能也派出了坦克第4军辖下的坦克第102旅。此时，顿河方面军没有继续投入坦克第4或第26军，这两个军都转入预备队接受休整和补充。

64. 坦克第5集团军文件集，档案引自*TsAMO MO RF, f. 331, op. 5041, d. 130,1*，第60页。

65. 关于这场战斗的德方视角，可参阅第48装甲军作战日志12月15日的条目，第56—60页。

66. 同上，第60页。

67. *Doklad o boevykh deistviiakh 7 TK za period s 25.8.42 po 20.1.43*（1942年8月25日至1943年1月20日，关于坦克第7军作战行动的报告），档案引自*TsAMO MO RF, f. 3401, op. 1, d. 8,11*，第16页。1942年12月29日，坦克第7军改称近卫坦克第3军。

# 第三章

# 斯大林格勒方面军抗击"冬季风暴"行动
## 12月1日—19日

## 科捷利尼科沃方向和"冬季风暴"的准备工作，12月1日—12日

### 12月1日的态势

12月初，位于"天王星"行动南翼的苏军主要部队（特别是斯大林格勒方面军辖下特鲁法诺夫将军指挥的第51集团军）正全力以赴地完成其受领的任务。第51集团军的任务是在科捷利尼科沃地域的某处建立一道牢固、可靠的合围对外正面，以掩护顿河方面军和斯大林格勒方面军忙于歼灭包围圈内德国第6集团军的诸集团军。可是，聚歼第6集团军的战斗变为一场旷日持久的围困时，特鲁法诺夫集团军的问题急剧增多。更南面，格拉西缅科将军规模较小的第28集团军负责掩护斯大林格勒方面军左翼和阿斯特拉罕接近地，并将德军第16摩步师逐回西面的基地埃利斯塔。但在亚什库利受挫后，第28集团军基本在原地停滞不前，直至月底。

在"天王星"行动的组织形式下，第51集团军从进攻伊始便面临着两个棘手的问题。首先，该集团军正进入一片辽阔的草原，并未被明确告知应当在何处构设合围对外正面。即便特鲁法诺夫获得这种指导，这片地区除了阿克赛河，也缺乏可供设立可靠防线参照的自然地形特征。就连阿克赛河也无法加以利用，因为这条河太长，而特鲁法诺夫集团军的实力较弱，根本无法沿整条河流构设起充分的防御。如果该集团军打算沿阿克赛河设防，只会导致从阿克赛镇东延至湖区这片广阔区域基本陷入不设防状态。另外，"天王星"行动成功

后，最高统帅部和斯大林格勒方面军命令特鲁法诺夫将他的集团军向南推进，跨过阿克赛河，并在科捷利尼科沃地域的某处构设防线，但并未明确指出设立在何处。

其次，虽然第51集团军的实力足以击败并歼灭该地域的轴心国军队，包括罗马尼亚第6军第1、第2、第18步兵师和第7军第4步兵师、第5骑兵师，但也仅限于此。该集团军无力打击并击败规模更大的德国军队，特别是对方的装甲或摩托化部队。令情况变得更加复杂的是，第51集团军打垮防御中的罗马尼亚部队并向南推进后，最高统帅部和斯大林格勒方面军将该集团军最具战斗力的部队调至其他地带遂行主要任务，导致第51集团军的实力不断下降。例如，11月最后一周，第51集团军辖下唯一一支大股坦克力量，沃利斯基将军的机械化第4军，奉命转隶第57集团军，先是协助消灭斯大林格勒包围圈，后又夺取下奇尔斯卡亚东面的顿河东岸。机械化第4军的调离导致第51集团军只剩1个编有两个师的弱骑兵军、5个步兵师、2个坦克旅和1个相对固定的筑垒地域，这些部队要么参加了持续不断的战斗，要么经历了10天的行军。结果，到11月底，第51集团军的战斗力已相当有限。

对第51集团军来说雪上加霜的是，最高统帅部误判了该集团军的能力。大本营准确预料到一旦合围行动取得成功，德国人会采取何种行动：负责救援第6集团军的德国军队的确出现在了第51集团军前方。可是，出乎大本营所料，特鲁法诺夫集团军实力太弱，无力抗击对方，由于第6集团军在包围圈内顽强抵抗，苏军最高统帅部亦无法加强第51集团军。因此，截至12月1日，第51集团军沿一条约140公里长的战线展开行动，辖内部队分散在四个不同方向，各方向之间的距离长达30公里。[1]特鲁法诺夫集团军当然可以对付已遭到重创的五个罗马尼亚师残部，但显然无力击退一支实力强大的德国"正规军"。特鲁法诺夫集团军即将遭遇的是"霍特"集群辖下，装甲兵上将弗里德里希·基希纳指挥的第57装甲军，担任该军先头部队的第6装甲师已到达科捷利尼科沃。

随着缓慢抵的德军援兵开始集结于科捷利尼科沃地域，冯·曼施泰因元帅指示基希纳将军，以第6和第23装甲师据守该镇，然后展开局部行动，为即将发起的解围进攻改善态势。[2]埃哈德·劳斯中将指挥的第6装甲师一直在法国休整①，故其装备比东线多数德军装甲部队精良。劳斯师拥有100多辆配备75毫米长身管火炮的坦克，外加42辆自行突击炮和大批卡车②。³至于男爵汉斯·冯·博伊内格-伦斯费尔德中将指挥的第23装甲师，几个月来一直在高加索地区从事激烈、持续的战斗，所以较为疲弱，只剩约30辆坦克，这一点不难理解。

甚至在第6装甲师集结至科捷利尼科沃之前，德国第4装甲集团军和罗马尼亚第4集团军辖下七拼八凑的部队已在该地域取得了一些初步胜利。骑兵第61师11月25日在沙尔努托夫斯基村失利后，特鲁法诺夫第51集团军（该集团军的推进已因后勤问题而放缓）27日试图以骑兵第4军骑兵第81师和坦克第85旅遂行突袭，一举夺取科捷利尼科沃。但这场冒险在镇中心被潘维茨将军所率的非正规志愿军一部发起的反冲击所阻。这场挫败迫使苏军向北退却，沿伊阿布洛奇纳亚河占据防御。此后，特鲁法诺夫命令麾下部队继续赶往科捷利尼科沃，但行事更加谨慎。

## 抢占阵地，12月1日—2日

12月初，劳斯将军对苏军没有进攻科捷利尼科沃深感惊讶。他认为这是绝佳的机会：

我不明白为何德国军队刚一出现，俄国人便停下脚步，尽管他们肯定接到了赶往阿克赛河以南并占领科捷利尼科沃的命令。他们仍占有兵力优势，但并未发动进攻，一连十天，我们加强科捷利尼科沃的兵力时，俄国人无所事事地观望着。这个谜一直没能解开，令我无法理解的是，我方卸载部队和长长的车队（就在大白天行进）从未遭到哪怕是一次空袭，而此时，空中并没有德军战斗机。

要是俄国人的胆量再大些，本可以迫使第4装甲集团军将集结区设在萨尔河后（后方50公里处）。这将大大降低救援行动取得成功的可能性。就这样，尽管优势敌军就在附近，我们还是顺利集结起第6装甲师，并未受到干扰。但我知道，这段时间里，曼施泰因元帅和霍特将军冒着极大的风险，他们的举动不啻为将救援部队送入狮口。[4]

当然，对于这个谜的解释是，第51集团军太过虚弱，德军第6装甲师师长对此一无所知。特鲁法诺夫曾试图将他的集团军集结于科捷利尼科沃，但赶往该镇途中两次遭遇重挫——11月25日在沙尔努托夫斯基村，11月27日—28日在科捷利尼科沃。因此，特鲁法诺夫集团军现在发现自己不仅损失惨重，还不得不转入防御。另外，由于斯大林格勒方面军几乎所有空中力量都用于打击德军沿斯大林格勒包围圈南部边缘构设的防御，12月9日后又负责支援雷奇科夫斯基地域的突击第5集团军，第51集团军无法指望德国第6装甲师的集结遭到来自地面或空中的干扰。

面对被认为"虚弱的敌军"，第51集团军的表现似乎很消极，对于这一点，到12月初，就连华西列夫斯基也意识到该集团军的脆弱性，并指出："我军对外正面南侧和西南侧的情况令人非常担心，这迫使我们从对内正面抽调部队加强他们。例如，斯大林格勒方面军司令员就曾下令，将坦克第13军和几个独立坦克、炮兵团调拨给那里的第51集团军。"[5]这发生在最高统帅部代表12月4日建议将近卫第2集团军调至斯大林格勒地域、加快歼灭包围圈内第6集团军的几天前。最终，塔纳希申将军直到12月4日才将坦克第13军向南调动100公里，集结在阿克赛和南面8公里处的佩列格鲁兹内地域。到达指定集结区时，该军只编有机械化第17、第62旅，外加两个旅配属的坦克团（第44和第163团）；坦克第13军不得不把机械化第61旅和独立坦克第166、第35团留在拉科季诺地域，在第57集团军编成内作战。[6]华西列夫斯基12月4日调拨给第51集团军的另一些援兵是独立坦克第234团、喷火坦克第235旅和反坦克歼击炮兵第20旅，但他们要到12月9日以后才能到达第51集团军的防区。

最高统帅部12月初原本打算将沃利斯基将军的机械化第4军从第57集团军转隶第51集团军，但12月5日却把该军调拨给突击第5集团军。不过，由于突击第5集团军并不需要这股力量，机械化第4军仍留在第57集团军辖内，12月12

日，该军转隶第51集团军，奉命协助该集团军挫败向北攻往阿克赛河的第57装甲军。机械化第4军从顿河东岸向东南方开拔，最终将于14日投入战斗。

特鲁法诺夫指示骑兵第4军和步兵第302师在他们的作战地域内各构设4个反坦克支撑点，集团军辖内其他兵团各构设2个反坦克支撑点，这表明他对集团军抗击德军装甲部队的能力深感担忧。[7]之所以下达这道命令，是因为他预计自己的部队很快会与德军装甲部队交锋。另外，特鲁法诺夫还命令各兵团组建机动炮兵预备队，并将反坦克武器分发给各部队和分队，每个排一支反坦克步枪，每个班3—5枚反坦克手榴弹。这位集团军司令员还开设了新的作战训练项目，侧重于克服队伍中的"坦克恐慌症"，并安排狙击手消灭敌军官，选派最具经验的下级指挥员领导各支撑点和火力组。[8]

与此同时，第51集团军辖内各部队继续展开断断续续的行动，表面上仍在进攻，实际上是在仓促准备防御，但其中有些措施涉及夜袭和突击，旨在破坏德军进攻准备并改善己方防御阵地。作为即将到来的作战行动的一道基线，11月30日晚，第51集团军各部队从左（东）至右（西）部署如下，括号内是各兵团防区的宽度：

· **第76筑垒地域**（30公里）——防区从巴拉诺夫（Balanov）起，经科丘别耶瓦（Kochubeeva）和普洛多皮托姆尼克（Plodopitomnik）至巴特尔马拉湖（Batyr-Khmala）（萨多沃耶西南和东南方16—28公里处）

· **步兵第91师**（13公里）——防区从156.4高地（乌曼采沃西北方10公里）至162.9、150.7高地（乌曼采沃以南4公里）

· **骑兵第61师**（10公里）——集结在卡努科沃地域（Kanukovo）（乌曼采沃西南方20公里）

· **步兵第126师**（20公里）——防区从涅贝科沃（Nebykovo）至141、172高地（阿克赛西南方25公里）

· **步兵第302师**（17公里）——防区从韦利坎峡谷（Velikan）（上库尔莫亚尔斯卡亚东南方18公里）至格列米亚奇（Gremiachii）、克鲁托伊河（Krutoi）和克鲁塔亚峡谷（Krutaia）（上库尔莫亚尔斯卡亚东南方35公里）

· **骑兵第4军军部和骑兵第81师、坦克第85旅**（18公里）——集结在上库尔莫亚尔斯卡亚（Verkhne-Kurmoiarskaia）、萨夫罗诺夫（Safronov）、下伊阿布洛奇内（Nizhne-Iablochnyi）和上伊阿布洛奇内（Verkhne-Iablochnyi）地域

　　按照这种部署，特鲁法诺夫集团军辖内各兵团占据一片140公里宽的防区，从萨多沃耶东南方25公里处的湖区向西延伸至科捷利尼科沃西北偏北方25公里、上库尔莫亚尔斯卡亚的顿河河段。这就意味着每个兵团的平均防御宽度为23公里。集团军辖内各兵团基本采用单梯队配置，这也严重有违常规。例如，某些兵团之间的缺口宽达25公里，特别是在东面，骑兵第61师部署在步兵第91师前方东南面约20公里处。简言之，这绝不是一个进攻布势，也不是个强大或堪用的防御布势。

　　12月头十天，劳斯将军的第6装甲师忙着将科捷利尼科沃打造成他所称的"防御登陆场"。霍特和基希纳将军希望立即向阿克赛河一线进军，但劳斯对此并不赞同，他认为应当将科捷利尼科沃改造成一片大型筑垒地域。他以科捷利尼科沃镇为中心，在这座堡垒周围设立起一系列相互支援的支撑点，每个支撑点都以一支多兵种合成部队加以据守，部署在距离该镇5—10公里的一道环形防线上，并以师属第6装甲侦察营巡查各支撑点之间的缺口。[9]

　　第6装甲师防线对面，特鲁法诺夫的部队12月1日和2日实施侦察行动，设法弄清当面之敌的实力并探明德军防线上的缺口，而辖内各兵团正常"部署部队"并改善防御阵地。红军总参谋部的每日作战概要反映出该集团军活动水平的下降，只提及特鲁法诺夫集团军基本停留在原地，骑兵第81师试探德军在科捷利尼科沃地域的防御，机械化第4军派先遣支队向西赶往上奇尔斯基东面的顿河河段，以封闭他们与西南方面军坦克第5集团军之间的缺口（斯大林格勒方面军第51和第28集团军12月1日—11日的战果可参见副卷附录10A）。[10]

## 波赫列宾村之战，12月3日—4日

　　叶廖缅科督促第51集团军试探德军防御，12月2日晨，特鲁法诺夫命令他的集团军当日晚些时候恢复进攻，除左翼机动性较差的第76筑垒地域，所有部队都将投入战斗。这些进攻行动的目的是将显然处于被动的德军逐回科捷利尼

科沃，可能的话，以一股比11月27日那次失败的进攻行动更强大的力量突入该镇。骑兵第4军12月2日3点接到特鲁法诺夫的命令，内容如下：

> 骑兵第4军（缺骑兵第61师）和坦克第85旅，从顿河方向掩护自身的同时，应于12月2日11点前到达马约尔斯基（Maiorskii）和扎哈罗夫（Zakharov）一线，12月2日日终前夺取科捷利尼科沃西部。以一个加强团攻占梅廖拉季夫内车站（Meliorativnyi Station）［科捷利尼科沃以南10公里］。占领科捷利尼科沃后，沿铁路线向杜博夫斯科耶（Dubovskoe）［科捷利尼科沃西南偏南方38公里］发展攻势。左侧的步兵第302师应于12月2日日终前夺取科捷利尼科沃东部。[11]

特鲁法诺夫的计划要求沙普金将军的骑兵第4军投入一场合围科捷利尼科沃守军的行动，以骑兵第81师和坦克第85旅从西北面包抄该镇，步兵第302师在骑兵第61师和坦克第254旅支援下从东南面实施合围。可是，由于坦克第85旅缺乏燃料，特鲁法诺夫不得不将进攻行动推延24小时。获得足以维持数日作战行动的燃料后，坦克第85旅和骑兵第81师12月3日向前推进。红军总参谋部的每日作战概要表明，第51集团军12月3日的进攻行动，唯一取得胜利的是骑兵第81师和坦克第85旅，当日15点，他们攻占了波赫列宾（Pokhlebin）（参见副卷附录10A）。[12]

此时，由于师长A.F.斯科罗霍德上校缺席，暂时指挥骑兵第81师的是负责政治事务的副师长V.G.包姆施泰因上校。指挥坦克第85旅的是N.V.叶热洛夫中校，该旅在科捷利尼科沃遭遇惨败后，他于12月1日接替原旅长I.R.米哈伊洛夫中校。这两支部队共计约5500名骑兵和60多辆坦克，还加强有一个"喀秋莎"多管火箭炮营[①]。[13]

骑兵第4军的骑兵和坦克混编战斗群都由沙普金将军指挥，12月3日晨，他们从上库尔莫亚尔斯卡亚地域向南推进，迫使设在顿河东岸的两个德军前哨

---

① 译注：近卫迫击炮第149营。

向南退却。该战斗群随后进入科捷利尼科沃西北方13—14公里处的西比列奇纳亚峡谷（Sibirechnaia）和谢米奇纳亚河谷（Semichnaia），该军11月底曾在那里受挫。尽管沙普金取得了初步胜利，但苏联方面承认，他的部队未能到达其目标——科捷利尼科沃。该军派出几个先遣支队向南赶往科捷利尼科沃，每个支队都得到叶热洛夫提供的几辆坦克的加强。3日下午晚些时候，这些支队顺利夺取波赫列宾村，该村坐落在西比列奇纳亚峡谷与谢米奇纳亚河之间一座低矮的山脊上，位于科捷利尼科沃西北方12公里处。据说坦克第85旅在这场战斗中损失6辆坦克。[14]

劳斯将军对这场战斗的描述与苏联方面的记录大相径庭。这位第6装甲师师长指出，虽然沙普金的骑兵和坦克主力设法前出至波赫列宾村北郊，但只有几辆坦克攻入村中心，而且很快便被击毁。据劳斯称，此后，德军炮兵从南面数公里外的谢米奇内（Semichnyi）发起炮击，第114装甲掷弹兵团第1营从科捷利尼科沃西北偏北方14公里处的马约罗夫斯基村（Maiorovskii）发起反冲击，将苏军遏止在距离谢米奇纳亚河不远处，最终迫使他们向北混乱退却。[15]劳斯对波赫列宾村之战的描述详细、饶有趣味，但错误百出。劳斯的记述可能主要依赖于他的记忆，就像他在回忆录其他部分所写的那样，混淆了这些和另一些作战行动的日期，经常将数日的战斗"压缩"到一天内。例如波赫列宾村之战，劳斯称发生在12月5日和6日，但第6装甲师师史和苏联、德国方面的资料都明确表明这场战斗发生在12月3日和4日。[16]

劳斯在回忆录中承认，苏军的进攻确实迫使第4装甲掷弹兵团据守波赫列宾村的第6连①退至东面3公里处的扎哈罗夫村。他随后解释道，刚刚在科捷利尼科沃卸载的第11装甲团以两个装甲连成功遏止了苏军向东跨过谢米奇纳亚河的后续推进。最后，他承认："日终时，这场战斗的结局显然胜负未分。虽然俄国人达成局部突破后攻入我防御体系，但我军挫败了他们夺取科捷利尼科沃的企图。"[17]

---

① 译注：劳斯回忆录第147页的原文是第114装甲掷弹兵团6连；劳斯的记述有误，当天据守这一带的是第114装甲掷弹兵团1营，守卫波赫列宾村的是该团第1营第3连，第6连属于第2营，该营当时正在后方集结，为反攻做准备。

苏联方面的记录表明，通过被俘的敌军士兵确定当面之敌是德军第6装甲师后，沙普金将军请求批准与德军脱离接触，将他的部队北撤，以免再度遭到合围。但特鲁法诺夫迅速而又明确地否决了沙普金的请求，要求他"在拂晓前夺取马约尔斯基、扎哈罗夫和谢米奇内后履行先前受领的任务。12月4日7点发起进攻。"[18]上午晚些时候，特鲁法诺夫和他的参谋长A.M.库兹涅佐夫上校没有理会沙普金再次提出的撤退请求，木已成舟。[19]

最终，谁赢得12月3日初步战斗的胜利已经不再重要，因为劳斯的第6装甲师在12月4日获胜了。在一份相当低调的报告中，红军总参谋部对12月4日第51集团军的作战行动只是简单地指出："骑兵第4军（欠骑兵第61师）骑兵第81师和坦克第85旅，13点30分与进攻之敌展开战斗并实施战斗后撤，日终前沿上库尔莫亚尔斯卡亚、上伊阿布洛奇内、下伊阿布洛奇内一线占据防御。"[20]这份作战概要没有详细解释沙普金的部队为何被迫后撤。

幸运的是，苏联和德国方面的其他资料填补了红军总参谋部语焉不详的空白。例如，俄罗斯的资料透露，12月4日晨，骑兵第4军骑兵第81师和坦克第85旅刚刚投入进攻，德军第6装甲师便以150辆坦克发起一场大规模反冲击，波赫列宾地域的战斗愈演愈烈。[21]劳斯将军决定，必须在第51集团军辖内其他部队从东面冲向科捷利尼科沃前击败这股被他误判为骑兵第115师和坦克第65旅的苏军①。为此，他要求该师正搭乘火车赶往科捷利尼科沃的第11装甲团和第114装甲掷弹兵团第2营加快速度。据劳斯说，瓦尔特·冯·许纳斯多夫上校的第11装甲团12月5日20点抵达谢米奇纳亚车站，6日凌晨1点进入指定集结区，4点在马约罗夫斯基附近占据进攻出发线，奉命一小时后投入进攻。但劳斯提供的这份时间表有误：这股部队对苏军骑兵第4军发起打击是在12月4日。

尽管时间的表述出现错误，但劳斯对12月4日第6装甲师进攻行动的叙述基本准确（参见副卷附录10B）[22]。俄罗斯近期对这场战斗所做的描述较为简短，但证实了劳斯的说法："14点，骑兵第81师被彻底包围，德军坦克和摩托

---

① 译注：劳斯的判断是骑兵第85师、骑兵第115师和坦克第65旅，见《坦克战：劳斯将军东线回忆录，1941—1945年》第151页。

化步兵开始挤压已形成的包围圈。骑兵们激战了一整天，随着夜幕的降临，他们化整为零杀出包围圈。"[23]

经过两天的激战，第6装甲师在作战日志中写道，击毁10辆敌坦克，抓获1200名俘虏，缴获14门火炮、800匹马和骆驼，战斗结束后又抓获800名俘虏。[24]劳斯指出，俄国人在战场上丢下56辆被烧毁的坦克残骸，虽然这种说法无疑有些夸大，但很可能比第6装甲师的记录更接近于真相。俄罗斯方面的记述证实，骑兵第81师的损失是1897人和1860匹马阵亡、被俘或失踪，外加14门76.2毫米火炮、4门45毫米火炮、4门107毫米迫击炮和8门37毫米火炮，但未提及坦克损失。[25]第6装甲师的记录还指出，与骑兵第4军历时两天的激战使该师阵亡8人、负伤28人、12辆坦克丧失作战能力，其中5辆是机械故障所致。[26]

苏联方面的记述和档案资料证实了劳斯"两名苏军师级指挥员毙命"的说法，承认骑兵第81师师长V.G.包姆施泰因上校、参谋长捷列欣中校和政治部主任图尔宾团级政委在战斗中阵亡。[27]12月14日，A.F.斯科罗霍德上校接替包姆施泰因再度担任骑兵第81师师长；坦克第85旅旅长N.V.叶热洛夫中校12月11日被N.M.列别捷夫中校替换，这要么是因为他也在战斗中负了伤，要么就是作战失利所致。

第51集团军战史将波赫列宾村的惨败与前后作战情况联系起来，指出这虽然是一场最严重的挫败，但只是特鲁法诺夫集团军12月3日和4日遭遇的数场失利之一：

[12月初的]几天里，敌人沿库尔莫亚尔斯卡亚、皮缅切尔内（Pimen-Chernyi）和沙尔努托夫斯基一线遏止了我军的进攻，先是以小股坦克力量（5—10辆），12月4日起，敌人前调了一个新锐装甲师，将45—50辆坦克投入战斗，骑兵第4军、坦克第85旅、高射炮兵第1113团、反坦克歼击炮兵第492、第1246团、步兵第302、第126师的人员和武器装备损失惨重。[28]

对于骑兵第4军在波赫列宾村遭遇惨败的严重程度没有任何争议。该军损失3500人，几乎是其总实力一半以上，另外还可能损失了半个坦克旅，而第51集团军只有两个坦克旅可用。沙普金将军的骑兵军和骑兵第81师再也没能彻底恢复战斗力。这场惨败在特鲁法诺夫集团军乃至整个指挥体系内不断发酵，它标志着第51集团军的进攻行动会有个明显不祥的结局。第51集团军辖下的六个作战兵团损失了一个，坦克力量折损半数，无计可施的特鲁法诺夫只得向叶廖缅科和华西列夫斯基求助。因此，波赫列宾村的惨败促使苏军最高统帅部派坦克第13军和四个坦克、炮兵团增援第51集团军。另外，这也是最高统帅部12月5日决定组建突击第5集团军的原因之一。

## 波赫列宾村之战后，12月5日—11日

在波赫列宾村惨败后，骑兵第4军骑兵第81师和坦克第85旅残部向北退至伊阿布洛奇纳亚（Iablochnaia）北面的上库尔莫亚尔斯卡亚和下伊阿布洛奇内舔舐其伤口，但仍遭到第6装甲师的炮火打击和部分部队的追击。尽管态势恶化，特鲁法诺夫还是命令集团军主力转入一场坚决防御，并构设起反坦克支撑点网，以击退第6装甲师预料中的进攻。正如红军总参谋部12月5日作战概要证实的那样，特鲁法诺夫显然命令骑兵第61师继续从东面攻向科捷利尼科沃，可能是为了将德军装甲师的注意力从第51集团军设在镇北面的主防御阵地吸引开（参见副卷附录10A）。

步兵第126师12月5日向达尔加诺夫（Darganov）推进约10公里，与右侧的步兵第302师保持着相互支援的距离。此举使第51集团军建立起一条较为连贯但非常虚弱的防线，从顿河畔上库尔莫亚尔斯卡亚起，沿伊阿布洛奇纳亚河向东南方延伸至格列米亚奇，然后向东延伸至库尔莫亚尔斯基阿克赛河（Kurmoiarskii Aksai）畔的皮缅切尔内和达尔加诺夫。但在更东面，步兵第126师左翼与步兵第91师右翼之间存在一个10公里宽的缺口，后者12月4日进入乌曼采沃东南方40公里处的上萨利斯克地域（Verkhnyi Sal'sk），12月5日不得不奉命退守库尔莫亚尔斯基阿克赛河畔沙尔努托夫斯基村的周边阵地。

A.V.斯塔文科夫上校的骑兵第61师目前位于第51集团军中央地带前方，在F.E.萨多夫斯基上校坦克第254旅全部或部分力量支援下，继续从东面向科捷利尼科沃发起牵制性进军。12月5日晨，斯塔文科向西派出的一个先遣支队到达纳戈利纳亚峡谷（Nagol'naia Balka）内的纳戈利内村（Nagol'nyi），位于科捷利尼科沃南面仅4公里处。虽然对具体日期有些混淆，但劳斯将军坚称德

军侦察单位正密切留意敌人的动向：

几天后，越来越多的迹象表明，敌人已做好准备，企图从侧翼发起进攻，从而使第6装甲师首尾难顾。12月9日［应为12月5日］，德国空军的侦察机和……侦察巡逻队发现了敌人的一支诸兵种合成队伍，他们似乎打算向东实施一场大迂回，绕过科捷利尼科沃。位于队列最前方的是一个骑兵营（编有2—3个骑兵连），提供支援的两个步兵营和一些坦克尾随其后，保持着适当的距离。这显然是俄国人一支强有力的侦察部队，任务是弄清情况，探明集结中的德军实力。我有理由认为，跟随在这支侦察部队身后的是机械化第4或坦克第13军派出的强大坦克部队，其目的是阻止仍在准备救援斯大林格勒的第4装甲集团军。[29]

尽管劳斯正确得出苏军正准备进攻的结论，但他大大高估了对方的实力。苏军投入的并非劳斯预料的一个机械化或坦克军，不过是斯塔文科夫获得加强的骑兵第61师而已。此时，斯塔文科夫要么并未获悉沙普金在波赫列宾村大败亏输，要么接到了尽管骑兵第81师惨败，但他必须继续前进的命令。不管怎样，劳斯将许纳斯多夫第11装甲团派至科捷利尼科沃以南20公里处的谢米奇纳亚车站附近，又把师属第6装甲侦察营派至科捷利尼科沃南面4公里处的纳戈利内村接近地，等待苏军逼近，他希望重演波赫列宾村的胜利。此时，斯塔文科夫的骑兵和提供支援的坦克位于纳戈利内村东南方12公里处的波戈兹卡地域（Pogozka）。但这是他们向西推进的最远距离。

劳斯试图解释为何他的部队当日无法再度赢得胜利：

我刚刚做出决定［歼灭苏军位于纳戈利内村附近的侦察部队，他称之为"落网的小鱼"］，俄国人的侦察部队撤走了。他们显然丧失了勇气，夜幕降临前匆匆退却。异常紧张但平安无事的一天即将结束，俄国人不会再发起袭击。敌坦克部队指挥官显然无意跨过我们精心构设的"金桥"。避战的原因是什么？我只能认为是"波赫列宾的坎尼"使俄国指挥官丧失了主动性，其部队受损太重，他们不想太快发起类似行动。[30]

　　与劳斯的观点相反，斯塔文科夫作出正确判断，不能以一个虚弱的骑兵师和第51集团军最后一个完整的坦克旅迎战一个满编德军装甲师。正如苏军提交的报告表明的那样，迅速撤回阿克赛地域的骑兵第61师安然无恙。这样一来，斯塔文科夫避免了骑兵第4军在波赫列宾村令人尴尬的失利再度重演，并将特鲁法诺夫麾下最后一支快速部队较为完整地带回第51集团军后方。

　　接下来的六天，特鲁法诺夫第51集团军加强并设法改善其防御阵地、实施局部战斗以获得更有利的防线、补充弹药和燃料、将最高统帅部和斯大林格勒方面军派来的援兵纳入其防御。这段时间里，苏军最高统帅部及其代表华西列夫斯基仍全神贯注于下奇尔河的态势和消灭斯大林格勒包围圈的前景。例如，12月5日，最高统帅部组建起突击第5集团军，应对德国人从西面发起解围行动的威胁。此后，华西列夫斯基将注意力放在拟制新计划上，他将以近卫第2集团军为主要力量，消灭斯大林格勒包围圈。12月9日，他将该计划呈交斯大林（参见第一章），斯大林12月11日予以批准，并委托华西列夫斯基与罗科索夫斯基、叶廖缅科制定细节。简言之，科捷利尼科沃方向的德军仍处于消极被动状态时，苏军最高统帅部和华西列夫斯基都没有从他们认为最重要的任务中分心。但这一点最终对第57装甲军有益。

　　最高统帅部及其代表专注于其他事务时，斯大林格勒方面军司令员叶廖缅科却不敢对德国人来自南面的威胁掉以轻心。斯大林和华西列夫斯基更改战略计划之际，叶廖缅科不断接到特鲁法诺夫关于其集团军实力虚弱的电报，故而想方设法加强第51集团军，并设法协调该集团军与波波夫将军新组建的突击第5集团军的作战行动。实际上，波波夫一直是叶廖缅科的副手，对这种协调工作较为有利。叶廖缅科派给第51集团军的第一支，可能也是最重要的一股援兵是塔纳希申将军的坦克第13军，该军调离第57集团军后集结于阿克赛地域，12月4日赶往东南方。在那里，该军用几天时间接收并整合相关部队、补充兵和新装备，补充补给，对个人和小股部队加以训练。稍后，特鲁法诺夫集团军获得坦克第234团、喷火坦克第235旅和反坦克歼击炮兵第20旅的加强，他把这些部队暂时纳入预备队。另外，为改善第51集团军领率机关的效率，最高统帅部12月8日任命谢尔盖·费多罗维奇·戈罗霍夫上校担任特鲁法诺夫的副手，戈罗霍夫曾指挥过步兵第124旅和"戈罗霍夫"集群，前两个月的大部分时间

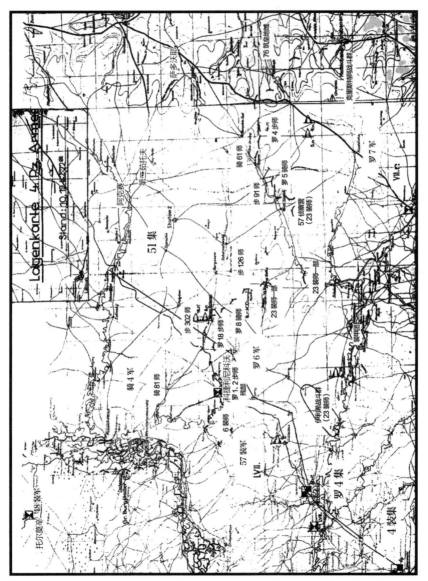

地图 10 1942 年 12 月 10 日 22 点，第 4 装甲集团军的态势

里，他率部坚守斯大林格勒工厂区北部的雷诺克登陆场，从而声名鹊起①。[31]

由于第57装甲军忙着策划救援行动，而叶廖缅科关心的是一旦德军展开行动，如何将其击败，因此，12月6日—11日，科捷利尼科沃北面和东面的战斗依然较为轻微，主要涉及双方部队的再部署、遂行或击退对方的侦察、佯攻和试探性进攻（参见地图10和副卷附录10A）。

尽管战场上较为平静，但对基希纳将军的第57装甲军来说，这段时期非常繁忙，因为该军正竭力跟上上级指挥部门进行中的策划工作。12月1日，冯·曼施泰因元帅签发了批准实施"冬季风暴"行动的1号指令。此后，这位"顿河"集团军群司令想方设法为"霍特"集群（第4装甲集团军和罗马尼亚第4集团军），特别是为基希纳第57装甲军争取更多的部队。曼施泰因没能获得第16摩步师和A集团军群的第3装甲军，而"中央"集团军群辖下的第17装甲师仍是争论的原因，因为该师12月初南调后，希特勒和OKH倾向于派该师担任战略预备队或支援"霍利特"集团军级支队。[32]曼施泰因别无选择，最终只得接受希特勒的决定。他默认了将克诺贝尔斯多夫的第48装甲军沿下奇尔河战线部署，以第57装甲军第6和第23装甲师，在罗马尼亚虚弱的第6、第7军支援下，从科捷利尼科沃地域向斯大林格勒发起救援行动。

### "冬季风暴"计划的调整

最终，事实证明从顿河南面展开行动对德军救援第6集团军的前景最为有利。这主要因为坦克第5集团军12月7日—10日沿奇尔河发起的进攻，将克诺贝尔斯多夫第48装甲军拖入看似无休无止、代价高昂的战斗中。此后，突击第5集团军的坦克第7军12月13日攻占雷奇科夫斯基，上奇尔斯基14日落入波波夫集团军之手，"亚当"战斗群15日弃守顿河东岸登陆场，这些事态发展彻底排除了德国人从西面发起进攻，解救第6集团军的一切可能性。因此，基希纳第57装甲军12月12日攻向斯大林格勒时，完全是在孤军奋战。

曼施泰因仅以第57装甲军实施救援的决定是个艰难的抉择，用了一个多星期才做出，并受到诸多因素影响，其中大多数是这位陆军元帅无法控制的。

---

① 译注：戈罗霍夫已于12月7日晋升为少将。

"冬季风暴"最初的构想是发起两场救援进攻——第一场进攻是以克诺贝尔斯多夫第48装甲军从距离斯大林格勒包围圈不到60公里的雷奇科夫斯基登陆场向东实施，第二场进攻则以基希纳第57装甲军从斯大林格勒西南方120公里处的科捷利尼科沃发起。但曼施泰因始终无法集结起遂行两场进攻所需要的兵力。他为第57装甲军争取到第6、第23装甲师，但调拨给第48装甲军的第11装甲师、第336步兵师和第7空军野战师却卷入沿下奇尔河遏止坦克第5集团军攻势的战斗中，并遭受到严重损失。本应分配给救援行动的第17装甲师和第306步兵师仍在OKH控制下，直到第57装甲军向北发起突击后才转隶"霍特"集群的第4装甲集团军。这种延误是OKH决定将第17装甲师留在斯大林格勒西北方担任B集团军群预备队和第304步兵师姗姗来迟所致。OKH还提及第3山地师也有可能充当援兵，但该师临时改道，部分兵力用于应对其他战线的局部威胁。结果，第57装甲军12月12日发起进攻时，调拨给曼施泰因救援行动的许多师级部队，不是卷入奇尔河的战斗，就是被OKH调离，或正在开拔途中。[33]

虽然曼施泰因积极参与到解救第6集团军的讨论中，但他心知肚明，该集团军的实力太弱，无法靠自身力量突出包围圈。另外，这位陆军元帅对无法获得发起一场可靠救援行动所需要的兵力深感沮丧。从获得任命的第一天起，曼施泰因便认为最合理的解决方案是将A集团军群撤出高加索，以该集团军群解救第6集团军，但希特勒拒不接受这项方案。这种拒绝并非某些历史学家所说的那样，仅仅是希特勒决心坚守每一寸土地的惯常做法；要知道，整个战役期间，希特勒最优先的目标一直是进抵高加索油田。尽管如此，A集团军群停滞不前，不仅剥夺了曼施泰因可用于向斯大林格勒包围圈发起反攻的宝贵部队，还把霍特第4装甲集团军余部牵制在一场防御战中，以掩护罗斯托夫和"顿河"集团军群敞开的南翼。曼施泰因很快就理解了1941年底担任"中央"集团军群司令的冯·克鲁格元帅的悲观情绪，据说后者曾告诉刚刚出任集团军群司令的曼施泰因："您会发现，如果没有元首的批准，根本无法调动任何一个营级以上的部队。"[34]

鉴于这些限制，曼施泰因听从了霍特将军的建议，决定从科捷利尼科沃地域发起主要救援行动。这项任务交给基希纳将军的第57装甲军，该军辖下的第6和第23装甲师分别调自西线和A集团军群。基希纳本人是一名经验丰富的装甲部队指挥官，过去曾指挥过第1装甲师。[35]除了缺乏地面部队，基希纳的任务还因为空中支援不足而更趋复杂。12月初，德国空军急于确保空运行动取得成功，这种资源优先权，加之恶劣的气候，妨碍了对"冬季风暴"行动的支援。第4航空队12月9日下达命令，调拨179架战机支援第57装甲军，但如果第48装甲军能从奇尔河登陆场发动进攻，空中支援的优先权将转移至该地域。另外，进攻行动发起前一天的12月11日，两个航空兵团被调至德军两场突击的北面，支援残破的意大利第8集团军，这也使即将发起的进攻变得更加脆弱。幸运的是，两个航空兵团13日重新加入"冬季风暴"行动。但就总体而言，参与进攻的德国空军几乎与地面部队同样虚弱。[36]

由于曼施泰因与希特勒就为"冬季风暴"行动抽调部队以及应当如何实施救援的问题发生了许多冲突，他对解围行动的成功前景持严重保留态度。这一点在曼施泰因12月9日提交OKH的一份长篇报告中表露无遗，这份报告涵盖了即将发起的救援行动的各个方面（参见副卷附录10C）。[37]曼施泰因呈交报告几天后，新组建的突击第5集团军才出现在斯大林格勒方面军的作战序列中，因此，读者们只能自行猜测该集团军的出现会给曼施泰因的评估造成怎样的影响。

按照标准的格式，曼施泰因的报告首先评估了"顿河"集团军群作战地域内敌军的实力和能力。据"顿河"集团军群估计，截至11月28日，这些部队共计182个师级和旅级兵团，包括86个步兵师、11个骑兵师、17个步兵、54个坦克和14个摩步旅。这份报告随后详细估测了第6集团军"要塞区"各条防线当面之敌和沿两道合围对外正面部署的苏军。尽管这番评估准确计算了位于战术纵深的苏军部队，但没有发现突击第5集团军或规模更大的近卫第2集团军。这份报告的签署日期是11月28日，两个苏军集团军尚未投入全面运作，而德军情报机构在识别战役纵深的敌军方面变得越来越无能。

曼施泰因指出，苏军沿奇尔河的行动最为活跃，并准确估计到对方很快会将作战行动扩展至顿河以东地域。尽管苏军补充了近日来坦克力量的严重损失并增强了炮兵力量，但曼施泰因的结论是，"其步兵攻击力依然很弱"。[38]

对于集团军群自身的力量，曼施泰因在报告中指出，尽管第6集团军目前尚能抵御苏军的进攻，但其损失一直居高不下，弹药储备严重不足，口粮方面

（如果将口粮削减为200克/天），面包可维持至12月14日，午餐可维持至12月20日，晚餐可维持至12月19日。他还认为德国空军实施的空运无法满足第6集团军的补给需求。

至于霍特的第4装甲集团军，曼施泰因在报告中称，第57装甲军要到12月10日才能将其部队集结在顿河南面（而不是预计的12月3日），他别无选择，只能沿奇尔河战线投入第48装甲军辖内部队，以恢复迅速恶化的态势。他还对罗马尼亚第4集团军的作战能力表现出极大的担忧。各罗马尼亚步兵师残部"兵力基本不超过1—2个营，"他评论道，"无法指望他们抗击从北面发起进攻的任何力量。"[39]罗马尼亚第3集团军同样如此，各个师的兵力不超过1—2个营，其指挥机构"未付诸全力"。曼施泰因将他们描述为"一群乌合之众，缺乏凝聚力，必须尽快以适当的作战部队接替，因为他们的编成和战斗力都不适合在前线从事长时间作战"。他总结道："由于缺乏火炮和反坦克炮，这条防线在敌强大兵力，尤其是坦克部队的攻击下，肯定无法长时间坚守。"[40]

尽管对辖内部队的能力做出明显悲观的评估，曼施泰因还是宣布了他的意图：

> 本集团军群的企图……尽快以第4装甲集团军发起进攻，与第6集团军建立联系。但目前松软的地面导致第57装甲军无法前进。第48装甲军各师能否在12月11日前彻底撤出奇尔河防线，这一点尚无法肯定。必须将第17装甲师调来参与此次进攻，相关命令已下达。必须预计到，敌人近期会把奇尔河一线的攻势向莫罗佐夫斯卡亚这一总方向扩展，为缓解这一线的压力，"霍利特"集群应提供协同，要么向佩列拉佐夫斯基方向发起突击，要么抽出一个德军师。[41]

曼施泰因确信，敌人将"顿河"集团军群视为"其作战行动的重点"，他认为苏军"会从其他战线抽调兵力，将这一地区的战斗尽可能长久地进行下去"。因此，如果要救援第6集团军，他的部队必须获得维持（如果无法加强的话），必须不断为"顿河"集团军群提供援兵，并恢复"罗马尼亚军队的战斗力，特别是他们的战斗意志和对德军指挥的信心"。[42]

至于同第6集团军恢复联系后将该集团军撤出包围圈的可能性，曼施泰因称，如果接下来的几周不发生重大变故，第6集团军继续实施抵抗能够牵制大批敌军，这对集团军群有利。但他也承认存在该集团军再次遭到切断的可能性。另外，如果苏军采取正确的行动，发起进攻突破罗马尼亚第3、第4集团军的防御，直扑罗斯托夫，就会造成大麻烦。曼施泰因提醒道，"除非我们将第6集团军调离斯大林格勒"，否则，"我们最重要的部队在要塞区内的机动将受到限制，或为保持联系遭到牵制，"而苏军将赢得自由行动权。[43]在这两种情况下，关键是为第6集团军增派部队，维持其防御能力，以德国军队加强罗马尼亚第3、第4集团军的毗邻防线，"尽快在我方兵力许可的情况下发起一场决定性进攻。"[44]

曼施泰因的报告最严重的缺点是他对当面苏军实力的估计，这种估测基于11月28日，而非12月第一周结束时的情报。他的情报机构没有发现新组建的突击第5集团军，最要命的是未探明近卫第2集团军的存在，该集团军辖内部队正在赶往斯大林格勒包围圈北部集结区的途中。正如曼施泰因很快意识到的那样，这些缺点影响到他后来几乎所有的判断，以及第6集团军最终的命运。

尽管存在曼施泰因所说的那些困难，但第57装甲军还是于12月5日24点（第6装甲师在波赫列宾村击溃骑兵第4军的一天后）下达了1号作战令。该指令要求全军从科捷利尼科沃地域向北发起主要突击，劳斯的第6装甲师居左，博伊内布格－伦斯费尔德将军的第23装甲师居右，突击重点位于第6装甲师作战地域内。罗马尼亚第5、第8骑兵师负责掩护第57装甲军位于阿克赛东北面和东面的右翼，第8航空军提供空中支援。虽然第57装甲军认为在波赫列宾村已将第51集团军坦克力量歼灭大半，但估计斯大林格勒方面军会以机械化第4军和坦克第13军约300辆坦克加强该集团军。[45]

第57装甲军下达指令后，两位装甲师师长商讨了具体行进路线。劳斯决定在科捷利尼科沃东北方20公里处的格列米亚奇周围达成突破，然后向北突击，赶往主铁路线上的奇列科夫（Chilekov）；而博伊内布格－伦斯费尔德决定向科捷利尼科沃东北偏东方25公里、库尔莫亚尔斯基阿克赛河畔的皮缅切尔内发起进攻（参见地图11）。劳斯在回忆录中描述了他对这场进攻行动的组织，重点在于该师向北推进时，必须确保自己的左翼（参见副卷附录10D）。

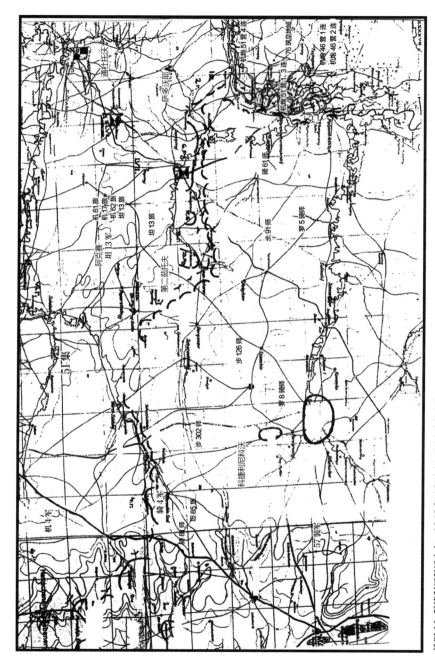

地图 11  科捷利尼科沃方向：1942 年 12 月 11 日 22 点的态势

由于在进攻期间抽调兵力消除这种威胁势必会分割他的师，此举非常危险，因此，劳斯决定将这场向北发起的突击分为两个阶段：第一阶段是一场大规模突破，第二阶段则以第11装甲团和第4装甲掷弹兵团遂行一场侧翼突击，消灭骑兵第4军残部，尔后，全师向北进击，攻向阿克赛河。[46]

尽管这个突击计划在进攻初期掩护了装甲军左翼，但该军向纵深发展时，如何掩护其侧翼的问题尚存。至少从原则上说，待罗马尼亚军队完成对第57装甲军调动和集结的掩护后就将遂行这项任务。实际上，罗马尼亚第6军第18步兵师的部队将为第6装甲师提供掩护，第57装甲军向北进击时，罗马尼亚第1、第2步兵师掩护其左翼。但与此同时，这三个师也奉命休整、重组、补充其受损的部队。很显然，这道命令，加之罗马尼亚师有限的机动性和战斗力，使他们无法跟上德军装甲部队向北推进的步伐。

掩护第57装甲军右翼的任务交给"波佩斯库"骑兵集群，这个临时组建的兵团编有科尔内将军的第8骑兵师，并获得波佩斯库将军第5骑兵师两个团和"潘维茨"志愿者支队的加强，负责掩护第23装甲师的集结，待该师向北攻往阿克赛河时，掩护该师右翼。这就使"波佩斯库"骑兵集群与苏军第51集团军位于皮缅切尔内以东15公里达尔加诺夫的步兵第302师发生直接接触，该集群最终承担的艰巨任务是掩护第57装甲军漫长的右翼，抗击第51集团军整个左翼。虽然罗马尼亚第4集团军的总兵力可能为39000人，但有效作战兵力实际上只有12000人，这股力量很难承担起他们受领的任务。[47]

实力最强的德军部队当属基希纳第57装甲军辖下的劳斯第6装甲师，该师刚刚从法国调来，几近满编。"冬季风暴"行动发起时，第6装甲师编有四个装甲掷弹兵营，战斗力等级均为"强"，还有一个拥有141辆可用坦克的装甲团，包括19辆二号坦克、63辆三号长身管火炮坦克、29辆配备75毫米火炮的三号坦克、23辆四号坦克和7辆指挥坦克。[48]另外，劳斯装甲师还有19辆处于不同维修阶段的坦克和40辆各种型号的自行火炮，苏军经常将这些自行火炮统计为坦克。第57装甲军辖内的另一支部队是博伊内布格-伦斯费尔德将军的第23装甲师，该师已在激烈的战斗中遭到严重消耗，只剩30辆可用的坦克，包括4辆二号、17辆三号和9辆四号坦克。这就意味着基希纳将军共有109辆三号、32辆四号坦克，相当于1.5个满编装甲师。[49]

苏联方面的资料，如第51集团军战史、坦克第13军（从此时起改称机械化第13军）军史和华西列夫斯基回忆录，都称特鲁法诺夫集团军共计34000名士兵、77辆坦克、419门火炮和迫击炮，这些数字很可能接近实情。但其中不包括获得加强的坦克第234团的39辆坦克、坦克第235旅的KV喷火坦克、机械化第4军12月14日投入战斗时的107辆坦克。[50]这些资料指出，德国第57装甲军计76000名士兵、500辆坦克、340门火炮和迫击炮。[51]但这个数字中包括约35000名罗马尼亚士兵和第15空军野战师近10000人，事实证明，他们在战斗中几乎派不上用处，基希纳装甲军的兵力不超过30000人。同样，苏联方面对基希纳12月11日坦克数量的估计也翻了一倍。虽然行动发起时基希纳的实力超过第51集团军，但第57装甲军在坦克数量上占有的2比1优势很快便急剧下降，一方面是因为德军有所耗损，另一方面是因为机械化第4军和坦克第7军①至少为第51集团军提供了200辆坦克的加强。后来，第51集团军又获得机械化第6、近卫机械化第2军数百辆坦克的支援。这一切表明，对基希纳而言，时间至关重要。

## "冬季风暴"行动和上库姆斯基之战，12月12日—19日

### 第57装甲军冲向阿克赛河，12月12日—13日

12月12日

1942年12月12日晨，第57装甲军终于投入进攻，"冬季风暴"行动顺利拉开帷幕。[52]待在第6装甲师指挥所这一有利位置的劳斯将军，后来对进攻行动做出生动的描述（参见地图12、13和副卷附录10E）。

在罗马尼亚第18步兵师的掩护下，第6装甲师4点30分集结于出发阵地，并为这场猛烈突击排成单梯队队形，罗马尼亚步兵师的前沿防线位于科捷利尼科沃东北方10公里处的库尔莫亚尔斯基车站。劳斯师的突击主力是许纳斯多夫上校的第11装甲团，该团100多辆坦克沿科捷利尼科沃—斯大林格勒铁路线和公路及其西面排成一个楔形队列，第1营居右，第2营居左，装甲猎兵居

---

① 译注：应该是坦克（机械化）第13军。

中。跟随在这个装甲楔子身后并为其提供支援的是搭乘装甲车的第114装甲掷弹兵团（欠第2营[①]）。第6装甲侦察营（K–6）位于第6装甲师右翼，科捷利尼科沃以东8—9公里处，其任务是攻向东北方的格列米亚奇，并与第23装甲师保持联系。

博伊内布格–伦斯费尔德将军第23装甲师的坦克和装甲掷弹兵，将从科捷利尼科沃东北偏东方25公里、库尔莫亚尔斯基阿克赛河北岸的皮缅切尔内发起冲击，攻向北面的涅贝科夫（Nebykov）、东北面的萨莫欣（Samokhin）、第二茹托夫。位于第11装甲团左侧的是第4装甲掷弹兵团，该团部署在科捷利尼科沃北面6公里宽的防区内，并获得第114装甲掷弹兵团第2营[②]的加强。这股力量受领的特殊任务是迎战、牵制上伊阿布洛奇内南面的苏军骑兵部队，掩护第6装甲师左翼，从而使苏军骑兵部队落入许纳斯多夫装甲团构设的包围圈。[53]

5点20分展开行动后，第6装甲师的突击给第51集团军虚弱的防御造成破坏性影响（第51和第28集团军12月12日—13日的态势可参见副卷附录10F）。第114装甲掷弹兵团第2营[③]发起的佯攻牵制住骑兵第81师，在波赫列宾村遭遇惨败后，该师的实力已大打折扣。许纳斯多夫的坦克随即攻向该师左翼。猝不及防的苏军骑兵和提供支援的坦克第85旅仓皇逃窜，仅剩的14辆坦克折损10辆，混乱不堪地向北退往阿克赛河。夺取上伊阿布洛奇内并将该村交给第2营后，许纳斯多夫的坦克向东疾进23公里，与第114装甲掷弹兵团携手夺取科捷利尼科沃东北方35公里处的奇列科夫，并与从南面发起推进的第6装甲侦察营保持协同。

此时，博伊内布格–伦斯费尔德第23装甲师的先遣部队位于奇列科夫西南面5公里处的涅贝科夫地域。率领该师攻向涅贝科夫的是"伊利希"战斗群，该战斗群编有第201装甲团第3营和第128装甲掷弹兵团第1营；另外，一个装甲车营攻向第二科沙拉（Koshara 2），以掩护"伊利希"战斗群右翼。13点35分夺取涅贝科夫后，"伊利希"战斗群报告，约3000名敌军（步兵第302师）

---

① 译注：应该是第114装甲掷弹兵团第2营，不是欠2营。
② 译注：第114装甲掷弹兵团（欠第2营）在第4装甲掷弹兵团左侧，向下伊阿布洛奇内推进。
③ 译注：应为第4装甲掷弹兵团第2营。

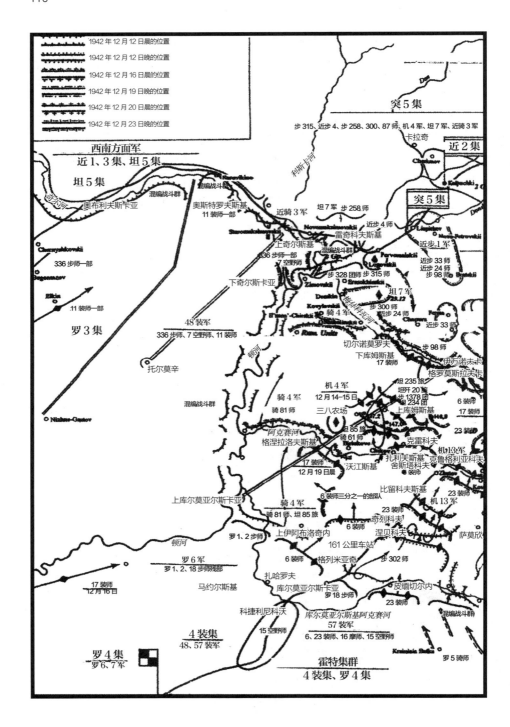

| | |
|---|---|
| | 1942 年 12 月 12 日晨的位置 |
| | 1942 年 12 月 12 日晚的位置 |
| | 1942 年 12 月 16 日晨的位置 |
| | 1942 年 12 月 19 日晚的位置 |
| | 1942 年 12 月 20 日晨的位置 |
| | 1942 年 12 月 23 日晚的位置 |

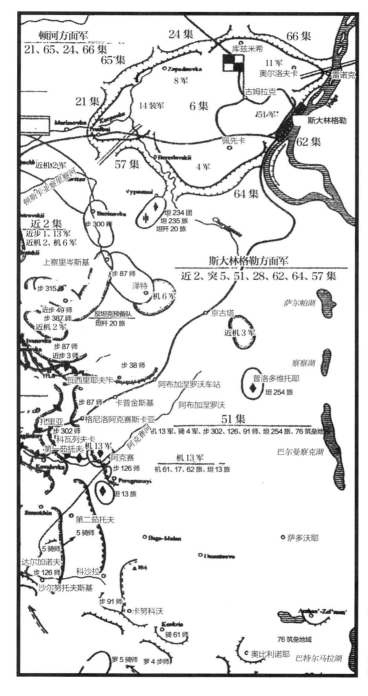

地图 12　1942 年 12 月 12 日 —23 日，斯大林格勒方面军对科捷利尼科沃方向的防御

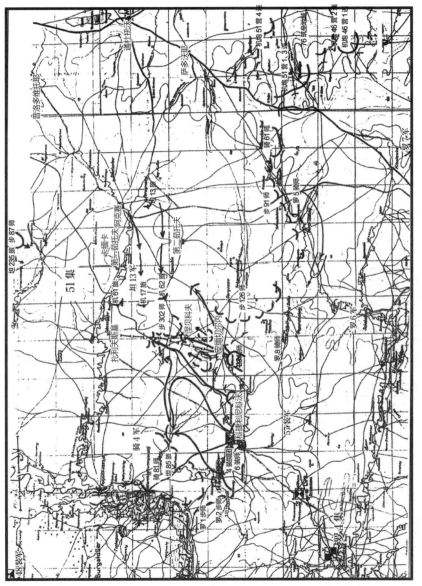

地图 13 科捷利尼科沃方向: 1942 年 12 月 12 日 22 点的态势

丢下许多死者、250名俘虏和大批武器装备向东北方逃窜。第23装甲师的装甲车营14点45分攻占第二科沙拉。该师指出，进军期间遭遇的唯一困难是，尽管温度已低至冰点，但坦克在河床地带对地面的破坏非常严重，导致摩托化步兵难以通行。[54]

在罗马尼亚第18步兵师（该师对格列米亚奇发起冲击并将其夺取）一部的支援下，两个德军装甲师没用几个小时便粉碎了第51集团军整个中央和右翼的防御。德军对特鲁法诺夫集团军中央防区的进攻打垮了马卡尔丘克上校的步兵第302师，该师师部被捣毁，其残部混乱不堪地退向东北方，逃往奇列科夫和涅贝科夫以北地域。马卡尔丘克的步兵师损失惨重，负责政治事务的副师长P.P.梅德韦杰夫中校和第51集团军侦察科长I.I.伊乌罗夫上校都被反坦克手榴弹炸死[①]。[55]

步兵第302师左侧，步兵第126师右翼遭到德军第23装甲师战斗群的打击，该师被迫向东退往从达尔加诺夫延伸至库尔莫亚尔斯基阿克赛河畔沙尔努托夫斯基村的新防线。V.S.罗曼诺夫上校（他12月4日接替了D.S.库罗帕坚科上校）指挥的步兵第126师面对的是"波佩斯库"集群，该集群由罗马尼亚第8骑兵师、第5骑兵师一部和潘维茨的特别战斗群组成。

最后是第51集团军右翼，沙普金将军的骑兵第4军现在只剩骑兵第81师残部和坦克第85旅残余的4辆坦克，该军无计可施，只得撤往上库尔莫亚尔斯卡亚，德军第6装甲师第114装甲掷弹兵团的一个营紧追不舍。简言之，对特鲁法诺夫第51集团军来说，这是倒霉透顶的一天。

当晚，OKW（德国国防军最高统帅部）的作战日志简洁地记录道："已加入'霍特'集团军级集群的第6装甲师攻向阿克赛河。冯·曼施泰因元帅报告，他能以两个进攻中的装甲师取得决定性胜利，但缺乏足够的兵力维系不断延伸的侧翼。"几乎就像事后补充那样，这份作战日志又写道："元首已决定，第11装甲师应继续在奇尔河登陆场遂行其任务，因为强大的敌军正在那里展开行动，应将第17装甲师而不是第11装甲师转隶'霍特'集群。"[56]而OKH

---

① 译注：S.M.萨尔基西安，《第51集团军》第108页的原文是两人用反坦克手雷炸毁两辆敌军坦克后牺牲。

（德国陆军总司令部）12月13日的每日作战概要简单地指出："第57装甲军沿科捷利尼科沃—斯大林格勒铁路线两侧向东北方攻击前进，昨日中午前出至阿克赛以南20公里处的奇列科夫和伊阿布洛奇内镇。"[57]

虽然红军总参谋部的每日作战概要对当日的行动持乐观态度，声称第51集团军被迫后撤前"迟滞了"敌人的进攻，但特鲁法诺夫、叶廖缅科和华西列夫斯基都觉得情况不太妙。[58]特别是华西列夫斯基，他意识到一场真正的危机已然来临。12月12日同叶廖缅科、马利诺夫斯基商量后，这位最高统帅部代表请求不太情愿的斯大林将近卫第2集团军调至梅什科瓦河地域，阻截德国人的救援行动（参见副卷附录10G）。[59]如何部署马利诺夫斯基的近卫集团军，对这个问题的争执12月13日5点左右戛然而止，斯大林口头批准将该集团军调至梅什科瓦河一线，12月15日生效。他还派华西列夫斯基负责防御工作，并要求他在接下来几天内提交一份计划。12月13日22点10分，斯大林给有关各方下达了一道正式指令，确认将近卫第2集团军转隶斯大林格勒方面军，将"土星"行动缩减为规模较小的"小土星"行动，并解释了这样做的原因（参见副卷附录8Q）。

显然，华西列夫斯基的建议和斯大林的批准从根本上改变了苏军所有后续战略计划。总之，"指环"行动推迟，"土星"行动改为"小土星"行动，近卫第2集团军开始从斯大林格勒包围圈西北方集结区向南开拔，其任务是担任先遣力量，会同其他部队挫败第57装甲军从西南方攻向斯大林格勒包围圈的行动。与这些变更相关的是，大批部队为加强第51集团军而转隶。其中最重要的是机械化第4、坦克第7军从波波夫突击第5集团军转隶特鲁法诺夫第51集团军。不过，斯大林直到12月14日22点30分才就科捷利尼科沃方向日后作战行动采取了最重要的步骤，给华西列夫斯基下达正式指令，为击败曼施泰因从西南方向斯大林格勒包围圈发起的救援行动，批准暂缓实施"指环"行动（参见副卷附录8R）。

与此同时，正如华西列夫斯基所提醒的那样，基希纳第57装甲军几乎毫不停顿，继续猛攻第51集团军沿科捷利尼科沃方向部署的部队。与12月12日拂晓的突击不同，劳斯命令他的装甲兵在夜色掩护下恢复进攻。日落后得到几个小时必要的休息后，午夜过后不久，他们再次向前冲去（参见副卷附录

10H）。劳斯第6装甲师的装甲兵和装甲掷弹兵抢在其对手之前向北疾进15公里，13日8点在阿克赛以西15公里处的扎利夫斯基（Zalivskii）夺得阿克赛河上的几个渡口。[60]这场大胆的突击使第23装甲师落在第6装甲师右后方10公里处，并为12月14日—18日发生在阿克赛河南北两面一场激烈、深具决定性的战斗构设起舞台。这场战斗的西半场将使劳斯第6装甲师在扎利夫斯基的阿克赛河段北面10—15公里处的上库姆斯基地域（Verkhne-Kumskii）卷入与沃利斯基机械化第4军的激战。而这场战斗的东半场发生在博伊内布格-伦斯费尔德第23装甲师与塔纳希申机械化第13军之间，两支装甲部队和提供支援的步兵，在克鲁格利亚科夫（Krugliakov）的阿克赛河段南面5—15公里的战场上展开厮杀。这场历时五天的坦克战一直持续到12月18日，第17装甲师赶到后才终于推动第57装甲军向北赶往梅什科瓦河，19日，他们距离斯大林格勒包围圈南部边缘仅剩55公里。在那里，从12月19日至23日，一场决定第6集团军命运的战斗爆发开来。

第57装甲军12月12日和13日粉碎第51集团军的部队时，苏军指挥员们正忙着加强该集团军摇摇欲坠的防御。首先，在华西列夫斯基的要求下，叶廖缅科从斯大林格勒方面军预备队抽调新锐步兵第87师和喷火坦克第235旅增援第51集团军。叶廖缅科随即命令特鲁法诺夫集团军"遏止进攻之敌，将他们逐回其出发阵地"。[61]这道命令完全不切实际，但特鲁法诺夫不得不执行。12日11点，他命令塔纳希申刚刚在阿克赛地域完成两天改装工作的机械化第13军，15点投入战斗，阻截向北推进的德军。具体说来，塔纳希申应"立即将麾下部队调至比留科夫斯基（Biriukovskii）和捷尔诺维国营农场（Ternovyi）一线（克鲁格利亚科夫以南8公里），遏止敌第23装甲师的后续推进，并朝涅贝科夫这个总方向发起进攻"。[62]这就要求塔纳希申执行一项艰巨的任务：在短短四个小时内率领全军南调25公里，进入指定进攻阵地，并组织该军投入战斗。不管怎样，由于气候晴朗，塔纳希申的部队不得不冒着敌机猛烈的打击展开行动，机械化第13军遭受到损失，行动也有所延误，被迫将进攻推迟至13日晨。[63]但据机械化第13军战史称，该军的状况并不理想，从这一点看，推迟行动对该军而言也许是幸运的：

此时，全军人员已得到休整，并检修了他们的坦克、火炮和步兵武器。

摩托化分队获得行进连［补充兵］的补充，实力恢复到编制兵力的60%~70%。尽管如此，该军仍需要补充武器、作战装备和运输车辆。机械化旅编成内的坦克第44和第163团总共只有49辆可用的中型、轻型坦克。半数摩托化分队缺乏运输车辆，不得不徒步投入行动。这种短缺给全军各部队和兵团的战斗力造成负面影响。但休整已结束，该军必须再次投入战斗。[64]

更重要的是，叶廖缅科还命令沃利斯基将军的机械化第4军尽快南调，增援第51集团军。机械化第4军应沿阿克赛河集结，阻止德军装甲部队向北渡过该河。沃利斯基奉命将他的军调离下奇尔斯卡亚以东20公里、洛戈夫斯基西面和西南面的驻地，于12月11日—12日夜间进入南面的新集结区。次日向南调动时，该军拥有107辆坦克、130门迫击炮、105门火炮、38挺重机枪和82挺轻机枪。[65]沃利斯基在途中遇到方面军副司令员G.F.扎哈罗夫中将率领的一个作战参谋组。扎哈罗夫的任务是协调沿科捷利尼科沃方向实施防御、集结在阿克赛河畔的各部队的行动。这些部队包括第51集团军辖下的机械化第4军、坦克第13军、骑兵第4军、独立重型喷火坦克第235旅、独立坦克第234团（39辆坦克）、反坦克歼击炮兵第20旅、步兵第302和第87师。尽管反坦克歼击炮兵团和步兵第87师留作预备队，但坦克第235旅和第234团将于12月13日或14日在上库姆斯基加入机械化第4军。

塔纳希申将军率领部队沿阿克赛河向东南方而行，试图在12月12日日终前将他的机械化第13军部署到克鲁格利亚科夫东南偏南方8公里处的比留科夫斯基西延至克鲁格利亚科夫以南12公里捷尔诺维国营农场的阵地。但是，由于这场调动耗费了很长时间，塔纳希申的部队要到13日上午才能投入战斗。届时，德军的空中打击导致该军12日晨的49辆坦克只剩下28辆。[66]

第57装甲军12月13日晨向北攻往阿克赛河，这令遂行防御的苏军措手不及，因为他们正忙着将援兵部署至指定集结区。结果，扎哈罗夫将军觉得自己无法协调这些部队的行动，故而决定同沃利斯基的机械化第4军待在一起。更糟糕的是，这些苏军援兵以零零碎碎的方式投入战斗，坦克第235旅和第234团12月13日在阿克赛北面迎战第6装甲师，而机械化第4军主力则于12月15日投入战斗。

## 12月13日

对于该地域12月13日的战斗，红军总参谋部的每日作战概要提供了苏方视角的最佳简述（参见副卷附录10F和地图14）。两个情况非常明显：第一，这份概要中没有提及机械化第4军，因为该军正从洛戈夫斯基地域向南调动；第二个情况更加重要，这份概要在突击第5集团军的标题下写道："经过持续战斗，坦克第7军的部队12月13日攻克雷奇科夫斯基地域。"[67]虽然看似无关紧要，但这一条目意味着战略态势突然发生了变化，从此刻起，第57装甲军的救援行动将是一场"孤军奋战"。这份作战概要还证实另一个情况必然发生：12月13日，雷奇科夫斯基落入苏军手中的同一天，希特勒同意将第17装甲师交由霍特指挥，该师不得不穿过顿河畔齐姆良斯卡亚，经长途跋涉后增援基希纳第57装甲军。因此，待第17装甲师12月17日晚赶至上库姆斯基战场，战斗几近结束，双方都遭受到重创。

12月13日，基希纳第57装甲军以第6装甲师先发制人的夜间行军展开行动。实际上，该师编入"许纳斯多夫"战斗群的第11装甲团赢得两场胜利：8点在扎利夫斯基夺得阿克赛河对岸的登陆场，又于12点前赶至尘土遍地的上库姆斯基，该村位于扎利夫斯基以北13公里的广阔草原上。第11装甲团的作战日志描述了"许纳斯多夫"战斗群渡过阿克赛河后展开的行动：

> 第1营向北而去，准备对上库姆斯基发起进攻。该营渡过阿克赛河时，团长的坦克在桥上发生故障，挡住了身后的车辆。第1营无法让余部改道。装甲车营和第114装甲掷弹兵团的火炮奉命支援第11装甲团的突击。"斯图卡"对上库姆斯基村实施强有力的空中打击后，团长决定只以第1营发起冲击。敌人的抵抗很轻微，上库姆斯基村12点落入我军手中。由于发生故障的坦克无法从桥上移走，阿克赛河上的架桥工作随即展开。[68]

"许纳斯多夫"战斗群向上库姆斯基村的大胆突击使劳斯将军的装甲师远远领先于旁侧博伊内布格–伦斯费尔德将军的第23装甲师，后者仍在涅贝科夫北面和东北面与苏军坦克和步兵激战。前一天晚上，博伊内布格–伦斯费尔德将军重组他的师，解散了"伊利希"战斗群，组建起规模稍大的"冯·海德布雷克"战斗群，该战斗群仍以第210装甲团为核心，任务是率领第23装甲师攻向阿克赛河。但次日晨，霍特亲自推迟了该师向北的突击行动，因为截获的一封电报表明，一个苏军坦克旅，很可能是机械化第13军先遣部队，正准备向南攻往涅贝科夫。12月13日中午，德军第23装甲师遭到18辆苏军坦克的攻击，尽管将对方击退，但该师的推进再度延误，拉大了与第6装甲师之间的距离。[69]

于是，劳斯将军再次派第6装甲侦察营，后又派第114装甲掷弹兵团第2营[①]填补两个装甲师之间的缺口。这反过来使该师侦察营和装甲掷弹兵营与塔纳希申将军机械化第13军辖内其他部队发生接触，该军主力正准备在第23装甲师从涅贝科夫赶往北面和东北面时对其发起打击。

因此，12月13日，苏军从各个方向（南面除外）涌向第57装甲军辖下的第6和第23装甲师（交战双方12月13日的编成和部署可参见副卷附录10I）。其中包括第51集团军自身的骑兵第4军、步兵第302、第126、第91师、第76筑垒地域，以及提供支援的机械化第4、第13军和步兵第87师。此时，第51集团军正沿一条约150公里长的防线据守阵地，这道防线从上伊阿布洛奇内西面的顿河东岸向东北方弯曲延伸至上库姆斯基地域，然后向东南方延伸至上萨利斯基（Verkhnyi Sal'skii）附近，再向东伸向克切涅尔—舍别涅厄（Kechener–Shebeney）。提供支援的机械化第4、第13军和步兵第87师，以及步兵第302师，已经或很快将据守第51集团军设在上库姆斯基和克鲁格利亚科夫防御的中央部分，而集团军辖内其他部队则沿集团军长长的左翼和右翼设防。[70]

位于第51集团军对面的是德国第57装甲军辖下的第6、第23装甲师和罗马尼亚第4集团军编成内的第6、第7军。第6、第23装甲师分别在上库姆斯基和克鲁格利亚科夫附近战斗时，两个罗马尼亚军辖下的第1、第2、第4、第18步兵师，以及第8、第5骑兵师的部分部队，负责掩护第57装甲军不断延伸的侧翼。另外，第17装甲师将于12月17日晚些时候增援基希纳装甲军，在第6装甲师左翼占据阵地。

12月13日至18日，这些强有力的部队中的大多数，或早或晚都卷入到

---

① 译注：实际上只从该营抽调了1个连，另从装甲团抽调了2个装甲连。

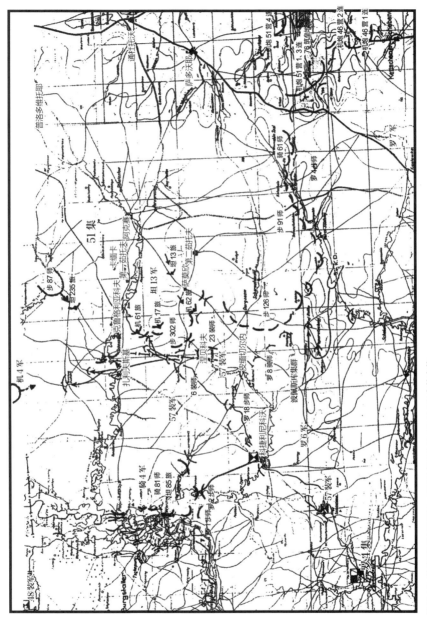

地图 14 科捷利尼科沃方向：1942 年 12 月 13 日 22 点的态势

以上库姆斯基、扎利夫斯基和克鲁格利亚科夫为中心、激烈而又持续的战斗中。在此期间，苏军机械化第4和第13军，与坦克、反坦克歼击炮兵旅和团及一个满编步兵团相配合，与第57装甲军第6、第23、最后是第17装甲师短兵相接，引发了战争期间代价最为高昂、最错综复杂的坦克大战之一。这场战斗的复杂性、激烈程度和零散性也导致各方对实际情况的描述大相径庭，这一点可以理解。但至少可以肯定，双方的损失都很惨重，曼施泰因救援保卢斯第6集团军的行动能否成功，在很大程度上决定于上库姆斯基和捷尔诺维国营农场周围的血腥战场。

关于上库姆斯基之战，第6装甲师师长劳斯将军所作的德方视角记述最富戏剧性，也最为详细。不过，他把发生在12月13日—15日的所有战斗（具体说来是五场独立交战）压缩到他所称的一场"旋转战斗"中，这场激战在12月13日肆虐了"整整10个小时"（劳斯这番记述的概要和"许纳斯多夫"战斗群的编成可参见副卷附录10J）。[71]实际上，劳斯所说的战斗发生在三天里[①]。幸运的是，第11装甲团作战日志、"霍特"集群（第4装甲集团军）作战日志和每日态势图，以及德尔的《进军斯大林格勒》，都为这场战斗提供了更加准确的日期。[72]

据劳斯称，上库姆斯基地域的头两场战斗发生在12月13日，以第6装甲师第11装甲团和第114装甲掷弹兵团第2营为核心组建的"许纳斯多夫"战斗群，从南面冲向该村。劳斯指出，该战斗群拂晓后不久逼近上库姆斯基，发现大批苏军坦克集结在该村南面约4公里、147高地附近的一片洼地。这很可能是布尔多夫上校的重型坦克第235旅，该旅正从梅什科瓦河畔的格罗莫斯拉夫卡（Gromoslavka）向西南方开进，以便与机械化第4军会合；也可能是坦克第234团，该团也在采取相同的行动。遭到苏军攻击后，劳斯以第11装甲团第2营的60辆坦克发起向心反冲击，包围了敌军，并击毁对方约70辆坦克。与此同时，第11装甲团第1营攻占上库姆斯基村，但很快发现另一批苏军坦克从东北方发起冲击，显然试图营救被围在147高地南面的部队。第1营随

---

① 译注：应该是12月14日—15日两天，此外，劳斯对这五场战斗过程的叙述有较大偏差。

即撤入上库姆斯基村，并将守卫该村的任务交给刚刚赶到的第114装甲掷弹兵团第2营。

劳斯在回忆录中称，此时，第三个苏军坦克旅从东面发起冲击，显然试图将位于上库姆斯基村的第11装甲团第1营与147高地附近的第2营分隔开。许纳斯多夫采取的对策是以两个装甲营对这股敌军的侧翼发起打击，对方损失35—40辆坦克后，被迫退向东北方。据说许纳斯多夫在这场战斗中截获苏军一封电报，电报中称一个新锐机械化旅即将赶至。由于沃利斯基机械化第4军辖内几个机械化旅直到12月14日晚些时候才到达上库姆斯基，15日方能一同投入战斗，12月13日的战斗很可能发生在"许纳斯多夫"战斗群与苏军坦克第235旅、第234团之间[①]，这些苏军坦克部队赶在机械化第4军前，从梅什科瓦河畔的格罗莫斯拉夫卡向西南方部署。尽管可能性较小，但许纳斯多夫的装甲部队也可能遭遇的是机械化第4军辖下的独立坦克第55、第158团，这两个坦克团12月14日早些时候到达格涅拉洛夫斯基（Generalovskii）和上库姆斯基地域。虽说苏联方面的资料并未证实这一点，但机械化第4军战史指出，独立坦克第55团在12月15日发生主要战斗前遭受到严重损失。

德尔将军相当权威的记述也没有提及上库姆斯基周边战斗的任何细节：

第57装甲军12月12日按计划发起进攻，起初取得了预料中的胜利。黄昏时，第6装甲师前出至阿克赛河南岸，而第23装甲师位于涅贝科夫以北地域。

12月13日，第6装甲师在扎利夫斯基夺得阿克赛河对岸的一座登陆场，从那里以部分兵力赶往上库姆斯基。当日中午，俄国人对该军侧翼的上伊阿布洛奇内和涅贝科夫发起攻击。遂行反冲击的第23装甲师击败对方一个步兵团，该团集结在一个坦克旅身后的出发阵地内。[73]

德尔所说的这场战斗发生在第57装甲军纵深侧翼，参与其中的主要是西面的骑兵第4军残部和东面的步兵第302师和机械化第13军。

---

[①] 译注：苏军12月13日并未进攻上库姆斯基，劳斯在这里提及的两场战斗都发生在14日。

　　苏联方面对12月13日战斗的所有记述，与红军总参谋部的每日作战概要和德尔的描述完全一致，重点集中于第57装甲军侧翼发生的战斗。例如，机械化第4军战史记载，12月13日，该军没有任何一支部队到达上库姆斯基；12月14日早些时候，该军编成内的独立坦克第55团到达下奇尔斯卡亚以南35公里、上库姆斯基以西23公里处的格涅拉洛夫斯基地域。这份战史还指出，该军主力（机械化第36、第59、第60旅和独立坦克第158团）从顿河东面的原集结区向东南偏南方推进25—32公里，12月14日早些时候到达上库姆斯基和上库姆斯基西南偏南方13—15公里处的多罗费耶夫斯基（Dorofeevskii）和沃江斯基（Vodianskii）地域。其间，全军12月12日—13日受到德军空袭影响，行进有所延误，一些部队的人员和装备遭受到损失。待沃利斯基的机械化军到达新集结区后，恢复对坦克第235旅和第234团的指挥。[74]

　　至于第57装甲军左翼的行动，德尔在书中指出，被第6装甲师向阿克赛河的进攻击溃后，骑兵第4军骑兵第81师和坦克第85团的部队试图守卫克鲁格利亚科夫西面的阿克赛河河段，但未能成功。骑兵第81师残部与掩护第6装甲师左翼的罗马尼亚和德国部队在上伊阿布洛奇内地域遭遇。经过不甚激烈的战斗，沙普金将军将他的骑兵部队西撤，这给第6装甲第11装甲团大开方便之门，该团向北而去，一举攻克上库姆斯基。

　　而在第57装甲军右翼，塔纳希申将军的机械化第13军，据说与步兵第302和第126师残部相配合，13日晨发起一场反突击，但立即遭遇到第23装甲师先头部队。一场激战旋即爆发，双方都没能打垮对方。据苏联方面的资料称，德军第23装甲师投入优势兵力，一次次发起进攻。当日下午最猛烈的一场冲击中，获得摩托化步兵支援的50辆德军坦克（实际是30辆左右），在萨莫欣以西6—9公里、捷尔诺维国营农场附近对机械化第13军机械化第62旅和提供支援的步兵第126师发起打击。[75]该旅第2营击退德军的进攻，据称击毁8辆敌坦克、击毙250名敌军，但第23装甲师师史驳斥了这个数字。[76]虽然机械化第62旅被迫稍事后撤，但最终得以稳定住防线。第23装甲师转移进攻重点，试图找到对方防御上的另一个薄弱点，当日没能继续向前推进。

　　更北面，阿克赛河畔克鲁格利亚科夫南部地域，机械化第13军辖下的机械化第17旅和步兵第302师残部在比留科夫斯基和比留科夫斯基车站附近成功遏止了第6装甲师所部发起的所有进攻。德军投入战斗的显然是第114装甲掷弹兵团第1营①，劳斯将军命令这支部队掩护第6装甲师右翼，并与第23装甲师保持联系。此时，该团第2营正配合"许纳斯多夫"战斗群在上库姆斯基作战，第6装甲师第4装甲掷弹兵团守卫着扎利夫斯基登陆场，抗击苏军从东面和北面发起的冲击。

在劳斯看来，"许纳斯多夫"战斗群攻向上库姆斯基，引发了一场复杂而又激烈的战斗。虽然劳斯回忆录中所写的行动日期和时间有误，但他生动、准确地阐述了第6装甲师作战地域内后续战斗的重要性：

此举［攻向上库姆斯基］最终成为解救斯大林格勒包围圈这场激烈战斗真正的起点。只有击败实力两倍于己的敌军，我们才能打开一条通往第6集团军的救援通道。双方坦克指挥官对此心知肚明，投入他们所有的力量、勇气和战术技能，全力赢取胜利。意识到行动重要性的结果是，双方围绕上库姆斯基展开坦克"拉锯战"，500辆坦克从事着一场持续10小时的苦战。[77]

## 上库姆斯基之战，12月14日—18日
### 12月14日

12月14日，红军总参谋部的每日作战概要再次确定了第51集团军作战行动的性质；这份作战概要还证实了机械化第4军与第6装甲师在上库姆斯基地域最初的冲突，以及机械化第13军与第23装甲师在东面展开的战斗（参见副卷附录10K和地图15）。[78]除了劳斯的回忆录，德方对14日作战行动最为清晰的记述出自德尔将军，第23装甲师师史基本证实了他的说法：

到12月14日，情况已经很清楚，拥有优势坦克力量的敌军正试图在阿克赛河后方阻挡第57装甲军的后续推进。在此期间，该军与俄国人的骑兵第4军、坦克［机械化］第13军展开战斗。敌人将大股兵力集结于阿克赛河和红军

---

① 译注：德军投入战斗的是第6装甲侦察营（即"昆廷"战斗群），第114装甲掷弹兵团第1营当时在第6装甲师左翼而非右翼。

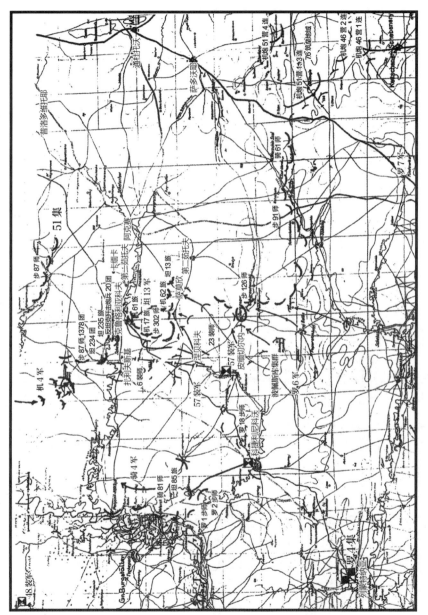

地图 15 科捷利尼科沃方向：1942 年 12 月 14 日 22 点的态势

城（Krasnoarmeisk）地域。

第6装甲师在扎利夫斯基地域击退了［机械化第4军机械化第36旅和独立坦克第158团］对其登陆场右翼的猛烈冲击，在此期间击毁46辆敌坦克。

第23装甲师，从涅贝科夫地域向东北方攻击前进的同时，击退敌人一个摩托化旅［机械化第13军机械化第62旅和坦克第163团］的进攻，在一场遭遇战中，对方投入重型坦克；此后，穿过萨莫欣［打击机械化第13军机械化第17旅］后，该师前出至阿克赛河，并在克鲁格利亚科夫的铁路和公路桥处夺得一座登陆场。[79]

劳斯将军所说的"许纳斯多夫"战斗群的第三场战斗，很可能发生在12月14日，当时，沃利斯基麾下的几个旅正进入上库姆斯基地域；但机械化第4军战史中称，这场战斗可能发生在15日晨。不管具体日期如何，投入战斗的显然是苏军坦克第235旅和第234团（他们参加了昨日的战斗）[①]，并获得机械化第4军第59、第60旅先遣部队和配属的坦克第20、第21团的支援。据劳斯说，无线电拦截和空中侦察均表明苏军坦克和摩托化步兵正从东北、西北方赶往上库姆斯基。12点左右，许纳斯多夫对苏军从东北方逼近的机械化旅（可能是第60旅）发起攻击，迫使其后撤。苏军另一个机械化旅（第59旅）从西北方逼近时，遭遇到德军担任掩护的侦察部队，于是转向东北面，从后方打击许纳斯多夫的部队。该旅还对一支德军装甲部队发起攻击，这股德军在追击苏军第一个机械化旅时脱离了第11装甲团主力，机械化第59旅在这场坦克对决中损失惨重，但该旅的摩托化步兵对德军装甲支队实施迂回，该支队转入防御，一直坚守到援兵赶至。[80]

对于12月14日的战斗，红军总参谋部的每日作战概要基本证实了劳斯的说法，指出机械化第4军一部，会同坦克第235旅和第234团，将敌人两个步兵营和50辆坦克包围在上库姆斯基地域。但机械化第4军战史只是简短地提及当日发生在上库姆斯基地域的战斗，可能是因为该军第59和第60旅遭到挫败。相

---

① 译注：坦克第235旅和坦克第234团没有参加昨日（12月13日）的战斗。

反，这本战史声称沃利斯基的机械化军当日晨开始集结在上库姆斯基村、多罗费耶夫斯基村和沃江斯基村，并恢复对坦克第235旅和第234团的指挥。这本战史随后指出："当日，与敌人的战斗爆发开来，敌坦克和摩托化步兵〔可能是"许纳斯多夫"战斗群〕在沃江斯基村附近、从上库姆斯基地域向北发起的进攻均被击退。"[81]具体说来，机械化第36旅沿阿克赛河北岸构设的防区内，切尔内中校共有20辆坦克（9辆T-34和11辆T-70）的独立坦克第158团，派出一个排沿沃江斯基村西面的河段侦察德军阵地，据该排报告，发现"数十辆"敌坦克。

根据这份情报，获得扎哈罗夫将军的批准后，沃利斯基拟制了一个新计划，决定于12月15日晨对盘踞在上库姆斯基的敌人发起打击。该计划要求第59、第60旅和阿斯拉诺夫中校位于第59旅右翼后方的独立坦克第55团，从三个方向（北面、东北面、东南面）同时对上库姆斯基地域之敌遂行冲击。南面，第36旅将在切尔内中校独立坦克第158团支援下，从西面5—10公里处的多罗费耶夫斯基出发阵地，对沃江斯基和扎利夫斯基之敌沿阿克赛河北岸构设的防御实施攻击。因此，根据机械化第4军战史的说法，无论14日发生在上库姆斯基地域的战斗究竟怎样，必然涉及已到达战场的苏军部队。这些部队仅仅是坦克第235旅和第234团、机械化第4军辖下的独立坦克第55团，可能还有机械化第59和第60旅的先遣部队，以及这两个旅配属的坦克第20、第21团。

与此同时，第57装甲军右翼东南方，第23装甲师的两个战斗群从南面和西面攻向塔纳希申将军的机械化第13军。第23装甲师右翼，"海德布雷克"战斗群（其核心为第201装甲团和第128装甲掷弹兵团第1营）对苏军机械化第62旅和步兵第126师提供配合的部队构设的防御发起攻击，迫使对方弃守萨莫欣，退往北面1.5—2公里处的新防御阵地[82]。第23装甲师左翼，由获得加强的第128装甲掷弹兵团（欠一个营）组成的"巴赫曼"战斗群，攻向东北方的克鲁格利亚科夫，在克鲁格利亚科夫西南方8公里处遭遇到机械化第17旅和步兵第302师的防御。最后，"海德布雷克"战斗群向前推进，包围克鲁格利亚科夫，并于日终前在阿克赛河北岸夺得一座小型登陆场。[83]

由于第57装甲军辖下的第6、第23装甲师14日晚在扎利夫斯基和克鲁格利亚科夫顺利到达阿克赛河，机械化第13军和提供配合的两个步兵师面临着有可能被包围的窘境。因此，特鲁法诺夫将军命令塔纳希申将他的军和其他步兵部队当晚撤至阿克赛河北岸，并构设新防御。塔纳希申的部队按计划遂行退却，次日完成了这番后撤。[84]

12月14日所有的战斗仅仅是15日发生在上库姆斯基地域的激战的前奏。12月15日，沃利斯基机械化第4军主力投入交战，打击德军第6装甲师，塔纳希申机械化第13军的坦克和步兵利用阿克赛河北岸的阵地挡住第23装甲师向北发起的突击。

## 12月15日

对于12月15日的战斗，红军总参谋部的每日作战概要强调，机械化第4军在上库姆斯基及其周边作战，并着重指出该军夺回上库姆斯基村，迫使第6装甲师退至阿克赛河。这份作战概要还称，一支德军装甲部队集结在阿克赛河畔的克鲁格利亚科夫和南面的涅贝科夫（参见副卷附录10K和地图16、17）。值得注意的是，这份作战概要在突击第5集团军的标题下写道："坦克第7军攻克上奇尔斯基……其先遣部队到达贝斯特里克河，步兵第315师在上奇尔斯基东南方占领顿河上的渡口。"[85]这就彻底消灭了德国人位于雷奇科夫斯基的登陆场，从西面向斯大林格勒包围圈发起救援行动的一切希望荡然无存。另外，一场短暂的化冻和随之而来的降雨导致冰冻的地面泥泞一片，妨碍了坦克和其他车辆的通行。

劳斯将军对13日第四、第五次战斗的描述，实际上反映的是12月15日发生的战斗。简言之，劳斯称许纳斯多夫第11装甲团解决了苏军第一个机械化旅（第60旅和坦克第21团）从东北方逼近上库姆斯基构成的威胁后，对苏军坦克部队（坦克第20团）发起进攻，这股苏军将第114装甲掷弹兵团第2营困在村内。完成这项任务后，"许纳斯多夫"战斗群转身向西，击败了苏军的第二个机械化旅（第59旅和坦克第20团），击毁30多辆敌坦克。但没过多久，"强大的苏军摩托化部队"（机械化第60旅）从北面和东面攻向上库姆斯基；与此同时，第二个机械化旅（第59旅和坦克第20团）从西面再度发起进攻，实际上，几辆T–34坦克突入村内，摧毁几门榴弹炮和反坦克炮后才被遏止。

许纳斯多夫接到报告，另一股强大的敌坦克部队（独立坦克第55团）

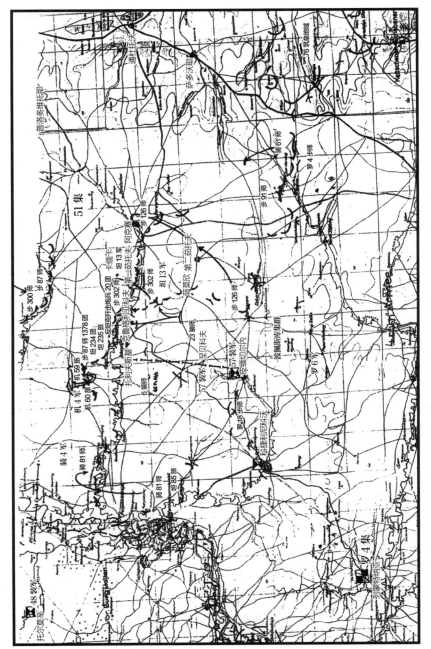

地图 16 科捷利尼科沃方向：1942 年 12 月 15 日 22 点的态势

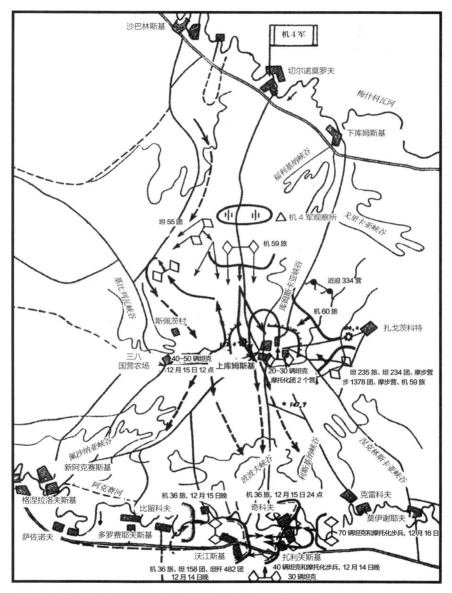

地图17 1942年12月14日—15日，机械化第4军争夺上库姆斯基之战

正赶往上库姆斯基，企图夺取该村，并切断他向南逃脱的路线（劳斯将之描述为"俄国人最终孤注一掷，企图以日终前的决定性胜利抵消先前遭遇的惨败"），随后，许纳斯多夫成功粉碎机械化第59旅。他随即向南发起进攻，在该村南面的140.0高地击败了刚刚发现的苏军坦克部队，迫使独立坦克第55团退往西南方。最后，将第114装甲掷弹兵团第2营救出后，"许纳斯多夫"战斗群赶在夜幕降临前杀向南面的扎利夫斯基，将上库姆斯基这片战场丢给苏军。

尽管难以将劳斯对15日战事的记述与机械化第4军战史对此的描述逐一对比，但二者存在明显相似之处。[86]战史中指出，经历了前一天的初步战斗后，沃利斯基的部队于12月14日—15日夜间进入出发阵地，准备向上库姆斯基发起一场全面突击。机械化第59、第60旅，连同配属的坦克第20、第21团，清晨4点—5点间在村子北面和东北面占据阵地，奉命对上库姆斯基村发起向心冲击。部署在机械化第59旅右翼后方担任预备队的独立坦克第55团将向南推进，然后转身向东，从西面合围村内德军。最后，机械化第4军第36旅，将与独立坦克第158团、独立反坦克歼击炮兵第482团相配合，沿多罗费耶夫斯基东面的阿克赛河北岸占据出发阵地并向东进击，克服敌人在沃江斯基的防御，夺取扎利夫斯基及其登陆场，以及阿克赛河上至关重要的桥梁。

另外，12月14日—15日夜间，扎哈罗夫将军命令新赶到的步兵第87师，派步兵第1387团[①]以强行军赶往上库姆斯基村东部接近地，务必于15日早些时候到达。在上库姆斯基村以东5公里、扎戈茨科特村（Zagotskot）南面就位后，该团将与坦克第235旅和第234团残部会合，从东面向上库姆斯基村发起一场进攻。

待机械化第59、第60旅在上库姆斯基北面和东北面进入出发阵地后，坦克第20和第21团拂晓时派出侦察队。尽管积雪深厚，但他们还是能够实施机动，大雾提供了一定程度的掩护。此后，机械化第4军战史的重点只集中于机械化第59旅和坦克第20团的行动，因此，机械化第60旅和坦克第21团的进攻很可能刚一开始就被击败，或是在机械化第59旅发起进攻后遭到挫败。不管怎

---

① 译注：应为第1378团。

样,上午9点,晨雾刚刚消散,天色放晴,机械化第59旅投入进攻。坦克第20团搭载着该旅的一个营,排成线性战斗队形率领突击。该团立即遭遇到对方猛烈的轻武器、机枪、迫击炮和火炮火力。苏军坦克和摩托化步兵在火炮和迫击炮火力支援下逼近村庄。进攻方击退了敌坦克对其侧翼和战斗队形缺口发起的几次反冲击。在与坦克第20团的这场对决中,40辆敌坦克被击毁①。

战斗随即平息下来,没过几个小时再度爆发。12点,约50辆德军坦克对机械化第59旅摩托化步兵第1、第2营的战斗队形发起反冲击。多亏该旅独立反坦克步枪连第2排发挥的决定性作用,这场反冲击失败了。但是,30辆敌坦克抢在反坦克步枪连补充弹药前再度发起反冲击。德军坦克粉碎了第2排,但苏军士兵以手榴弹和反坦克步枪顽强奋战了20—30分钟,烧毁8辆坦克,击伤另外6辆,迫使剩下的敌坦克撤出战斗。

与此同时,上库姆斯基农场的激战仍在持续,机械化第4军辖内独立坦克第55团在那里投入战斗,试图从西面包围上库姆斯基村。在这场战斗中,德国人投入20—30辆坦克和步兵,力图穿过峡谷包围机械化第59旅左翼,另一股编有50—60辆坦克的德军设法从右侧合围该旅。这场突击显然是想把机械化第59旅与独立坦克第55团隔开,并彻底歼灭这股苏军。但拥有18辆坦克(15辆T-34和3辆T-70)的独立坦克第55团打乱了对方的计划,该团向德军侧翼实施机动,14点在上库姆斯基与"三八"国营农场之间发起进攻,他们在这场反冲击中击毁的德军坦克超过11辆。战斗中,高射炮兵第603团以直瞄火力支援独立坦克第55团的突击。

据机械化第4军战史称,该军当日下午多次发起进攻,并实施巧妙的机动,迫使德国人弃守上库姆斯基,并遂行战斗后撤,向南退往阿克赛河畔的扎利夫斯基登陆场。机械化第4军还获得步兵第87师第1378团支援,该团以强行军赶至上库姆斯基地域,与坦克第235旅和第234团残部会合后,归入沃利斯基机械化军辖下。[87]M.S.季阿萨米泽中校指挥的步兵第1378团很快获得反坦克歼击炮兵第20旅的支援。15日黄昏后不久,沃利斯基的部队终于到达阿克赛河。

---

　　① 译注:原文如此。这里的"40辆敌坦克"似乎指的是苏军的损失。

日终时，该军估计他们消灭了敌人40辆坦克和一个摩托化步兵营，还缴获包括6门重炮在内的许多战利品。[88]

因此，尽管劳斯将三个战斗日缩短为一天，但他对参战部队的记述与机械化第4军的说法基本相同。双方的表述截然不同的是，他们都夸大了对方的实力和损失，并强调己方遂行进攻和实施机动的效果。

对于12月15日实际发生的情况，最佳仲裁者当属德尔将军对当日战斗所做的简述，与第6装甲师作战日志的记载基本吻合：

> 波佩斯库骑兵军[①]辖下的罗马尼亚第8骑兵师夺取了达尔加诺夫。第57装甲军后方和侧翼持续遭受的威胁有所增加，12月15日，第23装甲师被迫投入其摩托化部队，抗击突然出现在卡沙拉地域（萨莫欣西南方7公里）的敌坦克和步兵。该师先遣部队在舍斯塔科夫村（Shestakov）（克鲁格利亚科夫以西5公里）夺得另一座登陆场。此时［12月15日］，第6装甲师正与敌人进行坦克战，对方派出三个坦克旅辖下的三个坦克团攻向上库姆斯基地域，增援在那里战斗的部队。激战中，第11装甲团损失惨重，没能取得任何战果，被迫退回位于扎利夫斯基的登陆场，该团及时赶到，对正从西面进攻登陆场的敌坦克部队之后方发起打击。第11装甲团损失23辆坦克。
>
> 波佩斯库骑兵军夺取沙尔努托夫斯基村，"比朔夫"战斗群占领绍舍尔达金（Shosheldakin）……当日，上奇尔斯卡亚的桥梁遵照"霍特"集团军级集群司令部的命令弃守。[89]

德尔的说法证实了红军总参谋部每日作战概要、机械化第4军战史和劳斯回忆录的实质，也确认了第6装甲师12月15日作战行动的大体性质。德尔的记述尤其适用于上库姆斯基村及其周边的战斗，以及"许纳斯多夫"战斗群被迫放弃该村、15日黄昏前向南撤至扎利夫斯基登陆场的事实。作为对这些资料的补充，第11装甲团的作战日志记录道，许纳斯多夫装甲团15日击毁23辆苏军

---

①译注：骑兵集群。

坦克，并给机械化第4军步兵部队造成严重损失。第11装甲团为此付出的代价是，2名军官和11名士兵阵亡，另有4名军官和20名士兵负伤。退回登陆场后，第11装甲团仍有41辆可用的坦克——6辆二号、21辆三号长身管、7辆三号短身管、5辆四号长身管和2辆指挥坦克。第6装甲师损失19辆坦克——1辆二号、13辆三号长身管和5辆四号长身管坦克。[90]

　　机械化第4军辖下的机械化第59、第60旅、独立坦克第55团和步兵第1387团[①]在上库姆斯基及其周边激战之际，该军编成内的机械化第36旅，会同坦克第26团和独立坦克第158团，从事着历时两天的战斗，意图夺取扎利夫斯基及其附近的阿克赛河北岸登陆场。这场战斗开始于12月14日，经过两次未获成功的突击并折损几辆坦克后，机械化第36旅和坦克第26团终于将德国人驱离沃江斯基，前出至扎利夫斯基西面的阵地。12月15日，战斗加剧，机械化第36旅和提供支援的坦克部队反复冲击扎利夫斯基，直至黄昏时德军第11装甲团从北面折返。这场激战一直持续到12月16日，德军的顽强抵抗和第6装甲师第11装甲团的猛攻将苏军驱离扎利夫斯基，在此过程中，德军重新夺回沃江斯基村。[91]

　　第57装甲军右侧，塔纳希申将军的机械化第13军和步兵第302师残部完成了向北退往阿克赛河的后撤，15日黄昏前沿河流北岸占据新防御阵地，从克鲁格利亚科夫向东延伸至克鲁格利亚科夫以东10公里处的第一茹托夫。与此同时，步兵第126师向北退却，在机械化第13军左侧占据掩护阿克赛南部接近地的防御。当日清晨，博伊内布格–伦斯费尔德第23装甲师获得加强的"海德布雷克"战斗群的坦克和"巴赫曼"战斗群的装甲掷弹兵位于克鲁格利亚科夫，他们向北追击退却之敌，在装甲师左翼、克鲁格利亚科夫以西5公里、扎利夫斯基以东10公里处的舍斯塔科夫村夺得阿克赛河对岸的另一座登陆场。[92]这就使第23装甲师主力终于同劳斯第6装甲师保持平齐，从理论上说，该师可以与劳斯师相配合，向北攻往梅什科瓦河。但此时，苏军机械化第4军和提供支援的各部队正在上库姆斯基南面的高地掘壕据守，竭力使其防御成为难以攻克的"硬核桃"。

---

① 译注：1378团。

## 12月16日

12月16日拂晓时，第6、第23装甲师沿阿克赛河及其北岸占据绵亘防线，从这里，他们可以向北发起一场联合突击（参见地图18、19）。因此，基希纳第57装甲军看似终于可以向梅什科瓦河和斯大林格勒包围圈发起期待已久的进攻。劳斯称，前一天晚上，维修人员修复了先前战斗中受损的30辆坦克中的22辆，该师还获得42辆突击炮，这使其战车超过100辆。因此，他打算投入整个师，对机械化第4军设在上库姆斯基南面的防御发起一场猛攻。

可就在这时，霍特将军插手干预，否决了劳斯的进攻计划，并以另一个计划取而代之，劳斯对此强烈反对（参见副卷附录10J）。[93]据劳斯说，结果进攻失败，主要因为步兵和坦克无法驱散据守诸多支撑点的苏军士兵，装甲部队也无法发展进攻。这就使机械化第4军在上库姆斯基地域构设的防御几乎毫发无损。德尔将军对当日战斗的记述基本证实了劳斯的判断，但德尔否认第23装甲师第201装甲团参与了此次突击：

> 第57装甲军的坦克（其中包括许纳斯多夫旅）12月16日对上库姆斯基的进攻以失败告终。第6装甲师一部被包围在上库姆斯基。这场突击失败的原因是敌人大量使用了伪装得非常好的反坦克武器。另一方面，第6装甲师成功粉碎了两个苏军坦克旅（他们在扎利夫斯基突破了西翼）并重新夺回沃江斯基村。
>
> 当日中午，第23装甲师位于克鲁格利亚科夫北面的登陆场遭到大批敌坦克的冲击；该师投入最后的预备队，这才守住登陆场。为击退敌人在阿克赛河北面对第57装甲军东翼的猛攻，必须投入第23装甲师辖内所有部队，这样一来，继续遂行进攻的部队只有第6装甲师。[94]

第23装甲师师史对当日战斗的记述证实了德尔的说法[①]，书中指出："12月16日，第201装甲团奉命与第6装甲师冯·许纳斯多夫上校的第11装甲团协同

---

① 译注：霍特的确推翻了劳斯的计划，但新计划是12月17日付诸执行的，并非12月16日当天，所以第201装甲团16日的确没有投入进攻；同理，本小节关于第6装甲师进攻上库姆斯基的情况也大多发生在12月17日。

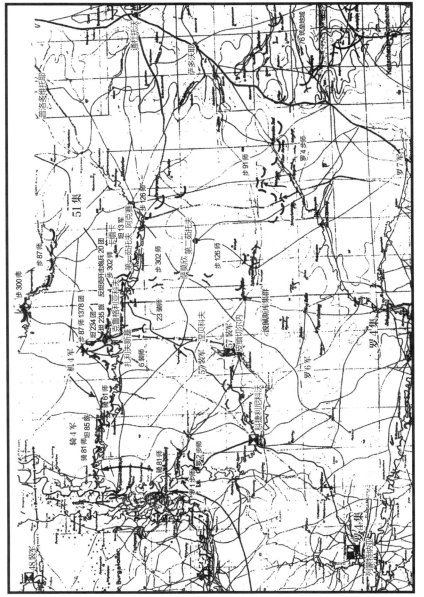

地图 18 科捷利尼科沃方向：1942 年 12 月 16 日 22 点的态势

行动。该团靠近位于扎利夫斯基的第11装甲团，并为行动加以准备。但该团并未投入进攻。"[95]实际上，第23装甲师的装甲团不得不在克鲁格利亚科夫登陆场投入战斗，抗击苏军第51集团军步兵第302师，该师在机械化第13军部分部队和反坦克歼击炮兵第20旅支援下，正发起强有力的冲击。

对于12月16日的战斗，苏联方面的一些资料对德方记述做出补充。首先，红军总参谋部提供了当日战事的大体框架，但没有提及机械化第4军在防御中发挥的作用，因为总参当时尚未收悉该军的具体位置（参见副卷附录10K）[96]。幸运的是，机械化第4、第13军战史对当日作战行动的描述更加详细。这些战史指出，德军第11装甲团15日在上库姆斯基进行了复杂的战斗后，第6装甲师投入新锐部队，战斗规模加剧。沃利斯基将军知道德国人将恢复进攻，并承认自己的坦克部队越来越虚弱，因此，他唯一的选择是沿机械化第4军30公里宽的防线构设更加牢固的防御。该军防区最薄弱的地段位于右翼，在那里，沙普金将军骑兵第4军两个骑兵师残部不得不守卫15—20公里宽的防区，从上库姆斯基西面向西延伸至顿河东岸。因此，沃利斯基决定部署坦克巡逻队，掩护他的侧翼和各防御兵团之间的缺口，并命令机械化第36旅和坦克第158团停止在沃江斯基和扎利夫斯基地域对敌左翼的进攻。这样一来，12月16日全天，特别是当日下午，以及17日一整天，机械化第36旅和坦克第26团[①]，在机械化第60旅的掩护下向北边打边撤，同时抗击约70辆德军坦克。机械化第4军战史指出："这些进攻［12月14日、15日、16日的战斗］非常有效，以至于敌人误以为我方坦克和摩托化步兵的实力非常强大。"[97]尽管如此，第6装甲师还是沿这个方向继续攻往上库姆斯基，每次发起突击前都辅以大规模空中支援（每天超过500架次）。[98]

更改策略后，沃利斯基决定将他的军部署为一只坚实的坦克"铁拳"实施防御，粉碎敌人向北突破至上库姆斯基的企图。因此，他命令机械化第36旅遂行战斗后撤，从沃江斯基地域退往上库姆斯基以西5公里的"三八"农场，在那里担任军预备队。机械化第60旅和多罗什克维奇少校的坦克第26团沿上

---

① 译注：独立坦克第158团。

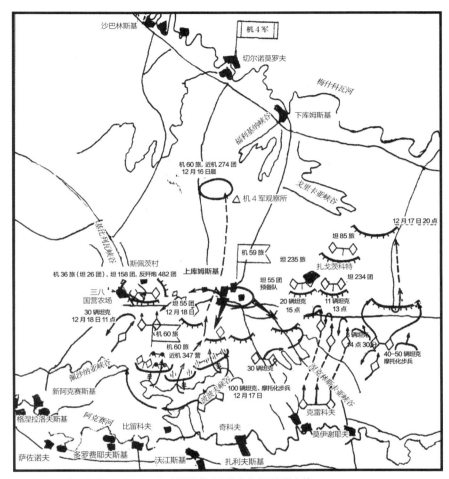

图 19　1942 年 12 月 16 日—17 日，机械化第 4 军争夺上库姆斯基之战

库姆斯基东南偏南方7公里处的波波夫峡谷向南发起进攻，以此掩护第36旅后撤。苏军这场掩护性进攻只投入少量坦克，却出乎德国人的意料，据说他们击毁8辆德军坦克。

　　沃利斯基将守卫机械化第4军中央防区的任务交给步兵第87师第1378团，由炮兵第1058团第1营提供支援。步兵第1378团在130.1、137.2、147.0、130.6高地掘壕据守，这些高地位于上库姆斯基以南4—5公里处10公里宽的防区内。[99]

机械化第60旅得到近卫迫击炮兵第347营的加强，据守在步兵团右侧；机械化第59旅在坦克第235旅和第234团残部支援下，部署在步兵团左侧。完成撤退后，获得独立坦克第158、反坦克歼击炮兵第482团加强的机械化第36旅和坦克第20团，将在机械化第60旅身后的高地占据第二梯队防御。沃利斯基的预备队是独立坦克第55、反坦克歼击炮兵第383团，他们部署在后方，奉命做好准备，防御遭受威胁的任何方向。16日的战斗打响时，机械化第4军和提供支援的各部队共计8000人左右，可用的坦克约为70辆。[100]

机械化第4军战史证实了劳斯对12月16日作战情况所做的描述，并称第57装甲军以第6装甲师第11装甲团进攻上库姆斯基，第65装甲营为其提供加强；这股德军约有70辆坦克，包括几辆虎式坦克，两个装甲掷弹兵团（第4和第114团）的部分部队参与其中。[101]但是，苏军战史所说的"虎式坦克营"可能是劳斯提及的突击炮营。这股德军追击向北退却的机械化第36旅，还对步兵第1378团的防御发起冲击，战斗持续了一整天，德国人未能达成突破。

第6装甲师徒劳地试图夺取上库姆斯基村时，第57装甲军右翼，博伊内布格–伦斯费尔德将军的第23装甲师坚守克鲁格利亚科夫及河流北岸登陆场，拂晓时对机械化第13军的防御发起进攻，力图扩大登陆场，并在东面12公里处的科瓦列夫卡镇（Kovalevka）成功夺得另一座登陆场。尽管战斗异常激烈，但机械化第13军第17旅在P.A.阿克先奇科夫中校的指挥下，顽强坚守鲁格利亚科夫对面的防御，守卫科瓦列夫卡镇的第62旅同样如此。向北突破的尝试受挫，深感沮丧的第23装甲师将更多部队调至河流北岸，准备于次日晨再度进攻。

事实证明，从几方面看，12月16日对轴心国军队来说是个倒霉的日子。首先，沿阿克赛河和梅什科瓦河方向，上库姆斯基地域的战斗证明，第57装甲军向斯大林格勒包围圈的推进绝不会一帆风顺。实际上，基希纳装甲军还需要三天才能突破至梅什科瓦河。对"顿河"集团军群而言更糟糕的是，激烈的战斗在上库姆斯基及其周边肆虐之际，遥远的西北方，顿河畔数千门火炮的隆隆炮声宣布红军又发起了新的攻势。这一次的目标是意大利第8集团军，红军投入的打击力量是西南方面军近卫第1、第3集团军和沃罗涅日方面军第6集团军。用不了几天，意大利人的防御将在苏军的无情打击下土崩瓦解，五个苏军新锐坦克和机械化军将深入意大利集团军后方，冲向德国人设在塔钦斯卡亚和莫罗佐夫斯克至关重要的补给基地和机场，这两个城镇位于从西面通往斯大林格勒地域的主铁路线上。与此同时，"霍利特"集团军级支队将遭到迂回，不得不在一场退向莫罗佐夫斯克的艰难后撤中为自身生存而战。

手头寥寥无几的装甲师已沿奇尔河遂行防御，或正向斯大林格勒发起救援行动，OKH和"顿河"集团军群别无选择，只能从这两个行动中抽调兵力，以遏制苏军在顿河西面发起的新攻势。这就意味着基希纳第57装甲军在其部队被调往另一片战场前，用于完成任务的宝贵时间已所剩不多。因此，12月16日后，"冬季风暴"行动成败与否将在几天内确定，一切取决于一场单路突击的结果。

## 12月17日

第6装甲师12月16日克服机械化第4军设在上库姆斯基南面防御的尝试受挫后，劳斯称霍特终于赋予他自主行事权，要求他次日恢复进攻，这次将以劳斯自己的方式进行，第23装甲师装甲团提供支援（参见地图20、21）①。[102]劳斯在回忆录中指出，第6装甲师辖下的第6装甲侦察营和第114装甲掷弹兵团第1营发起突击，13点攻占140.0高地，在苏军防御中央打开一个3公里宽的缺口。虽然霍特将军指示劳斯投入第11装甲团和担任预备队的第4装甲掷弹兵团，但后者担心白天遂行突击会导致过多伤亡。因此，两个团在夜幕降临后发起冲击，一举打垮敌军，顺利夺取上库姆斯基，损失非常小。劳斯自豪地宣布："两个步兵营赢得了两个装甲团前一天没能赢得的胜利。"[103]

但在此处，这位第6装甲师师长的回忆再次出现了问题。德方资料和记录，以及苏联方面的相关资料都认为劳斯装甲师直到12月19日中午才将上库姆斯基拿下。例如，德尔将军就对劳斯的说法提出质疑，并强调态势非常危险，因为第57装甲军辖内装甲部队遭到削弱，而苏军新锐部队正到达战场：

12月17日出现了极其危险的局面。当日清晨，据守克鲁格利亚科夫登陆场的部队遭到获得新锐预备队的敌步兵第87师和一个坦克旅从东面发起的攻击。全靠第6装甲师和空军战机提供支援，我军才得以击退突入之敌。

不久后，即将对上库姆斯基附近敌坦克部队发起决定性突击的许纳斯多

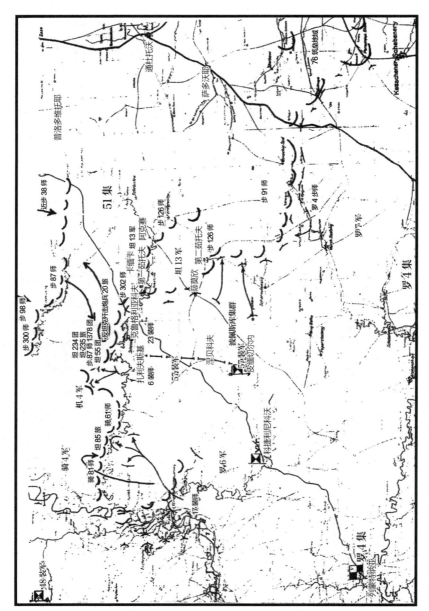

图 20 科捷利尼科沃方向：1942 年 12 月 17 日 22 点的态势

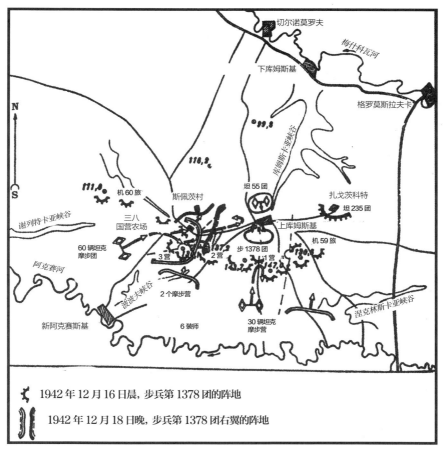

地图 21　1942年12月16日—18日,步兵第1378团在上库姆斯基的防御

夫旅,不得不抽调部分力量对付正从北面向舍斯塔科夫村[第23装甲师登陆场]遂行突破的40辆敌坦克。迫使敌人退向东北方后,许纳斯多夫旅向上库姆斯基发起进攻。但这场突击没能取得成功,因为敌人的反坦克防御组织得非常好,遭受严重损失后,该旅撤回。

波佩斯库的罗马尼亚骑兵军夺取了索明叶金(Somin-Ekin)[阿克赛以南30公里],就此封闭了罗马尼亚第6、第7军之间的缺口,这在11月21日以来尚属首次。

　　罗马尼亚第6军的任务是夺取阿克赛河下游地域，该军未费一枪一弹便将上伊阿布洛奇内拿下。[104]

　　"顿河"集团军群在12月17日的作战日志中写道：

　　**16点30分**：当日，敌人从东北方横跨铁路线处对我克鲁格利亚科夫登陆场［第6、第23装甲师结合部附近］发起的所有猛攻均被击败。我军将登陆场向第一茹托夫以西、舍斯塔科夫西北方扩大了1.5公里，向北也有所拓展。

　　据最新报告，第6装甲师的坦克得到第23装甲师装甲部队的支援，在上库姆斯基东面和东北面与敌坦克部队交战。据说第17装甲师已在格涅拉洛夫斯基［扎利夫斯基以东24公里］夺得阿克赛河对岸的一座登陆场。明晨的计划是赶往卡缅卡，向北冲往梅什科瓦河地域。最大的疑问据说是摩托化部队的部署，据称正向阿布加涅罗沃方向进击。[105]

　　**19点25分**：总参上校范戈赫尔向司令官报告，"许纳斯多夫"战斗群打垮上库姆斯基村周围之敌后越过该村。当晚，装甲掷弹兵将接替装甲部队，打算明天夺取该村，而装甲部队将赶往东北方的梅什科瓦河地域。范戈赫尔上校表述了装甲集团军的意见：第6集团军发起进攻的时机不宜太晚。

　　司令官指出，待第57装甲军越过梅什科瓦河地域后，第4装甲集团军应弄清楚如何协调第57装甲军和第11装甲师（从奇尔河地域而来）的行动。[106]

　　由此可见，德尔、"顿河"集团军群和另一些人都对劳斯的记述提出质疑。德尔在回忆录中提及机械化第13军对第23装甲师的进攻，并指出许纳斯多夫的装甲团未能夺取上库姆斯基。"顿河"集团军群也提及第17装甲师沿阿克赛河赶至。另外，苏联方面的记述同样证实了劳斯说法的不准确之处。第11装甲团确实对上库姆斯基发起进攻，并在村东面和东北面取得重大进展，但机械化第4军的顽强抵抗再次使该团没能完成肃清村内全部守军的任务。

　　红军总参谋部的每日作战概要简单地指出，机械化第4军的部队将德国人驱离上库姆斯基以西5公里处的"三八"国营农场；当时，红军总参谋部可能并不知道当日战斗的范围（参见副卷附录10K）。[107]但机械化第4军战史谈到争夺该村的战斗，称第6装甲师"主力集团投入100多辆坦克，于12月17日恢复向上库姆斯基的进攻"。[108]在大规模空中打击的掩护下，德军似乎试图突破该军设在阿克赛河与梅什科瓦河之间的防御，这片宽阔的草原地带散布着许多深邃的峡谷和沟壑。德军坦克和摩托化步兵对机械化第4军的防御发起突击，激烈的战斗爆发开来，机械化第59旅和反坦克歼击炮兵第383团的炮兵在近距离内以直瞄火力打击德军坦克。尽管25—50辆德军坦克反复发起冲击，但未能突破该旅的防御。在这场战斗中，机械化第4军获得坦克第85旅和反坦克歼击炮兵第20旅的支援，前者拥有17辆坦克，后者投入6—7门76毫米火炮和一些反坦克步枪。

当天，阿斯拉诺夫中校的独立坦克第55团发现大批敌坦克从"三八"国营农场赶往上库姆斯基，并与之交战，据称以有效的火力和机动遏止了这股敌军。机械化第60旅和步兵第1378团也在"三八"国营农场附近和130.0、137.2高地击退了敌坦克和步兵发起的数次正面进攻，使对方无法前出至上库姆斯基。据机械化第4军的记录称，德国人12月17日又损失40辆坦克和突击炮，以及同等数量的装甲运兵车。[109]

此时，德国人非常清楚他们在对付谁。机械化第4军战史称，德国飞机当日向沃利斯基的阵地投下传单，上面写道："我们知道，值此艰难时刻，红军投入了坦克和机械化力量，也知道你们机械化第4军曾有过出色的战绩。但你们无法赢得胜利，因为你们的几个旅已是苟延残喘，无力实施更有效的抵抗，我们将一如既往地彻底歼灭你们。"[110]机械化第4军战史得出的结论是："很明显，虽然兵力兵器占有巨大的优势，但德国人感到不安。他们对此有充分的理由。12月17日的战斗中，德国人的坦克和突击炮数量几乎是沃利斯基机械化军的四倍［200比60］。尽管每天损失40辆坦克和500名官兵，但他们还是没能克服我方部队的抵抗。"[111]因此，"考虑到时间因素，霍特将军认为，必须在苏军获得新锐预备队前发起进攻。"[112]实际上，据第6装甲师作战日志记载，截至12月17日晚，第11装甲团损失14辆坦克，尚不清楚有多少修复完成。[113]

12月17日，激烈的战斗不仅发生在上库姆斯基，也发生在比留科夫斯基车站和另一些地方，但德方记录并未提及取得了重要战果。例如，在第57装甲军右翼，塔纳希申将军的机械化第13军和步兵第302、第126师继续沿从克鲁格利亚科夫起，向东南方延伸至第二茹托夫的整条防线抗击第23装甲师的进攻。因此，当日日终时，霍特和基希纳决心一劳永逸地解决这个问题，命令第6、第23装甲师和刚刚赶到的第17装甲师向北发起一场协调一致的突击，夺取上库姆斯基并渡过梅什科瓦河。

与此同时，沿阿克赛河向东延伸，机械化第4军左侧，第57装甲军第23装甲师对河流北面机械化第13军暴露的右翼发起打击。此举迫使塔纳希申将机械化第17旅从克鲁格利亚科夫撤至东北方7公里的扎里亚车站（Zaria）。完成这番退却后，机械化第17旅坚守面朝西北方的防御，而军内其他部队仍沿阿克赛河北岸实施防御。此后，该机械化军的防御作战一直持续到战役结束，但第57装甲军向梅什科瓦河发起后续进攻后，步兵第87师另外两个团向前推进，占据从机械化军右翼北延至梅什科瓦河的阵地。

对德国人来说，12月17日最重要的新情况是弗里多林·冯·森格尔·翁德·埃特林中将①的第17装甲师沿阿克赛河西部赶至。在曼施泰因和蔡茨勒的敦促下，希特勒12月13日做出决定，以第17装甲师加强基希纳第57装甲军。当然，第17装甲师到达阿克赛河时，曼施泰因一度相当强大的救援计划只剩下基希纳这一只铁钳。从表面上看，第17装甲师似乎发挥不了太大作用，因为该师可用的坦克只有约30辆，没有装甲车，卡车数量不到编制规定的三分之二。另外，冯·森格尔的装甲师开拔时，每个装甲掷弹兵营都有一个连没能装车，不得不留在后方。该师12月15日集结在科捷利尼科沃东北方时，师长将这些情况告知第4装甲集团军司令霍特将军，但霍特回答道："在前线，某些师的状况更加糟糕。您的师声望卓著，我全靠您了。"[114]霍特说的没错。虽然第17装甲师实力虚弱，但他们在战斗最关键时刻杀至机械化第4军右翼。简言之，这股力量成为压垮机械化第4军的最后一根稻草，也是基希纳装甲军得以进抵梅什科瓦河的主要原因。

12月16日，第17装甲师赶至第57装甲军作战地域，该师最初的任务是协

---

① 译注：少将。

助掩护第6装甲师左翼的罗马尼亚第1、第2步兵师，并赶往北面的阿克赛河。但前一天短暂的化冻导致该师没能为其先遣部队补充燃料、提供再补给。对德国人来说幸运的是，16日晚一场真正的结冻使该师得以于17日恢复进军。因此，以第17装甲师第63装甲掷弹兵团组成的一个战斗群迅速向北推进，迫使骑兵第4军辖下的第81师向北混乱退却，并在机械化第4军最右翼西南偏西方约20公里处的格涅拉洛夫斯基附近夺得阿克赛河对岸的一座登陆场。[115]在基希纳将军看来，最令人鼓舞的事实是，他麾下的三个装甲师得以向北面的梅什科瓦河发起一场突击。当然，这也得益于沃利斯基机械化第4军和塔纳希申机械化第13军现有的坦克数量不多——据德军情报部门估计，对方约有60辆战车。而这60辆战车将抗击苏联方面的资料所说的（再度夸大）约220辆德军坦克和突击炮；实际上，基希纳装甲军当时只有约155辆坦克。[116]

## 12月18日

12月18日拂晓，基希纳将军的第57装甲军恢复进攻，他们有很好的理由相信，这场突击最终能够粉碎机械化第4军的防御并前出至梅什科瓦河（参见地图22）。为确保胜利，基希纳将三个装甲师悉数投入，冯·森格尔第17装甲师位于军左翼，劳斯第6装甲师居中，博伊内布格–伦斯费尔德第23装甲师居右。劳斯对此时战斗情况所做的描述毫无意义，因为他错误地指出前一天已攻克上库姆斯基。他在回忆录中简单地谈到他的师赶往梅什科瓦河，并未提及德军18日攻克上库姆斯基。但是，"顿河"集团军群密切关注着第57装甲军12月18日和19日的行动，基本证实了苏联和德国方面另一些资料的说法（参见副卷附录10L）。

德尔将军对当日作战行动的记述较为简洁，但提供了一份准确的概要：

已前调至该地域的第17装甲师，在格涅拉洛夫斯基沿阿克赛河下游强渡该河，12月18日迅速赶往"三八"国营农场（上库姆斯基以西7公里），在那里击败了俄国人正向前推进的一支坦克部队，击毁22辆敌坦克，但新锐敌军（坦克和摩托化部队）迫使该师停止前进。

第6装甲师缓缓向前，赶往上库姆斯基东南郊，但当日未能将其拿下。[117]

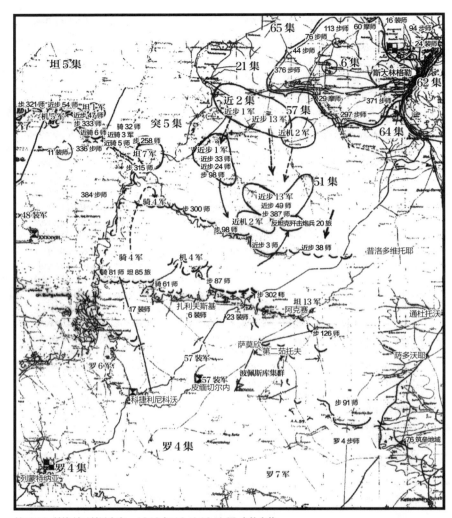

地图 22 科捷利尼科沃方向：1942 年 12 月 18 日 22 点的态势

　　关于 12 月 18 日的战斗，红军总参谋部的每日作战概要首次确认马利诺夫斯基将军的近卫第 2 集团军已接管机械化第 4 和第 13 军（参见副卷附录 10K）。这份作战概要指出，该集团军"以机械化第 13 军、近卫机械化第 3 军、步兵第 87 师、坦克第 235 旅和坦克第 234 团的部队击退敌摩托化步兵和坦克沿着从

'三八'农场（格罗莫斯拉夫卡西南方23公里）至上库姆斯基南面的高地、再至146.9高地（格罗莫斯拉夫卡以南13公里）的整条战线发起的猛烈冲击。日终前，敌人的进攻均被击退，但肃清'三八'农场之敌步兵的战斗仍在继续。"[118]这就证实机械化第4军（该军当晚获得"近卫机械化第3军"的荣誉番号）再度击退第57装甲军对上库姆斯基的进攻。但是，正如后续战斗表明的那样，该机械化军的防御力量显然即将耗尽。

据苏联方面另一些资料称，基希纳装甲军12月18日拂晓恢复进攻，冯·森格尔将军的第17装甲师攻向东北方的"三八"国营农场，意图从西北面包围上库姆斯基周边守军，而劳斯将军的第6装甲师则从南面直扑上库姆斯基。东面15公里处，博伊内布格–伦斯费尔德将军的第23装甲师（该师装甲团只剩13辆坦克）冲出他们在克鲁格利亚科夫夺取的阿克赛河北岸登陆场，向北攻击前进。[119]德国空军投入大批斯图卡，发起空中打击，支援每一支进攻队列。虽然苏联方面的资料称，遂行进攻的德军投入155辆坦克和突击炮，但实际数量无疑要少30辆左右。[120]

第6装甲师的一股突击力量，估计约有80辆坦克，对上库姆斯基农场南郊的别列佐维农场（Berezovyi）发起冲击。据守该地域的是M.S.季阿萨米泽中校指挥的步兵第1378团。德军从左右两翼实施迂回，在中央地带遂行突击，尽管德军已开始打垮苏军阵地，但季阿萨米泽不肯将他的指挥所转移至后方。[121]137.2高地争夺战开始于12月17日德军发起的三次冲击，持续了一天一夜，12月18日以步兵第1378团第3营的一个连悉数阵亡而告终。但据该连报告，在这场不对等的战斗中，他们消灭18辆敌坦克和300名德寇。[122]最后，第6装甲师的一批坦克迂回至机械化第59旅身后，一场激战围绕上库姆斯基整个周边肆虐开来。独立坦克第55团的17辆坦克守卫着步兵第1378团侧翼，他们发起多次反冲击，直至这些坦克几乎损失殆尽。[123]机械化第59旅旅长V.F.斯坚申斯基上校12月15日被解除职务，由机械化第4军副军长沙拉金少将暂时接替。

12月18日下午，对机械化第4军来说，态势有所恶化，德国人开始对该军位于"三八"国营农场附近的右翼发起进攻，据守在那里的是机械化第36旅。由于该旅参谋长N.A.尼基京少校没有采取必要的警戒措施，德军坦克和战机突袭机械化第36旅旅部，正在吃午饭的苏军士兵猝不及防。巧的是，坦克第26团团长多罗什克维奇少校恰巧在村内，他立即以团里的士兵、火炮和坦克构设起一道防御阵地。虽然多罗什克维奇的迅速应对挽救了该旅的一部，但机械化第36旅已别无选择，只得在黄昏前弃守"三八"国营农场。

苏联方面的资料称，德国人12月18日损失30辆坦克、2门155毫米火炮、10门反坦克炮和600名官兵。[124]第6装甲师第11装甲团的作战日志指出，截至12月18日晚，该团尚有51辆作战坦克和6辆指挥坦克，包括8辆二号、25辆三号短身管、13辆三号长身管、5辆四号长身管坦克。[125]尽管德军发起强有力的冲击，但机械化第4军仍控制着上库姆斯基，甚至于当晚将137.2高地重新夺回。可是，态势非常危急。证明机械化第4军获得辉煌战果的是，沃利斯基将军当晚收到斯大林格勒方面军司令部的一封电报，告诉他机械化第4军被授予"近卫机械化第3军"的称号。[126]另一封发给季阿萨米泽和阿斯拉诺夫的电报称："为你们顽强的斗争深感自豪。你们没有后退一步。表现出色的士兵和指挥员将获得授予国家勋章的推荐。"[127]

第51集团军防区其他地段，第57装甲军最右翼，"波佩斯库"骑兵集群和"潘维茨"小股特遣队，经过数小时的战斗，终于在黄昏前攻占第二茹托夫。另外，罗马尼亚第4步兵师，在第57装甲军第23装甲师一支小股摩托化部队支援下，设法从苏军步兵第91师手中夺得几处阵地。但步兵第91师粉碎了罗马尼亚人重新夺回卡努科沃的企图。

在叶廖缅科和特鲁法诺夫将军看来，最重要的是马利诺夫斯基将军近卫第2集团军辖下的近卫步兵第1和第13军开始到达该地域。黄昏前，两个军的先遣师进入沿梅什科瓦河北岸构设的防御阵地，在他们身后，集团军辖下近卫机械化第2军的200多辆坦克已完成集结。因此，尽管机械化第4、第13军损失惨重，但他们的顽强防御开始获得实际回报。

战斗沿阿克赛河及其北面肆虐之际，最高统帅部代表华西列夫斯基12月18日12点50分将后续行动计划呈交斯大林（参见副卷附录10M）。除了重点关注近卫第2集团军和科捷利尼科沃方向外，华西列夫斯基还精心策划了另一场攻势：以突击第5集团军冲向托尔莫辛。从地理和战役执行角度看，托尔莫辛和科捷利尼科沃方向密切相关。

华西列夫斯基首先描述了12月18日晨斯大林格勒方向的态势，强调第51

和近卫第2集团军已将德国人打得停滞不前，尽管后者的许多部队尚未投入战斗。同时他又指出，机械化第4军仍有135辆坦克，而为近卫第2集团军提供加强的坦克第7军尚有150辆坦克。确认马利诺夫斯基集团军将于12月20日—21日夜间完成集结后，华西列夫斯基请求斯大林批准他的进攻计划，该计划要求近卫第2集团军的两个步兵军12月22日跨过梅什科瓦河发起突击，紧随其后的近卫机械化第2军负责发展胜利。第51集团军将支援近卫第2集团军左翼。华西列夫斯基对这场进攻的时间安排要求马利诺夫斯基集团军在12月22日日终前夺取阿克赛河一线，24日攻占科捷利尼科沃。同时，波波夫突击第5集团军应于20日日终前夺取下奇尔斯卡亚，尔后的任务是攻占托尔莫辛，前出至齐姆拉河（Tsimla）。[128]这个计划唯一的潜在缺陷是机械化第4军的实力（实际上，没过24小时，该军的多数坦克就将灰飞烟灭）。不过，华西列夫斯基竭力弥补这一点，建议斯大林再以三个坦克和机械化军加强波波夫和马利诺夫斯基的集团军。

因此，华西列夫斯基的进攻计划涉及的不仅仅是斯大林格勒方面军近卫第2和第51集团军，还包括该方面军辖下的突击第5集团军和西南方面军编成内的坦克第5集团军。这场攻势的总体目标是击败托尔莫辛和科捷利尼科沃方向的所有德军，将其逐过顿河北面的齐姆拉河和顿河南面的萨尔河。这本身就是一场大规模攻势；苏军自12月16日以来已对意大利第8集团军发起猛攻，与之相结合，科捷利尼科沃和托尔莫辛进攻战役将成为另一场具有战略意义的大规模攻势的组成部分。如果取得成功，不仅能决定保卢斯第6集团军的命运，还将构成彻底打垮东线轴心国军队整个南翼的威胁。这个计划提出了歼灭A集团军群的可能性，尤其是在斯大林格勒方面军能够迅速推进，防止德国人经罗斯托夫这扇大门逃离高加索山区的情况下。

12月18日的战斗结束后没过几个小时，19日0点50分，斯大林告知华西列夫斯基："您提交的42号作战计划已获得最高统帅部大本营的批准。"[129]随着斯大林批准该计划和近卫第2集团军进入梅什科瓦河地域，第57装甲军（如果说不是第6集团军的话）大局已定。在马利诺夫斯基近卫第2集团军赶到前，基希纳装甲军充其量只有两天时间来完成冲向梅什科瓦河、突破苏军沿河流所设防线的任务。

## 第57装甲军冲向梅什科瓦河，12月19日

由于12月18日没能夺取上库姆斯基并前出至梅什科瓦河，沮丧不已的基希纳将军命令第57装甲军19日再度发起进攻，这一次取得了更大的进展。在这场推进中，冯·森格尔第17装甲师设法在日终前赶至梅什科瓦河，而劳斯第6装甲师在19日午夜前做到了这一点（参见地图23、24）。

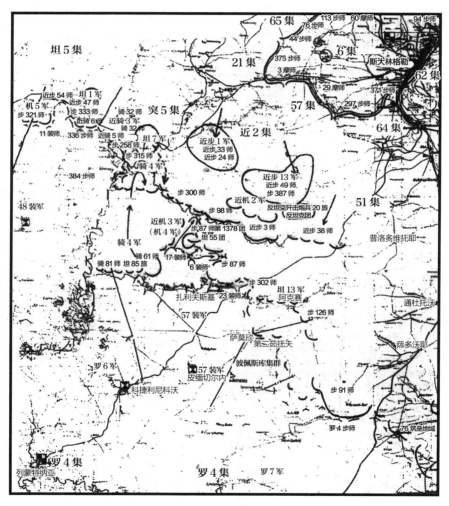

地图 23 科捷利尼科沃方向：1942 年 12 月 19 日 22 点的态势

　　劳斯将军又一次混淆了事情发生的日期。他在回忆录中称，12月18日向北发起进军，遭到的抵抗不太大，第6装甲师先头部队19日拂晓抵达梅什科瓦河。12点前，经过一场艰苦的逐房争夺战，师里的两个战斗群夺得大瓦西里耶夫卡（Bol'shaia Vasil'evka）和河流北岸的一座登陆场。[130]据劳斯说，苏军发起大规模反击，试图夺回村庄，但由于德军出色的机动性，俄国人的企图未果。劳斯总结道："第6装甲师在梅什科瓦河的防御战以一场重要的胜利圆满告终。"[131]

　　另一些德方资料对劳斯所说的日期和时间提出质疑，称劳斯提及的战斗实际发生在12月20日。例如，据第6装甲师作战日志记载，许纳斯多夫的第11装甲团（20辆坦克），在佐伦科普夫上校第114装甲掷弹兵团第2营两个实力虚弱的连队支援下，12月19日24点左右夺取瓦西里耶夫卡，20日晚些时候，翁赖恩第4装甲掷弹兵团的部队与之会合（"顿河"集团军群1942年12月19日的作战日志可参见副卷附录10L）。[132]

　　德尔将军也对当日的战斗做出描述，进一步澄清了问题：

　　12月19日拂晓，第17装甲师占领上库姆斯基西北面的高地，与此同时，第6装甲师从南面和西面艰难推进，并与大股敌军［机械化第4军］展开战斗。经历六天激战后，德军终于在当日中午夺得上库姆斯基，并在战斗中歼灭大批敌军，残敌向北混乱逃窜。第17装甲师发起追击，当日下午攻占下库姆斯基，进而到达梅什科瓦河南岸。

　　尽管先前的战斗异常激烈，并遭受到相当的损失，但夺取上库姆斯基后，第57装甲军连夜发起追击，力图在梅什科瓦河对岸夺得一座登陆场。为此，许纳斯多夫装甲旅①必须在夜间从瓦西里耶夫卡渡河，而第17装甲师应在格罗莫斯拉夫卡渡河。夜里，许纳斯多夫旅设法渗透至瓦西里耶夫卡，顺利夺得该镇和附近一座桥梁，但12月20日拂晓，该旅卷入一场防御战，敌人［近卫第2集团军近卫步兵第3师和近卫机械化第2军］在猛烈炮火支援下发起进攻。

_____

　　① 译注：原文如此，可能是指许纳斯多夫战斗群的规模约为一个旅。

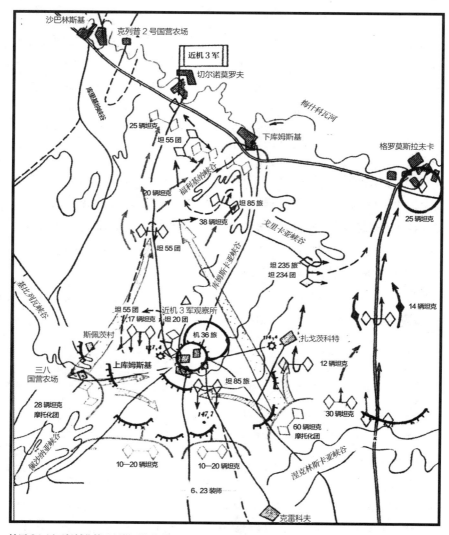

地图 24 近卫机械化第 3 军撤至梅什科瓦河，1942 年 12 月 19 日

　　与此同时，遂行反冲击的敌人意图包抄第17装甲师侧翼，该师猝不及防。第17装甲师损失惨重，但击退了敌人发起的这些反冲击。攻向格罗莫斯拉夫卡的行动受挫。第23装甲师正攻往格尼洛阿克赛斯卡亚车站（Gniloaksaiskaia），但在克鲁格利亚科夫东北方被大批敌军［机械化第13军］所阻。[133]

　　第4装甲集团军的每日态势图和OKH关于12月19日作战行动的概要都证实了德尔的说法。后者指出："**东线。'顿河'集团军群**：敌人在科捷利尼科沃—斯大林格勒铁路线两侧发起的数次进攻均被击退。第6装甲师夺取上库姆斯基。第17装甲师赶往东北方的梅什科瓦河，随即转身向东（因为那里没有渡口）。"[134]

　　与前几天一样，红军总参谋部对12月19日作战情况所做的概要，与第6装甲师作战日志、德尔的事件记述一致。这份作战概要还提供了参加这些战斗的红军部队的部署详情，特别是近卫第2集团军（参见副卷附录10K）。重要的是，这份作战概要爽快地承认，机械化第4军和提供支援的部队在上库姆斯基被粉碎，遭受严重损失后被迫撤至梅什科瓦河防线。德军随后对退却中的苏军发起追击，直至梅什科瓦河一线。[135]

　　除了极其坦率之外，苏联方面对12月19日作战情况的另一些描述，与红军总参谋部的每日作战概要和大部分德方资料几乎完全一致。例如，机械化第4军战史指出，12月18日—19日夜间，沃利斯基军（现已获得"近卫军"称号）补充了弹药，并以机械化第59旅的两个摩托化营在上库姆斯基南郊和东南郊加强防区最薄弱地段。12月19日7点，以一场猛烈的炮火准备和空中突击猛轰沃利斯基的阵地后，德国人恢复了进攻。德国空军以20—30架战机为一组发起低空攻击，配合炮火，给沃利斯基军的防御阵地造成严重破坏，摧毁了该军残余的大部分坦克、火炮和电台。电台损失的后果尤为严重，因为这妨碍到沃利斯基与麾下部队的联系。[136]

　　冯·森格尔的第17装甲师在第57装甲军右侧①发起进攻，他们冲过近卫机械化第3军右翼防御，前出至上库姆斯基西北面高地。劳斯第6装甲师没有理会遭受的严重损失，以三个装甲战斗群攻向步兵第1378团与左右两侧机械化旅的结合部，随后冲向上库姆斯基，意图从各个方向合围沃利斯基的部队。第6装甲师这场突击据称投入三个战斗群，第一个战斗群编有70辆坦克和一个摩步团，从"三八"国营农场附近攻向上库姆斯基西郊；第二个战斗群编有60辆坦克和一个摩步团，从147.7、136.0高地南坡向北突击，设法从东面包围上库姆

_____
　①译注：左侧。

斯基村；第三个战斗群编有20—40辆坦克，从南面发起进攻，力图粉碎步兵第1378团在137.2、143.7、147.7（147.0）高地构设的防御。

德军坦克发起冲击时，近卫机械化第3军炮兵主任S.F.巴雷舍夫上校与另外几名指挥员待在军炮兵阵地后方的一座掩体内，这也是机械化第59旅旅长D.N.别雷上校的观察所。德国人刚刚向前推进，巴雷舍夫便命令部署在附近的"喀秋莎"火箭炮以两轮齐射打击进攻中的30辆敌坦克，据说共击毁10辆敌坦克。[137]伴随着斯图卡战机猛烈的空中打击，另一批德军坦克试图从西南面包围近卫机械化第3军设在上库姆斯基的防御。但是，苏军一个身管炮兵连设法摧毁几辆敌坦克，迫使剩下的德军坦克向西机动，转移他们的包围圈。同时，进攻"三八"国营农场的德军坦克据说也有损失，这是反坦克歼击炮兵第482团的直瞄火力所致。与此同时，机械化第36旅辖内坦克第26团，在多罗什克维奇少校的率领下，以剩余的7辆坦克发起反冲击，结果悉数损失。为支援机械化第36旅，独立坦克第158团残部发起一场近乎自杀的反冲击，同样损失惨重。

总之，12月19日7点至15点30分，据说近卫机械化第3军共击退德军坦克五次强有力的进攻。但是，沃利斯基将军渐渐失去与辖内各部队之间的联系，先是因为第6装甲师破坏了他的有线通信（主要是炮火所致），随后，德军的空中打击又摧毁或炸坏了该军所有通信车。最后的无线电通信发生在沃利斯基与阿斯拉诺夫中校的独立坦克第55团之间，但没过多久，一颗炸弹炸毁了该团的指挥坦克和电台。[138]

对近卫机械化第3军来说，下午晚些时候的态势愈发恶化，德军第17装甲师大批坦克向北疾进，到达梅什科瓦河畔下库姆斯基和切尔诺莫罗夫村（Chernomorov）接近地。此时，该军机械化第59和第60旅几乎已陷入包围，敌坦克在其后方地域来回穿插。面对上库姆斯基的防御行将崩溃这一严峻现实，沃利斯基命令各旅残部弃守上库姆斯基村和"三八"国营农场，向北撤至切尔诺莫罗夫的防御阵地。可是，沃利斯基派往别雷上校机械化第59旅传达后撤令的联络人员没能赶至该旅，因为德军炮火炸毁了他们的车辆。[139]

近卫机械化第3军的防御土崩瓦解之际，沃利斯基的指挥所也处于德军炮火打击下，随后又遭到一小股敌坦克突袭。以部署在附近的一个"喀秋莎"连的火力击退这些坦克后，沃利斯基派军作训处主任赶往机械化第59、第60旅，执行一场近乎自杀的任务。这位作训处主任没能赶至两个旅的旅部，而是获悉别雷已命令两个旅后撤，据说阿斯拉诺夫试图率领独立坦克第55团突出包围圈时阵亡，但事实证明后一份报告并不准确。[140]

此后，据说在多达1000架次战机支援下（其中400架次猛攻步兵第1378团阵地），第6装甲师的部队顺利突入近卫机械化第3军后方达5公里。[141]步兵第1378团几乎所有火炮都遭到压制或破坏，在上库姆斯基南面的高地上拼死奋战。德军最终于12月19日中午攻克143.7高地，在此过程中包围、歼灭了季阿萨米泽的整个团。[142]在该步兵团右翼，德国人投入摩托化步兵和70辆坦克，对据守"三八"国营农场的独立坦克第55团发起进攻，摧毁了阿斯拉诺夫的指挥坦克，包围了他的团。阿斯拉诺夫随即将一小批残余人员集结起来，在夜间向北突围，20日晨到达苏军沿梅什科瓦河构设的防线。

12月19日—20日夜间实施退却后，沃利斯基机械化军残部集结在切尔诺莫罗夫、恰普拉（Chapura）和格罗莫斯拉夫卡地域，具体如下：

· 机械化第59旅和坦克第55团——切尔诺莫罗夫
· 机械化第60旅——恰普拉
· 机械化第36旅（残部）、坦克第235旅、独立坦克第234团、反坦克歼击炮兵第20旅（残部）——格罗莫斯拉夫卡[143]

步兵第1378团12月19日只剩212人，他们最终向北突围，20日晨到达格罗莫斯拉夫卡地域。[144]

待近卫机械化第3军残部到达梅什科瓦河，沃利斯基立即将7000余名幸存者部署至河流北岸的防御阵地。在战后报告中，该军称他们在上库姆斯基地域战斗期间共损失72辆坦克，1200人阵亡或负伤。苏联方面的另一些档案记录指出，12月15日—19日，该军阵亡994人、负伤3497人、失踪1075人、折损52辆坦克。因此，截至12月20日，该军的实力为6833人，外加40辆坦克（31辆T-34、19辆T-70）①。[145]近卫机械化第3军在战后报告中提出的坦克损失数较

---

① 译注：原文如此。

高，可能是因为他们把隶属该军的另一些部队的损失也纳入其中，例如坦克第235旅和坦克第234团。

另外，沃利斯基军声称击毁、击伤140辆敌坦克，毙伤2300多名德寇。[146]虽说这个数字无疑有些夸大，但第57装甲军在这六天的激战中绝非毫发无损。在12月19日14点10分提交"顿河"集团军群的一份报告中，基希纳装甲军对其作战兵力的统计为15666人。报告中写道，自12月12日以来，"装甲军损失94名军官、1519名士官和士兵，约为总实力的10％。"[147]随后，第4装甲集团军的一份报告列举了自"冬季风暴"发起以来彻底损失和受损的坦克数量，以及第6、第17、第23装甲师截至12月21日2点15分的实力：

・自12月12日以来无法挽回的损失（报废）：

第6装甲师——25辆

第17装甲师——0辆

第23装甲师——8辆

合计——33辆

・受损但正在修理的坦克——83辆（三周内可投入使用）

・可用的坦克数量：

第6装甲师——9辆（5辆三号长身管、2辆四号短身管、2辆四号长身管），另外27辆正在修理，共计36辆

第17装甲师——36辆（18辆三号长身管、6辆三号短身管、9辆四号长身管、3辆四号短身管）

第23装甲师——20辆（5辆三号长身管、3辆三号短身管、2辆75毫米主炮的三号坦克、5辆四号长身管、5辆四号短身管）

合计：65辆+27辆（维修）=92辆

・可用的坦克和正在修理的坦克——三周内达到175辆[148]

如果这份报告准确无误，那么，第57装甲军12月21日尚有92辆可用坦克，另外83辆处于不同维修阶段。鉴于这种实力，基希纳装甲军面临的最关键问题是：救援第6集团军的行动发起时，有多少辆坦克能投入这场最后的冲刺？

战斗刚一结束，1942年12月22日，苏联最高统帅部大本营宣布授予M.S.季阿萨米泽中校和A.A.阿斯拉诺夫中校"苏联英雄"称号。12月24日，斯大林格勒方面军副司令员G.F.扎哈罗夫中将在一封给沃利斯基的较为私人的信件中写道：

瓦西里·季莫费耶维奇：

直到现在才清楚，近卫机械化第3军完成了多么伟大的壮举：

（1）近卫第2集团军已完成集结。

（2）今天，1942年12月24日，该集团军发起全面进攻，其先遣部队于16点20分前夺回上库姆斯基和146.9高地。

（3）敌第6步兵师［原文如此］和第23装甲师遭粉碎。

这一切，历史、祖国和党都不会忘记。

今天，您必须整顿您的军。

今天，我们获知阿斯拉诺夫和季阿萨米泽中校还活着。名誉和荣耀属于他们。

我要同每个人热烈握手，拥抱所有人，我为近卫机械化第3军欢呼。

祖国面临危难之际，我为机械化第4军深感高兴，我和你们在一起。我相信近卫机械化第3军能进入北高加索地区。

拥抱所有人。

G.扎哈罗夫 谨上[149]

12月19日傍晚前，基希纳第57装甲军主力已到达梅什科瓦河或该河南面，上库姆斯基旷日持久的争夺战终于宣告结束。虽然基希纳的装甲兵在这场漫长的战斗中赢得了胜利，但归根结底，这场胜利有些得不偿失。很明显，苏军最高统帅部故意牺牲了沙普金的骑兵军和沃利斯基的机械化军，在较小程度上还包括塔纳希申的机械化第13军。但此举是为了争取时间，让马利诺夫斯基强大的近卫第2集团军部署至梅什科瓦河地域。尽管沙普金和沃利斯基军在这场战斗中基本全军覆没，但基希纳的部队用了六天时间才取得这一战果。在此期间，近卫第2集团军赶至沿梅什科瓦河构设的拦截阵地，而第57装甲军却遭到严重削弱，无力继续遂行进攻。简言之，基希纳装甲军12月21日只剩下不到100辆坦克，根本无法抗击马利诺夫斯基齐装满员的近卫第2集团军，更不要说击败、歼灭对方了，后者不仅获得近卫机械化第2军的支援，另一些坦克和机械化军（例如坦克第7、近卫骑兵第3、机械化第6军）也正从邻近地区赶来。

12月19日黄昏时，曼施泰因元帅、霍特将军和基希纳将军非常清楚所面临问题的严重性。曼施泰因在12月19日14点35分发给OKH和希特勒的报告中承认了这一点，并要求第6集团军设法突出包围圈，因为第57装甲军无法凭一己之力与第6集团军建立陆上联系（参见副卷附录10N）。曼施泰因认为，第57装甲军不太可能在没有协助的前提下赶至斯大林格勒包围圈，他敦促OKH和希特勒批准保卢斯的部队向南开拔，赶至梅什科夫斯基埃里克河（Myshkovskii Erik）附近，距离斯大林格勒包围圈南部防线约40公里，离第57装甲军各师位于梅什科瓦河的先遣部队只有20公里。

向OKH解释目前危险的态势，并提供了一个可能的解决方案后，曼施泰因18点50分下定决心，给保卢斯将军发去一封急电，吁请第6集团军司令采取行动设法突围（参见副卷附录10O）。与曼施泰因早些时候的计划相比，这份电报实际上减轻了第6集团军的任务，只要求该集团军前出至顿斯卡亚察里察河（也可能渡过该河），该河位于斯大林格勒包围圈南部边缘以南约20—25公里处。在这个变更计划中，第57装甲军将向北推进35—40公里，渡过梅什科瓦河和梅什科夫斯基埃里克河。但是，对一支刚刚用六天时间前进28公里（从阿克赛河至梅什科瓦河）的部队来说，这是一项毫无意义的任务。

准备这份电报前，曼施泰因已于12月18日派他的情报官艾斯曼少校飞入斯大林格勒包围圈与保卢斯协商，希望为两支部队设立一个会合点。但保卢斯和他的参谋长阿图尔·施密特少将都认为第6集团军缺乏足够的机动性或体力，无法协助完成这样一场会合。相反，施密特坚持要求"顿河"集团军群以持续的空运提供更多补给，并断言第6集团军采取任何突围尝试都将招致进一步的灾难。[150]情况看上去的确如此：第6集团军的突围力量最多只剩8—10个营，外加50辆坦克（如果德国空军能提供必要的燃料）。

施密特的固执并非毫无理由，两个重要因素导致他和保卢斯对一切突围尝试均持消极态度。第一，希特勒一直不同意任何撤离斯大林格勒的想法。12

月19日，元首命令党卫队第5"维京"师向北开拔，接替埃利斯塔附近的第16摩步师，这样一来便可以后者加强曼施泰因和霍特虚弱无力的救援行动。第二，第6集团军弹药不济，缺乏机动性，对协助救援行动毫无准备。此时，该集团军的弹药消耗量两倍于通过空运获得的补充，因而不可能实施突围。守军还缺乏汽油和驮马，无法撤离大炮和补给大车。甚至在红军发起"天王星"行动前，第6集团军司令部就已下令将90000匹马中的25000匹疏散过冬。但是，剩下的马匹需要喂养，这迫使德军后勤人员将空运和地面再补给车队的很大一部分份额用于满足这一需求。例如，第4装甲集团军调集200吨饲料，以地面车队装载，准备为第6集团军提供再补给。[151]没有足够的弹药、燃料和马匹，第6集团军只能靠步行撤离斯大林格勒包围圈，他们不得不将重武器悉数抛弃。

另一方面，也有人认为，曼施泰因接掌"顿河"集团军群后，首要任务是立即飞入包围圈，亲自评估态势。他应对保卢斯的状况作出判断，必要的话，以另一位将领替换保卢斯。此时，曼施泰因可能已获得希特勒的批准，将第6集团军的指挥权交给更加坚定的将领（例如赛德利茨或胡贝）。撤换保卢斯很可能导致施密特也被撤换（这位参谋长现在被称为"骗子阿图尔"），这也许能彻底改变目前的状况。但曼施泰因又一次棋错一招，12月18日，他派艾斯曼少校飞入包围圈，而不是亲自前往。曼施泰因一直坚称自己不能离开指挥岗位，一些历史学家认为这纯属托词，他有一个出色的参谋团队，完全可以在他短暂缺席期间代为指挥"顿河"集团军群。当然，历史容不得"如果……就会"这种假设，我们永远无法得知可能会发生些什么。

因此，到12月中旬，第6集团军已被伤亡、寒冷和饥饿严重拖累，无法实施任何有效进攻行动。如果他们步行突围，这支只配备轻武器的部队必然遭遇到苏军强大的拦截力量，逃生的机会微乎其微。所以，实施"霹雳"行动（这个行动指的是第6集团军发起突围，与第57装甲军会合）的命令一直没有下达，这一点可以理解。另外，12月19日黄昏时，希特勒和他的战地指挥官都不知道，用不了五天，基希纳第57装甲军的救援行动会严重受阻，面对实力三倍于己的苏军，他们不得不为自身的生存而战。

# 注释

1. 第一个方向是从阿克赛河畔的新阿克赛斯卡亚沿顿河东岸向南延伸至伊阿布洛奇纳亚河畔的上伊阿布隆基斯，然后南延至科捷利尼科沃。第二个方向是从阿克赛河畔的克鲁格利亚科夫沿铁路线向西南方延伸至科捷利尼科沃。第三个方向是从阿克赛镇向东南偏南方延伸，经库尔莫亚尔斯基阿克赛河畔的第二茹托瓦和皮缅一切尔内至科捷利尼科沃。第四个方向是从萨多沃耶向西延伸，经库尔莫亚尔斯基阿克赛河畔的达尔加诺夫至科捷利尼科沃。另一个不太重要的方向是从萨多沃耶向南、西南方延伸，经奥比利诺耶和肯克里亚至科捷利尼科沃东南方的扎韦特诺耶。

2. 齐姆克和鲍尔，《从莫斯科到斯大林格勒：东线决战》，第479页。

3. 汉斯·J. 韦杰斯，《斯大林格勒战役，"冬季风暴"行动——第57装甲军的救援行动》（自费出版，2003年），第13页；伊萨耶夫在《斯大林格勒：伏尔加河后方没有我们的容身处》一书第347页称，第6装甲师拥有159辆坦克——21辆二号坦克、73辆配备50毫米长身管火炮的三号坦克、32辆配备75毫米短身管火炮的三号坦克、24辆配备75毫米长身管火炮的四号坦克和9辆指挥坦克。

4. 埃哈德·劳斯，《坦克战：劳斯将军东线回忆录，1941—1945年》，第144—145页。

5. 华西列夫斯基，《回忆与思考》，第237页。

6. V.F.托卢布科、N.I.巴雷舍夫，*Na iuzhnomflange*（《在南翼》）（莫斯科：科学出版社，1973年），第59页。

7. S.M.萨尔基西安，51-ia Armiia（《第51集团军》）〔莫斯科：军事出版社，1983年），第107页。

8. 同上。

9. 埃哈德·劳斯，《坦克战：劳斯将军东线回忆录，1941—1945年》，第145页。

10. *"Izvlechenie iz operativnoi svodkoi Nos. 336-337"*（336—337号作战概要摘录），V.A.日林（主编）的《斯大林格勒战役：编年史、真相和人物，两卷本》一书第二册，第129、第135页；档案引自TsAMO RF, f. 16, op. 1072ss, d. 12,11，第10—25页。

11. 伊萨耶夫，《斯大林格勒：伏尔加河后方没有我们的容身处》，第349页。

12. *"Izvlechenie iz operativnoi svodkoi No. 338"*（338号作战概要摘录），V.A.日林（主编）的《斯大林格勒战役：编年史、真相和人物，两卷本》一书第二册，第141页；档案引自*TsAMO RF, f. 16, op. 1072ss, d. 12,11*，第26—33页。

13. 伊萨耶夫，《斯大林格勒：伏尔加河后方没有我们的容身处》，第350页。

14. 同上。

15. 埃哈德·劳斯，《坦克战：劳斯将军东线回忆录，1941—1945年》，第146—147页。从这段时期的作战态势图看，谢米奇内位于波赫列宾以南12公里处，距离较远，无法提供有效炮火支援。

16. 关于12月3日—4日这个正确的战斗发生日期，可参见沃尔夫冈·保罗的《第6装甲师师史，1937—1945年》（奥斯纳布吕克：文献出版社，1984年），第238—239页；据第6装甲师师史记载，苏军12月3日9点20分向前推进，第114装甲掷弹兵团第3连从萨夫罗诺夫退守波赫列宾，其他部队随后投入战斗。师史中称，许纳斯多夫的第11装甲团12月4日10点10分以90辆坦克投入战斗，12点前，德军显然已在这场战斗中取得上风。

17. 埃哈德·劳斯，《坦克战：劳斯将军东线回忆录，1941—1945年》，第148页。

18. 伊萨耶夫，《斯大林格勒：伏尔加河后方没有我们的容身处》，第351页。

19. 同上。

20. "Izvlechenie iz operativnoi svodkoi No. 339"（339号作战概要摘录），V.A.日林（主编）的《斯大林格勒战役：编年史、真相和人物，两卷本》一书第二册，第144—148页；档案引自TsAMO RF, f. 16, op. 1072ss, d. 12,11，第34—44页。

21. 伊萨耶夫，《斯大林格勒：伏尔加河后方没有我们的容身处》，第351—352页，提供了这场战斗的详情。

22. 另可参阅沃尔夫冈·保罗的《第6装甲师师史，1937—1945年》，第239页。另外还可以参照第11装甲团作战日志摘录，收录在延茨的《装甲部队》第二册第26—29页，书中指出，该团阵亡8人，负伤28人，5辆坦克被击毁（12月3日前损失1辆），12辆坦克受损（5辆发生机械故障，但都能修复）。

23. 伊萨耶夫，《斯大林格勒：伏尔加河后方没有我们的容身处》，第352页。

24. 沃尔夫冈·保罗，《第6装甲师师史，1937—1945年》，第239页。

25. 伊萨耶夫，《斯大林格勒：伏尔加河后方没有我们的容身处》，第352页。

26. 沃尔夫冈·保罗，《第6装甲师师史，1937—1945年》，第239页；伊萨耶夫，《斯大林格勒：伏尔加河后方没有我们的容身处》，第352页，书中指出第6装甲师第11装甲团只损失4辆坦克，另外1辆毁于12月4日前。

27. 伊萨耶夫，《斯大林格勒：伏尔加河后方没有我们的容身处》，第352—353页。

28. S.M.萨尔基西安，《第51集团军》，第107页。

29. 埃哈德·劳斯，《坦克战：劳斯将军东线回忆录，1941—1945年》，第154页。

30. 同上，第156页。

31. "Prikaz Stavki VGK No. 994286 o naznachenii zamestitelia komanduiushchego 51-i Armii"（最高统帅部大本营关于任命第51集团军副司令员的994286号令），收录在佐洛塔廖夫《最高统帅部1942》一书第461页；档案引自TsAMO, f. 148a, op. 3763, d. 124,1，第306页。

32. 许多资料都谈及曼施泰因、OKH和希特勒之间的争论，包括曼施泰因的回忆录《失去的胜利》和齐姆克的《从斯大林格勒到柏林：德国在东线的失败》。这些争执也反映在德国国防军作战日志的每日条目中。

33. OKH答应提供给救援行动或提及的师包括第6、第7、第11、第17、第23装甲师、第336、第304、第306步兵师、第3山地师、第7、第8、第15空军野战师。但在策划过程中，第17军辖下的第62和第294步兵师也是候选单位，有可能以某种形式参加救援行动。

34. 引自达纳·V.萨达拉南达的《斯大林格勒战役后：曼施泰因与"顿河"集团军群的行动》（纽约：普雷格出版社，1990年），第17页。萨达拉南达对曼施泰因在试图救援斯大林格勒包围圈的行动中发挥的作用做出了出色的分析。

35. 霍斯特·布格等人合著的《德国与第二次世界大战，第6卷》，第1141—1145页；曼施泰因，《失去的胜利》，第325—328页。关于提及的第3山地师，可参阅萨达拉南达的《斯大林格勒战役后：曼施泰因与"顿河"集团军群的行动》，第22页。

36. 霍斯特·布格等人合著的《德国与第二次世界大战，第6卷》，第1145页。

37. *"Donesenie komanduiushchego voiskami Gruppy Armii 'Don' General-Fel'dmarshala E. Mansteina v General'nyi Shtab Sukhoputnykh voisk"*（"顿河"集团军群司令曼施泰因元帅发给德国陆军总司令部的报告），收录在V.A.日林（主编）的《斯大林格勒战役：编年史、真相和人物，两卷本》一书第二册，第172—176页，引自曼施泰因回忆录德文版第578—581页。原稿可参阅*H.Gr. Don/la, KTB, 9.12.142 (116)*，收录在*BA-MA, RH 19 VI.35*。英文译本参见曼施泰因回忆录英文版，第555—559页。

38. 曼施泰因，《失去的胜利》，第555—556页。

39. 同上，第557页。

40. 同上，第558页。

41. 同上。

42. 同上。

43. 同上，第559页。

44. 同上。

45. 沃尔夫冈·保罗，《第6装甲师师史，1937—1945年》，第239—240页。

46. 埃哈德·劳斯，《坦克战：劳斯将军东线回忆录，1941—1945年》，第156—157页。

47. 阿克斯沃西等人合著的《第三轴心第四盟友：欧战中的罗马尼亚军队，1941—1945年》，第109页。

48. 沃尔夫冈·保罗，《第6装甲师师史，1937—1945年》，第242—243页。这是截至12月11日的数字。据该书称，第6装甲师还有8门36型、9门40型反坦克炮、6个轻型和2个重型连[1]，外加1个配有3门18型榴弹炮的重型连。

49. 同上。恩斯特·雷本蒂施在《第23装甲师战史》一书第205页指出，第23装甲师穿过萨利斯克时获得22辆全新的四号坦克，该师装甲团编有三个装甲营，每个营有36辆坦克。后一个数字很可能是错误的，因为德国和苏联方面的许多资料都指出，该师的坦克数量介于30—36辆之间。

50. K.K.罗科索夫斯基（主编），《伏尔加河畔的伟大胜利》，第370页。S.M.萨尔基西安在《第51集团军》第108页提供了双方实力的相同数字；华西列夫斯基，《毕生的事业》，第242页；A.M.萨姆索诺夫，《从伏尔加河到波罗的海：近卫机械化第3军战史》，第7、第74页。"天王星"行动发起时，塔纳希申坦克第13军已改编为机械化军，但12月12日前后，苏联方面的文件和报告才称其为机械化第13军。

51. K.K.罗科索夫斯基（主编），《伏尔加河畔的伟大胜利》，第375页。

52. 阐述"冬季风暴"行动的著作非常多，值得一提的是沃尔夫冈·保罗的《第6装甲师师史，1937—1945年》，第242—276页；埃哈德·劳斯的《坦克战：劳斯将军东线回忆录，1941—1945年》，第156—184页；霍斯特·布格等人合著的《德国与第二次世界大战，第6卷》，第1145—1147页；曼施泰因的《失去的胜利》，第330—337页；齐姆克和鲍尔的《从莫斯科到斯大林格勒：东线决战》，第480—483页；萨达拉南达的《斯大林格勒战役后：曼施泰因与"顿河"集团军群的行动》，第28—48页。关于第6装甲师在救援行动中发挥的作用，可参阅另一份相当出色的资料（如果不能称之为

---

① 译注：原文未指出具体兵种。

最佳著作的话），霍斯特·沙伊贝特的 *Nach Stalingrad-48 Kilometers! Der Einsatzvorstoss der 6. Panzerdivision. Dezember 1942.*（《攻向斯大林格勒一48公里！第6装甲师1942年12月的推进》）（内卡尔格明德：库尔特·福温克尔出版社，1956年），该书大量引用了第11装甲团的作战日志。沙伊贝特本人曾担任过第11装甲团第2营第6连连长。

53. 沃尔夫冈·保罗，《第6装甲师师史，1937—1945年》，第245—246页。

54. 恩斯特·雷本蒂施，《第23装甲师战史》，第207页。该书对第23装甲师在整个"冬季风暴"行动中的作战情况和苏军随后发起的科捷利尼科沃进攻战役作出详细描述，主要基于该师的作战日志。

55. S.M.萨尔基西安，《第51集团军》，第108页。

56. 德国国防军最高统帅部作战日志中的每日报告，收录在V.A.日林（主编）的《斯大林格勒战役：编年史、真相和人物，两卷本》一书第二册，第206页；档案引自 KTB OKW, Bd. II, hb. 2。

57. 同上。

58. *"Izvlechenie iz operativnoi svodkoi No. 347"*（347号作战概要摘录），同上，档案引自 TsAMO RF, f. 16, op. 1072ss, d. 12,11，第96—104页。

59. 华西列夫斯基，《毕生的事业》，第242—243页。

60. 沃尔夫冈·保罗，《第6装甲师师史，1937—1945年》，第246—247页。

61. V.F.托卢布科、N.I.巴雷舍夫，《在南翼》，第62页。

62. 同上。

63. 同上，第63页。书中指出，"各机械化旅刚刚展开行动，行军队列便遭到敌机轰炸。大批防空武器和歼击机无法阻止敌机的攻击。几个旅遭受到损失，行军速度严重下降。结果，该军计划中的进攻不得不推延至12月13日晨，但次日晨，敌人的部队也做好了准备。"

64. 同上。S.M.萨尔基西安在《第51集团军》一书第109页称，坦克第13军12月12日只有28辆可用的坦克和1200名摩托化步兵。但托卢布科和巴雷舍夫提供的说法更加可靠。

65. A.M.萨姆索诺夫，《从伏尔加河到波罗的海：近卫机械化第3军战史》，第74页。

66. V.F.托卢布科、N.I.巴雷舍夫，《在南翼》，第62页。

67. *"Izvlechenie iz operativnoi svodkoi No. 348"*（348号作战概要摘录），V.A.日林（主编）的《斯大林格勒战役：编年史、真相和人物，两卷本》一书第二册，第209页；档案引自 *TsAMO RF, f. 16, op. 1072ss, d. 12,11*，第105—111页。

68. 沃尔夫冈·保罗，《第6装甲师师史，1937—1945年》，第247页。

69. 恩斯特·雷本蒂施，《第23装甲师战史》，第207页。

70. 据伊萨耶夫在《斯大林格勒：伏尔加河后方没有我们的容身处》一书第371—372页称，1942年12月1日，机械化第4军有11703人（编制兵力14067人）、79辆T-34、77辆T-70坦克、97辆BA-64型装甲车、78辆轻型卡车、1244辆货运卡车、119辆特种车、3辆"伏罗希洛夫"拖车、3辆ChTZ拖车、1辆"共产国际"拖车、73辆挎斗摩托车和23辆无挎斗摩托车。12月15日，该军拥有107辆可用的坦克，12月17日从骑兵第4军坦克第85旅获得17辆坦克、从反坦克歼击炮兵第20旅获得6—7门76毫米火炮的加强。

71. 埃哈德·劳斯，《坦克战：德斯将军东线回忆录，1941—1945年》，第164页。劳斯将这场战斗错误地描述为发生在一天内，究竟是他本人的错误还是译者的失误，这一点不得而知。苏联方面最详细的资料当属A.M.萨姆索诺夫的《从伏尔加河到波罗的海：近卫机械化第3军战史》，这本著作从沃利斯基机械化军的角度阐述了每日发生的每场战斗，比苏联方面的其他著作更加坦率，因为该书出版于1963年，适逢赫鲁晓夫的"去斯大林化"期间。

72. 沃尔夫冈·保罗在《第6装甲师师史，1937—1945年》一书中大量引用了第11装甲团的作战日志。尽管受到苏联方面观点的严重影响，但德尔在《进军斯大林格勒》一书第92—94页提供了简洁、准确的描述。

73. 德尔，《进军斯大林格勒》，第92页。

74. A.M.萨姆索诺夫，《从伏尔加河到波罗的海：近卫机械化第3军战史》，第74—75页。

75. V.F.托卢布科、N.I.巴雷舍夫，《在南翼》，第63—64页。书中显然夸大了第23装甲师的坦克力量，该师只有25—30辆坦克，托卢布科和巴雷舍夫可能把装甲运兵车也统计为坦克，这是苏联方面的记述常见的错误。

76. 同上，第63页。但恩斯特·雷本施在《第23装甲师战史》第207页指出，第23装甲师在捷尔诺维"击溃"了敌人的一个坦克团，迫使第二科沙拉附近的敌军14点30分停止进攻并向北退却。

77. 埃哈德·劳斯，《坦克战：劳斯将军东线回忆录，1941—1945年》，第163—164页。

78. "Izvlechenie iz operativnoi svodkoi No. 349,"（349号作战概要摘录），V.A.日林（主编）的《斯大林格勒战役：编年史、真相和人物，两卷本》一书第二册，第215页；档案引自TsAMO RF, f. 16, op. 1072ss, d. 12,11，第112—118页。

79. 德尔，《进军斯大林格勒》，第93页。

80. 埃哈德·劳斯，《坦克战：劳斯将军东线回忆录，1941—1945年》，第168页。

81. A.M.萨姆索诺夫，《从伏尔加河到波罗的海：近卫机械化第3军战史》，第75页。

82. 恩斯特·雷本施在《第23装甲师战史》第207页指出，当天早上赶往萨莫欣途中，突然出现的一支苏军坦克部队令"海德布雷克"战斗群措手不及，对方可能是机械化第62旅配备的坦克团，共有约39辆坦克，但"海德布雷克"战斗群还是击毁了12辆敌坦克，包括2辆KV。11点25分，"海德布雷克"战斗群攻占萨莫欣，俘虏了步兵第126师的236名士兵。夜幕降临前，该战斗群在克鲁格利亚科夫夺得阿克赛河对岸的一座登陆场。除了正文所说的核心力量，该战斗群还编有第128装甲猎兵营第1连和第51装甲工兵营。

83. 同上。第23装甲师史称，"巴赫曼"战斗群夺取了第一科沙拉，但在捷尔诺维车站附近为17辆T-34坦克所阻，这些坦克可能属于机械化第13军辖下的机械化第17旅。

84. V.F.托卢布科、N.I.巴雷舍夫，《在南翼》，第63—64页。

85. "Izvlechenie iz operativnoi svodkoi No. 350"（350号作战概要摘录），V.A.日林（主编）的《斯大林格勒战役：编年史、真相和人物，两卷本》一书第二册，第220页；档案引自TsAMO RF, f. 16, op. 1072ss, d. 12,11，第119—125页。

86. 关于机械化第4军12月15日的作战行动，可参阅A.M.萨姆索诺夫的《从伏尔加河到波罗的海：近卫机械化第3军战史》，第76—80页。

87. 同上，第77—79页。步兵第1378团编有3个步兵营、1个自动武器连、1个反坦克步枪连、1个反坦克歼击炮兵连、1个迫击炮连和1个76毫米野炮连。该团共有2000名士兵，每个连125—130人，配有108挺轻机枪、35挺重机枪、27门82毫米迫击炮、6门120毫米迫击炮、12门54毫米反坦克炮、4门76毫米反坦克炮和54支反坦克步枪。

88. 同上，第80页。另可参阅S.M.萨尔基西安的《第51集团军》，第110页。第51集团军战史称，他们在上库姆斯基地域共击毁75辆德军坦克、击伤20辆，还缴获100辆载有弹药和食物的卡车、6门火炮、30辆摩托车以及一大批其他装备。但这种说法显然是错误的：如果第51集团军击毁75辆、击伤20辆德军坦克，第57装甲军就只剩下寥寥无几的坦克。据曼弗雷德·克里希在《斯大林格勒：战役分析和相关文件》一书第367n64页称，12月12日—20日，该军的总损失是：第6装甲师损失25辆，第23装甲师损失8辆；姗姗来迟的第17装甲师受损20辆，但这些坦克只是无法使用，并非永久性损失。不过，截至12月20日，该军有83辆坦克处于不同维修阶段，受损最严重的需要三周维修才能重新使用。

89. 德尔，《进军斯大林格勒》，第93页。

90. 沃尔夫冈·保罗，《第6装甲师师史，1937—1945年》，第255页；另可参阅霍斯特·沙伊贝特的《攻向斯大林格勒—48公里！第6装甲师1942年12月的推进》。

91. 劳斯在《坦克战：劳斯将军东线回忆录，1941—1945年》一书第173—174页对扎利夫斯基登陆场周边及其西部的战斗所做的描述，显然包括12月14日的两次、15日的一次进攻。第6装甲师辖下的装甲猎兵营在这些战斗中发挥了重要作用。

92. 关于第23装甲师12月15日作战行动的详情，可参阅恩斯特·雷本蒂施的《第23装甲师战史》，第207—208页。

93. 埃哈德·劳斯，《坦克战：劳斯将军东线回忆录，1941—1945年》，第176页。

94. 德尔，《进军斯大林格勒》，第94页。

95. 恩斯特·雷本蒂施，《第23装甲师战史》，第208页。

96. "Izvlechenie iz operativnoi svodkoi No. 351"（351号作战概要摘录），V.A.日林（主编）的《斯大林格勒战役：编年史、真相和人物，两卷本》一书第二册，第225页；档案引自TsAMO RF, f. 16, op. 1072ss, d. 12,11，第131—132页。

97. A.M.萨姆索诺夫，《从伏尔加河到波罗的海：近卫机械化第3军战史》，第81页。

98. 同上。每天500架次的德军战机，这个数字无疑有些夸大。

99. 参阅P.奥加列夫的"Boi u Verkhne-Kumskovo (15-19 dekabria 1942 goda)"（《上库姆斯基之战，1942年12月15日—19日》），VIZh，第5期（1959年5月），第51—59页，文中详细描述了步兵第87师第1378团在这段战事高潮期间的防御作战。

100. 同上。奥加列夫指出，12月16日，沃利斯基的机械化第4军共有5600名士兵、70辆坦克（32辆T-34和38辆T-70）、130门迫击炮、105门各种口径的火炮、38挺重机枪和82挺轻机枪。沃利斯基军实力最弱的部队是各机械化旅辖下的摩托化机枪营。另外，季阿萨米泽中校的步兵第1378团编有3个步兵营、1个自动武器连、1个反坦克步枪连、1个迫击炮连和1个76毫米野炮连。每个步兵连平均兵力为125—130人，全团共计2000人，配有4门76毫米火炮、6门120毫米迫击炮、27门82毫米迫击炮、35挺重机枪、108挺轻机枪和54支反坦克步枪。

101. A.M.萨姆索诺夫在《从伏尔加河到波罗的海：近卫机械化第3军战史》一书第81页指出，第6装甲师以70辆坦克发起进攻。

102. 埃哈德·劳斯，《坦克战：劳斯将军东线回忆录，1941—1945年》，第176页。

103. 同上，第180页。

104. 德尔，《进军斯大林格勒》，第94页。霍斯特·沙伊贝特也在《攻向斯大林格勒—48公里！第

6装甲师1942年12月的推进》一书第92—99页对劳斯的说法提出质疑,他引用第6装甲师的作战日志和往来电报,证明17日的进攻未能成功。沃尔夫冈·保罗在《第6装甲师师史,1937—1945年》一书第257—258页支持了德尔和沙伊贝特的描述。

105. "顿河"集团军群司令部,1942年12月16日—31日的作战日志,第215页,1942年12月17日16点30分的条目,原件副本。

106. 同上,19点25分的条目。

107. "Izvlechenie iz operativnoi svodkoi No. 352"(352号作战概要摘录),V.A.日林(主编)的《斯大林格勒战役:编年史、真相和人物,两卷本》一书第二册,第229页;档案引自TsAMO RF, f. 16, op. 1072ss, d. 12,11,第137—138页。

108. A.M.萨姆索诺夫,《从伏尔加河到波罗的海:近卫机械化第3军战史》,第84—85页。

109. S.M.萨尔基西安,《第51集团军》,第110页。

110. A.M.萨姆索诺夫,《从伏尔加河到波罗的海:近卫机械化第3军战史》,第85页。

111. 同上。

112. 同上。

113. 参见霍斯特·沙伊贝特的《攻向斯大林格勒—48公里!第6装甲师1942年12月的推进》一书第98页,引自第11装甲团作战日志。另可参阅沃尔夫冈·保罗的《第6装甲师师史,1937—1945年》一书第258页,书中基于相同的资料来源,给出了同样的损失数。

114. 弗里多林·冯·森格尔·翁德·埃特林,《无惧无望:弗里多林·冯·森格尔·翁德·埃特林将军的战时生涯,卡西诺的守卫者》(纽约:E.P.达顿出版社,1964年),第63—64页。

115. 同上,第64—66页。

116. A.M.萨姆索诺夫,《从伏尔加河到波罗的海:近卫机械化第3军战史》,第85页,档案引自TsAMO SSSR,f. 605, op. 420575, d. 1,1. 6 ob。

117. 德尔,《进军斯大林格勒》,第94页。

118. "Izvlechenie iz operativnoi svodkoi No. 353"(353号作战概要摘录),V.A.日林(主编)的《斯大林格勒战役:编年史、真相和人物,两卷本》一书第二册,第238页;档案引自TsAMO RF, f. 16, op. 1072ss, d. 12,1,第145页。

119. 恩斯特·雷本蒂施,《第23装甲战史》,第209页。

120. S.M.萨尔基西安,《第51集团军》,第111页。这个数字也许较为真实,因为第6装甲师有约80辆坦克和突击炮,第17装甲师有40辆左右,第23装甲有约25辆。

121. P.奥加列夫,《上库姆斯基之战,1942年12月15日—19日》,第55—57页。

122. S.M.萨尔基西安,《第51集团军》,第111页。

123. P.奥加列夫,《上库姆斯基之战,1942年12月15日—19日》,第55页。

124. A.M.萨姆索诺夫,《从伏尔加河到波罗的海:近卫机械化第3军战史》,第90页,档案引自TsAMO SSSR,f. 605, op. 420575, d. 1,1. 6 ob。

125. 霍斯特·沙伊贝特,《攻向斯大林格勒—48公里!第6装甲师1942年12月的推进》,第101页,基于第11装甲团12月18日16点10分发给第6装甲师的一封电报;沃尔夫冈·保罗,《第6装甲师师史,1937—1945年》,第261页。

126. A.M.萨姆索诺夫，《从伏尔加河到波罗的海：近卫机械化第3军战史》，第90—91页。S.M.萨尔基西安在《第51集团军》一书第111页指出机械化第4军各部队的番号更改如下：机械化第36旅改称近卫机械化第7旅，机械化第59旅改称近卫机械化第8旅，机械化第60旅改称近卫机械化第9旅，坦克第20团改称近卫坦克第44团，坦克第26团改称近卫坦克第43团，独立坦克第55团改称近卫坦克第41团，独立坦克第158团改称近卫坦克第42团。

127 S.M.萨尔基西安，《第51集团军》，第112页，档案引自*TsAMO, f. 407, op. 9844, d.10,11.* 第52—53页，*d. 91,1.* 第45页。

128. *"Doklad predstavitelia Stavki No. 42 Verkhovnomu Glavnokomanduiushchemu ob obstanovke i plane dal'neishego ispol'zovaniia 2-i Gvardeiskoi Armii"*（最高统帅部代表发给最高统帅的42号报告，关于态势和近卫第2集团军后续部署的计划），收录在佐洛塔廖夫《最高统帅部1942》一书第567—568页；档案引自*TsAMO, f. 48a, op. 2294, d. 1,11*，第47—51页。

129. *"Rasporiazhenie Verkhovnogo Glavnokomanduiushchego No. 170712 predstaviteliu Stavki o utvershdenii plana operatsii 2-i Gvardeiskoi Armii po razgromu Kotel'nikovskoi gruppirovki protivnika"*（最高统帅部大本营发给最高统帅部代表的170712号令，关于近卫第2集团军歼灭敌科捷利尼科沃集团的作战计划），同上，第468页，档案引自*TsAMO, f. 148a, op. 3763, d. 126,1*，第219页。

130. 埃哈德·劳斯，《坦克战：劳斯将军东线回忆录，1941—1945年》，第181页。

131. 同上。

132. 沃尔夫冈·保罗，《第6装甲师师史，1937—1945年》，第265—266页。关于许纳斯多夫团夺取瓦西里耶瓦卡的实际时间存在一些混乱之处，这取决于第6装甲师何时收到许纳斯多夫的电报，而许纳斯多夫又是在何时书写的电报。霍斯特·沙伊贝特在《攻向斯大林格勒—48公里！第6装甲师1942年12月的推进》一书第106页引用了"许纳斯多夫"战斗群22点50分签发的一份电报，称已夺取梅什科瓦河上的桥梁。沙伊贝特的结论是，该战斗群在午夜前后夺取了这座桥梁。沙伊贝特随后又引用了许纳斯多夫23点59分发出的一封电报："我控制着北部，这里已被肃清。部署在村外的敌坦克和迫击炮一直在开火射击。佐伦科普夫在哪里？"佐伦科普夫是第114装甲掷弹兵团团长。

133. 德尔，《进军斯大林格勒》，第93—94页。

134. 德国国防军最高统帅部作战日志中的每日报告，收录在V.A.日林（主编）的《斯大林格勒战役：编年史、真相和人物，两卷本》一书第二册，第246—248页；档案引自KTB OKW, Bd. II, hb. 2。

135. *"Izvlechenie iz operativnoi svodkoi No. 354"*（354号作战概要摘录），同上，第243—246页，档案引自*TsAMO RF, f. 16, op. 1072ss, d. 12,11*，第146—153页。

136. A.M.萨姆索诺夫，《从伏尔加河到波罗的海：近卫机械化第3军战史》，第92页。

137. 同上。

138. 同上，第94页。

139. 同上，第95页。

140. 同上；另可参阅P.奥加列夫的《上库姆斯基之战，1942年12月15日—19日》。

141. P.奥加列夫，《上库姆斯基之战，1942年12月15日—19日》，第56—58页，书中显然夸大了德军空袭的规模。

142. 步兵第1378团12月19日顽强抵抗的详情，可参阅同上。

143. A.M.萨姆索诺夫，《从伏尔加河到波罗的海：近卫机械化第3军战史》，第96页，档案引自 *TsAMO MOSSSR, f. 605, op. 420575, d. 1,1. 7 ob*。

144. S.M.萨尔基西安，《第51集团军》，第112页。

145. 伊萨耶夫，《斯大林格勒：伏尔加河后方没有我们的容身处》，第374页，档案引自 *TsAMO RF, f. 48, op. 468, d. 24,1*，第221页。

146. A.M.萨姆索诺夫，《从伏尔加河到波罗的海：近卫机械化第3军战史》，第98页，档案引自 *TsAMO MOSSSR, f. 605, op. 64614, d. 1,1*，第36页。

147. 沃尔夫冈·保罗，《第6装甲师师史，1937—1945年》，第262页。

148. *"Pz. AOK.4/la, Meldung über Ausfälle an personal und Material seit Beginn Operation Wintergewitter' vom 21.12.1942, 0215 Uhr,"*（第4装甲集团军作训处1942年12月21日2点15分的报告，关于自"冬季风暴"行动发起以来人员和装备的损失），收录在HGr Don/la, 39 694/5, BA-MA, EH 19 VI/30-42。

149. A.M.萨姆索诺夫，《从伏尔加河到波罗的海：近卫机械化第3军战史》，第99页，档案引自 *ORF II ANSSSR, r. 1, f. 76, d. 1,1. 7 ob*。

150. 曼施泰因，《失去的胜利》，第333—335页；霍斯特·布格等人合著的《德国与第二次世界大战，第6卷》，第1148—1149页。

151. 关于弹药，可参阅霍斯特·布格等人合著的《德国与第二次世界大战，第6卷》，第1151页；关于马匹，可参阅理查德·L. 迪纳多的《机械化力量或军事落伍：马匹与二战中的德国军队》（康涅狄格州韦斯特波特：格林伍德出版社，1991年），第59—61页。

# 第四章
# 顿河、斯大林格勒方面军消灭斯大林格勒包围圈的战斗
## 12月1日—15日

## 进攻行动，12月1日—5日

### 第6集团军的状况

12月上半月，激烈的战斗沿奇尔河和科捷利尼科沃方向肆虐之际，斯大林格勒包围圈周边的战斗也在持续进行。实际上，鉴于斯大林对歼灭该包围圈的执着，可以肯定地说，截至12月14日，这项任务一直是他关注的焦点。但是，正如11月最后一周所发生情况表明的那样，这不是一项轻而易举的任务。月底时，激烈的战斗证实了苏军最高统帅部和各方面军司令部已产生的怀疑：据守包围圈的轴心国士兵确实多达30万人。

事实证明，苏联方面的估测非常接近事实。例如，第6集团军在12月6日发给"顿河"集团军群的一份报告中指出，包围圈内轴心国军队的总兵力为275000人，包括11000名罗马尼亚士兵、20300名俄国辅助人员（志愿者）和另一些附属士兵。[1]同日，保卢斯又发出一份11月21日以来第6集团军遭受损失的详细统计，共计14796人。[2]将这两份报告中的数字相加，再估测一下报告中没有提及的罗马尼亚人、俄国志愿者和附属士兵的伤亡，可得出一个修正后的估计：截至11月23日，包围圈内的轴心国士兵约为328000人（参见副卷附录11A）。另外，12月第一周，尽管保卢斯集团军尚有约180辆坦克和30辆突击炮，但可用的坦克和突击炮一直只有100—120辆（参见副卷附录11B）。

因此，苏军最高统帅部很清楚，罗科索夫斯基顿河方面军和叶廖缅科斯大林格勒方面军辖下实力严重受损的诸集团军无法完成消灭包围圈的任务。

结果，12月4日，华西列夫斯基获得斯大林的批准，投入罗季翁·雅科夫列维奇·马利诺夫斯基中将的近卫第2集团军，歼灭斯大林格勒包围圈。尽管这个行动本应于12月10日发起，但将近卫第2集团军调至斯大林格勒地域期间出现了一些问题，导致进攻行动推延至12月15日。可是，没等马利诺夫斯基集团军就位，曼施泰因沿科捷利尼科沃方向发起的救援行动迫使华西列夫斯基提出新建议，经斯大林批准，将近卫第2集团军调至科捷利尼科沃方向。这就打消了苏军在短期内消灭斯大林格勒包围圈的一切念头。

苏军最高统帅部没有理会作战计划迅速发生的这些变更，命令罗科索夫斯基和叶廖缅科继续对斯大林格勒包围圈实施一些进攻行动，哪怕只为削弱第6集团军并阻止该集团军突出包围圈的尝试。罗科索夫斯基将军后来描述了敌军抵抗的强度和持久性，以及克服德军防御所需要的特殊战术技巧（参见副卷附录11C）。这位顿河方面军司令员还谈及地形问题和极度恶劣的冬季气候条件（这是交战双方不得不应对的），尽管准备得很认真，但这些自然因素给罗科索夫斯基和叶廖缅科遂行进攻的部队造成极大障碍。由于面临这些难题，罗科索夫斯基告诉斯大林和最高统帅部，他的部队实力并不足以歼灭包围圈。

即便最高统帅部承诺以马利诺夫斯基集团军支援他之后，这位顿河方面军司令员还是决心在近卫第2集团军预计于12月10日到达前，尽力给第6集团军造成破坏。因此，12月1日—9日，一场紧张的角逐爆发开来，在此期间，方面军辖下第21、第65集团军、第24集团军一部，对包围圈西部防线的德军关键支撑点发起有限进攻行动，而第24集团军余部和第66集团军遂行局部战斗，牵制德军战术预备队。在此期间，斯大林格勒方面军第64和第57集团军12月2日发起辅助突击，第62和第64集团军12月3日投入交战。除此以外，斯大林格勒方面军只实施局部进攻，对各具体地段已探明的德军防御薄弱处加以利用。

红军总参谋部12月1日—5日签发的每日作战概要提及了这些零星战斗的强度，这些进攻行动陷入令人沮丧的战役僵局，其间只偶尔取得几场战术性胜利（参见副卷附录11D）。12月5日战斗结束时，情况已非常清楚，只有沿合围对外正面的激烈战斗圆满解决后，苏军才有可能粉碎第6集团军围绕其包围圈构设起的"要塞"。简言之，待苏军挫败第4装甲集团军第57装甲军的解围行动后，他们才能着手歼灭第6集团军。面对这种情况，苏军最高统帅部聊以自慰的是，时间在他们这一边。其部队可以舒舒服服地将第6集团军困在包围圈内，而第6集团军的弹药和食物严重短缺，日益下降的口粮配给削弱了德军士兵的体力和耐力。

## 12月1日

遵照罗科索夫斯基的指示，顿河方面军对斯大林格勒包围圈西部和西北部防线保持着最大压力，12月1日，该方面军展开行动，主要是在第21、第65集团军作战地域和第24集团军右翼遂行进攻侦察（参见地图25）。这些行动意在确定德军防御特点，探明顿河方面军计划发起主要突击的地段上敌人的发射阵地。特别是第14装甲军第376步兵师从德米特里耶夫卡西面向东北方延伸至126.7高地（哥萨克坟堆）的防区，以及第8军第44步兵师的防区，这段防区从126.7高地向东北方延伸，直至罗索什卡河谷扎帕德诺夫卡（Zapadnovka）西北方6公里的"韦尔佳奇坟堆"（121.3高地）（参见地图26）。

不出所料，12月1日的这些行动几乎没有取得什么重要战果。顿河方面军针刺式的进攻在数个地段引发激战，苏军只取得一些有限进展，例如第24集团军步兵第233师夺得121.3高地（韦尔佳奇坟堆）。但就连这些战果也被证明是短暂的，因为没过48小时，德军便重新夺回该高地。

这些小规模行动中，有一些较为有效。例如，第6集团军的记录表明，第65集团军近卫步兵第27师的侦察支队设法前进了1000米，穿过戈拉亚峡谷（Golaia Balka），进入第8军第44步兵师前沿防御阵地。这场浅近渗透发生在第44步兵师实力已然耗尽的第132与第134步兵团的结合部，124.5高地（普遍称之为"黑坟堆"）北面和东北面500米处。苏军的推进最终停滞不前，但在124.5高地北面和东北面的德军防御阵地留下一个诱人的立足地——罗科索夫斯基和巴托夫决定予以扩大。[3]

这场战斗相当激烈，据德军第44步兵师报告，击毙70名苏军士兵，自己为此付出的代价是11人阵亡、42人负伤、1人失踪，该师承认，被迫将防线后撤1000米。[4]但是，124.5高地仍在德国人手中。显然，第6集团军无法继续承受这种损失，这将严重影响其战斗力，特别是因为第44步兵师已报告，他们在前一天的战斗中阵亡16人、负伤64人、失踪4人。[5]从罗科索夫斯基的角度看，

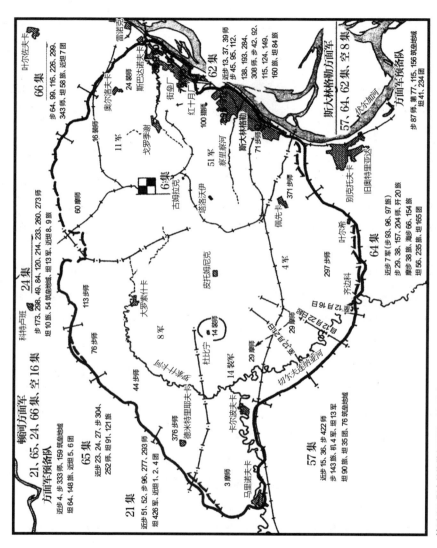

地图 25 斯大林格勒包围圈，1942 年 12 月 1 日

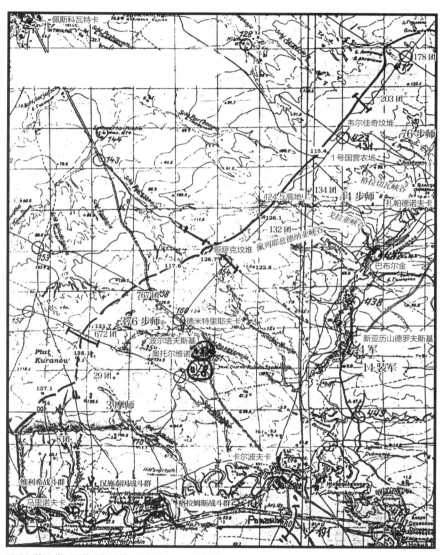

图 26　第 6 集团军的西部防线，1942 年 12 月 1 日

第24和第65集团军取得的有限战果促使他命令第21、第65、第24集团军次日晨加强进攻。但这一次，他还要求叶廖缅科第64和第57集团军遂行局部突击，支援他的进攻行动。历时三天的激战就此打响，顿河方面军辖内集团军悉数投入旨在打垮第6集团军防御的进攻中。

## 12月2日

12月2日拂晓后不久，顿河方面军第21和第65集团军，会同第24集团军右翼两个师，沿斯大林格勒包围圈西部和西北部防线恢复了对第6集团军第14装甲军和第8军的进攻（参见地图26）。与此同时，斯大林格勒方面军第64和第57集团军突击群，对第6集团军第4军沿包围圈南部构设的筑垒防御发起冲击。战斗相当激烈，但苏军突击部队未能粉碎第6集团军的防御，虽然第64集团军错误地报告夺取了叶尔希的德军支撑点（参见副卷附录11D）。第65集团军司令员巴托夫将军在回忆录中谈及这场进攻，并指出德军的抵抗非常坚决：

> 经过两天的准备……12月2日—4日，第65集团军试图突破高地的西部山脊［从萨莫法洛夫卡南面向西南方延伸，穿过122.6高地、124.5高地、哥萨克坟堆和135.1里程碑，后者的名字很奇怪——五个坟堆］。我们没能成功完成这项任务。战斗非常激烈。我方部队刚刚向前推进、立足未稳时，敌人便发起反冲击。[6]

第6集团军辖内各军提交的报告证实了12月2日的激战，还提供了苏军作战概要中缺乏的重要细节。例如，在第14装甲军从马里诺夫卡西面北延至126.7高地（哥萨克坟堆）的防区内，该军辖内第3摩步师和第376步兵师击退了第21集团军步兵第96、第293、近卫步兵第51师和坦克第4军摩托化步兵第14旅一个战斗群的冲击。

德军第3摩步师报告，该师第8摩步团第1营在马里诺夫卡以北7公里的117.8高地附近，击退苏军一个满编坦克旅支援的两个步兵营发起的突击，对方可能隶属于第21集团军步兵第96师。据第8摩步团报告，苏军投入22辆坦克，他们击毁其中13辆（后改为12辆）。[7]与此同时，第3摩步师右翼，该师第

29摩步团与一股苏军（确认为坦克第4军摩托化步兵第14旅）发生战斗。尽管该师击退了苏军这两场突击，但也承认损失4辆坦克，使其坦克数量从32辆降至28辆。[8]

同时，第3摩步师右侧，第14装甲军第376步兵师第672团也击退敌人超过一个步兵营和约25辆坦克从德米特里耶夫卡以西3公里处的131.7高地附近发起的进攻。这股苏军显然来自第21集团军步兵第293师，并获得近卫坦克第1、第2或第4团的支援。与此同时，据守在第376步兵师右翼的第767团，遭到第21集团军近卫步兵第51师一个营级战斗群的攻击。据第376步兵师称，苏军为这两场进攻付出的代价是25人阵亡、7辆坦克被击毁、19名士兵和5挺机枪被俘虏/缴获。[9]一份后续报告谈及第376步兵师自身的损失：12月2日和3日的战斗中，44人阵亡、72人负伤、1人失踪。[10]

更严重的是，胡贝将军的装甲军承认，苏军的猛烈进攻迫使第376步兵师投入最后的战术预备队。为补充该师的力量，12月4日日终前，第14装甲军为第376步兵师两个实力虚弱的团各补充一个营，分别调自第113步兵师第261团和第384步兵师第535、第536团，外加一个空军野战营，这些部队都属于第6集团军不断减少的战术预备队。[11]

苏军12月2日重创第6集团军西部和西北部防线的进攻行动由第65集团军两个步兵师的突击群遂行，左侧获得在第24集团军右翼展开行动的两个步兵师组建的类似战斗群的支援。苏军沿与罗索什卡河平行的低矮山脊14公里宽的西坡发起进攻，这条山脊从东北方伸向西南方、位于该河以西5—6公里。这条战线从扎帕德诺夫卡西北方6公里的韦尔佳奇坟堆向西南方延伸，直至巴布尔金西北偏北方7公里的115.4高地、巴布尔金西北方6公里的124.5高地（黑坟堆）、新阿列克谢耶夫斯基西北方6公里的126.7高地（哥萨克坟堆）。

这条战线的北段，第24集团军步兵第233和第120师突击群从韦尔佳奇坟堆（121.3高地）至115.4高地北坡这片5公里宽的地域，对第8军第44步兵师第131团的防御发起冲击。更南面，第24集团军右侧，第65集团军近卫步兵第27和步兵第304师的突击营从左至右部署，对第8军第44步兵师第134和第132团的防御实施进攻，这片作战地域从115.4高地向西南方延伸至124.5高地（黑坟堆）和126.7高地（哥萨克坟堆）。第24集团军两个师的任务是扩大步兵第233

师前一天在韦尔佳奇坟堆夺得的立足地。同样，第65集团军的两个师也将扩大近卫步兵第27师侦察支队前一天打开的缺口。

步兵铁24师部署在第65集团军近卫步兵第27师右翼后方的第二梯队，该师师史称，第24师的任务是，待两个先遣师彻底突破德军前沿防区并夺取黑坟堆后，加强第65集团军的突击。书中阐述了这场进攻的意图，以及颇具挑战性的地形和气候条件：

> 步兵第24师将对123.8高地［应为124.5高地］（黑坟堆）发起突击。这片地区的草原上遍布丘陵，被一连串高地分成若干部分。黑坟堆比周边地带高出15—17米。这里没有植被，没有水，更没有住房，但另一方面，这里布满干沟和峡谷。为各分队，特别是各医疗救护点供水供暖是个大难题。温度接近零下42摄氏度。战士们穿着羊皮大衣、毡靴、棉衣棉裤，戴着有耳罩的帽子，可还是觉得冻彻寒骨。

> 进攻准备工作受到这片平坦地带的妨碍。战士们只能在地上匍匐前进。希特勒分子不时以机枪和迫击炮朝他们开火，敌狙击手也加入其中。[12]

尽管存在这些不利条件（实际上，这些条件给守军造成的困难更大），第24和第65集团军突击群还是于12月2日7点投入进攻。

德方记录表明，第8军第44步兵师第131团较为轻松地击退了第24集团军两个师的进攻。[13]但第65集团军的情况却不太一样，该集团军编成内的近卫步兵第27和步兵第304师，在坦克第91或第121旅12辆坦克、反坦克歼击炮兵第52团反坦克炮支援下，设法稍稍扩大近卫步兵第27师的立足地。经过一场短暂的炮火急袭，两个步兵师7点左右发起冲击，他们将进攻重点集中于近卫步兵第27师侦察支队前一天达成浅近突破的地带。经过一整天的激战，两个苏军师前进了数百米，但由于德军第44步兵师第132和第134团顽强、有效的抵抗，苏军未能攻克124.5高地。黄昏时，罗科索夫斯基命令巴托夫休整、补充部队，并于12月3日以步兵铁24师进行加强，然后在12月4日发起一场全面进攻，夺取124.5高地，并向罗索什卡河河谷发展胜利，进而攻克巴布尔金。据第6集团军的记录称，第44步兵师为这场激战付出的代价是20人阵亡、61人负伤。[14]

12月2日，第6集团军防御遭受的最严重的破坏发生在东南部防线，第4军第297步兵师防区内。在那里，一股估计为几个步兵营（显然来自第64集团军步兵第29师）和40辆坦克（可能是一个满编坦克旅）的苏军，对德军第297步兵师第523团第1、第3营据守的、从叶尔希至伊阿戈德内这片6公里宽的防区发起冲击。据说苏军在这场进攻中损失30辆坦克，但其步兵设法夺得叶尔希的一部分。[15]更西面，叶廖缅科的部队力图攻占齐边科，第64集团军步兵第204和第157师在切尔夫连纳亚河东面，第57集团军的部队在河流西面反复发起冲击，但收效甚微。

罗科索夫斯基和叶廖缅科的部队在第6集团军"要塞"西部、西北部、东南部防线试探德军防御时，崔可夫第62集团军继续在斯大林格勒的废墟中进行着血腥的战斗（参见副卷附录11E）。红军总参谋部在其每日作战概要中加以强调的唯一行动是"戈罗霍夫"集群步兵第124和第149旅对第51军第389步兵师在斯巴达诺夫卡村西部防御发起的进攻，但战果不值一提。不过，第62集团军的每日态势报告为该集团军12月2日的行动提供了一幅更加清晰的画面，包括集团军辖内几个师的实力，以及崔可夫当日日终时下达的命令，要求他的集团军12月3日恢复进攻。[16]

这些和另一些记录表明，虽然斯大林格勒城内的战斗目前在班、排、连，而不是满编的营、团、师之间展开，但仍是一场艰巨、致命的厮杀。例如，对斯巴达诺夫卡村发起进攻前，戈罗霍夫上校的步兵第124和第149旅只有2339人，其中403人仍在伏尔加河东岸。此时，"戈罗霍夫"集群的武器是13挺重机枪、82挺轻机枪、343支冲锋枪、24门火炮（2门122毫米火炮、14门76毫米野炮、6门45毫米反坦克炮、2门37毫米反坦克炮）和70支反坦克步枪。[17]第62集团军的记录清楚地表明，其他师和旅情况也差不多（参见表2）。

第6集团军在城内作战的部队情况也好不到哪里去。例如，"戈罗霍夫"集群的对手——第51军第389步兵师——同样虚弱不堪。该师11月15日报告，其总兵力和作战兵力分别为7540和4021人，到12月16日，作战兵力下降至2000人左右，其中971人占据前沿阵地。[18]据该师报告，从11月21日至12月6日，他们只损失了162人，作战兵力下降主要是因为第6集团军将该师许多士兵调至更具威胁的地段，加强另一些实力不济的师。[19]与此同时，第51军正在"街垒"厂附近战斗的第305步兵师报告，投入前沿阵地的士兵约为1000人，其中大部

**表 2：1942 年 12 月 1 日—3 日，第 62 集团军在斯大林格勒城内作战的各兵团的战斗兵力**

| 部队 | 作战兵力 |
| --- | --- |
| "戈罗霍夫"集群（步兵第124、第149旅） | 1936人（12月1日） |
| 步兵第138师 | 600人（估计） |
| 步兵第95师 | 672人（12月2日） |
| 步兵第45师 | 364人（12月2日） |
| 近卫步兵第39师 | 799人（12月2日） |
| 步兵第92旅 | 259人（12月3日） |
| 步兵第284师 | 1500人（估计） |
| 近卫步兵第13师 | 1500人（估计） |

※ 资料来源：第 62 集团军作战日志 12 月 1 日—3 日的条目。

分抗击着第62集团军步兵第138师的600名士兵。[20]

由于苏军对第6集团军防御阵地西段保持着毫不松懈的压力，根据保卢斯的指示，第51军12月2日下达命令："将第44步兵师突击连调离第305步兵师，回巴布尔金归建。该师①将获得另一个连作为补充。"[21]此时这个突击连只剩38人了。

对第62集团军和第6集团军的记录加以粗略研究就会发现，苏联人过度夸大了德军的伤亡，他们通常将德国人的损失扩大2—3倍。不过，虽然第62集团军称德军12月2日伤亡300人的说法有些夸大，保卢斯的损失还是很高，特别是在斯大林格勒城内作战的那些师。例如，12月1日伤亡176人（47人阵亡、128人负伤、1人失踪）后，第51军12月2日又损失145人（28人阵亡、115人负伤、2人失踪）。12月3日，第62集团军发起进攻，赛德利茨军遭受的伤亡急剧飙升，当日损失298人（78人阵亡、214人负伤、6人失踪），12月4日损失236人，12月5日又损失94人。[22]虽说苏联方面的记录有所夸大，但保卢斯集团军的实力的确正在耗尽。

---

① 译注：指第305步兵师。

## 12月3日

遵照罗科索夫斯基的命令，顿河方面军12月3日全面缩减作战行动，以便休整部队、补充弹药、加强各集团军辖内的冲击、突击群。但奇斯佳科夫第21集团军在马里诺夫卡及其北面发起有限突击，在那里，几个苏军营为德军强有力的反冲击所阻。叶廖缅科的斯大林格勒方面军也重整旗鼓，以第62和第64集团军发起营、连级规模的突击，前者力图扩大斯大林格勒工厂区的登陆场，后者设法夺取德军叶尔希支撑点的剩余部分（参见副卷附录11D）。可是，这两场进攻均以失败告终。因此，除第21集团军作战地域内的小规模战斗和崔可夫在斯大林格勒城内重新发起的进攻，12月3日的战斗零零星星。

虽然OKH和第6集团军12月3日都没有报告苏军有什么大规模进攻，但第6集团军的报告表明，几个地段发生了激烈的战斗：第14装甲军作战地域的两处、第8军第44步兵师防区和斯大林格勒城内。例如，第6集团军西部防线上，第14装甲军报告说，苏军步兵（可能来自第21集团军步兵第293师或近卫步兵第51师）和坦克再次进攻第3摩步师第29团，该团据守的防区从马里诺夫卡以北6公里的169控制点向东北方延伸3公里，至135.1高地（参见地图26）。第14装甲军还报告，苏军至少以一个步兵营和12辆坦克对第376步兵师第535团第2营发起冲击，该团守卫着2公里宽的防区，从135.1高地向东北方延伸至131.7高地附近。[23]胡贝装甲军击退了这两场进攻，据称击毁18辆敌坦克，但第3摩步师也折损10辆坦克，致使该师的战车数量12月3日黄昏时降至18辆。[24]

红军总参谋部没有提及第65集团军作战地域内的行动，相反，第8军第44步兵师报告了124.5高地（黑坟堆）附近更为激烈的战斗，该师阵亡23人，负伤102人。[25]巴托夫第65集团军意图扩大前一天在第44步兵师防线上造成的突出部，这场战斗很可能发生于这一不成功的尝试期间，或是德军师发起局部反冲击所致。

到目前为止，12月3日最激烈的战斗发生在斯大林格勒城内，第62集团军遵照崔可夫的命令发起进攻，但取得的战果微不足道（参见副卷附录11E）。证明这场战斗激烈程度的是，第51军报告，辖内各师12月3日伤亡298人（78人阵亡、214人负伤、6人失踪），其中半数损失发生在第295步兵师和第100猎兵师。据守马马耶夫岗（102.0高地）的第295步兵师抗击着第

62集团军步兵第284师的突击，伤亡78人；在第295师左侧设防的第100猎兵师坚守坟堆北面的阵地，抗击苏军独立步兵第92旅的进攻，伤亡63人（10人阵亡、53人负伤）。[26]

崔可夫的突击被德军击退，这场血腥激战促使这位集团军司令员中止了后续进攻。他在12月3日23点下达的命令中写道："集团军辖内部队应转入防御，改善自己的阵地和火力配系，加强工程障碍。压制敌火力点，特别是102.0高地上的敌火力点。近卫步兵第39师应完成对'红十月'厂内之敌的包围。"[27]

最后，OKH从设在文尼察的总部回应了苏联方面对这番激战的阐述，其每日作战概要强调了苏军遭受的严重损失："敌人在前线西北段发起的进攻已被击退。肃清敌军渗透［哥萨克坟堆东北方］的战斗正在进行。击毁16辆敌坦克，敌人在前线南段发起的猛烈进攻大多被击退。某些遭渗透地段的战斗仍在继续。共击毁28辆敌坦克。"[28]

## 12月4日

在最高统帅部和华西列夫斯基的敦促下，12月4日晨，罗科索夫斯基投入辖内各集团军突击群，对第6集团军包围圈西部和西北部防线发起一场协同突击，进攻地域从马里诺夫卡东南面向北、东北方延伸至扎帕德诺夫卡西北方6公里处的韦尔佳奇峡谷（121.3高地）①，并对奥尔洛夫卡周边及西北方的包围圈东北部防线发起一场较弱的进攻（参见地图27和副卷附录11D）。四个集团军悉数投入，但顿河方面军的突击重点是巴托夫第65集团军先前在德国第8军第44步兵师沿戈拉亚峡谷构设的防御上达成的浅近突破。具体说来，这涉及124.5高地（黑坟堆）以南地域，从西北方延伸至东南方。罗科索夫斯基认为，若巴托夫集团军能拿下124.5高地，便可向东扩展其攻势，在巴布尔金及其北部到达罗索什卡河，从而彻底切断第6集团军的防御。顿河方面军辖内其他集团军的进攻，只是为了防止第6集团军从其他地段抽调兵力增援其最关键、最脆弱的防区，即124.5高地地域。

①译注：韦尔佳奇坟堆。

　　为夺取124.5高地，巴托夫决定使用普罗霍罗夫上校位于第二梯队的步兵第24师，在集团军第二个坦克旅（第91或第121旅）支援下，从集团军作战编队中央地带投入战斗——也就是说，步兵第24师居中，近卫步兵第27师居左，步兵第304师居右。巴托夫命令普罗霍罗夫的步兵铁24师，以一个团发起正面突击，另外两个团实施两翼合围，从而夺取124.5高地。因此，第274团从西面攻向该支撑点时，第7团将从北面对高地发起突击，第168团从南面穿过戈拉亚峡谷发起进攻。步兵第24师左侧的近卫步兵第27师将向东南方遂行突击，其作战地域从1号国营农场南部边缘南延至戈拉亚峡谷北坡，步兵第304师尾随并支援步兵第24师，后者冲向113.6高地和3公里外的巴布尔金村时，步兵第304师负责掩护其右翼。三个突击师都得到集团军炮兵主力的支援，每个师还获得了反坦克歼击炮兵第52团的一个连，这些炮组人员将提供直瞄火力支援。[29]

　　在发展阶段，罗科索夫斯基的计划要求他的四个集团军对第14装甲军第3摩步师和第376步兵师、第8军第44步兵师、第11军第16和第24装甲师发起进攻（双方的兵力部署可参见副卷附录11F）。对于12月4日的进攻行动，红军总参谋部的每日作战概要描绘了顿河方面军第21、第65、第24、第66集团军辖内各步兵师多个突击群遂行进攻的全景（参见副卷附录11D）。但是，与先前作战概要"直到稳操胜券后才谈及"的做法相反，这一次，红军总参谋部的每日作战概要夸大了罗科索夫斯基部队取得的战果，特别是第65和第24集团军。此举可能是为了说服最高统帅部，投入马利诺夫斯基集团军、给予保卢斯陷入重围的第6集团军致命一击的时机已成熟。

　　虽然罗科索夫斯基的部队取得一些局部战果，但第6集团军的战役、战术报告和相关态势图清晰无误地表明，罗科索夫斯基的进攻失败了。总之，红军总参谋部报告中称已夺取的所有目标——包括第21集团军作战地域内的129.0高地；第65集团军作战地域内的122.8、126.1、124.5、115.4高地；第24集团军作战地域内的121.3高地——要么根本没有落入苏军手中，要么是夺取后又在后续战斗中丢失。尽管苏军逼近这六个高地，并夺得其中几座或附近的支撑点，但在接下来的36小时里，德军发起反冲击，夺回多数阵地，并将大部分苏军驱离。12月5日晚战斗结束时，巴托夫的部队在126.1和115.4高地夺得立足地，并占领124.5高地；但其他高地仍牢牢掌握在德国人手中。第65集团军辖

190

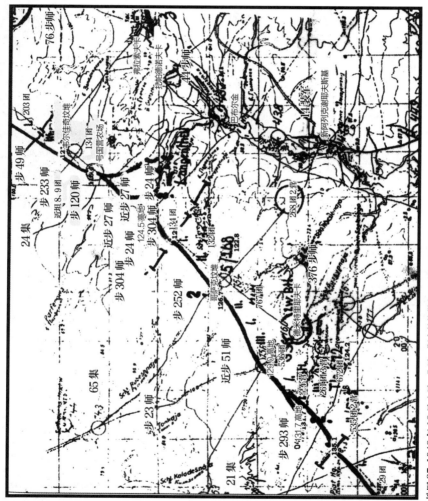

地图 27 1942 年 12 月 4 日—5 日，斯大林格勒包围圈的西部防线

内部队没能像总参作战概要所说的那样到达巴布尔金"郊区"。实际上，巴托夫的部队到达了113.8高地，该高地位于巴布尔金村西北方3公里处、该村与124.5高地的中途。普罗霍罗夫步兵第24师赶至113.8高地，但没能将其拿下，12月5日被德军发起的反冲击逼退。

因此，除了124.5高地地域（第65集团军在那里暂时突入第44步兵师纵深，随后被迫后撤），各进攻部队仅取得几百米进展。尽管战果令人失望，但双方为12月4日和5日的战斗付出了高昂的代价。我们接下来将介绍苏军各集团军作战地域的战斗情况。

## 第 21 集团军

德国第6集团军的记录表明，虽然奇斯佳科夫第21集团军12月4日取得些许战果，但未能像总参作战概要所说的那样夺取129.0高地（参见地图27和副卷附录11D）。该高地位于德米特里耶夫卡村西北方2.5公里的山脊顶，由德军第376步兵师第767团两个营守卫，是第14装甲军右翼的关键支撑点。如果第21集团军拿下该高地，便能打开一条通往新阿列克谢耶夫斯基以南罗索什卡河河谷的通道，从南面迂回第6集团军第8军在哥萨克坟堆及其北面的山脊线防御。因此，夺取该高地是罗科索夫斯基进攻计划的重要组成部分。

进攻129.0高地的任务由第21集团军近卫步兵第51师遂行，右侧的步兵第293师提供支援，后者负责进攻德军第376步兵师第672团据守的131.7高地，该高地位于129.0高地西南方约7公里处。两个师显然获得了近卫独立坦克第4团的支援。在历时两天的激战中，近卫步兵第51师向前推进约1.5公里，距离129.0高地已不到1000米，但未能将其攻克。近卫步兵第51师右侧的步兵第293师攻占131.7高地，但德军援兵迅速发起反冲击，该师越过高地约1000米后被迫停下脚步。

在这两天的战斗中，第14装甲军以第536步兵团第1、第2营和一个空军野战营加强第376步兵师第767团的防御；还以第261团第3营、第535团第2营加强该师第672团。这些战术预备队足以将第21集团军的推进阻挡在距离目标不远处。[30]第6集团军的记录谈到苏军对第376步兵师发起的两场进攻，以及131.7高地的丢失；虽然没有提及12月4日的伤亡情况，但称12月6日阵亡

16人、负伤32人。[31]这使第376步兵师自11月21日至12月5日的伤亡总数达到1585人。该师报告，在12月4日和5日的战斗中，击毙200名敌军，抓获20名俘虏。[32]

据第14装甲军称，该军以"瓦姆博尔德"装甲支队的11辆坦克（10辆三号长身管和1辆四号长身管）加强第376步兵师在131.7高地以东的防御，该支队隶属第3摩步师。据报，"瓦姆博尔德"支队12月4日击毁7辆苏军坦克，但自身的损失显然也很严重，截至12月5日晚，该支队只剩4辆可用的坦克（2辆二号长身管、2辆四号长身管）①。此时，第3摩步师的坦克数量下降为26辆（20辆三号长身管、3辆四号长身管、3辆四号短身管）。[33]

至于第21集团军作战地域内其他地段的战斗，尽管苏德双方的记录均未提及，但近卫步兵第52师在阿塔曼斯基地域（Atamanskii）设法推进了500—1000米，现位于第14装甲军设在马里诺夫卡的抵抗中心东南方不到1公里处。但尚不清楚这种情况是苏军进攻取得的战果还是"维利希"战斗群实施战术后撤所致。第21集团军战线的其他地段12月4日和5日未发生变化。

## 第65集团军

12月4日最激烈的战斗发生在顿河方面军第65集团军作战地域内。在那里，巴托夫麾下获得步兵第304师支援的步兵第252、第24、近卫步兵第27师，在德国第8军第44步兵师防线上撕开一个大缺口和几个小缺口（参见地图27和副卷附录11D）。最富破坏性、最具威胁的缺口出现在124.5高地（黑坟堆）周围及其北面，步兵第24和近卫步兵第27师的部队在那里攻向东南方的巴图林（Baturin）。第8军这段防区由第44步兵师第134团的两个步兵营守卫，他们据守着约8公里宽的防线，从124.5高地南面向北延伸，跨过戈拉亚峡谷，直至115.4高地南面和1号国营农场西部边缘。若第65集团军的突击更具成效，就将重创第44步兵师，使大批苏军前出至巴布尔金的罗索什卡河河岸，导致第6集团军包围圈整个西部和西北部防线彻底失守。但苏军未能实现这一点。

---

① 译注：联系上下文，此处的二号长身管可能是三号长身管的笔误。

这场戏剧性的战斗开始于12月4日7点10分，普罗霍罗夫上校的步兵铁24师投入进攻（参见副卷附录11G）。该师师史称，步兵铁24师攻克黑坟堆的德军支撑点，但损失惨重。[34]此后，这部战史只提及"激烈的战斗仍在继续"；实际上，步兵第24师夺取124.5高地后，辖内几个团沿戈拉亚峡谷向东渗透4公里，到达巴布尔金东北方①6公里、113.8高地西坡和北坡。但他们在那里遭到德军发起的一场强有力的反突击，第177突击炮营、"朗根塔尔"装甲歼击支队和第44步兵师拼凑起的几个步兵连从南面投入进攻，第14装甲师的西克纽斯装甲团也从东面和东北面发起攻击。12月4日晚实施集结后，这些德军部队5日晨展开反突击，逼退步兵第24师先遣团，包围并歼灭了超过一个连的苏军步兵和数辆坦克。12月5日日终时，遂行反突击的德军已将步兵第24师辖内部队，连同提供支援的步兵第304师和一个坦克旅驱离113.8高地地域，并恢复了12月4日拂晓前的大部分防线。[35]尽管遭到挫败，但步兵第24师设法守住至关重要的124.5高地（黑坟堆），对德军第44步兵师构成持续威胁。

从第8军和第14装甲军获知苏军发起进攻的消息后，12月4日9点左右，第6集团军命令两个军恢复他们的防线：

1. 敌人以强大的坦克和步兵部队从西面发起冲击，正在423点、145点之间和154点附近达成突破［从115.4高地以北3公里南延至124.5高地和哥萨克坟堆］。

2. 第8军应恢复423点与145点之间的防线。为此，交拨以下部队：

第14装甲师

第384步兵师余部（欠一个营）

西克纽斯装甲团（欠"瓦姆博尔德"装甲支队）[36]

这道命令还要求第14装甲师战斗群从罗索什卡河河谷向西南方攻击前进，第14装甲军在126.1高地（145点南面1公里）向东南方延伸至154点（哥萨克坟堆）这片地域抗击敌人较小的突破。为此，第44步兵师位于126.1高地

---

西南面的所有部队——包括第132团第1、第2营、第268团第2营和所有相关炮兵、装甲部队——转隶第14装甲军。[37]

向辖内几个军发出警报后，第6集团军报告"顿河"集团军群："10点，敌人以坦克对第44步兵师和第376步兵师右翼发起进攻。41辆敌坦克在115.4高地北面达成突破，25辆敌坦克在126.1高地战斗，17辆敌坦克攻向126.7高地。敌坦克正向下阿列克谢耶夫斯基以南突破。战斗正在进行中。"[38]15点55分，第6集团军又将最新情况汇报给"顿河"集团军群，称第44步兵师在巴布尔金西北方6公里处的西部防线遭到突破，缺口宽3公里、深2公里，第二个突破口位于德米特里耶夫卡东北方，宽1公里、深2公里。后者显然是第65集团军步兵第252师从哥萨克坟堆附近向122.8高地发起的进攻所致。第6集团军向"顿河"集团军群保证，预备队正赶往突破口，奉命歼灭突入之敌并恢复原有防线。[39]

除第44步兵师防区遭受威胁的零星报告外，第6集团军辖内各军都提交了一份当日报告，22点左右发至保卢斯的司令部。海茨第8军的每日报告阐述了苏军的进攻，并强调为恢复战线所采取的措施，这份报告12月4日22点发至集团军司令部。胡贝第14装甲军的每日报告10分钟后送达。这些报告提供了苏军12月4日进攻行动的完整情况。[40]

第8军认为第113和第76步兵师防区遭受的入侵相对轻微，未加理会，但该军详细描述了苏军对第44步兵师发起的猛攻。据海茨的报告称，苏军四个步兵师的大批步兵和隶属于三个近卫坦克团（后来确定为第5、第6、第10团）的约100辆坦克自9点30分起，一直在冲击第44步兵师的防御。虽然这些坦克经常与支援它们的部队分开行动，导致它们很容易被击毁，但苏军攻破了第44步兵师的整个防线，在此过程中占领115.4、124.5高地和哥萨克坟堆。海茨在报告中称，第177突击炮营、"朗根塔尔"装甲歼击支队和西克纽斯装甲团竭尽全力将苏军坦克突击阻挡在距离罗索什卡河河谷不远处。截至起草报告时，守军已击毁47辆敌坦克并击伤另外9辆。

除确认第14装甲师和第384步兵师（欠2个团）转隶第8军，第44步兵师第132团用于加强第14装甲军外，这份报告还承认，第44步兵师第131团第1营、第134团第2营（欠第6连）、第132团第5连被苏军的进攻彻底粉碎。至于反突击行动，日终时，第177突击炮营还剩9辆突击炮（8辆长身管和1辆短身管），第244突击炮营尚有13辆突击炮（6辆长身管、5辆短身管、2辆步兵突击炮）。这份每日报告以大胆的声明结束：该军的意图是恢复原有防线。[41]

第14装甲军的每日报告不甚详细地总结了作战地域内的情况。尽管报告中指出第376步兵师位于154点南面的主防线和131.7高地附近出现缺口，苏军在该军南部防线马里诺夫卡附近取得进展，但同样坚信自己在"瓦姆博尔德"装甲支队的协助下能够恢复主防线。报告结尾处为这样一个事实感到庆幸：苏联空军几乎没有采取任何行动。[42]

## 第24集团军

红军总参谋部的每日作战概要暗示，第24集团军步兵第233、第120师在顿河方面军主要突击群左翼发起的进攻取得很好的进展（参见地图27和副卷附录11D）。步兵第233师在两个坦克团支援下，紧跟右侧第65集团军辖内步兵师的前进步伐，据称向前推进近2公里，并从德军第44步兵师第131团第3营手中夺得121.3高地（韦尔佳奇坟堆）。据报，步兵第233师右侧的步兵第120师打垮第131团第1营的防御，取得1公里多的突破，赶往1号国营农场西郊。

德方报告和作战地图与苏联方面的说法矛盾，但更加准确。虽然遭到苏军步兵和坦克的猛攻，但第44步兵师第131团的两个营并未被打垮，两个苏军步兵师取得的进展均不超过几百米，都没能夺取各自的目标。第131团第1营伤亡惨重，位于115.4高地北面的左翼被迫退却，但还是设法挡住了苏军的冲击。

11点35分收到41辆苏军坦克在115.4高地北面突破其防御的初步报告后，第8军随后强调了从124.5高地南延至哥萨克坟堆这段战线上的战斗。[43]该军后来的报告暗示，尽管第1营遭到"重创"，但第131团遏止住第24集团军两个步兵师的进攻。第6集团军12月4日和5日的作战态势图证实了这一点，表明主防线沿长长山脊线顶部的道路及其西部延伸，这意味着韦尔佳奇坟堆（121.3高地）仍在第131团后方约1公里处。[44]

## 第66和第62集团军

第66集团军步兵第116、第299师，12月4日在坦克第58旅和近卫坦克第7团支援下发起的显然是一场牵制性进攻。鉴于据守奥尔洛夫卡地域的德军第16

和第24装甲师的实力，他们已做好准备并进行纵深部署，第66集团军的进攻主要是为防止第6集团军第11军抽调兵力增援西部防线。实际上，德国人关于奥尔洛夫卡地域作战行动的报告提及两股苏军（每股30余人）在少辆坦克支援下，对奥尔洛夫卡西北方德军据守的145.1高地发起冲击；另外两股实力较强的部队攻向147.1高地。守军较为轻松地击退了这些试探性进攻。因此，红军总参谋部称取得500米进展，显然是一厢情愿的想法（参见副卷附录11D）。但是，德军伤亡报告证明，该地域还发生了另一些战斗。例如，第16装甲师报告，12月4日该师阵亡10人，负伤50人；第24装甲师报告，5人阵亡、26人负伤。至于斯大林格勒城内的战斗，崔可夫第62集团军这一整天都处于防御状态，以火炮、迫击炮和机枪与第51军交火（参见副卷附录11C）。在这场第51军称之为"轻微战斗"的交火中，该军阵亡21人，负伤104人。[45]

## 12月5日

12月5日，激烈的战斗沿第6集团军包围圈西部防线肆虐时，顿河方面军发给总参谋部的报告似乎对进攻行动有可能取得的战果不太乐观。总参谋部的每日作战概要体现出这一点，明显缺乏前一天的信心和具体性。这份作战概要没有突出已夺取的目标，而是强调德军发起的反突击和苏军沿一条大致平静的战线采取的防御措施（参见地图27和副卷附录11D）。第62集团军在斯大林格勒城内的防区同样如此（参见副卷附录11E）。

苏军的报告缺乏乐观和具体性，而第6集团军的报告却证明，德军的信心越来越强，他们发起的反突击正在侵蚀罗科索夫斯基的部队前一天取得的战果。实际上，当日日终时，第6集团军的作战态势表明，第14装甲军和第8军辖内各师已在大多数战线恢复了原先的主防线。唯一的例外是124.5高地附近和戈拉亚峡谷，第65集团军步兵第24和第304师在那里牢牢控制着高地和沿峡谷两侧山脊形成的一个相对较浅的突出部，就在第44步兵师防区中央。另外，12月4日—5日夜间，气候突然恶化，15—20厘米的降雪和徘徊在冰点的温度妨碍了双方的作战行动。

第14装甲军和第8军12月5日晚提交给第6集团军的报告证实，苏军的进攻已呈颓势，德军的反突击正取得成功。例如，胡贝装甲军17点10分告诉第6集团军，当日凌晨，第44步兵师第132团击退苏军一个步兵营对其左翼发起的突击，并给进攻方造成严重损失。[46]随后，上午11点，"瓦姆博尔德"装甲支队和第384步兵师获得加强的第535团第1营一部击退苏军从南面和东面对126.7高地（哥萨克坟堆）发起的另一场突击，击毙200名苏军士兵，俘虏20多人。进攻方显然来自第65集团军辖下的步兵第252师，该师已前出至哥萨克坟堆以东3公里处的122.8高地西坡，现在正试图杀回他们的出发阵地。据第14装甲军称，第376步兵师击退了苏军的所有进攻，稳定住位于131.7高地东面约1公里的防线。与此同时，第3摩步师位于马里诺夫卡北面的防区恢复了平静。[47]

罗科索夫斯基的部队给第8军第44步兵师防区造成的破坏最为严重，在那里，战斗仍在继续，但态势开始对防御中的德国人有利。第113和第76步兵师防区内发生零星战斗。夜间，苏军投入两个步兵营和坦克，从124.5高地对第44步兵师第134团发起冲击，但德军步兵在没有坦克支援的情况下击退对方的进攻。第14装甲师的坦克和第384步兵师第534团第1、第2营的加强步兵发起反冲击，稳定住了戈拉亚峡谷的态势，并迫使苏军向西退往124.5高地。该军还报告，20辆敌坦克仍"肆无忌惮地盘踞在戈拉亚峡谷东北方，1号国营农场南面的峡谷内"。海茨在报告结尾处指出，第8军打算在次日恢复第44步兵师的防线。[48]21点20分，第6集团军通知"顿河"集团军群，巴布尔金西北方的战斗已取得"胜利"，尽管"126.1高地与126.7高地之间的原防线仍在苏军手中"。[49]

第14装甲军和第8军12月5日晚提交的每日报告表明，战斗已趋于稳定，两个军恢复了丢失的大部分防线。例如，第14装甲军22点报告，哥萨克坟堆（126.7高地）周围的态势稳定下来，第3摩步师和第376步兵师牢牢守卫着他们的防区。报告中称，12月2日至4日的战斗击毙200名俄国士兵，俘虏20人，击毁59辆敌坦克，另外19辆敌坦克受损，但仍可使用。更重要的是，虽然战斗非常激烈，但第3摩步师和第376步兵师可用的反坦克炮数量反而从12月3日的51门增加到12月5日的60门，其中包括9门致命的88毫米高射炮。[50]

第8军在12月5日22点15分提交的每日报告中指出，虽然124.5高地仍在俄国人手中，但战斗进展顺利。报告中称，俄国人阵亡1000人、被俘268人、14辆坦克被击毁、另外5辆受损。摧毁或缴获的敌武器装备包括37门反坦克炮、2门76毫米火炮、30具榴弹发射器和7挺机枪，另外还包围并歼灭了一整个敌步兵营。该军指出，这使敌人自11月21日以来的总损失达到419人被俘、117辆坦克被击毁、另外14辆受损，37门反坦克炮、35具榴弹发射器、21挺机枪和大批反坦克步枪被摧毁或被缴获。[51]

从统计数据消极的一面看，第8军承认12月4日的战斗彻底粉碎了第44步兵师第134团第2营，该营的作战兵力只剩下237名德国人和56名罗马尼亚人。另外，西克纽斯装甲团损失5辆坦克（1辆四号长身管和1辆三号长身管坦克报废，3辆四号长身管坦克需要修理），第14装甲师第36装甲团损失2辆坦克。这使西克纽斯装甲团只剩12辆坦克（5辆三号长身管、7辆四号短身管），第36装甲团还剩13辆坦克（5辆三号长身管、4辆三号短身管、4辆四号长身管）。此时，第177和第244突击炮营分别还有4辆和12辆突击炮。最后，除126.1高地西南方的第132团（该团暂时转隶第14装甲军），第8军描述了第44步兵师12月5日晚部署在126.1高地东北方的作战部队（从左至右）：

- 第134步兵团第1营
- 第80工兵营的两个连
- 124.5高地附近约1公里宽的缺口，由第14装甲师的两个营掩护
- 第534步兵团（第384步兵师）第1、第2营
- 第131步兵团第1、第2、第3营[52]

第6集团军12月5日22点20分发给"顿河"集团军群的最终报告谈及这两日的激烈战斗。[53]报告中称，俄国人的损失是1000多人阵亡、268人被俘、31辆坦克被击毁或被击伤。这份报告指出，第8军12月4日在115.4高地至126.1高地这片地域的战斗中伤亡356人，并承认第44步兵师第134团第2营遭重创。报告中还指出，己方损失5辆坦克，另有16辆需要修理。[54]总之，第6集团军的防线依然完整，毫无疑问这使该集团军的每个人都长长地松了口气。

作为这些和另一些德方报告的后记，12月6日，第6集团军辖下参与最激烈战斗的两个军提交了12月5日的伤亡报告。[55]第14装甲军称，第3摩步师5人阵亡、26人负伤、1人失踪，第376步兵师16人阵亡、32人负伤。证明本防区的战斗异常激烈的是，第8军报告12月5日伤亡599人，其中497人的伤亡发生于第

44步兵师在115.4与126.1高地之间据守的防区。按所属部队划分，这497人的伤亡具体如下：

・第44步兵师——330人：76人阵亡、179人负伤、75人失踪
・第14装甲师——123人：33人阵亡、84人负伤、6人失踪
・第384步兵师第534团——44人：14人阵亡、29人负伤、1人失踪

如果加上第44步兵师12月4日在同一地区伤亡的356人，就使两天战斗在该地区造成的伤亡总数达到853人，苏军的损失估计为1000—2000人。

## 总结

尽管苏军士兵竭尽全力，但罗科索夫斯基顿河方面军的进攻行动，经过两天激烈、通常有些混乱的战斗后失败了。他们在德国第8军第44步兵师防区内差一点切断第6集团军西部防线，但德国人的顽强防御和德军上级部门迅速投入至关重要的预备队，导致罗科索夫斯基未能赢得胜利。第14装甲师和第3摩步师的坦克、第6集团军第384步兵师和第8军第113步兵师的步兵迅速赶至，加强了第44和第376步兵师摇摇欲坠的防线。另外，寒冷的气候和12月4日—5日夜间的降雪也给苏军的前进和机动造成极大困难，特别是依赖双腿的步兵。

虽说历时两天的激战发生在苏军投入进攻的七个步兵师（获得两个坦克旅和三个坦克团部分力量的支援）与遂行防御的两个德军步兵师之间，但双方参战部队的实力远弱于编制力量。各部队的确切实力不得而知，但第21、第65、第24集团军进攻第6集团军西部防线（从131.7高地向东北方延伸至121.3高地）的各步兵师，作战兵力平均为3500人（步兵和工兵），士兵共约24500名。德军一方，第14装甲军第376步兵师和第8军第44步兵师，11月18日的作战兵力分别为5269人和6748人，到12月3日，这个数字下降为3800人和5500人。另外，第14装甲军和第8军还从防区其他地段召集战术预备队，其中包括调自第384步兵师的几个步兵营或连，约3000名作战士兵，外加从第14装甲师、第3摩步师和西克纽斯装甲团各自抽调的100—500名装甲掷弹兵。事实证明，除去提供支援的炮兵，罗科索夫斯基共投入25000名士兵，两个德国军投入约11000人。

第44步兵师第132团的情况代表了德军将士遇到的问题。[56]苏军11月19日发起"天王星"行动时,该团在第11军辖下守卫着克列茨卡亚以东的顿河河段。当时,第132团编有3个步兵营,第1、第2营的实力为"中等",第3营的实力严重不足。第1、第2营各编有3个步兵连(第1营为A、B、C连,第二营为E、F、G连),每个连的兵力为50—60人;外加1个重武器连(D、H连),兵力为100人左右。顿河方面军在克列茨卡亚突破罗马尼亚第3集团军的防御并深入第11军后方,施特雷克尔将军的第11军将第132团撤离第44步兵师沿顿河构设的防御,将该团南调,令其配合新赶到的第14装甲师,协助守卫该军左翼和后方。由于第132团的实力严重不济,只剩1800人左右,第44步兵师解散了该团第3营,以这个营的士兵加强第1、第2营。这就使第2营几个步兵连的兵力增加到90—100人/每连,重武器连加强至120人左右,这就意味着两个营各有500人左右。

随后,第132团第1、第2营11月20日和21日与第14装甲师参加了上布济诺夫卡防御战,23日和24日守卫上戈卢巴亚。月底时,该团参加了第11军艰难的战斗后撤,退守顿河南面的新防御阵地。在这场冒着急剧恶化的气候遂行的战斗中,第132团第1、第2营的兵力和重武器损失约三分之一,每个营的总兵力已不到400人。

12月初,第44步兵师沿低矮的山脊占据新防御阵地,这条防线从东北方向西南方延伸至罗索什卡河以西约6公里,成为第6集团军包围圈西部防线的中央地段。该师的老兵们强调了在部分或彻底冻结的土地上挖掘散兵坑和战壕,在这片完全没有自然伪装、木材和石块的地带修筑工事的难度。尽管存在这些问题,但位于第44步兵师左翼的第132团设法在5公里宽的防区构设起防御,这条防线从126.7高地(哥萨克坟堆)向东北方延伸至126.1高地(该团老兵们称之为"克尔加奇"高地或440高地)。该团将第1营部署在左侧,第2营部署在右侧。第2营将F、E、G连从左至右并排部署,重武器连守卫营指挥部,并为各步兵连提供支援。E连负责守卫126.1高地(440高地)。

此时,第2营已从其他防区获得些援兵,每个步兵连的兵力平均为90人,全营共计500人左右。例如,G连12月初赶至第6集团军新防线时,撤离上布济诺夫卡的55名老兵只剩25人。该连随后获得一支兽医部队的30人、毗邻的第

376步兵师提供的少许步兵和26名罗马尼亚士兵的增援，这使该连的兵力增加至90人左右。

该营的每个步兵连都沿一条约550米长的防线将其士兵部署在支撑点防御内。每个防御中心由3—4个可相互提供支援的散兵坑构成，6—10名士兵组成的步兵班据守，并获得连队6挺机枪中一挺的支援，连里的3门轻型迫击炮部署在前线后方约65米处。由于每个连的平均兵力为90人，因而在550米的防线上可构成10个防御中心。其防御谈不上连贯或密集，但德国人以机枪、迫击炮和火炮火力掩护各防御中心之间的缺口。令防御任务更加复杂的是第6集团军严重缺乏弹药。12月第一周，每个步兵得到400发轻武器子弹，但接下来一周，这个数字减为80发。

如果说第6集团军的作战兵力严重不足，那么其装甲力量的情况甚至更加危险。罗科索夫斯基的部队显然在这方面具有优势。例如，支援第65集团军的坦克第91、第121旅和支援第21、第24集团军的三个近卫坦克团，可投入战斗的坦克超过150辆。而与之对阵的第14装甲师、第16装甲师西克纽斯装甲团、第3摩步师"瓦姆博尔德"装甲支队、第177和第244突击炮营只有约50辆坦克和突击炮。不过，由于苏军将大多数坦克单独使用，或组成小股编队支援其步兵，导致这些坦克经常脱离步兵的掩护，变得非常脆弱。但归根结底，德军第376和第44步兵师拥有30多门反坦克炮，并获得88炮的加强，这使他们面对数量占优的苏军坦克部队时得以守住自己的阵地。

顿河方面军诸集团军短暂而又血腥的进攻行动使罗科索夫斯基坚信，除非他的方面军获得近卫第2集团军的增援，或得到大批援兵，否则，继续进攻第6集团军据守的包围圈将徒劳无获。更重要的是，12月5日日终时，华西列夫斯基接受了罗科索夫斯基的观点。因此，这位最高统帅部代表12月9日彻底改变了他的计划，建议最高统帅部将"土星"行动缩减为"小土星"行动，抽调近卫第2集团军，在顿河方面军推进时担任先锋，粉碎德国第6集团军。没等近卫第2集团军到达顿河方面军后方地域，罗科索夫斯基已制定出计划，打算以马利诺夫斯基的部队完成第65和第21集团军已然开始的工作。实力强大的近卫第2集团军将在两个集团军之间投入交战，粉碎德国第14装甲军第376步兵师和第8军第44步兵师已被削弱的防御，从而彻底摧毁第6集团军西部防线。

向最高统帅部提交建议时，华西列夫斯基坚持认为，通过12月4日和5日的进攻行动，顿河方面军和斯大林格勒方面军取得了发起更大规模攻势的先决条件。另外，他告知最高统帅部，他打算于12月8日恢复这些强有力的进攻。具体说来，他保证第21、第65和第64集团军将继续努力，歼灭德国第6集团军位于罗索什卡河以西的部队。另外，第64集团军将发起进攻，克服位于第6集团军南部防线、佩先卡地域的德军防御，并夺取沃罗波诺沃。因此，最高统帅部批准华西列夫斯基的建议，至少能让顿河方面军和斯大林格勒方面军12月8日和9日重新发起对第6集团军包围圈的进攻。但最终，近卫第2集团军赶往指定进攻阵地时遇到些问题，最高统帅部只得将粉碎第6集团军包围圈的行动从12月10日推延至14日。尽管如此，围绕包围圈的战斗仍在继续，德军频频发起反突击，意图收复丢失的前沿阵地。

最后，德国第57装甲军12月12日从西南方向斯大林格勒发起的救援行动取得极大战果后，苏军最高统帅部14日将马利诺夫斯基强大的近卫第2集团军调往科捷利尼科沃方向，就此结束了对第6集团军包围圈的大举进攻，待斯大林格勒方面军解决来自西南方的新威胁后再实施后续行动。苏军进攻计划的这些变更，构成了1942年12月6日至14日围绕第6集团军包围圈周边地域展开军事行动的背景。

## 为近卫第2集团军的到来加以准备，12月6日—15日

随着近卫第2集团军即将到来，罗科索夫斯基的顿河方面军和叶廖缅科的斯大林格勒方面军继续对德国第6集团军展开规模有限的进攻。这些行动由第24、第65、第21集团军遂行，12月8日和9日尤为猛烈，意图在华西列夫斯基计划投入马利诺夫斯基近卫集团军的地段削弱德国第6集团军的防御，或将德军驱离该地域。据守这片地段的是第8军第44步兵师和第14装甲军第376步兵师。根据以往经验，华西列夫斯基无疑知道他的部队无法彻底打垮德军防御并突破至罗索什卡河河谷。尽管如此，他还是命令各集团军再次向前，承担起他们已然习惯的牺牲角色。至少在12月8日，他的部队差一点赢得一场显著的胜利。

鉴于这些进攻行动令人痛苦的性质和最终失败的结果，罗科索夫斯基和他的集团军司令员们（第65集团军司令员巴托夫和第21集团军司令员奇斯佳科

夫）都没有提及12月8日和9日发生的战斗，这不足为奇。同样，顿河方面军和斯大林格勒方面军参加战斗的各集团军和师的战史也对此保持沉默。因此，关于这场重要行动的唯一资料是红军总参谋部的每日作战概要和第6集团军这段时期的报告。这些资料表明，苏军几乎打垮了第14装甲军在包围圈西端马里诺夫卡突出部的防御。

## 初步行动，12月6日—7日

12月6日和7日，罗科索夫斯基顿河方面军辖内各集团军舔舐着伤口，为各兵团和部队补充弹药和燃料，并开始将部队重新部署进阵地，准备由此发起后续进攻（参见地图28）。同时，他们继续加强在前两天战斗中夺得的地盘，并击退德军预备队为恢复丢失的防线发起的反突击。

前线另一侧，在第6集团军司令部的协助下，胡贝将军的第14装甲军和海茨将军的第8军竭力巩固、加强他们沿罗索什卡河以西山脊线构筑的防御，修补旧防线出现的缺口。具体说来，这意味着德军力图从苏军手中夺回124.5高地（黑坟堆），该高地就在第8军第44步兵师中央防区正对面。但事实证明，这项任务毫无意义，因为步兵第24师迅速将该高地打造成一座真正的堡垒。

红军总参谋部对12月6日和7日军事行动所编写的作战概要充斥着单调的重复，例如"坚守既有阵地并遂行侦察"，这种措辞在接下来35天的多数时间里成为顿河方面军和斯大林格勒方面军提交的大部分情况报告的特点（参见附件附录11H）。尽管这些报告平淡无奇，但苏军力图守卫并改善其阵地时也发生了一些战斗。12月6日，第8军第44步兵师"拉特曼"集群指挥步兵、装甲掷弹兵和坦克组成的多个战斗群，对盘踞在戈拉亚峡谷及其北部，以及124.5和126.1高地附近的苏军步兵和坦克发起反突击，当日最激烈的战斗就此打响。[57]发起反击的德军包括第14装甲师战斗群、西克纽斯装甲团半数力量和"朗根塔尔"装甲歼击支队、第384反坦克营、第534步兵团、第177突击炮营和另一些规模较小的部队，并获得第384和第44步兵师炮兵和火箭炮单位的支援。[58]

这场进攻打击的是第65集团军步兵铁24师位于戈拉亚峡谷124.5高地及其东面、126.1高地上的一部；近卫步兵第27师位于峡谷北面的右翼；步兵第304师设在峡谷南面的防御。当日，为应对德军发起的反突击并准备恢复进攻，第

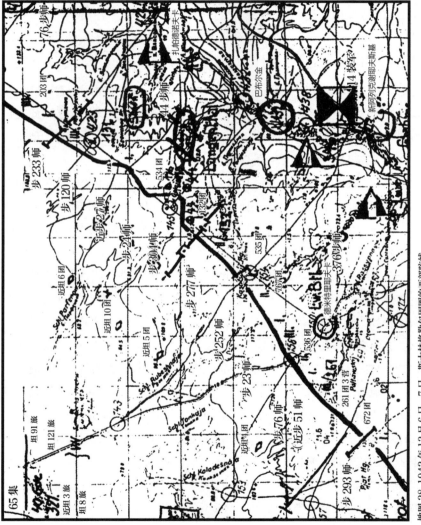

地图 28 1942 年 12 月 6 日—7 日，斯大林格勒包围圈的西部防线

65集团军将最右翼的步兵第252师北调，以该师支援步兵铁24师在126.1高地附近及其北面战斗的部队。

虽然德军的反击迫使第65集团军弃守他们在126.1和124.5高地以东夺得的地盘，并重新夺回半个126.1高地，但普罗霍罗夫上校的步兵第24师设法守住了124.5高地（黑坟堆）上的主阵地。证明这场战斗异常激烈的是，第44步兵师报告，击毁4辆敌坦克，击伤另外3辆，消灭敌人20门反坦克炮和一整个76毫米团属炮兵连，缴获各种轻武器，还抓获5名俄国逃兵。[59]但第44步兵师次日晨承认，这场战斗导致该师阵亡27人、负伤93人、失踪3人。[60]

当日白天，第6集团军给第8军和第384步兵师发去一封电报，宣布投入一直担任集团军预备队的第384步兵师，加强守卫第6集团军西部防线的第8军。具体说来，该师各部队的分配情况如下：

· 调拨给第8军第44步兵师
　第384步兵师师部多余人员
　第534步兵团
　第384炮兵团（欠1个连）
　第384反坦克营
　第384侦察营（自行车）
　第384步兵师补给单位
· 调拨给第14装甲军第376步兵师
　第535步兵团
　第536步兵团
　第384炮兵团第1连
· 调拨给集团军通信团
　第384通信营[61]

第8军12月6日23点签发的每日报告反映出历时两天的激战对第44步兵师造成的影响。报告中包含一份该师所有单位的完整名单。除了指出第14装甲师"路德维希"装甲掷弹兵团"在12月6日的战斗中折损半数作战兵力"，这份报告还列举了几日来坦克和突击炮的损失，提供了该军装甲和侦察单位目前的实力，并对俄国人在6日和自12月4日以来遭受的损失做出评估（参见副卷附录11I）[62]。待罗科索夫斯基12月8日重新发起猛烈的进攻，第6集团军提供的这些援兵将变得更加重要。

保卢斯将军18点致电第8军军长海茨将军，期望该军日后的表现与以往同样出色。电报对第134步兵团，特别是该团第2营，在12月4日坚守阵地、抗击敌人多次进攻的战斗中展现出的英勇气概表示祝贺。曼施泰因元帅也在电报上签名，向第2营表达他的"感谢和钦佩"。[63]

第6集团军12月7日提交的态势评估重申了这样一个事实：历时两天的战斗结束后，共数出约1000具苏军士兵的尸体。这份评估清醒地补充道："虽然守住了防线，但防线上的作战兵力正不断下降。"这份评估承认，截至12月7日，集团军在步兵方面的总作战兵力为30000人左右。更重要的是，该评估修改了12月1日对集团军可参加向西南方突围的部队的估计。现在，这股力量不再是13—15个营，外加100—120辆坦克，而是减少了近一半。具体说来，第6集团军认为，突围力量目前可由第29摩步师的3个营、第3摩步师的3—4个营、第14装甲师的1个混编营组成，外加60—80辆坦克。另外，如能获得弹药，火炮、反坦克炮和突击炮也可以参加突围。[64]此时，第6集团军尚有137辆坦克和25辆突击炮，但只有部分可随时投入战斗。[65]

12月7日，战场上继续保持着相对的平静，顿河方面军和斯大林格勒方面军部署在包围圈周围的诸集团军忙着调整补充辖内部队，准备于次日重启攻势。与前一天的情况相似，当日大多数行动是苏军遂行的侦察，以及第8军为收复12月4日和5日丢失的部分防线而发起的局部反突击。红军总参谋部的每日作战概要准确反映出这种急剧减少的活动，但也含有一个有趣的条目："一架运送第384步兵师师部23名军官的敌运输机，连同其机组人员，在上察里岑斯基东北方5公里处被击落，机毁人亡。"这指的是被派往奇尔河战线指挥"亚当"战斗群的第384步兵师部分师部人员，该战斗群正在下奇尔斯卡亚南面的顿河西岸作战。一如既往，这份作战概要还包含一份天气报告：云层低矮、密集，温度为零下2到5摄氏度（参见副卷附录11H）。

对于12月7日发生的有限战斗，第6集团军的记录提供的细节寥寥无几。

和前一天一样，第8军竭力恢复其主防线，特别是在124.5高地附近，但没能重新夺回阵地。第8军17点15分和20点50分提交的日中报告和每日报告确认了124.5高地附近正在进行的战斗，并指出军预备队唯一可用的部队是第76步兵师第230团第1营和第113步兵师第260团第1营。[66]此时，第14装甲师主力已赶往大罗索什卡以南10公里，杜比宁斯基（Dubininskii）地域的集结区，担任第6集团军预备队。但该师辖下的第36装甲团和反坦克单位仍留在第44步兵师防区后方，为遂行防御的步兵提供支援。因此，当日日终时，第8军报告，其装甲力量包括第36装甲团的4辆坦克、西克纽斯装甲团的5辆坦克、第177突击炮营的7辆突击炮、第244突击炮营的12辆突击炮（10辆突击炮和2辆步兵突击炮），并获得5门88炮的加强。[67]

几乎在同一时刻，第14装甲军的每日作战概要也提及防区内发生的轻微战斗，并提供了一份关于坦克和反坦克炮数量的清单：第3摩步师尚有23辆坦克（19辆三号、2辆四号长身管、2辆四号短身管），"瓦姆博尔德"装甲支队仅剩4辆坦克（2辆三号长身管、2辆四号长身管），反坦克炮共计61门，包括9门88炮。[68]有趣的是，这61门反坦克炮中的13门是自行式反坦克炮，机动性更强，只要能获得足够的燃料。

12月7日日终时和8日晨，第8军报告，他们在当日的战斗中击毁1辆敌坦克（美制"格兰特将军"式）、5门反坦克炮，俘虏5名苏军士兵，自身付出的代价是21人阵亡、103人负伤、1人失踪。[69]

## 顿河方面军和斯大林格勒方面军的进攻，12月8日—10日

### 12月8日

12月8日拂晓后不久，顿河方面军和斯大林格勒方面军位于第6集团军包围圈四周的诸集团军恢复了某种类型的进攻（参见地图29）——除了后者的第57集团军。可是，由于大多数进攻立即发生动摇，更准确的说法应当是这些集团军试图恢复进攻行动。正如红军总参谋部每日作战概要指出并得到第6集团军记录证实的那样，苏军12月8日的进攻失败了，但存在一个日后关于斯大林格勒战役的著作均未提及的例外（参见副卷附录11H）。这个例外就是顿河方面军第24、第65、第21集团军对第6集团军西部防线发起的进攻，特别是奇斯

佳科夫第21集团军的企图——打垮保卢斯设在卡尔波夫卡以西马里诺夫卡突出部的防御。

据红军总参谋部的作战概要称，虽然毗邻第6集团军西部防线的三个集团军12月8日拂晓发起强有力的突击，但只有第21集团军取得成功（参见地图30）。这份作战概要指出，奇斯佳科夫将军的"第21集团军9点向卡尔波夫卡地域发起冲击，两翼的进展微不足道，但在敌防御中央达成突破，并向前推进6公里"。[70]集团军辖内五个师悉数投入进攻。步兵第293和近卫步兵第51师从卡尔波夫卡西北方11公里处，135.1高地与131.7高地之间向东南方突击，前者以"坦克第4和近卫坦克第1军的部队"担任先锋。罗金和克拉夫钦科坦克军各投入一个坦克旅支援后，步兵第293师向东南方推进约6公里，16点在卡尔波夫卡西北方5公里的94.9高地附近击退德军发起的反冲击，随后在卡尔波夫卡西北方4公里的坟堆+1.1至94.9高地一线作战。与此同时，在步兵第293师左侧遂行突击的近卫步兵第51师，向东南方赶往卡尔波夫卡西北方7.5公里处的波尔塔夫斯基（Poltavskii）以西地域，该师留下一个团掩护其攻向波尔塔夫斯基的左翼，并从南面包围卡尔波夫卡西北方7.5公里处的124.2高地地域。

如果这一说法正确无误，就证明第21集团军辖内两个师和提供支援的坦克，在第14装甲军第3摩步师与第376步兵师结合部一片约2公里宽的地域突破德军防御。据守这片地域的是第3摩步师"格拉姆斯"战斗群和第376步兵师第276团残部。随后，第21集团军突击部队沿杜比尼纳峡谷（Dubinina）及其东部打开一条6公里深、约2公里宽的通道，这条通道向东南方深入第3摩步师防御纵深。12月8日黄昏时，这股苏军攻克114.1高地和94.9高地的一部分，并前出至卡尔波夫卡西北方4公里、马里诺夫卡东北偏东方约8公里的坟堆+1.1。这就意味着两个苏军师和提供支援的坦克控制了整条峡谷和峡谷东北方2公里的两座高地，以及一片约2公里宽的矩形地带，这片矩形地带从德军第376步兵师位于135.1高地东面的旧防线向东南方延伸。此后，据说这两个步兵师（及其配属的坦克部队）右翼遭到德军反冲击，这可能是第3摩步师的坦克和装甲掷弹兵发起的。

由于红军总参谋部的作战概要是苏联方面提及这一行动的唯一资料，只有第6集团军的记录可以证实或否认这场纵深突击的发生，如果的确存在这场进攻，也只有第6集团军的记录能够解释德军是如何遏制并将其击退的。首先，第6集团军关于12月8日—11日作战行动的态势图证实了这场突破，表明大批苏军的确深深渗透进第3摩步师和第376步兵师后方地域，12月11日日终前才被德军预备队发起的反突击击退。[71]

第6集团军的书面报告提供了关于这场战斗的大量细节。虽然集团军辖内各军5点45分至6点10分提交的晨报表明，集团军防御阵地周边只发生轻微的战斗，但情况很快出现变化。8点30分至9点间，第8军和第14装甲军关于苏军发起冲击的初步报告发至第6集团军司令部。这些报告指出，尽管敌军楔入两个军的防线，但反坦克单位（Panzerabwehr）能够应对这一威胁。[72]没过多久，9点20分，第14装甲军打来电话，称敌坦克在该军防线达成三个重要突破，并做出如下评论："情况非常严重。"[73]8点45分，第6集团军告知"顿河"集团军群："在猛烈炮火的支援下，大批敌坦克和步兵在126.7高地［哥萨克坟堆］至127.1高地［五个坟堆］这片宽阔地域突破第14装甲军西部防线。"[74]第6集团军报告，尽管挡住苏军部分进攻部队，但另一些苏军部队攻势未停，战斗仍在继续。交战地域位于第44步兵师防区和第3摩步师最右翼防线。这份电报缺乏更多细节，这是因为苏军正对该军几乎整条防线发起冲击，另外还在东面的奥尔洛夫卡地域遂行进攻。

随着态势发展，第6集团军12点25分通知"顿河"集团军群，他们正组织反突击，打击试图突破第44步兵师设在115.4高地西北方2公里处的防御的苏军部队，遂行进攻的苏军可能是第24集团军右翼的两个师。更严重的是，第6集团军称，虽然击退了苏军步兵和坦克发起的四场突击中的一部分，131.7高地东北方防线依然完好无损，但敌人已突破126.7高地附近的防线，冲向东南方124.2、94.9高地附近，他们在那里"取得进展"，战斗仍在继续。[75]而红军总参谋部作战概要称，前出至该地域的是第21集团军步兵第293和近卫步兵第51师。

12月8日16点45分至18点20分间，第6集团军接到辖内各军发来的另一套情况报告，也就是所谓的"日中报告"。第8军17点提交的报告承认，苏军步兵和坦克自8点起已在第44步兵师两处防区达成突破，50辆敌坦克和步兵攻向该师中央地带，另外10辆坦克和一个步兵营对该师可能位于115.4高地附近的右翼发起打击。苏军的冲击获得猛烈炮火的支援，在某团防区，30分钟内落下的炮弹多达700发。[76]但该军似乎有信心以最后的预备队恢复其主防线。第8军在报

210

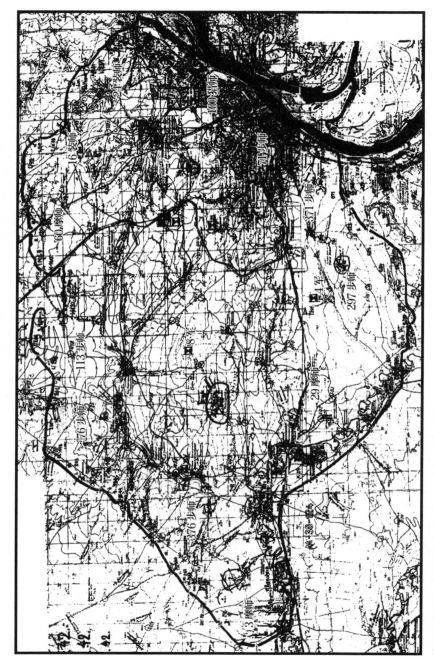

地图 29 斯大林格勒包围圈，1942 年 12 月 8 日—10 日

告中指出，击毁10辆敌坦克，但也承认第131团第3营损失惨重。

第14装甲军18点20分提交的报告远没有这么乐观。报告中重申，自清晨起，该军西部防线已被"大批获得坦克支援的敌步兵猛烈、持续的冲击所突破"；但是，15辆敌坦克暂时达成突破后，"贝格曼"战斗群成功守住主防线，击毁5辆敌坦克，并给进攻方造成"严重损失"。[77]这份报告还证实，苏军的确突破了第376步兵师设在131.7与135.1高地之间的防御，但对方为此付出高昂的代价；该军称，肃清敌突破的行动正在进行中。守军击毁20多辆敌坦克，但苏军主力攻向114.1和94.9高地，第14装甲军认为对方企图前出至卡尔波夫卡南面的180参照点。如果这一判断属实，苏军的目标可能是切断位于第6

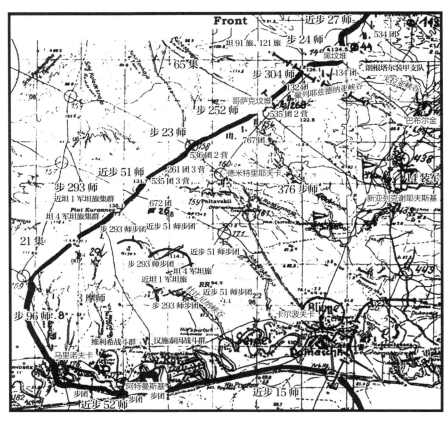

地图30 斯大林格勒包围圈西部防线，1942 年 12 月 7 日—10 日

集团军包围圈西部的第3摩步师。不管怎样，报告在结尾处指出，第60摩步师"波格雷尔"装甲支队计划从卡尔波夫卡地域发起一场反突击，攻向西北方的170参照点，该参照点位于卡尔波夫卡西北偏西方6公里处的杜比尼纳峡谷，俄国人正在那里集结力量。[78]

此后不久，第6集团军发给"顿河"集团军群的一份报告证实，苏军以步兵和坦克对集团军东北部、东南部和西部防线发起猛攻，最猛烈的突击发生在西部防线20公里宽的地带。在东北部防线上，敌人以营级兵力冲击第24和第16装甲师的防御，并攻占145.1高地。这就证实了红军总参谋部的说法：第66集团军步兵第64师占领该高地。西部防线上，第6集团军称"敌人对德军七个支撑点发起大规模进攻，对方遭受到严重损失"。[79]据第6集团军称，最危险的突破发生在131.7高地东南方，1—2个敌步兵营在20辆坦克支援下，深入该军后方地域，到达卡尔波夫卡西北方6公里处。这场突破尚未被封闭。但第60摩步师一个装甲支队和第29摩步师一个装甲掷弹兵营（后确认为第15摩步团第1营）正对这股敌军发起打击。报告结尾处称，估计敌人投入80辆坦克参加此次进攻，第14装甲军和第8军击毁其中35辆。[80]

第6集团军12月8日21点05分发给"顿河"集团军群的每日报告比前几份报告更加乐观。这一次，保卢斯集团军称，东北部防线和115.4高地西北方的西部防线已"肃清"，西部防线131.7高地西南面的大缺口也已"封闭"。[81]尽管损失惨重，"主防线及其后方倒毙着大批俄国人"，但一股实力相当强大的苏军步兵和坦克力量仍位于第3摩步师后方的杜比尼纳峡谷及其北面。这份报告在结尾处称，进攻西部防线的苏军是五个步兵师的主力，打头阵或提供支援的是拥有100多辆坦克的三个满编坦克旅。如果真是这样，这就是苏军迄今为止对第6集团军防御发起的最猛烈的突击。尽管苏军的进攻取得蔚为壮观的初步胜利，但德国人在报告中指出，击毁54辆敌坦克，击伤另外2辆。[82]

与第6集团军积极乐观的报告不太一样，第14装甲军22点提交的每日报告将态势描述为"越来越复杂且尚不明朗"。虽然第3摩步师"贝格曼"战斗群试图封闭131.7高地西南面的突破口，而第376步兵师辖内部队在从预备队抽调的一个空军野战营支援下，力图在135.1高地附近封闭缺口，但两个师尚未取得会合。[83]胡贝将军的第14装甲军宣称他们击毁40辆敌坦克——"贝格曼"战斗群取得6个战果、第376步兵师取得6个战果、第3摩步师取得28个战果。第14装甲军在报告结尾处指出："当晚，135.1与131.7高地之间的情况基本未发生变化，但已将苏军位于杜比尼纳峡谷北坡的先头部队包围。"[84]这份报告的附件宣称，第14装甲军仍有58辆坦克和56门反坦克炮。[85]

第8军在22点20分发给第6集团军的每日报告中宣布，第44步兵师在其右翼遏止了敌人在第131团防区115.4高地附近的突破，击退敌人对第534团左翼发起的两场连级规模冲击，从而稳定了防线。报告中指出，西克纽斯装甲团和第36装甲团尚有16辆坦克，第177和第244突击炮营尚有17辆突击炮。至于俄国人遭受的损失，报告中称，第131团当日击毙800—1000名苏军士兵，第44步兵师共击毁17辆敌坦克，击伤另外1辆。[86]

虽说取得相当不错的战果，但当日的战斗也使第8军和第14装甲军付出了高昂代价。次日，他们的晨报发至保卢斯的司令部，第8军承认，第44步兵师损失241人（62人阵亡、179人负伤），第14装甲军第3摩步师也折损140人（24人阵亡、110人负伤、6人失踪）。[87]第二天，第14装甲军报告，第376步兵师前一天无暇统计损失，该师在12月8日的战斗中伤亡337人（80人阵亡、163人负伤、94人失踪）。[88]尽管远低于苏军的损失，但这些伤亡严重降低了实力已然不济的德军步兵师的战斗力。

德军第44步兵师第134团在12月4日和5日的战斗中表现出色，该团第2营的一名老兵详细阐述了12月8日的战斗。该营位于126.1高地南面的防御很可能遭到苏军第65集团军步兵第304师的攻击：

12月8日，俄国人在同一地点［126.1高地附近］再度发起猛烈进攻，但这一次，60分钟的炮火准备暴露了他们的意图。态势发展与12月4日—5日类似。他们又一次投入诸兵种合成力量，这次是搭载坦克的步兵，突入440高地［126.1高地］南面防御虚弱的德军防线。尽管德军精准的轻武器火力给坦克上的苏军步兵造成严重伤亡，但第2营还是被对方突破并孤立，只在右翼还留有一个联络点。虽然寡不敌众，但第2营继续坚守阵地，敌人直到黄昏才停止进攻。次日晨，德军从第1营指挥所附近的山沟发起反冲击，将俄国人驱离德军阵地。战斗中击毁5辆敌坦克。[89]

这位老兵提及的反冲击由第268步兵团第1营率领，第8军12月8日晚派该营增援受威胁地带。这个营最后在第134团第2营左侧占据防御。

12月8日，激烈的战斗沿第6集团军西部防线肆虐之际，集团军辖内实力严重受损的第51军不得不对付崔可夫第62集团军在斯大林格勒工厂区废墟中战斗的残部发起的另一场破坏性进攻。虽然崔可夫麾下几乎所有师和旅都为这场进攻投入了突击群，但战果微乎其微，就算有，最多也就几十米进展（参见副卷附录11J）。不过，一个奇怪的小插曲表明，苏联人正把斯大林格勒工厂区的废墟当作新式武器试验场。近卫步兵第39师进行了这种测试，结果显然不尽如人意。该师的每日报告中写道：

近卫步兵第39师坚守既有阵地的同时，以火力消灭敌方人员和发射点。为此，我师使用了三具FOG［FOG-1火焰喷射器］对付"红十月"厂内的一座建筑，其中两具使用正常，致使敌人仓皇逃窜；但第三具没能正常工作，油料罐爆炸，导致近卫步兵第117团团长、一名营长和三名战士被严重烧伤。[90]

这份报告总结道："大量使用喷火器似乎最为有利，在100米以内对敌支撑点发起突击时，喷火器的使用效果最佳。"[91]

除了证明斯大林格勒城内的战斗仍在继续，崔可夫的报告还表明，自"天王星"行动发起以来，双方的前沿阵地均未发生太大变化。另外，虽然第51军将作战力量派至第6集团军其他战线，导致自身遭到"削弱"，但该军与第62集团军辖内部队仍在大量"损失"。第62集团军称，12月8日在城内击毙500名德寇，但第51军指出，他们当日只损失221人（35人阵亡、186人负伤）。[92]

## 12月9日

12月8日黄昏时，罗科索夫斯基为歼灭罗索什卡河以西之敌而发起的进攻行动已基本停滞。但是，德国第14装甲军为肃清第21集团军深入其后方的部队而进行的激战还将持续三天，而第8军封闭防区内多个突破口并恢复其主防线还需要两天。罗科索夫斯基麾下部队竭力守住8日赢得的地盘时，苏军最高统帅部和华西列夫斯基将马利诺夫斯基将军的近卫第2集团军调入斯大林格勒包围圈西北方指定集结地，该集团军将从那里发起进攻，彻底粉碎第6集团军。红军总参谋部的每日作战概要又一次谈到，顿河方面军和斯大林格勒方面军辖下诸集团军为近卫第2集团军日后胜利做出的贡献是多么微不足道（参见副卷附录11H）。

　　12月9日的大部分行动发生在顿河方面军第24、第65、第21集团军作战地域内，他们竭力守卫12月8日的战果。就第21集团军而言，他们正全力挽救前一天深入第3摩步师后方的一大股兵力（参见地图30）。苏军的进攻行动8日陷入停滞，德国人的清剿工作9日和10日取得进展，部分是因为9日天气突然变化。12月5日至8日的轻微化冻给装甲战车和步兵的机动造成极大的困难，随之而来的一股冷锋12月9日穿过这片地区，温度降至冰点，10日降至零下5至8摄氏度。寒冷的气候和冰冻的地面使交战双方得以更加自由地实施机动，这种情况为第21集团军辖内部队逃离第14装甲军后方提供了便利，也为德军发起收复失地的反突击大开方便之门。

　　第6集团军12月9日8点30分报告"顿河"集团军群，正消灭陷入第14装甲军后方、卡尔波夫卡西北地域的敌军集团，抓获约100名俘虏，并击毁大批敌坦克。[93]第14装甲军17点15分发给第6集团军的报告更为详细，报告中称，"贝格曼"战斗群仍在同被围之敌交战，击毁22辆敌坦克中的2辆；第3摩步师另一支部队与20辆敌坦克展开战斗，击毁其中8辆，据说是在苏军突破处西侧。[94]第8军在一份类似报告中指出，击退两个敌步兵营对其右翼发起的进攻。[95]第8军随后提交了每日报告，据其估计，苏军进攻部队的规模接近一个满编团，其突击目标是位于1号国营农场西部边缘、第44步兵师第131团的中央防区。报告称，守军损失2门76毫米火炮、1辆突击炮和1辆三号坦克。此时，为第44步兵师提供支援的坦克力量是第14装甲师第36装甲团的4辆坦克、第16装甲师第2装甲团（原西克纽斯装甲团）的11辆坦克、第177和第244突击炮营的17辆突击炮，外加5门88毫米高射炮。[96]

　　至于人员损失，第8军在12月10日5点50分发给第6集团军的晨报中指出，伤亡126人（28人阵亡、98人负伤）。证明第44步兵师防区战斗激烈程度的是，该师的伤亡高达98人（15人阵亡、83人负伤）。第8军还承认，由于技术问题损失3辆坦克（1辆四号、2辆三号），致使第16装甲师第2装甲团的坦克降至8辆（5辆四号、3辆三号）。[97]

第14装甲军的每日报告评论了8日的战斗，但没有提供更多细节，报告中将当日击毁敌坦克的数量修改为60辆，包括第3摩步师击毁的47辆、第376步兵师击毁的6辆、"贝格曼"战斗群击毁的6辆。[98]12月9日，他们又击毁12辆敌坦克——第3摩步师击毁8辆、第376步兵师和"贝格曼"战斗群各击毁2辆。至于己方坦克和反坦克武器，依然保持着相对稳定的状态，分别为58辆坦克和60门反坦克炮。[99]第14装甲军在12月10日6点呈交集团军司令部的晨报中承认，9日伤亡106人（24人阵亡、81人负伤、1人失踪），其中69例伤亡发生在第3摩步师。这些数字不包括第376步兵师的伤亡，该师的损失仍在统计中。[100]

第6集团军在12月9日21点50分发给"顿河"集团军群的每日报告中宣布，第14装甲军8日击毁86辆敌坦克，9日又击毁18辆。报告中还称，发起进攻的俄国人"伤亡惨重"，12月6日损失984人，12月7日损失479人，12月8日损失1178人，三天的战斗中，苏军阵亡数超过2600人。[101]

## 12月10日

交战双方12月10日各自提交的报告表明，顿河方面军第21集团军仍在战斗，力图守住前两天夺取的地盘。但这些报告也指出，第14装甲军最终成功肃清突破至其后方的大股苏军，现在的重点是重新夺回一些关键点，苏军正利用这些地点发起突破，特别是135.1高地。红军总参谋部的每日作战概要再次从罗科索夫斯基的角度阐述了苏军的作战行动（参见副卷附录11H）。

12月10日最激烈的战斗发生在第21集团军作战地域，对面是第14装甲军据守的第6集团军西部防线，以及第66集团军位于奥尔洛夫卡附近的作战地域，对面是第6集团军东北部防线（参见地图30）。红军总参谋部报告，由于德军发起反突击，上述两个地段爆发激烈的防御战，一些要地失守，特别是第21集团军作战地域内的135.1高地和第66集团军作战地域内的坟堆+3.0、145.1高地。更重要的是，报告中确认，步兵第293师和近卫坦克第1军为其提供支援的坦克部队确实丢失了135.1高地，显然，深入第14装甲军后方的苏军部队要么已被歼灭，要么退回到出发阵地。第6集团军包围圈防线其他地段，第21和第65集团军重组其部队，主要是加强对第65集团军作战地域内126.1、124.5高地的控制。

德方报告证实了苏军总参谋部对这三个地区当日战斗的描述。例如，16点45分，第14装甲军报告："［135.1和131.7高地附近的］主防线仍牢牢掌握在我们手中。"[102]具体说来，第376步兵师据称击退敌人在德米特里耶夫卡西北方5公里、158参照点北面发起的一场强有力的冲击，击毙40名敌军，俘虏10人。与此同时，第3摩步师的装甲掷弹兵在26辆坦克的支援下，将苏军（可能隶属于步兵第293师和近卫坦克第1军）驱离135.1高地峰顶，其间击毁2辆敌坦克。[103]据这份报告称，第376步兵师防区内的战斗依然轻微、零星。第8军17点15分提交的报告同样指出，战斗较为轻微，整条防线基本保持着稳定。两个军20点05分至20点40分间提交的每日报告表明，尽管经历了两天激战，但第14装甲军、第8军、第4军的坦克和反坦克炮实力依然相当稳定（参见副卷附录11K）。[104]此时，第6集团军尚有108辆坦克、44辆突击炮和359门反坦克炮（包括一些88炮）。

最后，12月10日9点25分，第6集团军通知第51军，正将第384步兵师工兵营派给该军，应以该营加强第16装甲师位于奥尔洛夫卡北面的防御。[105]过去一周，第66集团军步兵第226、第116、第64师经常在145.1、147.6高地及西北方地域进攻德军第16装甲师摩托车营、第79装甲掷弹兵团第1营。在此过程中，步兵第64师夺得奥尔洛夫卡西北方5公里的145.1高地。随后，16点05分，第51军（该军目前指挥着第11军的部队）报告，第16装甲师夺回145.1高地，估计击毙100名守军。[106]

辖内各军12月11日晨提交第6集团军的伤亡报告表明，尽管战斗并不激烈，但在某些地段，德军的伤亡依然居高不下。例如，第8军5点45分报告，12月10日伤亡131人（26人阵亡、98人负伤、7人失踪），其中126个伤亡（25人阵亡、94人负伤、7人失踪）发生在第44步兵师防区。[107]第14装甲军也损失80人，其中30个伤亡发生在第376步兵师，37个伤亡出现在第3摩步师。另外，虽然斯大林格勒城内的战斗较为轻微，但第51军报告，该军和第11军辖内部队共伤亡187人（40人阵亡、144人负伤、3人失踪）。这份报告更新的伤亡统计表明，第16装甲师12月8日伤亡97人，其中71人阵亡或失踪，12月9日又伤亡116人，其中64人阵亡或失踪。[108]

218

这些数字引起第6集团军司令部的担忧。尽管集团军的防御得以恢复，但保卢斯在12月10日19点50分发给"顿河"集团军群的电报中称，激烈的战斗，高昂的损失，加之口粮短缺，损害了部队的士气和防御能力。他在电报中指出："近期在防御战中遭受的高昂损失，加之缺乏营养导致的精神衰弱，要求在适当的时候获得某种救援。"[109]其实，保卢斯是告诉曼施泰因，是时候"打开要塞"、解救他被困的集团军了。

保卢斯第6集团军挫败罗科索夫斯基麾下诸集团军12月8日的进攻，从而逃过一劫。之所以能做到这一点，是因为三天前的战斗促使第6集团军向相关地域派出援兵，还因为气候条件的变化给苏军的深入推进造成困难，也给第14装甲军和第8军的反突击大开方便之门。可是，鉴于顿河方面军司令员投入战斗的力量，特别是100多辆坦克，导致德军防线的态势岌岌可危。虽然德军坦克和重武器的损失不太大，但人员伤亡居高不下，特别是守卫第6集团军西部防线的各个师。挫败苏军的进攻也耗尽了第6集团军微薄的燃料和弹药储备。如果顿河方面军再次发起进攻，这些问题（加之食物和饲料严重短缺）会给第6集团军造成大麻烦。不过，近卫第2集团军暂时调至科捷利尼科沃方向，远离斯大林格勒包围圈，相对缓解了第6集团军的态势。

## 战役间歇，12月11日—15日

华西列夫斯基清醒地意识到，12月8日削弱第6集团军防御的进攻行动失败了，现在不得不面对这样一个现实：近卫第2集团军难以赶至发起新攻势的出发阵地。首先，他获得斯大林的批准，将进攻发起时间从12月10日推延至15日。随后，他减轻了施加给罗科索夫斯基和叶廖缅科的压力，不再要求他们夺取第6集团军西部、西南部防线上的关键地带，为马利诺夫斯基的部队创造有利条件。因此，斯大林和最高统帅部无限期推延对第6集团军的进攻时，从12月11日至14日，包围圈周边发生的战斗寥寥无几。实际上，正如苏德双方记录表明的那样，这段时期唯一的战斗发生在斯大林格勒城内及周边，特别是顿河方面军第66集团军和斯大林格勒方面军第64集团军的作战地域，从时间上看，也仅仅发生在12月11日和12日。因此，第6集团军认为没有必要绘制每日作战态势图，而是把12月11日至14日的所有作战行动囊括在一张态势图内，这份地表明，在这四天里，集团军的位置未发生变化（参见地图31）。

红军总参谋部12月11日至15日的每日作战概要证实了战场上的平静，第6集团军与辖内各军的往来报告同样如此（参见副卷附录11L）。除双方在奥尔洛夫卡和别克托夫卡地域展开的一些阵地争夺战，12月11日几乎未发生重大行动。罗科索夫斯基重新部署方面军辖内诸集团军时，第6集团军在发给"顿河"集团军群的每日报告中证实，顿河方面军第66集团军投入两个步兵营，以10辆坦克为支援，在奥尔洛夫卡附近发起几次进攻，但都无功而返[110]。同样，第4军位于别克托夫卡西北方的防区也发生轻微战斗，苏军在该军前沿防御只取得"微不足道的渗透"。[111]保卢斯在发给曼施泰因的另一份报告中对第297步兵师的"积极防御"大加赞扬，称该师在前几日的战斗中共击毁108辆敌坦克。[112]第6集团军辖内各军11日晚发来的报告仅仅指出温度下降至零下10摄氏度，另外，第51军第16装甲师12月10日在奥尔洛夫卡西北方145.1高地争夺战中抓获142名俘虏、击毁7门反坦克炮和1支反坦克步枪。[113]

可是，第6集团军次日晨收到的伤亡报告表明，即便是轻微、断断续续的战斗，也造成令人不安的损失。第4军伤亡人数尚不清楚，但第14装甲军伤亡94人（26人阵亡、68人负伤），其中75个伤亡发生在第376步兵师；第8军损失65人（14人阵亡、46人负伤、5人失踪），其中第44步兵师伤亡49人。[114]斯大林格勒城内的战斗依然致命，第51军报告损失195人，其中40个伤亡是第16装甲师前一天争夺145.1高地所致。[115]第6集团军对12月10日的伤亡数做出修改，这个数字攀升至698人。双方减少了各自的作战行动，这种情况继续从12月12日持续至15日。

斯大林原本坚持要求以近卫第2集团军粉碎德国第6集团军包围圈，12月14日晚，他终于批准将该集团军调拨给斯大林格勒方面军，协助挫败德军沿科捷利尼科沃方向发起的解围行动。经历了12月4日和5日的失败，12月8日进攻的再度受挫，顿河方面军和斯大林格勒方面军吸取了教训，获得华西列夫斯基批准后，他们停止了突破第6集团军防御的尝试。因此，保卢斯包围圈周边防线的战斗平息下来，苏军只以局部进攻骚扰德国守军。

可就连这种骚扰也给第6集团军造成严重破坏，特别是在先前战斗曾重创守军的那些地段。例如，整个战役间歇期，顿河方面军第65集团军和第24集团军左翼部队，在126.7和123.1高地附近多次对第14装甲军第376步兵师和第8军第44步兵师实施战斗侦察，其中包括12月14日营级兵力的进攻行动。另外，崔可夫第62集团军近卫步兵第39师，继续在"红十月"厂内废墟中对第51军第79步兵师保持着稳定的压力，而步兵第284师则于12月14日对据守马马耶夫岗的第100猎兵师发起冲击，

仔细查看第6集团军的伤亡数就会发现，苏军这些进攻给守军造成了不良影响（参见副卷附录11M）。例如，12月12日，第44步兵师伤亡38人（8人阵亡、30人负伤），而第8军共损失61人（18人阵亡、42人负伤、1人失踪）。同一天，第79步兵师在"红十月"厂内的战斗中伤亡44人（11人阵亡、33人负

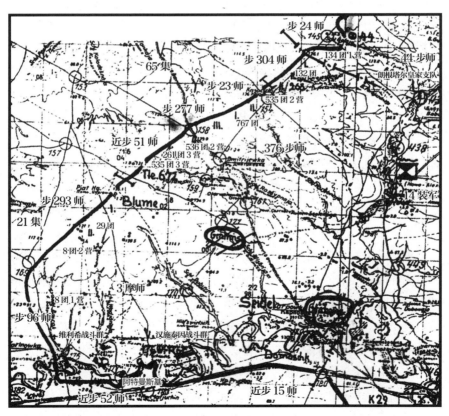

地图 31 斯大林格勒包围圈的西部防线，1942 年 12 月 11—14 日

伤），而第51军在斯大林格勒城内的战斗中共伤亡98人（21人阵亡、77人负伤）。第8军第376步兵师的损失也不小，12月12日，该师伤亡60人（15人阵亡、45人负伤）。类似情况在接下来的三天持续发生。根据第6集团军的定期伤亡报告，其每日损失总数如下：

· 12月11日—723人
· 12月12日—705人
· 12月13日—723人
· 12月14日—666人
· 12月15日—653人

　　虽然较为零碎，但辖内各军12月中旬提交第6集团军的作战兵力报告说明这些损失给集团军各师、各团、各营造成了不利影响（参见副卷附录11N）。据第6集团军统计，辖内各师的前线作战兵力低至735人（第295步兵师），高至2061人（第60摩步师）。辖内九个师的平均作战兵力只有1418人，仅略多于各师编制兵力的10%。这些师辖下的营从5个到9个不等，但各个营的兵力差别很大，多的可达500人，少的只有70人，大多数营的兵力为150—250人不等。显然，正如保卢斯一再向上级汇报的那样，这些兵力不足以守住斯大林格勒包围圈。

　　值得注意的是，鉴于这种兵力状况，第6集团军12月6日宣布第134团第2营不适合作战，并将其解散，因为该营的作战兵力只剩293人（237名德国人、56名罗马尼亚人）。到12月中旬，集团军辖内大多数战斗营都处于类似状况，但他们别无选择，只能继续坚守作战阵地。

　　至于保卢斯被围部队的整体实力，第6集团军参谋长在12月22日7点呈交OKH总参谋长的报告中指出，截至12月18日，被围部队的总兵力约为249000人，包括13000名罗马尼亚人、19300名辅助志愿者和附属人员、6000名伤员。但这份报告还估计，第6集团军的作战兵力为28200人（25000名步兵、3200名工兵），而身体健康的德军士兵总数为210700人。[116]这个数字不包括团部、营部人员；重型步兵武器、高射炮、突击炮、坦克操作人员；集团军直属部队（工兵、炮兵、修建单位、机枪营）；空军和防空部队；罗马尼亚人和其他志愿者。尽管如此，这些数字还是说明了该集团军战斗人员与非战斗人员的比例，也就是作战士兵与后勤、行政人员相比，约为28200人对210700人，或者说，每7.5个人中有一名作战士兵。[117]因此，谈及援兵问题时，"顿河"集团军群一再敦促保卢斯将集团军辖内的180000名非战斗人员转变为步兵或装甲掷弹兵。

## 总结

总之，尽管双方在12月中旬都面临着重大挑战，但斯大林格勒地域上半月的战斗进程决定性地向有利于苏军一面倾斜。在苏联人看来，虽然顿河方面军和斯大林格勒方面军无力打垮包围圈并歼灭保卢斯的部队，但德国第6集团军陷入重围依然是个不争的事实。第6集团军的顽强防御迫使苏军最高统帅部放弃了以近卫第2集团军遂行"土星"行动，从而将"天王星"行动扩大至罗斯托夫地域的一切希望，但月中时，西南方面军和沃罗涅日方面军仍有足够兵力实施"小土星"行动——这是原先策划的"土星"攻势的缩略版。此时，所有人都心知肚明，如果取得成功，"小土星"攻势将粉碎德国人解救第6集团军的一切尝试。

德国人发起两场行动，力图解救包围圈内的第6集团军，但到12月15日，红军已彻底挫败德军第一个尝试，击败对方第二个尝试的行动正顺利进行。具体说来，西南方面军坦克第5集团军设法沿斯大林格勒西面的下奇尔河牵制并削弱德国第48装甲军的部队，从而为斯大林格勒方面军突击第5集团军夺取顿河畔登陆场创造了有利条件，第48装甲军本打算利用这些登陆场发起解围行动。同样，斯大林格勒西南方，在最高统帅部的协助下，斯大林格勒方面军得以沿科捷利尼科沃方向集结起足够的兵力，以挫败、然后彻底粉碎德国人的第二股救援力量，即第4装甲集团军辖下的第57装甲军。最后，在恶劣气候、德军缺乏飞机、德国人肆意但错误的乐观主义、红空军展开有效行动的协助下，德国人显然无法长时间维持第6集团军的生存。

从德方角度看，德军面对的不利因素远远超过有利因素。最重要的是一个简单的事实：德国国防军最著名、最强大的集团军陷入重围，却没有明确的逃生途径。虽然保卢斯集团军证明他们可以暂时挫败顿河方面军和斯大林格勒方面军为歼灭该集团军而付出的巨大努力，但随着时间的推移，第6集团军势必全军覆没。随着12月中旬空运补给行动宣告失败，第6集团军获救的唯一希望是外部力量实施的救援。12月15日尚存的这种希望，将在接下来的七天渐渐消退。最后，尽管德国人勉强挡住苏军沿奇尔河战线发起的进攻，但这些许慰藉会在24小时内消失殆尽——苏军四个集团军将粉碎轴心国军队沿顿河构设的残存防御。

1942 年 12 月中旬，一名苏军指挥员在"小土星"行动发起前向他的部下们介绍情况

"小土星"行动期间，进攻中的苏军步兵

"小土星"行动期间，前进中的苏军坦克

"小土星"行动中，苏军步兵对切尔特科沃镇发起突击

"冬季风暴"行动中，德军自行火炮发起进攻

1942 年 12 月，近卫第 2 集团军步兵第 98 师第 166 团的士兵们沿梅什科瓦河实施防御

1942年12月，苏军反坦克炮沿梅什科瓦河实施防御

1943年1月初，西南方面军的部队进入东顿巴斯地区

1942 年 12 月，苏军高射炮开火射击

1943 年 1 月，苏军炮兵在"指环"行动中发起炮
火准备

1943 年 1 月初，苏军防空火力击落
了一架容克飞机

1943年1月，顿河方面军独立坦克第5团的士兵和坦克对德军沿罗索什卡河构设的阵地发起冲击

1943年1月，第62集团军的士兵们对斯大林格勒城内的一个德军据点发起进攻

1943 年 1 月 26 日，第 21 和第 62 集团军的部队在斯大林格勒城内会合

1943 年 1 月 31 日，冯·保卢斯元帅在第 64 集团军司令部

冯·保卢斯元帅被俘后，罗科索夫斯基（左一）和沃罗诺夫将军（左二）正在进行盘问

1943 年 2 月 4 日，斯大林格勒街道上的德军战俘

1943 年 1 月，第 6 集团军阵亡者在斯大林格勒地域的墓地

1943 年 2 月，苏军缴获的德军武器装备

被俘的保卢斯元帅

红旗飘扬在斯大林格勒市中心

1943 年 2 月初，近卫步兵第 39 师师长古里耶夫将军查看重新夺回的"红十月"厂

1943 年 2 月 4 日，苏军士兵列队穿过获得解放的斯大林格勒

1943 年 2 月初，斯大林格勒市中心的废墟

1943 年 1 月，德军一架 Ju-52 降落在皮托姆尼克机场

# 注释

1. *"Verpflegungsstärken AOK. 6 im Kessel, AOK. 6/O. Qu, Nr. 07048/24, 06.12.1942,"*（第6集团军在包围圈内的总兵力，1942年12月6日），收录在《第6集团军作战日志附件册，第二卷，1942年11月24日至12月24日》，第132页。

2. *"Verluste der 6. Armee in der Zeit vom 21.11–05.12.42 nur im Kessel, Armee-Oberkommando 6, Abt.-Ia, A.H.Qu., 06.12.1942,"*（1942年11月21日—12月5日，第6集团军在包围圈内遭受的损失，第6集团军司令部作训处，1942年12月6日签发），同上，第132—133页。

3. *"Zwischenmeldung, VIII. A.K. 1605 Uhr, A.O.K. 6 Ia, Datum 01 12 42 "*（第8军日中报告，1942年12月1日16点05分发给第6集团军作训处），同上，第81页。

4. *"Tagesmeldung, VI. A.K., 2100 Uhr, A.O.K. 6 Ia, Datum 01.12 42 "*（第6军[①]每日报告，1942年12月1日21点发给第6集团军作训处），同上，第85页。

5. *"Morgenmeldung, VIII. A.K. 0600 Uhr, A.O.K. 6 Ia, Datum 01.12.42 "*（第8军晨报，1942年12月1日6点发给第6集团军作训处），同上，第78页。

6. P.I.巴托夫，《在行军和战斗中》，第217页。

7. 参见第6集团军12月2日和3日的每日报告，特别是*"Zwischenmeldung, XIV Pz. K. 1710 Uhr 02.12.42, A.O.K. 6/Ia,"*（第14装甲军日中报告，1942年12月2日17点10分发给第6集团军作训处）和*"Tagesmeldung, XIV. Pz.K. meldet 2040 Uhr, A.O.K. 6 Ia, Datum 02.12.42,"*（第14装甲军每日报告，1942年12月2日20点40分发给第6集团军作训处），收录在《第6集团军作战日志附件册，第二卷，1942年11月24日至12月24日》，第91、第93页。

8. 同上，第87—93页。

9. *"Morgenmeldung, XIV. Pz. K. 0605 Uhr, A.O.K. 6 Ia, Datum 02.12.42,"*（第14装甲军晨报，1942年12月2日6点05分发给第6集团军作训处）和*"Tagesmeldung, XIV. Pz. K. 2040 Uhr, A.O.K 6 Ia, Datum 02.12.42 "*（第14装甲军每日报告，1942年12月2日20点40分发给第6集团军作训处），同上，第88、第93页。

10. *"Morgenmeldung, XIV. Pz.K. 07000 Uhr, A.O.K. 6 Ia, Datum 04.12.42 "*（第14装甲军晨报，1942年12月4日7点发给第6集团军作训处），同上，第108页。

11. 可参见第8军和第6集团军11月30日、12月1日和12月4日—5日的每日作战地图，收录在*KTB. AOK. 6, Ia., Karten, Nov 1942–Jan 1943, AOK 6, 30155/37 file, NAM T–312, roll 1459*（第6集团军作训处作战日志，地图集，1942年11月—1943年1月）。

12. I.N.巴甫洛夫，*Legendarnaia Zheleznaia: Boevoi put' motostrelkovoi Samaro-Ul'ianovskoi, Bedichevskoi, Zheleznoi ordena Oktiabr'skoi Revolutsii, trizhdy Krasnoznamennoi, ordena Suvorova i Bogdana Khmel'nitskogo divizii*（《传奇铁师：荣获十月革命勋章、三枚红旗勋章、苏沃洛夫勋章和波格丹·赫梅利尼茨基铁勋章的红旗萨马拉-乌里扬诺夫斯克、别尔季切夫铁军摩托化步兵师的征

---

① 译注：原文如此。

途》）（莫斯科：军事出版社，1987年），第108页。

13. 参见第6集团军12月2日和3日的每日报告，收录在《第6集团军作战日志附件册，第二卷，1942年11月24日至12月24日》，第92、第94、第97页。

14. "Morgenmeldung, VIII. A.K. 0545 Uhr, A.O.K. 6 Ia, Datum 03.12 42 "（第8军晨报，1942年12月3日5点45分发给第6集团军作训处），同上，第96页。

15. "Zwischenmeldung, IV. A.K. 1645 Uhr, A.O.K. 6 Ia, Datum 02.12.42,"（第4军日中报告，1942年12月2日16点45分发给第6集团军作训处）和"Tagesmeldung, IV. A.K. 2100 Uhr, A.O.K. 6 Ia, Datum 02.12.42,"（第4军每日报告，1942年12月2日21点发给第6集团军作训处），同上，第90—91、第93页。

16. 第62集团军作战日志，"Opersvodka, No. 308, 1.12.42,"（第308号作战概要，1942年12月1日）。

17. 第62集团军作战日志，"Opersvodka, No. 309, 2.12.42,"（第309号作战概要，1942年12月2日）。

18. 曼弗雷德·克里希，《斯大林格勒：战役分析和相关文件》，第662页；"KR-Fernschreiben an Heeresgruppe Don, Tagesmeldung, 1820 Uhr, Armee-Oberkommando 6, Abt.-Ia, A.H.Qu., 16.12.1942,"（第6集团军司令部作训处发给"顿河"集团军群的急电，每日报告，1942年12月16日18点20分签发），收录在《第6集团军作战日志附件册，第二卷，1942年11月24日至12月24日》，第248—249页。

19. "Verluste der 6. Armee in der Zeit vom 21.11- 05.12.42 nur im Kessel, Armee-Oberkommanod 6, Abt.-Ia, A.H.Qu., 06.12.1942,"（第6集团军在包围圈内遭受的损失，1942年11月21日至12月5日，第6集团军司令部作训处，1942年12月6日签发），收录在《第6集团军作战日志附件册，第二卷，1942年11月24日至12月24日》，第133页。

20. "KR-Fernschreiben an Heeresgruppe Don, Tagesmeldung, 1820 Uhr, Armee-Oberkommando 6, Abt.-Ia, A.H.Qu., 16.12.1942,"（第6集团军司令部作训处发给"顿河"集团军群的急电，每日报告，1942年12月16日18点20分签发），同上，第248页。

21. 参见第51军12月2日签发的123号令，收录在詹森·D. 马克的《烈焰之岛：斯大林格勒"街垒"火炮厂之战，1942年11月—1943年2月》，第303页。

22. 参见第6集团军12月2日—6日的每日报告，收录在《第6集团军作战日志附件册，第二卷，1942年11月24日至12月24日》，第88、第96、第107—108、第116、第129页。

23. "Tagesmeldung, XIV. Pz.K., 1720 Uhr,"（第14装甲军每日报告，17点20分）和"Tagesmeldung, XIV. Pz.K. 2230 Uhr, A.O.K. 6 Ia, Datum 03.12.42,"（第14装甲军每日报告，1942年12月3日22点30分发给第6集团军作训处），同上，第102、第104—105页。

24. 同上，第105页。这18辆坦克包括15辆三号长身管、2辆四号长身管、1辆四号短身管坦克。就在36小时前，该师还有32辆坦克（3辆二号、20辆三号长身管、5辆四号长身管、4辆四号短身管坦克）。

25. "Morgenmeldung, VIII. A.K. 0535 Uhr, A.O.K. 6 Ia, Datum 04.12.42,"（第8军晨报，1942年12月4日5点35分发给第6集团军作训处），同上，第107页。

26. "Morgenmeldung, LI. A.K. 0540 Uhr, A.O.K. 6 Ia, Datum 04.12.42,"（第51军晨报，1942年

12月4日5点40分发给第6集团军作训处），同上，第107—108页。

27. 第62集团军作战日志，"Boevoe rasporiazhenie No. 256, Shtarma 62, 2300 hours, 2.12.42,"（第62集团军司令部256号作战令，1942年12月2日①23点签发）。

28. 德国国防军最高统帅部作战日志中的每日报告，收录在V.A.日林（主编）的《斯大林格勒战役：编年史、真相和人物，两卷本》一书第二册，第136—137页；档案引自KTB OKW, Bd. II, hb. 2。

29. I.N.巴甫洛夫，《传奇铁师：荣获十月革命勋章、三枚红旗勋章、苏沃洛夫勋章和波格丹·赫梅利尼茨基勋章的红旗萨马拉-乌里扬诺夫斯克、别尔季切夫铁军摩托化步兵师的征途》，第111页；P.I.巴托夫，《在行军和战斗中》，第217页。巴托夫12月4日晨视察了普罗霍罗夫的步兵第24师，他在回忆录中称该师以白刃战夺取了高地，其间该高地易手数次。令人遗憾的是，巴托夫没有多谈这场战斗，可能是因为进攻行动失败了。

30. 第261团第3营调自第113步兵师，该师当时守卫着第6集团军的北部防线。第535和第536团的营调自第384步兵师，该师在大罗索什卡附近担任第6集团军预备队，参见"Morgenmeldung, XIV. A.K., 0700 Uhr, A.O.K. 6 Ia, Datum 04.12.42,"（第14装甲军晨报，1942年12月4日7点发给第6集团军作训处）和"Fernschreiben an Gen.Kdo. VIII. A.K. an Gen. Kdo. XIV. A.K. Armee-Oberkommando 6, Abt.-Ia, A.H.Qu., 4 Dezember 1942,"（第6集团军司令部作训处发给第8军部和14装甲军军部的电报，1942年12月4日），收录在《第6集团军作战日志附件册，第二卷，1942年11月24日至12月24日》，第108页。

31. "Morgenmeldung, XIV. Pz.K. 0545 Uhr, A.O.K. 6 Ia, Datum 06.12.42,"（第14装甲军晨报，1942年12月6日5点45分发给第6集团军作训处），同上，第130页。

32. "Tagesmeldung, XIV. Pz. K. 2200 Uhr, A.O.K. 6 Ia, Datum 05.12.42,"（第14装甲军每日报告，1942年12月5日22点发给第6集团军作训处），同上，第126页。

33. "Tagesmeldung, XIV. Pz.K. 2210 Uhr, A.O.K. 6 Ia, Datum 04.12.42,"（第14装甲军每日报告，1942年12月4日22点10分发给第6集团军作训处），同上，第114页；"Tagesmeldung, XIV. Pz.K. 2200 Uhr, A.O.K. 6 Ia, Datum 05.12.42,"（第14装甲军每日报告，1942年12月5日22点发给第6集团军作训处），同上，第125—126页。不算"瓦姆博尔德"装甲支队的11辆坦克，第3摩步师12月4日晚尚有20辆坦克（15辆三号长身管、3辆四号长身管、2辆四号短身管）。

34. I.N.巴甫洛夫，《传奇铁师：荣获十月革命勋章、三枚红旗勋章、苏沃洛夫勋章和波格丹·赫梅利尼茨基勋章的红旗萨马拉-乌里扬诺夫斯克、别尔季切夫铁军摩托化步兵师的征途》，第109—110页。

35. "Tagesmeldung, VIII. A.K. 2200 Uhr, A.O.K. 6 Ia, Datum 04.12.42,"（第8军每日报告，1942年12月4日22点发给第6集团军作训处），收录在《第6集团军作战日志附件册，第二卷，1942年11月24日至12月24日》，第114页；"Zwischenmeldung, VIII. A.K. 1745 Uhr, A.O.K. 6 Ia, Datum 05.12.42,"（第8军日中报告，1942年12月5日17点45分发给第6集团军作训处），同上，第123页；"Tagesmeldung, VIII. A.K. 2215 Uhr, A.O.K. 6 Ia, Datum 05.12.42,"（第8军每日报告，1942年12月5日22点15分发给第6集团军作训处），同上，第126—127页。

---

① 译注：疑似为12月3日。

36. *"Fernschreiben an Gen. Kdo. VIII. A.K. an Gen. Kdo. XIV. A.K. Armee-Oberkommando 6, Abt.-Ia, A.H.Qu., 4 Dezember 1942,"* （第6集团军司令部作训处发给第8军军部和14装甲军军部的电报，1942年12月4日），同上，第109页。

37. 同上。

38. *"Funkspruch an Heeresgruppe Don, 1135 Uhr, Armee-Oberkommando 6, Abt.-Ia, A.H.Qu., 04.12.1942,"* （第6集团军司令部作训处发给"顿河"集团军群的电报，1942年12月4日11点35分），同上，第109页。

39. *"Funkspruch an Heeresgruppe Don, 1555 Uhr, Armee-Oberkommando 6, Abt.-Ia, A.H.Qu., 04.12.1942,"* （第6集团军司令部作训处发给"顿河"集团军群的电报，1942年12月4日15点55分），同上，第110页。

40. *"Tagesmeldung, VIII. A.K. 2200 Uhr, and XIV. Pz.K. 2210 Uhr, A.O.K. 6 Ia, Datum 04.12.42,"* （第8军每日报告，1942年12月4日22点发给第6集团军作训处；第14装甲军每日报告，1942年12月4日22点10分发给第6集团军作训处），同上，第114—115页。

41. 同上，第115页。

42. 同上，第114页。

43. *"Funkspruch an Heeresgruppe Don, 1135 Uhr, Armee-Oberkommando 6, Abt.-Ia, A.H.Qu., 04.12.1942,"* （第6集团军司令部作训处发给"顿河"集团军群的电报，1942年12月4日11点35分），同上，第109页。

44. 参见第6集团军12月4日—5日的每日态势图，收录在*KTB. AOK. 6, Ia., Karten, Nov 1942–Jan 1943, AOK 6, 30155/37 file, NAM T-312, roll 1459*（第6集团军作训处作战日志，地图集，1942年11月—1943年1月）。

45. *"Morgenmeldung, LI. A.K. 0600 Uhr, A.O.K. 6 Ia, Datum 05.12.42,"* （第51军晨报，1942年12月5日6点发给第6集团军作训处），收录在《第6集团军作战日志附件册，第二卷，1942年11月24日至12月24日》，第116页；*"Morgenmeldung, LI. A.K. 0520 Uhr, A.O.K. 6 Ia, Datum 06.12.42,"* （第51军晨报，1942年12月6日5点20分发给第6集团军作训处），同上，第129页。证实这一事实的是，第66集团军战史和第24装甲师师史都未提及奥尔洛夫卡地域12月初有过任何激战。

46. *"Zwischenmeldung, 1710 Uhr, A.O.K. 6 Ia, Datum 05.12.42,"* （第14装甲军日中报告，1942年12月5日17点10分发给第6集团军作训处），收录在《第6集团军作战日志附件册，第二卷，1942年11月24日至12月24日》，第122页。

47. 同上。在这份和另一些德方报告中，德国人经常将苏军称为"俄国人"。因此，本卷在引用或以其他方式描述德方报告时，经常会使用"俄国人"这种写法，等同于"苏联人"。

48. *"Zwischenmeldung, VIII. A.K. 1745 Uhr, A.O.K. Ia, Datum 05.12.42,"* （第8军日中报告，1942年12月5日17点45分发给第6集团军作训处），同上，第123页。

49. *"Fernschreiben an Heeresgruppe Don, 2120 Uhr, Armee-Oberkommando 6, Abt.-Ia, A.H.Qu., 05.12.42,"* （第6集团军司令部作训处发给"顿河"集团军群的电报，1942年12月5日21点20分），同上，第124页。

50. *"Tagesmeldung, XIV. Pz.K. 2200 Uhr, A.O.K. 6 Ia, Datum 05.12.42,"* （第14装甲军每日报

告，1942年12月5日22点发给第6集团军作训处），同上，第125—126页。第14装甲军12月3日晚的反坦克炮数量（包括用于反坦克的高射炮）为：第3摩步师——36门（11门重型、21门中型反坦克炮、4门88炮）；第376步兵师——15门（10门重型、5门88炮）。12月5日，该军反坦克炮数量为：第3摩步师——38门（12门重型、22门中型反坦克炮、4门88炮）；第376步兵师——22门（13门重型、4门中型反坦克炮、5门88炮）。

51. "Tagesmeldung, VIII. A.K. 2215 Uhr, A.O.K. 6 Ia, Datum 05.12.42,"（第8军每日报告，1942年12月5日22点15分发给第6集团军作训处），同上，第126—127页。

52. 同上。

53. "Fernschreiben an Heeresgruppe Don, 2220 Uhr, Armee-Oberkommando 6, Abt.-Ia, A.H.Qu., 05.12.42,"（第6集团军司令部作训处发给"顿河"集团军群的电报，1942年12月5日22点20分），同上，第128页。

54. 同上。

55. "Morgenmeldung, VIII. A.K. 0600 Uhr"（第8军晨报，1942年12月6日6点发给第6集团军作训处）和"Morgenmeldung, XIV. Pz.K. 0545 Uhr, A.O.K. 6 Ia, Datum 05.12.42,"（第14装甲军晨报，1942年12月5日[①]5点45分发给第6集团军作训处），同上，第130页。

56.《历史研究：德国侵苏战争中小股部队的作战行动》，陆军部20-269号手册（华盛顿特区：陆军部，1953年7月），第44—58页。这份资料是少数描述营级及营级以下部队作战性质和影响的著作之一，其中包括第44步兵师第132团生还者的回忆。书中还详细阐述了第132团第1营1942年11月20日至12月11日的防御作战。作者指出，尽管该营在这段时期守住了自己的防御，但德国人"只是勉强避免了一场灾难"。

57. "Morgenmeldung, VIII. A.K. 0600 Uhr, A.O.K. 6 Ia, Datum 06.12.42,"（第8军晨报，1942年12月6日6点发给第6集团军作训处），收录于《第6集团军作战日志附件册，第二卷，1942年11月24日至12月24日》，第130页；"Funkspruch an Heeresgruppe Don, 0940 Uhr, Armee-Oberkommando 6, Abt.-Ia, A.H.Qu., 06.12.42,"（第6集团军司令部作训处发给"顿河"集团军群的电报，1942年12月6日9点40分），同上，第131页；"Zwischenmeldung, VIII. A.K. 1815 Uhr, A.O.K. 6 Ia, Datum 06.12.42,"（第14装甲军日中报告，1942年12月6日18点15分发给第6集团军作训处），同上，第135页。

58. "Tagesmeldung, VIII. A.K. 2300 Uhr, A.O.K. 6 Ia, Datum 06.12.42,"（第8军每日报告，1942年12月6日23点发给第6集团军作训处），同上，第141—142页。

59. 同上，第142页。

60. "Morgenmeldung, VIII. A.K. 0530 Uhr, A.O.K. 6 Ia, Datum 07.12.42,"（第8军晨报，1942年12月7日5点30分发给第6集团军作训处），同上，第144页。

61. "KR-Fernschreiben an Gen. Kdo. VIII. A.K. Armee-Oberkommando 6, Abt.-Ia, A.H.Qu., 06.12.1942,"（第6集团军司令部作训处发给第8军部的急电，1942年12月6日签发）。

---

① 译注：12月6日。

62. "Morgenmeldung, VIII. A.K. 2300 Uhr, A.O.K. 6 Ia, Datum 06.12.42,"（第8军晨报[①]，1942年12月6日23点发给第6集团军作训处），同上，第141—142页。

63. "KR-Fernschreiben an Gen. Kdo. VIII. A.K. 1800 Uhr, Armee-Oberkommando 6, Abt.-Ia, A.H.Qu., 06.12.42,"（第6集团军司令部作训处发给第8军军部的急电，1942年12月6日18点签发），同上，第138页。

64. "Beurteilung der Lage 6. Armee, 07.12.1942 vormittags,"（第6集团军态势评估，1942年12月7日晨），同上，第146—147页。

65. 参见第6集团军辖内各军12月5日—10日提交的报告。例如，第16装甲师的报告指出，该师截至12月1日的有效力量为7857人，缺3958人。

66. "Zwischenmeldung, VIII. A.K. 1715 Uhr, A.O.K. 6 Ia, Datum 07.12.42,"（第8军日中报告，1942年12月7日17点15分发给第6集团军作训处）和"Tagesmeldung, VIII. A.K. 2050 Uhr, A.O.K. 6 Ia, Datum 7.12.42,"（第8军每日报告，1942年12月7日20点50分发给第6集团军作训处），同上，第149—151页。

67. 同上，第151页。

68. "Tagesmeldung, XIV. Pz.K. 2120 Uhr, A.O.K. 6 Ia, Datum 07.12.42,"（第14装甲军每日报告，1942年12月7日21点20分发给第6集团军作训处），同上。第14装甲军的61门反坦克炮具体如下：第3摩步师——33门（11门轻型、18门中型、4门88炮）；第376步兵师——18门（10门轻型、3门中型、5门88炮）；"贝格曼"战斗群——10门（4门轻型、6门中型）。

69. "Morgenmeldung, VIII. A.K. 0610 Uhr, A.O.K. 6 Ia, Datum 08.12 42 "（第8军晨报，1942年12月8日6点10分发给第6集团军作训处），同上，第152—153页。

70. "Izvlechenie iz operativnoi svodkoi No. 342,"（342号作战概要摘录），V.A.日林（主编）的《斯大林格勒战役：编年史、真相和人物，两卷本》一书第二册，第160页。

71. 参见第6集团军12月8日—11日的每日态势图，收录在KT.B. AOK 6, Ia., Karten, Nov 1942-Jan 1943, AOK 6, 30155/37 file, NAM T-312, roll 1459。

72. "Fahrt des Herrn Oberbefelhshabers am 08.12.1942,"（1942年12月8日发给司令官阁下的电报），收录在《第6集团军作战日志附件册，第二卷，1942年11月24日至12月24日》，第154页。

73. 同上。

74. "Funkspruch Heeresgruppe Don, 0830 Uhr, Armee-Oberkommando 6, Abt.-Ia, A.H.Qu. 08.12.1942,"（第6集团军司令部作训处发给"顿河"集团军群的电报，1942年12月8日8点30分），同上，第155页。

75. 第6集团军司令部作训处发给"顿河"集团军群的电报，1942年12月8日12点25分，同上，第156页。

76. 第8军日中报告，1942年12月8日17点发给第6集团军作训处，同上，第158—159页。

77. "Zwischenmeldung, XIV. Pz.K. 1920 Uhr, A.O.K.6 Ia, Datum 08.12.42,"（第14装甲军日中

---

① 译注：疑似为每日报告。

报告，1942年12月8日19点20分发给第6集团军作训处），同上，第159—160页。

78. 同上。

79. *"Funkspruch Heeresgruppe Don, Zwischenmeldung, 2105 Uhr, Armee-Oberkommando 6, Abt.-Ia, A.H.Qu. 08.12.1942,"*（第6集团军司令部作训处发给"顿河"集团军群的电报，1942年12月8日21点05分），同上，第160页。时间有误，这份报告很可能是下午晚些时候发出的。

80. 同上。

81. 第6集团军司令部作训处发给"顿河"集团军群的电报，1942年12月8日21点05分，同上，第161页。

82. 同上。

83. *"Tagesmeldung, XIV Pz.K. 2200 Uhr, A.O.K. 6 Ia, Datum 08.12.42,"*（第14装甲军每日报告，1942年12月8日22点发给第6集团军作训处），同上，第163页。

84. 同上。

85. 同上。这58辆坦克包括第3摩步师的27辆（21辆三号长身管、2辆四号短身管、4辆四号长身管）、"瓦姆博尔德"装甲支队的5辆（3辆三号长身管、2辆四号长身管）、"波格雷尔"装甲支队的26辆（22辆三号长身管、4辆四号长身管）。"波格雷尔"装甲支队从西面和西北面对包围圈内的苏军发起进攻。也许更为重要的是，第14装甲军尚有56门反坦克炮，包括第3摩步师的33门、第376步兵师的15门、"贝格曼"战斗群的8门。

86. *"Tagesmeldung, VIII. A.K. 2220 Uhr, A.O.K. 6 Ia, Datum 08.12.42,"*（第8军每日报告，1942年12月8日22点20分发给第6集团军作训处），同上，第164页。第44步兵师[①]的坦克力量为：西克纽斯装甲团11辆坦克（6辆四号、5辆三号长身管）、第36装甲团5辆坦克（1辆三号长身管、1辆四号长身管、3辆75毫米三号坦克）、第177突击炮营6辆突击炮、第244突击炮营11辆突击炮（5辆短身管、4辆长身管、2辆步兵突击炮）。该军还有36门反坦克炮：第76步兵师13门、第113步兵师1门、第44步兵师22门。

87. 第8军晨报，1942年12月9日5点50分发给第6集团军作训处，同上，第167页。

88. *"Morgenmeldung, XIV. Pz.K. 0600 Uhr, A.O.K. 6 Ia, Datum 10.12.42,"*（第14装甲军晨报，1942年12月10日6点发给第6集团军作训处），同上，第176页。

89. 《历史研究：德国侵苏战争中小股部队的作战行动》，陆军部20-269号手册（华盛顿特区：陆军部，1953年7月），第58页。

90. 第62集团军作战日志，*"Opersvodka No. 321 and 322, Boevoe donesenie No. 254, 8.12.42,"*（第321、第322号作战概要，第254号战报，1942年12月8日）。

91. 同上。这份报告最有意思的部分是苏军在巷战中使用了新型喷火器这一事实。正如报告中指出的那样，Fog-1喷火器颇具效力，但其设计缺陷使它对操作手构成了危险。故此，苏联人1943年初使用了新式的Fog-2喷火器。与射程60—140米的Fog-1不同，Fog-2的有效射程为100米，就像崔可夫建议的那样。关于红军这些和另一些武器的更多详情，可参阅戴维·M.格兰茨的《红军的武器和装备，1941—

---

① 译注：应为第8军。

1945年》（宾夕法尼亚州卡莱尔：自费出版，2004年）。

92. 第51军12月8日伤亡221人，受损最严重的是第100猎兵师，该师在马马耶夫岗的战斗中伤亡51人（8人阵亡、43人负伤），在"红十月"厂战斗的第79步兵师损失30人（5人阵亡、25人负伤），而在奥尔洛夫卡附近战斗的第24装甲师伤亡66人（5人阵亡、61人负伤）。参见"*Morgenmeldung, LI. A.K. 0540 Uhr, A.O.K. 6 Ia, Datum 09.12.42,*"（第51军晨报，1942年12月9日5点40分发给第6集团军作训处），收录在《第6集团军作战日志附件册，第二卷，1942年11月24日至12月24日》，第166—167页。

93. 第6集团军司令部作训处发给"顿河"集团军群的电报，1942年12月9日8点30分，同上，第168页。

94. 第14装甲军日中报告，1942年12月9日17点15分发给第6集团军作训处，同上，第171页。

95. 第8军日中报告，1942年12月9日15点50分发给第6集团军作训处，同上，第169—170页。

96. 第8军每日报告，1942年12月9日20点40分发给第6集团军作训处，同上，第171—172页。此时，为第8军提供支援的装甲和反坦克炮力量为15辆坦克、17辆突击炮、5门88炮和47门反坦克炮。15辆坦克是第16装甲师第2装甲团的11辆（6辆四号长身管、5辆三号长身管）、第14装甲师第36装甲团的4辆（1辆四号长身管、3辆三号）。17辆突击炮是第177突击炮营的5辆（均为长身管）、第244突击炮营的12辆（5辆长身管、5辆短身管、2辆步兵突击炮）。47门反坦克炮是第133步兵师的12门（8门中型、4门重型）、第76步兵师的13门（5门中型、8门重型）、第44步兵师的22门（1门中型、21门重型）。

97. 第8军晨报，1942年12月10日5点50分发给第6集团军作训处，同上，第176页。

98. 第14装甲军每日报告，1942年12月9日21点发给第6集团军作训处，同上，第172页。

99. 同上。第14装甲军的58辆坦克是第3摩步师的27辆（21辆三号长身管、2辆四号短身管、4辆四号长身管）、"瓦姆博尔德"装甲支队的7辆（2辆四号长身管、5辆三号长身管）、"波格雷尔"装甲支队的24辆（2辆四号长身管、22辆三号长身管）。60门反坦克炮是第3摩步师的36门（13门重型、19门中型、4门88炮）、第376步兵师的16门（8门重型、3门中型、5门88炮）、"贝格曼"战斗群的8门（4门重型、4门中型）。

100. 第14装甲军晨报，1942年12月10日6点发给第6集团军作训处，同上，第176页。

101. "*Funkspruch an Heeresgruppe Don, 2150 Uhr, Armee-Oberkommando 6, Abt.-Ia, A.H.Qu., 09.12.42,*"（第6集团军司令部作训处发给"顿河"集团军群的电报，1942年12月9日21点50分），同上，第174页。

102. "*Zwischenmeldung, XIV Pz.K. 1645 Uhr, A.O.K 6 Ia, Datum 10.12.42,*"（第14装甲军日中报告，1942年12月10日16点45分发给第6集团军作训处），同上，第181页。

103. 同上。关于德军投入135.1高地争夺战的坦克数量，可参阅第6集团军12月8日—10日的每日态势图。

104. "*Tagesmeldungen, VIII. A.K. 2005 Uhr, XIV Pz.K. 2040 Uhr, A.O.K. 6 Ia, Datum 10.12.42,*"（第8军、第14装甲军每日报告，1942年12月10日20点05分、20点40分发给第6集团军作训处），同上，第184—185页。也可参阅副卷附录11K。

105. "*Fernspruch an Gen. Kdo. LI. A.K., Kdr. Pi. Btl. 384, 0925 Uhr, Armee-Oberkommando 6, Abt.-Ia, A.H.Qu., 10.12.42,*"（第6集团军司令部作训处发给第51军军部的电报，关于第384工兵营，1942年12月10日9点25分），同上，第178页。

106. *"Zwischenmeldung, LI. A.K. meldet 1605 Uhr, A.O.K. 6 Ia, Datum 10.12.42,"*（第51军日中报告，1942年12月10日16点05分发给第6集团军作训处），同上，第180页。

107. *"Morgenmeldung, VIII. A.K. meldet 0540 Uhr, A.O.K. 6 Ia, Datum 11.12.42,"*（第8军晨报，1942年12月11日5点40分发给第6集团军作训处），同上，第187页。

108. *"Morgenmeldung, LI. A.K. 0600 Uhr, A.O.K. 6 Ia, Datum 11.12.42,"*（第51军晨报，1942年12月11日6点发给第6集团军作训处），同上，第188页。

109. *"Fernspruch an Heeresgruppe Don, 1950 Uhr, Armee-Oberkommando 6, Abt.-Ia, A.H.Qu., 10.12.42,"*（第6集团军司令部作训处发给"顿河"集团军群的电报，1942年12月10日19点50分），同上，第183页。

110. *"Funkspruch an Heeresgruppe Don, Tagesmeldung, 1815 Uhr, Armee-Oberkommando 6, Abt.-Ia, A.H.Qu., 11.12.42,"*（第6集团军司令部作训处发给"顿河"集团军群的电报，1942年12月11日18点15分），同上，第193页。

111. 同上。

112. *"Funkspruch an Heeresgruppe Don, 1954 Uhr, Armee-Oberkommando 6, Abt.-Ia, A.H.Qu., 11.12.42,"*（第6集团军司令部作训处发给"顿河"集团军群的电报，1942年12月11日19点54分），同上，第194页。

113. *"Nachtrag zur Tagesmeldung, IV. A.K. meldet 2030 Uhr"*（第4军每日报告附件，20点30分签发）和*"LI. A.K. 2050 Uhr, A.O.K. 6 Ia, Datum 11.12.42,"*（第51军每日报告，1942年12月11日20点50分发给第6集团军作训处），同上，第196—197页。

114. *"Morgenmeldung, VIII. A.K. 0540 Uhr,"*（第8军晨报，1942年12月12日5点40分发给第6集团军作训处）和*"XIV. Pz.K. 0615 Uhr, A.O.K. 6 Ia, Datum 12.12.42,"*（第14装甲军晨报，1942年12月12日6点15分发给第6集团军作训处），同上。

115. *"Morgenmeldung, LI. A.K. 0600 Uhr,"*（第51军晨报，1942年12月12日6点发给第6集团军作训处），同上，第197页。第51军报告，城内的战斗造成如下伤亡：第71步兵师——6人（2人阵亡、3人负伤、1人失踪）；第295步兵师——5人（均为负伤）；第100猎兵师——17人（1人阵亡、16人负伤）；第79步兵师——26人（4人阵亡、22人负伤）；第305步兵师——24人（4人阵亡、20人负伤）；第389步兵师——2人（1人阵亡、1人负伤）；第24装甲师——8人（4人阵亡、4人负伤）；第16装甲师（12月10日）——36人（3人阵亡、22人负伤、11人失踪）；第60摩步师——15人（3人阵亡、12人负伤）；第16装甲师（12月10日）——40人（5人阵亡、28人负伤、7人失踪）；罗马尼亚部队——6人负伤。这种每日伤亡稳定的涓涓细流发生在一片较为平静的作战地区，损害了德军实力已然不济的各个师的战斗力。

116. *"Funkspruch An Chef Gen Stab, Geh. Kdos, 0700 Uhr, 22. Dezember 1942 [from A.O.K. 6],"*（第6集团军发给OKH参谋长的电报，1942年12月22日7点），同上，第318页。

117. 参见格尔利茨的《保卢斯与斯大林格勒：陆军元帅弗里德里希·保卢斯传，他的笔记、书信和文件》，第273页，以及第6集团军11月22日每日报告的原始电报，收录在《第6集团军作战日志附件册，第二卷，1942年11月24日至12月24日》，第317—319页。

# 第五章

# "小土星"行动和托尔莫辛进攻战役
## 12月16日—31日

## 背 景

　　1942年11月19日至12月15日发生在斯大林格勒地域的戏剧性军事行动，使德国B集团军群、新组建的"顿河"集团军群、OKW（德国国防军最高统帅部）和OKH（德国陆军总司令部）面临着前所未有的失败的前景。红军发起的进攻突破轴心国军队的战略防御，粉碎了一个轴心国集团军（罗马尼亚第3集团军），包围了一个完整的德国集团军——德军最著名的部队之一，保卢斯将军的第6集团军——这在战争期间尚属首次。除了将30万轴心国士兵困在斯大林格勒包围圈，12月头十天，红军还沿斯大林格勒西面的克里瓦亚河和奇尔河、沿城市西南面的阿克赛河构设起强大的合围对外正面。几天后，红军又给德国人的伤口上撒了把盐，他们粉碎了德军位于斯大林格勒包围圈西面，顿河东岸最后的登陆场，德国人本打算从那里发起一场解救保卢斯集团军的行动。

　　轴心国遭遇的这些灾难性失败使德军最高统帅部和"顿河"集团军群陷入困境，为防止东线整个南半部崩溃，他们只剩下一个选择。为解救被困的第6集团军，他们必须从西南面向包围圈发起一场果断推进，可能辅以保卢斯集团军遂行的一场有组织的突围行动。"霍特"集团军级集群（第4装甲集团军）12月12日以第57装甲军发起救援行动，代号为"冬季风暴"。在这场与时间展开的殊死竞赛中，基希纳装甲军以第6、第23装甲师从科捷利尼科沃地域向北突击，罗马尼亚第6、第7军残部提供支援。两个德军装甲师迅速突破斯大林格勒方面军第51集团军薄弱的防御，向东北方疾进，没过24小时又冲破苏军沿阿克赛河构设的防御，进抵上库姆斯基村、阿克赛河畔的克鲁格利亚科夫镇，并于12月14日晨前出至梅什科瓦河南部接近地。

苏军正确判断出这是对他们刚刚完成的合围行动的致命威胁，并迅速做出应对，最高统帅部和斯大林格勒方面军将所有可用的战役预备队派往受威胁地域。这些预备队以机械化第4军（从下奇尔斯卡亚地域匆匆南调）和坦克第13军（很快改称机械化第13军）为先头部队，沿阿克赛河及其北部，在上库姆斯基和克鲁格利亚科夫附近与第57装甲军第6、第23装甲师展开一场激烈角逐（德军第17装甲师很快也加入其中），这番激战从12月14日持续至19日。

正当战斗在阿克赛地域肆虐之际，12月14日晚，斯大林和最高统帅部命令马利诺夫斯基近卫第2集团军停止为歼灭第6集团军包围圈所做的准备工作，立即向南开拔，帮助斯大林格勒方面军阻截第57装甲军的解围行动。12月19日清晨，马利诺夫斯基集团军沿梅什科瓦河集结完毕时，斯大林批准了华西列夫斯基将军的计划——以强大的近卫第2集团军发起进攻，击败第57装甲军，将其逐回科捷利尼科沃地域。华西列夫斯基的新进攻计划还要求坦克第5、突击第5集团军恢复沿奇尔河和顿河的进攻行动，以支援斯大林格勒方面军向科捷利尼科沃发起的攻势。几天内，最高统帅部又以几支快速部队加强马利诺夫斯基集团军，其中包括调自下奇尔河地域的罗特米斯特罗夫坦克第7军、普利耶夫近卫骑兵第3军和调自最高统帅部预备队、S.I.波格丹诺夫少将新组建的机械化第6军。

最高统帅部和斯大林格勒方面军集结起他们认为足够的兵力，准备挫败德军解围行动时，第57装甲军辖下的第6、第17装甲师12月19日—20日夜间进入沿梅什科瓦河构设的阵地。在此过程中，第6装甲师在瓦西里耶夫卡村夺得河流北岸的一座小型登陆场。受到这个消息的鼓舞，12月19日下午晚些时候，冯·曼施泰因元帅命令"霍特"集团军级集群投入基希纳将军的第57装甲军，尽快向北面的斯大林格勒包围圈发起最后的突击。基希纳将把他的部队集结在梅什科瓦河北岸的瓦西里耶夫卡登陆场及其周边，然后向北推进约60公里，与第6集团军会合，并为其提供救援。同时，曼施泰因敦促保卢斯实施"霹雳"行动，以第6集团军向南突击，与第57装甲军救援部队会合。[1]曼施泰因的恳请为可能是整个战争期间最重要、最具争议的四天（1942年12月20日—24日）构设起舞台，这四天最终决定了德国第6集团军的命运。

但是，"霍特"集团军级集群第57装甲军与斯大林格勒方面军近卫第2集团军、第51集团军这场颇具争议的厮杀并非在真空中进行。基希纳装甲军完成上库姆斯基和克鲁格利亚科夫地域的战斗，旋即向北推进，渡过梅什科瓦河赶往斯大林格勒时，苏军最高统帅部在顿河以西发起规模庞大的新攻势[①]。12月16日拂晓，遂行"小土星"行动的三个苏军集团军对意大利第8集团军和"霍利特"集群发起打击。数千门火炮、迫击炮和数百架战机实施猛烈炮击和轰炸后，西南方面军近卫第1、第3集团军，在右侧沃罗涅日方面军第6集团军的支援下，渡过顿河向南、沿上奇尔河和克里瓦亚河向西发起突击。三天不到，这些编有约32万名士兵和四个坦克军、一个机械化军近1000辆坦克的集团军，就突破并打垮了意大利第8集团军沿顿河构设的防御，"霍利特"集群沿克里瓦亚河和上奇尔河的防御也土崩瓦解。这场攻势粉碎了意大利集团军，迫使"霍利特"集群不得不为自身的生存而战。差不多就在这时，东面更远处，西南方面军坦克第5集团军和斯大林格勒方面军突击第5集团军恢复了向托尔莫辛的进攻，前者沿下奇尔河进击，后者跨过顿河向西而去。

三个苏军集团军从顿河向南、从克里瓦亚河和奇尔河向西发起进攻，成功歼灭、俘获或包围了意大利第8集团军主力，迫使"霍利特"集群12月23日黄昏实施一场危险的后撤，向南退往莫罗佐夫斯克地域的东西向主铁路线。在此过程中，苏军在B集团军群与"顿河"集团军群结合部的轴心国军队防区打开一个180公里宽的缺口。B集团军群竭力遏止苏军的攻势，并以仓促集结起来的"弗雷特-皮科"集团军级支队封堵这个缺口，这个支队以零零碎碎调至该地区的援兵组建而成。尽管这番努力挡住了苏军的推进，但12月23日和24日，态势愈发恶化，西南方面军坦克第24和第25军突袭"顿河"集团军群设在塔钦斯卡亚和莫罗佐夫斯克的机场和补给基地，这两个基地对维系第6集团军和仍沿下奇尔河实施防御的轴心国军队至关重要。

---

① 译注：此处表述有误，第57装甲军12月19日才结束上库姆斯基的战斗，而"小土星"行动12月16日就开始了。

苏军这些进攻行动造成了难以挽回的破坏，OKH、B集团军群和"顿河"集团军群别无选择，只得修改他们在该地区的整体策略。简言之，他们必须判断是否有可能完成希特勒赋予他们的两项重要、但相互抵触的任务，如果答案是肯定的，那么该如何行事？具体说来，他们不得不调整解救第6集团军的行动，使之与恢复东线南翼一条连贯、稳定防线的行动相一致。曼施泰因的结论是，他的集团军群无法同时完成这两项任务，因而选择保卫集团军群的基地和连接第6集团军的空中生命线，相应的代价是不再救援第6集团军。

因此，12月22日晚，曼施泰因命令第48装甲军和第11装甲师从下奇尔河向西赶往莫罗佐夫斯克地域。次日，他从第57装甲军抽调第6装甲师，以加强第48装甲军。但由于态势极不稳定，就连这些激烈的措施也为时过晚：苏军坦克第24军12月25日终前攻占塔钦斯卡亚及其机场。虽然第11装甲师28日重新夺回塔钦斯卡亚，但苏军已给斯大林格勒的空运和第57装甲军的救援行动造成无法弥补的破坏。第6装甲师师长劳斯将军沮丧不已，他后来描述了曼施泰因突然做出的决定如何结束了解救第6集团军的一切希望（参见副卷附录12A）。[2]

但是，劳斯和他的部下都没有意识到他们的救援行动已告失败这一事实。情况的确如此，首先是因为马利诺夫斯基将军的近卫第2集团军不仅仅准备抗击第57装甲军的推进，还完成了一场大规模进攻的准备工作。因此，第57装甲军面对的不是获得少量坦克支援的苏军第51集团军支离破碎的残部，而是马利诺夫斯基实力强大的近卫第2集团军。此时，近卫第2集团军编有两个近卫步兵军（各辖三个步兵师）和近卫机械化第2军，并获得坦克第7、机械化第6军（一度还包括坦克第23军）和大批炮兵部队的加强。基希纳的部队只有1.5万人、160辆战车和一个搭乘装甲车的装甲掷弹兵营，而他们面对的苏军有近12万人、600辆坦克和不计其数的火炮。[3]第二个原因更具决定性，劳斯将军的第6装甲师12月23日从第57装甲军转隶第48装甲军，导致以上这番计算变得无关紧要，也预示着基希纳的部队几乎肯定会遭到失败。

德军情报部门也没能正确识别出第57装甲军当面之敌。例如，12月20日18点45分，德军无线电拦截单位向"顿河"集团军群报告，苏军一个新的"第2集团军"位于斯大林格勒地域，德军情报机构称，该集团军与顿河方面军位于斯大林格勒包围圈西北方的第65、第21集团军"保持着联系"。[4]空中侦察证实了这一情况，他们发现"沿萨拉托夫、卡梅申、伊洛夫林斯基铁路线的交通运输非常繁忙"。[5]第4装甲集团军随后对俘虏加以讯问，12月21日确认三个苏军新锐步兵师正沿梅什科瓦河作战，12月23日又发现苏军坦克第23军位于第17装甲师对面。[6]不过，根据"顿河"集团军群的相关记录，第4装甲集团军直到12月25日才证实近卫第2集团军位于梅什科瓦河地域，此时，马利诺夫斯基集团军投入进攻已超过24小时。[7]此后，第4装甲集团军已然丧失解救第6集团军的一切机会，集团军辖下的第57装甲军正为自身的存亡而战。

正是在这种背景下，1942年12月下半月的重大事件开始沿顿河和奇尔河展开，苏军最高统帅部将西南方面军和沃罗涅日方面军投入代号为"小土星"的行动中。

## "小土星"行动，12月16日—31日

### 最后的准备和双方的力量

战役现实迫使苏军最高统帅部将"土星"行动改为不那么雄心勃勃的"小土星"行动。具体说来，斯大林坚持要消灭第6集团军口袋，故而在12月9日批准华西列夫斯基将近卫第2集团军调拨给顿河方面军的建议。随后，德国第57装甲军12月12日攻入阿克赛地域，迫使斯大林不得不于12月14日将近卫第2集团军调至梅什科瓦河地域。最高统帅部失去了发展胜利的部队，别无选择，只得缩减"土星"行动的规模。他们不再打算以一场庞大、深远的突击夺取罗斯托夫，而是拟制了一个规模较小的进攻计划，以歼灭顿河和奇尔河南面及西面的轴心国军队，并夺取塔钦斯卡亚和莫罗佐夫斯克至关重要的机场和补给基地，从而切断第6集团军的"后勤脐带"。苏军最高统帅部还确信，如果"小土星"行动取得成功，"顿河"集团军群要想在顿河以西恢复一道连贯的防线，就必须停止向斯大林格勒发起的救援行动——事实证明，这个判断正确无误。

斯大林12月13日批准华西列夫斯基的"小土星"计划后没过几个小时，后者会晤瓦图京将军，批准了他与库兹涅佐夫、列柳申科将军拟定的进攻令，他们的近卫第1、第3集团军将在这场进攻中担任先锋（这些进攻令可参见副卷

附录12B、12C、12D）。除了这两个集团军，进攻部队还包括西南方面军辖下的坦克第5集团军，该集团军将从奇尔河向南发起突击，夺取托尔莫辛，从而为突击群左翼提供掩护，另外还有沃罗涅日方面军辖下的第6集团军，该集团军将向南赶往坎捷米罗夫卡地域，以掩护突击群右翼。虽然并未正式参加"小土星"战役，但斯大林格勒方面军突击第5集团军奉命做好准备，渡过顿河向西攻击前进，支援赶往托尔莫辛的坦克第5集团军。

"小土星"行动的目标是意大利第8集团军、"霍利特"集群、罗马尼亚第3集团军残部和德国第48装甲军（参见地图32和副卷附录12E）。这些部队沿顿河、克里瓦亚河和奇尔河守卫着280公里宽的防区，从顿河中游的新卡利特瓦（Novaia Kaltiva）向东南方延伸至下奇尔斯卡亚地域，奇尔河汇入顿河处的南面。[8]苏军情报部门估计，这些敌兵团约有200200人，外加600辆坦克。虽然人数接近事实，但坦克数量被严重高估，因为12月中旬时，这些轴心国军队的坦克不到100辆。[9]

至于"小土星"攻势的打法，西南方面军近卫第1、第3集团军组成的主力突击群将打击并歼灭意大利第8集团军和"霍利特"集团军级支队的罗马尼亚、德国联军（尽管苏军没能识别出后者）。尔后，发展胜利的坦克和机械化军有两个最终目标：夺取塔钦斯卡亚和莫罗佐夫斯克德军至关重要的空军基地和补给设施，将德军装甲部队调离顿河以西的下奇尔河地域和顿河以东的阿克赛河地域，从而挫败对方沿这两个方向朝斯大林格勒发起解围行动的企图。因此，歼灭意大利和罗马尼亚集团军仅仅是一种手段，以实现一个更重要的目的。具有讽刺意味的是，"小土星"行动12月16日发起时，斯大林格勒方面军辖下的突击第5集团军已为此目的做出巨大贡献，他们在雷奇科夫斯基和下奇尔斯卡亚夺得第48装甲军位于奇尔河和顿河对岸至关重要的登陆场，粉碎了德国人从西面向斯大林格勒发起解围行动的一切可能性。尽管如此，若"小土星"行动成功，便能完成夺取德军机场和基地的主要任务，有可能迫使"顿河"集团军群将装甲部队调离第4装甲集团军从西南方朝斯大林格勒发起的救援行动。

"小土星"战役的目的是一场合围，更准确地说，是一系列合围行动（参见地图33）。[10]这可能是因为沿顿河和奇尔河设防的轴心国军队形成一个

90度直角：意大利第8集团军的部队正面朝北，沿顿河布防，对面是苏军近卫第1集团军和第6集团军；德国和罗马尼亚军队正面朝东，沿克里瓦亚河和奇尔河设防，对面是苏军近卫第3集团军和坦克第5集团军。苏军的协同行动将以部署在近卫第1集团军右翼和第6集团军左翼的突击群向南、东南方发起冲击，攻入意大利第8集团军的深远后方，而部署在近卫第3集团军左翼的突击群将向西、西南方攻击前进，进入"霍利特"集团军级支队和罗马尼亚第3集团军后方。尔后，如果情况允许，沿奇尔河部署在西南方面军最左翼的坦克第5集团军，将从位于奇尔河南岸的登陆场向南、向西发起突击，夺取托尔莫辛，尔后转身向西，与近卫第3集团军在莫罗佐夫斯克地域会合。

在五个坦克军和两个机械化军的率领下，遂行向心攻击的突击群编成内的步兵兵团将在轴心国军队后方会合，沿克里瓦亚河设立一道屏障，包围各快速军推进期间绕过的所有轴心国部队。各坦克和机械化军将向南、西南方发展胜利，经坎捷米罗夫卡和米列罗沃设立一道合围对外正面，并夺取从西面通往下奇尔河和斯大林格勒地域的主铁路线上至关重要的德军机场和补给基地。

为确保突破和随后的发展胜利行动取得成功，遂行进攻的各集团军将其主力编入大规模突击群，部署在极其狭窄的主要突击地域（突破区）。具体说来，近卫第1集团军和第6集团军突击群将从上马蒙地域跨过顿河向南进攻，近卫第3集团军突击群将在博科夫斯卡亚地域跨过奇尔河向西发起冲击。

尽管近卫第2集团军已调离，但"小土星"战役12月16日8点打响时，瓦图京西南方面军还是投入了令人印象深刻的大批部队。F.I.库兹涅佐夫中将指挥的近卫第1集团军构成这场攻势的右翼（北翼）。集团军突击群不仅编有两个满编步兵军（近卫步兵第4、第6军），还包括坦克第18、第24、第25军，外加第6集团军辖下的坦克第17军。和"天王星"行动一样，库兹涅佐夫集团军（右翼获得沃罗涅日方面军第6集团军步兵第15军支援）负责突破一个德国卫星国集团军的防御，这次是装备拙劣的意大利第8集团军。进攻准备工作就绪后，近卫第1集团军和第6集团军突击群编有9个步兵师和4个坦克军，共700多辆坦克，他们将沿一条27公里宽的战线发起突击。[11]

意大利第8集团军沿顿河据守着125公里宽的防区，从巴甫洛夫斯克（Pavlovsk）对面向南穿过新卡利特瓦，再向东南方延伸至巴斯科夫斯卡亚

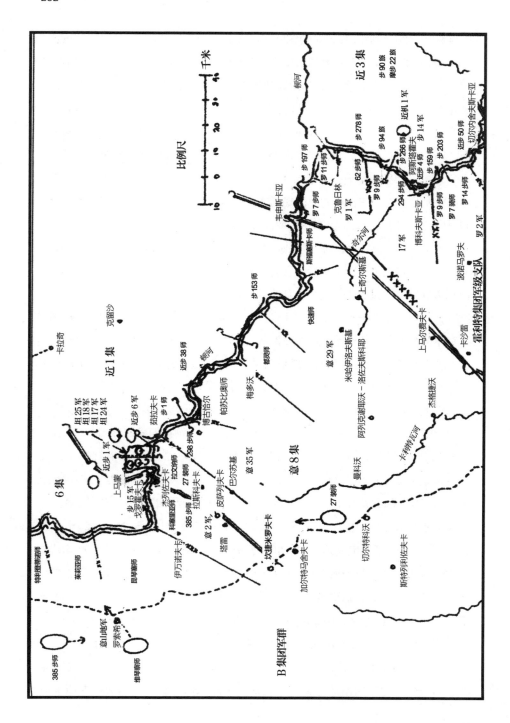

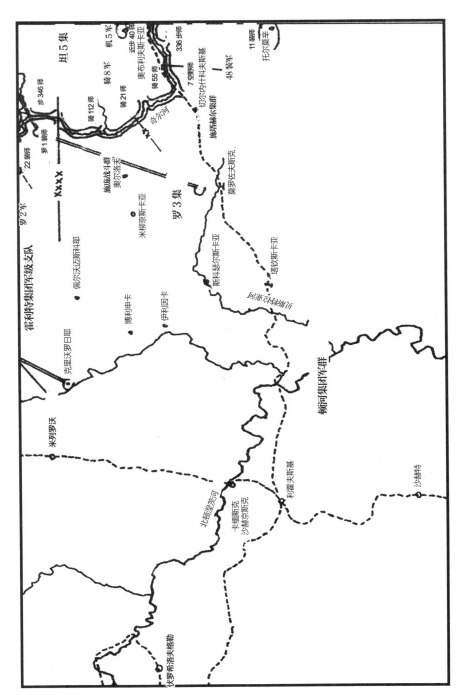

地图 32 "小土星"战役：双方的部队，1942 年 12 月 16 日

（Baskovskaia）西面。伊塔洛·加里波第大将指挥的意大利第8集团军编有11个步兵师（10个意大利师和1个德国师），分别隶属于四个军（3个陆军军、1个山地军）。这些步兵师中的7个（6个意大利师和1个德国师）分别隶属于三个陆军军，据守着苏军近卫第1集团军和第6集团军对面的防御。但是，只有第

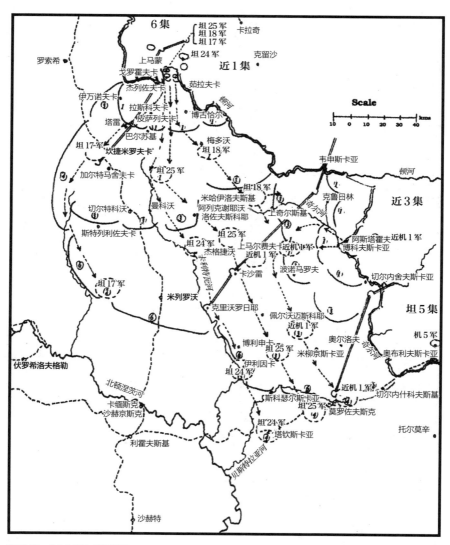

**地图33 "小土星"战役计划**

2军辖下的两个意大利步兵师（第5"科塞里亚"、第3"拉文纳"步兵师），在一个德军保安团（第318团）支援下，部署在苏军两个集团军主要突击地域对面。从数量上看，与守军相比，苏军在各个方面都占有压倒性优势（参见副卷附录12F）。[12]

东南方约140公里处，D.D.列柳申科中将指挥的近卫第3集团军部署在克里瓦亚河和奇尔河对面，将在"小土星"攻势的中央地带遂行主要突击。虽然未像近卫第1集团军那样配备大批坦克力量，但近卫第3集团军编有7个步兵师、2个独立步兵旅、近卫机械化第1军和摩托化步兵第22旅。列柳申科的进攻计划将7个步兵师中的4个集中在14公里宽的主要突击地域，其中3个师部署在9公里宽的战线上；集团军辖内另外3个步兵师负责守卫一条75公里宽的防线。列柳申科用于发展胜利的快速集群编有近卫机械化第1军、摩托化步兵第22旅、独立步兵第90旅，共234辆坦克，他们将穿过沿9公里宽战线部署的3个步兵师的突破正面，发起进攻。

近卫第3集团军当面之敌为"霍利特"集团军级支队，该支队隶属于步兵上将卡尔·霍利特的第17军军部[①]，掌握着6个罗马尼亚师（第7、第9、第11、第14步兵师、第7骑兵师、第1装甲师）的残部、2个德国步兵师（第62、第294师）和德军第22装甲师。这些部队在德国第17军和罗马尼亚第1、第2军的指挥下作战，德军第294步兵师一部担任预备队。与隶属于B集团军群的意大利第8集团军不同，"霍利特"支队和右侧的罗马尼亚第3集团军已于11月下旬划拨给曼施泰因新组建的"顿河"集团军群。[13]最后是在莫罗佐夫斯克地域担任预备队的第306步兵师和第8空军野战师，苏军发起"小土星"攻势后不久，这两个师调拨给了"霍利特"支队。

完成"小土星"行动兵力部署任务的是P.L.罗曼年科中将的坦克第5集团军，三个多星期来，该集团军一直从事着夺取奇尔河对岸登陆场的战斗。坦克第5集团军将配合左侧斯大林格勒方面军突击第5集团军，摧毁第4装甲集团军第48装甲军沿下奇尔河和顿河构设的防御，并向西进击，夺取托尔莫辛，尔后

---

①译注：集团军级支队的级别高于军。

攻占莫罗佐夫斯克，在那里与近卫第3集团军的部队会合。

12月11日—12日夜间将左翼部队（近卫步兵第4、步兵第258师、近卫骑兵第3军）转隶突击第5集团军后，罗曼年科坦克集团军尚有六个步兵师（步兵第346、第321、第119、第333、近卫步兵第40、第47师）、坦克第1军、机械化第5军、骑兵第8军、近卫坦克第8、第15旅、独立坦克第510、第511营、一个摩托车团和一个摩托车营。虽然坦克第5集团军仍在同德国第48装甲军第11装甲师、第336、第384步兵师、"施通普菲尔德"、"海尔曼"战斗群战斗，但只要情况允许，他们就将加入"小土星"攻势。与此同时，集团军辖下的机械化第5军继续在苏罗维基诺以西地域遂行进攻，与之相配合的是从集团军左翼奥斯特罗夫斯基登陆场发起突击的步兵、坦克混编部队。

至于苏军实施"小土星"战役的总兵力，西南方面军和沃罗涅日方面军第6集团军共投入42.5万名士兵，其中37万隶属各作战兵团和部队，外加1200辆坦克。他们面对的是获得约100辆坦克支援的20万名轴心国士兵。但在战役过程中，德国人获得10万援兵，苏军也得到约6万援兵（这些援兵的出处、到达时间和地点、分配情况参见副卷附录12G）。[14]

## 突破阶段，12月16日—23日

12月16日拂晓，苏军炮兵对意大利军队位于上马蒙地域的防御、罗马尼亚和德国军队设在博科夫斯卡亚以东的防御实施猛烈轰击后，瓦图京的部队按计划发起进攻（参见地图34）。虽然进攻初期投入压倒性力量，但最初24小时的攻势并不像瓦图京预期的那般顺利。这是因为浓雾笼罩着冰封的河面和遍布积雪的草地。近卫第1集团军辖内最强大的炮兵兵团——炮兵第9师——迟迟才进入指定发射阵地。因此，许多目标并未被这场炮火准备所摧毁。

近卫第1集团军发起冲击，意大利第2军靠前部署的两个师起初实施了顽强抵抗，导致进攻方只取得不到3公里进展。受到大雾和炮兵第9师延迟部署的妨碍，库兹涅佐夫的步兵和提供支援的坦克难以达成更大进展。另外，坦克第18和第25军先遣坦克旅11点（坦克第17军先遣旅30分钟后跟上）穿过步兵梯队时，立即遭遇到苏军步兵未肃清的雷区，大批坦克被炸毁，彻底打乱了他们扩大突破的企图。[15]

虽然"顿河"集团军群司令部参谋人员知道苏军发起进攻，甚至确定了对方一些关键进攻地段，但他们最初并未意识到"小土星"攻势的整个规模和意图。例如，集团军群12月16日晨的作战日志指出：

今天［5点30分左右］，敌人对"霍利特"突击集群［Angriffsgruppe］防区内的多处阵地发起冲击，某些情况下甚至获得坦克支援。敌人这些进攻的主攻点是第294步兵师防区。除了对第294步兵师设在克留斯恰（Kriuscha）的作战前哨发起各种进攻，敌人在东部战线实施的冲击未达成任何突破。

下卡利诺夫卡以西地域出现一个缺口（约2—4公里宽、3公里深）。细节尚不清楚。[16]

随着更加完整的报告发至"顿河"集团军群司令部，情况已非常清楚，苏军的突击远比一场进攻侦察更加严重。例如，集团军群当日晚些时候获悉，强大的敌步兵部队（共计三个步兵师）在大批坦克支援下，拂晓后不久沿一条宽大的战线发起进攻。另外，在"霍利特"集团军级支队防区，一股苏军突破罗马尼亚第14步兵师设在克拉斯诺库茨卡亚（Krasnokutskaia）东南方的防御，径直冲向福明（Fomin）；另一股苏军已突破德军第294步兵师位于阿斯塔霍夫（Astakhov）附近的防御，估计为3—4个步兵营和40—60辆坦克。实际上，前者是步兵第14军辖下的近卫步兵第50师，后者是该军辖内的近卫步兵第14师，并获得独立坦克第114团支援，很可能还有近卫机械化第1军的先遣部队。虽然"顿河"集团军群的记录中指出，"击毁17辆敌坦克、击伤4辆"，但也承认，"从克留斯恰峡谷以东至156高地的所有制高点都落入敌军手中。"[17]当日大批战场报告证明了一个严峻的事实，苏军一场大规模攻势正在进行中，而且相当成功。OKH总结了当日的战斗，承认一个或几个苏军营在上马蒙地域对意大利军队的防御发起突击，但这些进攻已被轻松击退，敌人损失惨重。OKH基本上将苏军的进攻视为不会造成太大后果的侦察行动，对此未加理会（OKH后续的每日报告可参见副卷附录12H）。[18]

经过24小时令人沮丧、毫无结果的战斗并遭受严重损失后，近卫第1集团军和第6集团军重组辖内各师，17日重新发起进攻——这一次，他们将坦克力

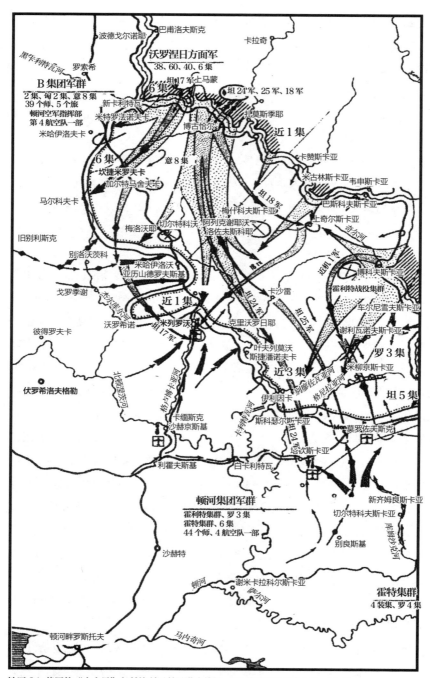

地图 34 苏军的"小土星"和科捷利尼科沃进攻战役，1942 年 12 月 16 日—31 日

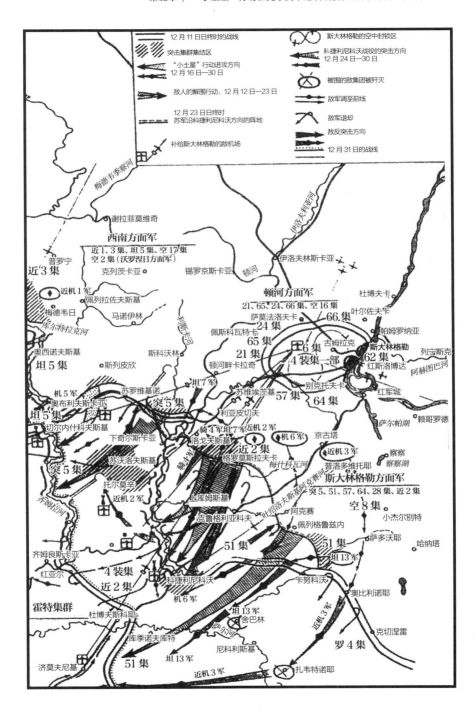

量彻底融入步兵部队。结果，这场撕裂意大利军队防御的战斗开始时代价高昂，但迅速发生变化，近卫第1集团军和第6集团军整个主要突击地域上，轴心国军队的抵抗土崩瓦解。下午晚些时候，P.P.波卢博亚罗夫少将的坦克第17军投入战斗后，苏军取得了当日最大的战果。波卢博亚罗夫发展胜利的坦克和摩托化步兵，在意大利第8集团军第5"科塞里亚"师与第3"拉文纳"步兵师结合部突破意大利人的防御，日终前在意大利军队后方20公里处夺得丹采夫卡镇（Dantsevka）。

尽管苏军坦克达成突破，但慌乱的守军设法坚守突破口肩部，直至德军战术和战役预备队赶来提供增援，至少加强西侧。因此，12月18日，德军第385步兵师和第27装甲师一部在突破口西侧占据阵地，掩护伊万诺夫卡和坎捷米罗夫卡接近地，而第27装甲师一个战斗群在突破口东侧实施防御，并获得德军第298步兵师的援助，该师已经守卫着意大利第8集团军防区的这片地段。

可是，随着苏军其他坦克军投入战斗，较为轻松地开始向南发展胜利，意大利第8集团军防区中央地段继续坍塌。日终时，近卫第1集团军和第6集团军辖内四个坦克军中的三个已到达战役纵深：波卢博亚罗夫将军的坦克第17军攻占塔雷镇（Taly），距离坎捷米罗夫卡只剩半数路程；巴达诺夫将军的坦克第24军渡过博古恰尔卡河（Bogucharka），进入敌防御纵深25—27公里；帕夫洛夫将军的坦克第25军攻克阿列克谢耶沃—洛佐夫斯科耶镇（Alekseevo-Lozovskie），位于其原先的进攻阵地以南70多公里处。经过三天通常都很坚决的抵抗，意大利第8集团军辖内各步兵师被苏军约800辆坦克打垮，他们完全是在恐惧和疲惫下土崩瓦解的。苏军四个坦克军向东南方、南方和西南方散开，开始迅速发展胜利，几乎未遭遇任何抵抗，意大利第8集团军主力要么混乱逃离，要么被困于镇内或在后方乡村形成的包围圈里。[19]

12月16日发起进攻时，列柳申科将军的近卫第3集团军遭遇到与近卫第1集团军类似的问题，结果，"霍利特"支队与罗马尼亚盟军挡住苏军发起的大部分初步突击。但现在回顾起来，这些进攻行动很可能出自苏军的一种新战术：在发起主要突击的前一天，先消灭敌前哨据点，并以部分部队楔入敌军防御。德军第294步兵师是第17军防线上的重要组成部分，该师的经历非常典型，正如其12月16日作战日志中所写的那样：

5点25分，第513掷弹兵团：整个夜间，敌突击部队在我团整片防区实施强有力的侦察巡逻。4点30分左右，敌人以连级兵力对141.2支撑点发起冲击，但猛烈的防御火力使敌人的进攻停滞不前。防区其他地段，右翼营（第3营）将敌人遏止在原先的阵地上……南面和西南面，157.2高地仍控制在我们手中，尽管敌人逼近至100—150米处。夜间和凌晨，敌部队渗透至距离我主防线不到300米处。中央营（第2营）防区，一整晚都遭到敌步兵和炮兵的射击，对方瞄准的是我前哨据点和主防线。防区左侧（第1营）……一场巡逻行动肃清了160.4高地的隘路。清晨5点，中央营投入两个连发起反冲击，以肃清157.2高地北面的隘路。[20]

正如其每日报告指出的那样，虽然第294步兵师大体能阻止这些初步试探，但无法遏止苏军随后发起的更大规模的进攻。OKH的消息也并不令人鼓舞，其每日作战概要指出，俄国人显然发起了他们的主要突击，并"跨过一条15公里的战线向前推进6公里深"（参见副卷附录12H）。德国人估计，苏军发起进攻的部队"至少是1个坦克军和6—7个步兵师"，并承认，"目前俄国人达成局部突破，但力度较弱。"[21]国防军指挥参谋部副参谋长瓦尔特·瓦利蒙特中将后来所说的不啻为"一场灾难"就此开始。其后果很快会波及整个B集团军群和"顿河"集团军群。

"山的另一边"，急于保持较高进攻速度的瓦图京将军1月16日—17日夜间①与近卫第1集团军参谋长I.T.什列明少将会晤。这位方面军司令员要求所有指挥员果断、大胆地行事，这是许多红军指挥员尚不具备的素质（参见副卷附录12I）。[22]正如后续作战行动表明的那样，近卫第1集团军和辖内诸坦克军接受了瓦图京的挑战。

到12月19日夜间，近卫第3集团军近卫第1机械化军已开始发展胜利，这就意味着西南方面军编成内的五个坦克和机械化军都已深入轴心国军队后方。

---

① 译注：应为12月。

当日清晨，苏军最高统帅部收紧了对这场攻势的指挥和控制，将哈里东诺夫第6集团军转隶瓦图京西南方面军。次日，OKW和OKH承认，意大利第8集团军整个防区的态势已然失控（参见副卷附录12H）。

虽然投入所有预备队迅速发起反突击，但B集团军群辖下的轴心国守军缺乏遏止"小土星"攻势的资源。没过四天，苏军的攻势已在对方防线上撕开个大口子，意大利人、德国人和罗马尼亚人无计可施，被迫组织一场战斗后撤，向西、西南和南面退却。尽管为免遭合围实施了迟滞行动，但此时，大批意大利和德国部队要么被直接包围，要么正陷入加尔特马舍夫卡（Gartmashevka）、切尔特科沃（Chertkovo）、曼科沃（Man'kovo）和后来的米列罗沃包围圈。甚至一些规模更大的部队也被孤立在苏军后方，包括位于米哈伊洛夫斯基地域（Mikhailovskii）的意大利第8集团军第29军残部，南面和更东面，位于波诺马罗夫（Ponomarov）附近及其东面的霍利特第17军残部。尽管这些被围、后撤部队的存在妨碍了近卫第1、第3集团军主力的推进，但苏军发展胜利的坦克和机械化军距离主铁路线上的目标已不到50公里，几乎没有轴心国军队能阻挡他们的进一步推进。

面对一条明显发生崩溃的防线，12月22日0点07分，"顿河"集团军群接到希特勒的指示，要求他们建立一道新防线，遏止推进中的苏军"大潮"：

为更广泛地控制作战行动，我命令：

（1）莫罗佐夫斯克和米列罗沃的铁路兵站必须牢牢掌握在我们手中。务必确保这些兵站用于运送新的、更强的部队投入防御。

（2）必须全力据守奇尔—克涅（Knie）（奥布利夫斯卡亚以西15公里）—萨里诺夫卡（Sarinovka）—杰格捷沃（Degtevo）西南方高地一线……

（3）务必守住米列罗沃—罗斯托夫铁路线……

（4）各种援兵正调拨给B集团军群……

（5）顿河集团军群与B集团军群的分界线是普列沙科沃（Pleshakovo）—卡缅斯克（Kamensk）—别列佐夫卡河与卡利特瓦河交汇处—季哈亚米温敦格（Tikhaia Miundung）。

阿道夫·希特勒[23]

希特勒指定的这道防线从奥布利夫斯卡亚西面的奇尔河斜伸向西北方，到佩尔沃迈斯科耶（Pervomaiskoe）以西5公里处的萨里诺夫卡，然后通往米列罗沃东北方20—30公里处、杰格捷沃西南面的高地。但此时，苏军坦克第24和第25军已推进至这道防线以南。

为遏止这股苏军大潮，OKH从"北方"集团军群抽调马克西米利安·冯·弗雷特–皮科将军的第30军军部[①]。12月23日，弗雷特–皮科获得以下部队：正在卡缅斯克—沙赫京斯克（Kamensk-Shakhtinsk）地域集结的第304步兵师；一直为意大利第8集团军提供支援的德军第27装甲师和第298步兵师残部；以第31山地师第1441山地猎兵团为核心组建的"克赖辛格"战斗群；党卫队"舒尔特"战斗群；第213、第403保安师残部和第29军从苏军后方地区逃离的部队。[24]弗雷特–皮科必须以这个仓促组建、实力不太可靠的混编集团军级支队，在伏罗希洛夫格勒和卡缅斯克附近掩护北顿涅茨河上的渡口，并封堵意大利人与霍利特之间的缺口。与此同时，希特勒充分意识到苏军新攻势构成的威胁，决定将第一个实验性虎式装甲营运至该地区。虽说虎式坦克具有技术优势，但他怎么会期望区区一个装甲营能够扭转涉及大批师级装甲兵团的战局，这一点不得而知。

12月22日夜间，曼施泰因发给OKH的态势报告表明，救援第6集团军的行动必须等阻止苏军"小土星"攻势后再进行。次日晨，获得希特勒不太情愿、含糊的批准后，曼施泰因将第6装甲师调离第57装甲军，同时还抽调了第48装甲军军部和第11装甲师，以掩护他受到威胁的深远后方。部署在下奇尔河的第48装甲军军部由"米特"特设军军部（Generalkommando z.b.V）接替，领导该军部的是步兵上将弗里德里希·米特[②]，他曾担任过第112步兵师师长和"顿河"集团军群保安部队司令，直至1942年11月。随着B集团军群的防线被撕碎，苏军坦克径直冲向塔钦斯卡亚和莫罗佐夫斯克，"顿河"集团军群司令无计可施，只能抽调第57装甲军辖下的装甲师。最具破坏性的

---

是，劳斯实力依然强大的装甲师调离后，基希纳装甲军只剩第17和第23装甲师，而充当解围部队先锋的这两个装甲师，总共只有19辆可用的坦克！[25]

做出这一决定前，曼施泰因为希特勒提供了两个明确的选择：要么停止第57装甲军的救援行动，确保为第6集团军提供充足的空运补给（每天550吨）；要么将救援行动继续下去，但有可能丢失至关重要的机场。希特勒对此的应对是，命令曼施泰因务必以第11装甲师守住莫罗佐夫斯克和塔钦斯卡亚；他同意将第57装甲军部分部队（第6装甲师）调至顿河西面，但坚持要求"顿河"集团军群坚守梅什科瓦河北岸登陆场。然而，正如后续事件证明的那样，这两项任务显然都无法做到。[26]

## 发展胜利阶段：米列罗沃、塔钦斯卡亚、莫罗佐夫斯克争夺战，12 月 24 日—31 日

截至12月24日，苏军各快速军已突破意大利第8集团军的防御，并深入B集团军群后方近200公里，取得了令人难以想象的进展。圣诞前夜，帕夫洛夫的坦克第25军进入莫罗佐夫斯克德军机场的火炮射程内，而巴达诺夫的坦克第24军前进240公里后，实际上打垮了德国第8航空军设在塔钦斯卡亚最主要的Ju-52空运基地。德国人后来承认，损失50多架飞机和大批补给物资，最糟糕的是，为第6集团军空运补给的行动耽误了两天，尽管苏联方面的记述将德方遭受的损失说得更高。结果，12月24日，为斯大林格勒包围圈提供的空运补给量下降为零，没有一架飞机飞入包围圈；次日，只有9架He-111为第6集团军送去了7吨物资。[27]

当然，巴达诺夫也为自己的大胆付出了高昂的代价。没等到达塔钦斯卡亚，他的军就只剩58辆坦克了，燃料和弹药也已不足。圣诞节当天气候转晴，德国空军轰炸机对散布在草原上的苏军部队狂轰滥炸了一整天。次日，集结在莫罗佐夫斯克西南方的德军第11装甲师挥师西南，去堵截苏军坦克第24军。与此同时，第6装甲师第4装甲掷弹兵团组成的一个战斗群向西推进，分隔坦克第24和第25军；该战斗群随后转身向南，从西北方打击巴达诺夫的部队。其间，以第306步兵师第579团为核心组建的"菲利普"战斗群赶至塔钦斯卡亚南侧，完成对坦克第24军的包围。[28]

补给遭切断，加之长途奔袭导致实力受到削弱，使得坦克第24军为12月27日—28日的激战付出了惨烈的牺牲。[29]斯大林和朱可夫给瓦图京发去急电，叮嘱他解救颇具才干的巴达诺夫，并将坦克第25军或近卫机械化第1军派往该地域，确保巴达诺夫的安全。实际上，巴达诺夫率领坦克第24军残部逃出包围圈，并暂时指挥坦克第24军（现改称近卫坦克第2军）和帕夫洛夫坦克第25军残部，但两个军的坦克都已不到20辆。尽管如此，红军连续两天占领为第6集团军提供空运补给最重要的机场，严重破坏了德国空军业已力不从心的空运工作。

虽然第48装甲军重新夺回塔钦斯卡亚，并牢牢据守着莫罗佐夫斯克，但新组建的"弗雷特–皮科"集团军级支队面临着一项丝毫不令人羡慕的任务：遏止近卫第1集团军向西、西南方的推进。从12月24日起，也就是塔钦斯卡亚落入坦克第24军之手的同一天，德军第3山地师实力不济的"克赖辛格"战斗群在几乎被彻底包围的米列罗沃开始了一场堪称传奇的防御战，抗击近卫步兵第6军辖下近卫步兵第38、第44、步兵第1师和B.B.巴哈罗夫将军的坦克第18军。

这场忙乱的再部署期间，第3山地师分成三股，依靠步行和火车从高加索山区赶至遭受威胁的斯大林格勒地域。因此，"克赖辛格"战斗群（以该师师长汉斯·克赖辛格中将的名字命名）12月中旬赶至并守卫米列罗沃这个重要交通、后勤节点时，只编有一个团，也就是第144山地猎兵团，并获得第112山地炮兵团两个营的加强，外加一些侦察、工兵、支援单位。[30]整片地区的作战部队寥寥无几。"弗雷特–皮科"集团军级支队不得不靠以下部队守卫150公里防线剩下的部分：第304步兵师分散的几个团，师部设在米列罗沃以南30公里的卡缅斯克；位于米列罗沃西南方18公里的第138装甲营；一个新兵训练团；各种临时部队组成的行进营，大多由从德国休疗养假归来的士兵构成。据说弗雷特–皮科曾指出："上级部门看见缺口中间竖着一面集团军级支队的旗帜便觉得踏实了，根本不关心集团军级支队是否拥有足够的兵力。"[31]

幸运的是，克赖辛格将军在米列罗沃找到2个装甲猎兵连、3个工兵营和5个空军高射炮连，其中包括2个88炮连。该镇南部边缘充足的弹药储备也给德国人帮了大忙，趁敌人尚未赶到，他们忙碌了三天，准备防御工事。

12月24日3点，近卫步兵第6军辖下的近卫步兵第38师试图从北面以一场仓促的进攻夺取米列罗沃，但守军的顽强防御击退了苏军这番尝试。接下来三周，近卫步兵第6军和坦克第18军共对米列罗沃发起38次大规模冲击，主要由近卫步兵第38师在坦克第18军少量坦克支援下遂行。这场战斗迅速呈现出一个小型斯大林格勒的所有特点。大多数战斗在近距离展开，德军山地猎兵使用"坦克杀手"这种反坦克火箭发射器[①]为精心部署的反坦克炮提供补充。夜间温度徘徊在零下20摄氏度，给双方士兵造成痛苦和冻伤。头几天，进攻方包围了"克赖辛格"战斗群，但12月28日，德国人强行打开一条通道，向南通往第304步兵师第573团。1月15日，"克赖辛格"战斗群向西南方突围，米列罗沃围困战遂告结束。踏着深深的积雪，该战斗群展开断断续续的战斗，向西穿过米列罗沃西南方23公里处的顿斯科伊（Donskoi），1月16日在那里与近卫步兵第6军辖下的近卫步兵第4和第58师展开激战[②]；1月17日，该战斗群到达米列罗沃西南方48公里处的切博托夫卡（Chebotovka）。1月18日，OKH终于得以报告："'克赖辛格'战斗群完成了撤离包围圈的行动。"同一天，被困于切尔特科沃的德国和意大利部队也退回到第19装甲师的防线。[32]

近卫步兵第6军和坦克第18军进攻米列罗沃时，在两周战斗中遭到严重消耗的波卢博亚罗夫坦克第17军继续向西赶往杰尔库尔河（Derkul），那是北顿涅茨河的一条北部支流。与此同时，在别雷地域（Belyi）参加德军的反击后，第19装甲师已于12月23日和24日赶到，试图与少量步兵部队在杰尔库尔地域构设一道防线。切尔特科沃以西发生的情况，实际上是"弗雷特-皮科"集团军级支队整个防区作战情形的缩影。

与南面的第3山地师一样，第19装甲师在11月底和12月耗费数周时间，经布良斯克重新向南部署至斯大林格勒地域。该师以第73装甲掷弹兵团组建起一个战斗群，并获得坦克、炮兵和一支空军警戒部队加强。12月26日，该战斗群

---

① 译注：此时"铁拳"和"坦克杀手"均未服役，参战的可能是75毫米口径的Leichtgeschütz 40（LG 40）无后坐力炮，德国山地兵部队在高加索战役中使用过这种武器。

② 译注：近卫第4、第58师？此处存疑。

稀疏地散布在一条35公里长的防线上，这道防线从切尔特科沃西北偏西方35公里处的新马尔科夫卡（Novo–Markovka）沿杰尔库尔河向南延伸，直至切尔特科沃以西相同距离的邦达列夫卡（Bondarevka）。在此期间，该师主力——第74装甲掷弹兵团、30辆坦克和少量突击炮——集结在下游30公里处的别洛沃德斯克（Belovodsk）附近，准备经别洛沃德斯克与切尔特科沃之间、卡梅什纳亚河畔（Kamyshnaia）的斯特列利佐夫卡（Strel'tsovka）发起一场反突击，解救被困于切尔特科沃这个交通中心的德国和意大利部队。[33]此时，第19装甲师先遣部队正向东发起试探，赶往切尔特科沃西南偏西方25公里处的斯特列利佐夫卡郊区。

从12月28日起，近卫步兵第4军辖下的步兵第195师对德军第73装甲掷弹兵团最南端、位于邦达列夫卡的第3营发起进攻，战斗持续至次日，而该军辖下的近卫步兵第35和第44师负责围困切尔特科沃。到29日下午晚些时候，进攻中的苏军几乎已将第3营包围，迫使第73装甲掷弹兵团团长科勒中校将寥寥无几的预备队（获得2辆突击炮加强的一支空军警戒部队）调至邦达列夫卡西面的阻截阵地。但第二天，第19装甲师辖下的第19摩托车营一路向北，径直杀入遭到围困的镇子，而该师装甲猎兵营的一个连也从西面发起反冲击。这种情况引发了持续10天的激战，苏军对第73团各营和第74团频频发起进攻，后者的部队已进入斯特列利佐夫卡镇内。[34]

此时，"弗雷特–皮科"集团军级支队辖内分散的德国部队已然丧失大部分空中和地面优势。第19装甲师第209突击炮营的一名士官描述了一场空袭：

没等我们推进太远，情况就变得一团糟。约15架双引擎轰炸机发现了我们，迅速发起俯冲轰炸。突击炮车长们的反应也很快，赶紧实施机动规避。轰炸机掷弹舱门在我们上方打开。我们看见黑乎乎的沉重物体朝我们落下，天崩地裂，黑色的爆炸裹挟着雪花……［到达我们连的目的地时］俄国人正对我们前方3公里的格拉斯科夫卡村（Geraskovka）发起进攻，他们投入获得坦克支援的营级兵力，打垮了弗赖塔格上尉的连队。弗赖塔格和施托尔中尉阵亡。连里的上士将幸存者集结起来，只剩20来人。除此之外，只有我们第4连的中士和他的反坦克炮组幸免于难。[35]

红军总参谋部签发的每日作战概要简述了轴心国军队防区一个巨大突出部西侧形成的脆弱僵局，这个突出部位于B集团军群与"顿河"集团军群结合部，是西南方面军辖内集团军12月下旬造成的（参见副卷附录12J）。实际上，沃罗涅日方面军第6集团军在右侧掩护坎捷米罗夫卡地域时，近卫第1集团军围困着加尔特马舍夫卡车站、切尔特科沃、米列罗沃及其周边的德国和意大利部队。在此期间，他们还挡住了"弗雷特–皮科"集团军级支队集结在西面的部队，特别是位于斯特列利佐夫卡和米列罗沃南面之敌。在坦克第5集团军左翼部队支援下，近卫第1集团军左侧的近卫第3集团军猛攻"霍利特"集团军级支队的防御，德军这条防线从克里沃罗日耶（Krivorozh'e）南面的卡利特瓦河起，沿斯科瑟尔斯卡亚（Skosyrskaia）和莫罗佐夫斯克北面的贝斯特拉亚河（Bystraia）向东直至切尔内什科夫斯基（Chernyshkovskii）北面的奇尔河。

斯特列利佐夫卡地域的战斗一直持续至1月，实力遭到消耗的第27装甲师7日赶来救援位于新马尔科夫卡的"科勒"战斗群，并承担起对该战斗群的战术控制。两天后，该战斗群沿河流向南，驱散克里兹斯科耶镇（Krizskoe）附近的苏军。16日，第73团重新回到第19装甲师麾下，但1月份剩下的日子里，第27和第19装甲师（目前都在第24装甲军辖下）继续迎战苏军近卫第1集团军。此时，实力虚弱的德军只能寄希望于阻止苏军向西南方的推进。

## 总结

截至12月31日日终，经过两周激战，西南方面军辖内诸集团军在B集团军群与"顿河"集团军群结合部的轴心国防区冲出一个240公里宽、135公里深的突出部。战线在这里暂时稳定了几天。该突出部西侧，编有德国第385、第387步兵师、"费格赖恩"战斗群、虚弱的第27装甲师的第24装甲军与指挥意大利第8集团军残部的意大利山地军并肩作战，沿一条约60公里长的防线抗击西南方面军第6集团军主力，这条防线从新卡利特瓦向南延伸至坎捷米罗夫卡西面。[37]南面，"弗雷特–皮科"集团军级支队第19装甲师和第304步兵师守卫着一道不连贯的防线，这条约170公里长的防线从坎捷米罗夫卡西面起，向南延伸至卡缅斯克—沙赫京斯克东北面。弗雷特–皮科的部队松散地掩护着这条宽大的防线，并试图救援被困于切尔特科沃和米列罗沃的德国和意大利部队。颇具讽刺意味的是,遭围的轴心国部队牵制住西南方面军近卫第1集团军大批兵力,使其无法向西面的旧别利斯克(Starobel'sk)发展攻势,或向西南方攻入伏罗希洛夫格勒和卡缅斯克地域。

东面,横穿这个巨大突出部根部约120公里的防线上,"霍利特"集团军级支队在第48装甲军第6、第11装甲师、第17和第29军残部(第306、第294、第62步兵师、第22装甲师、第8空军野战师和多个意大利师残部)加强下,与西南方面军近卫第3集团军对峙。但12月底时,"顿河"集团军群将"米特"军级集群交给"霍利特"集团军级支队,该军级集群一直沿下奇尔河实施防御,编有第7空军野战师、第336步兵师和重建的第384步兵师的残部。现在,这股力量守卫着一条120公里宽的防线,沿奇尔河向东延伸至奥布利夫斯卡亚南面,再从托尔莫辛西面向南延伸至顿河。就在这一指挥变更发生前几小时,斯大林格勒方面军近卫第2集团军夺取了托尔莫辛;突击第5集团军在其左侧[①]紧随,从下奇尔斯卡亚地域向西进击(参见下文)。苏军最高统帅部随即将突击第5集团军从斯大林格勒方面军转隶西南方面军。这就意味着"霍利特"支队现在面对着西南方面军坦克第5、突击第5集团军和斯大林格勒方面军近卫第2集团军半数力量。接近月底时,第48装甲军已将第11装甲师调离莫罗佐夫斯克以东阵地,派往东南面的齐姆拉河,在那里阻挡近卫第2集团军的推进。

因此,到12月底,除了意大利第8集团军的崩溃和"霍利特"集团军级支队撤至莫罗佐夫斯克地域,轴心国军队沿下奇尔河和顿河西岸的防御也已坍塌,尽管稍晚了些。这是第11装甲师12月23日调离该地域的必然后果。这场新危机在第11装甲师撤离前的12月18日开始孕育,很快在12月最后一周演变成苏军一场大规模攻势。在这场所谓的托尔莫辛进攻战役中,坦克第5和突击第5集团军(近卫第2集团军的半数力量几天后加入其中)跨过下奇尔河和顿河,向西发起一场猛烈突击,其目标是击败德国"米特"军级集群,夺取下奇尔斯卡亚和托尔莫辛,将德军赶往西面,使其远离位于下奇尔河和顿河最后的阵地,最终渡过莫罗佐夫斯克南面的齐姆拉河。

---

① 译注:右侧。

# 坦克第5、突击第5和近卫第2集团军的托尔莫辛进攻战役，12月16日—31日

## 苏军的策划，12月16日—17日

12月上半月，双方沿下奇尔河和顿河展开激烈厮杀，12月15日日终时，战场上出现了短暂的平静。这段战役间歇持续数日，而西南方面军诸集团军正在遂行"小土星"战役的初始阶段。随着雷奇科夫斯基、上奇尔斯基和德军位于顿河东岸的小型登陆场落入苏军手中，西南方面军坦克第5集团军实施重组，准备加入"小土星"攻势。斯大林格勒方面军突击第5集团军缓缓向西推进，赶往贝斯特里克河，该河位于奇尔河以东2—3公里、顿河以西5—6公里、下奇尔斯卡亚以北10—15公里处。这就意味着即便第48装甲军丢失顿河对岸的登陆场，该军辖下的第384步兵师依然控制着奇尔河东岸的一座浅近登陆场（参见地图35）。因此，尽管有些不可思议，但第48装甲军仍希望以某种方式在顿河对岸重新夺得一座登陆场，从那里参加救援第6集团军的行动。[38]

突击第5集团军右侧，西南方面军坦克第5集团军在苏罗维基诺西面和东面据守着奇尔河南岸登陆场。12月15日晚，巴尔克将军的第11装甲师利用这场战役间歇将苏罗维基诺以西防区移交给"施塔赫尔"集群第7空军野战师，他显然认为该防区是安全的，巴尔克随后率领部队向南开拔，进入托尔莫辛及其北面的集结区。巴尔克之所以率部撤离，是因为"顿河"集团军群司令曼施泰因元帅指示第48装甲军，与第384步兵师相配合，重新在下奇尔斯卡亚对面的顿河东岸夺取一座登陆场，支援第57装甲军解救第6集团军的"冬季风暴"行动。[39]

虽然红军总参谋部不愿描述西南方面军庞大的"小土星"攻势达成的效果，但12月16日和17日的每日作战概要还是反映出降临在坦克第5和突击第5集团军作战地域内相对的平静，以及后者防区内对辖内部队的调整。另外，关于16日作战情况的概要还列举了坦克第5集团军夺取苏罗维基诺、近卫坦克第8旅在奥斯特罗夫斯基登陆场从事激战所缴获的战利品（参见副卷附录12K）。[40]作为一个附注，库拉金上校数日前夺取苏罗维基诺的步兵第119师，12月16日获得近卫步兵第54师的番号。

但是，正如坦克第5集团军情报处17日晚呈交的报告表明的那样，罗曼年

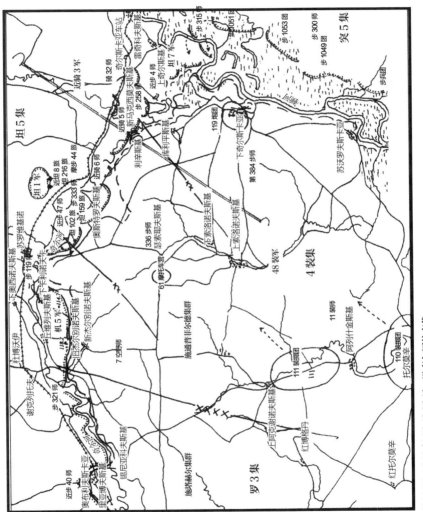

地图 35 1942 年 12 月 16 日,沿奇尔河的态势

科和他的参谋人员对德军第11装甲师的去向深感关注："集团军整条战线上的敌人一整天毫无动静。敌步兵和坦克异常平静,而敌火炮、迫击炮和机枪火力在集团军左翼的活跃值得注意。确定敌第11装甲师是否位于新杰尔别诺夫斯基、158.3高地和122.4高地地域至关重要。"[41]

尽管其目标相当宏大,但瓦图京将军的"小土星"计划故意将坦克第5集团军排除在所有大规模进攻行动外,以便该集团军配合近卫第1、第3集团军12月16日和17日的进攻。之所以这样做,是因为瓦图京知道,罗曼年科坦克集团军已将包括近卫骑兵第3军和两个步兵师在内的大批部队调拨给斯大林格勒方面军突击第5集团军,以便后者顺利夺取德军至关重要的雷奇科夫斯基和上奇尔斯基支撑点。因此,瓦图京命令罗曼年科集团军,西南方面军近卫第1、第3集团军沿顿河中游和上奇尔河投入进攻48小时后发起一场突击。瓦图京并不要求坦克第5集团军实现任何深远目标,只希望罗曼年科能将德军第11装甲师的注意力和兵力牵制在下奇尔河战线,使其无法重新夺回顿河东岸登陆场或增援遭受威胁的意大利第8集团军。

由于坦克第5集团军将普利耶夫将军经验丰富的近卫骑兵第3军转隶斯大林格勒方面军突击第5集团军,而布特科夫将军的坦克第1军也在奇尔河南面的战斗中耗尽实力,集团军辖内唯一可投入进攻的部队是沃尔科夫将军新近组建、缺乏经验的机械化第5军。因此,罗曼年科命令沃尔科夫机械化军,会同其右侧的步兵第321师,从几天前在奇尔河南岸夺取的浅近登陆场向南发起突击,突破德军第11装甲师24小时前移交的防区。这片防区位于苏罗维基诺西面,目前由"施塔赫尔"集群第7空军野战师营级规模的"瓦格纳"战斗群据守,外加第48装甲军"泽勒"战斗群左翼的营级战斗群,几天前,"泽勒"战斗群被迫放弃了苏罗维基诺。

## 坦克第5集团军的突击,12月18日—22日

12月18日拂晓后不久,机械化第5军以机械化第45、第49、第50旅和独立坦克第168、第188团向南发起突击(参见地图36)。三个旅从左(东)至右(西)部署,作战地域从苏罗维基诺西南方6公里处的114.7高地向西延伸7公里,直至新杰尔别诺夫斯基东北方3公里处的118.2高地。独立坦克第168、第

188团率领进攻，他们从机械化第49和第50旅作战队列中间发起突击。总之，德国人认为该机械化军最初投入约100辆坦克，分成三股队列向南进攻。[42]对守军而言，令情况趋于复杂的是，马卡连科将军的步兵第321师也渡过奇尔河向南发起冲击，该师部署在机械化第5军右侧7公里宽的战线上，直至奥布利夫斯卡亚东郊。首先，该师先遣部队前出至科维林斯基村（Kovylinskii），德国人在那里据守着河流北岸的一处立足地。尔后，苏军赶往奇尔河南面的达利涅波德戈尔斯基村（Dal'ne–Podgorskii），该村位于新杰尔诺夫斯基西南方6公里。没等守军做出应对，步兵第321师小股先遣部队已夺取达利涅波德戈尔斯基村，随即在夜色掩护下发起全面突击。此后，步兵第321师各团主力向南进击，轻而易举地打垮了第7空军野战师"瓦格纳"战斗群分散的支撑点，迫使德军步兵退往后方6—8公里处的新防线。

红军总参谋部的每日作战概要只提供了坦克第5集团军进攻行动的粗略情况，但很明显，苏军遂行进攻时，气候条件相当恶劣（当日温度为零下17摄氏度）。唯一值得注意的事件是坦克第5集团军机械化第5军攻占达利涅波德戈尔斯基地域（参见副卷附录12K）。

罗马尼亚第3集团军在其晨报中阐述了所发生的事情："俄国人投入多管火箭发射器，在投下90枚炸弹的战机支援下，打击'施塔赫尔'集群设在科维林斯基村的支撑点。夜间，敌人攻入达利涅波德戈尔斯基，并以小股部队渗透进科维林斯基村。"[43]第48装甲军也提及达利涅杰尔别诺夫斯基（Dal'ne–Derbenovskii）①的丢失，但指出他们已在153、172.4、159.6高地之间构设起一条警戒线，这道弧形防线面朝西北方和北方，位于达利涅杰尔别诺夫斯基南面约8公里处，距离79号国营农场（第336步兵师第685团团部所在地）12公里。18日日终时，第48装甲军报告，已通知第11装甲师返回"下卡利诺夫斯基西南方的原阵地"。

截至18日夜间，机械化第5军和步兵第321师的联合进攻已向奇尔河南面推进12公里。苏军威胁到的不仅仅是"施塔赫尔"集群第7空军野战师右翼，

---

① 译注：这一段提及的达利涅杰尔别诺夫斯基，疑为达利涅波德戈尔斯基的笔误。

274

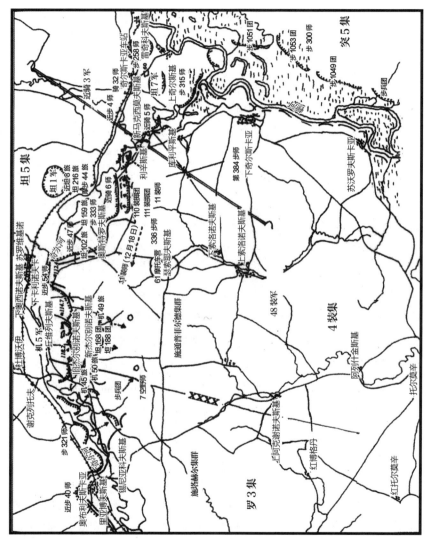

地图 36 1942 年 12 月 18 日，沿奇尔河的态势

还包括第48装甲军第336步兵师左翼。德军沿下奇尔河构设的整个防御都处在危险中。第48装甲军军长克诺贝尔斯多夫将军不得不命令巴尔克装甲师转身返回，迅速向北迎战机械化第5军，阻止对方扩大其登陆场。12月19日，新杰尔别诺夫斯基南面和东南面爆发激战，但红军总参谋部在其每日作战概要中提供的细节寥寥无几，只是称机械化第5军未取得重要进展。

19日晨投入战斗时，第11装甲师打了一场典型的遭遇战，巴尔克的坦克和装甲掷弹兵在79号国营农场西面对机械化第5军向南推进的队列发起打击（参见地图37）。梅伦廷将军后来生动描述了这场战斗，据称第15装甲团的25辆坦克击毁65辆苏军坦克，自身未遭受任何损失（对这场战斗的不同观点，可参见副卷附录12L）。[45]但是，苏方视角寥寥无几的叙述之一却对这场战斗做出完全不同的诠释，称德军第11装甲师"坦克和人员损失惨重，被迫停止进攻并转入防御"。[46]机械化第5军的报告描述了进攻的形式和意图，但没有提及结果。[47]

事实证明，机械化第5军配备的大部分坦克是英国根据租借法案提供的"玛蒂尔达"和"瓦伦丁"坦克，车组人员讽刺地将后者称为"七兄弟的棺材"，因为这款坦克被坦克炮或反坦克炮击中后很容易起火燃烧。尽管这两款坦克在常规距离的坦克战中处于严重劣势，但它们配备的英制40毫米主炮在500米内也能给德制二号、三号坦克造成损失。

机械化第5军12月19日凌晨给辖内部队下达的命令总结了全军18日的行动，更重要的是，命令中阐述了19日的目标。这道命令要求全军"沿两个方向发起突击，（a）攻向上阿克谢诺夫斯基，（b）攻向上索洛诺夫斯基，任务是于1942年12月19日拂晓前夺取上阿克谢诺夫斯基和上索洛诺夫斯基"。[48]因此，要实现这些目标，机械化第5军必须从其出发阵地向前推进20—25公里，对一支缺乏战斗经验的部队来说，这是一项艰巨的任务。

"顿河"集团军群和第48装甲军作战日志的相关条目，从一定程度上来说，还包括罗马尼亚第3集团军"施塔赫尔"集群的报告，解释了19日作战情况相关叙述中的一些差异。[49]显然，机械化第5军刚刚向南推进，其突击队列穿过79号国营农场西面和西北面时遭到德军第11装甲师打击。虽然机械化第50旅和坦克第188团参加了前一天的进攻行动，但第48装甲军12月20日的态势图

（19日的态势图缺失）将机械化第5军投入进攻的部队确认为机械化第45、第49旅和坦克第168、第165团。苏联方面的记述称，机械化第50旅和坦克第168团遭到德军第11装甲师攻击，这似乎是正确的。自12月21日起，第48装甲军情报部门将坦克第168团添加到苏军进攻部队中。[50]

为当日作战行动收尾的是，12月19日21点，坦克第5集团军情报处确认当日发生激烈战斗，但未提及机械化第5军的损失。报告中指出："12月19日，集团军正面之敌实施顽强抵抗，并在不同地段发起反突击。19日日终时，敌人被驱离谢克列托夫、旧杰尔别诺夫斯基和新杰尔别诺夫斯基。"[51]

仔细查看第48装甲军12月20日的作战态势图就会发现，12月19日，第11装甲师的部队实际上夺回了第7空军野战师前一天丢失的约半数地盘。至于机械化第5军的损失，梅伦廷称击毁65辆苏军坦克，证实了第48装甲军"机械化第5军损失60—70辆坦克"的说法。但是，猝不及防的机械化第50和第49旅12月19日在79号国营农场西面遭受重创后，沃尔科夫军设法稳定住态势，先是于19日发起一场反突击，当日晚些时候和20日又将其坦克半埋起来，防区从苏罗维基诺南面10公里处的158.2高地北面向西延伸至苏罗维基诺西南方12—15公里处的137.0、127.7高地。第11装甲师显然在这道防线前损失了几辆二号、三号坦克。[52]

12月20日，第11装甲师试图将机械化第5军向北赶过奇尔河，激烈的战斗在新杰尔别诺夫斯基南面和79号国营农场西北面持续了一整天。但红军总参谋部称，巴尔克的装甲兵没能取得任何重要进展（参见副卷附录12K）。梅伦廷后来证实了红军总参谋部的说法："第11装甲师12月20日恢复进攻，力图将敌人赶过奇尔河。该师的进展起初很顺利，但傍晚时，俄国人对该师右翼发起一场猛烈反击，并攻入第111装甲掷弹兵团后方。装甲团化解了这场危机，还击毁俄国人10辆坦克。"[53]最后，机械化第5军12月20日晚些时候提交的一份报告指出，敌人下午发起一场反突击，但"在我军部队的冲击下，敌人14点30分开始向南退却"。[54]

第48装甲军12月20日的每日态势图证实了梅伦廷的记述和机械化第5军的报告。例如，这份态势表明，第11装甲师第110装甲掷弹兵团在第15装甲团支援下，于20日中午前顺利向北推进，穿过达利涅波德戈尔斯基东南方4公里、新杰尔别诺夫斯基南面4公里、79号国营农场西北方12—13公里处的148.8和137.0高地。同时，该师第111装甲掷弹兵团设法前出至新杰尔别诺夫斯基东南方8公里、79号国营农场北面6公里处的158.3高地附近。可是，30多辆苏军坦克13点对德军第110团位于137.0高地北面4公里处的右翼发起打击，另外两股苏军坦克部队（分别编有12辆、20—25辆坦克）对第110装甲掷弹兵团位于137.0和148.8高地西北方的中央和左翼展开攻击。态势表明，苏军这些进攻挡住了第11装甲师的推进，迫使该师向南后撤1—2公里，退守137.0和148.8高地顶峰。日终前，第11装甲师在那里稳定住防线。但是，从第48装甲军的态势图看，苏军对第111装甲掷弹兵团的反突击发生在12月21日，而非20日（参见下文）。

机械化第5军情报处12月20日晚提交的一份敌情概要详细描述了该军12月18日发起进攻前德军的部署，并简单介绍了接下来两天的战斗（参见副卷附录12M）。这份报告的结论是，机械化第5军和步兵第321师面对的是敌军8个步兵营，共8000人，盘踞在科维林斯基与下卡利诺夫卡之间20公里宽的防线上。机械化第5军的兵力约为12000人，步兵第321师约有4500人，这就意味着进攻方拥有二比一的兵力优势，达成突破不在话下。

据梅伦廷将军说，机械化第5军和步兵第321师的坚决抵抗迫使第11装甲师放弃了沿奇尔河恢复德军防御的一切希望，并于12月21日转入防御。但机械化第5军不愿收兵，夜间重新发起猛烈冲击：

> 由于俄国人猛烈进攻，巴尔克将军决定于21日巩固防御阵地，命令各团利用夜幕调整部署。凌晨2点，两个装甲掷弹兵团都报称，他们的防线遭苏军突破。一轮满月照亮大地，俄国人的坦克和步兵趁我们调整部署之际突入我方阵地。第15装甲团立即发起反击，装甲掷弹兵很快也传来捷报。巴尔克派第61摩托车营在第110与第111装甲掷弹兵团接合部对敌人发起进攻，俄国人的主要突击似乎针对的是那里。天亮后情况已明：第11装甲师取得防御战的重大胜利——俄国人在我们阵地前丢下数百具尸体。但我方的损失也很大。[55]

对于12月21日的战斗，红军总参谋部的作战概要没有提及机械化第5军发起的猛烈夜袭，很可能因为第11装甲师白天的反冲击挡住苏军的冲击，使其未

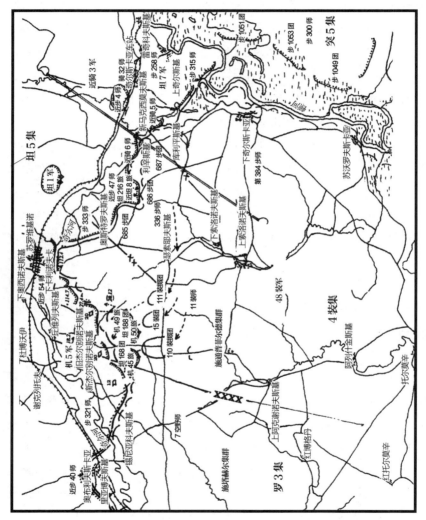

地图 37 1942 年 12 月 19 日—20 日，沿奇尔河的态势

能取得任何进展。但是，这份作战概要承认当日下午爆发了激烈的战斗（参见副卷附录12K）。

第48装甲军12月21日的作战态势图证实了梅伦廷对当日战斗的描述。图中表明，机械化第5军向南面的148.8和137.0高地发起猛攻，打击德军第110与第111装甲掷弹兵团的结合部。进攻中，一支实力不明的苏军坦克部队在148.8高地两侧向南突破，前出至150.6高地北面约1公里，该高地位于148.8高地以南约4公里处。苏军进攻队被确认为机械化第45、第49旅，他们在坦克第165、第168团支援下，沿一条近10公里宽的战线发起冲击，一举夺取148.8和137.0高地，迫使据守两个装甲掷弹兵团相邻侧翼的德国守军向南退却2—4公里。

就在这时，很可能是下午早些时候，包括第15装甲团20辆坦克和第61摩托车营步兵在内的德军援兵杀了回来，重新夺回当日早些时候在148.8高地南面丢失的地盘。日终前，第11装甲师设法将机械化第5军先遣部队向150.6高地北面逼退约2公里，并建立起相对牢固的防线，从148.8高地南面东延至158.3高地。但是，机械化第5军控制着148.8和137.0高地，并迫使第11装甲师左翼向79号国营农场正西面的新防线后撤2—3公里。另外，第48装甲军以第336步兵师第685团第2营增援"泽勒"战斗群左翼，该战斗群仍据守着一个脆弱、向北伸向苏罗维基诺的突出部。因此，12月21日日终时，第11装甲师勉强稳定住下奇尔河南面的态势。此时的情况很明显，巴尔克装甲师遭受的消耗将使该师无力阻挡苏军坦克发起的任何后续进攻。

第4装甲集团军发给曼施泰因司令部的每日报告反映出12月21日晚些时候局势的严重性：

> 第48装甲军：敌人投入坦克，在猛烈炮火支援下对第384和第336步兵师防区［从奥斯特罗夫斯基登陆场向东南方延伸至奇尔河与顿河交汇处］发起多场冲击。敌人继续猛攻第11装甲师。双方都遭受到严重损失，战斗仍在继续。
>
> 空军冒着恶劣气候，为第11装甲师提供了极大的支援。[56]

虽然第11装甲师希望转入防御，但他们没能做到这一点。机械化第5军12月22日晚些时候将其防区移交给步兵第321师前再度发起进攻，这一次是与刚刚赶至、部署在左侧的近卫步兵第54师相配合。令人惊讶的是，红军总参谋部的每日作战概要没有提及机械化第5军或其他任何部队12月22日发起的进攻（参见地图38和副卷附录12K）。这就意味着要么是坦克第5集团军在苏罗维基诺以南的进攻微不足道或因令人不快而无法提及，要么是罗曼年科故意忽略了这场战斗。次日的作战概要没有提及坦克第5集团军，这一事实表明后者的可能性较大。如果真是这样，肯定会增加瓦图京对其下属表现欠佳的不满。

不管怎样，机械化第5军从其扩大的登陆场向南和东南方发起的进攻打垮了"泽勒"战斗群第685团第2营的防御，迫使整个战斗群12月23日撤至79号国营农场北面6公里的新防御阵地。[57]第48装甲军弃守向北伸向苏罗维基诺的突出部，这就意味着坦克第5集团军在奇尔河南面占据30公里宽、连贯的登陆场阵地，从奥布利夫斯卡亚东面向东延伸至奥斯特罗夫斯基。简言之，第48装甲军在下奇尔河的防御迅速变得难以维系。

令"顿河"集团军群已然恶化的态势更趋复杂的是，集团军群左翼、意大利第8集团军深远后方发生的灾难，最终累及克诺贝尔斯多夫装甲军。12月22日晚些时候，第48装甲军连同巴尔克第11装甲师，奉命撤离下奇尔河地域，向西开拔，解救德军位于莫罗佐夫斯克和塔钦斯卡亚的基地（参见地图38）。[58]梅伦廷对颇具戏剧性的事态发展做出描述：

> 12月22日，第48装甲军防区一片平静。实际上，我们在奇尔河一线的大规模防御战已告结束。但是，意大利第8集团军防区的瓦解在我们的左翼打开一个缺口，俄国人的近卫第1集团军正从这个缺口不断涌入。12月22日，我军部接到命令：撤离奇尔河防线，率第11装甲师转移到西面90英里处的塔钦斯卡亚。我们必须迅速行进，否则就无法挽救罗斯托夫。[59]

颇具讽刺意味的是，第11装甲师撤离战场，其对手同样如此。在历时10天的激战中遭受严重损失后，沃尔科夫机械化第5军接到罗曼年科的命令，渡过奇尔河北撤。经过近一周的休整和补充，该军将再度投入战斗，这一次是在坦克第5集团军右翼，莫罗佐夫斯克东面。

因此，弗里德里希·冯·梅伦廷这些德国作者给西方读者留下的印象

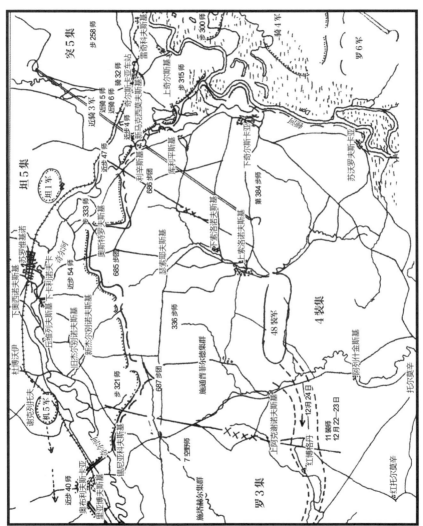

地图38 1942年12月22日—24日，沿奇尔河的态势

是，巴尔克第11装甲师凭借娴熟的战术技能，在12月头三周多次挫败坦克第5集团军向奇尔河南面的推进。从战术层面看，这种说法没错，但实际上德国人在战役层面失败了。虽说坦克第1军和后来机械化第5军发起的进攻一再受挫，有时还遭受到巨大损失，但坦克第5集团军辖内部队成功导致克诺贝尔斯多夫装甲军过度拉伸、疲惫不堪，无法以任何方式支援"冬季风暴"行动。这不仅完成了苏军最高统帅部和瓦图京赋予罗曼年科坦克集团军的任务，还促成了苏军在战役层面的胜利，以及在战略层面赢得的后续胜利。总之，布特科夫坦克军和沃尔科夫机械化军表现出一种令人不安的攻击力，他们从失败中汲取教训，然后再次发起进攻。他们借此拖垮第11装甲师的实力，迫使德方策划者放弃了以一场双管齐下的进攻解救保卢斯陷入重围的第6集团军的一切希望。[60]可是，正如后续态势发展表明的那样，苏军最高统帅部和瓦图京都责怪罗曼年科未能完成更多任务。

第48装甲军和坦克第5集团军辖下的坦克第1军、机械化第5军先后撤离奇尔河南面的前沿阵地，并不代表该地域的战斗已告结束。恰恰相反，经过一场短暂的间歇，战斗的激烈程度有增无减，坦克第5和突击第5集团军（目前都由瓦图京指挥）发起猛烈突击，将整个地域内的轴心国军队彻底肃清。

### 战役间歇和托尔莫辛进攻战役，12月23日—27日

12月23日至27日，沿下奇尔河出现的相对平静显然是苏军刻意而为的结果。轴心国军队在该地域的防御非常虚弱，但坦克第1、机械化第5军撤离前线接受休整和补充后，坦克第5集团军没有足够的力量突破，更不用说打垮轴心国军队的防御了。他们也没有任何理由这样做。西面，西南方面军近卫第1、第3集团军和第6集团军对意大利第8集团军发起猛攻，其快速军直扑德军重要补给线上的塔钦斯卡亚和莫罗佐夫斯克，火车从那里驶向下奇尔河地域，飞机从那里飞往斯大林格勒包围圈。如果苏军诸快速军到达这些补给线，轴心国军队就无法据守沿下奇尔河构设的防御。

另外，随着马利诺夫斯基近卫第2集团军进入梅什科瓦河及其北面的集结区，斯大林格勒方面军准备于12月24日对"霍特"集群（第4装甲集团军）第57装甲军发起一场进攻。这场强大的科捷利尼科沃进攻战役，其目的不仅仅是

将德军驱离梅什科瓦河，还打算将他们赶过阿克赛河，并夺取科捷利尼科沃地域。尽管这场攻势很可能取得成功，但曼施泰因还是决定将第48装甲军军部连同第11装甲师从下奇尔河调至莫罗佐夫斯克地域，又把第57装甲军辖内第6装甲师向西调过顿河，突然结束了德军在近期内解救第6集团军的一切希望。

苏军最高统帅部和华西列夫斯基分别于12月16日、24日在顿河西面和东面发起"小土星"及科捷利尼科沃攻势时，他们认为坦克第5和突击第5集团军获得了休整和补充的时间，可以向托尔莫辛发起一场进攻，堵住两场更大攻势之间的缺口。另外，托尔莫辛进攻战役打响时，最高统帅部以近卫第2集团军约半数力量提供支援。最后，苏军最高统帅部命令坦克第5集团军12月27日在奇尔河南面再度投入战斗，并要求突击第5和近卫第2集团军加入其中，于12月29日跨过奇尔河和顿河向西发起突击。这一次，苏军最高统帅部不再试图以正面进攻突入下奇尔河以南地域，而是命令三个集团军实施一场广阔的合围，以集结在两个相距甚远地域的突击集群遂行主要突击（参见地图39）。

罗曼年科的坦克第5集团军构成这场庞大钳形攻势的北（右）钳，以骑兵第8、机械化第5军组成的突击集群遂行主要突击。该突击集群部署在近卫第3集团军左侧、奥布利夫斯卡亚西面和西北面的奇尔河东岸，负责突破"霍利特"集团军级支队"施庞"战斗群的防御，该战斗群辖内部队在"霍利特"支队右翼沿奇尔河西岸布防。进攻将于12月27日打响，坦克第5集团军突击群负责在奥布利夫斯卡亚西北面渡过奇尔河，向西南方进击，然后转身向南，夺取切尔内什科夫斯基，切断向东穿过下奇尔河地域通往斯大林格勒的主铁路线，并协助近卫第3集团军夺取莫罗佐夫斯克。

托尔莫辛进攻战役的南（左）钳由突击第5集团军的两个突击群构成，近卫第2集团军一个突击群也参与其中，他们将在坦克第5集团军主要突击行动东南面60—80公里处，沿奇尔河和顿河投入战斗。突击第5集团军的第一个突击群是普利耶夫近卫骑兵第3军，将于12月29日在下奇尔斯卡亚以南15—20公里处的苏沃罗夫斯卡亚地域（Suvorovskaia）渡过顿河向西突击。该集群负责粉碎"米特"军级集群虚弱的"布格施塔勒"战斗群的防御，向西进击，夺取托尔莫辛，渡过齐姆拉河，在莫罗佐夫斯克南面与坦克第5集团军突击群会合。突击第5集团军的第二个突击群由集团军辖内步兵师组成，坦克第23军也可能

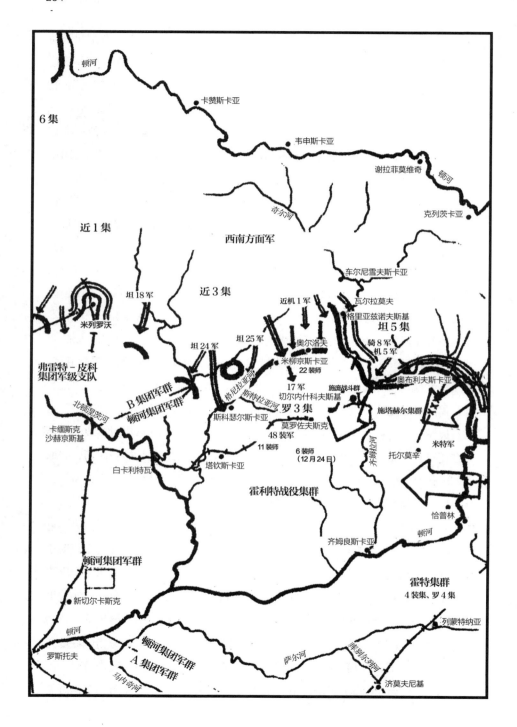

顿河

卡赞斯卡亚

6集

韦申斯卡亚

谢拉菲莫维奇

顿河

克列茨卡亚

近1集

奇尔河

西南方面军

车尔尼雪夫斯卡亚

坦18军

近3集

近机1军

瓦尔拉莫夫

格里亚兹诺夫斯基

坦5集

米列罗沃

坦24军

坦25军

奥尔洛夫

骑8军

机5军

弗雷特-皮科
集团军级支队

格尼拉亚河

米柳京斯卡亚

22装师

奥布利夫斯卡亚

B集团军群
顿河集团军群

斯特拉亚河

17军
切尔内什科夫斯基

施庞战斗群

米特军

北顿尼茨河

斯科瑟尔斯卡亚

罗3集

施塔赫尔集群

卡缅斯克
沙赫京斯基

莫罗佐夫斯克

48装军

白卡利特瓦

塔钦斯卡亚

11装师

6装师
（12月24日）

齐姆立河

托尔莫辛

霍利特战役集群

恰普林

顿河

顿河集团军群

齐姆良斯卡亚

霍特集群
4装集、罗4集

新切尔卡斯克

列蒙特纳亚

顿河

罗斯托夫

萨尔河

库别尔列河

A集团军群

顿河集团军群

济莫夫尼基

马内奇河

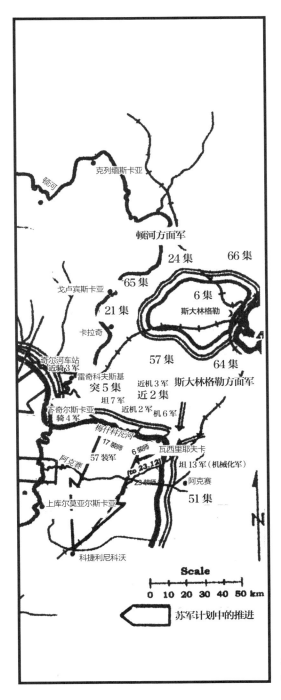

地图 39 托尔莫辛进攻战役计划：1942
年 12 月 23 日—24 日的态势

加入其中，将从下奇尔河南岸和西岸登陆场向西突击，对"米特"军级集群施加最大压力，并与近卫骑兵第3军一同向西推进。

最后，在突击第5集团军左侧，如果马利诺夫斯基近卫第2集团军12月24日向科捷利尼科沃发起的进攻取得胜利，待该集团军向南跨过阿克赛河后，马利诺夫斯基将组建一个突击群，派其西渡顿河，协助突击第5集团军向托尔莫辛推进。近卫第2集团军的突击群暂时编有近卫机械化第2军和一个满编步兵军，将在突击第5集团军左侧、下奇尔斯卡亚以南25—30公里处的波捷姆金斯卡亚地域（Potemkinskaia）强渡顿河。渡河后，该集群的任务是在托尔莫辛南面向西推进，渡过下齐姆拉河，与右侧突击第5集团军的部队保持齐头并进。

这场大规模行动的目标是包围并歼灭"霍特"集群辖下的"米特"军级集群。这个雄心勃勃的计划，特别是赋予近卫第2集团军的任务，强调了这样一个事实，即苏军最高统帅部坚信科捷利尼科沃进攻战役一定能获胜，马利诺夫斯基集团军肯定能于12月29日前渡过阿克赛河。与此同时，12月最后一周，苏军最高统帅部重新组织该地区的指挥和控制机构，调整了指挥人员，以便各部队在这场新攻势中发挥更大效力。

12月下旬迅速变化的态势也迫使"顿河"集团军群重组其左翼部队。特别是12月22日和23日将第48装甲军从下奇尔河地域调至莫罗佐夫斯克，要求集团军群对顿河以西部队的指挥控制做出全面调整。因此，12月25日22点，集团军群将第48装甲军转隶"霍利特"集团军级支队，并组建"米特"集群，沿下奇尔河接替调离的第48装甲军。"米特"集群是第4装甲集团军辖内一支暂编部队，很快演变为"米特"军级集群，作为一个指挥机构一直存续至1943年2月。该集群由步兵上将弗里德里希·米特指挥，最初编有第336、第384步兵师，在下奇尔河南面、奇尔河与顿河交汇处设防，辖下"布格施塔勒""海尔曼"和"施塔克尔"战斗群在下奇尔斯卡亚南面的顿河西岸占据防御。"米特"集群以第4装甲集团军左翼部队组建而成，掩护其左翼的是罗马尼亚第3集团军残部和"霍利特"集团军级支队，现在获得第48装甲军加强。12月27日，"顿河"集团军群将罗马尼亚第3集团军位于切尔内什科夫斯基以西的残部交给"霍利特"支队。这就使第4装甲集团军的左侧分界线向西延伸，集团军群还把"施塔赫尔"集群及其第7空军野战师交给"米特"集群，从而使该集群成为一个满编军。[61]

12月23日至25日，苏军最高统帅部和华西列夫斯基开始重组沿下奇尔河和顿河部署的部队。进行这番工作时，他们命令坦克第5和突击第5集团军（仍分别隶属于西南方面军和斯大林格勒方面军）实施局部行动，改善己方阵地。红军总参谋部的每日作战概要提及随之而来的战役间歇时，仅强调了坦克第5集团军步兵第346师在切尔内什科夫斯基地域的行动（参见副卷附录12N）。

战役间歇期间，12月25日，苏军最高统帅部将各坦克、机械化军重新分配给坦克第5和突击第5集团军，以恢复他们的战斗力（参见副卷附录12O）。12月25日下午以斯大林名义签署的这些指令，要求罗科索夫斯基顿河方面军将近卫坦克第1军（原坦克第26军）转隶西南方面军坦克第5集团军，命令叶廖缅科斯大林格勒方面军将坦克第23军（几天前刚刚从最高统帅部预备队调拨给近卫第2集团军）从近卫第2集团军转隶突击第5集团军。[62]除了给予波波夫集团军必要的兵力，以两个突击集群实施更有效的进攻行动外，这道指令还说明最高统帅部坚信，一天前已跨过梅什科瓦河发起进攻的近卫第2集团军对付德国第4装甲集团军第57装甲军绰绰有余，特别是因为后者已将第6装甲师调离。

正在进行的"小土星"行动与科捷利尼科沃进攻战役之间存在一个缺口，为重新有效掌控在该缺口处展开行动的部队，苏军最高统帅部12月26日早些时候采取了最重要的措施。具体说来，最高统帅部凌晨3点恢复该地区的统一指挥，将突击第5集团军从叶廖缅科斯大林格勒方面军转隶瓦图京西南方面军（参见副卷附录12P）。这道指令还任命波波夫将军为西南方面军副司令员，负责协调坦克第5和突击第5集团军的进攻行动，同时派V.D.茨韦塔耶夫中将接替波波夫担任突击第5集团军司令员。

正如坦克第5、突击第5集团军的报告，以及红军总参谋部每日作战概要（参见副卷附录12N）表明的那样，12月26日一整天，下奇尔河和顿河战线保持着平静，两个方面军司令部继续重组部队，并准备好打击"霍利特"集群和"米特"军级集群脆弱防御。12月26日18点，突击第5集团军司令部签发24号作战概要，部分内容如下：

12月26日整个白昼，集团军以一种工兵的意识加强在顿河右岸占据的防御阵地，并与盘踞在利辛斯基和库利平斯基的敌人交火……

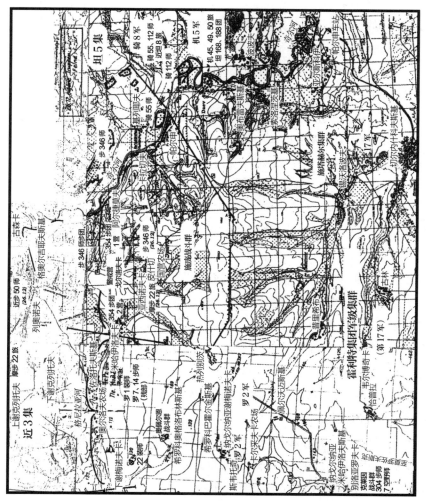

地图 40 坦克第 5 集团军攻向切尔内什科夫斯基：1942 年 12 月 25 日—26 日的态势

近卫骑兵第3军在原先的防区构设后方防御阵地。

根据最高统帅部的指令，步兵第300师和骑兵第4军从突击第5集团军转隶近卫第2集团军。[63]

随着坦克第5集团军步兵第346师部分部队已位于切尔内什科夫斯基南面的上奇尔河西岸，罗曼年科即将投入坦克第5集团军快速部队，对奥布利夫斯卡亚西北面的德军防御发起打击（参见地图40）。

## 坦克第 5 集团军的进攻行动，12 月 27 日—28 日

12月27日拂晓，罗曼年科坦克第5集团军即将发挥其在托尔莫辛进攻战役中的作用，沿奇尔河及其西面对"施庞""施塔赫尔"集群发起打击。苏军展开行动时，气候条件恶化，12月25日温度一直徘徊于冰点以下，26日陡然降至零下18—25摄氏度，并一直持续至月底。与坦克集团军过去沿下奇尔河、在苏罗维基诺东西两面从左翼展开的进攻行动不同，罗曼年科的部队这一次从右翼突击德军防御。此次进攻意在利用"霍利特"支队试图逃离近卫第3集团军而实施的仓促后撤，后者正沿奇尔河西岸向南面的莫罗佐夫斯克迅速推进。坦克第5集团军的最初目标是位于奥布利夫斯卡亚西南方25公里主铁路线上的切尔内什科夫斯基镇。

罗曼年科的计划要求集团军右翼突击群跨过奇尔河向西南方攻击前进，然后转身向南——就像一扇敞开的门，奥布利夫斯卡亚西南方8公里处的奇尔河就是门上的铰链。坦克集团军突击群编有沃尔科夫将军的机械化第5军、鲍里索夫将军的骑兵第8军，并获得近卫坦克第8旅加强，他们将沿一条15公里宽的战线跨过奇尔河，向西南方发起主要突击，这条战线从奥布利夫斯卡亚以西12公里处的波波夫沿河流向西北方延伸，直至奥布利夫斯卡亚西北方22公里处的卡拉切夫（Karachev）。苏军这场突击针对的是"霍利特"集团军级支队辖下的"施庞"战斗群，该战斗群编有戈尔洛夫卡警戒营、第354步兵团第1和第3营、"特罗伊奇"战斗群、莫罗佐夫斯克第2警戒营、第63建设营和罗斯托夫警戒营。骑兵第8军右侧，步兵第346师半数兵力已在格奥尔吉耶夫斯基（Georgievskii）南面渡过奇尔河，该师中央和左翼部队将从卡拉切夫北延至

格奥尔吉耶夫斯基以南8公里的这条10公里宽的战线渡过奇尔河，向西推进。在其左翼和中央，步兵第346师面对的是德军第354步兵团第2营和"霍利特"集团军级支队"施庞"战斗群辖下的一个警戒营。在其右翼，步兵第346师面对的是"霍利特"支队第22装甲师和第294步兵师后撤中的部队。

坦克第5集团军突击集群12月27日发起进攻，起初取得惊人进展（参见地图41和副卷附录12Q）。他们轻松渡过奇尔河，迫使"施庞"战斗群仓促退却后，机械化第5军和骑兵第8军辖下的骑兵第55、第112师（可能还加强有近卫坦克第8旅）向西南方挺进8—10公里。前者攻占奥布利夫斯卡亚西南方10公里处的帕尔申车站（Parshin），后者到达切尔内什科夫斯基西北方6—8公里处、齐姆拉河畔的锡沃洛波夫村（Sivolobov）接近地。坦克集团军最右翼，步兵第346师对"霍利特"集团军级支队第17军残部（德国第22装甲师、第294步兵师和罗马尼亚第1装甲师剩余力量）发起追击，向西南方赶往莫罗佐夫斯克东北偏北方28公里处的热列别茨地域（Zherebets）。

由于"施庞"战斗群在坦克第5集团军发起冲击前放弃阵地，霍利特将军便命令麾下包括"施庞"战斗群和第17军第22装甲师、第294步兵师在内的部队，退守一道新近构设的防御"要塞"，这条防线从莫罗佐夫斯克以北15公里的奇科夫（Chikov）向东延伸38公里，至切尔内什科夫斯基东北方15公里、奇尔河畔的亚尔斯科伊（Iarskoi）。[64]霍利特的命令将于12月28日零点实施，这道命令将三个防御地段定为东部、中部和西部，都由第17军辖内部队据守（参见副卷附录12R）。霍利特将这三个地段的防务分别交给"施庞"战斗群、第22装甲师、第294步兵师"布洛克"战斗群。

"霍利特"集团军级支队第17军的防御"要塞"掩护着莫罗佐夫斯克和切尔内什科夫斯基接近地，与左右两侧友军构设的防御紧密连接。西面，"霍利特"集团军级支队左翼，克诺贝尔斯多夫将军第48装甲军辖下的第6和第11装甲师沿贝斯特拉亚河及其北面布防，从乌留平（Uriupin）南面向西、西南方延伸至塔钦斯卡亚地域。12月27日日终时，劳斯将军的第6装甲师尚有31辆坦克和8辆突击炮，而巴尔克将军的第11装甲师只剩12辆可用的坦克。[65]"霍利特"集团军级支队右翼，"施塔赫尔"集群部署在"米特"军级集群左翼，其防线从帕尔申车站经奥布利夫斯卡亚向东延伸。

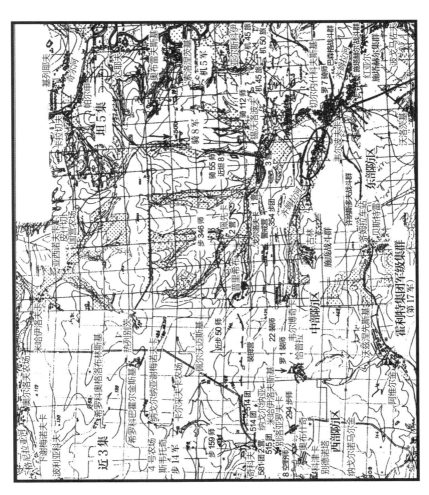

地图 41 坦克第 5 集团军攻向切尔内什科夫斯基：1942 年 12 月 27 日的态势

红军总参谋部的每日作战概要确认，坦克第5集团军突击群12月28日取得一些进展（参见地图42和副卷附录12Q）。但霍利特将军迅速做出应对，确保切尔内什科夫斯基牢牢掌握在德军手中。当日昼间，在步兵第346师一部和近卫坦克第8旅支援下，坦克第5集团军骑兵第8军顺利进抵锡沃洛波夫东西两面的齐姆拉河一线。可是，尽管苏军反复试图突破第22装甲师和"施庞"战斗群第354步兵团的防御，但他们的进攻陷入停滞。更东面，沃尔科夫机械化第5军夺取位于"施庞"战斗群与"施塔赫尔"集群结合部的亚尔斯科伊村，并设法扩大了他们在帕尔申车站东西两面的铁路线上取得的些许战果。但在霍利特将军的命令下，克诺贝尔斯多夫将军的第48装甲军派出第6装甲师一个战斗群，在许纳斯多夫上校率领下，增援第22装甲师设在锡沃洛波夫的防御和位于切尔内什科夫斯基北面的"施庞"战斗群。

"许纳斯多夫"战斗群编有第6装甲师第11装甲团的20辆坦克，外加第114装甲掷弹兵团第1营、1个轻型炮兵营（支队）和2个装甲歼击连，他们匆匆赶往东北方，12月28日和29日在"施庞"战斗群第354步兵团支援下发起反突击（参见地图42、43）。[66]据第6装甲师的记录称，"许纳斯多夫"战斗群12月28日先对锡沃洛波夫北面的101.0高地发起进攻，打击苏军骑兵第8军的部队；次日，该战斗群又在切尔内什科夫斯基与锡沃洛波夫中途、110.5和110.9高地之间发起更大规模的反突击。德军最后的进攻据称打垮了当面之敌，击毁敌人4辆坦克、5门反坦克炮、6具火箭发射器，击毙250名敌军，俘虏20余人。[67]实际上，许纳斯多夫猛烈的反突击挫败了骑兵第8军和近卫坦克第8旅的进攻。但是，由于莫罗佐夫斯克西面沿贝斯特拉亚河进行的激烈战斗要求许纳斯多夫的部队参与其中，该战斗群不得不火速西调，留下"施庞"战斗群孤军奋战。

尽管骑兵第8军受挫，但沃尔科夫机械化第5军（现已获得近卫步兵第50师加强）在切尔内什科夫斯基以东14公里处的帕尔申车站牢牢守住横跨铁路线的前沿阵地，甚至还设法将其位于铁路线上的立足地向西南方扩展至距离镇区5公里范围内。"许纳斯多夫"战斗群的调离导致"施庞"战斗群辖下的"万特克"战斗群无法将苏军坦克驱离其夺取的地盘。此时的"万特克"战斗群（12月31日改称"霍夫曼"战斗群）编有第354步兵团的780人、第610步兵

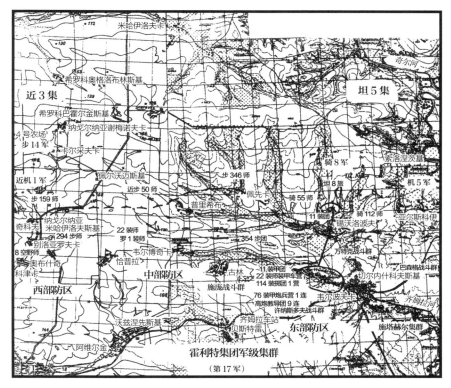

地图 42 坦克第 5 集团军攻向切尔内什科夫斯基：1942 年 12 月 28 日的态势

团的340人、"罗伊特尔"警戒团的200人，共计1320名战斗兵。[68]结果，"施庞"战斗群与"施塔赫尔"集群之间仍存在一个4公里宽的缺口。"万特克"战斗群的状况代表着月底时"霍利特"支队辖内部队的虚弱状况（参见地图44和副卷附录12S）。

在此期间，"霍利特"集团军级支队和罗马尼亚第3集团军编写的敌情报告估计，坦克第5集团军骑兵第8军（辖骑兵第55、第112师）和机械化第5军的实力只有正常作战兵力的三分之一，支援他们的步兵第346和近卫步兵第50师也仅剩半数作战力量。苏军坦克力量也急剧下降，在乌留平以西地域作战的近卫机械化第1、坦克第25和第24军掌握的坦克都不超过10—15辆。另一些报告称，机械化第5军至少获得18辆新坦克，并暗示该军的5个团现有100辆坦克。[69]

正如西南方面军突击第5集团军12月28日18点签发的作战概要指出的那样，对德国第4装甲集团军正在下奇尔河南面作战的"米特"军级集群来说，情况愈发恶化：

1942年12月28日，集团军重组辖内部队，着手准备即将发起的进攻。

经过一场行军，近卫骑兵第3军集结在旧马克西莫夫斯基和雷奇科夫斯基地域，准备重新部署至鲁别日内地域（Rubezhnyi），并于1942年12月29日晨投入进攻。[70]

就在波波夫突击集团军准备投入次日的进攻时，坦克第5集团军司令员罗曼年科将军的职业生涯遭遇重挫。长期以来，瓦图京一直对罗曼年科的表现深感不满，并把自己的看法告知了华西列夫斯基。例如"天王星"行动初期，瓦图京便对坦克第5集团军坦克第1、第26军乏善可陈的表现恼怒不已，特别是前者，该军被牵制在与德军第22装甲师旷日持久的战斗中，导致坦克第5集团军向卡拉奇的进军延误了两天多。12月初，坦克第5集团军无力夺取苏罗维基诺和奥布利夫斯卡亚并强渡奇尔河，又一次激怒了瓦图京。他对坦克第1军没能粉碎第48装甲军第11装甲师和第336步兵师在下奇尔河以南的防御尤为不满。华西列夫斯基也在12月18日发给斯大林的电报中表达了他的不悦，电报中写道："波波夫〔突击第5集团军〕准备立即支援罗曼年科〔坦克第5集团军〕向下奇尔斯基的进军，令人遗憾的是，罗曼年科12月17日并未发起进军。"[71]最近一次是12月19日，沃尔科夫的新锐机械化第5军无力打垮苏罗维基诺以西实力已然不济的德军第11装甲师，瓦图京和华西列夫斯基对此深感不解。

这些不满在12月28日到达高潮，情况很明显，罗曼年科坦克第5集团军再度停滞不前，这一次是在莫罗佐夫斯克和切尔内什科夫斯基地域。结果，12月28日晚，斯大林和朱可夫从克里姆林宫的大本营与瓦图京取得联系。斯大林的开场白显然表明瓦图京和华西列夫斯基已要求解除罗曼年科的职务，斯大林说："要是罗曼年科表现不佳，我们可以派您的副手波波夫中将接替他，让波波夫指挥坦克第5集团军，并继续兼任您的副手。"[72]会谈中，斯大林告诉瓦图京："罗曼年科报告，近卫坦克第2军和坦克第23军止步不前，好像是没有

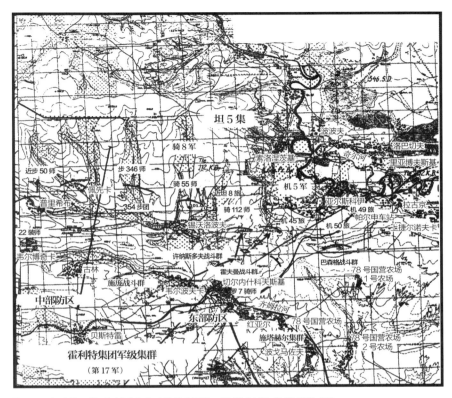

地图43 坦克第5集团军攻向切尔内什科夫斯基：1942年12月29日的态势

燃料了。"他问道："这是真的吗？我询问了GABTU［红军汽车和装甲坦克总部］，他们说这不可能，因为这两个军派给您时，都带有两份燃料。"[73]针对斯大林提出的问题，瓦图京尖锐地批评了坦克第5集团军司令员：

罗曼年科通常不了解整体情况，经常采取与总体计划背道而驰的行动，在最好的情况下，他会努力实现一些局部利益，而给整个战局造成损害。另外，罗曼年科的作战组织能力欠佳，纪律性不强，他的报告明显夸大了敌人的情况，而且具有误导性，很显然，这样一来他便可以获得各种增援。我认为留下这样一位指挥员是危险的，我请求您撤换他。不用说，您可以把坦克第5集团军交给波波夫。[74]

296

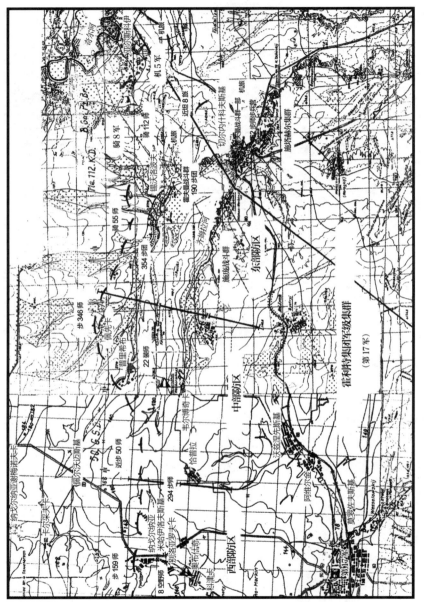

地图 44 坦克第 5 集团军的推进: 1942 年 12 月 30 日—31 的态势

至于缺乏燃料补给的问题，瓦图京告诉斯大林，他收到罗曼年科及其参谋人员发来的两份报告。用瓦图京的话来说：

第一份报告称，坦克第2军正获得燃料补充，但坦克第23军没有。第二份报告是我命令坦克第2军①赶赴米柳京斯卡亚（Miliutinskaia）地域后罗曼年科发来的，他说该军没有燃料。我发电报给罗曼年科，警告他如果不执行命令，就把他送上军事法庭。我命令波波夫确保这道命令得到切实履行。罗曼年科的驻地有燃料，我告诉他向波波夫汇报他还有多少燃料。我认为坦克第2军有燃料，而坦克第23军没有，但燃料很快就能提供，我已下达相关命令。我估计12月28日晨就能完成，尔后我打算将坦克第23军调至米柳京斯卡亚以南地域，以便对敌人发起一场更深远的突击。[75]

结束关于燃料问题的谈话后，斯大林指示他的方面军司令员，执行"最高统帅部的命令"，具体如下：

1. 解除P.L.罗曼年科中将坦克第5集团军司令员职务，他的后续工作由国防人民委员部安排。
2. 任命M.M.波波夫中将为坦克第5集团军司令员，解除他西南方面军副司令员的职务。
最高统帅部大本营

I.斯大林、G.朱可夫[76]

波波夫接替罗曼年科担任坦克第5集团军司令员，原沃尔霍夫方面军第4集团军、最高统帅部预备队第10集团军司令员维亚切斯拉夫·德米特里耶奇·茨韦塔耶夫中将②接替波波夫出任突击第5集团军司令员。

---

① 译注：指近卫坦克第2军。
② 译注：茨韦塔耶夫曾是第4集团军副司令员，而非司令员。

## 突击第 5 和近卫第 2 集团军的进攻行动，12 月 28 日—31 日

坦克第5和突击第5集团军获得新司令员一天后，后者在下奇尔斯卡亚南面渡过顿河向西发起突击。与此同时，主力部队已于12月26日跨过阿克赛河向南赶往科捷利尼科沃地域的近卫第2集团军，在波捷姆金斯卡亚地域渡过顿河向西发起进攻。红军总参谋部的每日作战概要再次简短描述了相关作战行动（参见副卷附录12T）。起初，坦克第5和突击第5集团军都没有取得战果，但马利诺夫斯基近卫第2集团军右翼部队在上库尔莫亚尔斯卡亚巩固了顿河东岸的立足地，并渡过该河向西挺进。

正如作战概要指出的那样，坦克第5集团军右翼，莫罗佐夫斯克和切尔内什科夫斯基地域的态势在12月29日前暂时稳定下来。但东面，坦克第5集团军近卫步兵第40、第54和步兵第321师，在奥布利夫斯卡亚及其东面对"米特"军"施塔赫尔"集群保持着压力；突击第5集团军步兵第258、第315师也对"米特"军第336、第384步兵师设在奥斯特罗夫斯基登陆场和上奇尔斯基西南方的防御保持着压力（参见地图45）。由于"米特"军的注意力被吸引至下奇尔河战线，该军七拼八凑的部队对南面顿河战线发生的情况毫无准备。

在那里，沿着从苏沃罗夫斯卡亚起，向南延伸至波捷姆金斯卡亚这片广阔区域，强大的苏军部队渡过顿河，一举打垮掩护"米特"军右翼的虚弱德军。突击第5集团军12月29日18点提交的作战概要阐述了作战地域内的行动："遵照西南方面军军事委员会下达的指示，集团军12月29日晨投入进攻，以右翼部队从利辛斯克东面的森林地带向利辛斯基发起主要突击，以左翼部队从上鲁别日内攻向苏沃罗夫斯卡亚。"[77]尽管这份报告证实突击第5集团军南突击群取得成功，但它和后续报告表明，突击第5集团军在北面下奇尔斯卡亚地域行动的步兵师，突破"米特"军中央防御地段时遭遇极大困难。这种困难，除导致骑兵第8和机械化第5军力图攻破"霍利特"支队在切尔内什科夫斯基地域的防御时遇到问题外，还迫使最高统帅部留下坦克第23军，未将其投入下奇尔斯卡亚地域的后续战斗，而是把该军调往西面，用于加强坦克第5集团军右翼或近卫第3集团军左翼。

红军总参谋部12月29日的作战概要没有提及强渡顿河的第二个突击，近卫第2集团军渡过顿河，就此开始向西推进（参见副卷附录12U）。在集

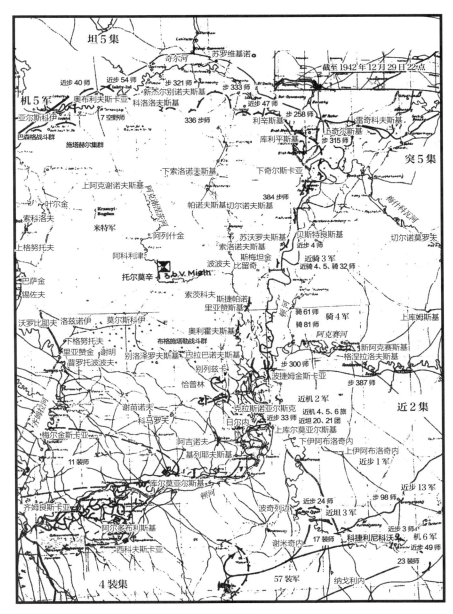

**地图 45 托尔莫辛进攻战役：1942 年 12 月 29 日的态势**

团军副司令员Ia.G.克列伊泽尔将军的监督下，A.I.乌特文科将军的近卫步兵第33师和K.V.斯维里多夫将军近卫机械化第2军的轻型坦克在红亚尔斯基（Krasnoiarskii）和上库尔莫亚尔斯基（Verkhne-Kurmoiarskii）遂行渡河行动。近卫机械化第2军接到的命令是渡过顿河，"向巴拉巴诺夫斯基（Balabanovskii）和托尔莫辛地域发起果断突击，12月30日终前夺取阿列申斯基（Aleshinskii）和托尔莫辛地域。"[78]

苏军最高统帅部担心敌"托尔莫辛"集团楔入西南方面军与斯大林格勒方面军发起的两场大规模进攻之间，事实证明的确如此。于是，最高统帅部命令叶廖缅科以斯大林格勒方面军辖内近卫第2集团军组织一个突击集群，配合西南方面军突击第5集团军，消灭据守托尔莫辛地域之敌。为此，马利诺夫斯基组建起一个战役集群，由其副手克列伊泽尔将军直接指挥。组建完毕后，"克列伊泽尔"集群编有斯维里多夫将军的近卫机械化第2军、沙普金将军的骑兵第4军（骑兵第61和第81师）、近卫步兵第33、步兵第300和第387师。

"顿河"集团军群的作战日志首次提及这一行动是在12月29日凌晨，该作战日志宣布："敌步兵在苏沃罗夫斯卡亚（托尔莫辛东北方27公里）附近渡过顿河到达西岸。"报告还指出，敌步兵第315师部分部队沿上奇斯基的奇尔河战线和更北面的利辛斯基实施强有力的侦察行动。[79]几小时后，发给"顿河"集团军群的一份后续报告指出，在苏沃罗夫斯卡亚渡河的敌军约为两个营。[80]

尽管切尔内什科夫斯基附近的战斗吸引了"顿河"集团军群的注意力，但16点30分左右，霍特装甲集团军发来一份更加令人震惊的报告，称"顿河战线，渡过该河的敌军在恰普林（Chapurin）和希尔内（Shirnyi）战斗，5辆敌坦克正从希尔内向东赶往阿吉诺夫（Aginov）"。[81]这份报告指出，敌人在北面的比留奇（Biriuchii）和苏沃罗夫斯卡亚地域也取得进展。攻向恰普林和阿吉诺夫的部队是近卫第2集团军近卫步兵第33师先遣部队，并获得近卫机械化第2军轻型坦克的支援。而在苏沃罗夫斯卡亚地域展开行动的是突击第5集团军辖下的近卫步兵第4师和普利耶夫近卫骑兵第3军。12月29日黄昏时，突击第5和近卫第2集团军已牢牢控制住顿河西岸登陆场。夜间和次日清晨，近卫骑兵第3和近卫机械化第2军渡过顿河投入战斗。

突击第5和近卫第2集团军向西攻往托尔莫辛前，12月29日—30日夜间，苏军最高统帅部果断采取措施，在斯大林格勒地域组建起更有效的指挥控制体系。凌晨2点，苏军最高统帅部在某种程度上默认德国第6集团军的命运已被彻底决定，斯大林和朱可夫签署的一道指令将叶廖缅科的斯大林格勒方面军改为南方面军（参见副卷附录12V）。发给叶廖缅科、罗科索夫斯基、瓦图京、华西列夫斯基和沃罗诺夫的这道指令，旨在加强对沿罗斯托夫方向展开行动的部队的指挥控制，也是为了便于歼灭斯大林格勒包围圈内的第6集团军，尽管后一点并未明确指出。除了为斯大林格勒方面军更名，这道指令还把该方面军编成内的第57、第62和第64集团军转隶罗科索夫斯基顿河方面军，第51、第28和近卫第2集团军仍留在新组建的南方面军辖内。虽然南方面军和顿河方面军的指挥员保持不变，但协调两个方面军作战事宜的工作交由华西列夫斯基负责。

除了将沿科捷利尼科沃方向展开行动的所有部队交给新组建的南方面军指挥外，这道指令把包围德国第6集团军的所有集团军都交给罗科索夫斯基的顿河方面军。指令中还规定，待托尔莫辛进攻战役结束后，突击第5集团军转隶南方面军，在该方面军辖下协调在乌斯季顿涅茨基（Ust'-Donetskii）渡过北顿涅茨河向西发起突击和攻向沙赫特（Shakhty）的后续行动。可是，正如随后发生的事情表明的那样，1943年1月，横跨顿河两岸的近卫第2集团军向西推进，给叶廖缅科南方面军造成另一些独特的指挥控制问题。南方面军的实力也并未强大到足以像计划中那样朝罗斯托夫快速推进。

与此同时，托尔莫辛进攻战役仍在继续，坦克第5、突击第5集团军和近卫第2集团军右翼部队全力肃清德国第4装甲集团军遭到围困、越来越孤立的"米特"军（参见地图46）。红军总参谋部12月30日的每日作战概要详细阐述了托尔莫辛进攻战役（参见副卷附录12T）。和前一天一样，坦克第5集团军辖内步兵师攻入奥布利夫斯卡亚郊区，突击第5集团军近卫骑兵第3师冲向西面的托尔莫辛，近卫第2集团军巩固了顿河西岸登陆场。

从上下文看，这份作战概要证实德国第48装甲军和"霍利特"集团军级支队再度成功挡住骑兵第8军和机械化第5军在坦克第5集团军右翼对莫罗佐夫斯克、切尔内什科夫斯基地域的进攻。更东面，坦克集团军辖内步兵师在奥布利夫斯卡亚和苏罗维基诺南面对"米特"军过度拉伸的部队保持沉重压力。尽

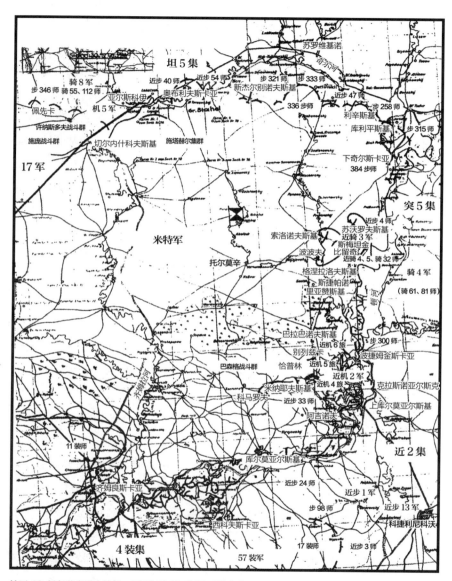

**地图 46 托尔莫辛进攻战役：1942 年 12 月 30 日的态势**

管苏军取得小规模局部胜利，但"米特"军的部队守住了自己的防区。突击第5集团军右翼也发生了同样的情况，"米特"军辖内第384步兵师成功挡住该集团军在下奇尔斯卡亚北面发起的突击。

但一如既往，德国第4装甲集团军最虚弱、最危险的防区是"米特"军沿顿河部署的右翼。在那里，突击第5集团军左翼的近卫步兵第4师和近卫骑兵第3军、近卫第2集团军右翼的近卫机械化第2军，将顿河西岸登陆场无情地扩大至15—20公里深。12月30日黄昏前，穿过一系列阵地退往托尔莫辛的"布格施塔勒"战斗群，辖内小股战斗群部署在波波夫北延至索洛诺夫斯基的索洛纳亚河（Solonaia）河段，面对着突击第5集团军近卫骑兵第3军先遣部队。南面，近卫第2集团军近卫机械化第2军先遣部队夺得距离顿河西岸15公里的恰普林和阿吉诺夫，正向西北方赶往20—25公里外的托尔莫辛。与此同时，近卫步兵第33师一路向西，但遭遇到"巴森格"小股干预群（Eingreifgruppe）的部队，"米特"军将该战斗群从奥布利夫斯卡亚西南方阵地匆匆调至该地域。[82]

遏止苏军渡过顿河、向西发起这场新攻势的唯一希望，落在了德军第11装甲师肩头，"顿河"集团军群命令该师赶往东南方，集结于顿河畔齐姆良斯基（Tsimlianskii）北面，并在齐姆拉河西岸构设防御，阻止近卫第2集团军向西推进。[83]曼施泰因集团军群命令巴尔克装甲师12月31日进入该地域，因为"米特"军右翼部队太过虚弱，甚至无法迟滞一个苏军机械化军的推进。实际上，没等"米特"军的部队占据后方可资防御的阵地，苏军骑兵和坦克便已夺取其中几个，米特不得不放弃了将部队撤至连贯防线的计划。此后，米特将军的注意力集中于沿齐姆拉河构设防线，月底时，这条防线延伸自北面的切尔内什科夫斯基和南面顿河畔的齐姆良斯基（参见副卷附录12W）。如果他能将自己的部队完整无损地撤离下奇尔河地域，他的新防线就能与第48装甲军位于莫罗佐夫斯克的右翼、第4装甲集团军的左翼相连接，后者已放弃科捷利尼科沃和列蒙特纳亚地域，正分阶段经库别尔列河畔（Kuberle）的济莫夫尼基（Zimovniki）撤往新防线（参见下文），这条防线依托于博利绍伊库别尔列河畔（Bolshoe Kuberle）的库捷伊尼科沃（Kuteinikovo）。[84]

和前一天一样，突击第5集团军12月30日18点提交的作战报告，为红军总参谋部泛泛而谈的每日作战概要添加了更多细节：

集团军继续遂行受领的任务，包围并歼灭敌"下奇尔斯卡亚"集团，以左右两翼部队发起积极的进攻行动，在顿河西岸的苏沃罗夫斯基地域（Suvorovskii）突破敌军防御，并向沃江斯基［托尔莫辛东北偏东方14公里］和波波夫［托尔莫辛以东12公里］成功发展胜利。

近卫骑兵第3军以积极的夜战突破敌人设在顿河西岸苏沃罗夫斯基地域的防御，并于12月30日8点30分前夺取斯梅坦金（Smetankin）和比留奇。该军正向沃江斯基和波波夫发展胜利。[85]

**近卫第2集团军战史阐述了近卫机械化第2军的行动：**

近卫机械化第2军12月30日白天开始发展胜利。敌人在该地域的防御较为分散。其防御基础是相距较远的一个个支撑点，以火炮和冲锋枪手组成的巡逻队加以掩护。

几个摩托化步兵营从侧翼发起突袭，粉碎了希特勒分子的第一个大型支撑点。下一个支撑点位于巴拉巴诺夫斯基［托尔莫辛东南偏南方18公里］，我军几乎未遭受任何损失便将其攻克。德军指挥部门被我们渡过顿河发起的攻势吓得惊慌失措，他们错误地通知其空军，待机械化军进攻敌支撑点的先遣部队出现时，敌机对农场及其守军实施轰炸，这给我们的进攻提供了帮助。[86]

坦克第5、突击第5和近卫第2集团军一部继续对"霍利特"集团军级支队的防御保持最大程度的压力，这条防线从莫罗佐夫斯克以北地域向东穿过齐姆拉河畔的切尔内什科夫斯基和奇尔河畔的奥布利夫斯卡亚，向南穿过托尔莫辛至库尔莫亚尔斯卡亚的顿河河段。但是，与近卫第3集团军在莫罗佐夫斯克西面沿贝斯特拉亚河及其西部作战的坦克和机械化军一样，坦克第5集团军快速部队在先前战斗中遭到严重削弱，朝莫罗佐夫斯克东面切尔内什科夫斯基地域的推进进展甚微。虽然坦克第5集团军沿下奇尔河作战的步兵部队同样如此，但至少他们的实力足以突破"米特"军设在奥布利夫斯卡亚及其东面的防御。和先前一样，近卫第2集团军近卫机械化第2军对托尔莫辛构成的威胁打乱了"米特"军的防御，使突击第5集团军得以夺取下奇尔斯卡亚。

在12月31日6点签发的作战概要中，突击第5集团军宣布了其进攻企图：

集团军继续遂行受领的任务，1942年12月30日—31日夜间展开积极行动，包围并歼灭敌"下奇尔斯卡亚"集团。

经过激烈的巷战，步兵第258师在1942年12月31日23点30分前彻底夺取利辛斯基，并肃清了敌冲锋枪手。

近卫骑兵第3军12月31日夜间冲向塔拉辛斯卡亚（Tarasinskaia）和波波夫东郊［托尔莫辛以东12公里］，准备对其发起进攻……

各军补给状况：炮弹——0.6个基数；迫击炮弹——0.7个基数；步机枪子弹——0.58个基数。[87]

红军总参谋部的每日作战概要也介绍了12月31日的行动，特别是坦克第5集团军近卫步兵第40和步兵第333师夺取奥布利夫斯卡亚和79号国营农场，以及突击第5集团军步兵第258和第315师攻占下奇尔斯卡亚地域。12月31日日终前，坦克第5集团军的步兵部队终于肃清下奇尔河以南地域之敌，12月上半月，德军第48装甲军辖下的第11装甲师和第336步兵师曾在那里熟练地挫败了对方的推进。但是，坦克第5集团军右翼突击群（骑兵第8和机械化第5军）仍在切尔内什科夫斯基接近地停滞不前，基本被第48装甲军辖下的第6装甲师挡住了。

红军总参谋部12月31日作战概要中没有提及的是，近卫第2集团军近卫机械化第2军实际上已于当晚晚些时候成功夺取托尔莫辛镇（参见地图47）。这个疏漏在红军总参谋部和西南方面军司令部内引起极大恐慌，因为最高统帅部已命令近卫机械化第2军务必于12月31日日终前攻克托尔莫辛。这个重要情况没有收录进总参作战概要，可能是因为近卫机械化第2军未及时提交每日报告。斯维里多夫机械化军没有在12月31日—1月1日夜间向总参谋部提交每日报告这一事实，也许能解释另一道多少有些神秘的命令，波波夫中将12月31日17点15分将这道命令发给近卫机械化第3军军长沃利斯基少将：

您在战役隶属上归我指挥。您的任务是以一场果断的突击夺取托尔莫辛，同时攻占锡佐夫（Sizov）、下格努托夫（Nizhne-Gnutov）［齐姆拉河畔，分别位于齐姆良斯卡亚以北60、50公里〕和洛兹诺伊（Loznoi）〔下格努托夫以东5公里〕，您应当在那里切断敌人向南、向西的后撤路径。将与您一同行动的步兵师转隶突击第5集团军司令员。近卫机械化第2军12月31日晨夺取了恰普林、米纳耶夫（Minaev）、科马罗夫（Komarov）、阿克谢诺夫（Aksenov）、叶皮法诺夫（Epifanov）和下库尔曼（Nizhnyi Kurman），将在您左侧展开行动。注意与其保持联系。夺取下格努托夫地域后，应做好向切卡洛夫（Chekalov）〔齐姆拉河以西20公里〕发起行动的准备。[88]

很明显，虽然波波夫已出任坦克第5集团军司令员，但他仍以西南方面军副司令员的身份行事，并协调坦克第5和突击第5集团军的行动，而总参谋部12月31日下午告诉他，近卫机械化第2军可能无法夺取托尔莫辛。波波夫不了解实际情况，但经总参谋部和斯大林格勒方面军授权，他指示沃利斯基将部队向西调往顿河，会同向西推进的近卫机械化第2军，共同夺取托尔莫辛。

最终，红军总参谋部和西南方面军获悉情况有误，可能是在1月1日8点后的某个时刻，前者发布了每日作战概要。总参谋部迅速取消了下达给近卫机械化第3军的命令，要求沃利斯基军按原计划行事，对德国第4装甲集团军位于科捷利尼科沃和列蒙特纳亚的部队实施一场纵深合围。红军总参谋部在1月2日8点签发的作战概要中纠正了先前的错误，称："**南方面军，近卫第2集团军：**近卫机械化第2军和近卫步兵第33师的部队，粉碎敌人的抵抗后，12月31日日终前夺取波波夫、别里亚耶夫斯基（Beliaevskii）、扎哈罗夫、托尔莫辛、莫尔斯科伊（Morskoi）、普罗里因（Proriin）、下库尔曼和库拉雷（Kulaly）〔托尔莫辛以南44公里〕。"[89]

具有讽刺意味的是，"顿河"集团军群直到1月1日晨才注意到托尔莫辛丢失。显然，其注意力集中在其他地区发生的事情上，特别是第4装甲集团军无力遏止斯大林格勒方面军向顿河以南的长驱直入，后者目前威胁到A集团军群撤离高加索地区的行动。"顿河"集团军群12月31日对"米特"军的唯一评论是，该军的情况"不明"。[90]同时，"霍利特"集团军级支队报告，第11装甲师目前尚有20辆坦克，已进入卡拉切夫（位于齐姆拉河与罗索什卡河交汇处附近）南延至齐姆拉河畔新齐姆良斯卡亚（Novo-Tsimlianskaia）这片地域，

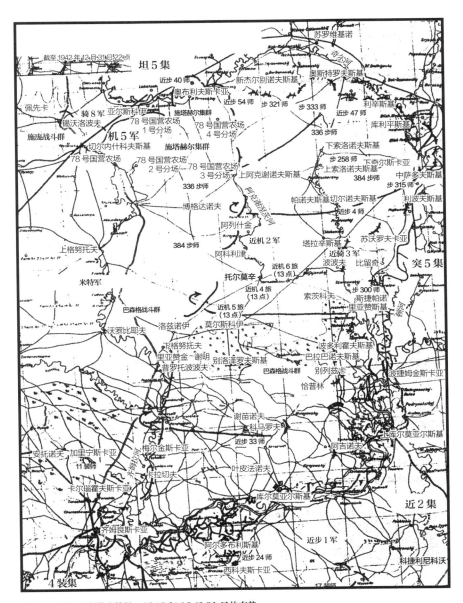

地图 47 托尔莫辛进攻战役：1942 年 12 月 31 日的态势

"巴森格"战斗群现在转隶巴尔克装甲师。"霍利特"集团军级支队10点15分接到的另一份报告表明,米特将军本人位于托尔莫辛西北方7公里的基列耶夫(Kireev),在那里设法组织、救援麾下部队撤离托尔莫辛地域。[91]当时,第336步兵师右翼部队和整个第384步兵师正沿多条路线穿过托尔莫辛地域向西退却,而"巴森格"战斗群一路向西赶往齐姆拉河,以便在第11装甲师北面占据新防御阵地。

虽然过度夸大了"米特"军的损失,但近卫第2集团军和近卫机械化第2军战史的可信度依然较高,书中证实斯维里多夫机械化军夺取了托尔莫辛(参见副卷附录12X)。截至12月31日,"米特"军第336步兵师右翼部队和第384步兵师大部正穿过托尔莫辛地域向西后撤。实际上,第336步兵师报告,一支配备5辆坦克的敌侦察队正从托尔莫辛赶往西南方20公里处的洛兹诺伊。[92]第4装甲集团军的每日态势表明,第384步兵师一部据守在托尔莫辛周围分散的地点上,而米特将军在托尔莫辛西北方7公里、阿列什金(Aleshkin)与阿科利津(Akol'zin)中途的基列耶夫,在那里设法向托尔莫辛发起救援行动的说法就源于这份记述。[93]

托尔莫辛12月31日落入斯维里多夫近卫机械化第2军手中,标志着托尔莫辛进攻战役结束。刚刚攻克该镇,苏军最高统帅部便兑现了先前给叶廖缅科将军的承诺,将茨韦塔耶夫突击第5集团军转隶南方面军。斯大林和朱可夫共同签署的这份简短指令中称:"为便于指挥控制,将突击第5集团军从西南方面军转隶南方面军,1943年1月3日6点生效。"[94]

## 总结

尽管坦克第5集团军在托尔莫辛进攻战役期间遭遇到一些严重问题,但突击第5和近卫第2集团军完成了他们的任务。可是,由于这场进攻战役与苏军另外两场更重要、更著名的攻势("小土星"和科捷利尼科沃进攻战役)同时发生,相关历史在很大程度上忽略了它。"小土星"战役更加重要,是因为西南方面军成功迫使"顿河"集团军群将第48装甲军、第11、第6装甲师调至莫罗佐夫斯克地域,导致"霍特"集团军级集群第57装甲军救援第6集团军的行动彻底失败。同样,科捷利尼科沃进攻战役更加重要,是因为挡住了德国第57装甲军渡过梅什科瓦河的推进后，斯大林格勒方面军近卫第2和第51集团军彻底击败德军，粉碎了对方从西南方向斯大林格勒发起救援行动的一切机会。

虽然被"小土星"和科捷利尼科沃进攻战役所掩盖，但托尔莫辛进攻战役除破坏"顿河"集团军群阻止西南方面军沿米列罗沃、莫罗佐夫斯克和顿河一线推进的计划外，还在其他几方面为苏军的战略性胜利做出贡献。首先，坦克第5集团军机械化第5军在奇尔河以南的进攻行动将德军第11装甲师牵制了近两周，使其无法用于挫败"小土星"攻势或支援"冬季风暴"行动。其次，巴尔克装甲师最终从下奇尔河西调至莫罗佐夫斯克时，其实力足以从苏军坦克第24军手中夺回塔钦斯卡亚，但没有足够的力量将瓦图京的快速军驱离米列罗沃地域。第三，尽管坦克第5集团军构成的北钳没能拿下切尔内什科夫斯基，但突击第5和近卫第2集团军组成的南钳在12月底前成功夺取托尔莫辛。"米特"军的防御被粉碎，霍利特别无他法，只得将第48装甲军第11装甲师派往南面，加强沿齐姆拉河构设的防御。此举严重削弱了该装甲军在莫罗佐夫斯克地域的防御，而且为时过晚，已无法阻止"霍利特"集团军级支队右翼的崩溃。因此，第11装甲师唯一的贡献是将近卫第2集团军渡过齐姆拉河向西推进的行动迟滞了三天。

截至12月31日，交战双方都很清楚，苏军最高统帅部及其军队赢得了沿顿河、奇尔河和阿克赛河历时三周的战略角逐。

## 注释

1. 虽然"曼施泰因敦促"这句话听上去有些奇怪，但这样写是有理由的。作为保卢斯的顶头上司，只有曼施泰因（当然还有希特勒）能给第6集团军司令下达突围令。但是，突围行动公然违背了希特勒的意愿，曼施泰因不愿对这种激进的措施负责，所以他没有直接下达命令。当时，保卢斯承受着极大的压力，他受到参谋长施密特将军的严重影响，而施密特又受到希特勒的严重影响。很可能只有在曼施泰因下达命令的情况下，保卢斯才会采取行动，无论希特勒同意与否。

2. 埃哈德·劳斯，《坦克战：劳斯将军东线回忆录，1941—1945年》，第183—184页。正如本书第三章所述，12月21日，第57装甲军报告，该军尚有92辆可用的坦克，另外83辆处于不同维修阶段，据称可在三周内修复。据沃尔夫冈·保罗在《第6装甲师师史，1937—1945年》一书第272页称，到12月23日，第6装甲师尚有41辆坦克——31辆三号、10辆四号。恩斯特·雷本蒂施在《第23装甲师战史》一书第210页称，该师12月21日晚只剩18辆可用的坦克，23日前这个数字可能会得到增加。另外，第17装甲师12月21日尚有36辆坦克，这就意味着23日前该师的坦克也许能增加至40—45辆。因此，基希纳装甲军12月24日可用的坦克很可能超过100辆，劳斯120辆坦克的说法基本准确。

3. 11月底时，近卫第2集团军编有90564人，其中，近卫步兵第1军有35764人，近卫步兵第13军有37664人，近卫机械化第2军有17136人。参见伊萨耶夫的《斯大林格勒：伏尔加河后方没有我们的容身处》，第368—369、第374页。这个数字还应加上配属的坦克第7、机械化第6军的兵力。可资对比的是，12月20日，沃利斯基的近卫机械化第3军只有6833人和50辆坦克（31辆T-34、19辆T-70）。可以肯定，该军在12月27日再度投入战斗前获得了一些补充兵和坦克。

4. 参见Kriegstagebuch Nr.1, Oberkommando der Heeresgruppe Don/Sud, 20. November 1942-23 März 1943（"顿河"/"南方"集团军群1号作战日志，1942年11月20日—1943年3月23日），第270页，1942年12月20日18点45分的条目，作者掌握的原件副本，以下简称为"顿河"集团军群1号作战日志。这份报告确认第2集团军编有近卫步兵第1、第13军和机械化第1军（这一点不正确）。

5. 同上。

6. 参见12月21日9点20分的报告，以及23日中午的报告，同上，第278、第307页。斯大林格勒方面军12月18日前后将坦克第23军调拨给近卫第2集团军，但12月25日又将该军转隶突击第5集团军。

7. "顿河"集团军群的记录首次提及近卫第2集团军是12月25日11点40分，同时，第4装甲集团军还确认出近卫步兵第1军、近卫机械化第2军和坦克第7军。"顿河"集团军群当日早些时候便已确认机械化第6军的存在。参见"顿河"集团军群1号作战日志，第328、第335页。曼施泰因在回忆录中暗示，"顿河"集团军群在近卫第2集团军发起进攻的12月27日确认出该集团军。但这种说法显然是错误的，因为近卫第2集团军发起进攻是在12月24日。

8. 这里的"流入"使用过去时态是恰当的，因为战后修建伏尔加—顿河运河和顿河水坝形成的湖泊淹没了顿河两岸很大一片地带。因此，顿河岸边或附近，以及沿奇尔河和齐姆拉河的许多地点，例如雷奇科夫斯基和顿河东岸德军登陆场所在地，现在都已在水下。

9. 参见过去的分类研究，《1942年12月，意大利-德国军队在顿河的覆灭：战役-战术的简短总结》，第8—10页。这些轴心国军队没有600辆坦克，德国第11、第22装甲师、罗马尼亚第1装甲师、德国第27装甲师（"小土星"行动发起后不久，该师奉命支援意大利第8集团军）拥有的坦克和突击炮不到

100辆。第6和第11装甲师12月下旬赶至第48装甲军控制的地域时，也只带来约100辆坦克。

10. 对"小土星"战役的简短描述，可参阅戴维·M.格兰茨的《从顿河到第聂伯河：红军1942年12月—1943年8月的进攻行动》（伦敦：弗兰克·卡斯出版社，1991年），第10—82页。

11. 近卫第1集团军突击群编有5个步兵师和4个坦克军，部署在18公里宽的战线上，集团军辖下的另外2个步兵师部署在127公里宽的防线上。4个坦克军共计750辆坦克，将沿5公里宽的战线投入战斗，553辆坦克为最初的突击行动提供支援。第6集团军突击群编有4个步兵师，排列在9公里宽的战线上，另外2个步兵师据守着18公里宽的防线。更多详情可参阅《1942年12月，意大利-德国军队在顿河的覆灭：战役-战术的简短总结》。

12. 同上，第28—30页。

13. 关于"霍利特"集群的完整历史，可参阅霍斯特·沙伊贝特的*Zwischen Don und Donez—Winter 1942/43*（顿河与顿涅茨河之间：1942—1943年冬季）（内卡尔格明德：库尔特·福温克尔出版社，1961年）。

14. 德国人获得的援兵包括第24和第48装甲军军部、第27、第6、第11、第19装甲师、第138装甲营（支队）、第304、第306、第385、第387步兵师、第3山地师一部和另一些小股部队；1月1日后又获得第7装甲师。

15. 坦克第25军被地雷炸毁27辆坦克，坦克第18军损失4辆坦克。

16. "顿河"集团军群1号作战日志，1942年12月16日的条目，第192—193页。

17. 同上，第195—196页。

18. 德国国防军最高统帅部作战日志中的每日报告），收录在V.A.日林（主编）的《斯大林格勒战役：编年史、真相和人物，两卷本》一书第二册，第221—222页；档案引自KTB OKW, Bd. II, hb. 2。

19. "小土星"战役的更多详情，可参阅戴维·M.格兰茨的《从顿河到第聂伯河：红军1942年12月—1943年8月的进攻行动》。

20. "Morgenmeldung 16.12.1942,"（1942年12月16日晨报），收录在*Anlagenbend 1, Kriegstagebuch Nr. 4, 294. I.D. vom 1.12.42-21.12.42, Nr. 1559-1683, BA-MA, RH 26-294/34*（第294步兵师4号作战日志1号附件，1942年12月1日—12月21日），作者掌握的原件副本。

21. 德国国防军最高统帅部作战日志中的每日报告，收录在V.A.日林（主编）的《斯大林格勒战役：编年史、真相和人物，两卷本》一书第二册，第226—227页；档案引自KTB OKW, Bd. II, hb. 2。

22. "Vypiska iz peregovorov komanduiushchego voiskami Iugo-Zapadnogo fronta generala Vatutina s nachal'nikom shtaba 1-i Gvardeiskoi Armii generalom Shleminym"（西南方面军司令员瓦图京将军与近卫第1集团军参谋长什列明将军的谈话记录），收录在《1942年12月，意大利-德国军队在顿河的覆灭：战役-战术的简短总结》，第133—134页。

23. 这道命令收录于"顿河"集团军群1号作战日志，第192页。

24. "弗雷特-皮科"集团军级支队的编成和每日报告可参见*Kriegstagebuch Nr. 1, Armee-Abteilung Fretter-Pico, 18.12.1942-2.2.1943, BA-MA, XXX. A.K. 31783/1*（"弗雷特-皮科"集团军级支队1号作战日志，1942年12月18日—1943年2月2日），原件副本。此后简称为"'弗雷特-皮科'集团军级支队作战日志"。

25. 霍斯特·布格等人合著的《德国与第二次世界大战，第6卷》，第1157—1158页；齐姆克和鲍尔，《从莫斯科到斯大林格勒：东线决战》，第486—488页；曼施泰因，《失去的胜利》，第345页。另可参阅"顿河"集团军群1号作战日志中的相关报告和通信，第338页。

26. 曼施泰因对此事的看法，可参阅《失去的胜利》，第338—344页。

27. 参见"OKL/Stab Milch, III L. 78/3," BA-MA, RH 1/41-44；赫尔曼·普洛歇尔的《德国空军对苏作战，1942年》，第294页。普洛歇尔引用了菲比希的回忆录，称德军机组人员抢救出108架Ju-52和16架Ju-86，而机场上共有180架飞机，这就意味着第8航空军损失了56架飞机。苏联人声称他们摧毁大批后勤物资、几列火车和350架飞机，其中包括火车车厢内尚未组装的50架飞机。许多德军飞机重新集结至离斯大林格勒更远的萨利斯克机场。巴达诺夫夺取塔钦斯卡亚，至少意味着德国第8航空军已严重不足的空运行动又失去两天宝贵的时间。

28. 参见"顿河"集团军群1号作战日志相关日期的条目；Kriegs-Tagebuch, Dezember 1942., Gen. Kdo. XXXXVIII. Panzer Korps（第48装甲军军部作战日志，1942年12月），此后简称为"第48装甲军作战日志"。

29. 约翰·埃里克森，《通往柏林之路》，第19—22页。关于德国空军参与的战斗，可参阅乔尔·S. A. 海沃德的《止步于斯大林格勒：德国空军和希特勒在东线的失败，1942—1943年》，第278页。12月26日，斯大林授予坦克第24军"近卫坦克第2军"的荣誉番号，巴达诺夫也成为第一个获得苏沃洛夫勋章的指挥员。1943年夏季，晋升为坦克第4集团军司令员的巴达诺夫声望大增。参见理查德·N. 阿姆斯特朗的《红军坦克指挥员：装甲近卫军》，第268—269页。关于这场著名的突袭和斯大林、华西列夫斯基、瓦图京、巴达诺夫之间往来电报的详情，可参阅本三部曲第三部卷一。

30. "弗雷特-皮科"集团军级支队作战日志，第8—20页。

31. 引自卡尔·吕夫的Odysee einer Gebirgsdivision: Die 3. Geb. Div. im Einsatz（《山地师传奇：战斗中的第3山地师》）（格拉茨-斯图加特：利奥波德斯托克出版社，1976年），第293—294、第298页。

32. 同上，第310—323页。另可参阅德国国防军最高统帅部作战日志中的每日报告，收录在V.A.日林（主编）的《斯大林格勒战役：编年史、真相和人物，两卷本》一书第二册，第457页。

33. 阿尔贝特·克鲁尔，Das Hannoversche Regiment 73: Geschichte des Panzer-Grenadier-Regiments 73 (vorm. Inf. Regt. 73), 1939-1945.（《汉诺威第73团：第73装甲掷弹兵团（原原第73步兵团）战史，1939—1945年》）（第73团战友会出版，1967年），第254—257页。截至12月23日，该师尚有15辆三号、15辆四号短身管坦克和第209突击炮营（支队）的几辆突击炮。

34. 同上，第257—259页。

35. 同上，第260页。

36. 同上，第261、第266—274页。

37. "费格赖恩"战斗群很可能由恶名昭著的党卫队军官赫尔曼·费格赖恩指挥，隶属于第27装甲师。该战斗群由警察部队组成，包括党卫队第3"警察"步兵团第2营和第15"警察"步兵团，并辅以小股警察部队；该战斗群显然是从"中央"集团军群派至第24装甲军。参见"Anlagen zum Kriegstagebuch, 27. Panzer-Division, 26.12.1942-2.1.1943, Band 5, Anlagen Nr. 451-580," BA-MA, RH 27-27/7（第27装甲师作战日志附件，1942年12月26日—1943年1月2日，第5册，451-580号附件），原件副本。

38. 关于投入第11装甲师重新夺取顿河对岸登陆场这种可能性的讨论，可参阅第48装甲军作战日志12月14日—16日的条目，第53—54、第57—59页。

39. 同上；梅伦廷，《坦克战》，第179页。

40. "Izvlechenie iz operativnoi svodkoi No. 351,"（351号作战概要摘录），V.A.日林（主编）的《斯大林格勒战役：编年史、真相和人物，两卷本》一书第二册，第223—226页。

41. 参见坦克第5集团军情报处第45号敌情摘要，1942年12月16日21点签发，收录在坦克第5集团军文件集，档案摘自TsAMO MO RF, f. 331, op. 5041, d. 130,1，第62页。

42. 参见第48装甲军作战日志1942年12月18日的条目。提交数份关于苏军投入10—20辆坦克集群的报告后，第11装甲师报告说，投入进攻的是苏军机械化第5军，拥有约80辆坦克，第11装甲师击毁了其中的6辆。

43. 参见1942年12月18日的每日报告，收录在"Tagl. Meldungen, Teil B: 28.11-31.12.42," in Anlagen zu KTB. I, Armee Abt. Hollidt, BA-MA, RH-20-6/249（霍利特集团军级支队1号作战日志附件集，晨报，B部分：1942年11月28日—12月31日），作者掌握的原件副本，此后简称为"霍利特"集团军级支队1号作战日志。

44. 第48装甲军作战日志，第70—72页。

45. 梅伦廷，《坦克战》，第181—182页。

46. 参见M.沙波什尼科夫的"Boevye deistviia 5-go mekhanizirovannogo korpusa zapadnee Surovikino v dekabre 1942 goda"（1942年12月，机械化第5军在苏罗维基诺以西的作战行动），VIZh，第10期（1982年10月），第37页。

47. Boevye prikazy komandira, boevye rasporiazheniia shtaba 9 gv. MK (5 MK), doneseniia chastei o boevom chislennom sostave, poteriakh voennosluzhashchikh i vooruzheniia（《近卫机械化第9军（机械化第5军）军长令和军部作战指示，以及各部队关于战斗力和士兵、武器损失的报告》），档案引自TsAMO MO RF, f. 3443, op. 1, d. 11, 11. 第1—9页。1944年9月12日，机械化第5军改称近卫机械化第9军。

48. 同上。

49. 例如，"顿河"集团军群1号作战日志中的定期报告，主要由第11装甲师参谋长温克上校撰写，报告中称12月19日击毁77辆苏军坦克（第239页）。而另一些现场报告则指出，在下卡利诺夫斯基南面的激战中击毁60辆敌坦克（241页），在新杰尔别诺夫斯基以南10公里处击毁17辆敌坦克（第241页），第15装甲师9点30分左右在从137高地至148.8高地这片区域击毁35辆敌坦克（第244页）。由于这些报告中有许多简单重复了此前发出的报告，因而最权威的报告当属第48装甲军16点20分发给"顿河"集团军群司令部的一份："第11装甲师的反突击正在激战中取得进展。该师攻入敌人新组建的坦克第5军。当日的战斗发生在新杰尔别诺夫斯基南面的107.0—127.7高地周围，在那里击毁42辆敌坦克。明天，该师希望向北突破，可能的话，前出至奇尔河。问题是，该如何肃清楔入防线的敌登陆场。警戒部队承认，他们此时已投入战斗。到目前为止，第11装甲师发起的反突击已击毁60—70辆敌坦克。"（第248—249页）第48装甲军的这份报告表明，第11装甲师打了苏军机械化第50旅和配属的坦克团，以及共同展开行动的坦克第168旅，该旅承担了60—70辆坦克损失中的大部分。如果是这样的话，机械化第5军仍掌握着独立坦克第188团、机械化第45和第49旅配属的坦克团，尚有120辆可用于战斗的坦克。对当日战斗的详细描述，还可参阅第48装甲军作战日志，第71—77页。

50. 至少在纸面上，机械化第5军编有5个坦克团，共196辆坦克。3个机械化旅配属的坦克团各有36辆坦克，军直属的2个独立坦克团各有39辆坦克。另外一些坦克由军长及其参谋人员直接指挥。该军12月初投入战斗时共计193辆坦克。独立坦克第168、第188团隶属于军部，坦克第156团隶属于机械化第45旅，坦克第127团隶属于机械化第49旅，而坦克第193团可能隶属于机械化第50旅。

51. 坦克第5集团军文件夹，档案引自*TsAMO MO RF, f. 331, op. 5041, d. 130,1*，第65页。

52. 据延茨在《装甲部队》第二册第30页指出，巴尔克将军称第11装甲师12月19日击毁35辆敌坦克，自身损失2辆；此时，第11装甲师尚有31辆坦克——6辆二号、3辆三号短身管、18辆三号长身管、2辆四号长身管和2辆指挥坦克。奇尔河之战带来的负面影响是，第11装甲师可用的坦克从12月10日的58辆下降至20日的31辆，到25只剩下8辆。

53. 梅伦廷，《坦克战》，第182页。

54.《近卫机械化第9军（机械化第5军）军长令和军部作战指示，以及各部队关于战斗力和士兵、武器损失的报告》，档案引自*TsAMO MO RF, f. 3443, op. 1, d.11,1.* 第10页。

55. 梅伦廷，《坦克战》，第182页。

56. "顿河"集团军群1号作战日志，第276页。

57. 关于第48装甲军情况的报告，参见"顿河"集团军群1号作战日志，第284、第286页。报告中称，俄国人投入30辆坦克打击德军位于苏罗维基诺南面的防御。

58. 同上，第305页。

59. 梅伦廷，《坦克战》，第182页。

60. 同上，第181—182页。

61. 德军指挥序列的这番变化，可参阅"顿河"集团军群1号作战日志的相关条目，以及霍斯特·沙伊贝特的《顿河与顿涅茨河之间：1942—1943年冬季》，第49—55页。

62. "Direktiva Stavki VGK No. 994287 komanduiushchim voiskami Donskogo i lugo-Zapadnogo frontov, 5-i Tankovoi Armiei, bronetankovymi i mekhanizirovannymi voiskami Krasnoi Armii o perepodchinenii 1-go Gvardeiskogo Tankovogo Korpusa"（最高统帅部大本营发给顿河方面军、斯大林格勒方面军、坦克第5集团军司令员和红军坦克、机械化部队负责人的994287号令，关于近卫坦克第1军的转隶），佐洛塔廖夫，《最高统帅部1942》，第468页，档案引自*TsAMO, f. 148a, op. 3763, d. 126, 1*，第221页；"Direktiva Stavki VGK No. 170714 komanduiushchim voiskami Stalingradskogo fronta, 5-i Udarnoi Armiei o perepodchinenii 23-go Tankovogo Korpusa"（最高统帅部大本营发给斯大林格勒方面军和突击第5集团军司令员的170714号令，关于坦克第23军的转隶），同上，第469页；档案引自*TsAMO, f. 148a, op. 3763, d. 126,1*，第222页。

63. *Operativnye svodki 5 Ud. A. 15 dekabria 1942-31 marta 1943*（突击第5集团军作战概要，1942年12月15日—1943年3月31日），档案引自*TsAMO MO RF, f. 333, op. 4885, d. 25,1*，第29页。

64. 参见"霍利特"集团军级支队1号作战日志，1942年12月27日签发的每日报告。

65. 同上。第6装甲师的31辆坦克是15辆三号长身管、9辆三号短身管、7辆四号长身管；第11装甲师的12辆坦克是8辆三号长身管、2辆三号短身管、2辆四号长身管。但是，这两个师的真正价值在于其配备的装甲运兵车，他们可以借此为具体作战任务组建特定的战斗群。

66. 关于"许纳斯多夫"战斗群参加战斗的更多详情，可参阅沃尔夫冈·保罗的《第6装甲师师史，1937—1945年》一书第278—279页；"霍利特"集团军级支队1号作战日志12月28日的条目。该战斗群编有指挥部和第11装甲团的1个营（支队）、第114装甲掷弹兵团第1营、高射炮教导团第10连、第41装甲猎兵营第1、第3连、第76炮兵团第1营、"冯·皮兴格"战斗群、第129装甲掷弹兵团第2营（这是个搭载装甲运兵车的营，调自第22装甲师）。

67. 沃尔夫冈·保罗，《第6装甲师师史，1937年—1945年》，第282页；"霍利特"集团军级支队1号作战日志12月29日的条目。

68. 参见"霍利特"集团军级支队1号作战日志中的"Stand: 31.12.42, 8 Uhr,"（截至1942年12月31日8点），证明霍利特的部队当时已遭到严重消耗（参见副卷附录12S）。

69. 参见1942年12月29日签发的情报报告，收录在"Tätigkeitsbericht, 5. 31. Dez. 1942, Ic, Rom. AOK. 3., der Chef des Deutschen Gen.-Stabes, dann Armeegruppe Hollidt,"（1942年12月31日的5号行动报告，罗马尼亚第3集团军情报处，德军参谋部参谋长及"霍利特"集团军级集群），BA-MA, 26624/7，作者掌握的原件副本。

70. 突击第5集团军作战概要，档案引自TsAMO MO RF f. 333 op 4885, d. 25,1，第31页。

71. "Doklad predstavitelia Stavki No. 42 Verkhovnomu Glavnokomanduiushchemu ob obstanovke i plane dal'neishego ispol'zovaniia 2-i Gvardeiskoi Armii"（最高统帅部代表发给最高统帅的42号报告，关于态势和进一步部署近卫第2集团军的计划），收录在佐洛塔廖夫的《最高统帅部1942》，第567—568页；档案引自TsAMO, f. 48a, op. 2294, d. 1, 11，第47—51页。

72. "Zapis' peregovorov po priamomu provodu Verkhovnogo Glavnokomanduiushchego i ego zamestitelia s komanduiushchim Iugo-Zapadnogo fronta"（最高统帅和最高副统帅与西南方面军司令员通过专线电话会谈的相关记录），同上，第470页；档案引自TsAMO, f. 96a, op. 2011, d. 26, 11，第206—216页。由于这道命令指出波波夫是西南方面军副司令员，因此他必须履行双重职责——既是坦克第5集团军司令员，又是西南方面军副司令员。

73. 同上。

74. 同上。

75. 同上，第471页。

76. 同上，第473页。

77. 突击第5集团军作战概要，档案引自TsAMO MO RF, f. 333, op. 4885, d. 25,1，第39页。

78. V.M.多姆尼科夫（主编），V nastuplenii gvardiia: Ocherk o boevom puti 2-i Gvardeiskoi Armii（《进攻中的近卫军：对近卫第2集团军征途的研究》）（莫斯科：军事出版社，1971年），第66页。

79. 参见"顿河"集团军群1号作战日志，第382页，12月29日的条目。

80. 同上，第383页。

81. 同上，第387页。

82. 同上，第391页。

83. 参见题为"Nr. 280/42 geh., Armeegruppe Hollidt, Ia, 31.12.42,"的命令，发给第17军和第48装甲军，抄送"米特"军和第11装甲师，收录在"霍利特"集团军级支队1号作战日志1942年12月31日的条目，以及第11装甲师作战日志。"巴森格"旅也隶属于巴尔克师。当时，第11装甲师尚有约20辆坦克。德军的"任务型编成"可参见第11装甲作战日志中的*"Tagesmeldung, 11.Pz.D.31.12.1942,"*（第11装甲师每日报告，1942年12月31日）。

84. 关于"米特"军防区的态势，以及关于该军何时在何处构设可靠防御阵地的讨论，可参阅"顿河"集团军群1号作战日志，第390—414页，12月30日和31日的条目。相关内容清楚地表明，随着苏军从各个方向发起进攻，"米特"军的态势已然失控。但面对险恶的处境，该军实施了有计划的后撤，向西退往下齐姆拉河。

85. 突击第5集团军作战概要，档案引自*TsAMO MO RF, f. 333, op. 4885, d. 25,1*，第36页。

86. V.M.多姆尼科夫（主编），《进攻中的近卫军：对近卫第2集团军征途的研究》，第67页。据G.H.阿布罗希诺夫、M.K.库济明、L.A.列别杰夫、N.F.波尔托拉科夫在*Gvardeiskii Nikolaevsko-Budapeshtskii: Boevoi put' 2-go gvardeiskogomekhanizirovannogo korpusa*（《尼古拉耶夫—布达佩斯近卫军：近卫机械化第2军的征途》）（莫斯科：军事出版社，1976年）一书中称，近卫机械化第2军以两个规模大致相当的先遣支队率领突击。第一个支队由一个加强摩托化步兵营构成，他们搭乘近卫机械化第5旅的卡车和轻型坦克，由K.P.马特维延科少校率领，12月30日23点突然发起奇袭，一举夺取德军设在别列兹卡（Berezka）的支撑点。随后，获得近卫机械化第5、第4旅主力加强后，该支队赶往巴拉巴诺夫斯基，歼灭敌人派来阻截其前进的两个步兵连后，次日晨攻占巴拉巴诺夫斯基。

87. 突击第5集团军作战概要，档案引自*TsAMO MO RF, f. 333, op. 4885, d. 25,1*，第37页。

88. *Boevye prikazy, operativnye svodki 2 gv. MK (1942-1943)*（近卫机械化第2军作战令和行动概要，1942—1943年），档案引自*TsAMO MO RF, f. 3426, op. 1, d. 6,1*，第11页。

89. *"Izvlechenie iz operativnoi svodkoi No. 2 (675),"*【2（675）号作战概要摘录】，V.A.日林（主编）的《斯大林格勒战役：编年史、真相和人物，两卷本》一书第二册，第351—353页；档案引自*TsAMO RF, f. 16, op. 1072ss, d. 1,11*，第10—17页。

90. 参见"顿河"集团军群1号作战日志，第411页，12月31日18点10分的条目。

91. 参见*"Notizen fur KTB, 1015 Uhr, 31.12.42,"*（作战日志注，1942年12月31日10点15分），收录在"霍利特"集团军级支队1号作战日志。

92. 同上；"顿河"集团军群1号作战日志，第408—409页。

93. 罗马尼亚第3集团军*"Lage am 31.12.42,"*（1942年12月31日的态势），"霍利特"集团军级支队1号作战日志附件集，指挥和其他。附件集，A部分：1-29；B部分：*30-143, AOK 6/2624/2 file, NAM T-312*，第1452卷。

94. *"Direktiva Stavka VGK No. 170721 komanduiushchim voiskami Iugo-Zapadnogo i luzhnogo frontov, predstaviteliu Stavki o perepodchinenii 5-i Udarnoi Armii"*（最高统帅部大本营发给西南方面军、南方面军司令员和最高统帅部代表的170721号令，关于突击第5集团军的转隶），佐洛塔廖夫，《最高统帅部1942》，第477页；档案引自*TsAMO, f. 148a, op. 3763, d. 124,1*，第316页。

# 第六章
# "冬季风暴""霹雳"行动的告终和斯大林格勒方面军的科捷利尼科沃进攻战役
## 12月16日—31日

## "冬季风暴"和"霹雳",12月16日—23日
### 策划"霹雳"行动,12月16日—18日

"冬季风暴"行动伊始,冯·曼施泰因元帅便认为第6集团军应当在这场增援或解救该集团军的行动中发挥重要作用。此后,随着救援行动完全展开,以及苏军对第57装甲军推进的抵抗愈发顽强,这位集团军群司令更加坚信,保卢斯必须采取某种措施协助基希纳将军的推进。这一切催生了"霹雳"行动。第6集团军的突围行动开始策划时,适逢第57装甲军在上库姆斯基和克鲁格利亚科夫地域卷入激烈、持续的战斗,这绝非巧合。

12月16日,按照曼施泰因的要求,保卢斯将军开始认真地初步策划"霹雳"行动,竭力促成与第57装甲军会合。首先,保卢斯为有可能发起的突围行动对集团军实施再部署,将第29摩步师从第4军调至第14装甲军,并把该装甲军的分界线纳入第6集团军包围圈西南部防区。保卢斯随后命令第14装甲军军长胡贝将军拟制一份突围计划(参见副卷附录13A)。

保卢斯在命令开头处指出,集团军迄今为止已击退苏军所有进攻,现在可以向西南方突围,因为"霍特"集团军级集群(第4装甲集团军)第57装甲军已大大削弱了在斯大林格勒南面作战的苏军部队,预计该装甲军能够渡过梅什科瓦河,并于12月18日到达斯大林格勒包围圈。因此,他责成胡贝将军"在短时间内"集结起第14装甲军位于卡尔波夫卡以西地域的部队,组织并遂

行突围攻势。胡贝的部队应突破苏军防御，向南前出至诺维普季地域（Novyi Put'），在马里诺夫卡以南20—25公里、布济诺夫卡西面的高地与第57装甲军解围部队会合。[1]12月17日，胡贝将他的突围草案提交保卢斯审批。这份计划要求第14装甲军辖下的第14装甲师、第3和第29摩步师从179标志点西至178标志点这片区域向南发起进攻，也就是卡尔波夫卡与伏罗希洛夫夏令营之间11公里宽的地带（参见地图48、49和副卷附录13B）。

至于计划的详情，拉特曼上校的第14装甲师将率先突围，从装甲军中央防区向西南偏南方攻击前进，而莱泽将军的第29摩步师和施勒默尔将军的第3摩步师将在第14装甲军左右两翼展开行动。第14装甲师的最初目标是位于该师出发阵地以南10公里、顿斯卡亚察里察河南岸的顿斯卡亚察里察村（Donskaia Tsaritsa）。渡过该河后，第14装甲师将向南推进10公里，夺取布济诺夫卡西面的高地，在那里掘壕据守，等待与第57装甲军救援部队会合，后者已接到命令，将从梅什科瓦河北岸的瓦西里耶夫卡登陆场向北推进约45公里。

在第14装甲师左侧发起进攻的第29摩步师负责掩护前者侧翼，并向南推进，夺取顿斯卡亚察里察河畔诺维普季东北方的阵地，同时构设一道12公里宽的防线，从诺维普季向西北方延伸至卡尔波夫卡河畔的斯克利亚罗夫（Skliarov）。最后，第29摩步师左翼将与第4军右翼相连。在第14装甲师右翼发起进攻的第3摩步师将向南推进，夺取顿斯卡亚察里察河畔的中察里察（Sredniaia Tsaritsa），并构设一条新防线，从中察里察向北延伸约10公里至马里诺夫卡。

虽然没有相关文件表明保卢斯正式批准了胡贝的计划，但德军随后在斯大林格勒包围圈西半部进行的兵力调动证明他同意这份计划。另外，保卢斯12月26日扩充了胡贝的计划，指示耶内克将军以第4军第297步兵师参加突围，并将第60摩步师和第79步兵师从包围圈内其他地带撤出。但保卢斯也非常清楚希特勒的意愿——具体说来，即便实施突围，第6集团军也应守住斯大林格勒包围圈内的阵地。[2]当然，这一点不可能做到。

## 商讨"霹雳"行动，12月18日—23日

与"冬季风暴"行动后期阶段的战斗同样紧张、同样引人注目的，是希

特勒、曼施泰因、保卢斯商讨"霹雳"行动和第6集团军命运时，幕后发生的
最激烈、最真实的情节。之所以出现这种情况，是因为到12月19日，曼施泰因
已非常清楚，要想救出第6集团军，保卢斯必须突围至半途，与"霍特"集团
军级集群向北推进的第57装甲军会合。曼施泰因在19日14点35分发给OKH和
希特勒的电报中谈到这个问题。当日18点，这位集团军群司令又给保卢斯发去
一份类似电报，以个人名义呼请第6集团军司令尽快发起"霹雳"行动，向南
突围至少20—25公里，这是他几小时前向希特勒提及的约半程距离。此时，曼
施泰因和保卢斯都意识到，希特勒禁止实施任何这样的后撤；另外，保卢斯、
参谋长施密特将军和他们的许多属下都清楚，第6集团军无法凭借自身力量实
施任何形式的突围行动。虽然曼施泰因从未下达过发起"霹雳"行动的命令，
但12月19日至23日，有关各方就此展开辩论，这段时间也是"冬季风暴"成功
的最后机会。

　　保卢斯与曼施泰因12月18日和19日进行的另外几次交流给予这些讨论一
种全新诠释，也有助于解释保卢斯为何迟迟未发起"霹雳"行动。第一次交流
是保卢斯与曼施泰因12月18日17点30分至18点15分通过电传打字机进行的交
谈，发生在"顿河"集团军群情报官艾斯曼少校探访第6集团军司令部返回后
不久。尽管是保卢斯主动发起的这番交谈，但曼施泰因试图澄清保卢斯告知艾
斯曼的那些关于第6集团军后续行动的选择——特别是该集团军实施"霹雳"
突围的能力。针对曼施泰因"请简要地解释您向艾斯曼所做报告的立场"这一
要求，保卢斯再次概述了集团军的三个选择：

　　情况1：只能以坦克经布济诺夫卡突围，与霍特会合，因为步兵力量不
足，坚守斯大林格勒和长长的新侧翼风险极大。在这种情况下，斯大林格勒
"要塞"将丧失肃清敌人后续突破的所有预备力量。

　　情况2：万不得已时，才能在未与霍特会合的情况下突出包围圈。必须考
虑到大批装备的损失。这种假设的前提是空运来足够的燃料和食物。首先必须
提高士兵们的战斗力。如果霍特能达成暂时性联系并运入牵引车，这个解决方
案会更容易些。

　　各步兵师目前已举步维艰，不断需要宰马充饥，情况只会愈发恶化。

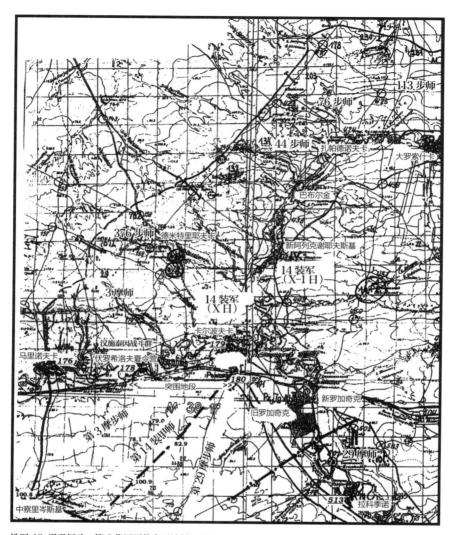

地图 48 霹雳行动: 第 6 集团军的突围计划, 1942 年 12 月 17 日

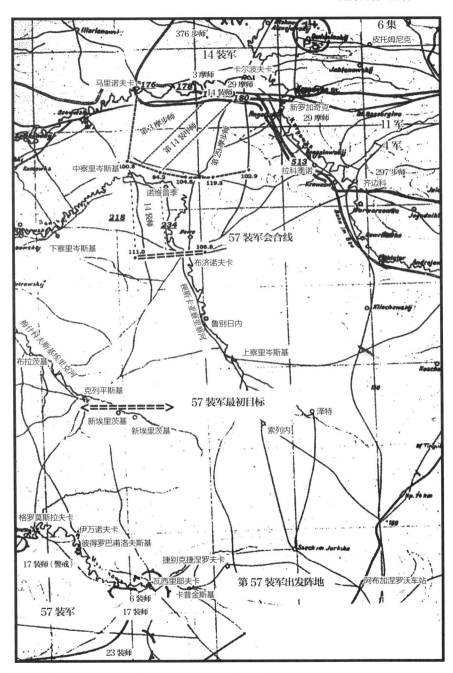

地图 49 冬季风暴和霹雳行动：1942 年 12 月 19 日—23 日

情况3：继续坚守既有阵地取决于补给和空运来足够的援兵。迄今为止，补给严重不足。就目前的情况来看，继续坚守不复可能。[3]

曼施泰因和保卢斯随后就一些具体问题进行了交流：

曼施泰因：方案2最快能在何时发起？

保卢斯：需要3—4天准备时间。

曼施泰因：需要多少燃料和食物？

保卢斯：据"顿河"高级军需长说，需要1.5个燃料基数，27万人10天的口粮。

曼施泰因：先前的命令是暂时的，23点再联系。致以问候。还有其他问题吗？

保卢斯：各军是否可以为方案2加以准备？"霍特"集群的情况如何？

曼施泰因：对于问题一，等今晚联系后再说。对于问题二，"霍特"集群在克鲁格利亚科夫登陆场的掩护下，继续在上库姆斯基两侧遂行进攻，在南面还抗击着强大的苏军。[4]

这番交流真正的症结在于曼施泰因无法回答保卢斯关于霍特能否取得成功的问题。曼施泰因的回复清楚表明，这位集团军群司令无法缓解保卢斯对霍特赢得后续胜利的担心，因为第57装甲军卷入瓦西里耶夫卡登陆场的激战中，无力加强进抵梅什科瓦河一线的部队——保卢斯完全明白个中含义。

12月19日零点40分至2点15分，就在曼施泰因建议保卢斯实施"霹雳"行动几个小时前，保卢斯与曼施泰因的参谋长弗里德里希·舒尔茨中将通过电传打字机进行了一场后续交流。这一次，舒尔茨代表曼施泰因，请保卢斯回答一些问题，具体如下：

现已确定，南部战线前方的敌阵地已得到加强，请评估朝西面的卡拉奇方向突围的可能性如何？在这种情况下可以预料第57装甲军前方依然存在强大的敌军。陆军元帅提出这个问题是因为预计第6集团军西部防线和卡拉奇以西

之敌较弱。如果这个问题无法立即回答，可通过电台提出看法。若您还有其他
问题，现在就可以提出。[5]

他们的对话继续进行：

保卢斯：哪条南部战线前方之敌已得到加强？第6集团军南部防线前方还
是"霍特"集群战线前方？

舒尔茨：第6集团军南部防线前方，据报，敌人强化了那里的筑垒阵地。

保卢斯：［我会］通过电台回答这个问题。[6]

舒尔茨指出第57装甲军仍在梅什科瓦河应对强大的敌军，并提出向西突
围可能更加实际，但这番交流只是增加了保卢斯对发起"霹雳"行动的可行性
和是否明智的担心。因此，保卢斯18点50分接到曼施泰因敦促第6集团军尽快
向南突围的电报时，他依然不太愿意这样做。曼施泰因其实并未下达命令，因
为他无法保证保卢斯能与第57装甲军的部队成功会合（参见副卷附录10O）。

实际上，就在曼施泰因"敦促"保卢斯发起突围行动不到一小时前，12
月19日18点15分至30分，两人又通过电传打字机进行了另一场交谈（参见副卷
附录13C）。曼施泰因告诉第6集团军司令，"基希纳的进展一切顺利"，他
还通知保卢斯很快会收到另一封电报。保卢斯则介绍了集团军目前的状况，强
调了马里诺夫卡和卡尔波夫卡地域激烈的地面战和敌人发起的空袭，并称马里
诺夫卡的态势"有些危急"。结束这番交谈时，曼施泰因祝保卢斯取得防御战
的胜利。[7]尽管这番交谈强调了苏军在马里诺夫卡地域的活动有所加强，但并
未缓解保卢斯对"霹雳"行动的担心，他对曼施泰因30分钟后发给他的电报毫
无准备。

另外两个重要事态发展为"顿河"集团军群与第6集团军之间进行的这些
和另一些交流提供了必要背景。其一是12月14日—20日，苏军近卫第2集团军
从斯大林格勒包围圈北面向南赶往梅什科瓦河地域，第一批部队18日到达梅什
科瓦河。其二是12月17日—19日，顿河方面军和斯大林格勒方面军抽调部队进
入第6集团军包围圈南部和西南部防线的阻截、进攻阵地。

　　"顿河"集团军群12月20日—22日的作战日志，充满关于斯大林格勒包围圈周边态势和对保卢斯是否应发起"霹雳"行动的持续争论的条目（参见副卷附录13D）。这些条目强调了苏军在马里诺夫卡和卡尔波夫卡地域持续进行的地面和空中打击，以及这些行动对第6集团军为突围所做的准备、空运补给保卢斯集团军的前景造成的不利影响，第6集团军坚持认为，除非确保第57装甲军成功突破梅什科瓦河一线，否则不能发起"霹雳"行动。[8]

　　这些报告说明了导致保卢斯最终拒绝实施"霹雳"行动的三个现实。第一，这位第6集团军司令意识到，苏联人正采取一切可行措施遏止他的突围计划，苏军对第6集团军南部防线和其他地域发起进攻，以此阻止包围圈内的德军实施集结、突围。这使保卢斯"突围期间遭遇一场灾难"的预测很可能成真。第二，"顿河"集团军群和第6集团军都知道，该集团军无法在实施突围的同时守住斯大林格勒包围圈。最后，尽管柏林信誓旦旦，但德国空军的空运行动不太可能维系第6集团军。

　　在此期间，保卢斯的参谋长施密特将军与曼施泰因的参谋长舒尔茨将军12月20日和22日就这些事项交换了意见（参见副卷附录13E和13F）。在12月20日18点至19点进行的第一场交谈中，施密特向舒尔茨汇报了当前情况，并强调苏军加强进攻对第6集团军的兵力和坦克造成不利后果，特别是在西部防线和斯大林格勒城内。他还报告，苏军集结于中察里岑斯基地域（Sredne-Tsaritsynskii），如果发起"霹雳"行动，对方恰好横跨在第6集团军计划中的主要突围方向上。最重要的是，施密特重申了保卢斯"确保霍特能够到达布济诺夫卡地域"的要求，他还告诉舒尔茨，由于后勤的限制，集团军发起突围前需要准备5—6天。[9]

　　舒尔茨试图打消施密特对第57装甲军实施救援行动能力的担心，但他不得不承认，基希纳装甲军正沿梅什科瓦河"卷入激战"，因为"敌人采取各种措施，企图阻止霍特的进一步推进"。[10]更糟糕的是，舒尔茨还告诉施密特，空中侦察"已确定额外的苏军步兵队列正从北面而来"，但他错误地将其判断为"从第6集团军战线上调离的部队"，而不是新锐近卫第2集团军，实际上正是后者。因此，舒尔茨宣布，曼施泰因"认为第6集团军应尽快发起进攻，等待霍特靠近布济诺夫卡断不可行"。最后，舒尔茨告诉施密特，陆军元帅正努力争取元首批准"霹雳"行动，但"尚未获得元首的批准"。[11]

交谈中，舒尔茨以曼施泰因的评论责备施密特，大意是第6集团军"只有25000名作战步兵，与其27万总兵力不符"。施密特措辞激烈地回应道："统计前线后方的人员……按照OKH的条例，（我集团军）总作战兵力与给养标准（兵力）的比率约为60%~70%，远高于常规，因为我们正为生存而战。"[12]

两天后的17点10分，舒尔茨和施密特再次会谈。舒尔茨开门见山，称第57装甲军无法继续向北突击，因为"第6和第17装甲师不得不击退强大的敌军从东南面、东面和北面对瓦西里耶夫卡发起的进攻"。但他继续向施密特保证："根据态势的发展，第57装甲军击败俄国人的进攻后就将重新发起推进。"商讨后勤问题和第6集团军急需的补充兵后，施密特转交了一份不祥的报告："卡尔波夫卡与顿斯卡亚察里察之间［马里诺夫卡东南方15—25公里］的高地附近出现大量挖掘阵地的活动，另外还发现大批卡车和大车从潘希诺经佩斯科瓦特卡农场［马里诺夫卡北面25—35公里］向南行进。"[13]这就意味着苏军正在第6集团军打算发起突围的地域加强防御。

在第6集团军看来，可悲的事实是，这两场谈话均未表明他们即将获得救助。实际上，到12月22日日终时，做出决定的时间将在24小时内耗尽。

这些商讨进行期间，12月20日晚，曼施泰因给OKH的蔡茨勒将军发去一封"非正规渠道"的电报，这位陆军元帅在电报中阐述了情况的严重性，并对能否救出第6集团军深表怀疑（参见副卷附录13G）。除预计B集团军群的潜在危机和苏军很可能派遣重兵遏止第6集团军外，他还对第57装甲军能否突破至斯大林格勒表示怀疑，并承认第6集团军和在该地区作战的两个集团军群面临着极大的危险。曼施泰因这种不同寻常的坦率表明，这位陆军元帅正为他的困境寻求一种更全面的解决方案，特别是——请元首做出决定，将他掌握的A集团军群交出。

12月22日和23日，保卢斯、曼施泰因，有时也包括OKH，继续就"霹雳"行动交换信息。12月22日7点，保卢斯开始了新一轮交流，他给OKH发去一封电报，详细解释了第6集团军的危险状况（参见副卷附录13H）。虽然保卢斯没有对第6集团军的困境提出解决方案，但他明确指出该集团军发起突围会面临哪些问题。他首先指出，截至12月18日，集团军总兵力为249600人，作战步兵只有25000人，这个数字曾引起曼施泰因不满的评论。另外，保卢斯还哀叹补给和口粮严重不足，并以具体数据支持他的抱怨，以此强调后勤状况已恶化到何种程度。[14]保卢斯认为，如果实施"霹雳"行动，可能会比待在斯大林格勒更加糟糕，这主要是基于苏军沿斯大林格勒包围圈西南防线的防御和包围圈防线其他地段的进攻行动。

次日13点05分，已知道"冬季风暴"行动将不得不取消的曼施泰因，向OKH通报了对方已经了解的情况——如果无法提供足够的空运补给，保卢斯集团军可能会被饿死。这封电报基本上重复了保卢斯提供的数据，并在结尾处坚持要求空军将每日空运补给量增加到550吨（参见副卷附录13I）。[15]曼施泰因在回忆录中称："情况很清楚，已无法期待第6集团军及时突围。我不得不做出这个痛苦的决定，从第4装甲集团军的解围集团调出一个师。"但是，有可靠证据表明，直到12月23日下午，这位集团军群司令仍对一场成功的突围抱有希望。12月23日17点40分，他与保卢斯通过电传打字机进行了40分钟的交谈，这实际上是最后一次呼吁第6集团军发起"霹雳"行动，尽管此时仍不确定希特勒是否会批准这一行动（参见副卷附录13J）。

会谈开始时，曼施泰因首先确认了第6集团军有足够的燃料从包围圈向南推进20公里。承认第57装甲军"多少已被迫转入防御"后，他问保卢斯："如果发生最糟糕的情况，您会下令发起'霹雳'行动吗？"[16]陆军元帅要求第6集团军司令"好好想想这个问题"，21点再作答复。作为回答，保卢斯证实执行"霹雳"行动更加困难了，因为俄国人正在突围路线上掘壕据守，对方很可能"在这些新阵地后集结了6个坦克旅"。他重申突围行动需要六天准备时间，但承认尽早发起突围更好些。[17]保卢斯问道："我是否可以认为我现在已获得发起'霹雳'行动的授权？"曼施泰因回答道："今天我还无法授权给您，但我希望明天能做出决定。"[18]这个决定永远不会做出了，随着军事态势的迅速恶化，"霹雳"行动再也无法发起。12月23日中午，第57装甲军前出至斯大林格勒包围圈或南面的布济诺夫卡地域的一切希望均告破灭，因为OKW[①]

---

① 译注：蔡茨勒是陆军参谋长，并不属于OKW。

的蔡茨勒将军指示OKH和"顿河"集团军群，将第48装甲军和第11装甲师调至莫罗佐夫斯克地域，再从第57装甲军抽调一个装甲师接替撤离的第48装甲军。曼施泰因告诉蔡茨勒，目前极端的态势可能要求三个集团军群（B集团军群、"顿河"集团军群和A集团军群）实施后撤，以缩短战线并为后续行动腾出预备队。

尽管面对这一现实，但回答第6集团军关于后续行动的询问时，"顿河"集团军群作训处12月23日18点40分做出乐观的回复：

（1）在保证每日供应550吨补给（从莫罗佐夫斯克和塔钦斯卡亚运送的补给有时候可能不足）的前提下据守要塞地域。集团军群无法确定这种可能的补给来源是否能继续下去。

（2）集团军发起突围，风险是突围行动也许无法达成突破。

（3）立即将第1装甲集团军的两个装甲师和第16摩步师调拨给第4装甲集团军，第6集团军随后发起突围，因为高加索战线至少要后撤至新罗西斯克—克拉斯诺达尔—库班—萨利斯克一线。[19]

但这些高层的交流基本已无关紧要。正如12月24日沿梅什科瓦河的战斗表明的那样，第57装甲军守住河流北岸登陆场的一切想法完全不切实际，如果说不是纯属幻想的话。

三个明显的事实决定了第6集团军的命运。首先，保卢斯从未同意发起突围，要么是因为他拒绝违抗希特勒的命令，要么是因为苏军竭力封堵他的逃生路径。其次，尽管曼施泰因可以下达命令，但他从未命令保卢斯遂行"霹雳"行动。曼施泰因遵循着他11月24日开辟的一条"新路"而行，当时，他打破了魏克斯、保卢斯、里希特霍芬和第6集团军所有军长们"立即突围是最佳选择"的一致判断，支持希特勒的意见，尽管是无意的。第三，如果第6集团军试图发起"霹雳"行动，而第57装甲军继续遂行"冬季风暴"，几乎可以肯定，他们会以失败告终。鉴于罗科索夫斯基和叶廖缅科为堵截德军突围企图所采取的措施，以及近卫第2集团军和3—4个坦克、机械化军位于梅什科瓦河北面和第6集团军与第57装甲军之间，任何突围行动必将失败，并给两支军队造成潜在的灾难性后果。这三个现实彻底决定了"霹雳"行动的命运，并使关于第57装甲军能否在获得或没获得第6集团军积极协助的前提下救出后者的辩论陷入"如果……就会"这种无解的范畴。

## "冬季风暴"的高潮，12月19日—24日

### 12月19日的态势和双方的计划

12月19日晚，"顿河"集团军群和"霍特"集群（第4装甲集团军）的领率机关无疑长长松了口气。在上库姆斯基地域与斯大林格勒方面军第51集团军机械化第4军进行了历时四天的激烈消耗战后，基希纳将军第57装甲军辖下的第6和第17装甲师终于在12月19日黄昏前开始进入梅什科瓦河南岸阵地（参见地图23）。此时，德军指挥部门依然相信，也许用不了几个小时，基希纳装甲军便可以向北发起期待已久的冲刺，渡过梅什科瓦河，解救保卢斯陷入重围、饥肠辘辘的第6集团军。在上库姆斯基及其周边展开的激战重创沃利斯基将军的机械化第4军，至少击毁对方72辆坦克，并将步兵第87师提供支援的步兵团歼灭大半。但这场战斗也使劳斯将军曾经强大的第6装甲师付出了高昂的代价，自12月12日以来，该师已伤亡1100人，另外，他们的战车数量也从12月16日的140辆坦克和突击炮降为12月21日的36辆（其中27辆正在抢修）。[20]总的说来，第57装甲军12月20日的作战兵力为15666人，自12月12日以来，该军损失94名军官和1519名士兵，也就是10%的作战兵力。[21]据次日提交的报告称，该军战车数量下降至92辆，另外83辆也许能在三周内修复。基希纳装甲军即将迎战的苏军近卫集团军坦克数量是他们的三倍，兵力超过10万人。

但是，鉴于双方掌握和未掌握的情况，德军和苏军对后续作战的看法大相径庭。例如，曼施泰因和霍特的指挥部对其部队前出至第6集团军包围圈的前景持乐观态度，但苏军最高统帅部却不这样认为。在斯大林、华西列夫斯基和叶廖缅科看来，一个完整的机械化军和一个步兵团牺牲在上库姆斯基战场，这个代价似乎是值得的。这场旷日持久的战斗使斯大林格勒方面军得以将马利诺夫斯基近卫第2集团军调入梅什科瓦河及其北面的前进集结区。另外，斯大林和他的高级将领们知道，另外几个坦克和机械化军已位于梅什科瓦河地域或其附近。他们还意识到，到12月19日，意大利第8集团军遭歼灭的可能性越来

越大, 很可能导致德军领率机关求助无门, 不得不从第4装甲集团军第57装甲军抽调兵力。

在这种背景下, 德国第57装甲军准备迎接其向北推进的高潮。不过, 基希纳的装甲兵发起救援进攻前仍有许多工作要做。首先, 第57装甲军19日只有部分部队到达梅什科瓦河, 也就是冯·森格尔将军第17装甲师一部, 他们13点30分到达下库姆斯基西面。而此时, 劳斯将军的第6装甲师仍在舔舐上库姆斯基之战造成的伤口, 并以43辆坦克在第17装甲师右侧向北、西北方推进。[22]但是, 该师仍与其目标相距10公里, 这个目标就是位于第17装甲师先头部队以东25公里、瓦西里耶夫卡镇西面的梅什科瓦河河段。在第57装甲军落在后方的右翼, 博伊内布格-伦斯费尔德将军的第23装甲师位于第6装甲师先遣部队南面15—20公里处, 仍在阿克赛河对岸登陆场内与2000名苏军步兵和50辆坦克鏖战。[23]这股苏军是塔纳希申将军的机械化第13军和步兵第87、第302师的步兵。

因此, 投入救援部队前, 基希纳装甲军必须加强他们在梅什科瓦河一线占据的立足地, 并集结剩余的装甲力量, 以便向北推进, 攻往斯大林格勒包围圈。这至少需要三天时间, 因为苏军近卫第2集团军正在履行斯大林和华西列夫斯基12月19日晚赋予他们的任务: "沿梅什科瓦河畔的下库姆斯基和卡普金斯基战线部署雅科夫列夫 [ 马利诺夫斯基 ] 各近卫军, 12月20日—21日夜间将近卫机械化第2军集结于佩列格鲁兹内 ( Peregruznyi )、阿克赛和舍列斯托夫地域, 并于12月22日晨发起积极行动。"[24]尽管随后的战斗迫使马利诺夫斯基加快调动部队, 并将部分力量更早地投入到梅什科瓦河战线及其南面, 但此举也决定了12月20日至23日作战行动的特点。

## 沿梅什科瓦河的战斗, 12 月 20 日—23 日

### 12 月 20 日

德国和苏联方面的记录, 证实了第4装甲集团军第57装甲军向第6集团军包围圈发起推进前必须克服的一些问题 ( 参见地图50 )。但只有结合双方的记述, 才能准确解释苏军如何以及为何能挫败德国人的野心。例如, 虽然第57装甲军在上库姆斯基赢得的胜利引发了明显的乐观情绪, 但OKW ( 德国国防军最高统帅部 ) 和OKH ( 德国陆军总司令部 ) 12月20日签发的每日作战概要却

反映出，要想解救第6集团军，该装甲军还需要付出艰苦的努力：

OKW

元首正考虑坚守斯大林格勒。从目前的情况来看，第6集团军突破期间最多只能前进30公里，因此，该集团军不宜过早突围。另一方面，元首坚信，必须与第6集团军建立联系，并保持至该集团军彻底撤离战斗。但为避免该集团军完全依赖"霍特"集团军级集群，解围行动期间，第6集团军应保持至少能推进50公里的状态。为此，必须为其运送至少300吨物资。

OKH

东线，"顿河"集团军群：敌人在科捷利尼科沃—斯大林格勒铁路线两侧发起的数次进攻均被击退。第6装甲师夺取上库姆斯基，第17装甲师向东北方前出至梅什科瓦河畔，随即转向东面（因为那里没有渡口）。一个装甲师肃清了敌人在苏罗维基诺西南面的突破。据未经核实的报告称，击毁60辆敌坦克。[25]

"顿河"集团军群12月20日作战日志的条目，证实第57装甲军辖内第6装甲师到达瓦西里耶夫卡附近的梅什科瓦河河段，正为在该河北岸构建一座登陆场而战（"顿河"集团军群12月20日—24日关于第57装甲军的报告可参见副卷附录13K）。以第6装甲师第11装甲团组建、并由该团团长指挥的"许纳斯多夫"战斗群，率领第6装甲师向东北方推进，意图夺取至关重要的瓦西里耶夫卡登陆场，该师计划以此为出发平台，向北发起突击，与第6集团军会合并解救该集团军。正如一份记述中所写的那样："经过一场绕行达30多公里的夜行军……到达目标处。一座完好无损的桥梁被夺取。这场推进得到上级部门的表扬，因为此举增加了他们赶至斯大林格勒并解救被围部队的希望。'许纳斯多夫'战斗群与被围集团军相距仅48公里。"[26]

历时三天的激战就此打响，双方争夺着梅什科瓦河北岸的瓦西里耶夫卡登陆场，并在东面约4公里，河流南岸的卡普金斯基附近展开厮杀。随着时间的推移，这场战斗吞噬了第6装甲师主力、第17装甲师装甲部队和马利诺夫斯基近卫第2集团军至少两个近卫师。第6装甲师和第11装甲团的作战日志指出，

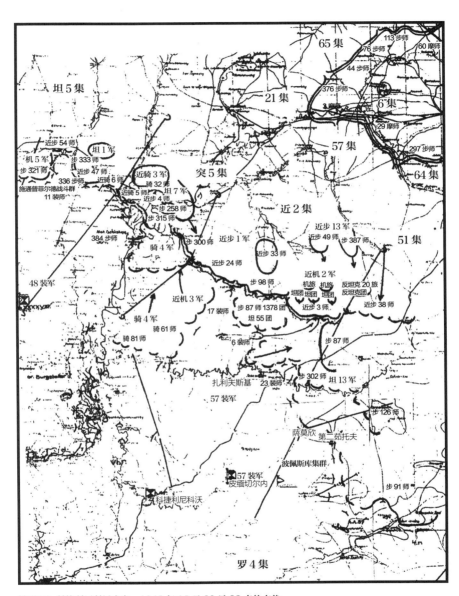

地图 50 科捷利尼科沃方向：1942 年 12 月 20 日 22 点的态势

瓦西里耶夫卡争夺战越来越激烈，卷入该地域的部队越来越多。例如，许纳斯多夫报告，俄国人的抵抗"在整个夜间不断加强，已变得非常强大，而我方力量较为虚弱，21辆坦克耗尽燃料，两个搭乘装甲车的摩步连实力虚弱，无法拓宽登陆场并发起后续推进。"因此，他命令他的战斗群坚守登陆场，等待援兵到来。他在报告中还描述了当日战斗的详情、他的战斗群和相邻的第17、第23装甲师采取的行动（参见副卷附录13L）。[27]

第6装甲师竭力在梅什科瓦河对岸的瓦西里耶夫卡夺取立足地之际，第17装甲师试图在下库姆斯基西面采取同样的行动，但遭到苏军猛烈、坚决的抵抗。位于东南方的第23装甲师只取得微不足道的战果，苏军仍在梅什科瓦河畔格罗莫斯拉夫卡南面顽强守卫着一座15公里宽、6公里深的登陆场，这座登陆场导致第17装甲师与第6装甲师的先遣部队相距15公里。激烈的登陆场争夺战，加之第23装甲师无法在第6装甲师东面进抵梅什科瓦河，意味着第57装甲军还需要经历数日的战斗才能集结起必要的兵力，向北冲往斯大林格勒包围圈。[28]

第57装甲军沿梅什科瓦河进入前进阵地时，德军情报部门告知"顿河"集团军群，无线电拦截表明"俄国人的第2集团军，至少编有近卫第1、第13军和摩托-机械化第1军，正与第65和第21集团军会合"；另外，德军空中侦察也发现"萨拉托夫、卡梅申和伊洛夫林斯基一线的铁路交通异常繁忙"。[29]从这些报告看，12月20日晚，"顿河"集团军群仍不知道马利诺夫斯基的近卫集团军已位于第4装甲集团军梅什科瓦河战线对面。最后，当日20点30分，集团军群承认，"第57装甲军的损失相当大，"包括同一个团里的一名团长[①]和一名营长。[30]集团军群在12月20日作战日志最后一条条目宣布了其意图："第4装甲集团军将夺取克列普国营农场两侧地带。"这就意味着德军将沿格罗莫斯拉夫卡南面的梅什科瓦河南岸彻底封闭缺口，并在瓦西里耶夫卡西北面的梅什科瓦河北岸，克列普国营农场附近夺取一座大型登陆场。[31]但是，说起来容易，做起来难。

---

① 译注：第63装甲掷弹兵团团长赫尔曼·塞茨。

　　红军总参谋部12月20日的每日作战概要与德国人的报告相呼应——唯一显著的区别是苏联人知道基希纳装甲军实际上面对的是马利诺夫斯基近卫第2集团军，而非特鲁法诺夫消耗殆尽的第51集团军（参见副卷附录13M）。这份作战概要表明，近卫第2集团军辖下的近卫步兵第3、步兵第98和近卫步兵第24师正击退德军沿梅什科瓦河及其南面发起的进攻，作战地域从瓦西里耶夫卡西延至切尔诺莫罗夫，而第51集团军辖内部队在近卫第2集团军左侧据守着克鲁格利亚科夫和卡努科沃地域。

　　奇怪的是，第4装甲集团军12月20日的态势表明，截至20日日终时，苏军仍在格罗莫斯拉夫卡的梅什科瓦河南岸占据着一个很大的登陆场。但苏联方面的记录并未明确指出哪支部队坚守着该登陆场。至少，登陆场守军可能包括步兵第87师第1378团残部，以及坦克第55团和机械化第4军另外一些残余力量。但这股守军可能已获得近卫第2集团军近卫步兵第1军步兵第98师部分兵力的加强，该师刚刚在梅什科瓦河北岸占据防御，其防区从下库姆斯基向东穿过格罗莫斯拉夫卡，直至伊万诺夫卡。不管怎样，这股守军12月21日夜间成功地将德军第17和第6装甲师隔开。

　　当日最激烈的战斗发生在瓦西里耶夫卡，第6装甲师"许纳斯多夫"战斗群在那里竭力夺取并守住梅什科瓦河北岸的一座登陆场；这场不断加剧的战斗将持续数日。西面的情况同样如此，德军第17装甲师在那里全力夺取并守住下库姆斯基登陆场。与此同时，第57装甲军右翼，第23装甲师终于在夜幕降临前取得一些进展。经过数小时战斗，该师设法从克鲁格利亚科夫沿铁路和公路向东北方推进。将第51集团军步兵第302师右翼逼退后，第23装甲师前进数公里，随后被近卫第2集团军步兵第87师另外两个团挡在格尼洛阿克赛斯卡亚车站附近。这就使第23装甲师（该师的四号坦克已消耗殆尽）与其目标普里沃利内镇（Privol'nyi）相距25公里，该镇位于第6装甲师右侧的梅什科瓦河上游。[32]

## 12月21日

　　12月21日，基希纳第57装甲军两个先遣装甲师继续从事他们的登陆场争夺战，而斯大林格勒方面军司令员叶廖缅科则将马利诺夫斯基近卫第2集团军集结在梅什科瓦河及其北面，并为其提供加强（参见地图51）。"顿河"集团

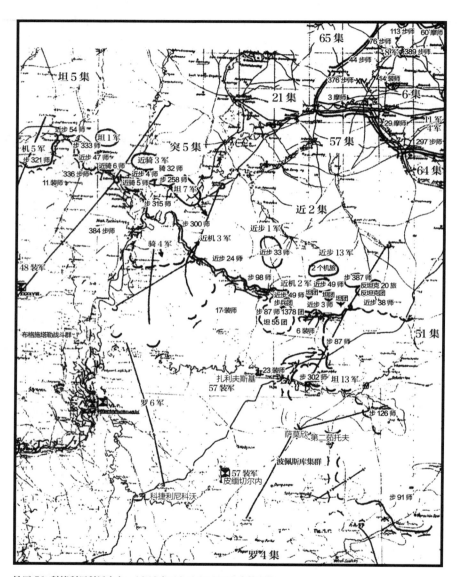

**地图 51 科捷利尼科沃方向: 1942 年 12 月 21 日 22 点的态势**

军群作战日志12月21日的条目反映出这场战斗的性质，称第57装甲军以第23装甲师遏止了敌人在格尼洛阿克赛斯卡亚对该军东翼和从东南方对瓦西里耶夫卡登陆场发起的进攻，并扩大了登陆场，但第17装甲师在格罗莫斯拉夫卡发起的突击"只取得些许进展"（参见副卷附录13K）。[33]苏军近卫第2集团军的作战日志证实了"顿河"集团军群对当日作战行动的描述：

> 近卫第2集团军的部队以顽强的防御将敌人阻挡在格罗莫斯拉夫卡、伊万诺夫卡、瓦西里耶夫卡、卡普金卡一线。敌人企图将我军驱离格罗莫斯拉夫卡。18架敌轰炸机在车站上方展开轮番轰炸，14点30分，40辆敌坦克对格罗莫斯拉夫卡南郊发起冲击，9辆坦克被烧毁后，余部被迫退回其出发阵地。[34]

据守格罗莫斯拉夫卡的苏军是近卫步兵第1军辖下的步兵第98师，并获得独立反坦克歼击炮兵第20旅加强，他们都隶属于近卫第2集团军。

更东面，争夺瓦西里耶夫卡的激战持续了一整天，第6装甲师"许纳斯多夫"战斗群接到命令——不惜一切代价夺取登陆场。德国方面的一份记述，将重点放在了参加第4装甲集团军救援行动的将士们的高度期望上：

> 俄国人未能肃清登陆场，第6装甲师得以在登陆场内集结兵力，准备实施新的进攻。

该师在第57装甲军编成内推进100多公里，并克服了敌人的顽抗，其先遣部队距离斯大林格勒只剩48公里，已走完四分之三的路程。令人费解的是，20万将士为何不能冲过50公里来与我们会合。这方面的传闻实在太多。有人拍胸脯说，第6集团军已经出动，又有人断言，第6集团军已离开斯大林格勒，并在附近某处与解围部队建立联系，还有人认为，草原上开辟了一条长长的迂回线路，第6集团军早已通过这条路线获得了补给。这些说法中唯一准确的是，如果能打开一条通向第6集团军的通道，位于科捷利尼科沃地域的第4装甲集团军确实拥有立即增援第6集团军所需要的一切。[35]

到目前为止，第17和第6装甲师都在两个方向上作战，以其半数力量竭力扩大梅什科瓦河北岸登陆场，另一半力量则试图消灭苏军持续存在、将两个师隔开的突出部。第17装甲师沿梅什科瓦河南岸向东冲往格罗莫斯拉夫卡时，第6装甲师向西攻往伊万诺夫卡。两个装甲师在日终前消灭了苏军占据的突出部。但在此过程中，"顿河"集团军群获得一些不祥的消息：通过审讯战俘获悉，三个出处不明的新锐苏军师目前正在第57装甲军对面战斗。[36]

冯·森格尔将军和劳斯将军第17、第6装甲师的装甲兵和装甲掷弹兵在梅什科瓦河对岸争夺至关重要的登陆场时，博伊内布格–伦斯费尔德将军的第23装甲师仍陷在格尼洛阿克赛斯卡亚的激战中。如果第23装甲师想向东北方继续推进，就必须拿下格尼洛阿克赛斯卡亚。但事实再次证明，这一行动非常艰难。

引人注目的是，虽然第57装甲军的行动对曼施泰因的战略部署至关重要，但"顿河"集团军群作战日志中80%的内容是关于B集团军群辖下意大利第8集团军、"霍利特"集团军级支队和"米特"军防区内可怕的事态发展。这清楚地表明，12月20日和21日，第4装甲集团军救援行动的重要性正在下降，前线其他地段正在发生的、潜在的灾难性事件为其蒙上了一层阴影。

与前一天相同，红军总参谋部12月21日的作战概要与"顿河"集团军群作战日志的条目密切相关（参见副卷附录13M）。近卫第2集团军继续以其先遣步兵师抗击位于梅什科瓦河及北岸登陆场内的第6和第17装甲师，并以赶至前方地带的新锐力量加强防御。东南面，第51集团军据守着克鲁格利亚科夫东面的防御，但被迫沿通往北面的铁路线将一些地盘让给第23装甲师。这份作战概要中最令人感兴趣的是这样一段："敌人投入优势步兵和坦克，日终前占领111.8高地和瓦西里耶夫卡地域，并将近卫步兵第3师的分队包围在卡普金卡地域。"[37]而苏联方面的大多数资料指出，近卫步兵第1军辖下近卫步兵第3师①这个营是在次日晚些时候遭到包围。发生这种矛盾的原因尚不清楚，有可能该营在这两天都遭到包围。另一种可能性是，22日描述的事件实际上发生在21日。不管怎样，近卫步兵第3师已过度拉伸，近卫步兵第13军军长不得不将近卫步兵第49师投入瓦西里耶夫卡和卡普金斯基地域提供支援，可能是在12月21日晚些时候，但22日肯定已投入。

---

① 译注：近卫步兵第3师到底隶属于近卫步兵第1军还是近卫步兵第13军，此处存疑，参见表3。

虽然红军总参谋部对战事的描述与德方记录大体一致，但前者的作战概要更胜一筹，在两个重要方面澄清了相关情况。首先，这份作战概要确定了战俘提及的三个新锐师是近卫第2集团军近卫步兵第1军编成内的近卫步兵第24、步兵第98和近卫步兵第3师。其次，这份作战概要证明苏军在第57装甲军对面投入的力量非常庞大，报告中称，罗特米斯特罗夫的坦克第7军即将到达梅什科瓦河地域，就在一周前，该军刚刚在雷奇科夫斯基取得大捷。

从德国人的角度看，OKH在12月21日指出："向前推进的第57装甲军只取得些许进展。下库姆斯基登陆场的压力极大，致使第17装甲师难以前进。"格赖纳将军在OKW作战日志中所写的注释，将重点放在第4装甲集团军是否有能力解救第6集团军这个更大的问题上：

> 据陆军元帅冯·曼施泰因报告，第4装甲集团军无法从现已到达的地域继续向前推进，而第6集团军即便发起突围也无法超过30公里，在为此召开的态势报告会上，元首与陆军、空军总参谋长就东线南部局势进行了长时间商讨。一如既往，没能达成最终决定。元首看上去似乎已没有能力做出这种决定。应将党卫队"维京"师或第7装甲师调给"霍特"集团军级集群。[38]

12月21日晚，意大利第8集团军防区内发生的情况令OKW和OKH产生了急性焦虑症，理由很充分：顿河以西发生的事情会给顿河以东的行动造成重大影响，这一点不可避免。但其后果目前只能依靠想象。

## 12月22日

截至12月22日晨，近卫第2集团军辖内大多数部队沿梅什科瓦河及其北部进入指定阵地，许多部队已投入战斗（参见表3）。

从第4装甲集团军的角度看，基希纳第57装甲军12月22日最重要的行动是将第17装甲师的装甲力量东调至瓦西里耶夫卡地域（参见副卷附录13K）。他们在那里集结，构成第6装甲师身后的第二突击波次。第17装甲师余部据守的防区，从伊万诺夫卡沿装甲军左翼向南延伸至上库姆斯基，而罗马尼亚第6军残余步兵师守卫的防区从上库姆斯基延伸至阿克赛河，再向西延伸至波捷姆金

**表 3：斯大林格勒方面军近卫第 2 和第 51 集团军 1942 年 12 月 22 日拂晓时的部署（从右至左，或从西向东）**

| 部队 | 防区 | 防区宽度（公里） | 当面之敌 |
|---|---|---|---|
| **近卫第2集团军** | | | **第4装甲集团军** |
| 步兵第300师 | 科维列夫斯基—佩切林斯基—沙巴林斯基 | 10 | 罗马尼亚第6军 |
| 近卫步兵第1军 | 沙巴林斯基—伊万诺夫卡 | 27 | 第57装甲军 |
| 近卫步兵第24师 | 2号克列普农场—沙巴林斯基—切尔诺莫罗夫 | 12 | 第17装甲军 |
| 步兵第98师 | 下库姆斯基（北）—格罗斯拉夫卡—伊万诺夫卡 | 15 | 第17装甲师 |
| 近卫步兵第33师 | 5号农场—韦什基（第二梯队） | — | 第17装甲师 |
| 近卫步兵第13军 | 伊万诺夫卡—卡普金斯基—129.4高地 | 24 | 第57装甲军 |
| 近卫步兵第3师 | 伊万诺夫卡—瓦西里耶夫卡—苏哈亚峡谷—129.4高地（捷别克捷涅罗沃以南6公里） | 16 | 第6装甲师 |
| 近卫步兵第49师 | 在瓦西里耶夫卡—卡普金斯基地域增援近卫步兵第3师 | — | 第6装甲师 |
| 步兵第387师 | 1号农场—捷别克捷涅罗沃（第二梯队） | — | 第6装甲师 |
| 步兵第87师 | 比尔佐沃伊—格尼洛阿克赛斯卡亚 | 8 | 第23装甲师 |
| 近卫机械化第2军 | | — | 第6装甲师 |
| **第51集团军** | | 112 | |
| 步兵第38师 | 捷别克捷涅罗沃—普里沃利内车站 | 15 | 第6装甲师 |
| 步兵第302师 | 扎里亚车站—克鲁格利亚科夫—第一茹托夫 | 12 | 第23装甲师 |
| 机械化第13军 | 第一茹托夫—科瓦列夫卡—阿克赛以西2公里 | 10 | 第23装甲师 |
| 步兵第126师 | 阿克赛以西2公里处—库尔甘—努格拉 | 20 | 罗马尼亚第7军"波佩斯库"战斗群 |
| 步兵第91师 | 第二茹托夫以南5公里—乌曼采沃以南8公里 | 20 | 罗马尼亚第7军"波佩斯库"战斗群和罗马尼亚第4步兵师 |
| 第76筑垒地域 | 乌曼采沃以南8公里处—佩列德纳亚埃利斯塔 | 35 | 罗马尼亚第7军第4步兵师和第5骑兵师 |

※ 资料来源：K.K. 罗科索夫斯基（主编），《伏尔加河畔的伟大胜利》，第 393—399 页；V.M. 多姆尼科夫（主编），《进攻中的近卫军：对近卫第 2 集团军征途的研究》，第 49—52 页；S.M. 萨尔基西安，《第 51 集团军》，第 115—116 页。

斯卡亚附近的顿河河段。当然，此举意味着第17装甲师不得不放弃梅什科瓦河对岸的下库姆斯基登陆场，该登陆场已处在苏军沉重的压力下。[39]该师之所以采取这一行动，是因为"身处皮缅切尔内指挥所的师长意识到，得不到新锐援兵，他们无法继续向前推进"。[40]

正如罗科索夫斯基所述，第57装甲军别无选择，只能放弃在梅什科瓦河北岸夺得的一些地盘。他总结了几天来取得的战果（参见副卷附录13N）：

经过12月22日的战斗，伊万诺夫卡、瓦西里耶夫卡和卡普金斯基镇仍在敌人手中，近卫步兵第13军的防御前沿并未得到恢复。因此，我方部队12月23日受领的任务是加强已占据的阵地，继续战斗，以恢复伊万诺夫卡、瓦西里耶夫卡和卡普金斯基地域的态势。[41]

尽管不太详细，且带有更多美化色彩，但红军总参谋部关于12月22日作战情况的概要证实了罗科索夫斯基的说法（参见副卷附录13M）。这份作战概要还指出，近卫第2集团军以近卫步兵第49师加强沿梅什科瓦河部署的部队，使防御中的师从三个增加到四个。

此时，一些德国人对驱使第6装甲师将其能力发挥至极限的做法是否明智产生了怀疑：

12月22日所有的进攻均被击退。

我们对比扎利夫斯基[位于阿克赛河]和瓦西里耶夫卡[位于梅什科瓦河]的登陆场就会发现，如果说阿克赛河畔用一个营实施防御就足够的话，那么，在这里[梅什科瓦河]必须投入两个摩步团才行。因此，该师无法为后续推进组建起强有力的集团。与扎利夫斯基登陆场相比，瓦西里耶夫卡登陆场的情况也有所不同，当时[扎利夫斯基]的几个团都很强，而被冲入上库姆斯基的装甲部队挫败的敌军却很弱。但在这里[瓦西里耶夫卡]，实力遭到削弱的第6装甲师面对的是强大的敌人，因此，该师接到立即向前推进的命令，只能用上级部门施加了压力来解释。与前几天相比，敌人发起的空袭更加猛烈。[42]

因此，苏联和德国方面的资料都表明，12月22日最激烈的战斗发生在瓦西里耶夫卡和卡普金斯基，许纳斯多夫第11装甲团的装甲兵和第4装甲掷弹兵团一个营杀出瓦西里耶夫卡，在此过程中将苏军近卫步兵第3师一个营包围在卡普金斯基附近，并给近卫第2集团军司令部造成了一场危机（参见地图

52）。前一天晚上将近卫步兵第49师近一个团的兵力投入瓦西里耶夫卡的战斗后，马利诺夫斯基迅速投入该师余部，支援陷入困境的近卫步兵第3师。因此，12月22日晚些时候至23日，第57装甲军的战斗基本转为防御，而非进攻。

从位于文尼察的OKH和身处柏林的OKW这些有利位置着眼，12月22日晚，人们可以觉察到作战行动的高潮即将到来：

**东线，"顿河"集团军群**：敌人以坦克在罗马尼亚第7军左翼采取了激烈行动。第57装甲军辖下的第23装甲师向北发起突击的同时，前出至格尼洛阿克赛斯卡亚地域。尽管敌人发起猛烈进攻，但第6装甲师还是在梅什科瓦河对岸建立起一座登陆场。斯大林格勒城内，敌人在伏尔加河畔发起猛攻，并取得局部突破。战斗仍在继续。敌人在奇尔河以西铁路线地域发起的进攻被击退。"顿河"集团军群左翼，担任侧翼掩护的师将其侧翼撤至顿河以南约40公里处，目前正在战斗。各意大利师从位于亚布洛诺瓦亚河（Iablonovaia）的阵地向南退却，第62步兵师正沿博利沙亚河（Bolshaia）河谷向西后撤。**第29军和意大利第35军**的部队及"帕苏比奥"师紧靠着集团军群位于马克耶夫卡的分界线。敌人正迅速赶往前线这一地段。

**B集团军群**：第298步兵师一直在卡赞斯卡亚西南方35公里处遂行战斗，辖内部队试图向其阵地实施战斗后撤。我方设在米列罗沃与坎捷米罗夫卡之间的支撑点击退敌人的所有进攻。敌军正突破至米列罗沃以东地域。米列罗沃以东40—55公里处发现敌军战车。坎捷米罗夫卡南面，获得空运补给的守军亦遭到敌军突破，正在完成向南的一场行军。北部地域，第387步兵师抗击着敌人在顿河大弯曲部的突破，到目前为止，已击退敌人沿顿河两岸发起的所有进攻。

集团军群防线其他地段未发生值得一提的行动。[43]

与"顿河"集团军群作战日志相类似，此时，OKH的作战概要和OKW的作战日志，以及三个领率机关的注意力，都被意大利第8集团军遭遇的一连串灾难所吸引。特别是，这场灾难涉及几个意大利军显而易见的溃败和"霍利特"集团军级集群面临的严峻态势，一旦意大利人崩溃，后者的防御也将坍塌。

"东线文库"总策划 王鼎杰

# ENDGAME AT
# STALINGRAD
# 斯大林格勒

—— 三部曲 ★ 苏德战争 1942.12—1943.2 ——

终局
第三部·卷二
下册

8

[美] 戴维·M. 格兰茨　　[美] 乔纳森·M. 豪斯 著

小小冰人 译

台海出版社

版贸核渝字（2015）第206号

**图书在版编目（CIP）数据**

斯大林格勒三部曲. 第三部. 终局. 卷二 / (美) 戴维·M.格兰茨, (美) 乔纳森·M.豪斯著；小小冰人译. -- 北京：台海出版社，2017.8

书名原文: Endgame at Stalingrad:Book Two: December 1942–February 1943;The Stalingrad Trilogy,Volume3

ISBN 978-7-5168-1497-0

Ⅰ.①斯… Ⅱ.①戴… ②乔… ③小… Ⅲ.①斯大林格勒保卫战(1942-1943) – 史料 Ⅳ.①E512.9

中国版本图书馆CIP数据核字(2017)第178629号

# 斯大林格勒三部曲．第三部．终局．卷二

著　　者：[美] 戴维·M.格兰茨　　[美] 乔纳森·M.豪斯　　译　　者：小小冰人

责任编辑：高惠娟　　　　　　　　　　　策划制作：指文文化
视觉设计：舒正序　　　　　　　　　　　责任印制：蔡　旭

出版发行：台海出版社
地　　址：北京市东城区景山东街20号　　　邮政编码：100009
电　　话：010 – 64041652（发行，邮购）
传　　真：010 – 84045799（总编室）
网　　址：www.taimeng.org.cn/thcbs/default.htm
E – mail：thcbs@126.com

经　　销：全国各地新华书店
印　　刷：重庆大美印刷有限公司
本书如有破损、缺页、装订错误，请与本社联系调换

开　　本：787mm×1092mm　　　　　　1/16
字　　数：743千　　　　　　　　　　　印　　张：46.5
版　　次：2018年1月第1版　　　　　　印　　次：2018年1月第1次印刷
书　　号：ISBN 978-7-5168-1497-0

定　　价：149.80元

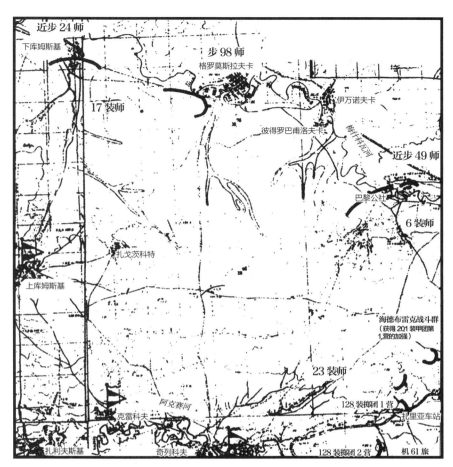

地图 52　1942 年 12 月 22 日，第 57 装甲军的推进

此刻，A 集团军群①和"顿河"集团军群疯狂地搜寻着可用于加强其摇摇欲坠的防御的部队。用不了 24 小时，这些灾难将粉碎德国人成功实施"冬季风暴"行动的一切希望。

——————————————

① 译注：应为 B 集团军群。

## 12月23日

基希纳集结起第6、第17装甲师，与近卫第2集团军近卫步兵第13军两个近卫师在瓦西里耶夫卡和卡普金斯基进行的激战持续至23日（参见地图53）。但在西面，由于第17装甲师被迫放弃河流防线，并将其装甲力量调往东面的瓦西里耶夫卡，近卫第2集团军辖内部队得以渡过梅什科瓦河向南推进。最后，"顿河"集团军群12月23日11点15分签发的命令彻底决定了谁将赢得梅什科瓦河之战的问题（参见副卷附录13K）。

苏德双方都详细描述了瓦西里耶夫卡地域12月23日的战斗，以及当日日终时发生的重大变化。对于这场战斗的三份记述——派驻斯大林格勒以南罗马尼亚部队的德军联络官德尔将军，他后来担任第384步兵师师长；顿河方面军司令员罗科索夫斯基将军；第6装甲师师长劳斯将军——出色地总结了当日令人震惊的事件，但各自的看法有所矛盾。一方面，德尔和罗科索夫斯基将军以直截了当的方式描述了战斗，强调苏军沿梅什科瓦河实施强有力的抵抗，第57装甲军解救第6集团军的意图落空，以及第6装甲师调离对计划中的救援行动造成破坏性影响。另一方面，劳斯将军称他的师沿梅什科瓦河赢得胜利，并暗示如果让第6装甲师继续进攻，计划中的救援行动有可能取得成功。[44]尽管存在这些差异，但三位都一致同意（劳斯稍晚些）将第6装甲师调离第57装甲军，解救第6集团军的一切机会就此告终（参见副卷附录13O）。

劳斯将军对瓦西里耶夫卡之战的描述，是德方主流观点的一个缩影——如果让第6装甲师继续进攻，第57装甲军解救保卢斯第6集团军的行动会取得成功。然而，文件资料现在毫无疑问地证明，劳斯的判断是错误的。

首先，该师并没有140辆坦克和42辆突击炮，12月23日，"第6装甲师报告，31辆三号坦克和10辆四号坦克准备投入战斗，"总共41辆坦克。[45]同一份德方资料指出，第17和第23装甲师只有36辆可用的坦克，这意味着将救援行动推延数日，待维修中的80多辆坦克部分返回，第57装甲军才能拥有80—100辆坦克和突击炮，以此向北发起突击。这与劳斯"战斗群编有120辆坦克、40辆三号突击炮、24辆SdKfz 233侦察车、1个搭载装甲车的装甲掷弹兵营、1个摩托车连、1个工兵连和1个装甲炮兵营，准备于12月23日下午发起最后冲刺"的说法背道而驰。[46]第6装甲师12月26日在莫罗佐夫斯克地域卸载时，只有48辆

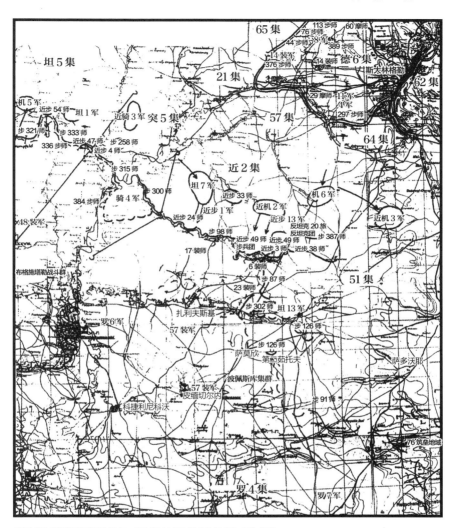

地图 53 科捷利尼科沃方向：1942 年 12 月 23 日 22 点的态势

坦克。

至于劳斯描述的大规模步兵突击波次，12月20日打击"许纳斯多夫"战斗群的苏军部队是近卫步兵第3师一个团，并获得近卫步兵第49师约一个步兵营加强——总兵力不超过4000人。12月21日，投入战斗的苏军很可能包括近卫步兵第3师两个团，也许还获得近卫步兵第49师一个团的增援——总兵力不超过6000人。即便整个近卫步兵第49师投入12月22日的战斗，苏军总兵力也不会超过7500人。为这些进攻提供支援的坦克力量可能包括1—2个独立坦克团，40—60辆坦克，也许还有近卫机械化第2军坦克团的一些坦克。不管怎样，鉴于崎岖的地形和建筑区，第6装甲师并未报告苏军发起过任何大规模坦克突击。

"顿河"集团军群12月23日的记录证实了劳斯的记述，其作战日志中写道："第57装甲军夺取了瓦西里耶夫卡［实际上可能是卡普金斯基］东南方4公里处的村庄和该村东面1公里处的高地（抓获600名俘虏，击毁11辆坦克，击毙大批敌军），敌人对瓦西里耶夫卡登陆场和第23装甲师侧翼的进攻被击退。"（参见副卷附录13K）[47]这份记录支持了劳斯的说法：第6装甲师的防御导致苏军损失惨重，大批红军士兵遭到包围，有的被俘，有的当了逃兵。

至于OKH（陆军总司令部）12月23日的作战概要，其中包含这样一份简单但又深刻的声明："**东线，'顿河'集团军群：（1）第57装甲军右翼展开激烈的防御作战，**"大批敌步兵和坦克从东北方攻向上库姆斯基。第4装甲集团军暂时将这股敌军判定为坦克第23军。[48]虽然红军总参谋部的每日作战概要没有提及这一点，但坦克第23军一直待在近卫第2集团军后方地域，几天后转隶突击第5集团军。该军12月23日支援近卫步兵第24师渡过梅什科瓦河向南突击，这完全有可能。

当日中午前后，"顿河"集团军群对苏军渡过梅什科瓦河向南发起的进攻做出进一步说明，并补充道，第17装甲师正赶去抗击对方。[49]不管怎样，第4装甲集团军12月23日22点绘制的每日态势表明，第17装甲师将其左翼和中央部队撤离梅什科瓦河，向南退往上库姆斯基南面和西南面的新防御阵地，并将一支小股部队留在该村西北面7公里处。与此同时，第23装甲师将部分部队派往西面，填补第17装甲师右翼与第6装甲师左翼在瓦西里耶夫卡西面留下的缺口。最后，这份态势表明，从下库姆斯基东延至伊万诺夫卡这片地带，苏军渡过梅什科瓦河向南发起突击。阐述其12月24日的意图时，"顿河"集团军群指出，第6装甲师注定要向西渡过顿河。

至于苏联方面对当日作战行动的记录，红军总参谋部的每日作战概要提供了一份准确但有些简短的描述（参见副卷附录13M）。引人注目的是，这份作战概要阐述了近卫第2集团军沿梅什科瓦河的防御，证实了德方关于苏军向该河以南发起初步突击的报告，并指出："未遭遇敌人的抵抗，一个步兵团前出至124.0高地到120.2高地这片地区（上库姆斯基西北方2—7公里）。"[50]近卫步兵第1军近卫步兵第24师的这个团，确定了河流对面德军防御的薄弱地段。这份作战概要还正确解读了第57装甲军的行动，指出："敌人将其兵力集结在格罗莫斯拉夫卡南面和卡普金斯基，"这就给该装甲军左翼造成一个薄弱点。[51]

一如既往，红军总参谋部对12月23日沿梅什科瓦河的进攻行动轻描淡写，仅对近卫步兵第24师第72团的突击做出评述。由于一个步兵团很难抗击并遏止拥有50辆坦克的敌军，因此他们遇到的可能只是第17装甲师部分部队，当时共有20—25辆坦克。至于在格罗莫斯拉夫卡地域梅什科瓦河北岸行动的苏军坦克军，12月24日12点25分，"顿河"集团军群将其判断为坦克第7军，而非先前推测的坦克第23军。[52]这可能是因为该军派出一些坦克支援向南攻往上库姆斯基的近卫步兵第72团。不论如何，到12月24日，这些都只是理论问题，失去了劳斯第6装甲师的第57装甲军，即将面临苏军的大规模进攻。

### 第4装甲集团军的危机

第57装甲军失去第6装甲师是一起突发事件，但回想起来，基希纳的军部应该有所预料。曼施泰因从OKH总参谋长蔡茨勒1942年12月23日4点15分通过电传打字机发来的一封电报获知了这个令人不安的消息。但是，"顿河"集团军群作战日志在12月23日1点05分便指出了这道命令的意图。[53]发给曼施泰因的电报中写道：

> 根据元首的指示，特此命令：
> 莫罗佐夫斯克铁路枢纽和莫罗佐夫斯克、塔钦斯卡亚的两座机场应不惜一切代价予以坚守并确保其运作。
> 为此，第11装甲师已然投入。为接替该师，元首同意抽调第57装甲军的部队渡过顿河。但是，务必坚守第57装甲军登陆场，直至从那里再度发起进攻。必须努力肃清阿克赛河河口至奇尔河河口的顿河东岸河段，以便接替顿河西岸的部队。

"顿河"集团军群应报告所采取的措施。运往"顿河"集团军群的虎式坦克将于12月23日搭乘首列火车在布列斯特跨过边境线。[54]

这份电报和它所要求的措施——具体说来就是将第48装甲军和第11装甲师、第57装甲军第6装甲师调至莫罗佐夫斯克地域——代表着"冬季风暴"行动就此告终。曼施泰因在回忆录中为从东向西抽调这些部队的决定辩解,他这样写道:

12月23日下午,非常遗憾,集团军群不得不顾及左翼愈发恶化的态势,必须向该地区前调部队。位于奇尔河下游的罗马尼亚第3集团军,奉命抽出第48装甲军军部和第11装甲师来恢复集团军群西翼的态势,为接替调离的第11装甲师,第4装甲集团军必须拨出一个装甲师,没有这个师,下奇尔河防线将无法坚守。

第二天的事态发展足以证明这个措施是何等及时。塔钦斯卡亚机场丢失了,空运补给第6集团军的渠道也随之丧失了一个。直到12月28日才夺回该机场。[55]

曼施泰因随后补充道:"直到集团军群清楚已无法指望第6集团军及时突围时,才痛苦地做出决定,从第4装甲集团军的解围集群抽调一个整师。"[56]这似乎有些不太诚实,因为几个小时后(17点40分至18点20分),曼施泰因与保卢斯商讨态势,并吁请他发起突围尝试,尽管曼施泰因无法授权他采取这一行动(参见副卷附录13J)。更糟糕的是,第6装甲师调离第57装甲军后,曼施泰因的参谋长舒尔茨将军向第6集团军参谋长施密特将军保证,他"希望"第57装甲军能够坚守梅什科瓦河北岸登陆场(参见下文)。

许多德军将领认为"冬季风暴"能够取得成功,并为该行动的失败指责希特勒和曼施泰因,但从接下来几天发生的情况看,完全有理由得出结论,就算第6装甲师不调离,亦无法改变任何事情。

从霍特第4装甲集团军和基希纳第57装甲军的角度看,12天前为解救保卢斯被围的第6集团军而发起的胜利进军,即将沦为一场勉力求生的耻辱之战。

## 结局

12月24日，尽管第4装甲集团军辖下的第57装甲军面临着一场显而易见的危机——苏军发起的新攻势正沿整条战线蔓延，但曼施泰因的参谋长还是在17点05分与第6集团军参谋长取得联系，并通过电传打字机进行了10分钟交流（参见副卷附录13P）。这一次，舒尔茨承认第57装甲军仍处于防御状态，而OKH尚未批准发起突围行动。尽管如此，他还是转达了曼施泰因的恳请："你们最好能下定决心，发起'霹雳'行动。"[57]为鼓励第6集团军采取行动，舒尔茨瞒哄施密特，告诉他飞机仍能从塔钦斯卡亚机场平安起飞，并称基希纳装甲军能够守住梅什科瓦河登陆场。最后，舒尔茨错误地暗示援兵正调往第57装甲军，并向第6集团军的每一位将士致以圣诞祝福。[58]

从当时的情况看，这番交流荒诞不经。首先，舒尔茨没有告诉施密特，塔钦斯卡亚机场当天早上已落入苏军手中。其次，"顿河"集团军群此时已判定发起进攻的苏军是全新的第2集团军，至少是坦克第7军（先前误判为坦克第23军）。这个刚刚识别出的坦克军正穿过第17装甲师的防御，向南面的阿克赛河疾进。第三点，舒尔茨对坚守梅什科瓦河登陆场的积极回复纯属幻想，第23装甲师已弃守该镇，勉强守卫着阿克赛河北面的阵地。实际上，24日晨，"顿河"集团军群的作战日志宣布，第57装甲军遭到敌人从北面和东北面发起的攻击，已退守从上库姆斯基东延至格尼洛阿克赛斯卡亚的阵地，并试图掩护其侧翼（参见副卷附录13K）。[59]此后，情况不断恶化，集团军群记录道，第57装甲军正在激战，上库姆斯基实际上已落入前进中的苏军手中（参见下文）。舒尔茨的观点充其量只能说是在第6集团军即将丧失获救的一切希望时，为其提供些鼓励而已。

12月24日17点30分，曼施泰因给陆军总参谋长发去一封电报，提出了解救保卢斯部队的新办法（参见副卷附录13Q）。与以虚假的乐观和赤裸裸的谎言掩饰其言辞的舒尔茨不同，曼施泰因对第6集团军险恶的态势做出了极为现实的评估。他判断，除非保卢斯集团军获得充足的补给，否则，突围是唯一的选择，哪怕该集团军需要6天的准备时间。曼施泰因承认，第57装甲军已不适合继续承担解救第6集团军的任务，而顿河以西地域需要党卫队"维京"师和第7装甲师，因而建议"尽快"以第3装甲军支援第57装甲军，第16摩步师和整个第1装甲集团军尾随其后。[60]他说，要想解救第6集团军，这些举措必须在12月31日前完成。曼施泰因在电报结尾处指出："我无意将另一个集团军群置于我的指挥下，但我认为此举势在必行，我必须要求获得实施后续行动的自主行事权。"[61]

在某些人看来，曼施泰因似乎在捞取救命稻草，但在目前情况下，这位陆军元帅（他的集团军群面对着发生在各处的灾难）正思考着战略性和战役性问题。他知道非常之时当采取非常之举。对"顿河"集团军群和第6集团军来说可悲的是，希特勒仍在考虑政治性问题。虽然曼施泰因一再要求将三个集团军群后撤，腾出预备队并实现行动自由，但就像10月和11月发生在斯大林格勒的情况那样，希特勒要求坚守高加索地区及其油田。

## 斯大林格勒方面军的科捷利尼科沃进攻战役，12月24日—27日

### 行动计划

斯大林格勒方面军的科捷利尼科沃进攻战役，最后的策划和兵力部署发生在12月19日—23日。在此期间，激烈的战斗在瓦西里耶夫卡地域肆虐，希特勒（OKW）、OKH、曼施泰因和保卢斯就"冬季风暴"和"霹雳"行动的命运进行着毫无结果的电报交流。战事的急剧变化不可避免地要求华西列夫斯基对12月18日呈交斯大林的计划做出一些更改。最重要的变化是，无论出于什么原因，苏军已于12月23日日终前突然遏止了第57装甲军的救援行动。在斯大林、华西列夫斯基和叶廖缅科看来，这一现实究竟是近卫第2集团军沿梅什科瓦河的防御行动所致，还是苏军成功实施"小土星"行动使然，都无关紧要。不管怎样，德国人的"冬季风暴"行动显然已告失败。

因此，到12月23日，叶廖缅科斯大林格勒方面军完成了最高统帅部赋予他们的最初任务——阻止第57装甲军沿梅什科瓦河的推进。但是，方面军的主要任务仍有待完成——歼灭编有"霍特"集团军级集群第4装甲集团军和协同其行动的罗马尼亚第4集团军的敌"科捷利尼科沃"集团，从而彻底消除敌人从包围圈外部解救第6集团军的可能性。这就是科捷利尼科沃进攻战役的最终目标。

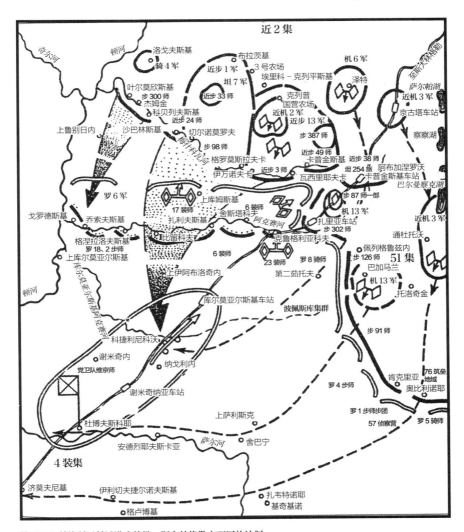

**地图 54 科捷利尼科沃进攻战役：斯大林格勒方面军的计划**

　　华西列夫斯基的最终计划要求马利诺夫斯基近卫第2集团军和特鲁法诺夫第51集团军，结束历时四天的激烈防御战后立即发起突击，不必组织任何战役间歇。从策划工作的顺序看，华西列夫斯基12月18日12点50分将进攻计划呈交最高统帅部和斯大林；斯大林12月19日零点50分批准该计划；叶廖缅科、马利诺夫斯基和特鲁法诺夫12月19日—22日对他们最后的进攻计划加以准备。12月22日晚些时候，叶廖缅科将完成的方面军计划呈交华西列夫斯基。斯大林予以批准后，华西列夫斯基和斯大林格勒方面军军事委员会12月23日晚给方面军两个集团军及辖内各军下达了进攻令。[62]

进攻计划要求近卫第2集团军向南遂行主要突击，以辖内四个军（近卫步兵第1、第13、坦克第7、近卫机械化第2军）从顿河以东地域攻向科捷利尼科沃。与此同时，第51集团军以辖内两个军（机械化第13、近卫机械化第3军）在近卫第2集团军左翼发起一场辅助突击，总方向（朝西南方）为基谢列夫卡（Kiselevka）、扎韦特诺耶（Zavetnoe）和杜博夫斯科耶（参见地图54）。因此，近卫第2集团军辖内部队穿过第4装甲集团军防线中央攻向正南方时，第51集团军两个军将粉碎罗马尼亚第7军的防御，并对盘踞在阿克赛和科捷利尼科沃地域，从科捷利尼科沃以东85—120公里的出发阵地向西南方延伸至科捷利尼科沃以南35公里处杜博夫斯科耶的所有轴心国部队实施一场庞大的合围。虽然斯大林格勒方面军将进攻部队组织为单梯队布势，但辖内诸集团军采用了双梯队战役布势。

斯大林格勒方面军的两个集团军将以三个阶段遂行其攻势。第一阶段只持续一天，近卫第2集团军和第51集团军右翼部队将包围、歼灭第57装甲军沿梅什科瓦河及其南面布防的部队，并前出至阿克赛河北部接近地。第二阶段，近卫第2集团军和第51集团军右翼部队将包围、歼灭第57装甲军第17、第23装甲师位于阿克赛河北面的余部，并在进攻行动发起的第三天日终前夺取河上渡口。第三也是最后一个阶段，从行动第四天起，近卫第2集团军和整个第51集团军应分别向南、西南方挺进，夺取科捷利尼科沃，包围并歼灭盘踞在科捷利尼科沃及其北部的所有轴心国军队。这一阶段最重要的机动是机械化第13、近卫机械化第3军在第51集团军右翼的推进，两个快速军将攻入科捷利尼科沃以南35公里的杜博夫斯科耶地域。空军第8集团军提供密切空中支援，特别是为进攻中的坦克和机械化军，并在整个进攻期间对德军实施远程拦截。如果一切顺利，进攻中的苏军将彻底歼灭第4装甲集团军主力和罗马尼亚第4集团军半数力量，为苏军向罗斯托夫的后续推进铺平道路。

由于斯大林批准华西列夫斯基的最终计划与进攻发起时间只相隔18小

时，所以准备工作较为仓促。另外，为保密起见，各指挥部采用口头通知的方式给辖内部队下达命令，待进攻发起后才使用书面命令。此后，各级指挥部在遂行进攻行动的每一天都下达新命令。苏联方面的资料承认，直到进攻发起后，他们才获知第6装甲师调离第57装甲军这一情况。但这些资料也指出，第6装甲师的调离意味着第57装甲军在苏军发起进攻前便已选定后方阵地，在某些情况下，该军辖内部队已向这些阵地转移。这就使两个德军装甲师主力得以在科捷利尼科沃进攻战役初期阶段躲过被歼灭的厄运。

## 进攻
### 12月24日

经过一场短暂的炮火准备，斯大林格勒方面军近卫第2和第51集团军12月24日8点发起进攻。起初，近卫第2集团军近卫步兵第1、第13军的步兵渡过梅什科瓦河向南突击，作战地域从下库姆斯基东延至卡普金斯基（参见地图55）。I.I.米桑少将率领的近卫步兵第1军在下库姆斯基、格罗莫斯拉夫卡、伊万诺夫卡地域遂行方面军主要突击，并与近卫步兵第24师前一天冲向上库姆斯基的步兵团迅速会合。罗特米斯特罗夫坦克第7军的92辆坦克12点发起推进，其先遣部队穿过近卫步兵第1军前进中的队列。东面，近卫步兵第13军在P.G.昌奇巴泽少将的率领下，从伊万诺夫卡至卡普金斯基这片地域向南攻击前进，进攻中的苏军步兵肃清梅什科瓦河南岸之敌以后，斯维里多夫将军的近卫机械化第2军也加入了进来，220多辆坦克12点开始向前推进。东南方，第51集团军在沃利斯基近卫机械化第3军（原机械化第4军）几个坦克团的支援下发起辅助突击。

总的说来，叶廖缅科为科捷利尼科沃进攻战役投入14.9万人、635辆坦克、1728门火炮/迫击炮和294架战机，据苏联方面估计，与之对垒是9.9万名轴心国士兵，对方可能还获得310辆坦克/突击炮、1101门火炮/迫击炮和500架战机的支援。实际上，基希纳装甲军12月24日的作战兵力约为15500人（总兵力超过5万人），只有36辆可用的坦克。结果可想而知。

截至12月24日日终，近卫第2集团军的部队——以坦克第7、近卫机械化第2军的坦克和搭乘卡车的步兵为先锋，配合第51集团军右翼步兵第87、第302

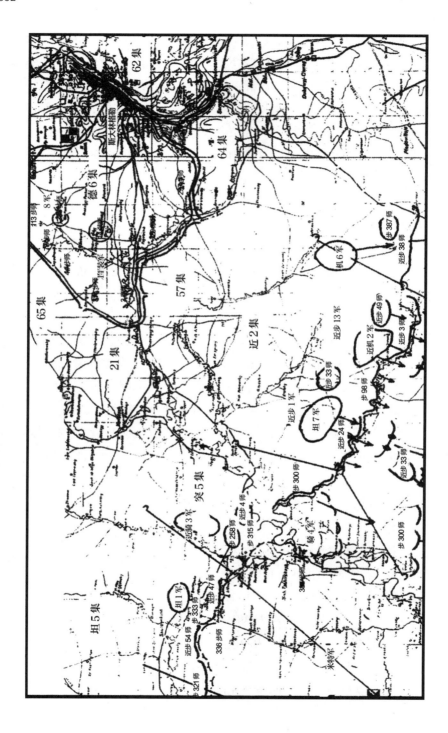

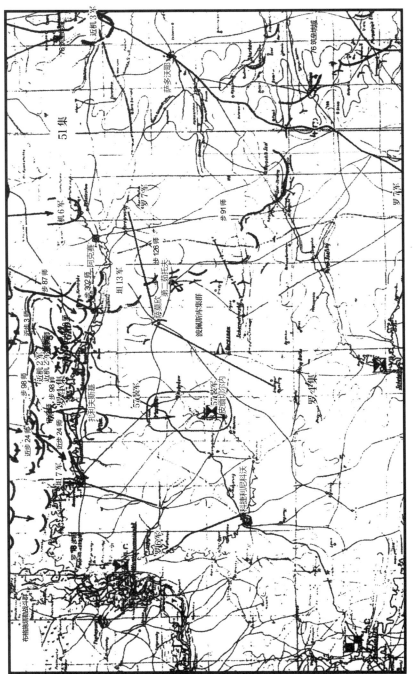

地图 55 科捷利尼科沃方向: 1942 年 12 月 24 日和 25 日的态势

师、坦克第13旅——向南推进，取得了4—16公里进展。苏军这场协同突击迫使第57装甲军第17和第23装甲师弃守上库姆斯基和梅什科瓦河对岸的瓦西里耶夫卡登陆场，撤至从上库姆斯基以南向东延伸过146.9高地，直至格尼洛阿克赛斯卡亚车站以西铁路线的防御阵地——他们已退过梅什科瓦河与阿克赛河的中途。红军总参谋部的作战概要记录下叶廖缅科这场进攻所取得的进展，并注明日终时各进攻部队所处的位置（参见副卷附录13R）。

日终时，"顿河"集团军群在作战日志中简洁地写道："第57装甲军以激烈的战斗抗击优势敌军，在叶绍洛夫斯基阿克赛河（Esaulovskii Aksai）北面的高地至舍斯塔科夫以北10公里的高地［146.9高地］这片地域输掉了一场残酷的战斗……上库姆斯基落入敌人手中。"[63]OKH证实了这份报告，但仍强调第57装甲军无力推进，称："由于敌人强有力的抵抗，第57装甲军和第4装甲集团军作战地域内的进攻行动陷入停滞。敌人在第17装甲师防区达成突破。他们同时对西北翼发起攻击。"[64]显然，基希纳装甲军的态势已发生根本变化。

## 12 月 25 日

次日，苏军猛烈突击的势头有增无减，叶廖缅科进攻中的部队将第57装甲军实力已然耗尽的部队逐至阿克赛河南面（参见副卷附录13R）。近卫第2集团军协同推进的两个步兵军，以坦克第7、近卫机械化第2军为先锋，一举夺取上库姆斯基地域，并前出至科瓦列夫卡和克鲁格利亚科夫以北地带。近卫第2集团军左侧，第51集团军辖内部队渡过阿克赛河，赶往第一茹托夫国营农场。

"顿河"集团军群再次密切留意着恶化的态势，并以一种混合着"不情愿的接受"和"惊慌失措"的奇怪态度做出应对。当日早些时候，集团军群称第57装甲军进行着激烈的战斗，一股强大的敌军以100辆坦克和步兵"突入克鲁格利亚科夫北面、克雷科夫（Klykov）及其东面"。集团军群称敌人从东北面、北面和西北面发起进攻，"主要突击目标是舍斯塔科夫、克雷科夫和扎利夫斯基，"并宣布"击毁30辆敌坦克"。[65]但坏消息是，第57装甲军辖内两个装甲师只剩25辆可用坦克。[66]25日11点40分，第57装甲军终于识别出在佩列格鲁兹内和萨多沃耶附近某处遂行进攻、打击装甲军虚弱左翼的苏军是新的摩托化第6军，而近卫第2集团军编有步兵第87师、坦克第13旅、近卫步兵第13、第

1、坦克第7和近卫摩托化第2军①。[67]令人不安的是,守军总是在投入战斗和防御遭突破后才识别出敌人的番号。

最后,12月25日17点,第57装甲军报告,第23装甲师据守着克鲁格利亚科夫以东至铁路桥以北铁路线这片防区;与此同时,第17装甲师在扎利夫斯基北面和西北面的登陆场遭受到敌人沉重的压力。更糟糕的是,此时,前者尚存12辆坦克,而后者只剩7辆。[68]面对又一场灾难,OKH承认第4装甲集团军防区内的"防御战正在继续",并称"与敌人脱离接触后,第6装甲师的部队正向西退却"。[69]

## 12月26日—27日

红军总参谋部12月26日和27日的作战概要对德军顽强但无效的防御表现出应有的尊重,称第57装甲军遭到大规模失败,近卫第2和第51集团军正毫不停顿地继续前进,并预料后续行动会取得更大胜利(参见地图56和副卷附录13R)。为加快进展,苏军将机械化第6军投入战斗,斯大林格勒方面军两个集团军已完成阿克赛河与他们初期深远目标科捷利尼科沃镇之间三分之二路程。

此时,不祥之兆清晰可见。问题不再是第57装甲军能否守住其地盘,而是该军是否能全身而退。OKW作战日志的每日条目依然低估了情况的严重性,但印证了红军总参谋部更为详细的作战概要:

### 12月26日
东线,"顿河"集团军群:在第57装甲军作战地域,由于敌人发起猛攻,我军被迫收缩其登陆场。[70]

### 12月27日
东线,"顿河"集团军群:第16摩步师第1个团完成了赶往**第57装甲军北**

---

① 译注:摩托化第6军和摩托化第2军应为机械化第6军和近卫机械化第2军。

面的行军。在罗马尼亚第5骑兵师防区内，敌人突破我方阵地，前出至沙尔努托夫斯基一线。左翼，敌人以重兵进攻罗马尼亚第5骑兵师与第23装甲师结合部。**第57装甲军**防御地带北部，敌人设法在数个地段突破我方防御，但情况尚不明朗。敌人突破至103高地后，被**第57装甲军**预备队逐回其出发阵地。尽管如此，一些敌军部队还是成功推进至科捷利尼科沃西北方25公里处。[71]

### 12月28日

**东线，"顿河"集团军群：**斯大林格勒南部和科捷利尼科沃公路，由于敌人猛攻**罗马尼亚第7军**与**第57装甲军**结合部，我军弃守皮缅切尔内。公路北面，敌坦克部队向科捷利尼科沃发展攻势，但被击退。第6集团军的防区，除了一些局部战斗，情况未发生变化。[72]

实际上，到12月26日日终时，遂行进攻的近卫第2和第51集团军较为轻松地粉碎了第57装甲军沿阿克赛河的防御，已位于阿克赛河与科捷利尼科沃的中途。S.I.波格丹诺夫坦克兵少将率领的机械化第6军投入战斗促成了这场推进。波格丹诺夫的200多辆坦克从阿克赛镇附近向南突击，对第57装甲军第23装甲师右翼和提供支援的罗马尼亚"波佩斯库"集群左翼发起打击。两支轴心国部队崩溃后退往西南方，将第二茹托夫村丢给波格丹诺夫的坦克部队。

次日，斯大林格勒方面军以塔纳希申机械化第13军和沃利斯基近卫机械化第3军组成的一个快速集群，从佩列格鲁兹内和萨多沃耶地域（正如德国人怀疑的那样）发起一场庞大的坦克突击，加大了给德军造成的破坏。虽说这两个兵团的实力严重不足，每个军的坦克不到100辆，但他们攻入了一个名副其实的防御真空，罗马尼亚第1、第4步兵师在这片广阔地域构设的防御极其薄弱。[73]这股虚弱的轴心国部队获得第16摩步师以第156团组建的一个临时性摩托化战斗群支援，该团被派往北面，科捷利尼科沃东南方45—50公里处的沙巴林地域（Shabalin），为第57装甲军提供支援。27日黄昏，苏军两个机械化军向西南偏南方赶往距离其出发阵地35—60公里的奥布罗奇诺耶（Obrochnoe）和基谢列夫卡地域。这场坦克突击较为虚弱，但还是打垮了罗马尼亚第1、第4步兵师的防御。这就导致第156摩步团孤身堵截赶往列蒙特纳

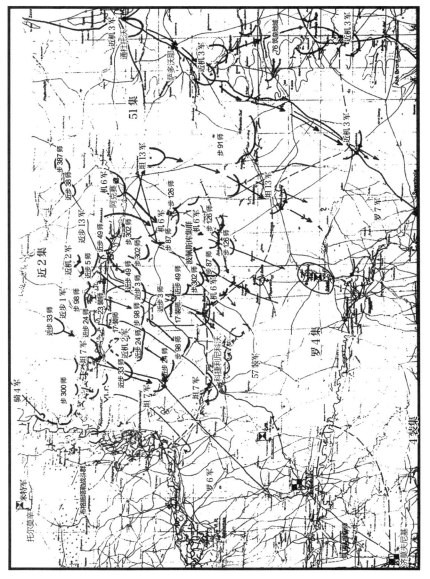

地图 56　科捷利尼科沃方向:1942 年 12 月 26 日和 27 日的态势

亚车站和济莫夫尼基的苏军，这两个目标分别位于科捷利尼科沃西南偏南方37和73公里的主铁路线上。

苏军从北面和东南面对科捷利尼科沃实施的这场大规模合围使第57装甲军处在岌岌可危的态势下。12月28日，罗特米斯特罗夫的坦克第7军从北面冲向科捷利尼科沃，与此同时，塔纳希申的机械化第13军将德军第156摩步团驱离东南方48公里处的沙巴林，而沃利斯基的近卫机械化第3军夺得科捷利尼科沃东南方85公里处的扎韦特诺耶。此时，曼施泰因已匆匆命令党卫队"维京"摩步师从北高加索地区赶往列蒙特纳亚车站以南38公里、科捷利尼科沃以南75公里处的济莫夫尼基，竭力遏止斯大林格勒方面军的推进。

又经过两天通常都很混乱的战斗后，12月29日22点前，科捷利尼科沃落入近卫第2集团军坦克第7、机械化第6和近卫步兵第13军手中；机械化第13和近卫机械化第3军12月30日分别到达列蒙特纳亚车站和济莫夫尼基西部接近地（参见地图57、58）。就这样，第57装甲军当初用了9天（12月12日—20日）才从科捷利尼科沃杀至梅什科瓦河，现在却发现自己被驱离梅什科瓦河北岸登陆场并退过科捷利尼科沃只用了6天（12月24日—29日）。两个多星期里，基希纳曾经强大的装甲军伤亡8000多人，损失约160辆坦克/突击炮、177门野炮/迫击炮。到月底时，该军又伤亡8000人，剩下的坦克已不到30辆。[74]

## 德军失利的后果
### 德军更改策略

第57装甲军的失败和"冬季风暴"行动的破灭对德军最高统帅部具有深远战略影响。除宣判保卢斯第6集团军"死刑"外，这场失败还使曼施泰因的"顿河"集团军群和霍特的第4装甲集团军，面对着苏军向罗斯托夫地域长驱直入并威胁第1装甲集团军撤离北高加索地区的路线的可能性。对德国人来说，12月是个令人失望的月份，而次年1月份的前景肯定很可怕。

面对第4装甲集团军惊人的失败和沿科捷利尼科沃方向的退却，希特勒12月27日签发了一道新元首令，承认12月遭遇重挫的同时，他宣布了沿德军东线南翼实施后续作战的意图（参见副卷附录13S）。这道指令首先阐述了优先级任务，并为完成各项任务指定了相应的部队："解救第6集团军必须作为最具决定性的措施和近期作战行动的基础予以维持。因此,'顿河'集团军群必须为旨在实现这一目的而投入战斗的部队和为第6集团军提供持续不断的补给创造最佳条件。"[75]B集团军群负责防范敌人对"顿河"集团军群后方造成的一切威胁,而A集团军群应肃清通过罗斯托夫的铁路线。

　　这道指令随后列举出实现这些目标必须完成的具体任务。"顿河"集团军群的任务是不惜一切代价坚守科捷利尼科沃地域,因为那是"解救第6集团军"的出发阵地。B集团军群应"恢复卡利特瓦、塔钦斯卡亚西北方、米列罗沃一线和米列罗沃—坎捷米罗夫卡—顿河铁路线",歼灭已越过该线的敌军。为协助他们完成这些任务,希特勒答应,"很可能"提供一些援兵,包括调拨给"顿河"集团军群的党卫队"维京"师、第7装甲师和第503装甲营(配备虎

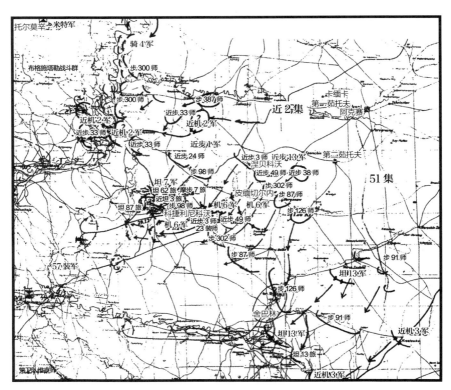

地图 57 科捷利尼科沃方向:1942 年 12 月 29 日 22 点的态势

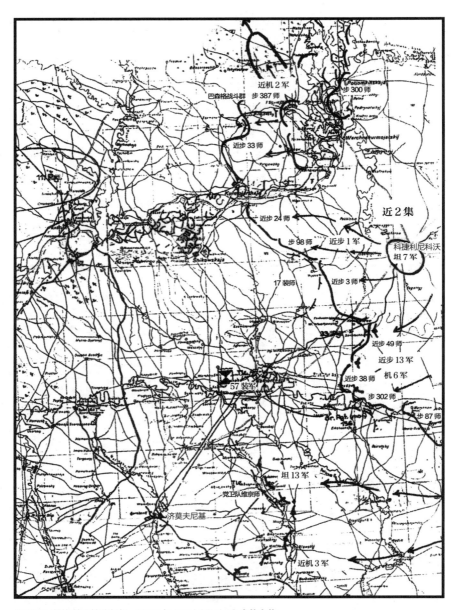

地图 58 科捷利尼科沃方向：1942 年 12 月 30 日 22 点的态势

式坦克）；调拨给B集团军群的第26步兵师；调拨给OKH预备队的第320和第302步兵师。[76]

次日，OKH下达2号作战令，基本重复了元首令的内容，但增添了一些细节（参见副卷附录13T）。这道命令重复了赋予相关地域三个集团军群的任务，并为遂行作战行动提供额外指导。宣布"重新夺取主动权"和"确保第6集团军坚守要塞区……为解救该集团军创造先决条件"的意图后，这道命令再度重申，高加索地区的A集团军群"应在某些地域实施分阶段后撤，以缩短萨利斯克东面的莫斯托夫斯基（Mostovskii）—阿尔马维尔防线"，而"顿河"集团军群"必须全力维系解救第6集团军的先决条件"。[77]最后，"为确保A集团军群与'顿河'集团军群的部队实施协同一致的后撤，特别是A集团军群北翼的装甲军和第16摩步师，"这道命令将A集团军群转隶"顿河"集团军群，待"顿河"集团军群司令认为他可以接手指挥时生效。[78]届时，"顿河"集团军群将更名为"南方"集团军群。

当然，由于斯大林格勒方面军辖内部队攻占科捷利尼科沃，12月29日的态势发生了根本性变化。虽说"顿河"集团军群依然能解救第6集团军的观点听上去太过乐观，但有些人仍对此笃信不疑。

至于曼施泰因集团军群接收希特勒12月27日指令中提及的援兵的时间表，"顿河"集团军群作战日志12月27日5点45分的条目记录了一个略有些不同的日程安排：

· 党卫队"维京"师，1942年12月26日赶往萨利斯克；

· 第7装甲师，1942年12月30日进入罗斯托夫以北地域；

· 第503虎式装甲营，1942年12月30日赶往萨利斯克；

· 第320步兵师，1943年1月10日进入罗斯托夫以北地域，隶属于OKH预备队。[79]

## 苏军的战略机遇

希特勒给俄国南部忧心忡忡的指挥官们下达新指示时，斯大林、苏军最高统帅部和华西列夫斯基也签发了一连串新指令。这些指令的目的是捋顺指挥和控制工作，便于沿莫罗佐夫斯克—卡缅斯克—沙赫京斯基和科捷利尼科沃—罗斯托夫方向顺利发展攻势。首先，为加强指挥和控制，以利于沿这些方向同步展开进攻并消灭斯大林格勒包围圈，斯大林及其副手朱可夫下达一道指示，将叶廖缅科的斯大林格勒方面军改为南方面军（参见副卷附录12U）。[80]叶廖缅科方面军更名，标志着斯大林格勒战役中哪一方赢得胜利的问题尘埃落定。随着德国人丧失解救第6集团军的所有机会，红军的作战行动现在转向罗斯托夫和顿河盆地，留下罗科索夫斯基获得扩充的方面军监视已被彻底孤立在包围圈内的保卢斯第6集团军残部。

为强调这个新的战略方向，新任红军总参谋长A.I.安东诺夫将军签发了一些指示和命令，旨在协助向西推进的南方面军。第一道指令要求国防人民委员部为近卫第2集团军提供更多通信设备，以改善其指挥和控制。[81]这道指令强调了最高统帅部尚未解决的一个严重问题：马利诺夫斯基的近卫第2集团军正在顿河北面参加托尔莫辛进攻战役，同时在顿河南面遂行科捷利尼科沃进攻战役。结果，该集团军向西和西南方推进时，其战线宽度从沿梅什科瓦河展开行动时的65公里拓展至到达托尔莫辛和科捷利尼科沃地域时的85公里。随着该集团军继续其攻势，这种情况愈发恶化。另外，由于德国第4装甲集团军的部队实施后撤，近卫第2集团军各快速军与身后步兵部队之间的距离拉大，妨碍到先遣部队与集团军辖内其他部队之间的联系。这一点虽然不影响近卫第2集团军12月的行动，但在1月份将成为一个问题。

最后，1月份头几天，苏军最高统帅部下达了一系列新指示，包括发给西南方面军、南方面军向卡缅斯克—沙赫京斯基和罗斯托夫展开进攻行动的命令和任务。这些行动进行期间，罗科索夫斯基的顿河方面军必须完成斯大林格勒地域的任务，即最终歼灭保卢斯第6集团军的"指环"行动。

**总结**

斯大林格勒方面军的科捷利尼科沃进攻战役是红军自"天王星"初期阶段合围行动以来，取得的最具决定性的胜利。尽管战后出版了许多关于德国第6集团军"应当怎样怎样"或"本该如何如何"的书籍，但叶廖缅科12月下半月赢得的决定性胜利是可以预见到的。从一开始，调拨给第4装甲集团军第57

装甲军的部队就不足以完成赋予他们的任务。虽然该军最初取得了蔚为壮观的进展，12月12日—15日，他们从科捷利尼科沃一路向北，顺利渡过阿克赛河，但由于苏军最高统帅部和叶廖缅科将沃利斯基机械化第4军、塔纳希申机械化第13军和其他一些小股部队投入战斗，上库姆斯基持续四天的激战导致第57装甲军停滞不前。与过去不同，这些苏军部队训练有素、装备精良并获得出色指挥。结果，上库姆斯基和克鲁格利亚科夫地域的战斗使第57装甲军的实力折损过半，并为苏军最高统帅部和斯大林格勒方面军将马利诺夫斯基近卫第2集团军、坦克第7军和机械化第6军调至梅什科瓦河地域争取了时间。

因此，截至12月20日，基希纳装甲军已在上库姆斯基的战斗中遭到重创。此时，该军面对的不仅仅是特鲁法诺夫实力虚弱的第51集团军，还有马利诺夫斯基精锐的近卫第2集团军，不久后还将应对苏军另外两个坦克和机械化军。对第57装甲军而言，更糟糕的是，德军情报部门没能发现苏军调来的新锐援兵。随后沿梅什科瓦河的战斗，特别是瓦西里耶夫卡登陆场的激战，导致第57装甲军进一步受损。实际上，就算12月23日晚不把第6装甲师西调，赋予基希纳装甲军的任务——以一个加强战斗群向北推进40公里，赶往斯大林格勒包围圈——也完全不切实际，无异于自杀。12月24日晨，这个事实已非常清楚，近卫第2和第51集团军，在坦克第7、近卫机械化第2和机械化第6军支援下，沿科捷利尼科沃方向发起进攻。

斯大林格勒方面军的攻势打断了第57装甲军的脊梁，该军无计可施，只得实施一场快速战斗后撤，向南退过科捷利尼科沃。第57装甲军的崩溃，加之罗马尼亚第4集团军几乎全军覆没，不仅打消了德国人解救第6集团军的一切希望，还预示着苏军随后将向罗斯托夫发起进攻，给第4装甲集团军和"顿河"集团军群造成一连串更加致命的危机。

从另一个角度看，意大利第8集团军沿顿河的覆灭和"霍利特"集团军级支队沿奇尔河的近乎崩溃，使红军得以进入具有战略重要性的塔钦斯卡亚和莫罗佐夫斯克地域。这导致第4装甲集团军"米特"军沿下奇尔河和顿河、第57装甲军沿梅什科瓦河的防御完全无法坚守。12月24日后，苏军最高统帅部只面临着两项战略挑战：向西发起新攻势，将第6集团军彻底歼灭在斯大林格勒及其西部日益萎缩的包围圈内。

# 注释

1. "KR-Fernschreiben an Gen. Kdo. XIV. Pz. K., 1220 Uhr, A.H.Qu, 16.12.1942, Armee-Oberkommando 6 Ia Nr. 4738/42. g. Kdos. Chefs.,"（第6集团军司令部作训处1942年12月16日12点20分发给第14装甲军军部的急电，只限指挥官阅读），收录在《第6集团军作战日志附件册，第二卷，1942年11月24日至12月24日》，第242—243页。

2. 第6集团军12月19日至21日的态势表明，根据保卢斯12月16日的命令，德军实施再部署，第6集团军将大部分装甲力量集结在第14装甲军防区，但"朗根塔尔""西克纽斯"装甲支队和第14装甲军支援第376步兵师的10辆坦克除外。

3. "Fernschreiben von Generaloberst Paulus an Generalfeldmarschall von Manstein, 1730-1815 Uhr, 18.12.1942,"（保卢斯大将与冯·曼施泰因元帅的电传打字机交流，1942年12月18日17点30分—18点15分），收录在《第6集团军作战日志附件册，第二卷，1942年11月24日至12月24日》，第273页。

4. 同上。

5. "Fernschreiben von Generaloberst Paulus an Heeresgruppe Don, 0040-0215 Uhr, 19.12.1942,"（保卢斯大将与"顿河"集团军群的电传打字机交流，1942年12月19日0点40分—2点15分），同上，第277—278页。

6. 同上。

7. 保卢斯大将与冯·曼施泰因元帅的电传打字机交流，1942年12月19日18点15分—18点30分，同上，第286页。

8. 同上，第291页。

9. "Fernschreiben von General Schulz an General Schmidt, 1800-1900 Uhr, 20.12.1942,"（舒尔茨将军与施密特将军的电传打字机交流，1942年12月20日18点—19点），同上，第296—298页。

10. 同上。

11. 同上。

12. 同上。

13. 舒尔茨将军与施密特将军的电传打字机交流，1942年12月22日17点10分—17点45分，同上，第321—322页。

14. 第6集团军发给OKH参谋长的电报，收录在"斯大林格勒包围圈（第二阶段）：文件和电报：'冬季风暴'或'霹雳'？救援、突围还是等待？"，瓦尔特·格尔利茨，《保卢斯与斯大林格勒：陆军元帅弗里德里希·保卢斯传，他的笔记、书信和文件》，第273—274页。

15. "顿河"集团军群司令发给OKH参谋长的电报，同上，第275—276页。

16. 冯·曼施泰因元帅与保卢斯将军的电传打字机交流，同上，第276—278页。

17. 同上。

18. 同上。

19. "顿河"集团军群1号作战日志，第314页。奇怪的是，曼施泰因在12月23日18点40分发给蔡茨勒的一封电报中写道："第6集团军应尽快突围，风险是无法突出重围。很明显，如果被围部队脱困，高加索战线部队的命运吉凶难料。"

20. *"Pz. AOK.4/Ia, Meldung über Ausfälle an personal und Material seit Beginn Operation 'Wintergewitter' vom 21.12.1942, 0215 Uhr,"*(第4装甲集团军作训处,关于自"冬季风暴"行动发起以来人员及装备损失的报告,1942年12月21日2点15分),收录在*HGr Don/Ia, 39 694/5, BA–MA, EH 19 VI/30–42*。"顿河"集团军群12月19日作战日志的多个条目提及,自12月17日激战爆发以来,三天内,第6装甲师损失761人——41名军官和720名士兵。参见"顿河"集团军群1号作战日志,第240页;G.德尔,《进军斯大林格勒》,第97页。这段时期的最后一天,集团军群报告,第57装甲军击毁25辆敌坦克、抓获1000名俘虏、缴获32门反坦克炮和4门野炮。

21. 沃尔夫冈·保罗,《第6装甲师史,1937—1945年》,第262页。罗科索夫斯基在《伏尔加河畔的伟大胜利》一书第393页夸大了德军的损失,称第57装甲军在12月12日—20日的战斗中共损失230辆坦克和60%的装甲掷弹兵。

22. 沃尔夫冈·保罗,《第6装甲师史,1937—1945年》,第250页。

23. 同上,第248页。

24. 完整文件可参阅多姆尼科夫(主编)的《进攻中的近卫军:对近卫第2集团军征途的研究》,第47页。

25. 德国国防军最高统帅部作战日志中的每日报告,收录在V.A.日林(主编)的《斯大林格勒战役:编年史、真相和人物,两卷本》一书第二册,第246—248页;档案引自KTB OKW, Bd. II, hb. 2。

26. 霍斯特·沙伊贝特,《攻向斯大林格勒—48公里!第6装甲师1942年12月的推进》,第107页;也收录在A.M.萨姆索诺夫的《斯大林格勒战役》一书第447页。

27. 霍斯特·沙伊贝特,《攻向斯大林格勒—48公里!第6装甲师1942年12月的推进》,第115—120页;也收录在A.M.萨姆索诺夫的《斯大林格勒战役》一书第447—448页。第6装甲师作战日志摘录可参阅沃尔夫冈·保罗的《第6装甲师史,1937—1945年》,第264—266页,证实了上面引用的条目,但指出"许纳斯多夫"战斗群尚有20辆可用的坦克和第114装甲掷弹兵团第2营的两个弱连。后来,第6装甲师确认在瓦西里耶夫卡战斗的苏军是近卫步兵第13军辖下的近卫步兵第3师。

28. 第23装甲师在这场战斗中发挥的作用,可参阅恩斯特·雷本蒂施的《第23装甲师战史》,第209—211页。12月21日晨,第23装甲师尚有18辆可用的坦克。

29. "顿河"集团军群1号作战日志,第270页。

30. 同上。

31. 同上,第272页。

32. 伦斯费尔德将军的第23装甲师报告,在这场激烈的战斗中,第128装甲掷弹兵团阵亡24人、负伤106人、失踪4人,其装甲团只剩17辆可用的坦克。参见恩斯特·雷本蒂施的《第23装甲师战史》,第210页。

33. "顿河"集团军群1号作战日志,第276页。

34. A.M.萨姆索诺夫,《斯大林格勒战役》,第448页,档案引自*TsAMO USSR, f. 303, op. 4005, d. 60,1*,第23页。

35. 同上,第448—449页。

36. "顿河"集团军群1号作战日志,第276页。

37. *"Izvlechenie iz operativnoi svodkoi No. 356,"*（356号作战概要摘录），V.A.日林（主编）的《斯大林格勒战役：编年史、真相和人物，两卷本》一书第二册，第256—259页，档案摘自*TsAMO RF, f. 16, op. 1072ss, d. 12,11*，第160—167页。

38. 德国国防军最高统帅部作战日志中的每日报告，同上，第253—254页。

39. "顿河"集团军群1号作战日志，第294页。

40. G.德尔，《进军斯大林格勒》，第95页。

41. 罗科索夫斯基，《伏尔加河畔的伟大胜利》，第390—391页。此书是了解红军汇报程序特点的好资料。由于斯大林控制并密切留意着每个军事动向，辖下各指挥部便安排他们的时间表，以满足斯大林的要求。斯大林的大部分工作在夜间进行，工作时间从下午晚些时候延续至次日凌晨3点。他每天收到三次前线报告：总参谋部10点—11点的电话报告，16点—17点副总参谋长的当面汇报，深夜时总参谋长或其副手和其他高级别人员的当面汇报。因此，红军总参谋部次日8点准备当日作战行动的概要摘要。这就意味着每天24点后、但次日7点前发生的情况出现在前一天的作战概要中。关于斯大林的工作时间表和程序的详情，以及总参谋部相应的工作，可参阅S.M.什捷缅科的《战争年代的总参谋部，1941—1945年》（莫斯科：进步出版社，1970年）。

42. 霍斯特·沙伊贝特，《攻向斯大林格勒—48公里！第6装甲师1942年12月的推进》，第131页；也收录在A.M.萨姆索诺夫的《斯大林格勒战役》一书第449页。

43. 德国国防军最高统帅部作战日志中的每日报告，V.A.日林（主编）的《斯大林格勒战役：编年史、真相和人物，两卷本》一书第二册，第259—260页。

44. 尽管劳斯将军将瓦西里耶夫卡历时三天的激战"压缩"为一场大规模战斗，但他描述了这场战斗的戏剧性，虽然这不啻为对他的师的一种称赞。劳斯称，第11装甲团组成的"许纳斯多夫"战斗群12月20日夺得该镇，翁赖恩上校的第4装甲掷弹兵团肃清了该镇东部的苏军，佐伦科普夫上校的第114装甲掷弹兵团肃清了该镇西半部的敌人。这样一来，第6装甲师便在该镇构设起一座超过2公里宽的登陆场。随后，他又谈及苏军近卫第2集团军从12月21日至23日试图夺回该镇及相邻的登陆场。关于瓦西里耶夫卡和卡普金斯基战斗的详情，可参阅沃尔夫冈·保罗的《第6装甲师师史，1937—1945年》，第262—274页；以及米夏埃尔·沙德维茨的*Panzerregiment 11, Panzerabteilung 65 und Panzerersatz- und Ausbildungsabteilung 11*（《第11装甲团，第65装甲支队，第11装甲预备教导营》）（西德吕嫩：施密特出版社，1987年），第332—353页。后者提供了第6装甲师各部队和与之相配合的第23装甲师的逐时报告。例如，12月20日的条目写道：

·4点50分——来自"许纳斯多夫"战斗群，实力：21辆坦克耗尽燃料。

·6点20分——来自"许纳斯多夫"战斗群，实力：18辆坦克耗尽燃料。

·18点40分——第6装甲师伤亡报告：第11装甲——8人阵亡，17人负伤；第114装甲掷弹兵团——25人阵亡，37人负伤；第57工兵营——3人阵亡，7人负伤；战车损失——25辆坦克和5辆装甲车。

·19点——第11装甲团第1营实力：7辆坦克（4辆50毫米长身管、2辆三号75毫米短身管、1辆指挥坦克）。

45. 沃尔夫冈·保罗，《第6装甲师师史，1937—1945年》，第272页，引自第6装甲师作战日志。

46. 埃哈德·劳斯，《坦克战：劳斯将军东线回忆录，1941—1945年》，第183—184页。

47. "顿河"集团军群1号作战日志，第307页，描述了当日晨的态势。

48. 德国国防军最高统帅部作战日志中的每日报告，V.A.日林（主编）的《斯大林格勒战役：编年史、真相和人物，两卷本》一书第二册，第265—266页，引自*KTB OKW, Bd. II, hb. 2*。

49. "顿河"集团军群1号作战日志，第313页，描述了16点30分左右的态势。

50. *"Izvlechenie iz operativnoi svodkoi No. 358,"*（358号作战概要摘录），V.A.日林（主编）的《斯大林格勒战役：编年史、真相和人物，两卷本》一书第二册，第268—271页，档案摘自*TsAMO RF, f. 16, op. 1072ss, d. 12,11*，第176—183页。

51. 同上。

52. "顿河"集团军群1号作战日志，第320页。

53. 同上，第308—309页。预先提及塔钦斯卡亚和莫罗佐夫斯克地域的危机，可参阅同上，第306页。

54. OKH总参谋长发给"顿河"集团军群司令的电报，可参阅格尔利茨的《保卢斯与斯大林格勒：陆军元帅弗里德里希·保卢斯传，他的笔记、书信和文件》，第274—275页。这封电报下的注释是："附上集团军司令部电传打字机通信，421026/42号，1942年12月23日签发（13点05分收悉），请确认收悉。电报以无线电台转发。签名：'顿河'集团军群密码电报官，朔尔策中尉。"

55. 曼施泰因，《失去的胜利》，第345页。

56. 同上。

57. 第6集团军参谋长施密特将军与"顿河"集团军群参谋长舒尔茨将军的电传打字机交流，收录在格尔利茨的《保卢斯与斯大林格勒：陆军元帅弗里德里希·保卢斯传，他的笔记、书信和文件》，第278—279页。

58. 同上。党卫队"维京"师将部署至"顿河"集团军群左翼，在那里与新赶到的第7装甲师协同行动。这就意味着该师将被置于顿河以西，而非支援第57装甲军。

59. "顿河"集团军群1号作战日志，第317页。

60. "顿河"集团军群司令发给OKH总参谋长的电报，格尔利茨，《保卢斯与斯大林格勒：陆军元帅弗里德里希·保卢斯传，他的笔记、书信和文件》，第279—280页。

61. 同上。

62. 罗科索夫斯基，《伏尔加河畔的伟大胜利》，第394页。12月22日15点50分至16点40分、19点05分至19点40分，斯大林会见总参谋长F.E.博科夫将军时显然批准了华西列夫斯基的最终计划。这也是12月24日凌晨前斯大林最后的会见记录。参见切尔诺巴耶夫（主编）的*Na prieme u Stalina. Tetradi (zhurnaly) zapisei lits, pronyatykh I. V. Stalinym (1924 - 1953 gg.)*（斯大林的接见：I.V.斯大林会见相关人员日志，1924—1953年），第393页。

63. "顿河"集团军群1号作战日志，第318页。

64. 德国国防军最高统帅部作战日志中的每日报告），V.A.日林（主编）的《斯大林格勒战役：编年史、真相和人物，两卷本》一书第二册，第271—272页，引自*KTB OKW, Bd. II, hb. 2*。

65. "顿河"集团军群1号作战日志，第327—330页。

66. 同上，第330页。

67. 同上，第335页。

68. 同上，第337页。

69. 德国国防军最高统帅部作战日志中的每日报告，V.A.日林（主编）的《斯大林格勒战役：编年史、真相和人物，两卷本》一书第二册，第277页，引自KTB OKW, Bd. II, hb. 2。

70. 同上，第284页。

71. 同上，第291—292页。

72. 同上，第300页。

73. 虽然机械化第13军和近卫机械化第3军的确切实力不详，但前者各坦克团可用的坦克不到20辆，各摩托化步兵连的兵力仅为30%~40%。为加强这两个军的实力，斯大林格勒方面军提供了F.A.格林科维奇上校的坦克第13旅，但该旅的实力同样"相当弱"。参见V.F.托卢布科、N.I.巴雷舍夫的《在南翼》，第68—69页。

74. 德尔在《进军斯大林格勒》一书第97、第108—109页称，第6装甲师12月12日至23日伤亡1100人，而第57装甲军辖下的第17和第23装甲师到12月30日，都只剩下15—20辆坦克和300—500名装甲掷弹兵。他认为，截至12月30日，"'霍特'集团军级集群基本上已不复存在；第4装甲集团军只编有两个严重受损的师［第17和第23装甲师］，第16摩步师被隔离在斯捷普诺伊地域，另外还有原罗马尼亚第4集团军的残部。"根据罗马尼亚方面的文件，阿克斯沃西等人在《第三轴心第四盟友：欧战中的罗马尼亚军队，1941—1945年》一书第111页描述了罗马尼亚第4集团军12月月底时的状况："事实是，第57装甲军和第4集团军都无法完成赋予他们的任务。德国人月底批准他们撤出战斗时，第6军（第2和第18步兵师）只剩下一个虚弱的步兵营和一个炮兵营，第7军（第1和第4步兵师）还有一个步兵营和两个炮兵营，'波佩斯库'骑兵集群（第5和第8骑兵师）只剩两个虚弱的骑兵中队和两个马拉火炮营。"

75. "Prikaz Gitlera ot 27 Dekabria 1942 g. 'O dal'neishikh boevykh deistviiakh na iuzhnom flange Vostochnogo fronta'"【希特勒1942年12月27日下达的命令（元首令），关于东线南翼日后的作战行动】，收录在V.A.日林（主编）的《斯大林格勒战役：编年史、真相和人物，两卷本》一书第二册，第292—294页。

76. 同上。

77. "Operativnyi prikaz No. 2 Glavnogo Komandovaniia Sukhoputnykh Voisk Wermakhta ot 28 Dekabria 1942 g. 'O dal'neishikh boevykh deistviiakh na iuzhnom flange Vostochnogo Fronta'"（德国陆军总司令部1942年12月28日签发的2号作战令，关于东线南翼日后的作战行动），同上，第301—302页；"Dokumenty komandovaniia Vermakhta"（德国国防军统帅部文件），收录在V.A.佐洛塔廖夫（主编）的Preliudiia Kurskoi bitvy: Dokumenty i materialy 6 dekabria 1942 g.–25 aprelia 1943 g.（库尔斯克战役的序幕：1942年12月6日—1943年4月25日的文件和资料），刊登在Russkii arkhiv: Velikaia Otechestvennaia（《俄罗斯档案：伟大卫国战争》），第15册（4-3）（莫斯科：特拉出版社，1997年），第401—402页。

78. 同上。

79. "顿河"集团军群1号作战日志，第356页。

80. "Direktiva Stavka VGK No. 170720 o likvidatsii Stalingradskogo i obrazovanii luzhnogo fronta"（最高统帅部大本营170720号指令，关于撤销斯大林格勒方面军和组建南方面军），佐洛塔廖夫，《最高统帅部1942》，第476—477页；档案摘自TsAMO, f. 48a, op. 3408, d. 72,1，第369页。

81. "Direktiva General'nogo Shtaba No. 158396 nachal'niku shtaba Stalingradskogo fronta ob obespechenii 2-i Gvardeiskoi Armii sredstvami sviazi"（总参谋部发给斯大林格勒方面军参谋长的158395号指示，关于为近卫第2集团军提供通信设备），佐洛塔廖夫，《总参谋部1942》，第429页；档案摘自TsAMO, f. 48a, op. 3408, d. 115,1，第93页。

# 第七章
# 斯大林格勒包围圈
## 12月16日—31日

## 第6集团军12月16日的态势

第4装甲集团军编成内的第57装甲军向北冲往梅什科瓦河，攻入河流北岸的一座登陆场，希望从那里救援第6集团军时，包围圈内保卢斯集团军的情况急剧恶化。尽管苏军先前粉碎包围圈防御的企图失败了，围绕包围圈周边防线继续进行的战斗也很轻微，但第6集团军面临的挑战极为严峻。

### 第6集团军的防御部署

截至12月16日，第6集团军周边防御的部署自12月第一周发生激战以来一直未发生太大变化。但15日晚些时候，第6集团军调整其指挥和控制安排，并将装甲主力集结于包围圈南部防线。此举的目的是一旦"顿河"集团军群下令发起"霹雳"行动，他们便可向南突围。保卢斯12月15日20点10分签发一道命令，指示胡贝第14装甲军将第376步兵师，连同该师位于装甲军右翼的防区，一同交给海茨将军的第8军。第8军保留"朗根塔尔"和"西克纽斯"装甲营，以便为第376步兵师提供坦克支援。另外，第14装甲军还在德米特里耶夫卡以南约3公里、第376步兵师与第3摩步师结合部的171标记点留下至少10辆坦克，以掩护其右翼，必要时也可为第376步兵师提供额外的坦克支援力量。

为弥补第376步兵师的转隶，胡贝装甲军获得实力更强的第29摩步师，以及该师位于耶内克将军第4军右翼的半幅防区，另外还从第6集团军预备队得到第14装甲师。这番重组完成后，第14装甲军掌握约50辆坦克——恰好是保卢斯告诉曼施泰因遂行"霹雳"行动所需要的坦克数量。这场再部署将于12月17日8点生效。[1]但在此之前，12月16日11点10分，第6集团军宣布了第8军、第14装甲军和第4军的新分界线，12月17日8点生效，具体如下：

· 第8军与第14装甲军的分界线：第376步兵师与第3摩步师现有分界线——171标记点（第8军）——第3摩步师防线以北1公里——87.8高地——105.3高地——440标记点。

· 第14装甲军与第4军的分界线：94.2高地（512标记点以西4公里）——63.3高地——502标记点（第4军）——460标记点（第4军）——452.2标记点。[2]

第14装甲军新的右边界就是第3摩步师与第376步兵师原先的分界线；但该军新的左边界向南调整约5公里，或者说位于别列斯拉夫卡（Bereslavka）北面约1公里。待新分界线生效后，第29摩步师将其部队集结在该师原先的右翼、第14装甲军左翼的卡尔波夫卡和罗加奇克地域，而第4军第297步兵师将其部队调至右侧，接管第29摩步师左翼的原防区。

## 第6集团军的实力和战斗力

据第6集团军12月22日发给OKH的电报称，截至12月18日，保卢斯集团军的总兵力为249000人，包括13000名罗马尼亚人、19300名俄国志愿者和附属人员、6000名伤员。[3]这就意味着第6集团军至少还有210700名健康的德国士兵。但是，该集团军的作战兵力仅为28200人，包括25000名步兵和身处前线的3200名工兵（战斗工兵）（参见副卷附录13H）。而该集团军11月21日的作战兵力为40000人左右，12月6日为34000人。

11月23日遭包围以来，第6集团军辖内各师的情况严重恶化。集团军12月15日的报告描述了各作战营的实力和机动性。与11月16日提交的报告相比，尽管集团军辖内作战营的数量有所增加，但他们的战斗力和机动性明显下降（参见表4）。更能说明问题的是，报告中只列出一个师，即第29摩步师，有能力遂行一切进攻任务（zu jeder Angriffsaufgabe geeignet），另外两个师，第60摩步师和第371步兵师，完全适合执行防御任务（voll zur Abwehr geeignet），而

**表 4：1942 年 11 月 16 日和 12 月 5 日，第 6 集团军各师辖下步兵、装甲掷弹兵、工兵营的战斗力等级和机动性**

| 师 | 11月16日 | 12月15日 |
|---|---|---|
| **第384步兵师** | | |
| （6个步兵营） | 6个中等，20%（80%）机动性 | 6个虚弱，10%机动性 |
| （1个工兵营） | 中等，45%（60%）机动性 | 耗尽，50%机动性 |
| **第44步兵师** | | |
| （7—6个步兵营） | 2个强、2个中强、3个中等，45%（95%）机动性 | 1个中等、5个虚弱，20%机动性 |
| （1个工兵营） | 中等，35%（95%）机动性 | 耗尽，65%机动性 |
| **第376步兵师** | | |
| （7—8个步兵营） | 3个中强、4个中等，30%（80%）机动性 | 7个虚弱、1个耗尽，5%机动性 |
| （1个工兵营） | 中等，75%（100%）机动性 | 耗尽，5%机动性 |
| **第113步兵师** | | |
| （6—4个步兵营） | 2个中强、4个中等，50%（100%）机动性 | 3个中强、1个中等，10%机动性 |
| （1个工兵营） | 中等，95%机动性 | 中等，50%机动性 |
| **第76步兵师** | | |
| （6个步兵营） | 2个中强、4个中等，50%（70%）机动性 | 5个中等、1个虚弱，15%机动性 |
| （1个工兵营） | 中等，45%（60%）机动性 | 虚弱，30%机动性 |
| **第3摩步师** | | |
| （4—5个步兵营） | 3个中强、1个中等，70%机动性 | 4个中等、1个耗尽，30%机动性 |
| （1个工兵营） | 中等，60%机动性 | 虚弱，40%机动性 |
| **第60摩步师** | | |
| （6个步兵营） | 3个中等、2个虚弱、1个耗尽，75%机动性 | 1个中强、5个中等，80%机动性 |
| （1个工兵营） | 虚弱，80%机动性 | 虚弱，80%机动性 |
| **第16装甲师** | | |
| （4个装甲掷弹兵） | 1个中强、1个中等、2个虚弱，100%机动性 | 2个虚弱、2个耗尽，80%机动性 |
| （1个装甲工兵营） | 虚弱，100%机动性 | 虚弱，50%机动性 |
| **第94步兵师** | | |
| （7—6个步兵营） | 2个虚弱、5个耗尽，50%机动性 | 5个虚弱、1个耗尽，20%机动性 |
| （1个工兵营） | 中等，60%机动性 | 耗尽，5%机动性 |
| **第24装甲师** | | |
| （4—5个装甲掷弹兵营） | 1个中强、3个中等，95%机动性 | 1个中等、4个虚弱，90%机动性 |
| （1个装甲工兵营） | 中强，100%机动性 | 耗尽，30%机动性 |
| **第100猎兵师** | | |
| （5—3个步兵营） | 2个中强、2个中等、1个虚弱，60%（90%）机动性 | 1个强、1个中等、1个虚弱，20%机动性 |
| （1个工兵营） | 中等，50%（90%）机动性 | 中等，20%机动性 |

表 4（接上页）

| 师 | 11月16日 | 12月15日 |
|---|---|---|
| **第305步兵师** | | |
| （6个步兵营） | 2个虚弱、4个耗尽，45%（65%）机动性 | 5个虚弱、1个耗尽，17%机动性 |
| （1个工兵营） | 耗尽，70%（100%）机动性 | 中等，5%机动性 |
| **第295步兵师** | | |
| （7个步兵营） | 1个中等、5个虚弱、1个耗尽，100%机动性 | 1个中等、6个虚弱，60%机动性 |
| （1个工兵营） | 虚弱，90%（100%）机动性 | 中等，75%机动性 |
| **第389步兵师** | | |
| （6—5个步兵营） | 2个中等、4个虚弱，10%（20%）机动性 | 2个中强、2个中等、1个虚弱，5%机动性 |
| （1个工兵营） | 虚弱，10%（20%）机动性 | 中强，5%机动性 |
| **第79步兵师** | | |
| （6个步兵营） | 6个虚弱，75%（90%）机动性 | 1个强、1个中强、4个虚弱，30%机动性 |
| （1个工兵营） | 耗尽，75%机动性 | 虚弱，50%机动性 |
| **第14装甲师** | | |
| （2—3个装甲掷弹兵营） | 2个强，100%机动性 | 1个中强、1个中等、1个虚弱，100%机动性 |
| （1个装甲工兵营） | 中等，100%机动性 | 缺（分割使用） |
| **第71步兵师** | | |
| （7—6个步兵营） | 5个中等、2个虚弱，20%（80%）机动性 | 1个强、1个中强、4个中等，50%机动性 |
| （1个工兵营） | 虚弱，50%（65%）机动性 | 虚弱，40%机动性 |
| **第29摩步师** | | |
| （8个步兵营） | （第4装甲集团军） | 2个强、3个中强、2个中等、1个虚弱，90%机动性 |
| （1个工兵营） | | 中等，90%机动性 |
| **第297步兵师** | | |
| （8个步兵营） | （第4装甲集团军） | 3个中强、4个中等、1个虚弱，90%机动性 |
| （1个工兵营） | | 虚弱，50%机动性 |
| **第371步兵师** | | |
| （7个步兵营） | （第4装甲集团军） | 4个中等、3个虚弱，25%机动性 |
| （1个工兵营） | | 中等，40%机动性 |
| **总计** | | |
| 96—115个步兵营 | 4个强、16个中强、39个中等、26个虚弱、11个耗尽 | 5个强、15个中强、36个中等、53个虚弱、6个耗尽 |
| 17—19个工兵营 | 1个中强、9个中等、5个虚弱、2个耗尽 | 1个中强、6个中等、7个虚弱、5个耗尽 |

※ 资料来源："Betr.: Zustand der Divisionen, Armee-Oberkommando 6, Abt.-Ia, A.H.Qu., 16. November 1942, 12.00 Uhr,"（关于：各个师的状况，第 6 集团军司令部作训处，1942 年 11 月 16 日 12 点），收录在弗洛里安·冯·翁德·楚·奥夫塞斯男爵的《第 6 集团军作战日志附件册，第一卷，1942 年 9 月 14 日至 11 月 24 日》，第 285—290 页；"Fernschreiben am Heeresgruppe Don, Armee-Oberkommando 6, Ia Bt. Nr. 4745/42 g., A.H.Qu., 15. Dezember 1942,"（第 6 集团军司令部作训处 1942 年 12 月 15 日发给"顿河"集团军群的 4745/42 号报告），收录在弗洛里安·冯·翁德·楚·奥夫塞斯男爵的《第 6 集团军作战日志附件册，第二卷，1942 年 11 月 24 日至 12 月 24 日》，第 228—323 页。
注：括号外的机动性比率表示休整区的马匹尚未返回时的机动性；括号内的机动性比率指的是如果那些马匹返回，各个师将获得的机动性。

其他师只适合执行有限防御任务（bedingt zur Abwehr geeignet）。

鉴于各个等级的标准，战斗力评定体系倾向于夸大一个师真正的能力。例如，一个50%或更高比率的营评为中强或强，介于40%~49%之间的营评为中等，而只有30%或更低比率的营则被评为虚弱或耗尽。[4]根据这些标准，对比第6集团军11月16日和12月15日各作战营的实力，就能清楚地了解该集团军的实际战斗力状况（参见表5）。被包围前，第6集团军19%的作战营，实力为50%或更高，39%的作战营，实力为30%或更低。遭包围后，实力为50%或更高的作战营降为16%，而实力为30%或更低的作战营升至53%。这在很大程度上解释了为何总兵力为233000名德国和罗马尼亚士兵的第6集团军却报告他们只有28000名作战士兵。当然，顿河方面军和斯大林格勒方面军辖内诸集团军——特别是在斯大林格勒城内作战的第62集团军——同样实力不足；战斗力最强的师，作战兵力与总兵力比超过70%，但大多数前线师的实力不足50%。

德军各作战营的机动性更糟。11月16日，26个营机动性为85%或更强，20个营机动性为25%或更低。到12月15日，据报告，31个营机动性尚有85%或更

**表5: 1942 年 11 月 16 日和 12 月 15 日，第 6 集团军作战营（步兵、装甲掷弹兵、工兵）的战斗力对比**

| 战斗力 | 11月16日 | | 12月15日 | |
|---|---|---|---|---|
| | 作战营数量 | 百分比（%） | 作战营数量 | 百分比（%） |
| 50%或以上（强或中强） | 21 | 19 | 21 | 16 |
| 40%~49%（中等） | 48 | 42 | 42 | 31 |
| 30%或以下（虚弱或耗尽） | 44 | 39 | 71 | 53 |
| 总计 | **113** | | **134** | |

强，但77个营的机动性降至25%或更低，这就意味着他们根本无法开动。第6集团军的机动性明显下降，是10月份将大部分马匹调入斯大林格勒南部休整区的决定所致。因此，苏军的包围只是加剧了该集团军已然存在的机动性缺乏。

至于第6集团军的装甲力量，据辖内各军12月15日—17日的报告，集团军尚有103辆坦克和35辆突击炮，具体如下：

・第14装甲军

第3摩步师——22辆坦克（14辆三号长身管、3辆三号短身管、3辆四号长身管、2辆四号短身管）

"波格雷尔"战斗群——13辆坦克（9辆三号长身管、1辆三号短身管、3辆四号长身管）

"瓦姆博尔德"战斗群——9辆坦克（5辆三号长身管、2辆四号长身管、2辆四号短身管）

・第8军

第2装甲团（第16装甲师）——11辆坦克（5辆三号长身管、6辆四号长身管）

第244突击炮营——17辆突击炮（7辆长身管、6辆短身管、4辆步兵突击炮）

第177突击炮营——8辆突击炮（6辆长身管、2辆短身管）

・第51军

第16和第24装甲师——17辆坦克（1辆二号、8辆三号长身管、1辆三号短身管、2辆三号75毫米主炮型、2辆四号长身管、2辆四号短身管、1辆指挥坦克）

第245突击炮营——8辆突击炮（3辆长身管、2辆短身管、3辆步兵突击炮）

・第4军

第29摩步师——31辆坦克（6辆二号、8辆三号长身管、4辆三号短身管、11辆四号长身管、2辆指挥坦克）和5门88炮

第297步兵师——2辆突击炮（短身管）[5]

如果把这130—150辆坦克和突击炮集中使用，将形成一只强大的装甲铁拳，但第6集团军不得不将这些坦克和突击炮以小股战斗群的方式分散在整条防线上，主要是协助步兵和工兵抗击敌坦克突击。第6集团军12月17日将第3和第29摩步师集结于第14装甲军辖内，胡贝军终于掌握了一股约有50辆坦克的装甲力量。但此时，第6集团军正面临着严重的燃料和弹药短缺。

### 双方围绕斯大林格勒包围圈部署的力量

截至12月16日，第6集团军面对着苏军部署在其周边的七个集团军：顿河方面军第21、第65、第24、第66集团军，斯大林格勒方面军第62、第64、第57集团军。虽然不清楚苏军这些集团军12月16日的兵力和坦克数量，但大多数师和旅已遭到削弱。因此，对比斯大林格勒及其周边苏德双方的力量，最好的办法是按照不同的方向和防区逐一加以对比（参见表6）。

如果不考虑提供支援的坦克和炮兵，表6表明，每个德军师面对着至少两个苏军师，有时候多达五个苏军师。唯一的例外是斯大林格勒城内的第62集团军，苏军最高统帅部和斯大林格勒方面军在伏尔加河西岸只保留刚刚够用的作

**表6：1942年12月15日，双方部队在斯大林格勒包围圈及其周边的大致位置**

| 集团军 | 下属兵团 | 作战地域 | | 对面的德军 |
|---|---|---|---|---|
| **顿河方面军** | | | | **第6集团军** |
| 第21集团军 | 近卫步兵第52师 | 普鲁德博伊车站至马里诺夫卡 | 第14装甲军 | "冯·汉施泰因"和"维利希"战斗群 |
| | 步兵第96师 | 马里诺夫卡北延至117.8高地 | | 第3摩步师——第8摩步团第1、第2营 |
| | 步兵第293师 | 从117.8高地向北延伸至135.1高地（五个坟堆） | | 第3摩步师——第29摩步团第1、第2营；"布卢默"战斗群 |
| | 近卫步兵第51师 | 135.1高地（五个坟堆）向东北方延伸至129.0高地 | 第14装甲军第8军（12月17日） | 第376步兵师——第673团一部；第261团第3营；第536团第2、第3营 |
| | 步兵第277师 | 129.0高地向东北方延伸至126.7高地（哥萨克坟堆） | 第8军（12月17日） | 第376步兵师——第767团第1、第2营；第535团第1、第2营 |
| | 预备队：步兵第120、第252、第298师 | | | |

**表6**（接上页）

| 集团军 | 下属兵团 | 作战地域 | | 对面的德军 |
|---|---|---|---|---|
| **顿河方面军** | | | | **第6集团军** |
| 第65集团军 | 步兵第23师 | 126.7高地（哥萨克坟堆）向东北方延伸至126.1高地 | | 第44步兵师——第168团第2营；第132团第1、第2营 |
| | 步兵第304师 | 126.1高地向东北方延伸至124.4高地 | | 第44步兵师——第134团第1营；第80工兵营 |
| | 步兵第24师 | 124.5高地向东北方延伸至115.4高地 | | 第44步兵师——第44侦察营；第534团第1、第2营；第131团第1营 |
| | 近卫步兵第27师 | 115.1高地向东北方延伸至德军423标记点 | | 第44步兵师——第131团第3营；第113步兵师侦察营 |
| | 预备队：步兵第173师 | | | |
| 第24集团军 | 步兵第233师 | 德军423标记点向东北方延伸至417标记点 | | 第76步兵师——第203团 |
| 第24集团军（防御） | 步兵第49师，第54筑垒地域，步兵第84、第260师 | 德军417标记点向东北方延伸至阿克罗诺瓦峡谷，再向东延伸至库兹米希 | 第8军 11军 | 第76步兵师——第178团；第230团第3营 第113步兵师——第261团第1营；侦察营；第268团第1、第3营；第260团第1、第3营；第754工兵营 第60摩步师——第120摩步团第1营；第160工兵营 |
| | 预备队：步兵第214、第273师 | | | |
| 第66集团军（防御） | 步兵第343、第226师 | 库兹米希东延至145.1高地 | | 第60摩步师—第160摩托车营；第9机枪营；第120摩步团第2、第3营；第92摩步团第1、第2营；第64摩步团第1营；第60、第384工兵营 |
| 第66集团军 | 步兵第116、第64师 | 145.1高地东延至144.4高地 | | 第16装甲师—第79装甲掷弹兵团第1营；第276团第2营 第24装甲师——"马托"空军营；第267团第2、第1营；第4摩托车营；"贝洛"战斗群；第276团第3营；第274团 |
| | 步兵第99师 | 144.4高地东延至斯巴达诺夫卡村 | | |
| | 预备队：步兵第299师 | | | |
| **斯大林格勒方面军** | | | | |
| 第62集团军 | 步兵第124、第129旅 | 斯巴达诺夫卡村 | 第51军 | 第389步兵师 |
| | 步兵第138、第95师和步兵第42旅 | "街垒"厂以东 | | 第305步兵师 |
| | 步兵第45、近卫步兵第39师 | "红十月"厂 | | 第79步兵师 |

| 集团军 | 下属兵团 | 作战地域 | | 对面的德军 |
|---|---|---|---|---|
| **顿河方面军** | | | | **第6集团军** |
| | 步兵第284师、步兵第92旅 | 马马耶夫岗和克鲁托伊冲沟 | | 第100猎兵师 |
| | 近卫步兵第13师 | 斯大林格勒市中心 | | 第295步兵师 |
| | 第156筑垒地域 | 斯大林格勒南部 | | 第71步兵师 |
| 第64集团军 | 步兵第7军，编有步兵第93、第96、第97旅、摩托化步兵第38旅 | | 第4军 | 第371步兵师 |
| | 步兵第29、第204、第157、第169师、近卫步兵第36师、海军步兵第66旅 | | | 第297步兵师 |
| | 预备队：步兵第38师、海军步兵第154旅 | | | |
| 第57集团军 | 步兵第422、近卫步兵第15师、步兵第143旅、第76筑垒地域一部、机械化第61旅 | | 第14装甲军（12月17日时） | 第29摩步师 |

※ 资料来源：第6集团军1942年12月15日—18日的态势图，红军总参谋部12月中旬的每日作战概要，收录在 V.A. 日林（主编）的《斯大林格勒战役：编年史、真相和人物，两卷本》一书第二册，第196—220页。

战兵力，以牵制第51军各师主力。但在步兵方面，与德国守军相比，第62集团军很可能占有二比一的优势。由于红军总参谋部认为，成功实施一场战略进攻需要三比一的优势，交战双方12月16日的兵力对比意味着顿河方面军和斯大林格勒方面军的七个集团军缺乏打垮第6集团军强大防御所需要的兵力优势。这就是苏军最高统帅部和华西列夫斯基将粉碎包围圈、代号为"指环"行动的攻势推延至1943年1月10日的原因所在。苏军最高统帅部认为，届时，红军将消灭德军解救斯大林格勒包围圈的一切可能性，并有足够的时间将战斗在合围对外正面的人员和坦克调拨给顿河方面军部署在斯大林格勒包围圈周围的诸集团军。最高统帅部判断，在此期间，饥饿会有助于削弱第6集团军的防御。

## 12月16日—23日的作战行动

苏军最高统帅部12月14日晚些时候将近卫第2集团军调给斯大林格勒方面军后，叫停了对斯大林格勒包围圈的积极行动。这样做是因为最高统帅部给予其他地带的作战行动更高优先权，特别是沿梅什科瓦河—科捷利尼科沃和上马蒙—米列罗沃方向的行动。因此，红军总参谋部在此日期之后签发的每日作战概要，通常都以这样一句话描述针对第6集团军包围圈的行动："顿河〔和斯大林格勒〕方面军继续封锁被围于斯大林格勒的敌集团，并加强己方阵地。"然而，围绕第6集团军包围圈周边防线偶尔发生的局部战斗有所加剧。之所以发生这种情况，是因为最高统帅部要求罗科索夫斯基和叶廖缅科的部队继续对第6集团军施加压力，特别是在12月23日前，此举是为了防止保卢斯集团军向南突围，与位于梅什科瓦河的第57装甲军会合。因此，12月17日，罗科索夫斯基指示奇斯佳科夫第21集团军，以近卫步兵第51师和一个摩托化步兵旅加强该集团军沿包围圈西南部战线的防御；12月18日，叶廖缅科以调自舒米洛夫第64集团军的步兵第422师和一些坦克部队，增援托尔布欣位于包围圈南部战线的第57集团军。这些措施至少表明最高统帅部、华西列夫斯基、罗科索夫斯基和叶廖缅科密切留意着第6集团军的一切动向，以防这股敌军突出包围圈。

斯大林格勒城内，遵照叶廖缅科的命令，第62集团军也发起一系列进攻行动，旨在扩大、巩固其位于伏尔加河西岸登陆场的防御，特别是在"街垒"厂东面和东南面。因此，尽管顿河、斯大林格勒方面军未对第6集团军包围圈采取大规模行动，但作为苏军最高统帅部与曼施泰因"顿河"集团军群展开战略性"猫鼠游戏"的另一方面，局部战斗仍在继续进行。

## 12月16日—18日

就像谚语所说的"风暴前的平静"，12月中旬，围绕第6集团军包围圈周边防线进行的战斗较为轻微。激烈的战斗在南面的上库姆斯基地域肆虐时，第6集团军调整辖内部队的部署，准备在必要和可行时发起"霹雳"行动，而顿河、斯大林格勒方面军则采取措施，以确保这种突围不会发生，如果发生的话，务必将其挫败。

红军总参谋部的每日作战概要反映出这种平静（参见副卷附录14A）。虽然作战概要中的大多数条目谈及两个方面军辖内部队"正强化其阵地"，但也准确报告了第21集团军近卫步兵第51师12月17日前出至马里诺夫卡东南方和伏罗希洛夫夏令营南面。这些作战概要没有提及斯大林格勒方面军12月18日的决定——从第64集团军抽调步兵第422师增援卡尔波夫卡地域的第57集团军。这些作战概要还指出，顿河、斯大林格勒方面军编成内的空军第16和第8集团军将马里诺夫卡向东到卡尔波夫卡地域的目标加入其打击名单。关于作战行动，总参谋部阐述了顿河方面军第24集团军步兵第49师和坦克第16军一个营级战斗群遂行的局部进攻，据称，他们在德国第8军第76步兵师防线上打开了个小缺口。作战概要中还提及斯大林格勒城内的局部战斗，第62集团军后来对此的描述是，步兵第138与第95师在"街垒"厂东南面建立起紧密联系。

德方记录证实了红军总参谋部对战斗的叙述。例如，12月17日13点05分，"顿河"集团军群作战日志提到，敌人确实对"第76步兵师中央防区发起进攻，11辆敌坦克在主防线达成突破"。[6]次日，集团军群报告，"冶金厂["街垒"厂]爆发激战，敌人取得些许突破"；敌人在马里诺夫卡和伏罗希洛夫夏令营地域发起猛烈空袭，一直持续至12月18日—19日夜间；大股敌军进入这片地带。但报告中称，敌人在第76步兵师防区达成的突破，12月18日黄昏前"已被肃清"。[7]第6集团军辖内第8军12月18日晚些时候报告，敌人投入一个步兵营，在8辆坦克支援下，17日7点对第76步兵师发起冲击，9点，敌人又投入11辆坦克加强进攻。但当日13点，从该师或军预备队抽调的"冲击部队"和一个突击炮连发起反冲击，遏止了苏军的进攻，当日晚些时候将进攻方逐回其出发阵地。该军报告，击伤击毁19辆苏军坦克中的8辆，但也承认第76步兵师12月17日和18日分别伤亡80、71人。[8]

证明斯大林格勒城内战斗致命性的是，尽管这几日较为平静，但第6集团军承认，第51军第305步兵师，12月17日和18日在冶金厂所谓的"轻微战斗"中分别伤亡76、127人。据崔可夫第62集团军作战日志称，敌人这些伤亡发生在步兵第138师与第95师竭力恢复"街垒"厂东南方的联系期间。[9]

## 12月19日—23日

12月19日，第57装甲军终于肃清上库姆斯基战场上的苏军，向北赶往梅什科瓦河时，战斗沿第6集团军包围圈西部、西南部防线爆发开来（参见地图59）。德国人对此并不感到意外，前一天晚上，第6集团军已告知"顿河"集团军群，其情报部门发现"大股敌军（步兵队列和机动车辆）在马里诺夫卡至伏罗希洛夫夏令营以南这片区域内，由西向南调动。正加强伏罗希洛夫夏令营地域。"[10]马里诺夫卡地域及其东面的战斗（开始于12月19日，持续了两天）至少标志着双方这场"猫鼠游戏"的另一个阶段，第6集团军正实施再部署，准备发起"霹雳"行动，而顿河、斯大林格勒方面军则试图阻止这种情况的发生。红军总参谋部的每日作战概要勾勒出12月19日这场战斗的大致情况（参见副卷附录14A）。

当日最激烈的战斗发生在第8军沿斯大林格勒包围圈西部战线的防区、第14装甲军在马里诺夫卡及其东面的新防区、斯大林格勒工厂区"街垒"厂东南面。在坦克和猛烈炮火支援下，苏军第65集团军步兵第23和第173师沿第6集团军西部防线，对德军第376步兵师与第44步兵师结合部，第8军设在126.7高地附近的防御发起突击。几乎是同时，第24集团军近卫步兵第27和步兵第214师也在坦克支援下，对德军第131步兵团第2营发起冲击，该营在1号国营农场西面守卫着第44步兵师右翼的防御。虽然据守126.7高地的部队（第535团第1、第2营和第268团第2营）设法挡住苏军这些进攻，但第376和第44步兵师都报告遭受到比平日更大的损失。19日，两个师分别伤亡105、146人，20日又损失17、106人。[11]北面，第44步兵师遂行防御的营20日损失39人。

这一时期最重要的战斗发生在马里诺夫卡以东，恰恰是第14装甲军准备发起突围之地。第21集团军近卫步兵第51、第52师和摩托化步兵第4旅，在40辆坦克和一场猛烈炮击的支援下，冲击德军第3摩步师"维利希"和"汉施泰因"战斗群的防御，两个战斗群据守着5公里宽的防区，从马里诺夫卡向东，经阿塔曼斯基至伏罗希洛夫夏令营南部接近地。在苏军战机猛烈空袭和扫射的支援下，这场进攻的激烈程度足以使第6集团军在报告中予以提及。这场进攻进行之际，第21集团军步兵第96师在20辆坦克（可能来自一个独立坦克团）的支援下，对第3摩步师第8摩步团第1营设在马里诺夫卡以北约3公里处的防御发起突击。虽说这些进攻和空袭没能突破第3摩步师的防御，但给守军造成极其严重的伤亡——19日损失395人，20日又折损83人。[12]实际上，第6集团军前一周付出日均伤亡450人的代价后，19日又伤亡1141人，次日伤亡800人。[13]

激烈的战斗发生在德国人打算实施"霹雳"行动的地域，德军高昂的损失无疑影响到保卢斯"不实施突围"的决定。但是，曼施泰因无法给第6集团军下达发起"霹雳"行动的明确命令，这才是影响保卢斯决定的最重要因素。

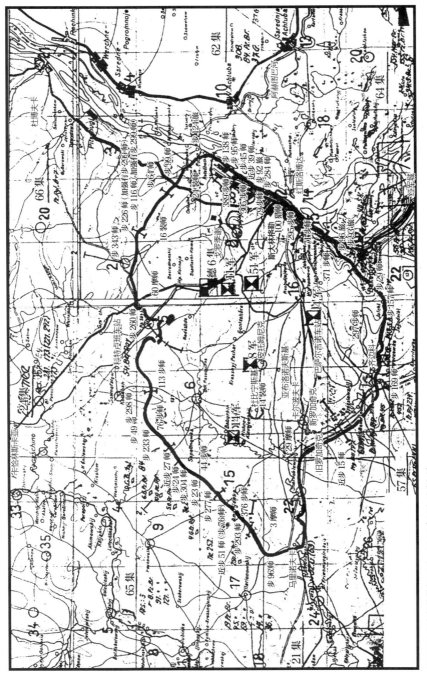

地图 59　斯大林格勒包围圈，1942 年 12 月 20 日

曼施泰因希望保卢斯下令突围，虽然他支持保卢斯采取此举，但这位陆军元帅并不打算亲自下达命令。不管怎样，次日，第6集团军向"顿河"集团军群汇报了马里诺夫卡地域激烈的战斗，以及该地域的主防线已岌岌可危。[14]

12月19日，斯大林格勒工厂区也爆发了战斗，崔可夫实力不济的第62集团军投入进攻，力图与步兵第138师重新建立联系，该师仍在"街垒"厂东面"柳德尼科夫岛"孤军奋战，步兵第95师竭力夺取工厂东南面的油库区，并与柳德尼科夫师会合（参见副卷附录19F）。赛德利茨将军的第51军报告了这场持续一整天的战斗：

> 第305步兵师右翼的储油设施区，我军击退敌人的五次突袭。这里的敌人与我们的前沿防线非常近……下午，敌人在储油设施区附近发起两次试探性进攻，但都被击退，对方伤亡惨重。敌人从火炮厂东面登陆场发起的两次试探性进攻也被击退。敌人的第三次突袭取得局部突破，但我军已部分肃清这场突破。敌人发起的所有进攻都得到火炮和迫击炮猛烈炮火的支援。[15]

尽管这样的战斗可能会被认为"断断续续"，工厂区的近距离厮杀也很常见，但同样代价高昂。例如，赛德利茨整个第51军12月18日伤亡270人，第305步兵师占了155人，第51军12月19日损失228人，第305步兵师又占63人。这就使该师在七天战斗中的总伤亡数达到741人。[16]第305步兵师11月16日的作战士兵只剩2915人，而到12月15日，这个数字降至1043人。伴随着这种消耗，这些德军师只能以后方勤务和其他支援人员替代前线真正的战斗步兵和工兵。因此，整个12月，斯大林格勒这部"绞肉机"仍在发挥致命的作用。

12月19日后，苏军最高统帅部批准斯大林格勒地域诸集团军开始准备"指环"行动，包围圈内及其周边的战斗强度有所下降。唯一的例外是城内工厂区，斯大林格勒方面军命令第62集团军继续进攻，以结束"街垒"厂东面柳德尼科夫步兵第138师的孤立状态（参见副卷附录19G、19H）。

正如红军总参谋部每日作战概要指出的那样，接下来四天发生的一些小规模战斗，完全是苏军准备"指环"行动所致（参见副卷附录14A）。这些战斗涉及封锁敌军、遂行侦察、为即将发起的进攻调整部队从而改善其阵地。

OKW（德国国防军最高统帅部）12月20日的作战日志为马里诺夫卡、斯大林格勒城内和其他地域看似平淡的战斗提供了必要的背景：

**东线，"顿河"集团军群**：元首对第1装甲集团军的北翼深感焦虑。奥尔忠尼启则［高加索地区］以西防线应撤至拦截阵地。如此一来，党卫队"维京"师被腾出，正派往第4装甲集团军。此举效果不错。元首正考虑放弃斯大林格勒。在目前状况下，第6集团军遂行突围最多能向前推进30公里；因此，该集团军不宜过早发起突围。另一方面，元首坚持认为必须与第6集团军建立联系，并保持至该集团军彻底脱离战斗。但为避免该集团军完全依赖"霍特"集团军级集群，突围期间，第6集团军应保持至少能推进50公里的状态。[17]

这份摘要触及希特勒和他的高级将领们12月20日晚些时候所面临问题的本质。他们都意识到保卢斯集团军在斯大林格勒坐以待毙，顿河南面的意大利第8集团军土崩瓦解，而第57装甲军刚刚结束上库姆斯基地域持续四天、代价高昂的激战。但他们不知道，苏军三个快速军很快将打垮塔钦斯卡亚和莫罗佐夫斯克第6集团军至关重要的补给基地，第57装甲军即将被梅什科瓦河及其北面的激烈战斗所吞噬，而苏军近卫第2集团军和另外三个坦克、机械化军将沿该河对第57装甲军发起打击。

尽管如此，希特勒、曼施泰因和霍特仍顽固地希望，曼施泰因神奇的魔法将赢得胜利，"顿河"集团军群能够拯救保卢斯集团军。与希特勒近乎神秘主义的信仰不同，曼施泰因有着清醒的认识，他建议立即撤出A集团军群，这将大幅度缩短A集团军群的防线，并腾出该集团军群辖内大多数师，特别是依然强大的第1装甲集团军辖内部队。[18]尔后，他希望再度发起救援第6集团军的行动。迫使希特勒放弃高加索地区并急剧收缩德军东线的南翼，将使这位陆军元帅获得他期待已久的"行动自由"。尽管1942年12月没能做到这一点，但从某种意义上说，这种情况将在1943年2月中旬发生。但到那时，解救保卢斯集团军为时已晚。

斯大林格勒地域12月19日的战斗强调了保卢斯也许已觉察到的另一个事实，但希特勒和曼施泰因对此并不清楚，或故意忽视了。这个事实就是罗科索夫斯基的顿河方面军和叶廖缅科的斯大林格勒方面军正严阵以待，准备粉碎第6集团军突出斯大林格勒包围圈的一切企图。尽管如此，基于以往对合围的经验，德国人知道貌似严密的合围圈存在许多缺口。

斯大林格勒包围圈周边许多地段较为平静，但城内的情况并非如此。作为即将发生的事情的先兆，斯大林格勒城内，"街垒"厂东面和东南面的激战仍在继续，第62集团军步兵第138和第95师12月21日对第51军第305步兵师的防御发起进攻（参见副卷附录19H）。第62集团军在每日报告中指出，柳德尼科夫步兵第138师清晨5点攻向西南方，夺得四座房屋，尽管敌人顽强抵抗，但该师右翼还是取得100—120米进展。在此过程中，步兵第138师击退敌人三次反冲击，缴获5挺机枪，俘虏德军第305步兵师第578团两名士兵。戈里什内上校的步兵第95师清晨5点攻向西北方，包围并消灭了敌人的几个支撑点，并在一场短兵相接、使用手榴弹的战斗中夺得一个配电房、一个敌地堡和一座设有6个掩体和2个暗堡的建筑。击退德国人发起的几次反扑后，戈里什内师清点了缴获的战利品，计3挺机枪、6支自动武器、3支步枪、380枚手榴弹、4座地堡和丢有40具尸体的3座掩体。一贯执着的崔可夫命令两个师继续进攻，直至最终取得会合。[19]

从第6集团军的角度看，16点40分，第51军报告："自当日凌晨起，敌人集结重兵对第305步兵师位于火炮厂东面的阵地发起进攻。我军击退敌人在南北两翼发起的进攻，并给对方造成惨重伤亡（仅在一处就数出45具敌军尸体），三座房屋在不同时间失守，我军的损失也很严重。"[20]第6集团军18点20分向"顿河"集团军群报告了这场战斗，证明了这场消耗战的影响，报告中称第305步兵师辖内各营遭受到"严重伤亡，每个营只剩一位营长和一名副官，而后者同时还率领着辖下的一个连队。有两个营只剩营长"。[21]第51军在当晚20点40分提交的报告中指出："俄国人用木材和冰块在伏尔加河汊构设起一道屏障，显然是为了掩护渡河交通。"[22]这清楚地表明，第62集团军打算不惜一切代价将其登陆场扩大为一座平台，以参与即将发起的"指环"行动。

12月22日，激烈的战斗在"街垒"厂附近持续，柳德尼科夫和戈里什内的步兵师忠实地执行着崔可夫的命令，他们的侧翼实际上已成功连接起来，但很狭窄，就在伏尔加河西岸50米宽的地段上（参见副卷附录19H）。日终时，第62集团军报告，步兵第138师当日晨继续向西南方突击，而步兵第95师攻向西北方，在此过程中包围、消灭了敌人的几个支撑点，并在一场白刃战中沿伏尔加河西岸向北推进150米。[23]天黑后，崔可夫再次要求这两个实力已然不济的师次日继续进攻。但这仅仅是开始：崔可夫很快便扩大了第62集团军的攻势，先是命令"戈罗霍夫"集群24日突击德军设在斯巴达诺夫卡村西部的防御，随后又指示麾下所有部队28日投入进攻，冲向107.5高地。

### 苏军应对"霹雳"行动，12月16日—23日

第6集团军策划"霹雳"行动时，12月19日—23日，激烈的战斗沿包围圈西南翼肆虐。情况很清楚，这绝非巧合。尽管无法证明，但苏联人至少有可能"获悉了保卢斯的意图"。

现在，强有力的证据表明，华西列夫斯基、罗科索夫斯基和叶廖缅科要么预料到第6集团军的突围企图，要么直接获悉了胡贝将军遂行"霹雳"行动的计划。例如，早在12月16日，罗科索夫斯基将军就命令奇斯佳科夫将军的第21集团军将近卫步兵第51师南调至马里诺夫卡以东阵地。17日，该师在那里与近卫步兵第52师会合，两天后对德军第3摩步师的防御发起积极进攻。同样，12月19日，叶廖缅科将军从舒米洛夫第64集团军抽调步兵第422师，用于加强托尔布欣将军第57集团军位于卡尔波夫卡以南的防御。次日，叶廖缅科又以独立坦克第235旅和独立坦克第234团增援第57集团军，加强近卫步兵第15师设在卡尔波夫卡以南的防御。最后，12月19日—21日，顿河、斯大林格勒方面军加大空袭力度，打击马里诺夫卡与卡尔波夫卡之间的德军阵地。这些行动准确地集中于德国第14装甲军企图发起"霹雳"行动的地段。德方文件清楚表明，苏军采取的这些行动对保卢斯"24日前不实施突围行动"的决定起到一些影响。

第6集团军努力为有可能从斯大林格勒包围圈发起的突围重新部署其部队时，顿河、斯大林格勒方面军竭尽全力防范这种可能性。例如，苏军最高统帅部、华西列夫斯基和罗科索夫斯基竭力弥补顿河方面军辖内部队在前几天遭受的损失。首先，他们开始将部队（特别是坦克部队）撤出前线，以便这些部队在预备阵地接受休整和补充。这方面的一个例子是最高统帅部12月17日发给罗科索夫斯基的一道指令，要求他把坦克第4、第16军撤入最高统帅部预备队（参见副卷附录14B）。[24]有趣的是，坦克第4和第16军齐装满员地重返前线后，并未重新投入顿河方面军粉碎第6集团军的行动；前者为沃罗涅日方面军1月下旬发起的"沃罗涅日—卡斯托尔诺耶"进攻战役充当先锋，后者加入新组

388

建的坦克第2集团军，为中央方面军（原顿河方面军）沿库尔斯克—谢夫斯克方向发起的进攻担任先锋。这表明，从战略角度看，1943年1月中旬前，苏军最高统帅部已将目光投向第聂伯河，歼灭保卢斯第6集团军的行动降至从属地位，不过是肃清红军深远后方的一般性问题而已。

这一事实的证据是，12月19日15点50分，信心满满的苏军最高统帅部解除了沃罗诺夫将军在"小土星"行动中协调西南方面军和沃罗涅日方面军的职责，派他担任华西列夫斯基的副手，任务是消灭斯大林格勒包围圈（参见副卷附录14C）。[25]苏军最高统帅部确信"小土星"行动能够赢得胜利，"冬季风暴"和"霹雳"行动一定会失败，故而指示沃罗诺夫开始策划旨在歼灭德国第6集团军的"指环"行动。

在斯大林格勒城内的战斗继续进行这一背景下，苏军最高统帅部开始将实力耗损最严重的部队撤离前线，打算重建这些部队，然后将他们重新投入战斗，以维系迅速发展的进攻行动。这项工作开始于12月22日，将当年秋季在斯大林格勒保卫战中消耗严重的各个师和旅残部悉数撤离（参见副卷附录14D）。[26]

## 第 6 集团军 12 月 23 日的态势

也许是为了在第6集团军战斗力有限这个问题上说服OKH和"顿河"集团军群，保卢斯就集团军的战斗力签发了一份新的评估，这份报告清楚表明，经过又一周战斗，第6集团军辖内各作战营的情况已趋恶化（参见表7、8）。这一次，战斗力评定报告认为只有第29摩步师有能力遂行任何进攻任务，只有第297和第371步兵师完全适合执行防御任务，其他所有师只适合执行有限防御任务。

12月15日—21日期间，第6集团军作战营的总数从134个上升至139个，这是因为几个师对其编成加以重组，组建起规模较小但数量更多的营，在战斗较为轻微、更加广阔的地段遂行防御。结果，实力为50%或更高的营从16%降至15%，实力为30%或更低的营从53%升至68%。这些作战营的机动性更加糟糕，31个营为85%或更强，77个营的机动性为25%或更弱，这就意味着他们根本无法实施机动。这种评定的依据是可用的车辆，没有考虑燃料的短缺。这就解释了保卢斯的突围力量为何如此弱小。

## 表7：1942年12月15日和21日，第6集团军各师辖下步兵、装甲掷弹兵、工兵营的战斗力等级和机动性

| 师 | 12月15日 | 12月21日 |
|---|---|---|
| **第384步兵师** | | |
| （6个步兵营） | 6个虚弱，10%机动性 | 6个虚弱，10%机动性 |
| （1个工兵营） | 耗尽，50%机动性 | 耗尽，50%机动性 |
| **第44步兵师** | | |
| （6个步兵营） | 1个中等、5个虚弱，20%机动性 | 4个虚弱、2个耗尽，25%机动性 |
| （1个工兵营） | 耗尽，65%机动性 | 耗尽，65%机动性 |
| **第376步兵师** | | |
| （8—7个步兵营） | 7个虚弱、1个耗尽，5%机动性 | 7个耗尽，无法机动 |
| （1个工兵营） | 耗尽，5%机动性 | 虚弱，无法机动 |
| **第113步兵师** | | |
| （4—6个步兵营） | 3个中强、1个中等，10%机动性 | 3个中强、1个中等、1个虚弱、1个耗尽，10%机动性 |
| ·（1个工兵营） | 中等，50%机动性 | 虚弱，50%机动性 |
| **第76步兵师** | | |
| （6个步兵营） | 5个中等、1个虚弱，15%机动性 | 3个中等、3个虚弱，10%机动性 |
| （1个工兵营） | 虚弱，30%机动性 | 虚弱，30%机动性 |
| **第3摩步师** | | |
| （5个步兵营） | 4个中等、1个耗尽，30%机动性 | 1个中等、4个虚弱，50%机动性 |
| （1个工兵营） | 虚弱，40%机动性 | 虚弱，50%机动性 |
| **第60摩步师** | | |
| （6—7个步兵营） | 1个中强、5个中等，80%机动性 | 2个虚弱、5个耗尽，50%机动性 |
| （1个工兵营） | 虚弱，80%机动性 | 虚弱，80%机动性 |
| **第16装甲师** | | |
| （4个装甲掷弹兵营） | 2个虚弱、2个耗尽，80%机动性 | 2个虚弱、2个耗尽，85%机动性 |
| （1个装甲工兵营） | 虚弱，50%机动性 | 耗尽，80%机动性 |
| **第94步兵师** | | |
| （6个步兵营） | 5个虚弱、1个耗尽，20%机动性 | 5个虚弱、1个耗尽，20%机动性 |
| （1个工兵营） | 中等，5%机动性 | 耗尽，5%机动性 |
| **第24装甲师** | | |
| （5个装甲掷弹兵营） | 1个中等、4个虚弱，90%机动性 | 1个中等、4个虚弱，85%机动性 |
| （1个装甲工兵营） | 耗尽，30%机动性 | 虚弱，100%机动性 |
| **第100猎兵师** | | |
| （3个步兵营） | 1个强、1个中等、1个虚弱，20%机动性 | 1个强、1个中等、1个虚弱，15%机动性 |
| （1个工兵营） | 中等，20%机动性 | 中等，20%机动性 |
| **第305步兵师** | | |
| （6个步兵营） | 5个虚弱、1个耗尽，17%机动性 | 5个虚弱、1个耗尽，2%机动性 |
| （1个工兵营） | 中等，30%机动性 | 虚弱，75%机动性 |
| **第295步兵师** | | |
| （7个步兵营） | 1个中等、6个虚弱，60%机动性 | 7个虚弱，无法机动 |
| （1个工兵营） | 中等，75%机动性 | 中等，15%机动性 |

| **第389步兵师** | | |
|---|---|---|
| （5—6个步兵营） | 2个中强、2个中等、1个虚弱，5%机动性 | 2个中强、3个中等、1个虚弱，5%机动性 |
| （1个工兵营） | 中强，5%机动性 | 中强，5%机动性 |
| **第79步兵师** | | |
| （6个步兵营） | 1个强、1个中强、4个虚弱，30%机动性 | 1个强、5个虚弱，15%机动性 |
| （1个工兵营） | 虚弱，50%机动性 | 虚弱，50%机动性 |
| **第14装甲师** | | |
| （3个装甲掷弹兵营） | 1个中强、1个中等、1个虚弱，100%机动性 | 1个中强、1个中等、1个虚弱，100%机动性 |
| （1个装甲工兵营） | 缺（分割使用） | 缺（分割使用） |
| **第71步兵师** | | |
| （6—7个步兵营） | 1个强、1个中强、4个中等，50%机动性 | 2个中强、5个中等，38%机动性 |
| （1个工兵营） | 虚弱，40%机动性 | 虚弱，40%机动性 |
| **第29摩步师** | | |
| （8—9个步兵营） | 2个强、3个中强、1个中等、2个虚弱，90%机动性 | 1个强、5个中等、1个中等、1个虚弱、1个耗尽，90%机动性 |
| （1个工兵营） | 中等，90%机动性 | 中强，90%机动性 |
| **第297步兵师** | | |
| （8个步兵营） | 3个中强、4个中等、1个虚弱，90%机动性 | 3个中强、2个中等、3个虚弱，90%机动性 |
| （1个工兵营） | 虚弱，50%机动性 | 虚弱，50%机动性 |
| **第371步兵师** | | |
| （7个步兵营） | 4个中等、3个虚弱，25%机动性 | 2个中等、5个虚弱，25%机动性 |
| （1个工兵营） | 中等，40%机动性 | 中等，50%机动性 |
| **总计** | | |
| 115—120个步兵营 | 5个强、15个中强、36个中等、53个虚弱、6个耗尽 | 3个强、16个中强、21个中等、60个虚弱、20个耗尽 |
| 19个工兵营 | 1个中强、6个中等、7个虚弱、5个耗尽 | 2个中强、3个中等、10个虚弱、4个耗尽 |

※ 资料来源："Fernschreiben am Heeresgruppe Don, Armee-Oberkommando 6, la Bt. Nr.4745/42 g., A.H.Qu., 15, 21 Dezember 1942,"（第 6 集团军司令部作训处 1942 年 12 月 15 日、21 日发给"顿河"集团军群的 4745/42 号报告），收录在《第 6 集团军作战日志附件册，第二卷，1942 年 11 月 24 日至 12 月 24 日》，第 228—232、第 303—308 页。

### 表8: 1942 年 12 月 15 日和 21 日，第 6 集团军作战营（步兵、装甲掷弹兵、工兵）的战斗力对比

| 战斗力 | 12月15日 | | 12月21日 | |
|---|---|---|---|---|
| | 作战营数量 | 百分比 | 作战营数量 | 百分比 |
| 50%或以上（强或中强） | 21 | 16 | 21 | 15 |
| 40%~49%（中等） | 42 | 31 | 24 | 17 |
| 30%或以下（虚弱或耗尽） | 71 | 53 | 94 | 68 |
| **总计** | **134** | | **139** | |

# "霹雳"行动后，12月24日—31日

## 作战行动

解救保卢斯第6集团军行动成功的前景于12月23日破灭。然而，"顿河"集团军群和OKH仍佯称有可能在第57装甲军沿梅什科瓦河遭遇败绩一周后再度发起救援行动。同样，OKH、曼施泰因、保卢斯，"顿河"集团军群和第6集团军参谋长继续就这一问题交换意见，而保卢斯和他的上级仍在策划一场"霹雳"行动类型的突围（参见下文）。在此期间，德国空军虽然加强了空运力度，却无法满足第6集团军对食物、弹药、燃料和补充兵的迫切需求，该集团军的实力明显遭到削弱。对这个本该覆没的集团军来说，唯一值得庆幸的是斯大林格勒包围圈周边的战斗保持着较低强度，这种状况一直持续到月底。但之所以如此，仅仅是因为苏军最高统帅部、华西列夫斯基和斯大林格勒地域各方面军正积极准备"指环"行动。

在此期间，除崔可夫第62集团军，顿河、斯大林格勒方面军辖内所有集团军都奉命在12月24日至31日期间只坚守并改善其阵地。总之，红军总参谋部的每日作战概要表明，围困德国第6集团军的苏军各集团军忙着封锁敌军部队、改善己方阵地、遂行侦察、与敌军交火（参见副卷附录14E）。虽然第6集团军西部防线上的战斗断断续续，但仍给第8军已遭到削弱的部队造成不利影响。例如，由于第376步兵师上周的损失相当惨重，第8军12月25日报告，该师被迫将实力虚弱的第672和第673团并入第767团。[27]12月28日和29日，顿河方面军第21集团军步兵第298和第252师突击群，第65集团军步兵第23、第173和第304师对德军第44和第376步兵师的防御发起冲击，给这两个师造成更大损失。第44步兵师在两天战斗中折损177人；而第376步兵师报告，28日伤亡130人，29日发起反冲击又损失392人。[28]同一时期，苏军第66集团军步兵第16、第266、第343师对第11军第16、第24装甲师位于奥尔洛夫卡北面和西北面的山顶阵地发起突击，也给德军造成严重损失，德国人12月26日伤亡221人、12月28日伤亡112人、12月29日伤亡203人、12月31日伤亡176人。[29]

这段相对平静的时期存在两个例外。第一个是顿河方面军第21和第65集团军对包围圈西部防线发起的试探性进攻，通常以连级部队遂行，并辅以一些坦克。第二个是斯大林格勒城内工厂区发生的几次激战，华西列夫斯基和斯大

林格勒方面军指示崔可夫第62集团军实施进攻,扩大其登陆场,从而为参加"指环"行动争取到更大的作战地域(参见副卷附录19H)。因此,崔可夫12月26日命令"戈罗霍夫"集群两个步兵旅对德军设在斯巴达诺夫卡村西部的防御发起进攻。28日,他又命令步兵第45、近卫步兵第39和步兵第284师在步兵第92旅加强下,从"红十月"厂和马马耶夫岗东坡向西发起冲击,将德军驱离坟堆、"红十月"厂和工人新村下半部。这场进攻的最终目标是"红十月"厂工人新村上、下部缺口间的107.5高地。一旦夺取该高地,苏军就将控制周边地域,并把第51军切为两段。另外,这段时间里,第62集团军终于将已在先前战斗中耗尽实力的师和旅(近卫步兵第37、步兵第112、第193师和步兵第42、第115、第160旅)向东撤过伏尔加河,接受休整和补充。总之,交战双方12月下半月的报告都认为斯大林格勒城内的战斗与整个秋季的激战同样残酷,同样致命。不同的是,德国人此时已陷入重围。

最后,第6集团军这一时期发给"顿河"集团军群的报告表明,保卢斯集团军在疏散伤员方面遇到些问题。12月21日至31日,尽管卸载完补给物资的飞机不断将伤员撤离包围圈,但第6集团军的伤员总数还是从约6400人上升至7800人(参见副卷附录14F)。[30]该集团军每天伤亡500—1000人,德国空军搭建的空中桥梁根本无法跟上这种速度。但这种状况在1月初得到显著改善,当月头三天,1200多名伤员飞出包围圈。相关记录表明,这种空运疏散只发生在少数几天,这可能意味着空运伤员的行动只进行了几天,但更有可能的是,伤员疏散工作极为混乱,导致该集团军无法记录下每日疏散的伤员数。

## 重启"霹雳"和"冬季风暴"行动,12月24日—31日

待斯大林格勒方面军辖内近卫第2和第51集团军12月24日沿梅什科瓦河向科捷利尼科沃发起进攻后,第57装甲军解救第6集团军的一切机会消失殆尽。没用两天,马利诺夫斯基的突击部队便到达并渡过阿克赛河,经过一周战斗,科捷利尼科沃地域落入苏军手中。但曼施泰因仍对解救第6集团军抱有期望,他建议以第1装甲集团军的部队加强第4装甲集团军,前者正开始从高加索地区向北撤退。

希特勒也以类似说法为保卢斯打气,此举在他12月27日关于东线南翼后续

作战事宜的元首令中达到顶峰（参见副卷附录13S）。首先，希特勒坚称"解救第6集团军"是德军当务之急，"是最具决定性的措施，也是近期作战行动的基础。"为此，他指示"顿河"集团军群，"为旨在实现这一目的而投入战斗的部队和持续补给第6集团军创造最佳条件，"同时，"任何情况下都要坚守科捷利尼科沃地域，以此作为解救第6集团军的出发阵地。"另外，曼施泰因集团军群还奉命坚守或夺回莫罗佐夫斯克和塔钦斯卡亚的机场，并确保顿河、奇尔河和波捷姆金突出部作为拦截阵地加以据守，以防"顿河"集团军群遭遇后续合围。希特勒还提供了一些甜头，答应以第7装甲师、党卫队"维京"摩步师和第503装甲营（配备虎式坦克）加强"顿河"集团军群。最后，元首宣布，他正以第26步兵师增援B集团军群，1月10日前，第320和第302步兵师也将赶至俄国南部担任OKH预备队，1月底前还将再提供三个预备队师。[31]

当然，成功与否取决于希特勒的总体设想是否正确。具体说来就是，"顿河"集团军群能否守住科捷利尼科沃和莫罗佐夫斯克、塔钦斯卡亚的机场，德国空军能否为第6集团军提供足够的补给和补充兵，以便该集团军在这场长期围困中生存下来。对第6集团军近25万名将士来说不幸的是，答案是否定的。

与目前状况同样糟糕、与希特勒的设想同样不切实际的是，直到12月28日，保卢斯仍在策划"霹雳"行动。这方面的一个例子是，12月25日晨，第6集团军作战日志中的一段注释表明，保卢斯正扩大第6集团军的突围计划，耶内克将军的第8军①也将参与其中。这段注释写道："耶内克将军、图内尔特上校和冯·居尔登费尔德少校商讨了加强西部防线'霹雳'行动的发起阵地、撤离马里诺夫卡'角'、以第8军接防卡尔波夫卡以西后方阵地的相关问题和时机。"[32]

可是，12月25日17点35分，曼施泰因的参谋长舒尔茨将军与第6集团军参谋长施密特将军再度交流（参见副卷附录14G）。前一天向施密特保证"我们

---

① 译注：指挥第8军的是海茨将军，耶内克是第4军军长。这一段谈及的扩大突围计划，指的是第4军加入其中，而不是第8军，参见第六章。

非常希望"第57装甲军能够守住梅什科瓦河北岸登陆场后，舒尔茨现在不得不承认，基希纳装甲军丢失了瓦西里耶夫卡登陆场，但仍希望该军能沿阿克赛河挡住苏军的进攻。[33]另外，舒尔茨坦率承认："毫无疑问，大股敌军集结在斯大林格勒包围圈与第57装甲军之间。"[34]另外，两位参谋长还谈及第6集团军不断恶化的补给状况和曼施泰因为获得A集团军群的援兵所做的努力。

保卢斯对第57装甲军显而易见的后撤深感失望，12月26日8点50分，明显不安的他致电"顿河"集团军群，抱怨德国空军没能提供充足的补给：

12月23日14点至12月25日晨，由于有雾，没能提供补给。12月25日，这里的飞行气候非常出色，但由于He单位另有作战任务，白天还是没有飞机飞过来。

12月25日—26日夜间至清晨7点，只有34架飞机运来53吨补给。如果不迅速采取补给措施，集团军的抵抗必将崩溃。除了食物，作战物资、弹药和每天250名作为补充兵的作战士兵是实施长期抵抗的先决条件。[35]

45分钟后，第6集团军在发给OKH一份较长的电报中引用了保卢斯早些时候发给"顿河"集团军群的电文，但又补充道，"集团军司令的立场是，如果其他地区需要德国空军，不能以牺牲集团军的补给为代价"并破坏部队所做的"努力"，尽管困难重重，但集团军辖内部队"一直坚定不移"。在电报结尾处，保卢斯直截了当地指出："12月22日至23日，作战士兵数量已降至28000人，相当于112个实力中等的营。"他提醒OKH："提供补充兵的要求已提过数次。"[36]

随着第4装甲集团军的救援行动显然已告失败，第6集团军的补给情况不断恶化，各总部之间的电报往来有所加剧。例如，12月26日13点15分，保卢斯致电曼施泰因，对第6集团军的状况做出更加生动的评估：

流血牺牲、天寒地冻和补给不足使各师近期的战斗力大为下降。故此，我必须报告：

1.集团军击退敌人的进攻并解决局部危机的能力比以往更弱。先决条件仍是改善补给并加快运入补充兵的速度。

2. 如果俄国人从霍特当面抽调强大的兵力，并以这些或另一些部队对要塞发起大规模突击，我们无法抵抗太久。

3. 如果不预先打开一条通道，如果集团军得不到人员和物资补充，"霹雳"行动就无从谈起。

因此，我请您向最高层提出请求，如果不是因总体形势所迫而牺牲本集团军，则应采取积极措施，迅速与我集团军取得联系。

集团军当竭尽全力坚持到最后一刻。[37]

当晚，舒尔茨将军与施密特将军通过电传打字机进行了两次交流。施密特试图弄清第6集团军愈发孤立的不利状况，而舒尔茨竭力维持可能发起的救援行动的希望，并向施密特保证，集团军群正进行艰苦的努力，以支援保卢斯集团军，并提供维持该集团军生存所需的补给物资。第一场交流开始于17点15分，舒尔茨以一种施密特丝毫未感到鼓舞的方式向这位参谋长通报了目前的作战情况（参见副卷附录14H）。舒尔茨承认，第57装甲军的阿克赛河防线已然失守，现在别无选择，只能撤往科捷利尼科沃地域。但舒尔茨试图消除这个消息令人沮丧的影响，他向施密特保证，科捷利尼科沃"将作为救援你部的出发阵地加以坚守，直至所需要和所预想的部队为范戈赫尔［第4装甲集团军］重新发起的进攻行动完成集结"。[38]他乐观地补充道，这场新攻势可能"还需要10天"。[39]至于苏军夺取塔钦斯卡亚机场造成的补给危机，舒尔茨告诉施密特："强大的敌军在塔钦斯卡亚陷入包围，很快将被歼灭。"虽然承认目前"不可能"实施"霹雳"行动，但舒尔茨称里希特霍芬将军正获得另外270架运输机，以加强对第6集团军的空运。[40]到这里，这番交谈沦为一场如何擢升包围圈内军官的普通讨论。

约一小时后，两位参谋长进行的第二次交流未能缓解施密特越来越深的忧虑（参见副卷附录14I）。舒尔茨回应了保卢斯下午早些时候发给曼施泰因措辞激烈的电文，他向施密特保证："陆军元帅和我们所有人只有一个念头，就是确保运送给你们的物资，"他随后强调了他们已采取的措施。[41]舒尔茨承认军事态势"不太令人放心"，因为"我们的盟友……遭到突破"，而第4装甲集团军无计可施，只能放弃阿克赛河防线，并设法在科捷利尼科沃北面某处构设新防御。[42]但舒尔茨再度传达了一些好消息，称："陆军元帅正就大解决方案继续设法说服高层，这个方案是指尽快将A集团军群辖内可用的装甲和摩托化师集结起来，这样，霍特便可以朝你的方向发起突击。"[43]巧的是，这个说法证实，曼施泰因现在认为，只有说服希特勒将A集团军群的部队纳入他的指挥下，才有可能救出第6集团军。至于第6集团军的回应，施密特在结束这番交流时坦率承认："我们的状况日趋严峻……靠集团军群未兑现的承诺维生。"[44]

第57装甲军的防御在苏军猛烈突击下不断崩溃时，舒尔茨和施密特12月28日16点50分再度交换意见（参见副卷附录14J）。这一次，舒尔茨开门见山地指出，第57装甲军的情况"不太妙"。[45]他再次责怪罗马尼亚人，称"俄国人区区几辆坦克便能让大批罗马尼亚人退却"，曼施泰因的参谋长承认科捷利尼科沃已无法坚守。[46]尽管如此，舒尔茨仍试图为施密特打气，告诉他德军已重新夺回塔钦斯卡亚，并称"最高当局最终被说服了，A集团军群辖内主力将调往北面"。[47]据舒尔茨说，"将A集团军群辖下的装甲和摩托化师调往北面，这一全面解决方案［着重强调］将对目前的态势有所帮助。"[48]总之，舒尔茨暗示新一轮救援行动正在进行中，但事实证明这种说法显然是错误的。两位参谋长将剩下的时间用于讨论第6集团军的兵力和补给问题：施密特解释了第6集团军作战兵力寥寥的原因，而舒尔茨答应调查空运补给不足的原因。

尽管"冬季风暴"行动失败了，但希特勒和曼施泰因都鼓励保卢斯，他们仍对德国空军为陷入重围的第6集团军运送人员和补给的努力抱有一些信心。曼施泰因心知肚明，无论第7装甲师抑或党卫队"维京"师，都无法为霍特提供太大帮助，故而将希望寄托于第1装甲集团军辖下的第3装甲军。如果该军能迅速撤离高加索山区，或许能从西南方攻向斯大林格勒。有趣的是，曼施泰因在回忆录中透露："12月27日，在梅什科瓦河地段，第57装甲军遭到不断加强的苏军的攻击，被迫退至阿克赛河。苏军此后几天将从东、西两面合围该军的企图已昭然若揭。"[49]这种说法显然并不正确：苏军12月24日发起猛攻，第57装甲军的防御立即被打垮，导致该军极易遭受包围和重创。曼施泰因在回忆录中称苏军27日，而非24日发起进攻，无论是故意还是无心之失，都暗示保卢斯延误了发起"霹雳"行动的时机，从而增加了他（保卢斯）对这一结果应承担的责任①。

希特勒12月27日答应给"顿河"集团军群调拨几个师，月底时，他以迄今为止最极端的提议加大了赌注。当月最后一天，他专门就"解救第6集团军的任务"为12月27日的元首令签发了一道补充令。希特勒的补充令将这些任务赋予曼施泰因"顿河"集团军群（参见副卷附录14K）。这道补充令宣布，"一个由装甲分队组成的强大集群将于2月中旬前集结于哈尔科夫东南地域，以解救第6集团军。"[50]该装甲集群编有调自西线的党卫队"阿道夫·希特勒警卫旗队"师、"帝国"师、"骷髅"师，调自"中央"集团军群的"大德意志"摩托化师和同样调自西线的三个步兵师，他们将在2月中旬的某个时候解救第6集团军。当然，这个计划荒唐可笑，因为这股力量无法迅速集结，抢在第6集团军被饿死或被苏军粉碎前将其救出。[51]

一天后的1月1日，希特勒向保卢斯保证，一支救援部队正在途中。这封电报部分如下："新年伊始，第6集团军的全体人员应坚信，元首绝不会抛弃他在伏尔加河畔陷入困境的英勇将士们，德国能够并且将会找到解救他们的手段。"[52]

至于保卢斯在这方面发挥的作用，他后来称："我给麾下各位军长下达了新命令，要求他们准备突围行动，将步兵师与六个装甲、摩步师连接起来。"[53]第6集团军的记录表明，他说的没错。另外，保卢斯还对第6集团军在12月最后一周尚有约200辆坦克的说法加以批驳，因为该集团军实际上只有60辆坦克；可是，第6集团军的记录表明，他们有127辆坦克和37辆突击炮，并获得42门88炮的加强（参见副卷附录14L）。[54]同时，保卢斯一再坚称，集团军群和空军提供燃料补给对突围行动至关重要。

希特勒制订新战略时，保卢斯尽职尽责地策划着"霹雳"行动。胡贝将军已经于12月17日提交了第14装甲军的突围计划。苏军12月19日—22日拦截德

---

　①　注释：纽先钟版《失去的胜利》中文译本的确写的是12月27日，但戴耀先版《曼施泰因元帅战争回忆录》写的是12月25日，尽管这两个中文译本源自不同母版，但这种不一致的原因何在，同样是个有趣的问题。

军突围的企图和第57装甲军12月24日前向北推进的失利并未吓住保卢斯，他在12月24日或25日决定，扩大突围行动的范围和力量。保卢斯要求第4军向南进攻，加强第14装甲军的突击力，并掩护该军向南赶往布济诺夫卡的左翼（参见地图60）。第4军军长耶内克将军12月26日将完成的计划呈交给保卢斯（参见副卷附录14M）。该计划要求第4军以第60摩步师、第79和第297步兵师完成以下任务：

· **第4军**（第60摩步师、第79、第297步兵师）——应发起进攻，从而沿从农场［纳里曼］以南地域至92.0高地［农场东北方3公里］和128.2高地［农场东北方6.2公里］再至叶尔希一线占据侧翼阵地。

· **第60摩步师**——配合第14装甲军夺取拉科季诺两侧，夺取102.9高地［拉科季诺西南偏西方6公里］和100.5高地［拉科季诺西南方4.5公里］，击溃第297步兵师右翼当面之敌，并在加夫里洛夫卡至瓦尔瓦罗夫卡这一地段夺取切尔夫连纳亚河河段。

· **第79和第297步兵师**——从齐边科和叶尔希附近发起进攻，夺取从农场以南地域至92.0、128.2高地再至叶尔希一线，其中，从128.2高地至叶尔希一线与德军原有阵地相一致。[55]

耶内克的计划也包含了第14装甲军的任务（自12月17日以来未发生变化），并阐述了第4军将如何配合、支援胡贝的计划：

· **第14装甲军**应突破卡尔波夫卡——别列斯拉夫斯基一线西南方的苏军阵地，夺取诺维普季——布济诺夫卡东北面和东面的高地和这两个地点。该军应确保卡尔波夫卡以西——诺维普季——布济诺夫卡一线，并尽快让突围楔子的西翼通过上察里岑斯基。

· **第4军**将在拉科季诺与布济诺夫卡之间的高地与第14装甲军密切配合，并转向东南方，从那里沿包括瓦尔瓦罗夫卡在内的战线粉碎苏军阵地。第4军应夺取加夫里洛夫卡，并确保突围行动东翼的96.4高地和加夫里洛夫卡一线。相配合的第14装甲军应做好坚守上察里岑斯基以东高地的准备。[56]

　　总的看来，第14装甲军12月17日、第4军12月26日提交的突围计划表明，保卢斯极为重视"霹雳"行动的实施。但这位第6集团军司令一直以两个关键的先决条件削弱他这种重视。首先，只有在第4装甲集团军第57装甲军付诸全力赶至斯大林格勒包围圈以南约20公里处，并存在穿过这段距离的切实机会时，才能发起"霹雳"行动。第二点同样重要，只有德国空军为第6集团军分配给突围部队的坦克和突击炮提供足够的燃料和弹药后，才能发起"霹雳"行动。因此，如果曼施泰因下达明确的突围令，并保证第57装甲军能够到达指定目标，而德国空军又能满足第6集团军的后勤需求，毫无疑问，保卢斯会遵从命令。但对第6集团军来说遗憾的是，这些要求无法得到满足。因此，曼施泰因以第57装甲军解救第6集团军的第一次尝试在12月24日无可挽回地失败了。

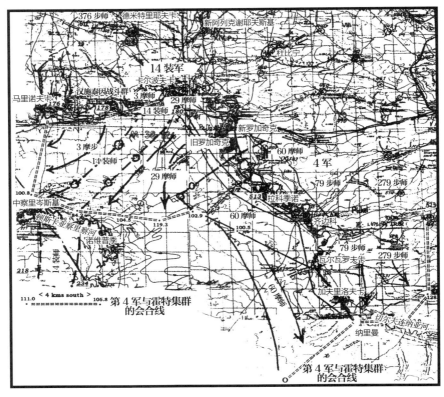

地图 60 1942 年 12 月 26 日，第 6 集团军修订的"霹雳"行动计划

曼施泰因的第二次救援尝试——要么像他提到过的那样使用第3装甲军，要么按照希特勒的建议使用党卫队装甲军——出于几个原因，成功的机会微乎其微。首先，红军在其他地段展开的进攻导致德军根本不可能集结起足够的战役预备队。其次，至少在12月，希特勒坚决拒绝改变他宏伟的计划——具体说来，他不愿放弃高加索地区。到2月中旬终于拼凑起必要的预备队时，挽救第6集团军已为时过晚。在此期间，虽然德国空军在12月最后一周设法增加了空运给第6集团军的补给量，但并不足以维持保卢斯集团军的生存（参见下文）。

随着12月底的临近，愈发绝望的保卢斯28日派"霹雳"行动的总设计师胡贝将军飞出包围圈。胡贝此番出行，表面上是去接受骑士铁十字勋章的双剑饰，但主要目的是与希特勒会面，并向他汇报斯大林格勒包围圈的地面状况。胡贝12月28日11点10分从斯大林格勒的皮托姆尼克机场飞抵"顿河"集团军群司令部所在地新切尔卡斯克，再改道飞往勒岑，他在那里获得双剑饰，并与元首商讨了斯大林格勒的态势。虽然胡贝肯定向希特勒准确描述了第6集团军的悲惨境地，但所有记录表明，希特勒坚信自己最终能救出保卢斯集团军，他的热忱和信心深深打动了这位装甲军军长。胡贝1月8日返回新切尔卡斯克时见到曼施泰因，并转达了元首的保证：第6集团军将得到充足的补给，稍晚些时候会被救出。可是，曼施泰因获知胡贝告诉希特勒，曼施泰因曾给第6集团军发去一封"守住——我会救你们出来！"的电报时，被深深地触怒了。[57]这至少表明曼施泰因对他鼓励保卢斯坚守斯大林格勒，直到从外部获救一事需承担的责任极为敏感。事后，曼施泰因一直设法为自己没有给保卢斯下达至关重要的突围令而开脱。

不管怎样，胡贝1月8日返回斯大林格勒包围圈后，向保卢斯汇报了希特勒的保证、新救援行动的细节和加大空运补给的承诺。可是，罗科索夫斯基顿河方面军1月10日发起"指环"行动，保卢斯从这些承诺中获得的些许慰藉迅速消失。面对苏军的猛烈打击，对保卢斯集团军而言，胡贝预言的"重大胜利"沦为一场难以言述的悲剧。[58]至于胡贝本人，他侥幸逃脱了斯大林格勒的灾难，1月18日飞出包围圈，据说是去监督德国空军业已扩大、但目前毫无成效的空运行动。

因此，曼施泰因与保卢斯以及他们的参谋长就"霹雳"行动进行的交流毫无成效。尽管"谁该为这一失败负责"的争论随之而来，但文件记录清楚地说明了几个事实。首先，希特勒以他特有的方式阻止了保卢斯的突围，起初是严禁突围，后来又改为如果保卢斯突围，必须守住包围圈，但这显然是不可能的。另外，面对每一个机会和发生的各种状况，希特勒总是不断保证为集团军提供补给和最终救援，以此鼓励保卢斯坚守包围圈。希特勒一年前在莫斯科的遭遇和他对德军战无不胜的无限信心影响到了他的行为。

其次，虽然曼施泰因从未公开承诺要救出保卢斯集团军，但他肯定暗示过将发起一场完全有理由取得成功的救援行动。12月19日至23日，他承诺以第57装甲军遂行解围行动，12月底和1月初，他又暗示将以第3装甲军为核心的解围部队拯救第6集团军。起初，12月19日至23日，第57装甲军沿梅什科瓦河卷入激烈、代价高昂的战斗；12月23日晚，第6装甲师调离，该军装甲力量损失大半，12月24日开始全面南撤，退往阿克赛河和科捷利尼科沃。就这一点而言，曼施泰因在他的回忆录中混淆了实际情况，称苏军12月27日（而非24日）发起科捷利尼科沃进攻战役。曼施泰因将这个日期推延三天，以此暗示保卢斯有整整一周时间（12月19日至26日）来决定发起"霹雳"行动，突围成功的机会相当大。这显然是不正确的。当时，苏军正竭尽全力防止第6集团军从斯大林格勒包围圈向南突围，而"顿河"集团军群对此心知肚明。

第三点，尽管曼施泰因敦促保卢斯发起"霹雳"行动，但他从未下达过发起该行动的直接命令。曼施泰因不愿违抗希特勒的命令批准第6集团军突围，这就导致保卢斯的态度摇摆不定，是否违抗元首命令的决定权落在保卢斯肩头。最后一点，相关文件表明，保卢斯已打算发起"霹雳"行动，甚至为此对集团军辖内部队实施了再部署；如果获得曼施泰因的批准，他十有八九会发起突围。因此，归根结底，第6集团军的虚弱状况，严峻的作战态势，苏军的军事行动，最重要的是未获得"顿河"集团军群的批准，这一切导致了"霹雳"行动的夭折。

## 第 6 集团军 12 月 31 日的态势

随着"霹雳"行动只剩下渺茫的希望，第6集团军陷入一场无限期的围困。外部再度发起救援行动，就算不要几个月，也要在几周后才有可能，第6

集团军的存在完全取决于他们守卫包围圈的能力和希特勒、曼施泰因以补给和补充兵维系第6集团军的努力。虽然第6集团军的将士们被鼓励顽强坚守包围圈，但他们知道，苏军很快会发起更加猛烈的进攻。基于以往惨痛的经历，他们还知道最好不要依赖空洞的承诺，这种承诺仅仅助长了冷嘲热讽而已。到12月下旬，第6集团军得以继续存在完全是出于全体将士的生存本能。

在组织长期防御的问题上，12月24日，保卢斯将施特雷克尔将军的第11军抽离赛德利茨第51军。施特雷克尔指挥着第11军军部、第16、第24装甲师和第60摩步师，外加第389步兵师支离破碎的残部。同时，第6集团军还把第71步兵师从第51军转隶第4军，显然是为一场有可能发起的突围行动提供更强大的兵力。[59]12月26日早些时候，第11军向集团军司令部提交了自己的报告。最后，第6集团军12月27日17点40分将第14装甲师转隶第14装甲军，12月30日又把第8军第376步兵师调拨给第14装甲军。[60]这同样是为了加强胡贝装甲军的突击力——如果发起"霹雳"行动的话。

### 总兵力和作战兵力

第6集团军这段时期的记录表明其实力日渐衰弱。12月28日，第6集团军签发了一份新的战斗力评估——距上一次评估仅隔一周（参见表9、10）。保卢斯显然是想告诉上级部门，他的集团军已奄奄一息。这一次，战斗力评定报告认为只有第29摩步师有能力遂行任何进攻任务，只有第60摩步师、第297和第371步兵师完全适合执行防御任务，其他所有师只适合承担有限防御任务。

**表 9：1942 年 12 月 21 日和 28 日，第 6 集团军各师辖下步兵、装甲掷弹兵、工兵营的战斗力等级和机动性**

| 师 | 12月21日 | 12月28日 |
| --- | --- | --- |
| **第384步兵师** | | |
| （6个步兵营） | 6个虚弱，10%机动性 | 4个虚弱、2个耗尽，10%机动性 |
| （1个工兵营） | 耗尽，50%机动性 | 耗尽，15%机动性 |
| **第44步兵师** | | |
| （6—5个步兵营） | 4个虚弱、2个耗尽，25%机动性 | 4个虚弱、1个耗尽，20%机动性 |
| （1个工兵营） | 耗尽，65%机动性 | 耗尽，80%机动性 |

**表9**（接上页）

| 师 | 12月21日 | 12月28日 |
|---|---|---|
| **第376步兵师** | | |
| （7—3个步兵营） | 7个耗尽，无法机动 | 1个中等、1个虚弱、1个耗尽，10%机动性 |
| （1个工兵营） | 虚弱，无法机动 | 虚弱，无法机动 |
| **第113步兵师** | | |
| （6个步兵营） | 3个中强、1个中等、1个虚弱、1个耗尽，10%机动性 | 3个中强、1个中等、1个虚弱、1个耗尽，10%机动性 |
| （1个工兵营） | 虚弱，50%机动性 | 虚弱，40%机动性 |
| **第76步兵师** | | |
| （6个步兵营） | 3个中等、3个虚弱，10%机动性 | 2个中等、4个虚弱，10%机动性 |
| （1个工兵营） | 虚弱，30%机动性 | 虚弱，30%机动性 |
| **第3摩步师** | | |
| （5个步兵营） | 1个中等、4个虚弱，50%机动性 | 1个中等、4个虚弱，50%机动性 |
| （1个工兵营） | 虚弱，50%机动性 | 虚弱，50%机动性 |
| **第60摩步师** | | |
| （7—6个步兵营） | 2个虚弱、5个耗尽，50%机动性 | 5个中等、1个虚弱，75%机动性 |
| （1个工兵营） | 虚弱，80%机动性 | 虚弱，80%机动性 |
| **第16装甲师** | | |
| （4个装甲掷弹兵营） | 2个虚弱、2个耗尽，85%机动性 | 1个虚弱、3个耗尽，85%机动性 |
| （1个装甲工兵营） | 耗尽，80%机动性 | 耗尽，80%机动性 |
| **第94步兵师** | | |
| （6个步兵营） | 5个虚弱、1个耗尽，20%机动性 | 5个虚弱、1个耗尽，20%机动性 |
| （1个工兵营） | 耗尽，5%机动性 | 耗尽，5%机动性 |
| **第24装甲师** | | |
| （5个装甲掷弹兵营） | 1个中等、4个虚弱，85%机动性 | 5个虚弱，85%机动性 |
| （1个装甲工兵营） | 虚弱，100%机动性 | 虚弱，100%机动性 |
| **第100猎兵师** | | |
| （3个步兵营） | 1个强、1个中等、1个虚弱，15%机动性 | 1个强、1个中等、1个虚弱，55%机动性 |
| （1个工兵营） | 中等，20%机动性 | 中等，50%机动性 |
| **第305步兵师** | | |
| （6个步兵营） | 5个虚弱、1个耗尽，2%机动性 | 1个中等、3个虚弱、2个耗尽，5%机动性 |
| （1个工兵营） | 虚弱，75%机动性 | 虚弱，60%机动性 |
| **第295步兵师** | | |
| （7个步兵营） | 7个虚弱，无法机动 | 1个中等、6个虚弱，无法机动 |
| （1个工兵营） | 中等，15%机动性 | 虚弱，15%机动性 |
| **第389步兵师** | | |
| （6个步兵营） | 2个中强、3个中等、1个虚弱，5%机动性 | 1个中强、4个中等、1个虚弱，5%机动性 |
| （1个工兵营） | 中强，5%机动性 | 中强，5%机动性 |

| 师 | 12月21日 | 12月28日 |
|---|---|---|
| **第79步兵师**<br>（6个步兵营） | 1个强、5个虚弱，15%机动性 | 1个中等、3个虚弱、2个耗尽，10%机动性 |
| （1个工兵营） | 虚弱，50%机动性 | 虚弱，50%机动性 |
| **第14装甲师**<br>（3个装甲掷弹兵营） | 1个中强、1个中等、1个虚弱，100%机动性 | 1个中强、1个中等、1个虚弱，100%机动性 |
| （1个装甲工兵营） | 缺（分割使用） | 缺（分割使用） |
| **第71步兵师**<br>（7个步兵营） | 2个中强、5个中等，38%机动性 | 2个强、5个中等，30%机动性 |
| （1个工兵营） | 虚弱，40%机动性 | 虚弱，40%机动性 |
| **第29摩步师**<br>（9—8个步兵营） | 1个强、5个中强、1个中等、1个虚弱、1个耗尽，90%机动性 | 1个强、5个中强、1个中等、1个耗尽，90%机动性 |
| （1个工兵营） | 中强，90%机动性 | 中等，90%机动性 |
| **第297步兵师**<br>（8个步兵营） | 3个中强、2个中等、3个虚弱，90%机动性 | 1个中强、4个中等、3个虚弱，50%机动性 |
| （1个工兵营） | 虚弱，50%机动性 | 虚弱，50%机动性 |
| **第371步兵师**<br>（7个步兵营） | 2个中等、5个虚弱，25%机动性 | 2个中等、5个虚弱，50%机动性 |
| （1个工兵营） | 中等，50%机动性 | 虚弱，15%机动性 |
| **总计**<br>120—113个步兵营 | 3个强、16个中强、21个中等、60个虚弱、20个耗尽 | 4个强、11个中强、31个中等、53个虚弱、14个耗尽 |
| 19个工兵营 | 2个中强、3个中等、10个虚弱、4个耗尽 | 1个中强、2个中等、12个虚弱、4个耗尽 |

※ 资料来源："Fernschreiben am Heeresgruppe Don, Armee-Oberkommando 6, la Bt. Nr.4745/42 g., A.H.Qu., 15, 21 Dezember 1942,"（第 6 集团军司令部作训处 1942 年 12 月 15 日、21 日发给"顿河"集团军群的 4745/42 号报告），收录在《第 6 集团军作战日志附件册，第二卷，1942 年 11 月 24 日至 12 月 24 日》，第 228—232、第 303—308 页；以及《第 6 集团军作战日志附件册，第三卷，1942 年 12 月 24 日至 1943 年 2 月 2 日》，第 44—49 页。

**表 10：1942 年 12 月 21 日和 28 日，第 6 集团军作战营（步兵、装甲掷弹兵、工兵）的战斗力对比**

| 战斗力 | 12月21日 | | 12月28日 | |
|---|---|---|---|---|
| | 作战营数量 | 百分比（%） | 作战营数量 | 百分比（%） |
| 50%或以上（强或中强） | 21 | 15 | 16 | 12 |
| 40%~49%（中等） | 24 | 17 | 33 | 25 |
| 30%或以下（虚弱或耗尽） | 94 | 68 | 83 | 63 |
| **总计** | 139 | | 132 | |

作战营总数从139个降至132个，是因为第6集团军合并了一些营，希望加强突出包围圈的能力。因此，战斗力为50%或以上的作战营从15%降至12%，战斗力为30%或以下的作战营从68%降至63%。这些作战营的机动性也有所恶化，85%或更强机动性的营从31个降至22个，机动性为25%或更弱（这就意味着他们根本无法实施机动）的营从77个降至62个。需要再次指出的是，这种评定的依据是可用的车辆，没有考虑燃料的短缺。这就解释了保卢斯的突围力量为何如此弱小。

### 作战损失

虽然12月下半月斯大林格勒包围圈周边的战斗不甚激烈，但保卢斯集团军的损失依然居高不下。从12月16日至31日，集团军伤亡11066人，而11月21日至12月5日的伤亡数约为15000人，12月6日至15日的伤亡数为7032人（参见副卷附录14N和14O）。这段时间里，第6集团军的作战兵力从11月21日的约40000人降至12月6日的约34000人，12月18日又降至28200人。

因此，保卢斯集团军自11月21日以来损失约33100人。由于集团军12月18日报告，其作战兵力为28200人，此后又损失约10000名战斗兵，这就要求非作战士兵接防前线阵地，以击退苏军的进攻。除了作战部队的高损耗率，许多匆匆投入战斗的非作战人员并不像他们替代的阵亡者那样接受过良好的训练。这就是保卢斯一再要求提供战斗补充兵的原因。可是，空运进来的每个人都意味着更少的食物、弹药和燃料。

从12月19日起，第6集团军从辖内各军收到的伤亡报告中又增添了三个类别：冻伤者、死于饥饿或疲惫者、死于医院的伤病者。根据第14装甲军、第51、第8和第11军（第4军的每日报告通常不包括伤亡数）的完整数据，第一份提及冻伤者的报告出现在12月19日——第8军第113步兵师的两名士兵。此后，这种损失稳步上升，12月23日16人，12月25日43人，12月28日127人（参见副卷附录14P）。

### 后勤状况

保卢斯和他的参谋人员一再向OKH和"顿河"集团军群抱怨，第6集团军

收到的补给物资寥寥无几。12月1日至15日，德国空军每日交付量介于98—118
吨之间，12月16日至31日，据说他们将日交付量增加到138吨。实际上，第6集
团军在这16天内共获得1901吨物资，平均每天119吨，比12月上半月好不到哪
里去（参见副卷附录14Q）。

第6集团军12月23日至30日的补给交付记录与"顿河"集团军群作战日
志的记载相符，可能因为集团军群直接引用了该集团军的报告。其他日期产生的
差异可以通过多种因素加以解释，最重要的是传递这些报告的渠道。例如，
"顿河"集团军群12月23日前通过空军渠道获得补给交付记录，他们的统计是
根据飞离机场的运送量，而不是在斯大林格勒包围圈内着陆的补给量。因此，
这些报告并未考虑毁于敌方火力、事故或由于气候恶劣未能交付物资而返航的
飞机。23日后，主要因为苏军夺取塔钦斯卡亚机场，并对莫罗佐夫斯克机场构
成威胁，补给工作重新部署至其他机场，"顿河"集团军群从第6集团军直接
获取补给报告。12月31日的补给交付记录出现较大差异，这是因为德国空军再
次将塔钦斯卡亚机场投入运作；此后，"顿河"集团军群从第8航空军接收其
补给运送报告。

不管这些报告产生差异的原因何在，正如大多数德军将领预料的那样，
第6集团军并未获得维持其生存所需要的补给量，谁也无法改变这一事实。[61]
第6集团军每天至少需要300吨物资，但日均所获补给仅为118吨。这是灾难的
根源所在，哪怕苏军不发起大规模攻势粉碎该包围圈。但保卢斯除了以接二
连三的报告"轰炸"上级指挥部门外，所能做的并不多，这些报告谈及第6集
团军危险的处境，提醒他的上级，飞抵的运输机并未达到承诺的数量，并重申
如果这种短缺继续恶化会造成怎样的可怕后果。例如，12月30日8点35分，第
6集团军告诉OKH和"顿河"集团军群，其食物、物资和弹药补给量已低得危
险。截至前一天17点，集团军只剩48立方米军用物资和62吨食物（其中包括27
吨面包），且缺乏弹药抗击苏军日后的进攻。尽管集团军计划于12月31日将每
个士兵每天的面包配给量减至80克，可手头还是没有足够的面包。因此，第6
集团军在电报中称，每天需要80立方米军用物资、150吨食物和100吨弹药（后
者只是每日正常需求量的三分之二），电报中还说，集团军每天至少需要250
名补充兵，以弥补其作战损失。[62]

到12月31日，除日后某个时刻有可能发起救援行动这种渺茫的希望，陷入重围的第6集团军只能依赖德国空军。虽然以往的经历表明，第6集团军赖以维生的是一根脆弱的稻草，但真正的威胁还是罗科索夫斯基将军的顿河方面军，该方面军的几位集团军司令员正积极策划，打算彻底歼灭保卢斯第6集团军。

## 苏军策划"指环"行动

12月19日，苏军最高统帅部批准华西列夫斯基的副手N.N.沃罗诺夫将军接手协调顿河、斯大林格勒方面军辖内诸集团军的工作，帮助他们消灭第6集团军包围圈。他的第一个任务是为"指环"行动的实施拟制一份新计划。而原先负责协调斯大林格勒地域作战事宜的华西列夫斯基，现在负责组织沿合围对外正面展开的行动，该行动最终涉及西南方面军和斯大林格勒方面军的部队（后者1月1日改为南方面军）。沃罗诺夫是红军炮兵高级指挥员，这一点并非巧合；鉴于以往以步兵和坦克消灭第6集团军包围圈的尝试屡屡受挫，这一次，苏军最高统帅部打算依靠炮火的粉碎性力量。尔后，该地域强大的机械化部队将承担起把支离破碎的德军尽可能逼向西面[①]的主要任务。

虽然最高统帅部要求沃罗诺夫12月21日前将他的计划呈交最高统帅，但其他地段的战斗使他的工作延误了大约一周。沃罗诺夫拟制的"指环"行动初步计划12月27日提交给莫斯科的斯大林，该计划要求罗科索夫斯基顿河方面军和叶廖缅科斯大林格勒方面军发起一场分为三个阶段的联合进攻，在七个战斗日内歼灭第6集团军（参见地图61和副卷附录14R）。[63]罗科索夫斯基方面军第24、第65、第21集团军将在20公里宽的地域发起这场进攻的主要突击，作战地域从扎帕德诺夫卡以北7.5公里的122.9高地向南延伸至德米特里耶夫卡以西4公里的131.7高地。14个步兵师组成的主要突击力量，将在8个坦克、41个炮兵和近卫迫击炮兵团支援下，对德国第8军第376、第384、第44、第76步兵师的防御发起打击，这股德军在第14装甲师残部的支援下守卫着第6集团军西部防线。基于以往的作战经历和审讯俘虏、逃兵的报告，那里应该是德军防御最虚

①译注：东面。

弱的地段。

这份进攻计划要求遂行主要突击的三个集团军突破德国第8军防御，向正东面推进，穿过巴布尔金，跨过冰冻的罗索什卡河，经贡恰拉农场和斯大林格勒斯基前出至斯大林格勒工厂区西部边缘的"红十月"厂工人新村。作战目的是"从西向东切断被围德军集团，尔后以零打碎敲的方式将其歼灭"。[64]沃罗诺夫的策划人员选中这个主要突击方向，是因为他们认为德国人在此处的防御远比其他地段虚弱；这片地带布满由西向东延伸的深邃峡谷，坦克能够更好地实施越野机动；从这片地域发起进攻也不需要对部队进行复杂的再部署。沃罗诺夫的计划还包括两场辅助突击：第一个辅助突击由顿河方面军第66集团军的5个师从奥尔洛夫卡西北方约10公里处向西南面发起；第二个辅助突击由斯大林格勒方面军第57和第64集团军的4个步兵师、3个摩步旅和2个机械化旅从切尔夫连纳亚河西面和东面6公里处的拉科季诺和波波夫地域发起，向北攻往克拉夫措夫和沃罗波诺沃，16个炮兵和近卫迫击炮团提供支援。

考虑到为突击部队调集补充兵、补充弹药和燃料储备所需要的时间，沃罗诺夫建议将进攻发起日期定于1月6日。他估计粉碎、歼灭第6集团军位于包围圈西部三分之二处（新纳杰日达农场、贡恰拉农场、155.0高地和佩先卡一线）的部队需要两天时间；击败并歼灭盘踞在佩先卡、斯大林格勒和古姆拉克地域的德军又需要两天；消灭包围圈内德军所有抵抗还需要三天。待罗科索夫斯基和叶廖缅科的部队完成任务后，他们将集结在卡拉奇经马里诺夫卡和卡尔波夫卡延伸至"红十月"厂工人新村一线的南北两面。[65]

与他的前任一样，沃罗诺夫严重低估了第6集团军的战斗力；实际上，苏军情报部门直到战役结束后才弄清保卢斯集团军真正的兵力。沃罗诺夫后来在他的回忆录中写道，罗科索夫斯基"大胆而又自信地指出，敌军约有86000人，编为5个步兵师、2个摩托化师、3个装甲师和3个作战支队"。[66]但尚不清楚这些数字指的是顿河方面军四个集团军面对的德军兵力，还是围绕斯大林格勒包围圈的七个苏军集团军面对的德军兵力。不管怎样，保卢斯集团军的总兵力超过20万，但他报告说作战兵力只有25000人。

一如既往，苏军最高统帅部和总参谋部研究了沃罗诺夫的计划，并要求他做出某些修改。12月18日，斯大林和朱可夫将他们对该计划的批评意见发给沃罗诺夫，接受了计划中的大部分内容，但要求他更改辅助突击的发起地点（参见地图62和副卷附录14S）。简言之，最高统帅部批评该计划朝不同方向发起主要突击和辅助突击，无法将第6集团军分割成易于歼灭的部分。因此，最高统帅部命令沃罗诺夫，应在德军向东赶往斯大林格勒城之前，切断并歼灭第6集团军位于罗索什卡河西面马里诺夫卡和卡尔波夫卡地域的部队。同时，最高统帅部还指出，辅助突击应以第66集团军从北面、第62集团军从南面发起，切断并歼灭盘踞在城内工厂区的德军部队。[67]

在此过程中，叶廖缅科将军也提出批评意见，并建议沃罗诺夫缩窄分配给第57和第64集团军的突击地域，以加强他们的实力和持久攻击力。最高统帅部迅速在12月29日的一道指令中予以批准："伊万诺夫同志［叶廖缅科］将进攻方向从克拉夫措夫和斯克利亚罗夫地域转至波波夫和克拉夫措夫地域的建议获得最高统帅部大本营的批准。"[68]

尽管认真审核、批评了沃罗诺夫的计划，但仍存在一个明显的问题：遂行突击的部队由两个不同的方面军指挥——正如以往进攻行动证实的那样，这会导致沿向心方向发起突击的七个集团军的指挥控制工作复杂化。不过，有人（可能是罗科索夫斯基，但没有文件资料予以证实）发现了这个缺陷，并提请最高统帅部注意。12月30日2点，最高统帅部纠正了这个问题，同时捋顺了对沿科捷利尼科沃和罗斯托夫方向展开行动的部队的指挥控制。在一道发给叶廖缅科、罗科索夫斯基、瓦图京、华西列夫斯基和沃罗诺夫的指令中，最高统帅部将斯大林格勒方面军改为南方面军；将原斯大林格勒方面军编成内的第62、第64、第57集团军交给罗科索夫斯基顿河方面军；原斯大林格勒方面军辖下的近卫第2、第51、第28集团军留给南方面军（参见副卷附录12U）。1943年1月1日生效的这道指令确保了斯大林格勒地域和沿罗斯托夫方向进攻行动的统一指挥。这道指令还赋予华西列夫斯基协调西南方面军和南方面军作战行动的任务。[69]简言之，斯大林将权力和必要的指挥控制体系赋予红军高级指挥员们，以便更有效地协调他们的行动，而希特勒则相反，他让魏克斯和曼施泰因在越来越艰巨的战役和战略态势下自谋出路。

因此，随着12月临近尾声，"天王星"行动最后阶段（即歼灭德国第6集团军）的舞台已搭设完毕。自11月23日苏军包围第6集团军以来，时间已过去

410

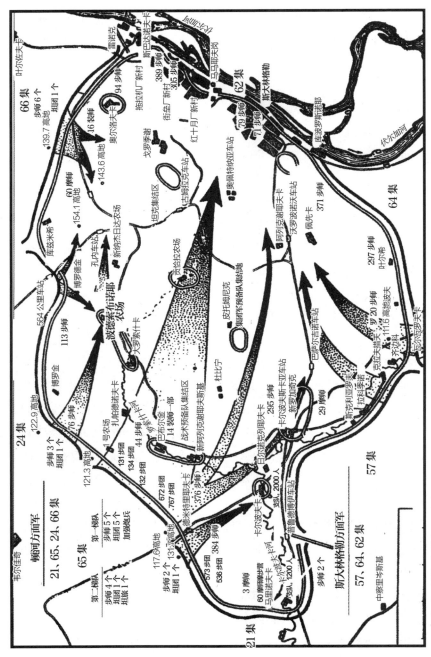

图 61 指环行动的初步计划，1942 年 12 月 27 日

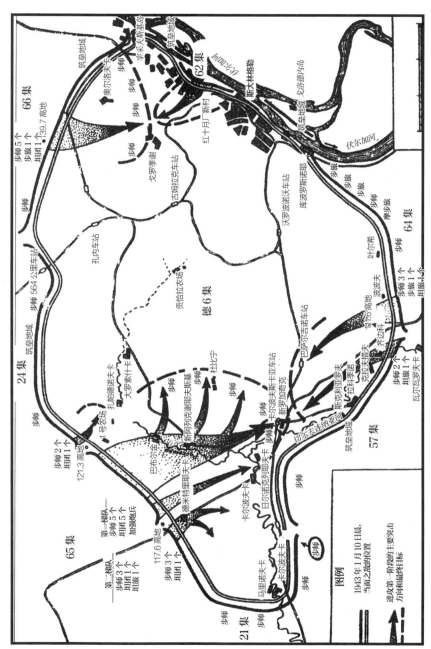

图 62 最高统帅部修订后，指环行动第一阶段的最终计划

五周。从那时起，苏军最高统帅部曾在11月最后一周和12月头两周三次试图消灭保卢斯集团军。这些进攻均以失败告终，要么是因为保卢斯部队顽强的防御，要么是德军救援部队从合围对外正面构成的威胁所致。但截至12月底，苏军各集团军消除了德军解救第6集团军的一切可能性，发起"指环"行动的时机已然到来。

## 总结

从任何方面看，1942年12月16日至31日这段时期是"天王星"行动第二个最具决定性的阶段。"天王星"行动除最初包围第6集团军外，几乎没能实现任何战果，但该行动12月下半月的发展彻底决定了第6集团军的命运。12月23日前，德国人不太可靠的策划充其量是有可能救出保卢斯集团军部分部队，但12月23日后，就连这种渺茫的可能性也消失了。

回想起来，导致这一后果的一连串事件非常明确。概括说来，通过精心策划进攻行动并巧妙调动其战役和战略预备队，苏军最高统帅部、最高统帅部代表和斯大林格勒地区的方面军司令员们与他们的德国对手进行了一场复杂的"棋赛"，并成功地将死对方。整个过程中，希特勒要求其部队追求远远超出其能力的目标的倾向，以及许多德军高级将领的过度自信，都促成了德军这场灾难性的、前所未有的惨败。

12月中旬前，这场致命的棋赛已在进行中。例如，当月第二周，苏军挡住了德军"冬季风暴"行动（意图解救保卢斯陷入重围的第6集团军）两路突击中的一路。西南方面军坦克第5集团军对部署在奇尔河的第48装甲军发起进攻，并将其牵制住，而斯大林格勒方面军突击第5集团军在雷奇科夫斯基和上奇尔斯基打垮了德军设在奇尔河和顿河东岸的登陆场。这些关键登陆场失守后，"顿河"集团军群只剩下一个选择：以第57装甲军遂行"冬季风暴"行动，向北推进，跨过阿克赛河和梅什科瓦河。

第57装甲军的部队渡过阿克赛河两天后，苏军最高统帅部以西南方面军和沃罗涅日方面军发起规模庞大的"小土星"进攻战役，没用几天便粉碎意大利第8集团军，并迫使其右侧的"霍利特"集团军级集群从顿河南撤，以免遭遇灭顶之灾。"小土星"战役发起当天，第57装甲军与苏军坦克、机械化部队在上库姆斯基地域展开激战，历时四天的战斗使第57装甲军的坦克折损过半。实力遭到削弱的第57装甲军12月19日晚些时候终于到达梅什科瓦河时，发现自己面对着苏军新锐的近卫第2集团军，苏军最高统帅部匆匆将该集团军从斯大林格勒地域调往南面，堵截德军一切后续推进。另外，为防止第6集团军发起突围（"霹雳"行动），设围的苏军部队以空袭和地面突击的方式对突围地域实施打击，并加强这些地域的守军和反坦克防御力量。

12月23日，第57装甲军从事了一场激烈的战斗，力图守住梅什科瓦河北岸登陆场，该军希望从这个登陆场向北推进，解救第6集团军。与此同时，追击意大利第8集团军的苏军对塔钦斯卡亚、莫罗佐夫斯克德军至关重要的机场和补给基地发起突袭，一举夺取前者并威胁到后者。为防止这条防线彻底崩溃，"顿河"集团军群不得不从第57装甲军抽调第6装甲师，以该师和第48装甲军军部、第11装甲师重新夺回塔钦斯卡亚，并掩护莫罗佐夫斯克。第6装甲师调离，第57装甲军失去半数坦克，从这个方向解救第6集团军的一切希望就此破灭。实际上，由于近卫第2集团军挡住前进道路，第57装甲军解救第6集团军的机会本身就微乎其微。仿佛是为了证明这一点，斯大林格勒方面军近卫第2和第51集团军12月24日发起科捷利尼科沃进攻战役，只用一天便粉碎了第57装甲军的防御，在两天内迫使该军退至阿克赛河后方，一周内又将该军逐出科捷利尼科沃地域。令德国人苦不堪言的是，12月28日，突击第5集团军和近卫第2集团军一部向西跨过顿河，打垮了德军沿下奇尔河和顿河构设的防御，并在坦克第5集团军协助下，于月底时攻占托尔莫辛。

由于苏军最高统帅部阻止了德国人稳定局面、解救第6集团军的所有企图，12月底前，德军各级策划者彻底乱了手脚。近一个月来，希特勒和OKH将希望寄托于曼施泰因做无米之炊的能力，期盼他能以几个实力欠佳、兵力远不及苏军的装甲师与第6集团军重新建立联系。因此，德军最高统帅部只从A集团军群抽调了几个师，并未放弃斯大林格勒以南任何一处阵地，这种状况造成了混乱和战术层面上接连不断的危机。曼施泰因一再要求从A集团军群抽调更多兵力，但这需要元首彻底认清形势。12月27日，希特勒命令"顿河"集团军群和A集团军群坚守其阵地，并期待B集团军群向东攻入瓦图京似乎已过度拉伸的追兵之侧翼，从而恢复曼施泰因崩溃的左翼。

414

　　但是，在蔡茨勒礼貌但持续不断的压力下，希特勒12月28日签发2号作战令，正式承认局势已发生根本变化。这道命令要求A集团军群逐步放弃其北（左）翼，在罗斯托夫这个关键的铁路和公路枢纽东南方约150公里处的萨利斯克沿马内奇河构设防御。[70]两天后，这道命令的一份补充令宣布，除了承诺的虎式装甲营，下一次救援斯大林格勒包围圈的行动将投入"大德意志"师和至少三个党卫队师。但这个计划不切实际："大德意志"师刚刚脱离抗击苏军"火星"行动的激烈防御战，而党卫队第7山地师目前正在南斯拉夫从事反游击行动[①]。希特勒提议的部队至少需要六周才能集结于俄国南部，他们从那里必须向前推进120公里方能赶至斯大林格勒——鉴于冬季气候和苏军在该地域的实力，这显然是不可能做到的。实际上，虽然没有公开承认，但到12月28日，希特勒已将第6集团军一笔勾销。此后，该集团军被鼓励继续战斗，以此牵制苏军。[71]

　　苏军的行动导致德国人的再部署工作进一步延误。12月29日，朱可夫轻而易举地说服斯大林扩大"小土星"攻势，将夺取罗斯托夫纳入目标，从而切断德国A集团军群。马利诺夫斯基从科捷利尼科沃向西南方发起的追击恰恰构成了这一威胁，12月30日，OKH指示正从A集团军群赶往"顿河"集团军群的第7装甲师停在罗斯托夫，守卫该城，抗击苏军有可能发起的进攻。

　　总的说来，苏军最高统帅部以太阳系行星命名的战略反攻计划的其他部分——最引人注目的是"火星"及后续的"木星"或"海王星"行动—以及在杰米扬斯克和高加索发起的另一些攻势，取得的战果相当有限。但这些行动牵制住轴心国军队的战役预备队，并挫败了德国人救援斯大林格勒的一切尝试。由于补给不足，加之苏军的消耗战，到1942年12月月底时，保卢斯的集团军已经在劫难逃。

---

　　① 译注：不明白这里为何提及党卫队第7山地师，希特勒确实打算以党卫队装甲军救援第6集团军，但该军并不包括"欧根亲王"师。

Представитель Ставки
ВЕРХОВНОГО ГЛАВНОГО КОМАНДОВАНИЯ
КРАСНОЙ АРМИИ
　　　　　　8. января 1943 г.

КОМАНДУЮЩЕМУ ОКРУЖЕННОЙ ПОД
СТАЛИНГРАДОМ 6-й ГЕРМАНСКОЙ АРМИЕЙ -ГЕНЕРАЛ-
ПОЛКОВНИКУ ПАУЛЮСУ ИЛИ ЕГО
ЗАМЕСТИТЕЛЮ.

1943 年 1 月 8 日，苏军要求第 6 集团军投降的最后通牒

416

1943年2月5日，K.K. 罗科索夫斯基上将、炮兵主帅N.N. 沃罗诺夫、F.I. 托尔布欣中将<sup>①</sup>和M.S. 格罗马金中将在克里姆林宫接受奖励

---

① 译注：苏军1943年初刚刚恢复肩章，并换发了新军装，照片里的托尔布欣显然没来得及换上新军装并佩戴肩章。

**ugblatt der Roten Armee**

**WAS BRINGT DAS JAHR 1943 der deutschen Wehrmacht ?**

Die Rote Armee riß Ende 1942 die Initiative an sich und entfaltete die Offensive an einer Front von großer Ausdehnung. Stalingrad ist nicht mehr bedroht. Die Deutschen vom Don und von der Wolga jagend, säuberte die Rote Armee schon einen Teil der UKRAINE von den deutschen Okkupanten.

Alle Pläne Hitlers scheiterten. Alles, was er den deutschen Soldaten versprochen hatte, erwies sich als lauter Lügen. Ende 1942 begann die Zerschmetterung der deutschen Armee. Im Jahre 1943 wird diese Zerschmetterung zu Ende geführt.

**DEUTSCHE SOLDATEN !**

Das ist die Wahrheit von der Lüge an den Fronten. Merkt es Euch! Der Widerstand ist jetzt zwecklos.

**175.000 Eurer Kameraden fielen in diesen 6 Wochen vor Stalingrad und am Don.**

**137.650 Eurer Kameraden gaben sich gefangen.**

**Die Gefangenschaft ist Euer Rettungsweg.**

**TREFFT DIE WAHL !**

Bei der Gefangengabe—Hände hoch, und niemand schießt auf Euch!

Эта листовка служит пропуском для перехода в плен.

-77

苏军敦促德国人投降的一份传单

被困期间，一名德国医生兼牧师所画的"斯大林格勒的圣母"

德国海报，上面的口号是——"斯大林格勒：元首下令，我们跟随！"

德国海报，上面的口号是——"斯大林格勒：德国勇士不朽的典范"

德国报纸宣布了第 6 集团军的投降

第 48 装甲军军长，装甲兵上将奥托·冯·克诺贝尔斯多夫

第 6 装甲师师长埃哈德·劳斯中将

塔钦斯卡亚西北方 16 公里处，贝斯特拉亚河畔的马斯洛夫村

1943 年 1 月初，第 6 装甲师设在马斯洛夫村的师部

第 6 装甲师第 11 装甲团团长瓦尔特·冯·许纳斯多夫上校

424

第 6 装甲师搭乘装甲车的装甲掷弹兵位于贝斯特拉亚河河谷

第 6 装甲师第 11 装甲团发起坦克突击，攻向马斯洛夫村西北面 2 公里处的"兔子"农场

第 6 装甲师的坦克攻向马斯洛夫村北面 10 公里、贝斯特拉亚河河谷中的纳杰日多夫卡

第 6 装甲师在贝斯特拉亚河河谷中攻击前进

贝斯特拉亚河河谷中的无名村落

426

第 6 装甲师在贝斯特拉亚河河谷的战斗中击毁苏军一辆 T-34/76 坦克

1943 年 1 月初,第 6 装甲师的士兵们在东顿巴斯地域清理土路上的积雪

# 注释

1. "KR-Fernschreiben an Gen. Kdo. IV. A.K., XIV. Pz.K., VIII. A.K., nachr.: 9. Flak Division, O.Qu.–AOK 6 (durch Melder), Nr. 4737/42 geh., Armee-Oberkommando Abt.-Ia, A.H.Qu., 15.12.1942, 2010 Uhr,"【第6集团军司令部作训处1942年12月15日20点10分发给第4军、第14装甲军、第8军军部的4737/42号急电，转呈第9高射炮师和第6集团军首席军需长（由信使送达）】，收录在《第6集团军作战日志附件册，第二卷，1942年11月24日至12月24日》，第237页。

2. 同上，第241页。标记点后括号内附加的部队番号表示由该部队负责该标记点的防御。

3. "Funkspruch An Chef Gen Stab Geh. Kdos, Bezug: Chef Gen. St. 4068/42 geh. Kdos, 0700 Uhr 22. Dezember 1942,"（发给陆军总参谋长的绝密电报，关于总参谋长4068/42号密电，1942年12月22日7点），同上，第317—319页，在题为"Verpflegungsstärke Stand 18. Dezember"（12月18日的总兵力）和"Gefechtsstärke"（作战兵力）的两段提到集团军的实力。

4. 德国人将战斗力等级分为"强"（stark）、"中强"（mittelstark）、"中等"（durch-schnitten）和"虚弱"（schwach）。虽说有些主观，但这种评定基于作战士兵的数量，还是能反映出各个师的战斗力，特别是他们的步兵营和工兵营。第五类是"耗尽"（abgekampft），在后来的报告中开始出现，意思是该营的兵力、弹药、物资和（或）士气已耗尽——比"未作好战斗准备"严重得多。基于这种"状况"报告，一个总兵力为15097人、作战兵力为5906人（包括3264名步兵）的步兵师，辖5个"中强"步兵营和2个"中等"步兵营，评定的等级在"中强"与"中等"之间。另一个步兵师的总兵力为12277人，作战兵力为4723人（包括2235名步兵），辖2个"中等"和5个"虚弱"的步兵营，评定的等级在"中等"与"虚弱"之间。最后一个例子是，一个10578人的步兵师，作战兵力为3345人（包括1231名步兵），辖5个"虚弱"和4个"耗尽"的步兵营，评定的等级介于"虚弱"与"耗尽"之间。以各个师作战兵力与总兵力的百分比来表述，一个"强"师为60%，"中强"师为50%，"中等"师为40%，"虚弱"师为30%，"耗尽"师低于30%。在营一级，德国人的报告表明以下各类型营的战斗力等级和作战兵力平均数量（括号内是实际兵力的例子）。

- 步兵营——编制兵力为900—1000人

  强——700或700人以上

  中强——500—700人

  中等——400—500人

  虚弱——300—400人

  耗尽——少于300人

- 装甲掷弹兵营——编制兵力为950—1000人

  强——700或700人以上

  中强——500—700人（450、500人）

  中等——400—500人（420人）

  虚弱——300—400人（410、360、340、330人）

  耗尽——少于300人（290、270人）

428

· 工兵营——编制兵力为843—885人

强——600或600人以上

中强——400—600人

中等——300—400人（365、233、294、201、256、242人）

虚弱——200—300人（218、227、209）

耗尽——少于200人（176、76、313人）

　　这些数字表明，德军与苏军一样，经常将实力不足的师、团、营投入战斗。即便这些部队的兵力已减少到编制兵力30%以下，仍继续从事作战行动。

　　5. 参见12月15日—17日各军每日报告，收录在《第6集团军作战日志附件册，第二卷，1942年11月24日至12月24日》，第222—246页。这些数字经常发生变化，因为这些坦克和突击炮在相关部队与其维修站之间流动。因此，据克里希在《斯大林格勒：战役分析和相关文件》一书第670页称，第6集团军12月15日共有125辆坦克和29辆突击炮，12月21日有121辆坦克和33辆突击炮。

　　6. "顿河"集团军群1号作战日志，第214页；更多详情可参阅"Tagesmeldung, VIII. A.K. meldet 1630 Uhr, 17.12.42, A.O.K. 6 Ia, Datum 17.12.42,"（第8军每日报告，1942年12月17日16点30分发给第6集团军作训处），收录在《第6集团军作战日志附件册，第二卷，1942年11月24日至12月24日》，第257页。这场进攻发生在12月17日9点。

　　7. "顿河"集团军群1号作战日志，第220、221、236页。

　　8. 参见第6集团军12月17日—19日的报告，收录在《第6集团军作战日志附件册，第二卷，1942年11月24日至12月24日》，第257—258页。17日损失的80人包括18人阵亡、47人负伤、15人失踪；18日损失的71人包括11人阵亡、60人负伤。第6集团军12月16日—18日的伤亡总数分别为489、590、626人，与战斗激烈的日子相比，这几天的战斗被认为相对较轻。克里希在《斯大林格勒：战役分析和相关文件》一书第670页提出的数字略有不同：12月16日——450人，12月17日——588人，12月18日——569人。每日统计的伤亡数字经常在几天后做出调整。

　　9. 参见第6集团军12月17日—19日的报告，收录在《第6集团军作战日志附件册，第二卷，1942年11月24日至12月24日》，第257—258页。另可参阅第62集团军作战日志12月17日和18日的条目。

　　10. "顿河"集团军群1号作战日志，第221—222页。另可参阅"Tagesmeldung, XIV. Pz.K. 1710 Uhr, A.O.K. 6 Ia, Datum 18.12.42,"（第14装甲军每日报告，1942年12月18日17点10分发给第6集团军作训处），收录在《第6集团军作战日志附件册，第二卷，1942年11月24日至12月24日》，第272页；"KR-Fernschreiben an Heeresgruppe Don, Tagesmeldung, 1830 Uhr, Armee-Oberkommando 6 Abt.-Ia, A.H.Qu., 18.12.1942,"（第6集团军司令部作训处1942年12月18日18点30分发给顿河集团军群的每日报告），同上，第274—275页。

　　11. "Morgenmeldung, VIII. A.K. 0610 Uhr, A.O.K. 6 Ia, Datum 20.12.42,"（第8军晨报，1942年12月20日6点10分发给第6集团军作训处）和"Morgenmeldung, VIII. A.K. 0555 Uhr, A.O.K. 6 Ia, Datum 21.12.42,"（第8军晨报，1942年12月21日5点55分发给第6集团军作训处），收录在《第6集团军作战日志附件册，第二卷，1942年11月24日至12月24日》，第289、第308页。第376步兵师19日伤亡105人——45人阵亡、60人负伤；第44步兵师当日伤亡146人——43人阵亡、98人负伤、5人失踪。次

日，第44步兵师又损失106人——32人阵亡、65人负伤、9人失踪。

12. *"Morgenmeldung, XIV. Pz.K. 0600 Uhr, A.O.K. 6 Ia, Datum 20.12.42,"*（第14装甲军晨报，1942年12月20日6点发给第6集团军作训处）和*"Morgenmeldung, XIV. Pz.K. 0605 Uhr, A.O.K. 6 Ia, Datum 21.12.42,"*（第14装甲军晨报，1942年12月21日6点05分发给第6集团军作训处），同上，第289、309页。第3摩步师19日伤亡395人——121人阵亡、273人负伤、1人失踪；20日又损失83人——25人阵亡、58人负伤。

13. *"KR–Fernschreiben an Heeresgruppe Don, Tagesmeldung, 1820 Uhr, Armee-Oberkommando 6 Abt.-Ia, A.H.Qu., 21.12.1942,"*（第6集团军司令部作训处1942年12月21日18点20分发给"顿河"集团军群的每日报告）和*"Funkspruch an Heeresgruppe Don, Tagesmeldung, 1805 Uhr, Armee-Oberkommando 6 Abt.-Ia, A.H.Qu., 22 Dezember 1942,"*（第6集团军司令部作训处1942年12月22日18点05分发给"顿河"集团军群的每日报告），同上，第314、第323页。这些报告称，这两天分别伤亡1131、792人，但后来又修正为1141和800人。

14. *"Morgenmeldung, XIV. Pz.K. 0600 Uhr, A.O.K. 6 Ia, Datum 20.12.42,"*（第14装甲军晨报，1942年12月20日6点发给第6集团军作训处）、*"Funkspruch an Heeresgruppe Don, Armee-Oberkommando 6 Abt. Ia, 0810 Uhr A.H.Qu., 20.12.1942,"*（第6集团军司令部作训处1942年12月20日8点10分发给"顿河"集团军群的电报）和*"Funkspruch an Heeregruppe Don, Armee-Oberkommando 6, Abt. Ia, 1220 Uhr A.H.Qu., 20.12.1942,"*（第6集团军司令部作训处1942年12月20日12点20分发给"顿河"集团军群的电报），同上，第289、第291—292页。第14装甲军在其晨报中称，苏军在马里诺夫卡至阿塔曼斯基这片地带发起进攻，并对卡尔波夫卡实施轰炸，导致该军阵亡121人、负伤273人、失踪1人。

15. 詹森·D. 马克，《烈焰之岛：斯大林格勒"街垒"火炮厂之战，1942年11月—1943年2月》，第343—344页。马克在书中详细描述了这场战斗。

16. *"Morgenmeldung, LI. A.K. 0625 Uhr, A.O.K. 6 Ia, Datum 19.12.42,"*（第51军晨报，1942年12月19日6点25分发给第6集团军作训处）和*"Morgenmeldung, LI. A.K. 0620 Uhr, A.O.K. 6 Ia, Datum 20.12.42,"*（第51军晨报，1942年12月20日6点20分发给第6集团军作训处），同上，第279—290页。与第51军相关的摘录，可参阅詹森·D. 马克的《烈焰之岛：斯大林格勒"街垒"火炮厂之战，1942年11月—1943年2月》。

17. 德国国防军最高统帅部作战日志中的每日报告，V.A.日林（主编）的《斯大林格勒战役：编年史、真相和人物，两卷本》一书第二册，第246—248页。

18. 此时，第1装甲集团军编有党卫队"维京"师、第3装甲师、第13装甲师主力、第50、第111、第370步兵师。

19. 第62集团军作战日志，*"Opersvodka Nos. 347–348, Boevoi donesenie No. 266, 21 December 1942,"*（第347—348号作战概要，第266号战报，1942年12月21日）。

20. *"Tagesmeldung, LI. A.K. 1640 Uhr, A.O.K. 6 Ia, Datum 21.12.42,"*（第51军每日报告，1942年12月21日16点40分发给第6集团军作训处），收录在《第6集团军作战日志附件册，第二卷，1942年11月24日至12月24日》，第312页。

21. *"KR–Fernschreiben an Heeresgruppe Don, Tagesmeldung, 1820 Uhr, Armee-*

*Oberkommando 6 Abt.-la, A.H.Qu., 21.12.1942,"*（第6集团军司令部作训处1942年12月21日18点20分发给"顿河"集团军群的每日报告），同上，第313页。

22. 詹森·D. 马克，《烈焰之岛：斯大林格勒"街垒"火炮厂之战，1942年11月—1943年2月》，第351—357页；*"Nachtrag zur Tagesmeldung, Ll. A.K. 2045 Uhr, A.O.K. 6 la, Datum 21.12.42,"*（第51军每日报告的补充，1942年12月21日20点45分发给第6集团军作训处），收录在《第6集团军作战日志附件册，第二卷，1942年11月24日至12月24日》，第315页。

23. 第62集团军在报告中指出，柳德尼科夫的部队12月21日击毙250名敌官兵，消灭敌人9挺机枪和1门37毫米炮，夺取/缴获10座掩体、14个暗堡、1门75毫米炮、3门连属迫击炮、31支冲锋枪、50多支步枪、300枚手榴弹、100发炮弹和5000发轻武器子弹，还俘虏了德军第305步兵师第576团[1]的两名士兵，自身阵亡40人、负伤171人。与此同时，步兵第95师称击毙100名敌官兵、摧毁5座掩体和4个暗堡，还缴获12挺机枪、80支步枪、15支自动武器、400枚手榴弹、10000发轻武器子弹，并俘虏了第305步兵师工兵营的一名中尉。参见第62集团军作战日志，*"Opersvodka Nos. 349-350, Boevoi donesenie No. 267, 22 December 1942,"*（第349—350号作战概要，第267号战报，1942年12月22日）。第6集团军的记录表明，第51军第305步兵师22日伤亡70人，其中9人阵亡、57人负伤、4人失踪。第6集团军12月23日的每日报告参见《第6集团军作战日志附件册，第二卷，1942年11月24日至12月24日》，第326页。步兵第138师12月22日又伤亡95人（23人阵亡、62人负伤）[2]。

24. *"Direktiva General'nogo Shtaba No. 991164 komanduiushchemu voiskami Donskogo fronta o napravlenii 4-go i 16-go Tankovykh Korpusov v rezerv Verkhovnogo Glavnokomandovaniia"*（总参谋部发给顿河方面军司令员的991164号指令，关于坦克第4、第16军调入最高统帅部预备队），收录在佐洛塔廖夫的《总参谋部1942》，第410—411页，档案摘自TsAMO, f. 48a, op. 3408, d. 114,11，第387—388页。

25. *"Rasporiazhenie Verkhovnogo Glavnokomanduiushchego No. 170713 predstavitelem Stavki i komanduiushchim voiskami Donskogo, Stalingradskogo I lugo-Zapadnogo frontov o koordinatsii operatsii pod Stalingradom"*（最高统帅部大本营发给最高统帅部代表和顿河、斯大林格勒、西南方面军司令员的170713号令，关于协调斯大林格勒地区的作战行动），收录在V.A.日林（主编）的《斯大林格勒战役：编年史、真相和人物，两卷本》一书第二册，第239—240页，档案摘自TsAMO RF, f. 132a, op. 2642, d. 32,1，第220页。

26. *"Direktiva General'nogo Shtaba No. 991175 komanduiushchemu voiskami Stalingradskogo fronta o vyvode soedinenii v rezerv Verkhovnogo Glavnokomandovaniia"*（总参谋部发给斯大林格勒方面军司令员的991175号令，关于将各兵团撤入最高统帅部预备队），收录在佐洛塔廖夫的《总参谋部1942》，第413页，档案摘自TsAMO, f.48a, op. 3408, d. 114,1，第400页。

27. *"Tagesmeldung, VIII. A.K. meldet 1535 Uhr, A.O.K. 6 la, Datum 25.12.42,"*（第8军每日报告，1942年12月25日15点35分发给第6集团军作训处），收录在《第6集团军作战日志附件册，第三

---

① 译注：第578团？
② 译注：原文如此。

卷》，第7页。

28. "Morgenmeldung, VIII. A.K. meldet 0635 Uhr, A.O.K. 6 Ia, Datum 29.12.42,"（第8军晨报，1942年12月29日6点35分发给第6集团军作训处）和"Morgenmeldung, VIII. A.K. A.O.K. 6 Ia, Datum 30.12.42,"（第8军晨报，1942年12月30日发给第6集团军作训处），同上，第65、第78页。

29. "Tagesmeldung, XI. A.K. meldet 1530 Uhr, A.O.K. 6 Ia, Datum 27.12.42,"（第11军每日报告，1942年12月27日15点30分发给第6集团军作训处）、"Morgenmeldung, XI A.K. meldet 0430 Uhr, A.O.K. 6 Ia, Datum 29.12.42,"（第11军晨报，1942年12月29日4点30分发给第6集团军作训处）、"Morgenmeldung, LI. A.K. 0610 Uhr, A.O.K. 6 Ia, Datum 30.12.42,"（第51军晨报，1942年12月30日6点10分发给第6集团军作训处）、"Morgenmeldung, LI. A.K. 0620 Uhr, A.O.K. 6 Ia, Datum 31.12.42,"（第51军晨报，1942年12月31日6点20分发给第6集团军作训处）和"Morgenmeldung, LI. A.K. 0620 Uhr, A.O.K. 6 Ia, Datum 01.01 43,"（第51军晨报，1943年1月1日6点20分发给第6集团军作训处），同上，第38、第65、第77、第92、第112页。关于这场战斗的详情，可参阅费迪南德·冯·森格尔·翁德·埃特林的《第24装甲师（原第1骑兵师），1939—1945年》，第140—144页。

30. 参见第6集团军日志，12月22日至1月30日按照各个师和军衔列出的伤员，收录在"Heeresgruppe Don Kriegstagebuch vom 22.12.42-31.1.43, Anlagen Band 6,"（"顿河"集团军群作战日志，1942年12月22日—1943年1月31日，附件册6），NAM T-311，第270卷。

31. "Prikaz Gitlera ot 27 Dekabria 1942 g. 'O dal'neishikh boevykh deistviiakh na iuzhnom flange Vostochnogo fronta'"【希特勒1942年12月27日下达的命令（元首令），关于东线南翼日后的作战行动】，收录在V.A.日林（主编）的《斯大林格勒战役：编年史、真相和人物，两卷本》一书第二册，第292—294页。

32. "Notiz fur KTB, vormittags, 25.12.42, AOK 6 Ia,"（第6集团军作训处作战日志的注释，1942年12月25日晨），收录在《第6集团军作战日志附件册，第三卷》，第6页。

33. "Fernschreiben von General Schulz an General Schmidt, 1735 Uhr 25.12.1942,"（舒尔茨将军与施密特将军通过电传打字机进行的交流，1942年12月25日17点35分），同上，第9—10页。

34. 同上，第10页。

35. "Funkspruch an Oberbefehlshabrer Heeresgruppe Don, 0850 Uhr, Armee-Oberkommando 6 Abt.-Ia, Nr. 6009/42 g. Kdos, A.H.Qu., 26.12.1942,"（第6集团军司令部作训处发给"顿河"集团军群司令的电报，1942年12月26日8点50分），同上，第17页。

36. "KR-Funkspruch an das OKH, 0930 Uhr, Armee-Oberkommando 6 V.O./OKH, A.H.Qu., 26.12.1942,"（第6集团军司令发给OKH的急电，1942年12月26日9点30分），同上，第18页。

37. "KR-Fernschreiben g. Kdos. Chefs' an Oberbefehlshaber H. Gr. Don, 1315 Uhr, 26.12.1942,"（第6集团军司令发给"顿河"集团军群司令的急电，1942年12月26日13点15分），同上，第20—21页。

38. "Fernschreiben von General Schulz an General Schmidt, 1715 Uhr 26.12.1942,"（舒尔茨将军与施密特将军通过电传打字机进行的交流，1942年12月26日17点15分），同上，第27—28页。

39. 同上。

40. 同上。

41. "Fernschreiben von General Schulz an General Schmidt, 1835 Uhr 26.12.1942,"（舒尔茨将军与施密特将军通过电传打字机进行的交流，1942年12月26日18点35分），同上，第30—31页。

42. 同上。

43. 同上。

44. 同上。

45. "Fernschreiben von General Schulz an General Schmidt, 1650 Uhr 28.12.1942,"（舒尔茨将军与施密特将军通过电传打字机进行的交流，1942年12月28日16点50分），同上，第58—60页。

46. 同上。

47. 同上。

48. 同上。

49. 曼施泰因，《失去的胜利》，第349页。

50. 参见OKH的"GenStdH, Op. Abt. (I S/B) Nr. 421052/42, Ergaenzung zum Operationsbefehl Nr. 2, 1.1.43, H. Gr. Don,"（陆军总参谋部作训处421052/42号令，2号作战令的补充令，1943年1月1日发给"顿河"集团军群），文件号39694/6。完整电文可参阅"Dopolnenie k operativnomu prikazu Verkhovnogo Glavnokomanduiushchego Vermakhta No. 2 o zadachakh po osvobozhdeniiu 6-i Armii, 31 dekabria 1942 g."（国防军最高统帅2号作战令的补充令，关于解救第6集团军的任务，1942年12月31日签署），收录在V.A.佐洛塔廖夫（主编）的《库尔斯克战役的序幕：1942年12月6日—1943年4月25日的文件和资料》，刊登在《俄罗斯档案：伟大卫国战争》，第15册（4-3），第402—403页；"Dopolnenie k operativnomu prikazu no. 2, 31 dekabria 1942 g（2号作战令补充令，1942年12月31日），收录在V.A.日林（主编）的《斯大林格勒战役：编年史、真相和人物，两卷本》一书第二册，第332页。

51. 集结这股力量的问题仍存有争议，有人认为希特勒应及时派出这股援兵，支援12月中旬遂行解围行动的第57装甲军；反对者称，12月上旬和中旬，位于东线其他地段的"大德意志"师和三个相关步兵师，被苏军在勒热夫、杰米扬斯克和大卢基地域发起的多场进攻所牵制。在勒热夫和瑟乔夫卡地域，"中央"集团军群辖下的第9集团军正竭力挫败朱科夫将军遂行"火星"行动的部队。另外，1943年2月中旬后最终协助曼施泰因扭转颓势的三个党卫队师，12月时仍在法国，处于不同组建阶段。例如，党卫队"骷髅"师已调离集结和训练区，11月和12月沿地中海的法国海岸设防，防范盟军有可能对法国南部发起的入侵。12月下半月返回训练区后，该师所需要的坦克数量不足一半，也没有配备虎式坦克，这种状况持续至1月7日。参见小查尔斯·W·西德诺的《毁灭之师：武装党卫队师，1933—1945年》（新泽西普林斯顿：普林斯顿大学出版社，1977年），第259—261页。

52. 瓦尔特·格尔利茨，《保卢斯与斯大林格勒：陆军元帅弗里德里希·保卢斯传，他的笔记、书信和文件》，第260页。电报中写道："我代表全体德国人民向您和您英勇的集团军致以最热烈的新年寄语。我知道他们的责任的严重性。谨向您部的英勇行为致以最高的敬意。您和您的将士应抱有毫不动摇的信心，我将以整个德国国防军的部队去解救斯大林格勒的守卫者，从而使你们的坚忍不拔成为德国军事史上最伟大的壮举之一。"

53. 同上。

54. 保卢斯的这一评论参见同上，他称第6集团军在12月底只有60辆可用的坦克。另可参阅副卷附录14L。

55. 参见"*Operationsabsicht IV. A. K. Fall 'Donnerschlag,' Generalkommando IV. A. K, Chef d. Gen. Stabes, K.H.Qu., 26.12.1942,*"（第4军遂行"霹雳"行动的作战意图，第4军军部，军参谋长，1942年12月26日），收录在《第6集团军作战日志附件册，第三卷》，第22—23页。

56. 同上。

57. 曼施泰因，《失去的胜利》，第352页。

58. 保卢斯对胡贝这番使命的描述，可参阅瓦尔特·格尔利茨的《保卢斯与斯大林格勒：陆军元帅弗里德里希·保卢斯传，他的笔记、书信和文件》，第260—261页。

59. "*KR-Fernschreiben an Gen. Kdos. LI. A.K., Gen. Kdos. VIII. A.K., Gen. Kdos. XI A.K., Armee-Oberkommando 6 Abt.-la, A.H.Qu., 24. Dezember 1942,*"（第6集团军司令部作训处发给第51军、第8军和第11军军部的急电，1942年12月24日），收录在《第6集团军作战日志附件册，第二卷，1942年11月24日至12月24日》，第336页。

60. "*KR-Fernschreiben an Gen. Kdo. XIV. Pz.K. Fernspruch 14. Pz. Div, 1740 Uhr, Armee-Oberkommando 6 Abt.-la, A.H.Qu., 27.12.1942,*"（第6集团军司令部作训处发给第14装甲军军部和第14装甲师的急电，1942年12月27日17点40分）和"*Funkspruch an Heeresgruppe Don, Armee-Oberkommando 6 Abt.-la, A.H.Qu., 30. Dezember 1942,*"（第6集团军司令部作训处发给"顿河"集团军群的电报，1942年12月30日），同上，第三卷，第41、第87页。

61. 致命的后勤误判从第6集团军陷入包围圈起便已存在。尽管大多数严肃的参与者和观察者都认为空运无法满足保卢斯集团军的补给需求，但希特勒听信了耶顺内克将军随便便、不假思索的许诺——空运补给第6集团军完全可行，而戈林也虚张声势地确认德国空军能做到这一点。希特勒不顾隆美尔将军的劝告，执意抽调了250架为北非运送士兵和物资的Ju-52，结果对实际情况毫无帮助。这种在东、西两线同时发生的战略失误，给战场上的将士们造成无法克服的持续性影响。

62. "*Funkspruch an OKH und He. Gru. Don, 0835 Uhr, V.O. bei AOK 6, 30.12.42,*"（第6集团军联络官发给OKH和"顿河"集团军群的电报，1942年12月30日8点35分），收录在《第6集团军作战日志附件册，第三卷》，第79—80页。

63. 罗科索夫斯基，《伏尔加河畔的伟大胜利》，第430页。

64. 同上。

65. 完整的计划可参阅"*Doklad predstavitelia Stavki Verkhovnomu Glavnokomanduiushchemu plana razgroma okruzhennoi v Stalingrade gruppirovki protivnika*"（最高统帅部代表发给最高统帅的报告，关于歼灭被困于斯大林格勒的敌军集团的计划），收录在佐洛塔廖夫的《最高统帅部1942》一书第568—569页，档案摘自*TsAMO, f. 16-A, op. 1002, d. 1,11*，第26—29页。

66. N.N.沃罗诺夫，*Na sluzhbe voennoi*（《服役》）（莫斯科：军事出版社，1963年），第299—300页。

67. "*Direktiva Stavka VGK No. 170718 predstaviteliu Stavki o dorabotke plan operatsii 'Kol'tso'*"（最高统帅部大本营发给最高统帅部代表的170718号指令，关于完成"指环"行动的策划工作），收录在佐洛塔廖夫的《最高统帅部1942》一书第475页，档案摘自*TsAMO, f. 148a, op. 3763, d. 124,11*，第314—315页。

68. *"Direktiva Stavka VGK No. 61629 predstaviteliu Stavki i komanduiushchemu voiskami Stalingradskogo fronta o perenose napravleniia udara"*（最高统帅部大本营发给最高统帅部代表和斯大林格勒方面军司令员的61629号指令，关于调整进攻方向），同上，第475页，档案引自*TsAMO, f. 48a, op. 3408, d. 72,1*，第367页。

69. *"Direktiva Stavka VGK No. 170720 o likvidatsii Stalingradskogo i obrazovanii luzhnogo fronta"*（最高统帅部大本营关于撤销斯大林格勒方面军、组建南方面军的170720号指令），同上，第476—477页，档案引自*TsAMO, f. 48a, op. 3408, d. 72,1,* 第369页。

70. 希特勒在罗斯托夫与高加索之间建立一道中间防线的决定是个折中方案，没有任何军事意义。除了没能从A集团军群给曼施泰因派遣更多援兵外，这条防线几乎无法防御。最后，仅仅因为苏军后勤补给困难和部分高级指挥员的胆怯，才使这个歼灭A集团军群主力的机会消失在历史中。

71. 齐姆克和鲍尔，《从莫斯科到斯大林格勒：东线决战》，第491—493页；曼施泰因，《失去的胜利》，第347—350页。

# 第八章
# 第 6 集团军的态势、初步战斗
# 和顿河方面军的计划
## 1月1日—9日

### 苏军扩大攻势

1月初，德军救援保卢斯集团军的企图宣告破灭，顿河方面军正准备消灭第6集团军包围圈之际，苏军最高统帅部开始考虑在冬季剩下的时间里赢得更大的战果。11月和12月间，红军赢得的一连串胜利和德国人前所未有的失败激起苏军最高统帅部更大的欲望。在重新产生的乐观情绪的推动下，斯大林现在寻求的是彻底击败德国B集团军群和"顿河"集团军群，并抢在A集团军群逃离高加索地区前将其歼灭。尔后，莫斯科希望在新的一年组织另一波攻势，将轴心国军队向西逐过北顿涅茨河，可能的话，把他们赶至第聂伯河。最后，在胜利的推动下，被野心冲昏头脑的最高统帅部命令红军2月中旬发起多场攻势，这些进攻行动最终席卷了北起芬兰湾、南至黑海的整条战线。

虽然苏军最高统帅部用了六周时间，才将其战略雄心的完整规模和范围显现出来，但苏军这场扩大的攻势第一阶段的行动1月初便已开始（参见地图63、64和副卷附录15A）。在1月1日至4日签发的一连串指令中，莫斯科命令西南方面军、南方面军、外高加索方面军发起"顿河"进攻战役，冲向卡缅斯克—沙赫京斯克、沙赫特、罗斯托夫、巴泰斯克这些城市，目标是击败"顿河"集团军群位于顿河北面的"霍利特"集团军级集群和该河南面的第4装甲集团军。这场战役的当前目标是夺取罗斯托夫和巴泰斯克，赶在德国A集团军群经罗斯托夫这扇门户逃离高加索地区前歼灭其主力。

与此同时，苏军最高统帅部还试图利用先前沿顿河中游赢得的胜利向北扩展攻势，击败B集团军群辖下的匈牙利第2集团军和德国第2集团军，这些部队守卫着奥斯特罗戈日斯克、沃罗涅日和卡斯托尔诺耶地域。尽管"顿河"集团军群成功拖缓西南方面军攻入东顿巴斯的步伐，并长时间迟滞了南方面军的推进，从而使第4和第1装甲集团军在罗斯托夫陷落前撤出高加索地区，但苏军最高统帅部还是沿顿河上游发起两场进攻。1月13日，沃罗涅日和西南方面军辖内诸集团军发起"奥斯特罗戈日斯克—罗索希"进攻战役，只用10天便击败、歼灭了匈牙利第2集团军和与之相配合的意大利山地军。尔后，1月24日，布良斯克和沃罗涅日方面军发起"沃罗涅日—卡斯托尔诺耶"进攻战役，一举粉碎德国第2集团军，迫使其残部混乱不堪地向西退往别尔哥罗德和库尔斯克。

布良斯克和沃罗涅日方面军辖内诸集团军1月份向西冲往库尔斯克和哈尔科夫时，西南方面军编成内的近卫第1、第3和坦克第5集团军，会同南方面军近卫第2集团军半数力量，向西面的北顿涅茨河发起进攻，意图夺取伏罗希洛夫格勒、卡缅斯克和沙赫特这些城市，与其对垒的是B集团军群辖下的"弗雷特–皮科"集团军级支队和"顿河"集团军群辖下的"霍利特"集团军级集群。尽管苏军最高统帅部投入6个坦克、3个机械化、2个骑兵军率领这场进攻，但"弗雷特–皮科"支队和"霍利特"集群的顽强防御和德军4个装甲师（第19、第6、第7、第11装甲师）全力提供的艰巨支援导致苏军的前进速度慢如蜗牛，还给其机械化和骑兵军造成严重损失。尽管如此，苏军的一月攻势还是成功说服最高统帅部在2月份投入布良斯克、沃罗涅日、西南和南方面军辖内诸集团军，他们一路向西，径直冲向库尔斯克和哈尔科夫，并进入资源丰富的顿巴斯地区深处。

苏军的一月攻势（副卷对此有更详细的描述）为"天王星"行动的最后阶段（歼灭恶名昭著的斯大林格勒包围圈内的保卢斯集团军）提供了相关背景。

## 第6集团军的态势
### 被围困的集团军

保卢斯将军失去了在短期内获救的一切希望，他在12月末竭力让集团军做好经受长期围困的准备。与此同时，他一再要求"顿河"集团军群、OKH和身处柏林的元首提供足够的补给和补充兵，没有这些，他无法坚持太久。

　　面对这种不幸状况，12月30日，保卢斯向第6集团军的将士们坦率地陈述了他们面临的挑战。6015号令以并不令人惊讶的消息为开始："集团军不能惊慌失措，务必为接下来数周必须坚守要塞这一事实做好准备。突围行动暂时推延。"[1]为确保"采取一切可能措施坚守要塞"，保卢斯意图恢复辖内部队的部分机动性，但他也承认，由于不太可能获得补充兵，恢复受损部队实力的工作不得不"搁置一段时间"。尽管如此，他还是向部下们保证，补给物资正在途中，补充兵最终也将提供。但他提醒道，在此期间，"估计俄国人会在不久后发起进攻，就像他们先前做过的那样，"但与以前的进攻不同，"原先较为平静的防线很可能遭到更加猛烈的大举进攻。"[2]

　　保卢斯的命令继续阐述了各级指挥官为加强集团军抗击苏军猛烈突击的准备工作所采取的具体措施。首先，由于集团军作战兵力下降，各级指挥官奉命采取"严厉措施"，以确保更有效地组织其部队遂行战斗。[3]这需要一份扩大化方案，将后勤和行政人员训练成作战步兵，将作战步兵训练成装甲掷弹兵。同样重要的是，保卢斯指示辖内部队"在敌人有可能达成突破的地段准备后撤阵地和第二阵地，最好提前准备"。他叮嘱每一位官兵"尽一切努力寻找并使用修建筑垒阵地所需的材料"。[4]正如他的部下们已知道的那样，面对俄国冬季的酷寒，这项任务在没有树木的大草原上绝非轻而易举。

　　为贯彻这些措施并确保集团军每个人都有能力参加即将到来的战斗，保卢斯将这项任务委托给第14装甲师师长马丁·拉特曼上校，该师残部目前担任集团军预备队。[5]保卢斯在命令结尾处指出："这关乎集团军的生存，任何地方最轻微的疏漏都可能意味着整个要塞的失守。"[6]从本质上说，德军在俄国南部的防御岌岌可危，这使保卢斯别无选择，只能依赖于希特勒和曼施泰因"竭尽全力确保第6集团军生存"的承诺。

　　保卢斯这道命令的最后一段强调了围绕第6集团军包围圈重新组织防御的必要性，特别是自12月初以来一直遭到进攻的西部防线。当月月底时，据守该防线的部队非常虚弱，这一点显而易见。因此，6015号令承认第14装甲军第376步兵师防区的态势"非常紧张"，并宣布该师的战斗力"即将耗尽，必须迅速予以替换"。[7]保卢斯指示第8军把丹尼尔斯将军的这个师交还胡贝第14装甲军，又命令胡贝军交换第376步兵师与第29摩步师的阵地。这就意味着第

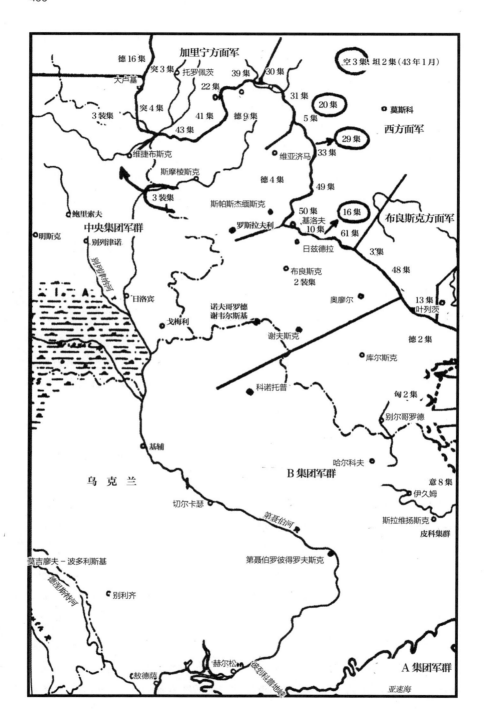

加里宁方面军

德16集

突3集 托罗佩茨 39集 30集

空3集 坦2集(43年1月)

大卢基

22集

31集

突4集 41集 德9集 5集 20集

3装集 43集

维捷布斯克

斯摩棱斯克

德4集

33集 29集

西方面军

维亚济马

49集

3装集

斯帕斯杰缅斯克 50集 16集

罗斯拉夫利 基洛夫

鲍里索夫 10集 61集

中央集团军群 别列津诺 日兹德拉 3集 布良斯克方面军

明斯克

日洛宾 布良斯克 48集

2装集

奥廖尔 13集

诺夫哥罗德 叶列茨

谢韦尔斯基

戈梅利 谢夫斯克 德2集

库尔斯克

科诺托普 匈2集

别尔哥罗德

基辅 哈尔科夫

乌克兰 B 集团军群 意8集

切尔卡瑟 伊久姆

第聂伯河 斯拉维扬斯克

皮科集群

莫斯科

莫吉廖夫-波多利斯基 第聂伯罗彼得罗夫斯克

别利齐

A 集团军群

敖德萨 赫尔松 亚速海

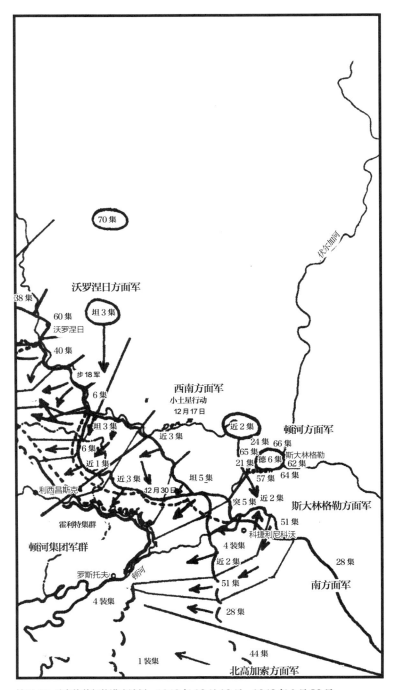

地图 63 最高统帅部的进攻计划，1942 年 12 月 13 日—1943 年 1 月 20 日

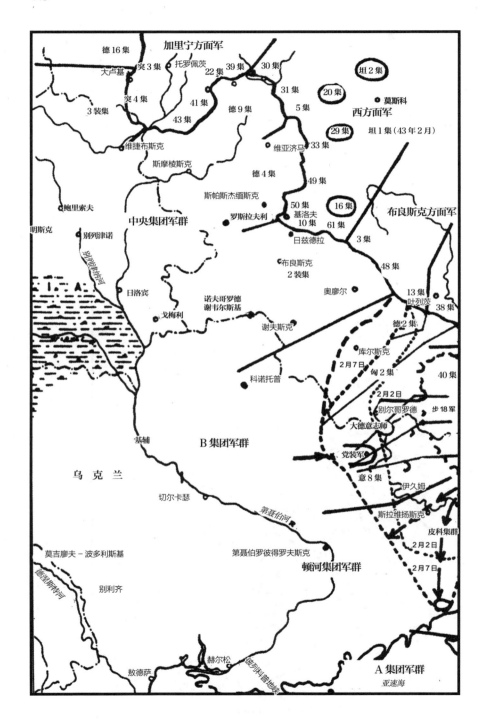

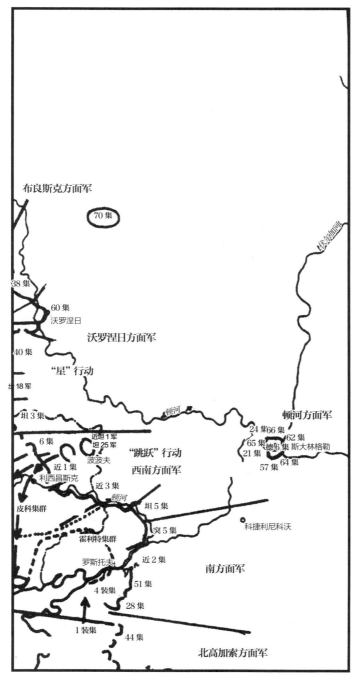

地图 64　最高统帅部的进攻计划，1943年 1 月 20 日—26 日

376步兵师残部调入第29摩步师设在卡尔波夫卡东面和东南面的防区，而实力更强的第29摩步师进入第376步兵师位于第6集团军西部防线，哈萨克坟堆西南面的原阵地。保卢斯还下令在卡尔波夫卡西北方构设宽大的后方阵地，以加强集团军西部防线南段的防御。这些措施将在8天内，也就是1943年1月7日前实施。

## 作战兵力和编成

第6集团军1月初面临的最大问题是弹药、燃料和作战兵力严重短缺。尽管保卢斯就这三个事项一再向上级抱怨，但缺乏有效的空运，他对物资短缺的问题几乎无能为力，这些事情只能依靠希特勒和曼施泰因"空军将加大空运力度"的保证。

但保卢斯可以设法解决兵力问题。虽说缺乏作战补充兵，但第6集团军仍有20多万名德国士兵。12月18日至31日伤亡9991人后，集团军总兵力从12月18日的211300名未受伤德国士兵降至12月底201309名未受伤、7818名伤兵。[8] 德国人认为，这个数字中只有约25000人是作战士兵。因此，保卢斯解决兵力问题的方案是，降低每4—5名作战士兵对20—30名辅助人员这种过高的"牙齿–尾巴"比例①。在必要情况下，集团军18万名辅助人员中的大多数可以接受再训练，成为作战步兵或工兵。这只是保卢斯12月30日所下达命令中的一个方面。虽然具体数字不明，但第51军军长赛德利茨1月6日下达的一道命令表明，截至当日，他已将4088名辅助人员打造成作战步兵。[9]这就提供了绰绰有余的士兵，完全可以弥补该军1月份头9天遭受的损失（参见下文）。因此，如果集团军辖内各军如法炮制，第6集团军1月份的作战兵力肯定能达到、甚至有可能超过12月底25000名作战士兵这个数字。

除了增加第6集团军的作战兵力，保卢斯和几位军长还在12月最后一周和1月份头9天重组他们的部队，以应对苏军即将发起的进攻。这番重组基本取代

---

① 译注：军事术语中，"牙齿"指的是作战士兵，"尾巴"指的是辅助人员，一般说来，高"牙齿—尾巴"比拥有更多作战兵力，书中的"过高""降低"实际上说反了。

了集团军为支援并维系在南部发起突围所摆出的姿态，新姿态是为方便整个包围圈的持续防御。保卢斯12月24日开始这番重组，他把编有第16、第24装甲师和第60摩步师的第11军调离第51军（第11军一直在第51军编成内）。此后，施特雷克尔将军的第11军负责守卫包围圈北部防线东半部和至关重要的东北部防线，该防线从博罗德金东延至斯巴达诺夫卡村。这番重组起初将哈特曼将军的第71步兵师从第51军转隶第4军，但保卢斯随后撤销了这道命令，仍把第71步兵师留给赛德利茨军。赛德利茨也调整麾下部队，先是从第71步兵师第191团抽调一个营加强第79步兵师，尔后又将遭到严重削弱的第79步兵师并入同样实力不济但更具规模的第305步兵师。

部队重组的下一步发生在12月30日12点，保卢斯把海茨将军第8军辖下的第376步兵师调给胡贝将军的第14装甲军。[10]但是，这一调动的附带条件是，胡贝必须交换第29摩步师和第376步兵师的防区，从而加强第14装甲军从马里诺夫卡北延至哥萨克坟堆的西部防线。最终，截至1月5日，实力较弱的第376步兵师进入卡尔波夫卡东南面，沿切尔夫连纳亚河构设的更强大的防御中，而实力较强的第29摩步师和第8军第44步兵师据守集团军较为脆弱的西部防线。这番措施极大加强了第6集团军西部防线的防御（参见地图65和副卷附录15B）。

第14装甲军右翼，第376步兵师的7个"耗尽"营只相当于3个营（1个中等、1个虚弱、1个耗尽），被第29摩步师的5个营（1个强、4个中强）接替。与此同时，第44步兵师防区内的激烈战斗迫使第8军从第76和第113步兵师各抽调一个营加强该师，并以第268团第2营[①]充当第44步兵师预备队。这些和另一些措施还加强了第6集团军西部防线的装甲力量——从12月30日的42辆坦克和19辆突击炮增加到1月9日的60辆坦克和16辆突击炮。虽然守卫该防区的作战营数量略有下降，但战斗力明显增强。当然，由于第6集团军的作战兵力并未发生变化，一个防区实力的增强意味着另一个防区实力的削弱。在目前情况下，遭削弱的防区是包围圈南部防线（参见副卷附录15C）。

---

① 译注：隶属第113步兵师。

444

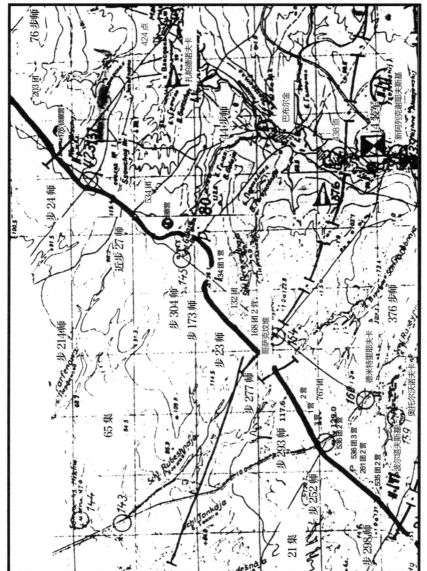

地图 65 斯大林格勒包围圈西部战线，1943 年 1 月 2 日

　　第6集团军防御的最大变化，是将第29摩步师从南部防线的卡尔波夫卡地域调至西部防线，这自然削弱了卡尔波夫卡东南面的防御。至1月9日，第11和第51军的防御力量基本未发生变化。另外，第6集团军设法组建起一支小股预备队，编有第14装甲师第36装甲团和第160装甲营，约18辆坦克，部署在卡尔波夫卡东北方11公里处的杜比宁斯基地域。从这个中央位置，拉特曼上校可以顾及整个包围圈，以确保保卢斯的命令得到执行。当然，苏军1月3日至6日对第8军第44步兵师的进攻迫使第6集团军消耗了大部分预备队，辖内各军充其量只有些局部预备队，通常没有任何预备力量。

　　第6集团军竭力克服作战兵力的短缺时，还必须解决装甲力量不断下降的问题，这种下降不仅仅因为战斗消耗，还源于零配件和燃料的严重缺乏。面对这些挑战，集团军维修人员奇迹般地保持了装甲部队基本完好（参见副卷附录15D）。基于第6集团军辖内各军零星报告的一份统计表明，集团军装甲力量从12月24的159辆战车（122辆坦克和37辆突击炮）稳步下降至12月28日的147辆（103辆坦克和44辆突击炮）、1月4日的125辆（94辆坦克和31辆突击炮）、1月9日的124辆（102辆坦克和22辆突击炮）。[11]这段时期，装甲力量的消耗少得惊人，这充分证明了集团军维修体系及维修人员的效能。但到这段时期结束时，燃料和零配件的短缺使第6集团军的军长和师长们别无选择，只能将他们的坦克半埋入地下充当碉堡。更糟糕的是，此时，集团军预备队掌握的少量坦克已无法开动。[12]

　　顿河方面军1月10日发起进攻后，战斗消耗导致第6集团军的坦克和突击炮数量急剧下降。例如，经过前三天的战斗，第11军1月13日晚些时候报告，第16和第24装甲师的坦克数量从32辆降至9辆，四号坦克只剩1辆。[13]第14装甲军同样如此，第3和第29摩步师1月9日分别有22、24辆坦克，11日日终时只剩5、11辆坦克。[14]该军"弗里德里希"战斗群的5辆坦克想必已在前两天的战斗中消耗殆尽。最后，1月12日日终时，第4军报告，5辆坦克折损3辆。[15]此后，燃料的短缺使这些坦克变得无关紧要，因为它们在各自所处的战场上成为了无法移动的碉堡。

　　在缺乏坦克和突击炮的情况下，第6集团军最重要的武器是无处不在的反坦克炮，既可以对付敌坦克，也可以打击敌步兵。因此，集团军密切留意着各师、各军可用的反坦克炮和88毫米高射炮的数量，事实证明，对付敌人的坦克时，88炮不可或缺。反坦克炮的主要优势是，不需要大量零配件来保持其可用性，也无需燃料驱动。与坦克、突击炮的情况一样，苏军1月10日发起进攻前，第6集团军所有防区内，各个师掌握的反坦克炮数量都很不错。

大致数字是，第6集团军1942年12月17日共有317门反坦克炮和步兵炮，1943年1月4日有315门，1月9日尚有309门。可是，苏军1月10日发起进攻后，反坦克炮和步兵炮的数量降至1月12日和13日的102门左右。[16]这种急剧下降反映出苏军的攻势对第6集团军残余力量造成的破坏。

第6集团军1月10日前成功保持住他们的反坦克炮数量，这一事实解释了苏军1942年12月中旬至1943年1月9日难以取得突破并守住已夺取地盘的原因。第8军（特别是该军辖下的第44步兵师）反坦克炮数量的严重下降也说明了这段时期战斗最为激烈的地段——具体说来，就是第6集团军西部防线。不过，以第29摩步师接替第376步兵师的决定弥补了德军在该地域反坦克炮的损失。但比这些数字更加重要的是，可用的弹药量决定了反坦克炮的效能，因此，反坦克炮弹短缺是最令人担心的问题。

顿河方面军1月10日发起进攻后，第8军和第14装甲军损失的反坦克炮最多。这是因为经过数日激战，进攻中的苏军打垮了这两个军的防御，德军随之而来的退却比过去更加无序。但是，后撤中的德军采取了一切措施挽救他们的反坦克炮。

## 后勤：补给、口粮和空运再补给

被围困期间，后勤问题仍是第6集团军的"阿喀琉斯之踵"。虽然希特勒和曼施泰因一再向保卢斯保证，空运能够满足他的需求，但这些承诺落了空。空运交付量依然断断续续，主要是运输机数量不足、飞行条件恶劣、至关重要的塔钦斯卡亚机场丢失数日、敌战斗机和防空炮火造成的飞机损失所致。即便有足够的运输机飞抵皮托姆尼克机场，交付的补给吨位也太少，无法维系第6集团军（参见副卷附录15F）。这方面的一个例子是，第6集团军的记录表明，1月1日至9日，德国空军共计620架次飞抵斯大林格勒机场，平均每天69架次。虽然记录中未指明运抵的吨位数，但日最大运载量只有323吨，日均运载量仅为158吨，[17]远远低于维持第6集团军生存的最低需求量。

保卢斯和他的参谋人员向上级汇报了补给的不足，但无济于事。虽然德国空军设法组织起飞往斯大林格勒的运输机编队，但1月份头10天，100架次以上的只有一天。这导致第6集团军与上级部门进行了一场饶有趣味的交谈，生动说明了被围集团军越来越强烈的沮丧之情。

1月份到来时，第8航空军以一封简短的电文向第6集团军保证："新的一年里，为正勉力求生的集团军提供支援是我们义不容辞的职责。"[18]但这并不意味着好兆头，次日，没有一架运输机飞抵包围圈。1月4日7点，第6集团军军需长报告，前一天下午17点至当日晨6点，64架Ju-52运输机飞抵，运到25立方米物资和107吨食物，其中包括65吨面包。但报告指出，这些补给只够集团军的每日面包量和1月4日的午饭口粮配给。[19]

第6集团军作训处长在1月5日18点15分发给"顿河"集团军群的每日报告中提及令人震惊的补给问题："1月4日17点至1月5日17点，只运抵129吨补给。食物供应和部队的状况越来越糟糕。关键物资和弹药的储备正发生危险的下降。"[20]这份报告发出后，保卢斯也发了一封电报给曼施泰因："补给不足导致要塞的战斗力逐渐下降……尽管有各种保证，但飞抵的运输机并未达到足够的规模。"[21]1月8日晚些时候，这些交流随着一份食物情况评估达到高潮，该评估强调了空运的不足：

1月8日我们只有一部分缩减的口粮，因此，1月7日17点至1月8日17点，我们从飞抵要塞的运输机获得了：

20吨面包

5.9吨蔬菜

3吨黄油

0.2吨晚餐点心

2.6吨糖

已下达命令：

即便我们能为部队提供补给和分配，从1月9日起，每个人也只能得到：

75克面包

24克蔬菜

200克马肉

12克黄油

9克酒

1支香烟[22]

保卢斯将军已于12月23日指出，在冬季条件下作战的士兵每天需要2500卡路里维生，这相当于500克面包、90克肉、100克蔬菜、50克黄油和15克酒。截至11月中旬，他的士兵每天只获得约1500卡路里，到12月8日，他们靠每天200克面包和另外一些食物度日，仅相当于约1000卡路里。[23]12月31日，口粮下降至每天80克面包，已不足1000卡路里。保卢斯下令1月9日起执行新的口粮配给标准，每天仅有75克面包，但通过宰杀集团军的马匹，马肉的配给量有所增加，可是，每天的热量仍少于1000卡路里。1月初，保卢斯集团军显然已陷入饥饿状态。如果说稍有安慰的话，那就是在战线对面，崔可夫12月31日向上级报告，他的部下靠每天100克口粮维生。

随着补给量的下降和苏军进攻力度的加强，第6集团军的士气急转直下。12月中旬发生的一件事深刻地说明了这个问题。一位步兵营营长因作战英勇获得骑士铁十字勋章，除了勋章，保卢斯还送上一条面包和一听鲱鱼罐头，这份礼物比最高级别的勋章更加珍贵。[24]在这种情况下，即便士兵们仍具备相当强的防御能力，也会因伤亡情况而灰心丧气。由于缺乏马匹和燃料，重武器无法移动，这也影响德军的防御。

如果说德军士兵忍受着补给匮乏之苦，那么，苏军的状况也好不到哪里去，特别是在斯大林格勒工厂区的废墟中，在那里，死亡常伴左右。瓦西里·索洛莫诺维奇·格罗斯曼是一位小说家，也是红军《红星报》的记者，他描述了斯大林格勒城内的状况：

伏尔加河12月16日冻结，被炸毁的驳船躺在那里，已冻成冰块……现在的战斗是一场间歇长久而又激烈的冲突；充斥于伏尔加河周围的各种轰鸣已然消失……［城内］德国人钻入深洞和石窟——他们爬进混凝土水箱、水井和污水管，进入地下隧道。只有精确瞄准的炮弹或铝热弹才能打击到他们。

　　此时是早晨。阳光照耀着工厂内的石头废墟，这些厂区已成为各个团和师的战场。阳光照亮了1吨重的炸弹造成的巨大弹坑的边缘。这些弹坑的底部黝黑吓人，阳光照不到下面。但光线还是穿过工厂烟囱上的孔洞，洒落在编组场，这里的一个个蓄水池像肚皮撕裂的死马那样躺着，数百辆卡车堆叠在一起……阳光洒在工厂长满红锈、扭曲的金属大梁上，也落在我方士兵的集体墓地，他们牺牲在敌军主要突击地域。现在，这些墓地上已竖立起一些临时做成的纪念碑。[25]

　　这就是数千名德军和红军士兵赖以生存的可怕条件，每天都有数百人死在这里。

## 初步行动

### 斯大林格勒包围圈

　　顿河方面军1943年头九天遂行的军事行动有两个意图。第一，进一步削弱第6集团军的防御，为歼灭该集团军的"指环"行动创造更加有利的条件。第二，这些行动（特别是诸多战斗侦察）力图弄清德军防御状况，为大规模炮火准备确定更多目标，并掩饰计划中的主要突击地域。因此，这些行动中的大多数是突袭、目标有限的进攻以及在尽可能多的地域遂行战斗侦察。但这种模式在1月6日晚些时候突然发生变化，顿河方面军第65和第66集团军发起猛烈突击，夺得一些地盘，并导致第6集团军的伤亡急剧攀升。奇怪的是，红军总参谋部的每日作战概要故意忽略了这些行动。

　　起初，从1月1日至9日，红军总参谋部的每日作战概要雷同得有些单调，并指出只有1月4日、6日和8日的具体行动值得一提（参见副卷附录15G）。1月份头三天围绕第6集团军包围圈周边展开的战斗较为轻微，这是因为顿河方面军辖内诸集团军将他们的行动限制在为进攻夺取更有利的出发阵地，他们偶尔实施侦察突袭和巡逻，以确定德国人的防御力量，并以火炮和迫击炮与敌人交火。此时，第6集团军各位军长不得不特别注意节省他们的弹药消耗。例如，第51军军长赛德利茨将军12月31日报告第6集团军，第51和第11军的弹药储备少得危险，在任何情况下都必须节约弹药，除非苏军发起大规模进攻。步兵炮炮弹储量降至15%~30%，火箭炮炮弹降至23%~28%，各种榴弹炮炮弹降至27%~33%。这就意味着必须将每日弹药消耗量限制在1200枚手榴弹、240发轻型步兵炮炮弹、50发重型步兵炮炮弹、150—360发各种口径榴弹炮炮弹。燃料短缺限制了汽油的分配，12月29日和30日分别为5、6立方米，柴油每天分配200升。这位军长在报告结尾处指出，已减少非作战士兵的每日面包定量，以保持作战士兵的体力。[26]

1月份头九天，顿河方面军诸集团军故意围绕第6集团军整个防御周边展开巡逻和侦察突袭，以免暴露1月10日主要突击的计划发起地。尽管这些战斗都很轻微，但第6集团军的每日伤亡仍高达300—560人，最大的伤亡发生在据守集团军西部防线的第44步兵师，以及在"红十月"和"街垒"厂及其周边苦战的第79、第305步兵师（参见副卷附录15H）。值得注意的另一点是，虽然温度有所上升（经过那么多天的酷寒后，这是个深受欢迎的变化），但保卢斯集团军的冻伤损失1月1日飙升至60多人，2日和3日分别超过30、20人。大多数冻伤发生在据守西部防线的第44步兵师和守卫东北部防线的第16装甲师。

经过较为平静的三天后，1月4日，顿河方面军发起一轮目标有限的突击，旨在改善1月10日的进攻出发阵地（参见地图66和副卷附录15G）。奇斯佳科夫第21集团军投入步兵第277和第293师营级突击群，对德军设在德米特里耶夫卡西北方1公里、129.0高地（158标记点）的防御发起冲击。第21集团军左侧，巴托夫第65集团军辖下的步兵第23师攻向德军设在德米特里耶夫卡以北3公里、117.6高地的防御。最后，在方面军最左翼，扎多夫第66集团军辖下的步兵第116师对德军设在奥尔洛夫卡西北方3公里、147.6高地的防御遂行进攻。[27]第21集团军两个步兵师的营级突击群在129.0高地附近发起的冲击被德军轻松击退，这是因为第29摩步师第29摩托车、第29工兵营刚刚从第376步兵师第535和第536团两个虚弱步兵营手中接管了高地的防御。东北方几公里处，第65集团军步兵第23师以营级兵力对117.6高地发起突击，结果遭遇到德军第29摩步师第15摩步团第2营，该营刚刚接替第376步兵师的两个营。[28]这个新锐营轻而易举地击退了苏军的冲击。尽管第29摩步师较为轻松地挫败了苏军的两场

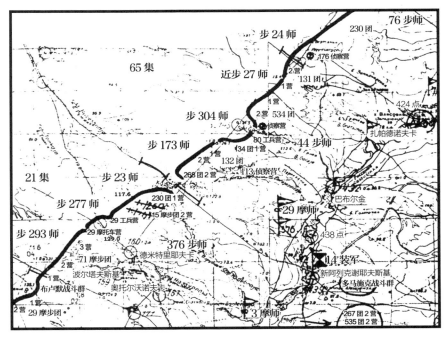

地图 66 斯大林格勒包围圈西部战线，1943 年 1 月 5 日

试探性进攻，但该师报告，1月4日伤亡25人，1月5日又伤亡72人。[29]同样，第6集团军证实第16装甲师毫不费力地挫败了苏军第66集团军对147.6高地发起的冲击，苏军投入约200人，并获得猛烈炮火的支援。[30]第16装甲师为此付出的代价是1月4日伤亡20人，1月5日伤亡74人，1月6日又伤亡49人。[31]

　　尽管第6集团军的防御非常牢固，但战斗的激烈程度足以使OKH在1月7日指出："**第6集团军**遏止了突入第16装甲师和第29摩步师防区之敌，但无法将对方逐回。敌人反复发起的冲击已被击退。"[32]不过，这三天里，上级部门最担心的是第6集团军迅速恶化的弹药状况。针对赛德利茨和保卢斯的担忧，OKH在1月6日的作战概要中特地指出该集团军的弹药危机："**东线：**斯大林格勒地域各部队的补给和状况发生恶化，燃料和弹药的情况岌岌可危……斯大林格勒获得的补给如下：1月4日——约250吨；1月6日——45吨。各部队的状况正在恶化。"[33]

然而，类似的空运模式仍保持不变。1月2日没有交付任何物资、1月3日只交付少量物资后，德国空军于1月4日设法投入了143架次，1月5日又投入了70架次，分别交付了210吨、129吨补给。此后，德国空军投入的架次再度迅速下降——1月6日35架次，1月7日52架次，1月8日55架次（参见副卷附录15F）。

经过1月份头五天相对平静的战场态势后，苏军于1月6日晚些时候发起大规模进攻，一直持续到8日。这些行动大多并未成功到在红军总参谋部的每日作战概要中占据篇幅的地步。

苏军加强活动的第一个迹象出现在1月6日15点40分，第11军向第6集团军司令部报告，进攻中的敌军（显然是步兵第116师）在第16装甲师位于147.6高地附近的防区打开一个300—400米宽的缺口——第16装甲师无力封闭这个缺口（参见地图67）。[34]这份报告勾勒出一条新战线，并指出"施普林格"炮兵战斗群、第79摩步团第2营和第276步兵团第2营（第13、第14连）在战斗中消耗殆尽。几小时后，第11军又报告，第16装甲师在战斗中伤亡50人（3人阵亡、46人负伤、1人失踪），缺口仍未封闭。[35]

几乎就在第11军提交报告的同时，第8军16点50分称，苏军正对第44步兵师位于126.1高地附近和北面数公里1号国营农场西部边缘的第132、第131步兵团发起强有力的战斗侦察。[36]20点45分，该军再度发来报告，称第131步兵团的"原防线已落入敌军手中"，第534步兵团的一个营正设法封闭这场突破。[37]次日清晨，第8军宣布第44步兵师损失90人——19人阵亡、66人负伤、5人失踪。遂行进攻的苏军很可能是第65集团军辖下的步兵第214师。[38]

虽然红军总参谋部1月7日的每日作战概要表明，顿河方面军作战地域内几乎未发生战斗，但德军第44步兵师据守的第6集团军西部防线和第16装甲师守卫的东北部防线上，激烈的战斗仍在持续。例如，第8军在5点45分提交的晨报中称，第534步兵团已逼近1号国营农场西面的战线，但该团原先的防线仍在敌人手中——尽管苏军的损失相当惨重。这一次，第8军承认敌人投入了坦克，将第44步兵师防区上的缺口扩大至1.5公里宽。海茨军不得不将第177突击炮营的少量突击炮投入战斗，并命令第76和第113步兵师投入一个营，加强第44步兵师第131团摇摇欲坠的防御。[39]

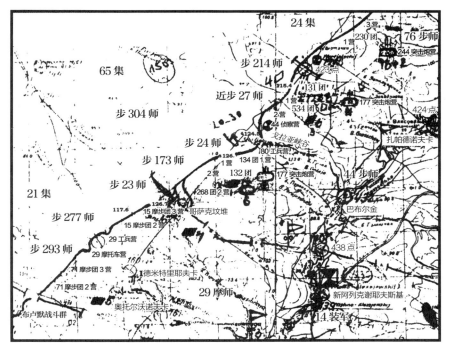

地图 67 斯大林格勒包围圈西部战线，1943 年 1 月 6 日

就在第8军防区的态势恶化之际，该军16点30分向第6集团军司令部报告，敌人先前发起的进攻，投入的并非营级，而是团级兵力，除在该军主防线撕开个大缺口外，还攻占了115.4高地。更糟糕的是，该军报告，苏军另一股营级兵力目前正在北面数公里处的124.5高地附近遂行进攻。[40]因此，第8军加强了增援部队，第113步兵师第260团第1营、第76步兵师第203团第2营、第14装甲师第36装甲团一部、第160装甲营、"朗根塔尔"装甲歼击支队和第244、第177突击炮营的突击炮正赶往第44步兵师遭受威胁的防区。除步兵外，这些援兵还包括23辆突击/步兵炮、24辆坦克和7门反坦克炮，几乎就是海茨军的全部装甲力量。第6集团军1月7日18点05分向"顿河"集团军群总结当日战况时承认，"敌人以坦克对西部防线（第44步兵师右翼）发起的猛攻"已在德军防线达成突破，但又表示援兵很可能遏止这场突破。[41]

正如红军总参谋部最终承认的那样，德军第44步兵师防区内的激战1月8日持续了一整天，第8军试图以从其他地带抽调的援兵组织一场反突击（参见地图68）。尽管第8军付出最大努力，但进攻中的苏军牢牢控制住既得战果，包括115.4高地和该筑垒高地东面，第44步兵师原主防线上一个1.5公里宽、500米深的突破口。[42]继1月6日伤亡130人、1月7日伤亡182人后，第44步兵师1月8日又伤亡168人。[43]因此，到1月8日黄昏时，这个著名的"最高条顿骑士团团长"师在三天战斗中折损480人，几乎相当于两个实力受损的步兵营。1月8日16点40分，第8军终于识别出遂行进攻的苏军是第65集团军步兵第214师和近卫步兵第27师部分力量。[44]24小时后，德军第44步兵师将与这两个师再度交锋，但对方还投入另外五个师，这将是第44步兵师的最后一战。

第16装甲师防区内，147.6高地附近的战斗1月7日黄昏前突然结束，几乎与爆发时同样迅速。第16装甲师1月6日伤亡63人、1月7日伤亡116人。此时，第11军已识别出进攻方为苏军第66集团军步兵第116和第226师。[45]这同样仅仅是一场更大规模战斗的序幕。OKH以简短的评论记录下1月6日至8日这场激烈的战斗："敌人在第6集团军防区达成的突破已被遏止。"[46]

顿河方面军第21、第65、第66集团军1月6日至9日的猛烈突击是刻意为之。他们的目的是在主要突击地域前方为即将发起的进攻夺取关键地段，削弱主要突击地域前方的德军防御，迫使德国人将他们掌握的所有预备队投入战斗。苏军的进攻实现了这三个目的。截至1月9日日终时，第65集团军辖内部队已攻占126.1和115.4高地，第66集团军控制了147.6高地接近地的大部分地盘。这些进攻还重创了第44步兵师和第16装甲师，并消耗了第8和第11军寥寥无几、尚未委派任务的预备队。1月9日，苏军进行了一些调整，并未发起大规模进攻，而德国人基于以往的经验，本以为对方会再度发起冲击。顿河方面军辖内诸集团军等候了24小时，1月10发起的猛烈突击令德军猝不及防。

为强化德国人对苏军即将发起进攻的预期，1月8日，罗科索夫斯基给包围圈内的第6集团军发去一份最后通牒，要求对方立即停止抵抗并投降（参见下文）。这份被德国人拒绝的最后通牒的送交时机，旨在让对方相信进攻将于次日发起。但1月9日，围绕第6集团军周边防线的战斗几乎完全平息下来。令人毛骨悚然的平静取代了前三天的激烈战斗，常见的侦察活动和偶尔发生的火

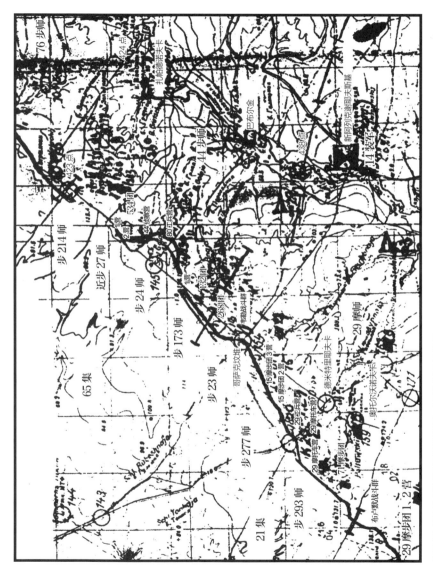

地图 68 斯大林格勒包围圈西部战线，1943 年 1 月 8 日

炮、迫击炮、机枪交火不时打断这种平静。根据第6集团军、"顿河"集团军群和OKH的记录，即将发生什么的唯一迹象是1月10日OKH的报告（苏军发起进攻后）："**东线：敌人加强了对斯大林格勒的炮击。**"[47]

## 斯大林格勒城内

顿河方面军六个集团军实施重组，准备"指环"行动时，崔可夫第62集团军也在调整和集结辖内部队，准备加入歼灭第6集团军的行动。可以理解的是，第62集团军的行动是罗科索夫斯基麾下其他集团军行动的写照。集结兵力时，第62集团军还力图削弱当面之敌，并以其惯用的、混合了残酷和绝望的打法为即将发起的进攻改善己方出发阵地（参见副卷附录19J）。

虽然第62集团军在"指环"行动中的作用说起来很简单，但执行起来相当困难，因为该集团军的力量实在太弱。实际上，崔可夫1942年12月26日20点47分下达的223号令要求辖内部队在整个"指环"行动期间继续战斗。简单说来，这道命令要求第62集团军将大部分已做好战斗准备的部队集结在4公里宽的地域内，这片地域从102.0高地（马马耶夫岗）向北延伸，跨过班内峡谷，沿"红十月"厂西部边缘至"街垒"厂南缘。这些部队将穿过"红十月"厂工人新村向西突击，夺取107.5高地，与顿河方面军从北面、西南和南面攻向斯大林格勒的诸集团军会合。突击部队从左至右排列，编有步兵第284师、独立步兵第92旅、近卫步兵第39和步兵第45师，步兵第95师稍后将在右翼投入战斗。

进攻发起前的9天里，第62集团军主要忙于防御、改善阵地、遂行侦察、设法消灭敌火力点和暗堡，1月7日至9日，他们还占领并守住了一些独立建筑物和更有利的出发阵地。这就意味着夺取102.0高地（马马耶夫岗）顶峰，肃清盘踞在"红十月"厂剩余部分和北面该厂与"街垒"厂之间地带的德军，并在"红十月"厂西面沿南北向的公路和铁路线（或与之平行的地带）构设主攻出发阵地。

城内这段时期的大多数战斗取得的战果微乎其微（对斯大林格勒城内每日战斗所做的简要描述，可参阅副卷附录19K，基于第62集团军各兵团的作战日志和第51军发给第6集团军的每日报告）。应当记住的是，1942年11月和12月的大多数时候，第51军辖内各师的实力仅相当于一个虚弱的团，而各团实力已缩减为两个极度虚弱的营。第62集团军辖内各师、旅、团同样实力不足，他们只将少量人员和装备留在城内，其他人员和大部分炮兵及后勤单位都在伏尔加河东岸。

城内经历了9天相对较轻、基本无关紧要的战斗后，1月9日23点，崔可夫将军向麾下各兵团下达了2号令（参见副卷附录19J）。这道命令宣布进攻发起时间为1月10日9点（一场短暂的炮火准备之后），并为各兵团分配了任务（与223号令基本相同）：

·步兵第95师——沿钢铁大街突破敌防御，向普罗卡特纳亚大街发起主要突击，日终前夺取图皮科瓦亚大街至北大街与哥萨克大街交叉口的阵地。你们的左翼应做好1月11日发展进攻的准备，前出至钢铁大街与图皮科瓦亚大街交叉口至卡卢日卡大街和公墓北面的无名峡谷，防线正面向北。

·步兵第45师——在斯塔尼奇内大街至波德戈尔纳亚大街这片地域突破敌防御，沿中央大街遂行主要突击，夺取哥萨克大街街口至奥恰科夫大街、公社大街西侧和"红十月"厂工人新村北郊一线的阵地。

·近卫步兵第39师——以近卫步兵第112、第117团发起进攻，突破敌人设在中央大街至旋转大街一线的防御，歼灭敌人，并于15点前将其残部逐向城市西郊［"红十月"厂工人新村西南角］。

·独立步兵第92旅——在旋转大街南至班内峡谷这片地域遂行突击，突破敌军防御，歼灭其有生力量，将其残部向西逐往奥夫拉日纳亚村。

·步兵第284师——以三个团并排发起冲击，突破敌人设在马马耶夫岗的防御，歼灭敌军，日终前夺取102.0高地和马马耶夫岗。[48]

## 第6集团军的损失

与去年秋季在斯大林格勒城内遭受的战斗伤亡相比，保卢斯集团军1月1日至9日的损失相对较轻。平均而言，集团军每日损失474人，有四天伤亡超过500人，超过700人的只有一天（参见副卷附录15H）。总体而言（不包括第4军伤亡数，该军未上报），第6集团军在这段时期阵亡和负伤总数达4265人。一般说来，赛德利茨军的伤亡比其他军更大，只有1月3日和6日至8日例外，这是因为保卢斯西部防线爆发了激烈的局部战斗。这表明罗科索夫斯基"削弱"该地域德军防御的行动取得了一些成果。

算上1月1日至9日遭受的伤亡，截至1月9日日终时，第6集团军总兵力降至197034人，外加5502名伤员。[49]苏联人先前估计顿河方面军面对着19万德军，这个数字与之非常接近。待顿河方面军1月10日发起"指环"行动后，第6集团军不再向上级提交伤亡报告，主要是因为其防御已崩溃，伤亡数比前几天增加了十倍。

可是，如果仔细查看第51军的损失（第6集团军现存文件中对此有清楚的记录），就会发现这些数字生动说明了战斗消耗是如何削弱一个集团军的（总损失和估计的非战斗损失可参见副卷附录15I和15J）。在此期间，第51军辖内许多师彻底耗尽了战斗力，导致他们只能在各个师之间来回调动各个营，甚至是团，并训练后勤和行政人员，以便派他们履行作战任务。例如，据守"街垒"厂地域的第305步兵师，前线作战兵力从11月16日的2915人降至12月16日的1043人。12月25日，柳德尼科夫上校抗击该师的步兵第138师确认了这个数字，估计第305步兵师作战兵力为1050—1200人，每个团只有350—400人。[50]此后，截至1月9日，第305步兵师又伤亡1235人，迫使该师和第51军将非作战人员纳入作战部队，1月8日又将第79步兵师大部并入第305师。1月6日，根据保卢斯的指示将行政和后勤人员编入前线作战部队后，第51军为辖内各师弄到4088名补充兵（47名军官、2名行政官员、624名军士和3415名士兵），其中719人（11名军官、131名军士、577名士兵）调拨给第305步兵师。[51]

另一个例子是第79步兵师，该师据守着"红十月"厂和北延至面包厂的地域，11月16日共计4304名作战士兵，到12月16日，前线阵地只剩2099人。12月17日至1月9日，该师损失930人，迫使第51军12月30日以第71步兵师第191团第3营加强该师。[52]1月8日加入第305步兵师前，赛德利茨1月6日将行政和后勤人员编入前线作战部队的命令很可能使该师获得500多名作战士兵。

因此，第51军在斯大林格勒城内战斗的六个师，12月16日的作战兵力总数为7727人，但截至1月9日共伤亡3378人，使其作战兵力降至约4300人。不过，赛德利茨1月6日下达的命令弄到4000多名补充兵，弥补了大部分损失，并使五个师（第79步兵师并入第305师后）的前线作战兵力保持在7500人左右。[53]

相比之下，崔可夫第62集团军的总兵力从1942年11月20日的41199人降至1943年1月9日的26480人。虽然辖内各师、各旅的兵力报告零零碎碎，但其作战兵力很可能至少是其总兵力的一半，约13000人。不过，与10月、11月和12月的做法相同，每个师和旅只以部分士兵从事城内的战斗。另外，他们只把刚刚够用的补充兵投入战斗，以维持前线作战力量，具体如下：

| | |
|---|---|
| "戈罗霍夫"集群 | 1500—2000人 |
| 步兵第138师 | 800—900人 |
| 步兵第95师 | 250—300人 |
| 步兵第45师 | 300—350人 |
| 近卫步兵第39师 | 350—500人 |
| 步兵第92旅 | 450—600人 |
| 步兵第284师 | 900—1000人 |
| 近卫步兵第13师 | 800—1000人 |
| 第156筑垒地域 | 500—1000人 |
| **总计** | 5850—7700人 |

这就意味着马马耶夫岗和城内工厂区的战斗与秋季时同样激烈、血腥。在这片布满半毁建筑物和机械设备的战场上，双方以营和连，而不是师和团组建的突击群或防御战斗群展开近距离厮杀，通常以白刃战夺取或守卫建筑区、街区内的独立建筑物、建筑物内的房间或楼层、暗堡、战壕线或散兵坑。在这场角逐中，谁都不会手下留情。

## 准备"指环"行动
### 顿河方面军的最终计划
#### 任务和作战编成

保卢斯第6集团军击退苏军的试探和破坏性进攻，并为长期围困加强防御之际，罗科索夫斯基顿河方面军在红军高级炮兵指挥员兼最高统帅部代表沃罗诺夫的密切监督下，最后修订"指环"行动计划。沃罗诺夫12月27日将新进攻计划的第一稿呈交最高统帅部（参见副卷附录14R）。该计划要求顿河方面军第65集团军，在第24集团军右翼和第21集团军左翼支援下，于1月10日晨发起方面军的主要突击。这场进攻将从20公里宽的作战地域发起，从131.7高地北延至122.9高地，据守第6集团军西部防线这片区域的是第14装甲军第376步兵师和第8军第44步兵师。

进攻由西向东遂行，第24、第65、第21集团军的部队将突破德军防御，向东南方进击，穿过罗索什卡河谷的巴布尔金，然后转向正东面，直扑"红十月"厂工人新村，将第6集团军包围圈切为两段，再以零打碎敲的方式歼灭保卢斯的部队。另外，顿河方面军第66集团军和斯大林格勒方面军第57、第64集团军将遂行辅助突击——前者从奥尔洛夫卡西北地域攻向西南方的古姆拉克机场，后者沿切尔夫连纳亚河东西两岸向北攻击前进（参见地图69）。可是，由于顿河方面军辖内大多数步兵师的实力仅为40%~60%，每个师只有4500—5500人，最高统帅部12月28日指示沃罗诺夫修改他的计划，将第66集团军的辅助突击改为向南攻往"红十月"厂新村。鉴于顿河方面军兵力不足，最高统帅部还建议，各突击部队应以炮兵粉碎第6集团军的防御，而不是靠坦克和步兵从事这项致命的任务。为此，最高统帅部为罗科索夫斯基方面军调拨了大批火炮和20000名补充兵。[54]

这些援兵，再加上顿河方面军12月28日前获得的补充兵，使方面军辖内各师的平均兵力从4900人增加至5900人，而第65集团军各步兵师加强到7000人左右。[55]为了集中指挥和控制遂行进攻的部队，12月30日，最高统帅部将斯大林格勒方面军第62、第64、第57集团军转隶罗科索夫斯基顿河方面军，并把叶廖缅科的斯大林格勒方面军更名为南方面军。

获得新指示和新锐部队及技术兵器后，沃罗诺夫调整了他的进攻计划。1月初，红军总情报局和顿河方面军情报处估计，第6集团军作战兵力为75550人，配备1997门各种口径的火炮、366门迫击炮、6881挺机枪、34730支自动武器（主要是冲锋枪）、245辆坦克和突击炮。[56]这种估计主要基于对德军战俘的审问，实际上夸大了第6集团军的作战力量，据保卢斯称，该集团军的作战兵力只有25000人。但这份评估也令人难以置信地低估了保卢斯集团军的总兵力，第6集团军当时尚有197000名官兵。有趣的是，包围圈的战斗结束后，红军总参谋部修改了他们的评估, 将保卢斯集团军的总兵力增加到约19万人, 令人惊讶的是, 这与197034名德军官兵的准确数字相当接近。[57]装甲力量方面, 苏联情报部门估计的245辆坦克和突击炮虽说仍有些夸大, 但比战后苏联和俄罗斯资料所称的300辆战车更接近于第6集团军报告的124辆坦克/突击炮这个真实数字。[58]

沃罗诺夫与罗科索夫斯基和他麾下各集团军司令员密切配合, 根据这些德军兵力评估、第6集团军防御类型和实力、冬季气候及第6集团军包围圈及其周边平坦、毫无树木的地形来修订最终计划。[59]1月3日修改完毕后, 该计划要求顿河方面军主力突击群（第65、第24、第21集团军）进攻并歼灭盘踞在斯大林格勒包围圈西部和西南部三分之一处的德军, 并在行动第三日结束前到达从122.9高地向南, 经扎帕德诺夫卡、135.6高地、锡涅奥科夫斯基（Sineokovskii）、巴萨尔吉诺车站至戈尔纳亚波利亚纳国营农场1号地区一线。这场大规模突击的目的是为尔后冲往"街垒"厂、"红十月"厂新村并最终歼灭整个第6集团军创造有利条件。

巴托夫将军的第65集团军部署在方面军主力突击群中央, 德国第8军第44步兵师对面, 该集团军将向东南方攻往新罗加奇克, 并与第21、第64、第57集团军突击群相配合, 歼灭盘踞在罗索什卡河以西之敌。奇斯佳科夫将军的第21集团军辖内部队集结在集团军左翼、德国第14装甲军第29摩步师对面, 他们将在第65集团军右侧向东南方攻击前进, 歼灭包围圈西南部的敌军集团。加拉宁将军的第24集团军辖内部队集结在集团军右翼, 当面之敌为德国第8军第76步兵师, 他们将在第65集团军左翼发起冲击, 向北席卷德军防御, 并掩护巴托夫左翼, 防范德军有可能发起的反突击。

顿河方面军第66、第62、第64集团军应采取"积极行动"牵制当面之敌, 防止对方沿方面军主要突击方向加强第6集团军的防御。方面军主力突击群向东推进时, 扎多夫第66集团军和托尔布欣第57集团军的突击群, 分别部署在第6集团军东北部和南部防线对面, 他们也将投入进攻, 扩大主力突击群的突破, 并将敌军逐向东面的斯大林格勒。尔后, 随着缺口进一步扩大, 第57集团军右侧, 舒米洛夫将军的第64集团军将向北、东北方发展胜利, 加大罗科索夫斯基的进攻力度。最后是斯大林格勒城内, 崔可夫将军的第62集团军将从马马耶夫岗、"红十月"厂、"街垒"厂南面和东面这些狭窄区域攻向107.5高地，将德国第51军的部队牵制在城内。

第66集团军司令员扎多夫将军决定从7公里宽的地域发起他的主要突击，这片作战地域从147.6高地向西北方延伸至139.7高地。为完成这项任务，扎多夫将编有步兵第99、第116师、步兵第124旅和步兵第226师的突击群部署在第一梯队，提供支援的近卫坦克第7团位于左翼，步兵第64师编为第二梯队。[60]第66集团军的进攻重点是德国人的422参照点和147.6高地附近，最终目标是斯大林格勒西郊的戈罗季谢村。扎多夫部队的当面之敌为德国第11军第16装甲师和第24装甲师左翼。

托尔布欣将军的第57集团军将其主要突击部署在切尔夫连纳亚河两岸6公里宽的地域上，该地域从克拉夫措夫南部接近地向东跨过切尔夫连纳亚河，直至111.6高地南部。突击群编有步兵第422和第38师，在河流西面和东面担任第一梯队，坦克第254旅和独立坦克第234团提供支援。他们的最初目标是德军设在克拉夫措夫和齐边科的支撑点，以及克拉夫措夫以北2公里的117.4高地。集团军将坦克第235旅留作第二梯队。托尔布欣突击群面对的是德国第4军第297步兵师左翼，如果他们成功达成突破并向西北方席卷德军防御，将面对德国第14装甲军虚弱的第376步兵师的最左翼。

最后，舒米洛夫将军的第64集团军将其主要突击部署在6公里宽的地域上，从111.6高地南面东延至叶尔希，突击群编有近卫步兵第36、步兵第204师、步兵第143旅和步兵第157师。这些部队从左至右部署为集团军第一梯队，坦克第90旅、独立坦克第35和第166团的51辆坦克提供支援。舒米洛夫将步兵第29师和海军步兵第154旅留作第二梯队，并以摩托化步兵第38旅担任预备队，以该旅担任快速部队，准备扩大突破。集团军辖内其他部队——包括海军步兵第66旅；步兵第169师；步兵第7军编成内的步兵第93、第97、第96旅；第77、第118筑垒地域从左至右部署在防御阵地上，这片防区从叶尔希向东北方延伸至库波罗斯诺耶南面的伏尔加河河段。[61]舒米洛夫突击群面对的是德国第4军第297步兵师的中央部队，包括罗马尼亚第82步兵团。

苏军最高统帅部1月4日批准了沃罗诺夫和罗科索夫斯基的进攻计划。这份计划将顿河方面军主力突击群编为单梯队战役布势，而遂行突击的各集团军

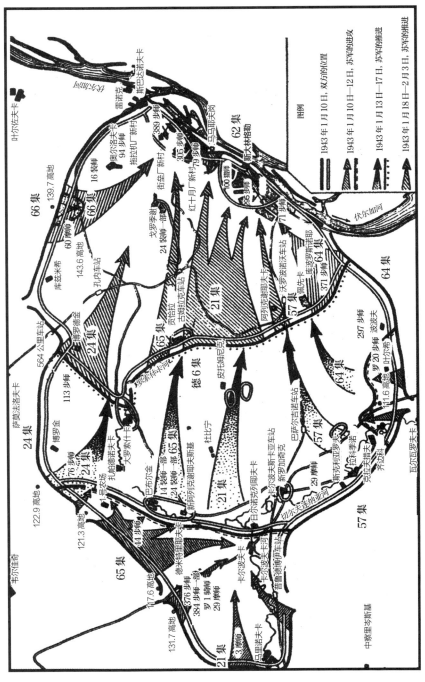

地图 69 顿河方面军的指环行动，1943 年 1 月 10 日—2 月 2 日

（崔可夫第62集团军除外）将他们的部队编为双梯队布势，并保留一支小股预备队（参见表11）。

如表11所示，沃罗诺夫的进攻计划为方面军和集团军主力突击群建立起明显的兵力优势，特别是遂行进攻的各集团军将第二梯队师部署在第一梯队后方仅2—7公里处。这就使指挥员们可以将这些后备师迅速投入战斗，加强突击部队的实力和战斗力，维持向敌纵深发展的进攻行动。因此，顿河方面军的主要突击由第65、第24、第21集团军突击群遂行，第一梯队投入10个步兵师，另外4个步兵师位于第二梯队，他们将在8个近卫坦克团138辆坦克支援下，对德国第8军第44步兵师和第14装甲军第29摩步师发起冲击，这股德军拥有32辆坦克和16辆突击炮。假设每个苏军步兵师的平均兵力为3500名作战步兵和工兵，就意味着50000多名步兵和140辆坦克将对第29摩步师和第44步兵师的防御实施打击，而这股德军1月9日的作战兵力约为10000名步兵、装甲掷弹兵和工兵，并获得48辆坦克/突击炮支援。

**表11：1943年1月10日，顿河方面军及辖内诸集团军在"指环"行动中的战役布势**

| 方面军/集团军 | 作战地域（公里） | | 梯队 | | 当面之敌 |
|---|---|---|---|---|---|
| | 总体 | 突破地段 | 第一梯队 | 第二梯队 | |
| 顿河方面军 | 170 | 43 | 第21、第65、第24、第66、第62、第64、第57集团军（264辆坦克） | — | 第6集团军（124辆坦克/突击炮） |
| 第21集团军 | 25—117.6高地至普鲁德博伊车站 | 4—117.6高地至131.7高地 | 近卫步兵第51、步兵第293、第277师、近卫坦克第1团、步兵第298、第96和近卫步兵第52师（18辆坦克） | 步兵第120师 | 第14装甲军第3摩步师、第29摩步师三分之二兵力 |
| 第65集团军 | 12—121.3高地至117.6高地 | 12—121.3高地至117.6高地 | 步兵第214、近卫步兵第27、步兵第24、第304、第173师、坦克第91旅、近卫坦克第5、第9、第10、第14、第15、第17团（111辆坦克） | 步兵第233、第252、第23师、坦克第91旅 | 第14装甲军第29摩步师三分之一兵力、第8军第44步兵师 |
| 第24集团军 | 35—库兹米希至121.3高地 | 4—122.9高地至121.2高地 | 第54筑垒地域、步兵第49、第273师、近卫坦克第8团（9辆坦克） | 步兵第260、第84师 | 第11军第60摩步师半数兵力、第8军第113、第76步兵师 |

| 方面军/集团军 | 作战地域（公里） | | 梯队 | | 当面之敌 |
|---|---|---|---|---|---|
| | 总体 | 突破地段 | 第一梯队 | 第二梯队 | |
| 第66集团军 | 25—斯巴达诺夫卡至库兹米希 | 7—147.5高地至137.8高地 | 步兵第149旅、第159筑垒地域、**步兵第116、第99师、步兵第124旅、步兵第266师、近卫坦克第7团、步兵第343师**（17辆坦克） | 步兵第299、第64师 | 第51军第389师、第11军第24、第16装甲师 |
| 第62集团军 | 22—库波罗斯诺耶至斯巴达诺夫卡 | 4—102.0高地至"街垒"厂 | 近卫步兵第13、**步兵第284师、步兵第92旅、近卫步兵第39、步兵第45、第95、第138师、第156筑垒地域**（3辆坦克） | — | 第51军第71、第295步兵师、第100猎兵师、第79、第305步兵师 |
| 第64集团军 | 25—111.5高地至库波罗斯诺耶 | 6—111.5高地至叶尔希 | 近卫步兵第36、步兵第204师、**步兵第143旅、步兵第157师、坦克第90旅、坦克第35、第166团、海军步兵第66旅、步兵第169师、步兵第93、第97、第96旅、第118、第77筑垒地域**（51辆坦克） | 步兵第29师、海军步兵第154旅、摩托化步兵第38旅 | 第4军第297步兵师三分之二兵力、第371步兵师 |
| 第57集团军 | 26—普鲁德博伊车站至111.5高地 | 6—克拉夫措夫至111.5高地 | 卫步兵第15师、第115筑垒地域、**步兵第422、第38师、坦克第254旅、坦克第189、第234团**（55辆坦克） | 坦克第235旅 | 14装甲军第376步兵师、第4军第297步兵师三分之一兵力 |
| 预备队 | | | 坦克第121旅、近卫坦克第2、第4、第6团（没有坦克） | | |

※ 资料来源：K.K. 罗科索夫斯基（主编），《伏尔加河畔的伟大胜利》，第435页；阿列克谢·伊萨耶夫，《斯大林格勒：伏尔加河后方没有我们的容身处》，第401—402页。

注：主力突击群各兵团和部队以粗体标出。

## 炮兵支援

如果说上述兵力对比还不够的话，那么，沃罗诺夫还组织了一场压倒性炮火打击防御中的德军。顿河方面军的进攻计划包括由一支令人印象深刻的支援炮兵实施的大规模炮兵进攻。例如，截至1月9日，方面军的支援炮兵包括50个最高统帅部预备队炮兵团、2个近卫迫击炮兵师（辖5个旅）、9个迫击炮兵团、17个反坦克歼击炮兵团，共计6860门火炮/迫击炮（76毫米口径或更大）、1323门反坦克炮和222门高射炮。[62]

"指环"行动将以连续的阶段进行。因此，进攻第一阶段，罗科索夫斯基集结起大多数火炮为各集团军主力突击群提供支援。他为第65集团军调拨了27个最高统帅部预备队炮兵团、4个重型近卫迫击炮兵旅（M–30）、9个近卫迫击炮兵团和5个反坦克歼击炮兵团，共计2428门火炮和迫击炮（76毫米口径或更大）、210门反坦克炮、58门高射炮。12公里宽的突击地域上，炮兵密度达每公里正面202门火炮和迫击炮，这种密度在这场战争中前所未见。[63]第65集团军右侧的第21集团军将在4公里宽的地段发起冲击，获得2个最高统帅部预备队炮兵团和3个近卫迫击炮兵团支援；第65集团军左侧的第24集团军，任务是在4公里宽的地段突破德军防御，获得1个最高统帅部预备队炮兵团、2个大威力炮兵营加强。而第64和第57集团军将在德国第6集团军南部防线12公里宽的突破地段发起进攻，获得12个最高统帅部预备队炮兵团、4个近卫迫击炮兵团（M–13）和1个重型近卫迫击炮兵旅（M–30）加强。最后是第66集团军，他们将在第6集团军东北部防线7公里宽的地段遂行突击，获得1个最高统帅部预备队炮兵团、1个迫击炮兵团和2个近卫迫击炮兵团支援。

为有效使用这股庞大的炮兵力量，顿河方面军和辖内诸集团军根据整个进攻行动所要完成的具体任务组织起各种不同的炮兵群。在最下一级，遂行突击的各个师组织起支援步兵的炮兵群（简称PP，为前进中的步兵团提供炮火支援）和支援全师的全般支援炮兵群。各集团军还组建了远战炮兵群（简称ADD），一般分为三个子群，每个子群都有自己的任务。例如，第65集团军第1炮兵群编有3个炮兵团，负责支援在集团军右翼遂行突击的步兵第173和第304师；第2炮兵群编有4个炮兵团，负责支援集团军中央地带的步兵第24和近卫步兵第27师；第3炮兵群编有2个炮兵团，负责支援在集团军左翼推进的步兵第214师。另外，第65集团军还组建了一个破坏炮兵群（简称AR），编有2个大威力炮兵团和4个重型近卫迫击炮兵旅。最后，第65集团军将反坦克歼击炮兵第1217和近卫迫击炮兵第313团留作预备队，应对敌人有可能发起的反突击或极其顽强的防御阵地。[64]

至于炮兵进攻，沃罗诺夫计划在方面军主要突击地域实施一场55分钟的炮火准备，具体如下：

·5分钟炮火急袭，打击敌防御前沿。

・30分钟炮火，摧毁或压制罗索什卡河纵深处（4—6公里）敌发射阵地。

・5分钟炮火急袭，打击敌防御前沿。

・10分钟延伸炮火，打击敌防御纵深。

・5分钟炮火急袭，打击敌防御前沿。

10分钟延伸炮火打击敌防御纵深的目的是让德国人误以为地面进攻即将发起，实际上，他们的防御前沿还将遭到5分钟密集炮火的打击。实施炮火准备的同时，第65集团军远战炮兵群设法打击、压制德国人部署在弗兹鲁布纳亚（Vzrubnaia）、佩列兹德纳亚（Pereezdnaia）、戈拉亚峡谷、1号国营农场、新阿列克谢耶夫斯基和巴布尔金的炮兵，并摧毁122.8、126.1、115.1高地附近和1号国营农场的德军筑垒阵地。[65]

地面突击发起后，将伴随有深达2公里的徐进弹幕和前进中的步兵、坦克队列射出的炮火。步兵到达罗索什卡河后，炮兵将为沿河（或河对岸）据守的步兵提供直瞄火力支援。但是，只有第65集团军能够组建自己的远战或破坏炮兵群，其他集团军的炮兵力量不足，无法做到这一点。以第62集团军为例，其炮兵部队仍驻扎在伏尔加河东岸和库波罗斯诺耶南面的第64集团军北部地区，伏尔加河区舰队也为该集团军提供了额外炮火支援。但由于河面结冰，区舰队的2艘炮艇、13艘装甲快艇和4艘搭载火炮的拖轮只能从固定位置开炮射击，其阵地从阿赫图巴河北延至斯韦特雷亚尔（Svetlyi Iar）。[66]

## 坦克力量的使用

由于苏军最高统帅部正将红军所有坦克、机械化和骑兵军投入苏联南部，以扩大向西的攻势，故而坦克在"指环"行动中只发挥次要作用。不过，最高统帅部还是为罗科索夫斯基方面军提供了足够的坦克，使其能够抗击第6集团军所剩无几的装甲力量并支援步兵。进攻发起时，顿河方面军的坦克力量包括5个独立坦克旅、15个独立坦克团（其中许多是近卫部队，配备的主要是重型坦克）、1个独立坦克营和1个独立坦克连。总的说来，顿河方面军拥有264辆坦克，包括110辆KV、72辆T-34、9辆T-60、51辆T-70、1辆三号和21辆四号坦克（各坦克部队的具体实力可参阅副卷附录15K）。[67]MkⅢ"瓦伦丁"和MkⅣ"丘吉尔"式坦克是根据租借法案提供的英制坦克。

一般说来，顿河方面军遂行突击的各集团军以他们的坦克旅和坦克团从事支援步兵的任务。但第65和第57集团军的做法不同，他们把坦克旅留作预备队，应对德军有可能发起的反突击。支援步兵时，这些坦克旅和坦克团奉命与前进中的步兵保持在400米以内，以便轰击敌支撑点和发射阵地，必要时击退敌步兵和坦克发起的反冲击。待步兵夺取他们希望坚守的地形后，坦克指挥员获准将坦克半埋入固定位置。

## 空中支援

顿河方面军编成内的空军第16集团军提供空中支援，遂行方面军主要突击的部队享有优先权。进攻前夕，该集团军编有轰炸航空兵第2军（辖轰炸航空兵第223、第285师）、歼击航空兵第220、第283师、强击航空兵第228师、夜间轰炸航空兵第271师和侦察航空兵第16团。这些兵团共计约400架作战飞机，其中150架是歼击机。[68]

炮火准备期间，空军集团军的强击机和轰炸机受领的任务是打击德军指挥部和通信中心，破坏他们对部队的指挥和控制。地面进攻期间，轰炸机将阻止德军预备队从大罗索什卡南延至卡尔波夫卡一线赶往罗索什卡河，强击机负责粉碎亚布洛诺瓦亚和杜博沃阿亚（Dubovoaia）峡谷、大罗索什卡和波德索布诺耶农场（Podsobnoe）附近的德军预备队。夜间轰炸机负责打击德军集结区、指挥所、通讯中心，以及位于卡尔波夫卡、新罗加奇克、亚布洛诺瓦亚和杜博沃阿亚峡谷、大罗索什卡地域的德军炮兵阵地。最后，每天7点起，远程作战航空兵的战机将在最高统帅部直接指挥下，轰炸集中在第6集团军包围圈东半部的德军机场、指挥部、通信中心、部队和技术装备，特别是古姆拉克、戈罗季谢、卡缅内布耶拉克（Kamennyi Buerak）地域。[69]

## 工程兵支援

工程兵为遂行"指环"行动的部队提供支援是一项极其艰巨的任务，既因为俄罗斯严冬的酷寒和大雪，也因为这些工作必须在平坦、几乎没有任何树木的草原上进行，这里既没有隐蔽处，也搞不到诸如木材和石块这种建筑材料。但是，进攻行动要想取得胜利，数百项工程任务必须完成。这些任务包括：

·修建道路和桥梁，以便部队和技术装备变更部署，援兵、补给、补充兵和武器装备也可借此运抵。

·为步兵和坦克准备出发阵地，为加强炮兵准备发射阵地，为指挥员构设指挥所和观察所，尔后荫蔽这些设施，以免被敌人发现。

·进攻发起前遂行工程侦察（razvedka）。

·进攻发起前将德军障碍和筑垒工事的性质告知己方步兵、坦克兵和炮兵。

·清理穿过我方和敌军障碍带、雷区的通道，为突击行动铺平道路。

·荫蔽部队集结区和发射阵地。

·为进攻中的步兵和坦克提供直接的工程兵和战斗工兵支援。

·制定并实施方面军欺骗计划，在战争这一时期，规定必须实施欺骗行动。

由于每个集团军只有1—2个工程兵营（第64集团军有4个营，因为该集团军靠近伏尔加河），不足以完成这些任务，于是，最高统帅部为罗科索夫斯基方面军提供了专业工程兵部队。[70]截至1月9日，顿河方面军掌握的工程兵部队如下：

·工程地雷工兵第5、第8*旅

·特种工程兵第16旅

·工程–战斗工兵第57、第61旅*

·近卫地雷工兵第14营*

·舟桥第6、第7、第19*、第20、第104营

·独立工程兵第120、第258营

·独立战斗工兵第741、第1417*营

注：*是自1942年12月1日以来获得的援兵。

两支专业工程兵部队和他们遂行的工作特别值得注意。首先是近卫地雷工兵营与顿河方面军情报处密切配合，秘密实施情报收集工作，并于进攻发起前和进攻期间在德国第6集团军后方实施牵制行动。其次，特种工程兵旅与方面军作训和情报处紧密配合，准备、实施、支援方面军欺骗计划。1942年12月

470

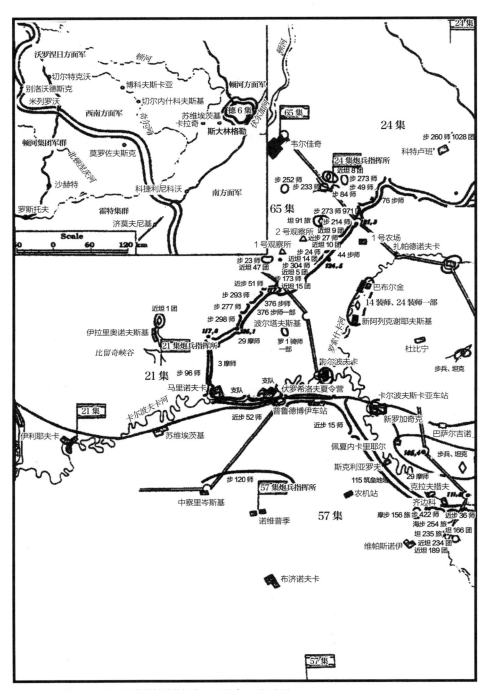

**地图 70 交战双方位于斯大林格勒地域的部队，1943 年 1 月 10 日**

29日至1943年1月9日，这项欺骗计划将虚假的部队和技术装备集结在第24集团军左翼，试图以此迷惑德国人。[71]为支持该计划，工程兵部队，特别是他们的各"欺骗"连，制造出87具坦克模型、120具各种口径的火炮模型和虚假的无线电通信网，并将其部署于博罗德金农场、564公里车站和库兹米希附近，以此模拟出1个坦克军、3个炮兵团和大量集结的步兵。

虽然保卢斯集团军没有太多援兵可派往任何一个受威胁地段，但1月4日晚些时候，该集团军发现大批苏军集结在第60摩步师左翼对面。针对这种觉察到的威胁，第6集团军1月7日派第1要塞营加强库兹米希地域的防御。[72]尽管第6集团军在几份报告中提及苏军这番集结，特别是敌军的机动，但面对敌人在该地域有可能发起的进攻，保卢斯应对乏术，因为第14装甲军和第8军位于集团军西部防线的防区仍是苏军最有可能发起主要突击的地段。

### 交战双方 1 月 9 日的力量对比

就这样，"指环"行动的舞台1月9日黄昏时搭设完毕（参见地图70）。虽然苏军进攻行动的重点已调整至斯大林格勒西面，但最高统帅部和罗科索夫斯基都认为他们已集结起足够的力量彻底歼灭德国第6集团军。苏联和俄罗斯方面对"指环"行动的传统记述称，进攻发起时，罗科索夫斯基方面军的作战兵力为212000人，并获得6860门火炮/迫击炮（外加1323门反坦克炮、1850门50毫米步兵迫击炮）、257辆坦克和300架战机支援。据说这股力量面对的是25万德军士兵，他们还得到4130门火炮/迫击炮、300辆坦克、100架战机加强。这就是说，德国人的作战兵力和坦克占有1.2比1的优势，而苏军在火炮和迫击炮方面占有1.6比1的优势，战机优势为3比1。可是，这种力量对比掩盖了顿河方面军的真实兵力，并把德国人的非作战士兵纳入作战兵力中，以此进行了一番风马牛不相及的对比。另外，这些资料描述的是截至12月18日的德军兵力，并把罗马尼亚士兵、俄国志愿者和德军伤员一同纳入。[73]档案资料表明这些"传统"数字远非真相，并指出了罗科索夫斯基顿河方面军新的实力数字（参见表12），从根本上改变了"指环"行动的力量对比（参见表13）。

通过将兵力集中在主要突击地域，顿河方面军得以将总体优势从战略性的1.4比1（兵力）、2.6比1（坦克）、6.5比1（火炮）增加到战役性的5比1

**表12：1943 年 1 月 10 日，顿河方面军及辖内诸集团军的实力**

| 集团军 | 兵力 | 坦克 | 火炮 | 迫击炮 |
|---|---|---|---|---|
| 第21集团军 | 34878 | 18 | 243 | 541 |
| 第24集团军 | 23213 | 9 | 190（16门152毫米） | 416 |
| 第57集团军 | 23571 | 55 | 123（21门152毫米、20门122毫米） | 424 |
| 第62集团军 | 26486 | 3 | 234（6门152毫米、18门122毫米） | 610 |
| 第64集团军 | 48889 | 51 | 291（42门152毫米） | 1071 |
| 第65集团军 | 75503 | 111 | 272（170门152毫米、126门122毫米、24门203毫米）[①] | 1814 |
| 第66集团军 | 42652 | 17 | 325（12门122毫米） | 1027 |
| 方面军 | 5966 | — | 24 | 344 |
| **总计** | **281158** | **264** | **1702** | **6247** |

※ 资料来源：阿列克谢·伊萨耶夫，《斯大林格勒：伏尔加河后方没有我们的容身处》，第398—399、第401—402 页，档案引自 TsAMO RF, f. 206, op. 262, d. 173,1, 第 11 页和 d. 189,1. 第 102 页。

**表13：1943 年 1 月 10 日，顿河方面军与德国第 6 集团军的力量对比**

| 兵力和武器 | 顿河方面军 | 第6集团军 | 对比 |
|---|---|---|---|
| 兵力 | 281158 | 197034名德国士兵（212000名轴心国士兵） | 1.4：1 |
| 坦克/突击炮 | 264 | 102（外加23辆没有燃料的坦克） | 2.6：1 |
| 火炮和迫击炮 | 7949 | 1222（162门反坦克炮、29门88炮） | 6.5：1 |
| 战机 | 400 | 100＊ | 4：1 |

※ 资料来源：资料来源：阿列克谢·伊萨耶夫，《斯大林格勒：伏尔加河后方没有我们的容身处》，第398—399、第401—402 页，档案引自 TsAMO RF, f. 206, op. 262, d. 173,1, 第 11 页和 d. 189,1. 第 102 页；第 6 集团军 1943 年 1 月 8 日—10 日的每日报告，收录在《第 6 集团军作战日志附件册，第三卷》，第189—209 页。

第 6 集团军的火炮和迫击炮数量来自红军总参谋部绝密的《战争经验研究资料集》第 7 期，第 20 页。这份研究称顿河方面军有 3746 门火炮和 3544 门迫击炮，共计 7290 门。

＊这个数字来自苏联绝密的评估报告，欠运输机。

---

[①] 译注：原文如此。

表14：1943年1月10日，顿河方面军主要突击地域的兵力对比

| 兵力和武器 | 顿河方面军（第65集团军和第24、第21集团军部分部队） | 第6集团军（第8军第44步兵师和第14装甲军第29摩步师） | 对比 |
| --- | --- | --- | --- |
| 兵力 | 50000名作战士兵 | 10000名作战士兵 | 5:1 |
| 坦克/突击炮 | 138 | 48 | 2.9:1 |
| 火炮和迫击炮 | 2750 | 300* | 9.2:1 |

※ 资料来源：阿列克谢·伊萨耶夫，《斯大林格勒：伏尔加河后方没有我们的容身处》，第398—399、第401—402页，档案引自 TsAMO RF, f. 206, op. 262, d. 173,1, 第 11 页和 d. 189,1. 第 102 页；第 6 集团军1943 年 1 月 8 日—10 日的每日报告，收录在《第 6 集团军作战日志附册，第三卷》，第 189—209 页。

＊估计数

（兵力）、3比1（坦克）、10比1（火炮）；战术性优势甚至高达8比1（兵力）、5比1（坦克）、20比1（火炮）。这一点在顿河方面军主要突击地域最为明显，在那里，整个第65集团军和第24、第21集团军部分部队面对着德国第8军第44步兵师和第14装甲军第29摩步师大部（参见表14）。

罗科索夫斯基顿河方面军以六个野战筑垒地域（第54、第115、第156、第77、第118、第159）掩护并覆盖辖内诸集团军作战地域的大片地幅，使各集团军得以将大部分作战兵力集中于狭窄、精心选择的进攻地段，至少在一定程度上实现了上述优势（参见副卷附录15L）。[74]这六个筑垒地域各有约4500人，编为4—8个机枪–火炮营、1个通信连和1个迫击炮连，据守着顿河方面军170公里宽作战地域的约40%。例如，第24集团军辖内第54筑垒地域，编有步兵第260师调拨的一个团，掩护着集团军约80%的防区。这就使第24集团军得以将4个步兵师中的3个部署在4公里宽突破地段的第一或第二梯队。具有讽刺意味的是，虽说顿河方面军七个集团军与德国第6集团军相比具有1.4比1的兵力优势，但在第24、第66、第62、第57集团军四个筑垒地域占据的73公里防线上，防御中的德军在兵力上超过苏军。以筑垒地域节约兵力的做法在"指环"行动中非常成功，以至于红军在战争后期经常采用这种方式，只不过规模更大。[75]

鉴于第6集团军的状况，特别是其兵力虚弱、士兵们处于半饥饿状态，加之苏军最大程度地利用其兵力优势精心组织的进攻行动，保卢斯集团军几乎无法避免覆灭的厄运。

# 注释

1. 参见"Armee-Oberkommando 6, Ia [Befehl] Nr. 6015/42 g. Kdos, A.H.Qu., 30.12.1942,"（第6集团军司令部作训处的6015/42号令，1942年12月30日），收录在《第6集团军作战日志附件册，第三卷》，第81页。

2. 同上。

3. 同上。

4. 同上。

5. 拉特曼上校11月26日接替贝斯勒将军，并于1月1日晋升为少将。他在1月底的战斗中阵亡或被俘[1]。参见罗尔夫·格拉姆斯的《第14装甲师，1940—1945年》，第315页。

6. "Armee-Oberkommando 6, Ia [Befehl] Nr. 6015/42 g. Kdos, A.H.Qu., 30.12.1942,"（第6集团军司令部作训处的6015/42号令，1942年12月30日），收录在《第6集团军作战日志附件册，第三卷》，第82页。

7. 同上。

8. 这个数字基于第6集团军发给"顿河"集团军群的每日损失报告，但不包括罗马尼亚人以及俄国志愿者。

9. 詹森·D.马克，《烈焰岛：斯大林格勒"街垒"火炮厂之战，1942年11月—1943年2月》，第417页。

10. "KR-Fernschreiben an Gen. Kdo. XIV. Pz.K., Gen. Kdo. VIII. A.K. nachr.: O.Qu.-AOK. 6 (durch Melder), 9. Flak-Division, 0950 Uhr, Armee-Oberkommando 6 Abt.-Ia, A.H.Qu., 30.12.1942,"【第6集团军司令部作训处1942年12月30日9点50分发给第14装甲军、第8军军部的急电，转呈第9高射炮师和第6集团军首席军需长（由信使送达）】，收录在《第6集团军作战日志附件册，第三卷》，第80页。

11. 参见第6集团军1942年12月28日—1943年1月13日的每日报告，收录在《第6集团军作战日志附件册，第三卷》，第50—250页。曼弗雷德·克里希在《斯大林格勒：战役分析和相关文件》一书第670页称，第6集团军12月28日的装甲力量为130辆（99辆坦克和31辆突击炮），1月4日为131辆（94辆坦克和37辆突击炮），1月9日为128辆（95辆坦克和33辆突击炮）。注意，克里希的统计不包括88炮数量。

12. 据克里希在《斯大林格勒：战役分析和相关文件》一书第670页称，第6集团军12月1日尚有135辆可用的三号和四号坦克，但苏军1月10日发起进攻时，第6集团军只剩下95辆可用的坦克和33辆突击炮。

13. "Nachtrag zur Tagesmeldung, XI. A.K. meldet 2000 Uhr, A.O.K. 6 Ia, Datum 13.01.43,"（第11军发给第6集团军作训处的每日报告的补充件，1943年1月13日20点），收录在《第6集团军作战日志附件册，第三卷》，第249页。

14. "Nachtrag zur Tagesmeldung, XIV. Pz.K. 2230 Uhr, A.O.K. 6 Ia, Datum 11.01.43,"（第14

---

① 译注：拉特曼被俘，战后成为民主德国警察少将。

装甲军发给第6集团军作训处的每日报告的补充件，1943年1月11日22点30分），同上，第232页。

15. "Nachtrag zur Tagesmeldung, IV. A.K., 2150 Uhr, A.O.K. 6 Ia, Datum 12.01.43,"（第4军发给第6集团军作训处的每日报告的补充件，1943年1月12日21点50分），同上，第245页。

16. 参见第6集团军1942年12月17日—1943年1月13日的每日报告，收录在《第6集团军作战日志附件册，第二卷》，第262—340页；《第6集团军作战日志附件册，第三卷》，第4—250页。

17. 克里希，《斯大林格勒：战役分析和相关文件》，第635—636页。

18. "Funkspruch von VIII Fliegerkorps an AOK. 6, 1615 Uhr, 01.01.1943,"（第8航空军发给第6集团军的电报，1943年1月1日16点15分），收录在《第6集团军作战日志附件册，第三卷》，第116页。

19. 电报，"O. Qu, 0700 Uhr 04.01.1943,"（军需长1943年1月4日7点的报告），同上，第142页。

20. "Fernschreiben an Heeresgruppe Don, Tagesmeldung, 1815 Uhr, Armee-Oberkommando 6, Abt.-Ia, A.H.Qu., 05.01.1943,"（第6集团军司令部作训处发给"顿河"集团军群的每日报告），同上，第161页。

21. "KR-Funkspruch an Oberbefehlshaber Heeresgruppe Don, 0820 Uhr, Armee-Oberkommando 6, Abt.-Ia, A.H.Qu., 06.01.1943,"（第6集团军司令部作训处发给"顿河"集团军群司令的急电，1943年1月6日8点20分），同上，第166页。

22. "Funkspruch an OKH, 2100 Uhr, V.O. bei AOK. 6, 08.01.1943,"（第6集团军联络官发给OKH的电报，1943年1月8日21点），同上，第194页。

23. "顿河"集团军群司令发给OKH参谋长的电报，收录在瓦尔特·格尔利茨的《保卢斯与斯大林格勒：陆军元帅弗里德里希·保卢斯传，他的笔记、书信和文件》一书第275—276页。

24. 保罗·卡雷尔，《斯大林格勒：德国第6集团军的败亡》，第202页。

25. 引自亚历山大·沃思的《斯大林格勒年：俄国人心态、模式和政策的一份历史记录和研究》（纽约：A.A.克诺夫出版社，1947年），第434页。

26. 完整的报告题为"Versorgungslage des LI A.K. Stand 30.12.1942, Generalkommando LI. A.K. (Gruppe Seydlitz) Abt. Qu. Nr. 788/42 g. Kdoes An Armeeoberkommando 6/Ia, A.H.Qu., 31.12.1942,"【截至1942年12月30日，第51军的补给状况，第51军（"赛德利茨"集群）军部军需处发给第6集团军司令部作训处的788/42号报告，1942年12月31日】，收录在《第6集团军作战日志附件册，第三卷》，第102—105页。

27. "Izvlechenie iz operativnoi svodkoi No. 5 (678),"【5号（678）作战概要摘录】，V.A.日林（主编）的《斯大林格勒战役：编年史、真相和人物，两卷本》一书第二册，第369—371页，档案摘自TsAMO RF, f. 16, op. 1072ss, d. 1,11. 第35—43页。

28. "Tagesmeldung, XIV. Pz.K. 1730 Uhr, A.O.K. 6 Ia, Datum 04.01.43,"（第14装甲军发给第6集团军作训处的每日报告，1943年1月4日17点30分），收录在《第6集团军作战日志附件册，第三卷》，第148页。

29. "Morgenmeldung, XIV Pz.K. 0610 Uhr, A.O.K. 6 Ia, Datum 05.01.42,"（第14装甲军发给第6集团军作训处的晨报，1943年1月5日6点10分）和"Morgenmeldung, XIV. Pz.K. 0605 Uhr, A.O.K. 6 Ia, Datum 06.01.43,"（第14装甲军发给第6集团军作训处的晨报，1943年1月6日6点05分），同上，第154、第164页。

30. "Nachtrag zur Tagesmeldung, XI A.K. meldet 2000 Uhr, A.O.K. 6 Ia, Datum 04.01.43,"（第11军发给第6集团军作训处每日报告的补充件，1943年1月4日20点），同上，第150页。

31. 同上；"Morgenmeldung, LI. A.K. 0530 Uhr, A.O.K. 6 Ia, Datum 05.01.43,"（第51军发给第6集团军作训处的晨报，1943年1月5日5点30分）、"Morgenmeldung, LI. A.K. 0610 Uhr, A.O.K. 6 Ia, Datum 06.01.43,"（第51军发给第6集团军作训处的晨报，1943年1月6日6点10分）和"Morgenmeldung, LI. A.K. 0630 Uhr, A.O.K. 6 Ia, Datum 07.01.43,"（第51军发给第6集团军作训处的晨报，1943年1月7日6点30分），同上，第153、第165、第175页。

32. 德国国防军最高统帅部作战日志中的每日报告，收录在V.A.日林（主编）的《斯大林格勒战役：编年史、真相和人物，两卷本》一书第二册，第380—381页；档案引自KTB OKW, Bd. II, hb. 2。

33. 同上，第376页。

34. "Tagesmeldung, XI A.K, meldet 15.40 Uhr, A.O.K. 6 Ia, Datum 06.01.43,"（第11军发给第6集团军作训处的每日报告，1943年1月6日15点40分），收录在《第6集团军作战日志附件册，第三卷》，第169—170页。

35. "Nachtrag zur Tagesmeldung, XI A.K., 2000 Uhr, A.O.K. 6 Ia., Datum 06.01.43,"（第11军发给第6集团军作训处每日报告的补充件，1943年1月6日20点），同上，第173页。

36. "Tagesmeldung, VIII. A.K. 1650 Uhr, A.O.K. 6 Ia, Datum 06.01.43,"（第8军发给第6集团军作训处的每日报告，1943年1月6日16点50分），同上，第170页。

37. "Nachtrag zur Tagesmeldung, VIII. A.K., 2045 Uhr, A.O.K. 6 Ia, Datum 06.01.43,"（第8军发给第6集团军作训处每日报告的补充件，1943年1月6日20点45分），同上，第173—174页。

38. "Morgenmeldung, VIII. A.K. 0545 Uhr, A.O.K. 6 Ia, Datum 07.01.43,"（第8军发给第6集团军作训处的晨报，1943年1月7日5点45分），同上，第174页。

39. "Tagesmeldung, VIII. A.K. 1630 Uhr, A.O.K. 6 Ia, Datum 06.01.43,"（第8军发给第6集团军作训处的每日报告，1943年1月6日16点30分）（译注：1月7日？），同上，第178—179页。

40. 同上。

41. "Funkspruch, Tagesmeldung 1805 Uhr, Armee-Oberkommando 6, Abt.-Ia. A.H.Qu., 07.01.43,"（第6集团军司令部作训处的每日报告，1943年1月7日18点05分），同上，第181页。

42. "Nachtrag zur Tagesmeldung, VIII. A.K., 2150 Uhr, A.O.K. 6 Ia, Datum 07.01.43,"（第8军发给第6集团军作训处每日报告的补充件，1943年1月7日21点50分），同上，第183页。

43. "Morgenmeldung, VIII. A.K. 0605 Uhr, A.O.K. 6 Ia, Datum 08.01.43,"（第8军发给第6集团军作训处的晨报，1943年1月8日6点05分）和"Morgenmeldung, VIII A.K. 0540 Uhr, A.O.K. 6 Ia, Datum 09.01.43,"（第8军发给第6集团军作训处的晨报，1943年1月9日5点40分），同上，第186、第195页。

44. "Tagesmeldung, VIII. A.K. 1640 Uhr, A.O.K. 6 Ia, Datum 08.01.43,"（第8军发给第6集团军作训处的每日报告，1943年1月8日16点40分），同上，第190页。

45. "Nachtrag zur Tagesmeldung, XI A.K 2000 Uhr, A.O.K. 6 Ia, Datum 06.01.43,"（第11军发给第6集团军作训处每日报告的补充件，1943年1月6日20点）、"Morgenmeldung, LI. A.K. 0630 Uhr, A.O.K. 6 Ia, Datum 07.01.43,"（第51军发给第6集团军作训处的晨报，1943年1月7日6点30分）、"Nachtrag zur Tagesmeldung, XI A.K. meldet 1930 Uhr, A.O.K. 6 Ia, Datum 07.01.43,"（第11军发

给第6集团军作训处每日报告的补充件，1943年1月7日19点30分）和第11军的后续报告，同上，第173、第182、第185、第193、第197、第199页。

46. 德国国防军最高统帅部作战日志中的每日报告，收录在V.A.日林（主编）的《斯大林格勒战役：编年史、真相和人物，两卷本》一书第二册，第399—400页；档案引自KTB OKW, Bd. II, hb. 2。

47. 德国国防军最高统帅部作战日志中的每日报告，收录在V.A.日林（主编）的《斯大林格勒战役：编年史、真相和人物，两卷本》一书第二册，第404页；档案引自KTB OKW, Bd. II, hb. 2。

48. 参见第62集团军及集团军辖内诸兵团的作战日志。

49. 这个数字基于第6集团军提交给"顿河"集团军群的每日伤亡报告，但不包括罗马尼亚人和俄国志愿者。

50. 詹森·D.马克，《烈焰岛：斯大林格勒"街垒"火炮厂之战，1942年11月—1943年2月》，第374页。

51. 同上，第417页。

52. 同上。

53. 12月31日，崔可夫第62集团军估计，德国第51军在斯大林格勒城内战斗的各个师，总作战兵力为8300人。

54. 最高统帅部为顿河方面军提供的加强为突破炮兵第11师；大威力榴弹炮兵第318团、大威力加农炮兵第111团；大威力炮兵第405营；反坦克歼击炮兵第1248、第536、第593、第496、第56团；高射炮兵第1042团；近卫迫击炮兵第2、第3营；近卫突破坦克第14、第15、第47团。参见罗科索夫斯基《伏尔加河畔的伟大胜利》，第430—431页。

55. 同上，第442页。由于获得了援兵，第65集团军的作战兵力从12月25日的25900人增加到1月9日的62000人；同一时期，该集团军的总兵力增至75503人。另可参阅伊萨耶夫的《斯大林格勒：伏尔加河后方没有我们的容身处》，第399页。

56. 参见"Likvidatsiia okruzhennoi Stalingradskoi gruppirovki protivnika"（《消灭敌人被围的斯大林格勒集团》），收录在Sbornik materialov po izucheniiu opyta voiny, No. 6 (Aprel-mai 1943 g.)【战争经验研究资料集，第6期（1943年4月—5月）】（莫斯科：军事出版社，1943年），第73页，第6065号副本，红军总参谋部撰写，原为机密级。此后简称为SMPIOV。

57. 与这些数字不同的是，战后苏联和俄罗斯的记述称，第6集团军1943年1月9日的总兵力约为25万人，外加4130门火炮/迫击炮、300辆坦克/突击炮、100架作战飞机。但这些严重夸大的数字是基于第6集团军12月18日的报告，报告中称总兵力为249600人，包括13000名罗马尼亚人、19300名俄国志愿者和附属人员、600名德国伤员。如果将该集团军12月18日—1月9日伤亡的14000多人、罗马尼亚人、俄国志愿者和附属人员从249600人这个总数中减去，第6集团军1月9日的总兵力约为197000名德国士兵。

58. 例如，伊萨耶夫在《斯大林格勒：伏尔加河后方没有我们的容身处》一书第407页提供的数字较为准确，称第6集团军1月9日尚有90辆坦克（不包括突击炮）。

59. 完成这份计划的详情可参阅罗科索夫斯基的《伏尔加河畔的伟大胜利》，第432—439页。

60. 关于步兵第99师突击行动配置的详情，可参阅萨姆丘克等人合著的《从伏尔加河到易北河和布拉格：近卫第5集团军征程简史》，第49—50页。

61. 详情可参阅D.A.德拉贡斯基（主编）的《从伏尔加河到布拉格》，第50—51页。这段战史并未包括集团军主力突击群中的步兵第157师，因为该集团军的进攻配置在最后时刻发生了变化。

62. 罗科索夫斯基，《伏尔加河畔的伟大胜利》，第433页。如果加上师属炮兵，火炮和迫击炮的数量则增加至7949门。参见伊萨耶夫的《斯大林格勒：伏尔加河后方没有我们的容身处》，第399页。

63. 罗科索夫斯基，《伏尔加河畔的伟大胜利》，第433页。但伊萨耶夫在《斯大林格勒：伏尔加河后方没有我们的容身处》一书第398页指出，减去反坦克炮，每公里正面202门火炮和迫击炮这个数字降为12公里地段上每公里135门火炮和迫击炮，突破地段每公里167门火炮和迫击炮，因为反坦克炮只能对已识别目标实施直瞄射击。

64. 罗科索夫斯基，《伏尔加河畔的伟大胜利》，第433—434页。

65. 同上，第434页。

66. 同上。

67. 同上，第436页。罗科索夫斯基称方面军编有16个坦克团，共257辆坦克。但他错误地将近卫坦克第6团列入，实际上，该团当时在南方面军第28集团军辖内。

68. SMPIOV，第156页，伊萨耶夫，《斯大林格勒：伏尔加河后方没有我们的容身处》，第401页，都认同400架作战飞机这个数字。另一些较早的非保密级研究资料，例如罗科索夫斯基的《伏尔加河畔的伟大胜利》，第436页称作战飞机为300架，包括100架歼击机、80架轰炸机、40架强击机和80架夜间轰炸机。这些飞机最有可能的搭配是，150架歼击机、100架轰炸机、50架强击机和100架夜间轰炸机。

69. 罗科索夫斯基，《伏尔加河畔的伟大胜利》，第436—437页。

70. 这些工程兵部队的编制和具体职能，可参阅戴维·M.格兰茨的《巨人重生：战争中的苏联红军，1941—1943年》，第333—343页；以及戴维·M.格兰茨的1941—1943 Sovetskoe boennoe chudo: Vozrozhdenie Krasnoi Armii（《1941—1943年，苏联军事奇迹：红军的重生》），第504—519页。

71. 罗科索夫斯基，《伏尔加河畔的伟大胜利》，第438—439页。

72. 参见"Fernspruch an Gen. Kdo. XI A.K., 14. Pz. Div, nachr.: Gen. Kdo. LI. A.K., 1030,1010,1545 Uhr, Armee-Oberkommando 6, Abt.-Ia, A.H.Qu., 06.01.1943,"（第6集团军司令部作训处发给第11军军部、第14装甲师的电报，转呈第51军军部，1943年1月6日10点30分、10点10分和15点45分），收录在《第6集团军作战日志附件册，第三卷》，第167页。

73. 罗科索夫斯基，《伏尔加河畔的伟大胜利》，第443页。

74. 红军1941年秋季开始组建的野战筑垒地域与战前部署的筑垒地域存在根本性差异。与据守固定防御阵地的筑垒地域不同，野战筑垒地域是更具机动性的"节省兵力型"兵团，可以在宽大地带遂行防御或进攻行动。

75. 这方面的例子可参阅第54筑垒地域战史，收录在I.N.维诺格拉多夫的Oborona, shturm, pobeda（《防御、突击、胜利》）（莫斯科：科学出版社，1968年）。1942年末，每个筑垒地域平均编有6个机枪-火炮营，拥有48门76毫米火炮、48门50毫米迫击炮、48门82毫米迫击炮、48门45毫米反坦克炮、168支反坦克步枪、78支冲锋枪、192挺轻机枪和192挺重机枪。每个机枪-火炮营有667人，编为1个营部、4个机枪-火炮连、1个工兵分排和1个通信排。参阅戴维·M·格兰茨的《巨人重生：战争中的苏联红军，1941—1943年》，第185—186页；以及戴维·M·格兰茨的《1941—1943年，苏联军事奇迹：红军的重生》，第278—280页。

# 第九章
# 覆灭：第一阶段
## 1月10日—17日

## 最后通牒

与最高统帅部进行广泛讨论后，1月7日，沃罗诺夫和罗科索夫斯基将军通过德国人的频率与第6集团军建立起无线电联络，并发去一封电报。这份电报通知保卢斯将军，罗科索夫斯基将于次日10点派出两名打着白旗的军使，沿向东通入马里诺夫卡的铁路线穿过前线。保卢斯同意接受军使。罗科索夫斯基的私人代表A.M.斯梅斯洛夫少校和翻译N.D.季亚特连科大尉在指定时间赶至德军第3摩步师第64装甲掷弹兵团第2营防区，指挥该营的是卡尔·维利希少校。德军士兵将蒙上双眼的两名军使送至维利希少校的指挥所，他们呈交了苏军的最后通牒，然后沿原路穿越火线返回。维利希立即联系第6集团军司令部。保卢斯禁止任何人与俄国人谈判，并命令维利希少校将这份最后通牒交给位于古姆拉克的集团军司令部。最后通牒中写道：

致围困在斯大林格勒城下的德军第6集团军司令保卢斯上将或他的副手①：
德军第6集团军、第4装甲集团军一部及其配属的加强部队自1942年11月23日起已被彻底包围。红军各部队已将这股德军围得水泄不通。德军从南面和西南面实施进攻来挽救你们的一切希望均告破灭。红军击溃了急于援助你们的

---

① 译注：保卢斯1942年11月20日已擢升为大将；另，德军中没有副司令、副军长、副师长之说，这里可理解为保卢斯的参谋长。

救兵，其残部正退向罗斯托夫。为你们运送少量食品、弹药和燃料的德军运输机，被红军胜利的快速推进逼得经常转场或从更远处飞往包围圈。另外，在苏军战机打击下，德军运输机和机组人员损失惨重，他们对被围部队的援助已变得不切实际。

你们的被围部队处境非常艰难。他们忍受着饥饿、疾病和寒冷的折磨。俄罗斯的严冬刚刚开始，刺骨的酷寒、凛冽的冷风和暴风雪即将来临，可你们的士兵还没有冬装，且置身于艰难、不卫生的条件下。

作为集团军司令，您和被围部队的军官们非常清楚，你们根本不可能突围，你们的处境已趋绝望，继续抵抗毫无意义。

鉴于你们进退维谷的困境，为避免无谓的伤亡，希望你们接受以下投降条件：

1：以您和您的司令部为首的所有被围德军停止抵抗。

2：您要有组织地将全体人员、武器、所有技术兵器和军用物资完好无损地交给我们。

我们保障所有停止抵抗的军官、军士和士兵们的生命安全，战后可遣返德国，或按战俘本人的意愿选择去向。

所有投降人员可以保留自己的军服、军衔、勋章、个人财物和贵重物品，高级军官可保留随身武器。

所有投降的军官、军士和士兵将立即得到正常的口粮。所有伤病员和冻伤者将获得治疗。

请您派一名您亲自指定的代表，于1943年1月9日莫斯科时间15时整，乘坐挂有白旗的轿车，沿孔纳亚车站—科特卢班车站公路将书面形式的答复送来。

1943年1月9日15时，获得上级授权的苏军人员将在564公里车站东南面0.5公里处的"B"区迎候您的代表。

如果你们拒不投降，红军和红空军部队将被迫全歼被围德军，一切后果由你们承担，特此警告。

> 红军最高统帅部大本营代表、炮兵上将沃罗诺夫
> 顿河方面军司令员罗科索夫斯基中将[1]

保卢斯与希特勒设在"狼穴"的指挥部取得联系，请求赋予他自主行事权。当然，希特勒直截了当地拒绝了这一要求。元首的立场一贯如此，但这一次，所有人都意识到，如果第6集团军停止抵抗，会使苏军立即腾出七个集团军，给德军在苏联南部其他地区的防御造成严重破坏。尽管苏军次日投下传单，并在前线用大喇叭播放投降条款，但守军还是拒绝接受。他们害怕落入俄国人手中，而德军指挥官们也认为继续抵抗能够牵制大批苏军部队，否则，这些部队将把"小土星"和罗斯托夫进攻战役扩大为一场更加严重的灾难。[2]

## 苏军攻向罗索什卡河，1月10日—14日

### 1月10日

**德方的报告**

正如第6集团军辖内各军的晨报中指出的那样，虽然苏军最后通牒的期限已到，德国人并未做出积极回应，但1月9日—10日晚似乎没发生什么情况（参见副卷附录16A）。这些报告指出，除侦察活动和集团军西部防线遭到猛烈炮击外，夜间基本保持着平静，"没有特殊情况。"[3]可是，第6集团军6点35分指出，苏军加强了对其西部和南部防线的进攻（参见地图71）。[4]

描述"指环"行动的许多德方著作都强调1月9日全天和1月9日—10日夜间，苏军并未发起地面行动，只是以火炮和迫击炮实施轰击，这是苏联人故意重复常规活动模式，例如火炮、迫击炮射击和侦察突袭。此举是为了麻痹德国人，并掩盖主攻发起时间和地点。这就解释了苏军在第60摩步师对面的活动有所加强的原因，苏军实施欺骗计划，故意加强相关活动，以此让德国人相信苏军将从那里发起主要突击。不管这些活动如何，德国人并未等太久；用不了几个小时，第6集团军就将遭到苏军的猛攻。

第6集团军作训处长当日上午晚些时候和次日一整天编写并呈报"顿河"集团军群的战场报告，描述了顿河方面军1月10日晨发起"指环"行动后造成的危险局面（参见副卷附录16B）。这些报告中最令人担心的是，第8军第44、第76步兵师、第14装甲军第29摩步师位于西部防线的防御，第4军第297、第371步兵师在南部防线齐边科和叶利希的防御，已有数个地段遭敌军突破。有些报告称已遏止苏军的突破，还有些报告承认西面的苏军可能会到达罗索什

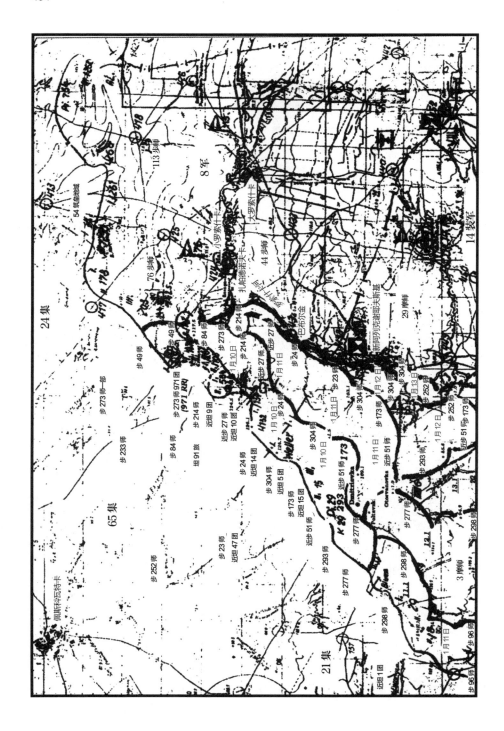

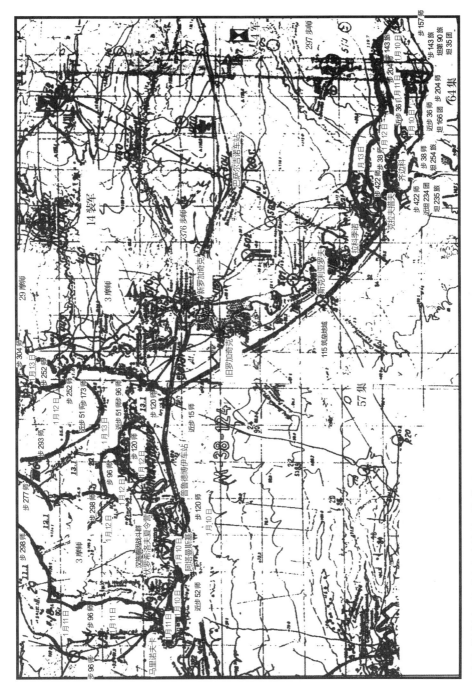

图71 指环行动，1943年1月10日—13日

卡河河谷。遭受攻击的各个军都称他们正集结预备队，准备发起反突击，而第6集团军谨慎地报告，他们正在罗索什卡河河谷构设后方防御阵地。

1月10日15点57分至17点30分，除胡贝第14装甲军外，第6集团军辖内各军都提交了各自的每日报告。这些报告大多重复了贯穿全天的战场报告，但也增添了一些值得注意的新内容。例如，施特雷克尔将军的第11军详细描述了第16装甲师防区内的战斗，指出苏军损失惨重，11辆坦克至少被击毁4辆。但该军也承认，第24装甲师和第60摩步师的坦克几乎彻底耗尽，而第16装甲师忙于从事战斗，无暇提交相关报告。[5]19点50分再度汇报时，该军称尚有15辆可用的坦克，另外3辆"可能能用"。[6]而耶内克将军的第4军报告，强大的敌军投入25辆坦克发起冲击，突破第297步兵师位于齐边科东北面的防御，叶利希西面一个400米宽的缺口亟待封闭，击毁15辆敌坦克。[7]

1月10日最令人担心的是海茨将军第8军16点15分发来的报告。报告中重申，苏军已在第76步兵师左翼和第44步兵师整条防线取得重大进展。这份报告不祥地补充道："目前，第44步兵师各战斗群在战斗中的损失非常高，但尚未获得武器和坦克损失的确切数字。"该军称他们的意图是"将敌人的突破遏止在原主防线至1号国营农场一线以西和罗索什卡河河谷至扎帕德诺夫卡西面"。报告还补充道："第76步兵师一个战斗群（约3个步兵营、4—5个炮兵连和1个装甲连）从扎帕德诺夫卡以西地域向113.6高地以东2公里的坟堆发起反冲击，力图与第14装甲军的一个战斗群会合，"从而歼灭在该军右翼达成突破的敌军。[8]但此时，这种机动纯属痴人说梦。

收悉辖内各军的每日报告后，保卢斯将军的作训处长19点将第6集团军严峻的每日报告呈交"顿河"集团军群：

1月10日，各种口径的火炮（包括100具"斯大林管风琴"）实施一场历时数小时的猛烈炮击后，俄国人以9—10个师和90—100辆坦克对西部防线、以3—4个师和40辆坦克对南部防线、以2—3个师和20辆坦克对东北部防线发起冲击。由于弹药短缺，我们无法以炮兵应对这些冲击。由于缺乏零配件，我们部署在受威胁防线后方的坦克和突击炮无法开动。俄国人成功突破第44步兵师防线，我们正在罗索什卡河西面某处集结局部预备队。

　　**前线**［西部防线］：423参照点东北方1公里—423参照点东面1公里—1号国营农场—87.1高地—格拉切夫峡谷至70.4高地以西1.5公里—巴布尔金东北方2公里—1公里宽的缺口—113.6高地东面800米—113.6高地以南1公里—佩列耶兹德纳亚峡谷至126.1高地东南方1.6公里—2公里宽的缺口至103.1高地西北方1.5公里—德米特里耶夫卡正北面—波尔塔夫斯卡亚峡谷西北部—原主防线。

　　**南部防线**：击退敌人对齐边科的进攻。切断敌坦克和步兵在齐边科以东2公里达成的突破。敌人在伊阿戈德内的我军主防线达成些许突破，俄国人当日将更多部队塞入这个缺口。开始封闭后方地带的两处。计划于1月11日将其肃清。

　　**斯大林格勒城内**：敌人以强有力的突击群在第100猎兵师和第305步兵师防区达成突破，（我军）正实施反突击。东北部防线出现一些侦察活动。我军击退了敌人发起的一场进攻。达成突破的敌坦克遭围猎，并被击毁。

　　**击毁的敌坦克**：

　　西部防线：到目前为止40辆。

　　南部防线：到目前为止16辆。

　　东北部防线：到目前为止4辆。

　　**敌人发起猛烈空袭**。

　　集团军作战企图单独呈交。

　　**天气**：中度霜冻，薄云，能见度很好。

　　**1月8日的损失**：554人。

　　**截至17点飞抵的运输机数量**：

　　44架Ju–52

　　58架He–111

　　8架Fw–200

　　1架Ju–290

　　共交付180吨补给物资[9]

　　集团军1月10日20点40分呈送"顿河"集团军群一份补充报告，题为"1943年1月11日的企图"，具体如下：

坚守今日在西部防线占据的阵地。将马里诺夫卡突出角撤至以下一线：135.1高地—沃佳纳亚峡谷西部边缘—177点，并以腾出的部队支援西部防线。

打算于1月11日—12日夜间将防线西南点撤至以下一线：122.8高地以南1公里—161点—布利日尼亚峡谷—62.0高地东北面1公里。[10]

当晚晚些时候，"顿河"集团军群在作战日志中写道，第6集团军报告"俄国人在北面、西面和南面发起猛烈突破，以卡尔波夫卡和皮托姆尼克为主要目标。第44和第76步兵师遭重创，只有第29摩步师部分部队战斗力尚存。封闭防线上的缺口无望。德米特里耶夫卡、齐边科和拉科季诺已疏散"。[11]作为上级部门的OKH以更加简要的方式轻描淡写地总结了当日的情况，指出："敌人加强了对斯大林格勒的炮击。"[12]然而，苏军看似不大的战果掩盖了真实状况，对第6集团军而言，这种状况是实实在在的：没有可用的预备队，士兵因饥饿和苏军持续不断的炮火、进攻而士气低落，保卢斯集团军遭受的任何严重损失都足以致命。虽然第6集团军1月9日后不再汇报伤亡情况，但第8军第44、第76步兵师和第4军第297步兵师1月10日遭受到严重损失。[13]

1月10日21点，保卢斯以他特有的直率给"顿河"集团军群的曼施泰因发去一封私人电报。他在电报中告诉第6集团军这位"救星"，尽管他和希特勒一再做出保证，但"补给不足严重削弱了集团军的抵抗能力"。保卢斯指出："这种猛烈冲击若再来一次，必将耗尽我方兵力，应该预料到，敌人不久后就会发起这种进攻。"保卢斯强调了一个明显的事实，称突围企图"不复可能"，他还敦促，"要想要塞不被彻底打垮，必须立即将几个全副武装的营运入包围圈。"[14]与他更著名的上司不同，没人能指责保卢斯说话拐弯抹角。

1月10日日终时，苏军沿一条14公里宽的战线对第6集团军至关重要的西部防线发起的进攻，已粉碎第8军的防御，并向巴布尔金南北两面的罗索什卡河河谷发展胜利。苏军沿南部防线，在切尔夫连纳亚河东西两面一片宽大的地域突破第4军的防御，正从旧罗加切夫（Staryi Rogachev）南延至拉科季诺这片地域试探第14装甲军第376步兵师的防御。德军第297步兵师设在齐边科的支撑点遭到孤立，很快将被包围。更糟糕的是，111.6和119.7高地支撑点，以及卡拉瓦特卡峡谷的整个北脊落入苏军手中，第4军第297步兵师编成内的罗马尼亚第82步兵团陷入混乱。海茨惊慌失措的军丢失了至关重要的防御阵地，已经没有希望在巴萨尔吉诺车站东到沃罗波诺沃车站这条铁路线南面任何一处恢复一道连贯防线。但是，第6集团军的防御部队，在东北部和南部防线的数个地段设法遏止住苏军规模较小的突破。

## 苏军的进攻

红军总参谋部1月10日的作战概要准确描述了顿河方面军辖内部队给敌军造成的破坏，报告开头处指出："对敌防御前沿实施60分钟［实际是55分钟］炮火准备后，顿河方面军9点开始冲击被困于斯大林格勒的敌集团，经过顽强战斗，日终前在数个敌防御地段达成2—7公里深的突破"（参见地图71和副卷附录16C）。[15]

顿河方面军遂行进攻的各集团军于莫斯科时间8点05分（柏林时间7点05分）发起炮火准备，9点整（柏林时间8点）投入地面突击。虽然炮击对第6集团军防御前沿造成破坏，但苏联方面对这场战役的记述称赞德国守军最初的抵抗"非常顽强"，显然给进攻方造成了严重损失。面对这种抵抗，巴托夫将军第65集团军突击群的5个师对德国第8军第44步兵师和第14装甲军第29摩步师右翼部队的防御发起猛攻，他们左侧获得加拉宁第24集团军突击群3个师支援，右侧得到奇斯佳科夫第21集团军突击群3个师加强。从121.3高地向西南方延伸至117.6高地这片12公里宽的进攻地域，第65集团军从左至右排列的步兵第214、近卫步兵第27、步兵第24、第304、第173师并排发起冲击，在坦克第91旅、近卫坦克第9、第10、第14、第5、第15团100多辆坦克支援下，粉碎了德军第44步兵师第131、第134、第132团和第76、第113步兵师提供支援的步兵营据守的防御；德军第29摩步师"韦勒"战斗群和第15摩步团的4个营也被苏军打垮。防御中的德军营大多只有300来人，这场战斗毫无对等性可言。

第65集团军左翼，步兵第214和近卫步兵第27师，配合坦克第91旅、近卫坦克第9、第10团约30辆坦克，一举突破德军第44步兵师6个营据守的右翼，夺得1号国营农场西部、117.5高地（扎帕德诺夫卡西北方4公里）和戈拉亚峡谷北面、东面的一些地盘。这些突击部队最终被德军第268步兵团第2营和提供增援的少量坦克挡住，从预备队抽调的这股德军赶来占据巴布尔金北面和西北面的防御阵地。日终时，巴托夫的两个步兵师取得1.5—4.5公里进展，近卫步兵第27师先遣支队向前推进7公里，进入戈拉亚峡谷东端，切断了巴布尔金北面2公里的公路。在他们身后是6个支离破碎的德军营，一些营仍竭力据守已被前进中的苏军绕过的防御阵地，另一些营向东退却，希望在罗索什卡河西面的高地构设新防御。格列博夫将军近卫步兵第27师的进攻使保卢斯将军日终时提及，113.6高地东面出现一个1公里宽的缺口。

近卫步兵第27师右侧，第65集团军步兵第24和第304师在近卫坦克第14和第5团约40辆坦克率领下，进攻并打垮了德军第44步兵师第134和第132团3个实力虚弱的营据守的防御，以及在第29摩步师最右翼设防的"韦勒"营级战斗群。这一阶段的战斗中，德军第132步兵团第2营非常典型，该营只有3名军官和160名士兵。[16]在第177突击炮营6辆突击炮和第14装甲师约10辆坦克支援下，四个德军营守卫着近4公里宽的防区，这片防区从戈拉亚峡谷南脊向西南方延伸至德米特里耶夫卡以北3公里的哥萨克坟堆。在这场不对等的战斗中，苏军遂行进攻的两个步兵师以坦克和步兵迅速打垮德国守军，一举夺取126.1高地剩余部分，跨过佩列耶兹德纳亚峡谷，攻占122.8高地，前出至巴布尔金以西3公里、新阿列克谢耶夫斯基西北方4公里处。这场进攻使两个苏军步兵师向前推进约2公里，粉碎了德军遂行防御的四个营；据称，德军第132步兵团第2营副营长阵亡[①]，该营营长次日自杀身亡。[17]四个德军营的彻底崩溃使保卢斯日终时承认，103.1高地西北面出现一个2公里宽的缺口。

最后，在第65集团军最右翼，步兵第173师在近卫坦克第15团约20辆坦克支援下，对德军第29摩步师第15摩步团第2、第3营的防御发起冲击，这两个营守卫着2.5公里宽的防区，从哥萨克坟堆向西南方延伸至117.6高地东面。苏军这场突击同样将守军打垮，迫使对方弃守哥萨克坟堆（154点）上的强化阵地，后退3公里多，撤往弗兹鲁布纳亚峡谷东脊和德米特里耶夫卡村东北边缘。第29摩步师之所以能在黄昏前稳定住态势，完全是因为该师投入最后的预

---

① 译注：如上所述，德军中没有副职一说，所谓的副营长基本是营长的副官；这里的资料引用的是美军战后编写的材料，原文为"executive officer"。

备队（第15摩步团第1营），沿峡谷东脊构设起新防御。

尽管第65集团军重创德军第44步兵师，但德军顽强、不太成功的防御导致巴托夫集团军未能完成受领的任务，集团军突击群未能进入罗索什卡河河谷。虽说对此感到沮丧，但巴托夫和罗科索夫斯基欣慰地获悉，第6集团军西部防线的防御已不可逆转地破裂了。

由于第24和第21集团军发起辅助突击，第65集团军在顿河方面军主要突击地域中央取得的激动人心但较为有限的战果变得更加重要。除自身获得的进展外，这些辅助突击还使德国第8军和第14装甲军无法从侧翼抽调部队，增援威胁最大的地域。

第65集团军左侧，加拉宁第24集团军发起辅助突击，投入的突击群编有步兵第49和第273师，近卫坦克第8团约10辆坦克提供支援，步兵第84师位于第二梯队。他们沿122.9高地向西南方到121.3高地（韦尔佳奇坟堆）这片4公里宽的进攻地域对德军防御发起冲击。据守该地域的是德军第79步兵师第203团第1营，外加以该师侦察营和另一些作战支援营组成的一个战斗群，并获得第244突击炮营9—10辆突击炮加强。苏军突击部队成功夺取韦尔佳奇坟堆，尔后向东、东南方推进0.5—2公里，以夺取扎帕德诺夫卡峡谷西脊一线，就此打开向东通往罗索什卡河河谷内扎帕德诺夫卡的道路。P.I.福缅科少将位于第二梯队的步兵第84师，1月10日晚些时候或11日早些时候投入战斗，一举夺取117.5高地，极大地协助了右侧第65集团军步兵第214师的推进。[18]

与此同时，第65集团军右侧，奇斯佳科夫第21集团军编有近卫步兵第51、步兵第293、第277师的突击群，由近卫坦克第1团约20辆坦克支援，在117.6高地向西南方到131.7高地这片4公里宽的地域发起辅助突击。据守该地域的是德军第29摩步师第29工兵营、第29摩托车营和第71摩步团第3、第2营。第21集团军的三个师以密集的单梯队布势遂行冲击，一举打垮守军，向东、东南方推进3.5公里，夺得129.0高地，日终前从西面、北面和东北面包围了波尔塔夫斯基和德米特里耶夫卡村。胡贝第14装甲军从第3摩步师抽调所有可用的预备队支援陷入困境的第29摩步师，这才将苏军突击部队阻挡在距离罗索什卡河不远处。第29摩步师损失惨重，但并未报告确切伤亡数字。实际上，1月10日后，第6集团军辖内各军已懒得在越来越少的报告中统计他们的损失。

与第65、第24、第21集团军各兵团相比，舒米洛夫第64集团军和托尔布欣第57集团军的进攻行动不那么引人注目，取得的战果也不大，但还是给第4军第297步兵师的守军造成难以弥补的消耗。第64集团军突击群9点发起冲击，明显将其位于卡拉瓦特卡峡谷北脊的登陆场加深了1—2公里。突击群左翼，步兵第204和近卫步兵第36师从峡谷北脊向北进击，攻向111.6高地东南接近地，取得2公里进展；在其右侧，步兵第143旅和第157师夺取119.7高地，并将西南方3公里的波波夫村包围。东北方，步兵第7军步兵第96、第97旅的辅助突击攻克了德国第4军第371步兵师防区的第一道堑壕线。

第64集团军左侧，位于托尔布欣第57集团军右翼的突击群从冰冻的切尔夫连纳亚河两岸向北进击，将德国第4军第297步兵师位于齐边科西南和东南面的防区撕开几个大缺口。河流西面，苏军步兵第422师突破德军第297步兵师的防御，从西面包围了德军第670团据守齐边科的一个营。为其提供支援的坦克第254旅就势扩大突破，以一个营级战斗群向北攻往戈尔纳亚波利亚纳国营农场4号分场，深入第4军后方1公里多。河流东面，遂行进攻的步兵第38师配合右侧第64集团军近卫步兵第36师，前出到从齐边科以东1公里东延至111.6高地西南坡一线。因此，1月10日日终前，在从齐边科西面向东延伸、跨过切尔夫连纳亚河至叶尔希以西约2公里这片9公里宽的地域上，第57和第64集团军突击群在德国第4军第297步兵师的防区达成3公里深突破。通过孤立齐边科并夺取119.7高地，托尔布欣和舒米洛夫集团军迫使德国第4军投入所有预备队，徒劳地试图封闭突破口，并解救被困于齐边科的部队。这些任务完全超出了该军的能力。

顿河方面军第65、第24、第21集团军的协同突击粉碎了第6集团军西部防线的防御，而第57和第64集团军对第6集团军南部防线的进攻又使第4军的防御严重恶化。尽管进攻西部防线的苏军部队未能按计划前出至罗索什卡河河谷，但他们打垮了德国第8军辖下的第44步兵师，严重削弱了以几个营支援第44师的第76步兵师，并重创第14装甲军第29摩步师。例如，1月11日0点45分，第14装甲军向第6集团军汇报，第29摩步师只剩19辆可用的坦克，另外5辆在巴萨尔吉诺车站担任预备队，还有6辆坦克仍在守卫德米特里耶夫卡。更糟糕的是，该军1月9日尚有18门反坦克炮，到1月11日晨只剩7门。[18]虽然第57

和第64集团军分别只取得0.3—3公里、1.5—2.5公里的有限进展，但他们的进攻给德军第297和第371步兵师造成严重破坏，特别是第297师编成内的罗马尼亚第82步兵团和第670步兵团被孤立在齐边科支撑点的一个营。除了严重的人员伤亡，第371步兵师的23门反坦克炮损失8门，第297步兵师的31门反坦克炮损失18门。[19]

第6集团军西部和南部防线遭受的攻击还使第14装甲军第3摩步师和第376步兵师处于预备队被调离的危险境地，前者被迫从失去侧翼掩护的马里诺夫卡突出部向东退却。最后，集团军西部防线遭受的破坏迫使保卢斯将辖内部队撤往罗索什卡河一线，这比他预想的早得多。

激烈的战斗席卷第6集团军西部、南部和东北部防线时，斯大林格勒城内的战斗也爆发开来。崔可夫将军的第62集团军开始履行他们在"指环"行动中的任务。崔可夫1月10日凌晨2点下达2号令，要求集团军辖内步兵第138、第95、第45、第284、近卫步兵第39师和独立步兵第95旅支援罗科索夫斯基的主要突击，向西发起进攻，夺取107.5高地，该高地坐落在上、下"红十月"厂工人新村之间（参见地图72）。六个兵团将从4公里宽作战地域的阵地上发起进攻，这片作战地域从马马耶夫岗沿伏尔加河西岸向北延伸至"街垒"厂东面的狭长地带。为完成任务，这些部队必须将赛德利茨第51军逐出马马耶夫岗（102.0高地）、"红十月"厂、"红十月"厂工人新村下部、"红十月"厂与"街垒"厂之间地带，还包括德国人设在面包厂内的支撑点（参见副卷附录19J）。

第62集团军发起进攻前，1月10日凌晨2点，崔可夫命令集团军辖下的第156筑垒地域将其机枪–火炮营作为节约兵力的分队部署进城内。此举意在用该筑垒地域的机枪–火炮第400、第17、第348、第416营，每次一个连，占据并守卫夺取的强化支撑点，以便集团军辖内常规作战兵团集中兵力歼灭德军。[20]

第62集团军遂行进攻的首日，步兵第45师成功夺取"红十月"厂内德国人扼守的最后一座建筑，而近卫步兵第39师冲出"红十月"厂，向"红十月"厂工人新村南部推进数百米。近卫步兵第39师左侧，巴秋克步兵第284师突击群攻占了马马耶夫岗顶峰和坟丘顶部东南面75米处的一个蓄水池。除此之外，第51军的顽强防御使苏军几乎未取得任何进展（参见副卷附录19K）。

494

1月9日—10日夜间报告苏军活动甚微后，赛德利茨第51军次日晨注意到对方的活动有所加剧。该军在清晨的一份报告中指出："6点，敌人以营级兵力……冲击第100猎兵师与第305步兵师结合部。正实施反冲击。"[21]该军在17点05分呈交的每日报告中提及，敌人以3辆坦克支援当日晨对第100猎兵师与第305步兵师结合部的进攻，另外，苏军夺得102.0高地蓄水池附近的支撑点。报

地图72　1941年1月9日，第62集团军的进攻计划

告结尾处称，该军构设起一道新防线，从政委楼（网格编号72C 1/a 3）西北角延伸至面包厂的一部分，然后从面包厂南角向东南方延伸。[22]20点50分，第51军又提交了一份修正报告，称：

> 在第100猎兵师与第305步兵师结合部，第100猎兵师左翼部队为夺回原有阵地而发起的反冲击进展缓慢。第305步兵师右翼，除两个靠前部署的机枪火力点外，原先的防线重新回到我们手中。敌突击部队在面包厂东南面发起的突袭被击退。[23]

证明1月10日的战斗有所加剧的是，第51军次日报告，第100猎兵师阵亡18人、负伤66人，第305步兵师49人阵亡、83人负伤、21人失踪。[24]对赛德利茨军来说，接下来几天的情况不会有所好转，随着时间的推移，胜利的天平无可争议地向崔可夫一方倾斜。

激战期间，德军第71步兵师师长哈特曼将军在斯大林格勒南部城区一座半毁建筑物冰冷的地下室（师部所在地）举办了一场音乐晚会，试图在明显不文明的环境下保持一定程度的文明。伊尔塞上尉弹奏了贝多芬、巴赫、舒伯特的钢琴曲，伴随着每一首乐曲，哈特曼朗读了歌德、腓特烈大帝和希特勒的文章（参见副卷附录16D）。[25]希特勒的文章很适合目前的情况："那些想活下去的人，让他们去战斗，那些不愿在这场永恒斗争中战斗的人不配活下去。"但正如哈特曼肯定意识到的那样，德国人已无法摆脱等待他们的可怕命运。

## 1月11日
### 双方的计划

1月10日—11日夜间，罗科索夫斯基和沃罗诺夫将军评估了进攻首日的情况，特别是那些放缓了前出至罗索什卡河河谷的步伐的缺点和问题，并采取措施予以解决。坦克损失相当严重，巴托夫、加拉宁和奇斯佳科夫的100辆坦克折损约三分之一，这就要求采取更有效的办法来确保前进中的坦克与步兵之间的协同。这也意味着整个推进过程中，各相邻师必须更密切的联系、配合。

罗科索夫斯基1月11日的行动计划要求巴托夫第65集团军，连同其左侧加拉宁第24集团军右翼突击群继续向东推进，进入罗索什卡河河谷。具体说来，加拉宁麾下步兵第49和第273师应彻底肃清德国第4军第76步兵师位于扎帕德诺夫卡峡谷以西地域的部队，尔后坚守峡谷线，掩护方面军突击群左翼。南面，第24集团军步兵第84师，应在近卫坦克第8旅支援下，与第65集团军右翼①的步兵第214师相配合，坚守117.5高地，抗击德国人有可能发起的反突击，将德国第8军第44步兵师右翼部队（第131团）驱离1号国营农场，前出至扎帕德诺夫卡南北两面的罗索什卡河河段。更南面，第65集团军近卫步兵第27、步兵第24和第304师，应在第二梯队步兵第23师的支援下，歼灭第44步兵师中央、左翼（第134和第132团）及第29摩步师右翼部队（"韦勒"战斗群），尔后向东推进至从巴布尔金到新阿列克谢耶夫斯基的罗索什卡河河段。

除以第65和第24集团军突击群前出至罗索什卡河河谷，罗科索夫斯基方面军1月11日亟待解决的最大问题是如何包围并歼灭马里诺夫卡突出部内强大的德军部队，德国人称该突出部为"马里诺夫卡角"，其西部尖端位于马里诺夫卡镇。这个突出部环绕的区域从哥萨克坟堆起，沿罗索什卡河以西5—7公里的山脊向西南方延伸至131.7高地以西约3公里，沿拜拉克峡谷（Bairak）向南延伸约5公里至马里诺夫卡支撑点，然后沿卡尔波夫卡河南面的铁路线及其北部向东延伸11公里到卡尔波夫卡镇支撑点。据守该突出部的是德国第14装甲军第29和第3摩步师，他们仍是保卢斯集团军辖内实力最强的部队。但是，第21集团军突击群1月10日的冲击动摇了第29摩步师的防御，该师在第14装甲军右翼守卫着7公里宽的防区，从哥萨克坟堆至131.7高地。进攻该地域的五个苏军师（第65集团军步兵第304、第173师和第21集团军近卫步兵第51、步兵第293、第277师）到达波尔塔夫斯基和德米特里耶夫卡村西、北郊，正准备沿拉瑟普纳亚峡谷（Rassypnaia）向东南方攻往新阿列克谢耶夫斯基以南3—4公里的罗索什卡河河段；向南攻往卡尔波夫卡，进入第3摩步师后方。

面对这种显而易见的威胁，1月10日晚，保卢斯命令胡贝第14装甲军坚

---

① 译注：左翼。

守第29摩步师在该军右翼的阵地，特别是从德米特里耶夫卡向东北方延伸至+1.5里程碑（122.8高地南面1公里和新阿列克谢耶夫斯基西北方5公里）这片区域。另外，第3摩步师应于1月11日将其部队向东撤离马里诺夫卡角，在从135.1高地沿沃佳纳亚峡谷西脊南延至177点（阿塔曼斯基）这片地域占据新防御。[26]同时，将通过这场后撤腾出的所有部队北调，加强第29摩步师位于该军右翼的防御。尔后，第3摩步师应继续遂行战斗后撤，12日拂晓前退守从161点（奥托尔瓦诺夫卡）沿布利日尼亚峡谷南延至62.0高地（卡尔波夫卡以西3公里的卡尔波夫卡河）东北方1公里的防御阵地。

　　这种后撤是一场极其危险的机动，因为它包括1月10日—11日夜间向东开拔约3公里，11日再行进6—7公里，总距离达9—10公里。第3摩步师第8、第29团的五个作战营向东退却时，其作战部队主力将赶往东北方，加强第29摩步师险象环生的防御，但他们必须在原防线留下足够的后卫部队，以免苏军第21集团军趁第3摩步师各团后撤之机打垮该师防御。令情况变得更加复杂的是，"维利希""汉施泰因"和"塞德尔"战斗群（由第14装甲师第103和第108装甲掷弹兵团残部构成，并获得第6集团军勤务人员和空军人员组建的几个特设营加强）也实施了一场分阶段后撤，从沿铁路线及其北面，以及马里诺夫卡东延至卡尔波夫卡的卡尔波夫卡河河段构设的较为固定的阵地和支撑点向东退却。但这些战斗群必须留下足够的兵力守卫诸如马里诺夫卡、阿塔曼斯基、伏罗希洛夫夏令营这些支撑点，以防其防线发生灾难性崩溃，这也会威胁到第3摩步师的存亡。这场后撤的策划和实施都很仓促，酷寒中，德军士兵踏着深深的积雪，冒着苏军猛烈的炮击、地面进攻和几乎持续不断的空袭，开始了这场跋涉。

　　罗科索夫斯基原先的进攻计划包括歼灭第14装甲军盘踞在马里诺夫卡突出部的部队。为完成这项任务，他将行动的"主角"赋予V.S.阿斯卡列诺夫上校[①]的步兵第173师（部署在第65集团军最右翼）和N.T.塔瓦尔特基拉泽少将的近卫步兵第51师（部署在第21集团军最左翼）。第21集团军步兵第293、第

---

　　① 译注：阿斯卡列波夫。

277、第298、第96、近卫步兵第52师部署在突出部周围，而在第21集团军右翼后方担任第二梯队的步兵第120师驻扎于普鲁德博伊（Prudboi）车站地域，将扮演"配角"。

阿斯卡列诺夫和塔瓦尔特基拉泽负责打垮德军防御，他们将从109.0高地和德米特里耶夫卡附近沿德米特里耶夫卡—卡尔波夫卡公路两侧向南进击，攻往87.9、85.8和76.1高地。这场突击的目的是席卷第14装甲军沿布利日尼亚峡谷构设的正面朝西的防御阵地，并夺取卡尔波夫卡。这两个师从北面逼近卡尔波夫卡时，位于近卫步兵第52师右侧、第二梯队的步兵第120师将向北攻往伏罗希洛夫夏令营，尔后转向东北方，与近卫步兵第51师在卡尔波夫卡附近会合。奇斯佳科夫麾下其他师将对第3摩步师的防御保持最大压力，以防该师有序后撤。

与此同时，在第6集团军东北部和南部防线，赋予第66、第57、第64集团军的任务非常简单。他们应以各自的突击群继续遂行冲击，以获取战果，并防止第6集团军辖内其他军抽调兵力，增援保卢斯受威胁最严重的西部防线。

虽然1月10日—11日夜间的战斗强度有所减弱，但并未彻底平息。夜间，巴托夫、加拉宁和奇斯佳科夫重组部队，并以鼓励加威胁这种惯用方式督促部下。遵照罗科索夫斯基的建议，几个集团军的师长们组建起特别支队和突击组，专用于对付德国人的个别支撑点。与此同时，这些师长还重新集结起师主力，准备于次日继续实施协同一致的推进。

## 德方的报告

1月11日晨，第6集团军从辖内各军收悉的报告为接下来几天的行动定下了基调，也预示着即将发生的事情。4点30分，施特雷克尔将军的第11军汇报了敌人强烈的侦察活动，但该军位于第6集团军北部防线的整个防区并未发生其他重要情况。10分钟后，该军通知第6集团军，遵照保卢斯的命令，他们已将第1要塞营派往西面，加强集团军西部防线。[27]海茨第8军防区的态势不太平静。5点50分，该军报告，第113步兵师的防区一切都很平静，但第76步兵师听见主防线前方约2000米处传来引擎加速的轰鸣，并发现苏军防线后方大批车辆赶往西南面。[28]一如既往，敌人对该军整个防区实施了火力骚扰。

除了战斗状况，海茨军还强调了他们移动重武器和运送补给物资穿过深深的积雪时遭遇的困难。这迫使该军将计划中的反突击推延至次日晨6点30分。此时，第8军第44步兵师面临着最严峻的局面。尽管敌人"夜间没有任何动作"，但该师发现敌新锐部队正在其防线对面集结，并预测俄国人的新主攻点是穿过1号国营农场攻向巴布尔金。第44步兵师还报告"损失特别严重"，尤其是其前线各营。第8军证实了这一事实，在报告中称第113步兵师未遭受伤亡；第76步兵师前一天阵亡18人、负伤7人、失踪11人；而第44步兵师的伤亡太过惨重，尚未对此加以统计。[29]

赛德利茨第51军报告，苏军凌晨2点再次进攻马马耶夫岗上的蓄水池，德军随后实施的反冲击正在进行中。苏军对第51军防区发起的另一场进攻发生在第100猎兵师左翼，在那里和"街垒"厂东面达成小规模突破。该军还发现3辆苏军坦克渡过伏尔加河，进入步兵第138师位于"街垒"厂东面的登陆场。最重要的是，西部防线的危机迫使赛德利茨军将第389工兵营和第3要塞营分别派往皮托姆尼克和杜比宁斯基，此举进一步削弱了该军的作战力量和防御。[30]

最后，8点20分，胡贝遭到围攻的第14装甲军在报告中描绘了无须详述的危险局势：

第29摩步师的新防线位于佩列耶兹德纳亚峡谷以南—1.0和1.5里程碑西北面1公里的山坡—德米特里耶夫卡—现有但已延伸的左翼。自5点30分起，敌人从佩列耶兹德纳亚峡谷—1.5里程碑—1.5里程碑西南面的峡谷一线发起进攻。第3摩步师和第376步兵师前方之敌保持着平静。从凌晨3点起，第3摩步师已按计划遂行后撤。损失情况稍后报告！[31]

第4军没有呈交报告（也可能是第6集团军未收到），这一事实证明第6集团军南部防线的态势极为紧张，该军徒劳地试图集结起兵力，遏止第57和第64集团军在齐边科地域和卡拉瓦特卡峡谷北面的进攻。

保卢斯司令部呈交"顿河"集团军群的战场报告再次重复了辖内各军的汇报，并强调了危险的态势（参见副卷附录16E）。报告中最切中要害的一句话是"<u>集团军已没有更多预备队</u>",并以下划线加以强调。[32]另一份报告哀叹了危险的补给情况,并指出"如果不迅速改善补给状况,这场战斗将毫无希望"。[33]

1月11日17点至19点30分,第6集团军辖内各军向保卢斯司令部提交了各自的每日报告,20点30分至21点又呈交了第二份报告。但第14装甲军未提交报告,第8军也没有呈交第二份报告。17点,施特雷克尔将军的第11军指出,第24装甲师正以手榴弹与敌人展开零星交火,并遭到敌反坦克炮火的袭击,他们发现大批敌步兵和炮兵正赶往东北面的147.6高地。东北方,苏军投入步兵和10辆坦克,对第16装甲师第64装甲掷弹兵团第1营的阵地和相毗邻的第60摩步师第544团第3营位于139.7高地西面的防御发起冲击。与此同时,一股实力更强大的苏军对第16装甲师第60工兵营设在147.6高地以西的防御发起进攻,撕开一个500米宽、500米深的缺口。另一场进攻发生在13点05分,苏军步兵和5辆坦克攻向第16装甲师左右两翼。该师称正组织反冲击收复失地,苏军随后的报告证实了这一点。下午和晚上,苏军再度发起进攻,在422点和147.6高地附近第16装甲师的防线上打开几个新缺口,该师无法将其封闭。[34]第16装甲师报告,当日的战斗中,该师阵亡29人、负伤87人、失踪20人。但该师还指出,其防御阵地前方有800—900名苏军阵亡者。[35]没过24小时,这些持续的突破迫使施特雷克尔将军命令第16装甲师将其部队撤离422点和147.9高地[①],退往奥尔洛夫卡西北方的新防御阵地。

赛德利茨第51军报告,苏军1月11日发起数场进攻,包括当日11点以100名士兵对102.0高地(马马耶夫岗)实施的冲击,这场进攻在蓄水池西北面打开一个30米宽的缺口,德军无力将其封闭。100名苏军士兵对第100猎兵师左翼发起的另一场冲击使进攻方到达面包厂西南面的52号楼。这场进攻迫使第305步兵师将其右翼后撤,而第100猎兵师不得不组织第212团[②]的一个营遂行反冲击。敌人在工厂区实施的另一场突击中夺得面包厂南面、东面以及工

---

① 译注:疑似为147.6高地。
② 译注:第212团隶属第79步兵师。

厂与油库之间地带，第62集团军步兵第95和第45师一点点蚕食着第51军位于"街垒"厂与"红十月"厂之间的阵地。[36]

第6集团军南部防线，17点35分，耶内克第4军报告，从齐边科东延至伊阿戈德内北部地域爆发激战，双方的损失都很大。虽然第297和第371步兵师承认他们无法封闭出现的一个大缺口或将苏军驱离，但托尔布欣第57集团军和舒米洛夫第64集团军尚未突破齐边科西北面至119.7高地东北面的德军拦截线并向北赶往他们的目标——北面10—12公里处，巴萨尔吉诺和沃罗波诺沃车站的铁路线。[37]尽管如此，进攻中的苏军牢牢控制着齐边科周围及北部、119.7和111.6高地及其周边的合围阵地。第4军在报告结尾处乐观地指出，他们仍打算构设一道新防线，从齐边科向东延伸，经111.5和119.7高地至伊阿戈德内北面的原防线。第4军21点20分提交的另一份报告称，第71摩步团（隶属第29摩步师）第1连正对苏军在齐边科东面达成的突破发起一场反冲击，第297和第371步兵师仍在封堵东面较大的突破口，但无法恢复原有防线，这份报告还指出，苏军对整片地区实施了猛烈空袭。[38]在21点40分提交的当日最后一份报告中，耶内克军宣布，第297步兵师终于沿克拉夫措夫南面东到齐边科东北面1公里的路口这条战线挡住苏军在齐边科地域的进攻。实际上，这意味着虽然齐边科支撑点遭围困，守军仍在抵抗，但德国人并未全力营救这股守军。相反，报告中称，齐边科东面的防线从齐边科以东2公里的双车道西面500米处，向东延伸至111.9、119.7高地北面，再至叶尔希西面的旧防线。[39]也就是说，耶内克第4军甚至没能削弱苏军的突破。

第4军的报告随后列举了他们从其他军和第6集团军获得的援兵，这些部队在过去两天被迫解散，以拼凑出更多作战步兵，实现后续作战意图（参见副卷附录16F）。第4军从第6集团军预备队获得2个营又2个连，从第9高炮师得到2个连，从第51军获得10门反坦克炮、3辆突击炮和200名士兵。但与此同时，该军解散了4支道路修建队和第371步兵师的3个步兵连。与这些援兵同样微不足道的是，第4军在报告结尾处指出，其意图是"只要兵力允许，将肃清第297步兵师防区的局部突破"。[40]

1月11日，海茨第8军再度卷入最激烈、最危险的战斗。虽然第113步兵师报告其防线只受到轻微的火力骚扰，但第76步兵师左翼和整个第44步兵师却遭到苏军反复发起的冲击。苏军以连、营级兵力对第76步兵师展开12次进攻，其中最猛烈的冲击发生在9点50分至11点20分间，苏军步兵和坦克冲向423点以东2公里的116.2高地。第76步兵师以第177突击炮营6辆突击炮遏止了这场进攻，而军属和师属炮兵火力据说粉碎了集结在423点和1号国营农场的苏军部队。苏军的持续突击迫使该师将主防线撤至新阵地，这道新防线从扎帕德诺夫卡村西北方4公里处的扎帕德诺夫卡峡谷最西角向南延伸，经1号国营农场东部至扎帕德诺夫卡坟堆，该坟堆位于115.6高地以东2公里、扎帕德诺夫卡以西4公里处。苏军步兵和4辆坦克在坟堆南面1公里发起的另一场进攻被击退，第76步兵师左翼与第44步兵师右翼之间的联系暂时得以恢复。第76与第44步兵师的分界线目前从扎帕德诺夫卡向西穿过扎帕德诺夫卡坟堆，延伸至145参照点（124.5高地）。[41]

南面，第44步兵师面对着苏军对其阵地更为猛烈的冲击，苏军1月11日拂晓发起的这场进攻，其范围从扎帕德诺夫卡坟堆向南穿过戈拉亚和佩列耶兹德纳亚峡谷，直至58.5高地以西1公里、巴布尔金西南偏西方约3公里处。此时，第44步兵师左翼与第14装甲军第29摩步师右翼之间仍存在一个2公里宽的缺口，位于1.5里程碑以东约2公里、巴布尔金西南方4公里处。第44步兵师击退了苏军步兵和30辆坦克沿戈拉亚和佩列耶兹德纳亚峡谷向东发起的一场更为猛烈的突击，但极为勉强，双方的损失都很严重。[42]

因此，夜幕降临前，苏军已迫使德国第8军遂行防御的第76和第44步兵师退守新防线，这道防线从423点以东2公里处向南延伸，穿过1号国营农场东部至扎帕德诺夫卡坟堆（115.6高地以东2公里），穿过坟堆南面一个1公里宽的缺口后，再从佩列耶兹德纳亚峡谷北角向西南方延伸至58.5高地西北方1公里处。该军在报告结尾处称，他们在当日的战斗中击毁15辆敌坦克，并宣布打算据守这道新防线，同时设法封闭第76与第44步兵师之间的缺口。[43]

胡贝14装甲军终于打破当日的沉默，22点30分呈交作战报告，之前显然是费了点时间将第3摩步师撤至依托布利日尼亚峡谷和卡尔波夫卡的新防线。第14装甲军没有提供任何关于第29、第3摩步师各作战团和营所在位置的具体情况，报告中只提及第14装甲军军部设在451点（杜比宁斯基），第29和第3摩步师师部分别位于439点（新阿列克谢耶夫斯基）、449点（卡尔波夫卡东北方

4公里）。[44]该军解释道，第29摩步师"仍未发来报告"，并称第3摩步师有11辆可用的坦克；报告又补充道："黑恩装甲连尚有约4—5辆坦克，已被留在后面。"[45]第14装甲军还报告，截至19点，第3摩步师的中型反坦克炮比前一天少了4门，而第376步兵师仍在卡尔波夫卡东南方沿切尔夫连纳亚河据守阵地，该师只剩8门反坦克炮、1辆自行火炮和1门88炮。这份报告最后补充道，据第29摩步师报告，1月10日击毁16辆敌坦克，而"黑恩"装甲连和88炮1月11日击毁约20辆敌坦克，其中大多是英制Mk I 和Mk II 坦克。[46]

第6集团军19点45分呈送"顿河"集团军群的每日报告毫无积极色彩：

俄国人以极大的热情继续他们昨日对要塞的突击。我方遭到进攻的虚弱部队英勇奋战，部分遏止了敌军。敌人达成的几处突破造成一些尚未解决的危机。

西部防线：第44步兵师以最后的预备队发起反冲击，迫使敌人退至1号国营农场—巴布尔金一线。未能封闭巴布尔金北面1公里宽的缺口。第8军左翼（巴布尔金以西2公里）和第14装甲军右翼（103.1高地北面的冲沟）之间存在另一个2公里宽的缺口。敌人在1.5高地达成突破。南部地域已加以封锁。103.1高地落入敌人手中。计划在那里发起一场反冲击。德米特里耶夫卡的战斗仍在继续。另外，敌人昨日对我主防线的猛烈进攻给我方人员和物资造成极为严重的损失。

南部防线：敌人对我方腹地的猛烈进攻已被遏止，并遭到封锁。敌人多次突破我军位于齐边科东面8公里宽的主防线。尽管遭到敌人猛攻，我方部队仍在坚守被围的支撑点。我军遭受严重损失的同时，也在主防线前消灭了敌人的16辆坦克和大批步兵。原主防线从叶尔希以西约3公里处起。

斯大林格勒：士兵们抵抗能力的下降导致主防线在逐屋逐巷的战斗中不断崩溃。敌人重新发起的突袭大多被击退。敌人突破了第100猎兵师与第305步兵师的结合部。

东北部防线：自清晨起，敌人对第16装甲师防区发起猛烈冲击。上午晚些时候的激战中，敌人在147.1高地正西面、422.点两侧和145.1高地西北面达成突破，突破口约400米宽、300米深。战斗仍在继续。

<u>截至17点的空运架次：</u>

47架Ju-52

28架He-111，共运抵128吨补给物资。

<u>天气</u>：阴，低能见度，轻霜。[47]

21点35分，保卢斯给"顿河"集团军群的曼施泰因发去一封私人电报，直截了当地阐述了第6集团军的困境：

近日虽进行了英勇抵抗，但激烈战斗致使敌人多次达成纵深突破，我方无力遏止。已无预备队，在此情况下我们无计可施。弹药只够三天，补给即将耗尽，重武器已无法实施机动。高昂的损失、恶劣的补给状况，加之严寒，已使部队的抵抗能力大为下降。可以预料，敌人会以同样的强度继续进攻要塞，我们只能坚守几天，尔后，抵抗将化为各自为战。[48]

保卢斯的电报发出后，1月11日22点30分，第6集团军又给"顿河"集团军群发去一份报告。这份冷静、颇具不祥意味的报告中写道："第16装甲师据守的<u>东北部防线</u>，两个700米宽的缺口无法封闭。<u>西部防线</u>，第29和第3摩步师能否按计划遂行后撤很值得怀疑，目前尚不清楚。"[49]OKH则以含糊的措辞总结了当日的战斗："**东线**。斯大林格勒，敌人再次对防线西北部、西部和西南地域发起进攻，在一条8公里宽的战线上达成5公里深的突破。"[50]

## 苏军的进攻

红军总参谋部对罗科索夫斯基1月11日进攻行动所获进展的描述，清晰地揭示出让第6集团军严重不安的原因。这份作战概要在开头处称："当日晨，顿河方面军继续进攻被围于斯大林格勒的敌集团，克服了敌人顽强的抵抗，攻占马里诺夫卡、普鲁德博伊车站、德米特里耶夫卡和奥托尔瓦诺夫卡（Otorvanovka）地域，并在巴布尔金和新阿列克谢耶夫斯基地段前出至罗索什卡河，"随后又提供了必要的细节（参见地图71和副卷附录16G）。[51]

与前一天的情况相同，当日最重要的战斗发生在第6集团军西部防线，具体说来是一片14公里宽的防区，从韦尔佳奇坟堆（121.3高地）东北部向南延伸，经扎帕德诺夫卡峡谷以西、扎帕德诺夫卡村和巴布尔金至弗兹鲁布纳亚、拉瑟普纳亚峡谷下（东）段。这片防区的北半部是一片6公里宽的地域，从韦尔佳奇坟堆向南穿过117.5高地和格拉切夫峡谷，直至戈拉亚峡谷北脊，这里的战斗迅速演变成一场为争夺1号国营农场和农场东部边缘117.5高地而进行的致命厮杀。投入进攻的是加拉宁第24集团军右翼的步兵第49、第273、第84师和巴托夫第65集团军左翼的步兵第214师，遂行防御的则为德国第8军第76步兵师左翼第203团的两个营和第44步兵师右翼第131团的四个营。德军步兵还获得一个加强步兵营和第244突击炮营少量突击炮支援。[52]战斗期间，进攻中的苏军费力而又缓慢地向东推进0.5—2公里，将德国人彻底驱离1号国营农场，前出至扎帕德诺夫卡峡谷和扎帕德诺夫卡村以西2公里处。

这片防区南半部的战斗更具决定性。激战发生在8公里宽的地域内，从戈拉亚峡谷北脊向南延伸，穿过巴布尔金西部，跨过佩列耶兹德纳亚和弗兹鲁布纳亚峡谷最东端，直至拉瑟普纳亚峡谷东部。这一次，巴托夫第65集团军进攻该地域的主力突击群包括原突击群编成内的近卫步兵第27、步兵第24和第304师，并获得新锐步兵第23师加强，巴托夫将该师投入步兵第24师与第304师之间。这股较大的突击群，在五个近卫重型坦克团约60辆坦克支援下，向东攻往罗索什卡河河谷，打击德国第8军第44步兵师第134和第132团残部、"韦勒"营级战斗群和第14装甲军第29摩步师左翼第15摩步团第3营一部。第44步兵师的两个团目前获得第177突击炮营6辆突击炮和第14装甲师第36装甲团、第160装甲营少量残余坦克的加强。

该防区最激烈的战斗发生在戈拉亚、佩列耶兹德纳亚峡谷及其附近，近卫步兵第27和步兵第24师在那里向东推进约2公里，而在103.1高地东北和东南地域，步兵第23和第304师向前推进约3公里。在这种情况下，巴托夫利用佩列耶兹德纳亚峡谷南面、第8军与第14装甲军结合部一个2公里宽的缺口，直接投入集团军第二梯队的步兵第23师。[53]结果，巴托夫突击群日终前设法到达距离巴布尔金南北两面的罗索什卡河河段1公里处，并彻底打垮德国第8军在罗索什卡河以西的防御。

从第6集团军的生存角度来看，恶名昭著的马里诺夫卡突出部的命运依然很重要，这片三角形地带的西部顶端倚靠着马里诺夫卡支撑点，底部位于东面的罗索什卡河。据守该突出部的是第14装甲军第3摩步师和第29摩步师约三分之二兵力，保卢斯竭力在这两支部队被苏军从三个方向发起进攻的部队切断并歼灭前将其撤出。1月11日拂晓前，该突出部已缩小近三分之一，由于苏军的进攻粉碎了突出部北部防御，遵照保卢斯的指示，第14装甲军匆匆命令第3摩步师向东实施分阶段后撤，先退往沃佳纳亚峡谷，尔后于1月12日黄昏前退守沿布利日尼亚峡谷构设的新防线。

第14装甲军1月10日的疯狂调动中，第29摩步师将其作战兵力集结在德米特里耶夫卡地域沿佩列耶兹德纳亚峡谷向东延伸的防御阵地上，而第3摩步师将第8、第29团作战营和"维利希""冯·汉施泰因"战斗群撤至卡尔波夫卡河北面连贯的峡谷线，并留下部分兵力迟滞苏军推进。这场棘手而又危险的调动最终导致德军遭受到严重损失——前进中的苏军歼灭了来不及撤离的德军后卫部队。

1月11日拂晓，顿河方面军进攻马里诺夫卡突出部的突击群编有第65集团军步兵第173师和第21集团军近卫步兵第51师。两个师将沿德米特里耶夫卡—卡尔波夫卡公路两侧向南攻击前进。在其右侧，第21集团军步兵第293和第277师将从德米特里耶夫卡西延至131.7高地这片地域向南发起突击。遂行进攻的四个师面对的是据守德米特里耶夫卡东面至弗兹鲁布纳亚峡谷的德军第29摩步师第15团残部；德米特里耶夫卡镇内的第29工兵营、第29摩托车营、"黑恩"装甲连（4—5辆坦克）和一些88炮；据守从德米特里耶夫卡向西延伸，经波尔塔夫斯基北面至131.7高地南面防御的第29摩步师第71团。1月10日—11日夜间，第14装甲军以所能集结起的一切兵力加强第29摩步师岌岌可危的防御。

与此同时，西面，第21集团军辖下的步兵第298和第96师正沿马里诺夫卡突出部西侧进行准备，其战线从131.7高地南面向南延伸至马里诺夫卡镇北面约1公里。这两个师将向东推进，从拜拉克峡谷攻向沃佳纳亚峡谷。与其对垒的是德军第3摩步师第8、第29团留下的后卫部队，而该师主力正向东退往新防御阵地。最后是突出部南面，第21集团军近卫步兵第52和步兵第120师，将从马里诺夫卡向东穿过阿塔曼斯基车站至伏罗希洛夫夏令营这片地域向北进击，任务是粉碎德军第3摩步师沿卡尔波夫卡河和铁路线构设的防御。如果突击取得成功，步兵第120师将与卡尔波夫卡以西约2公里的北突击群（步兵第173和近卫步兵第51师）会合。近卫步兵第52和步兵第120师面对的是第3摩步师"维利希""冯·汉施泰因""塞德尔"战斗群的后卫部队。

虽然第14装甲军的作战报告较为粗略或根本未提，但第6集团军的总体性评述暗示，第29摩步师据守波尔塔夫斯基、德米特里耶夫卡、奥托尔瓦诺夫卡村、佩列耶兹德纳亚与拉瑟普纳亚峡谷之间地域期间损失严重，无法封闭该师与第8军左翼之间的缺口。这些报告并未提供确切数字，但指出第3摩步师许多留作后卫的部队未来得及撤离便被苏军彻底歼灭或俘获。结果，1月11日黄昏前到达奥托尔瓦诺夫卡和拉瑟普纳亚峡谷下部后，苏军北突击群（步兵第173和近卫步兵第51师）连夜向前推进，一举粉碎第29摩步师已分崩离析的防御，明显缩窄了突出部底端第29和第3摩步师残部借以逃生的通道。就这样，保卢斯和他的作训处长的可怕预言在1月11日日终时一语成谶。[54]

与第6集团军西部、西南部防线迫在眉睫的灾难相比，1月11日日终时，集团军南部和东北部防线的态势虽然也很危险，但尚不具有毁灭性。苏军第57和第64集团军对德国第4军第297步兵师的防御发起联合突击，包围齐边科并夺取111.6、119.7高地后似乎停顿下来，但这仅仅是因为托尔布欣和舒米洛夫忙着以第二梯队的新锐部队加强他们的突击群。实际上，苏军对齐边科东、西两面的突破尽管缓慢，但正在扩大，德国第4军显然无法将其消除。具体说来，1月11日，舒米洛夫前调第二梯队的步兵第29师和海军步兵第154旅，准备投入次日的进攻。前者负责支援近卫步兵第36师在第64集团军左翼的突击；后者暂时转隶第57集团军，将打击德军第297步兵师位于克拉夫措夫接近地、齐边科以西防御。因此，除非第4军获得根本无法获得的大批援兵，否则，苏军迟早会恢复进攻，并打垮该军位于切尔夫连纳亚河两岸的防御。除了缺乏预备队，耶内克军最棘手的问题是后方没有可供防御的有利地形。在第6集团军看来，更糟糕的是，一旦第4军的防御崩溃，将导致集团军位于斯大林格勒西部的整个"要塞防御"发生坍塌。

第6集团军东北部防线上，施特雷克尔将军的第11军面临着类似问题——无法封闭第16装甲师防区的数个缺口。但是，该军后方至少有可供防御的地形，而第66集团军的突击力量是罗科索夫斯基顿河方面军最薄弱的一环。因此，施特雷克尔可以在几天内将其部队撤至连贯的防线上，并在那里再坚守10天。

1月11日，赛德利茨第51军在斯大林格勒城内进行的战斗有增无减。虽然崔可夫第62集团军取得的战果依然不大，但时间对苏联人有利，赛德利茨军遭受战斗消耗，还抽调兵力增援第6集团军西部、南部防线，实力和防御力受到削弱。1月11日最重要的事件是苏军以一个机枪—火炮营接替步兵第138师，这样一来，该师便可以调往左面，在近卫步兵第39与步兵第45师之间进入"红十月"厂以东地域，并向西攻往兹纳缅斯克大街（参见副卷附录19K）。

除丢失马马耶夫岗上的蓄水池和"红十月"厂、面包厂、"街垒"厂之间的一些房屋、建筑及街区外，第51军1月11日的防御最令人震惊的方面是伤亡人数的增加。该军的实力已虚弱到临近崩溃点，1月12日晨又报告，第100猎兵师阵亡22人、负伤98人、失踪8人，而第305步兵师阵亡20人、负伤104人、失踪4人。[55]这种高消耗率解释了为何第62集团军的部队在冲向107.5高地的行动中能取得较大进展。实际上，这也是整个第6集团军面临的问题。

## 1月12日

### 苏军的计划

1月11日—12日夜间，罗科索夫斯基基于1月11日取得的进展，命令第24、第65、第21集团军发起致命一击，前出至敌罗索什卡河防线，可能的话将其突破，并彻底消灭第6集团军位于马里诺夫卡的突出部。这位方面军司令员还命令第57和第64集团军尽力扩大他们的进攻，尽管他希望他们能以一种非常有限的方式采取行动[①]。

### 德方的报告

第6集团军这一整天发给"顿河"集团军群的报告都在强调其西部防线日趋恶化的局面（参见副卷附录16H）。这些报告清楚地表明，第6集团军无力

---

① 译注：这句话的意思是节约兵力。

封闭，甚至无法遏止西部防线出现的突破。更糟糕的是，集团军无法确定第14装甲军第29和第3摩步师是否能完好无损地撤至沿罗索什卡河构设的新阵地，并遏止苏军沿该防线发起的后续突击。中午前后指出战斗结果"尚不明朗"后，保卢斯22点哀求他的上司："要是您能派几个全副武装的整编营飞入包围圈，继续坚守要塞一段时间似乎很有希望。"[56]他的呼吁显然没有得到回复。尽管保卢斯对即将到来的灾难发出越来越严厉的警告，但OKH却以令人震惊的轻描淡写总结了当日的作战行动："**东线。**敌军对斯大林格勒发起的集中进攻未获成功；敌人的突破在某些地段遭到遏止。我军设法缩窄了敌人昨日在我方防线达成的突破。"[57]

第6集团军辖内各军当日提交的报告，提供了该集团军较为含糊的电报中所缺乏的一些细节。但是，由于身处危险态势下，第14装甲军呈交的报告，即便有也寥寥无几，保卢斯据此得出结论，该军的后撤行动可能不太成功。

海茨将军6点10分发出第8军的第一份报告。报告中称，虽然第44步兵师的防区较为平静，但敌人夜间对第76步兵师第203团左翼发起猛烈进攻并达成突破，该师在第244突击炮营残余突击炮支援下发起反冲击，力图封闭突破口。[58]该军17点45分提交的另一份报告详细阐述了先前的战斗，指出战斗前和战斗其间，整条防线一直遭到苏军火炮和火箭炮极其猛烈的轰击。遂行进攻的苏军在第76步兵师左翼第176自行车营的防区打开一个缺口。尔后，从13点起，一股实力更强的苏军发起冲击，从第76步兵师手中夺得整个1号国营农场和农场北面至关重要的高地。更严重的是，就在该军设法封闭第76师左翼的突破时，敌人又对第44步兵师已严重受损的防御发动猛攻。用第8军的话来说："这场进攻的主要目标是巴布尔金。从113.6高地地域向佩列耶兹德纳亚峡谷和南面发起的进攻尤为猛烈。"[59]结果，该军不得不撤离暂时用于封堵该防区缺口的第44师工兵营。报告结尾处宣称，该军后续企图是"坚守既有阵地""将第44步兵师左翼撤至罗索什卡河西岸"并"在438点〔巴布尔金以南2公里〕附近与第14装甲师右翼会合"。[60]当然，此举的前提是第14装甲军能将第29和第3摩步师撤至罗索什卡河，就目前情况看，能否做到这一点很成问题。与前两天的作战情况相同，第44步兵师忙着为自身的生存而战，无暇向第8军提交伤亡报告。一言以蔽之，该师损失惨重，伤亡不断上升。

第6集团军西部防线的混乱局面，特别是第65集团军向罗索什卡河发起的猛冲，在德军整个后方地带引发了各种各样的传言。最令人惊慌的谣言是一份报告所致，称苏军一个小股坦克群正冲向皮托姆尼克。就算这个情况属实，那也很可能是对方的侦察队。但这份报告在机场附近造成恐慌，大批士兵在空军撤离的飞机上寻找容身处，补给单位和一些伤员被匆匆疏散，现场混乱不堪。待弄清楚这不过是一场虚惊后，惊慌失措的人们才返回机场。[61]虽说这起事件也许是杜撰的，但这个小插曲强调出这样一个事实：苏军的多重突破和相关态势准确报告的缺乏，在某些地方即便没有造成彻底的恐慌，也使德国人产生了不安情绪。

就在保卢斯想象着萎缩的马里诺夫卡突出部内第14装甲军的情况时，耶内克将军向他汇报了第4军的状况。清晨6点，该军称克拉夫措夫地域较为平静，但苏军已在齐边科周边防御达成局部突破；齐边科东面的态势未发生变化，以该军现有的力量甚至无法试着将俄国人驱离他们位于116.9和119.7高地附近的阵地。此时，该军已将加强要塞营投入齐边科东北面的战斗。[62]该军在17点20分的报告中提及俄国人对119.7高地附近和西面发起的另外一些进攻，并称已决定投入第3要塞营，重新夺回高地。[63]

第4军防区内，当日最严重的事态发展当属苏军对齐边科发起的一场大规模冲击，据说敌军从瓦拉罗夫卡（Vararovka）而来，突破德军步兵营的防御，迫使他们退入镇内。报告中写道："在这场历时两小时的战斗中，遂行防御的部队遭切断，被迫退往克拉夫措夫和117.3高地。"[64]该军21点50分呈交的后续报告指出，进攻苏军至少有两个满编团，并获得坦克支援，他们随后席卷了从克拉夫措夫北延至117.3高地的防线，并从第376步兵师虚弱的部队手中夺得该高地。[65]这就使推进中的苏军到达齐边科西北方2公里处。当晚剩下的时间里，该军试图组织起炮兵支撑点，以遏止苏军在齐边科西北方的突破，并竭力切断苏军在东面达成的小规模突破。虽然耶内克第4军不知道具体情况，但他们觉察到了苏军第57和第64集团军地域内新锐援兵（具体说来就是齐边科西面的海军步兵第154旅和齐边科东面的步兵第29师）投入战斗造成的影响。

施特雷克尔将军的第11军和赛德利茨将军的第51军发给集团军司令部的

报告提及，苏军沿他们的防线发起持续进攻，但均未取得太大战果。日终前，第11军报告，第16装甲师只剩9辆可用的坦克（3辆二号、4辆三号长身管、1辆四号长身管、1辆指挥坦克），另外，继1月10日损失172人、1月11日损失74人后，第16装甲师12日又伤亡21人。[66]不过，第51军的情况有所不同，在"街垒"厂与"红十月"厂之间及其西部，第100猎兵师和第305步兵师仍在付出大量伤亡（参见下文）。

### 苏军的进攻

红军总参谋部1月12日的作战概要简单地证实了**顿河方面军**"继续沿原方向对被困于斯大林格勒之敌发起进攻"。这份作战概要随后阐述了各部队在德国第6集团军日趋萎缩的包围圈周边各作战地域给敌人造成的破坏（参见地图71和副卷附录16I）。[67]作战概要表明，第21和第65集团军的部队在数个地段前出至卡尔波夫卡和罗索什卡河接近地，第57和第64集团军攻占齐边科支撑点和东面的119.7高地，并开始向北推进，进入德国第4军后方地带。罗科索夫斯基遂行突击的各集团军称1月12日取得重大进展，意识到这些部队目前仅仅是接近了本应在进攻首日夺取的目标后，他的乐观情绪才有所减弱。因此，总的说来，第6集团军的防御行动远比苏军策划者们最初预料的更有成效。但不论什么时候，胜利终究是胜利。苏联人和德国人现在都很清楚，保卢斯饥肠辘辘、补给不足的集团军最终崩溃只是时间问题而已。

罗科索夫斯基这场进攻行动的第三天黄昏前，加拉宁第24集团军、巴托夫第65集团军和奇斯佳科夫第21集团军的部队完成了首日的大部分任务。第24集团军步兵第49和第273师的进攻削弱了德国第8军第76步兵师最左翼的防御，但他们没有继续向前突击，而是夺取并坚守扎帕德诺夫卡峡谷以西阵地，为罗科索夫斯基攻向罗索什卡河的主力突击群提供侧翼掩护。

更激烈的战斗发生在南面的1号国营农场及其北面的高地，特别是117.5这个强化筑垒高地。在那里，第24集团军步兵第84师和第65集团军最左翼的步兵第214师，各获得坦克第91旅和近卫重型坦克第8团10辆坦克加强，终于在12日中午粉碎德军设在国营农场的防御。在苏军两个步兵师的追击下，第44步兵师第131团残部，以及为其提供支援的几个营和几辆突击炮，向东退却1—2公里，在国营农场东面和东北面占据防御阵地，位于罗索什卡河河谷的弗拉索夫卡村和扎帕德诺夫卡村西面约1公里处。此时，据守第44步兵师右翼的几个营已彻底耗尽力量，多为加强连规模。

更南面，巴托夫第65集团军主力突击群向东进击，近卫步兵第27、步兵第24、第23、第304师从左至右排列，沿8公里宽的战线齐头并进，从戈拉亚峡谷向南攻往下弗兹鲁布纳亚峡谷。该突击群仍获得几个近卫坦克团多达40辆坦克的支援。苏军协调一致的突击在多个地段攻破德军第44步兵师第134、第132团的防御，导致该师被迫退守从巴布尔金北面向南穿过新阿列克谢耶夫斯基、沿罗索什卡河构设的后方防御阵地。夜幕降临前，第65集团军辖下的步兵第304师设法在河流东岸夺得一座1—2公里宽的登陆场，该登陆场从卡尔波夫卡东北方4公里的农场延伸至新阿列克谢耶夫斯基以南约半公里处。

在这个节骨眼上，巴托夫给德国第8军和相邻的第14装甲军造成更大威胁，他把集团军第二梯队的步兵第252师投入第304师右侧。新锐步兵第252师穿过第8军与第14装甲军防区间的缺口，在弗兹鲁布纳亚峡谷东端加入战斗。该师随后转身向南，跨过拉瑟普纳亚峡谷下部，在新阿列克谢耶夫斯基与卡尔波夫卡中途的+1.0里程碑到达罗索什卡河西岸。这样一来，步兵第252师便切断了德军第29摩步师向东撤过罗索什卡河的退路，并与集团军主力突击群（步兵第173和近卫步兵第51师）紧密相连，后者正沿德米特里耶夫卡—卡尔波夫卡公路及其东面向南赶往卡尔波夫卡。

在保卢斯看来，第6集团军1月12日最危险的地段当属马里诺夫卡突出部，在那里，第14装甲军正竭力将第29和第3摩步师救出可能形成的陷阱。由于第6集团军与第14装甲军，第14装甲军与辖内各师缺乏有效通信，第6集团军司令部对实际情况一无所知。虽然第3摩步师已于1月10日晚些时候开始后撤，但深深的积雪和苏军接连不断的进攻妨碍该师按计划行事。因此，苏军步兵第173和近卫步兵第51师1月12日沿德米特里耶夫卡—卡尔波夫卡公路及其东面向南突击时，第3摩步师一股相当大的力量仍沿布利日尼亚峡谷据守着正面朝西的阵地。师内其他部队正撤离突出部南侧沿卡尔波夫卡河构设的支撑点和迟滞阵地。因此，苏军突击群攻入第3摩步师右后方，迫使守军向东退却，与此同时，他们还要抗击苏军从北面、西面和南面发起的进攻。大批德军士兵在随之而来的混战中丧生。

　　1月12日, 罗科索夫斯基的突击群从拉瑟普纳亚峡谷和德米特里耶夫卡向南突击, 会同第21集团军正从各个方向进攻德国第14装甲军防御周边的其他师, 一举粉碎该军盘踞在突出部内的部队。在右侧第65集团军步兵第252师支援下, 步兵第173和近卫步兵第51师沿德米特里耶夫卡—卡尔波夫卡公路及其东面向南推进4公里, 黄昏前到达卡尔波夫卡镇以北1—3公里处。步兵第173师转身向东, 直扑罗索什卡河, 在那里与右侧的步兵第252师建立起紧密联系。与此同时, 正面向南、西南方的近卫步兵第51师, 既威胁到卡尔波夫卡, 又沿德米特里耶夫卡—卡尔波夫卡公路南部三分之一处构设起正面朝西的拦截阵地, 以防德军向东逃窜。近卫步兵第51师右侧, 前一天已从德军第29摩步师手中夺得德米特里耶夫卡和奥托尔瓦诺夫卡的第21集团军步兵第293师向南推进4公里, 随后转向西南方, 沿德米特里耶夫卡—卡尔波夫卡公路北部三分之二处构设起正面朝西的拦截阵地。同时, 第21集团军步兵第277、第298、第96师向东南、东面攻击前进, 取得3—4公里进展, 并将德军第29和第3摩步师残部困在一个4公里长、3公里宽的口袋里, 这个口袋从西北方延伸至东南方, 位于德米特里耶夫卡—卡尔波夫卡公路西南面。第21集团军步兵第120师突向东北方, 穿过伏罗希洛夫夏令营, 跨过冰冻的卡尔波夫卡河, 直奔卡尔波夫卡西郊, 而该集团军辖下的近卫步兵第52师肃清了马利诺夫卡东延至伏罗希洛夫夏令营、据守一系列支撑点的德军后卫部队。

　　奇斯佳科夫麾下部队的向心突击粉碎了第29摩步师位于波尔塔夫斯基、德米特里耶夫卡南面, 沿拉瑟普纳亚峡谷及其南面的防御, 几乎将第3摩步师半数残部包围在布利日尼亚峡谷和目前已遭到孤立的卡尔波夫卡以西支撑点内。但日终时, 卡尔波夫卡及其北面仍存在一条1—2公里宽的狭窄通道, 第14装甲军残部可借此向东逃窜。虽然第14装甲军两个摩步师确切的伤亡人数不详, 但较为合理的估计是, 经过这场战斗, 两个师原有的兵力折损一半至三分之二, 第29摩步师的伤亡高于第3摩步师。

　　舒米洛夫第64集团军和托尔布欣第57集团军的进攻, 虽说不像第24、第65、第21集团军那般成功, 但也严重破坏了德国第4军的防御, 导致对方无法坚守更久。舒米洛夫第64集团军突击群 (现获得步兵第29师增援) 扩大并加强了他们位于卡拉瓦特卡峡谷北面的登陆场，特别是在119.7高地附近，步兵第157、第204师、步兵第143旅从三个方向包围该高地，另外还有111.6高地及其北部，近卫步兵第36师在步兵第29师加强下，最终将其攻克。

第64集团军右侧，托尔布欣第57集团军突击群在齐边科两侧向西、向北发起突击，其先遣部队经克拉夫措夫冲向北面和西北面。[68]在那里，第57集团军给德军防御造成的破坏是：步兵第422师夺取齐边科；海军步兵第154旅攻占克拉夫措夫东面的罐头厂；步兵第38师向西北方推进2公里多，一举攻克111.7高地。这就使苏军发展胜利的部队前出至拉科季诺以东约2公里处。第57集团军的进攻导致德国第4军第297步兵师在齐边科的损失超过一个营。苏军还借此开始了重创德军第376步兵师已遭削弱的左翼，据称这股德军守卫着拉科季诺，但掩护其左翼和后方的部队少得可怜。耶内克军所能做的只是从其他地带调派不超过连级规模的小股援兵，并匆匆构设起炮兵支撑点封锁线，同时等待第6集团军增援部队到来。

最后是第6集团军东北部防线，扎多夫将军的第66集团军继续猛攻德国第11军第16装甲师的防御，第11军几乎将寥寥无几的弹药补给全部提供给该师，协助他们坚守防线。1月12日，扎多夫编有步兵第266、第99师、步兵第124旅的主力突击群，竭力扩大前一天在第16装甲师侧翼打开的两个700米宽的缺口。但第16装甲师再度实施了顽强防御，尽管战斗消耗最终迫使该师于1月13日退守更牢固、更连贯的防线。

至于斯大林格勒城内的战斗，进展与前两天一样，步兵第138师在左右两侧近卫步兵第39和步兵第45师的支援下，从"红十月"厂北面的阵地攻向正西面（参见副卷附录19K）。崔可夫的部队冲入面包厂已成废墟的附属建筑，进入"红十月"厂西面遍地瓦砾的街道，但未能取得决定性战果。除了德方伤亡统计，第51军的每日报告几乎完全证实了苏军的报告。第62集团军称至少击毙595名德军士兵，还俘虏12人，而第51军覆灭前最后一次提交的伤亡报告称，1月12日阵亡23人、负伤85人，但这份报告不包括第305步兵师的伤亡统计。[69]因此，崔可夫集团军显然赢得了斯大林格勒城内这场消耗战。但德国人的顽强防御使得这场战斗极为艰难，接下来的日子里，随着罗科索夫斯基的突击部队迫使第6集团军残余守军越来越多地退入城内，德军的防御力度还将加强。

整体而言，1月12日对保卢斯第6集团军来说是倒霉的一天，首先是因为该集团军丢失了被围"要塞"的西部堡垒。截至12日黄昏，苏军已逼近罗索什卡河，甚至已在至少一个地段渡过该河。其次，目前的情况很明显，第14装甲军无法像保卢斯期望的那样，将辖内部队悉数撤离马里诺夫卡突出部，并沿罗索什卡河构设一道可靠防线。保卢斯和麾下指挥官们都很清楚，如果无法沿罗索什卡河构设一道牢固的防御，"要塞"最终将由西向东崩溃，导致集团军残余部队陷入约7个月前他们将苏军第62集团军逼入的相同困境。这真是历史的讽刺。

加剧这一讽刺的是，OKH发给第6集团军的电报依然不着边际（就像他们自11月19日以来所做的那样）。证明这一事实的是，1月11日—12日夜间，保卢斯告诉他的上司"要塞"有可能失守后，据说OKH致电第6集团军："务必坚守齐边科—卡尔波夫卡—罗索什卡河一线。应采取一切手段防止皮托姆尼克落入俄国人手中。无论如何必须将齐边科重新夺回。第6集团军应报告所采取的应对措施和未经陆军总司令部批准擅自撤离齐边科的相关情况。"[70]在目前情况下，上述命令说起来比做起来容易得多。

"顿河"集团军群1月12日晚些时候的作战日志准确地总结了当日的作战行动，与第6集团军和保卢斯令人沮丧的报告相一致，但OKH并非如此。相反，陆军总司令部的作战概要以更加乐观的态度指出："**东线**。敌军对斯大林格勒发起的集中进攻未获成功；敌人的突破在某些地段遭遏止。我军设法缩窄了敌人昨日在我方防线达成的突破。"[71]从严格意义上看，这说的没错，因为罗科索夫斯基麾下的几个集团军只取得3公里进展，但这份评估忽略了战斗对第8军防御部队造成的极其有害的影响，并危及第14装甲军第29和第3摩步师向东撤出马里诺夫卡突出部的战斗退却。正如保卢斯准确认识到的那样，这些地段的态势已从危险演变为危机。

甚至到这么晚的时候，据说第6集团军有些高级军官仍主张在罗索什卡河东面构设一道强有力的新防线，还有些人仍在考虑拼死突出包围圈的可能性，哪怕希望渺茫。虽然第6集团军的记录并未提及后一种想法，但相关记录表明，保卢斯打算沿后续防线继续实施防御。不过，就像他发给"顿河"集团军群的电报表明的那样，保卢斯也承认，除非上级部门为继续坚守这座要塞采取某些激烈的措施，否则失败在所难免。至于救援或突围，这些想法现在显然已成泡影。因此，对第6集团军而言，1月12日日终时一切已成定局。在纯粹的恐惧和宿命论的维系下，保卢斯的部下别无选择，只能战斗到底。第6集团军绝望而又孤独的士兵们已被元首和最高统帅部抛弃，他们只有两个选择：死亡或投降。

## 1月13日

### 苏军的计划

随着战斗围绕第6集团军防御周边展开，1月12日—13日夜间，罗科索夫斯基、最高统帅部代表沃罗诺夫与几位集团军司令员进行了磋商，制定出一份彻底歼灭德国第6集团军的新计划。两位将军决定扩大奇斯佳科夫第21集团军取得的进展，将方面军主要突击方向从巴托夫第65集团军作战地域（德军在那里的抵抗最为顽强）向南调整至奇斯佳科夫集团军处。这个决定是基于这样一种判断：第21集团军的攻势已将德国第14装甲军主力歼灭，给敌人造成的破坏最大。另外，第65集团军步兵第304师已在新阿列克谢耶夫斯基南面渡过罗索什卡河，而第65集团军步兵第173、第252师，以及第21集团军步兵第96、近卫步兵第51、步兵第120师，完全能攻占卡尔波夫卡，占领该镇东面和东北面罗索什卡河畔的阵地，并夺取河对岸登陆场，不必担心遭到德国第14装甲军第29和第3摩步师残部的严重干扰。事实证明，这种判断是正确的。

因此，罗科索夫斯基决定将第65集团军步兵第173、第252师转隶第21集团军，并以第21集团军步兵第96、近卫步兵第51、步兵第120师夺取卡尔波夫卡。奇斯佳科夫获得加强的集团军将于1月13日和14日占领罗索什卡河一线和河东岸出发阵地，于1月15日率领顿河方面军的主要突击，向东攻往皮托姆尼克。这场进攻将从10公里宽的地域发起，从新阿列克谢耶夫斯基以北约2公里处向南延伸至卡尔波夫卡南面1公里的铁路线。为进一步加强奇斯佳科夫集团军，顿河方面军司令员将第65和第24集团军辖内大批炮兵和坦克支援力量调至第21集团军作战地域，还为奇斯佳科夫调派了多管火箭炮和两个重型迫击炮兵旅。这就使支援第21集团军的炮兵团从5个增加到23个，坦克团也从1

个增加到7个。[72]

罗科索夫斯基随后给辖内诸集团军下达了新命令，指示他们1月13日继续进攻（参见副卷附录16J）。这些命令要求第21集团军在左侧第65集团军的支援下向东突击，攻占卡尔波夫卡，渡过罗索什卡河和卡尔波夫卡河，夺取皮托姆尼克机场，并与第57集团军的部队在沃罗波诺沃车站附近会合。[73]罗科索夫斯基和沃罗诺夫的企图是于1月13日粉碎德军在卡尔波夫卡和罗索什卡河以西最后的抵抗，并于14日日终前加强第21集团军辖内各师，这些师部署在新阿列克谢耶夫斯基南面至卡尔波夫卡南面的河畔及东岸的出发阵地。这番变更部署将把八个师（步兵第173、近卫步兵第51、第52、步兵第298、第293、第252、第96、第120师）从左至右排列在第21集团军作战地域内。北面，第65集团军步兵第214、近卫步兵第27、步兵第24、第23、第304师从左至右排列在从扎帕德诺夫卡南延至新阿列克谢耶夫斯基这片地域。步兵第23、第304师遂行集团军主要突击，向东穿过新阿列克谢耶夫斯基，近卫步兵第27和步兵第24师负责进攻巴布尔金，而位于扎帕德诺夫卡的步兵第214师构成第65集团军左翼。最后，第24集团军步兵第49、第273、第84师将向东穿过扎帕德诺夫卡，沿罗索什卡河北岸推进，为第65集团军向东进击的左翼提供掩护。[74]

**德方的报告**

第6集团军重见天日的记录中，有相关报告表明，保卢斯集团军和辖内各军迅速觉察到罗科索夫斯基所做的变更。这些报告大多集中于第29和第3摩步师竭力向东逃离正在崩溃的马里诺夫卡突出部时，发生在卡尔波夫卡地域和沿罗索什卡河持续的激战。但这些报告也指出，苏军对第11和第4军的防御继续保持着毫不松懈的压力，特别是对第6集团军东北部防线第11军位于422点南面的第16装甲师，以及第6集团军南部防线第4军第297步兵师的脆弱防御，后者的防线从齐边科西面和北面向东延伸，经卡拉瓦特卡峡谷北面至叶尔希。此时，沿第6集团军南部防线展开的战斗已向西北方蔓延，吞噬了第14装甲军极其虚弱的第376步兵师的防御，该师守卫着克拉夫措夫和北面的117.3高地。1月13日是个值得注意的日子，因为第6集团军辖内各军仅存的报告到此为止，此后，第6集团军的记录中只有该集团军发给上级部门的电报。

第14装甲军1月13日仅存的一份报告签发于6点35分。报告中称第29摩步师残部在敌人的巨大压力下，正撤离罗索什卡河西面的作战阵地，"自6点起，强大的敌步兵已在438点［新阿列克谢耶夫斯基以北2公里］与新阿列克谢耶夫卡［新阿列克谢耶夫斯基］之间作战。"这份报告继续指出："稍晚些时候，2辆敌坦克在重武器密集火力支援下达成突破。"[75]另外，第14装甲军还报告，"第3摩步师位于卡尔波夫卡的左翼"也被该军所说的"强大的敌步兵"逼退至罗索什卡河地域，但该军承认，"尚不清楚第3摩步师右翼的情况。"这份晨报的最后一段提及该军左翼，第376步兵师位于齐边科西北方防区内的激烈战斗。报告中称，敌突击群在夜间试探齐边科西北方3公里、第117.3高地的防御，并向117.3高地西北方2公里的115.2高地实施侦察。这份报告谈到4点45分的情况时戛然而止，称"该地域［117.3高地］爆发了激烈的战斗，实力不明的敌军攻向115.2高地"。[76]这个消息极为不祥，因为该高地位于拉科季诺西北方3公里，在第376步兵师深远后方。遂行进攻的苏军很可能是第57集团军步兵第38师。

虽然第14装甲军当日晚些时候没有提交更多报告解释其左翼发生的情况，但耶内克第4军呈交的两份报告阐述了第6集团军南部防线所发生的事情。第4军在6点55分呈交第6集团军的晨报中指出，第297步兵师防区，"敌人趁着夜色悄然行动，但他们也对117.3高地保持着压力，并沿公路赶往西北面，"也就是115.2高地。[77]该军21点50分提交的报告更为详尽地描述了该地域恶化的态势。报告中承认："一股敌军从齐边科突向西北方，席卷了克拉夫措夫北面的高地防线，同时，这股敌军"据说编有两个满编团和少量坦克，"从第376步兵师实力虚弱的防御部队手中夺得117.3高地。"报告中又称，该军正以"虚弱的部队"沿117.3高地西北方2公里的双车道公路，也就是115.2高地上的公路，设法遏止苏军的推进。[78]

另外，第4军还宣布，他们继续遏止大股苏军在卡拉瓦特卡峡谷北面达成突破，但难度越来越大。此时，进攻中的苏军已将拉科季诺东北方8公里处的111.5、78.8高地拿下，正猛攻第297步兵师位于119.7高地及其周边的防御，突破地域的敌军力量明显加强，目前，位于该军左翼的这片突破地域已达6公里深，向东延伸至叶尔希西部接近地。关于该突破地域，第4军在其晨报中宣布，打算在119.7高地附近发起一场反冲击，但又抱怨"严寒和积雪延误了第51军援兵的到达"，援兵指的是第71步兵师第171自行车营，第4军希望以这个营遂行反冲击。[79]

在21点50分提交的每日报告中，第4军列举了一系列问题，但提出的解决方案寥寥无几。首先，该军承认，由于兵力不足，加之夜幕降临，他们不得不推迟119.7高地附近的反冲击。不过，他们正忙于构设一道新支撑点防线，以遏止苏军的推进。另外，该军还报告，敌突击群自黄昏起在叶尔希东北地域活跃的行动已被击退，敌人损失惨重，但在同一地域发现敌军在一条峡谷内集结。另外，空中侦察发现大股苏军正沿公路从伊阿戈德内赶往叶尔希。而苏军另一场局部突破发生在三个坟堆东北方、第371步兵师第671团与第297步兵师第522团结合部，第4军正计划发起反冲击。同时，该军终于宣布，第71步兵师第171自行车营的200名步兵已赶至，而第51军仍在"梳理"辖内部队，以抽出更多援兵。第4军在每日报告结尾处称："「1月14日」拂晓将投入第171自行车营，在突击炮支援下发起一场大规模进攻，收复119.7高地地域，并以第14装甲军第376步兵师部分部队，在第4军炮兵支援下重新夺回117.3高地。"[80]

第6集团军从第11、第51军收到的消息明显好于第8、第14装甲和第4军的报告，因为前者在报告中称，俄国人只发起中、小规模的行动，地盘的得失并不严重。但第6集团军当日记录中没有发给上级指挥部门的报告，要么是因为集团军未发出，要么是因为相关报告遗失。在1月14日6点57分发给"顿河"集团军群的报告中，保卢斯集团军以含糊的评论概述了当日的作战行动："1月13日—14日夜间，敌突击群在各条防线上的行动相当活跃，敌人在西部防线继续推进，自清晨起，其进攻重点为新阿列克谢耶夫斯基。"[81]

OKH从高高在上的角度记录道："**东线。**第6集团军的再补给由于天气关系愈发困难，他们击退了获得坦克支援的大股敌军发起的进攻，敌人在数个地段成功达成突破。"[82]的确，敌人取得了突破。

### 苏军的进攻

由于主动权现已牢牢掌握在顿河方面军手中，红军总参谋部1月13日的作战概要只是简单地指出，"**顿河方面军**继续沿原方向进攻被困于斯大林格勒之敌"（参见地图71和副卷附录16K）。[83]

　　总的说来，1月13日的战况都在罗科索夫斯基将军的意料之中。奇斯佳科夫将军的第21集团军以步兵第120、近卫步兵第51、步兵第96师从德军第3摩步师残部手中夺得卡尔波夫卡，尔后又以步兵第120、第96师进入卡尔波夫卡东南、东北面约1公里的出发阵地。步兵第252师集结在步兵第96师左侧、卡尔波夫卡东北方1—3公里处时，集团军将近卫步兵第51师向北部署，在新阿列克谢耶夫斯基以南2公里进入沿罗索什卡河构设的出发阵地。后方，第21集团军辖下的步兵第293、第277、第298师配合从南面来的近卫步兵第52师，歼灭或俘获了德国第14装甲军第29、第3摩步师被困于卡尔波夫卡西面和西北面的残部。完成这项任务后，步兵第293、第298和近卫步兵第52师向东而去，1月14日晚些时候在近卫步兵第51与步兵第252师之间沿罗索什卡河占据出发阵地。步兵第277师重返集团军预备队，部署在卡尔波夫卡西北方。

　　北面，第21集团军左侧，巴托夫将军第65集团军编成内的步兵第214、第23、第304师，继续在扎帕德诺夫卡南延至新阿列克谢耶夫斯基这片地域猛攻德国第8军第44步兵师的防御，但战果甚微。巴托夫将集团军辖下的近卫步兵第27和步兵第24师撤离前线，接受短暂的休整和补充。第65集团军右翼，巴托夫将步兵第173师交给第21集团军。休整一天后，该师向前部署，在新阿列克谢耶夫斯基北面进入第21集团军最左翼。更北面，加拉宁第24集团军辖下的步兵第49、第273、第84师仍留在德国第8军第76步兵师左翼对面的防御阵地上，既是为休整部队，也是为掩护第65集团军左翼。

　　就在顿河方面军第65和第21集团军1月13日消灭第6集团军位于罗索什卡河以西的防御，特别是第14装甲军第29和第3摩步师的防御时，舒米洛夫第64集团军和托尔布欣第57集团军扩大了他们沿第6集团军南部防线的突破。在此过程中，两个集团军导致德国第4军和第14装甲军第376步兵师的防御几近崩溃。

　　托尔布欣第57集团军右翼部队的主要突击地域上，步兵第422师从德军第297步兵师第270团[①]一个营手中夺得克拉夫措夫支撑点。该师随后向西、西北

---

　　① 译注：原文如此；该团隶属第93步兵师，而该师目前在"北方"集团军群辖下。

方赶往从拉科季诺东郊北延至117.3高地一线, 一举攻克德军第376步兵师小股部队据守的117.3高地。步兵第422师冲向拉科季诺西北方3.5公里处的115.2高地, 构成从西北面包围拉科季诺支撑点的态势, 德军在此处的防御基本已无法维系。据守115.2高地和拉科季诺的是第376步兵师左翼第767团, 该团的实力极其虚弱, 根本无法长时间据守任何一处。

更糟糕的是, (第57集团军左翼) 近卫步兵第15师1月10日攻克第376步兵师第一道堑壕线后, 1月13日又以近卫步兵第50和第44团在旧罗加奇克南延至别列斯拉夫斯基农场这片4公里宽的地域, 对第376步兵师的防御发起总攻。两个近卫步兵团向东突击, 在德军第376步兵师这两处的防御上冲开数个缺口, 向前推进6公里, 一举夺取旧罗加奇克和别列斯拉夫斯基农场, 前出至切尔夫连纳亚河。这场突击包围并歼灭了德军第376步兵师实力极度虚弱的步兵营中据守旧罗加奇克的那个, 迫使另外四个营混乱不堪地退过河去。结果, 1月13日黄昏前, 德国第14装甲军第376步兵师残部落入一个巨大的铁钳中——第57集团军步兵第422师正赶往西北面的115.2高地, 该集团军辖下的近卫步兵第15师向正东面进击, 渡过切尔夫连纳亚河, 而第21集团军步兵第120师即将沿切尔夫连纳亚河北岸向东南方推进, 经新罗加奇克赶往巴萨尔吉诺车站。

第57集团军步兵第422、近卫步兵第15师从德军第376步兵师右侧防线和左翼发起进攻时, 集团军辖下的步兵第38师在坦克第254旅的支援下, 从位于齐边科东北面的阵地赶往正北方, 穿过戈尔纳亚波利亚纳国营农场西段, 跨过沙谷西部, 直奔巴萨尔吉诺车站。夜幕降临前, 该师夺得齐边科以北约6公里的国营农场4号分场, 并在那里击退了德军第297步兵师为阻挡其推进而实施的虚弱无力的尝试。

更东面, 舒米洛夫第64集团军近卫步兵第36师已获得海军步兵第154旅 (在克拉夫措夫东面的罐头厂赢得胜利后调回第64集团军)、集团军第二梯队步兵第29师大部的加强。近卫步兵第36师向北推进, 赶往从波利亚纳国营农场2号分场西部起, 沿齐边科东北偏北方约7公里的沙谷向东延伸至111.5高地以北4公里的78.8高地一线。近卫步兵第36师右侧, 第64集团军步兵第204师和步兵第143旅, 为争夺从78.8高地至齐边科东北方约6公里的波利亚纳国营农场1号分场这片地域展开战斗。第64集团军突破地域东端, 海军步兵第154旅击退了德国第4军预备队在119.7高地附近发起的一场虚弱无力的反冲击；在其左侧，步兵第157师赶往叶尔希西北方2—3公里处，在那里与德军第297步兵师第523团重新设立起的右翼相对峙。

这一切意味着第57和第64集团军突击群的联合进攻已向北取得3—7公里进展。他们以此扩大了齐边科、卡拉瓦特卡峡谷、111.5高地北面的突破；夺得齐边科、克拉夫措夫、117.3和78.8高地、戈尔纳亚波利亚纳国营农场2号和3号分场南半部；并从西面和西北面包围了119.7高地和叶尔希。这些进攻歼灭了德军第297步兵师右翼和中央，在德国第4军防线上撕开了个15公里宽、8公里深的缺口，从克拉夫措夫东延至叶尔希以西1.5公里处。另外，更东面，步兵第7军第97旅的试探性进攻在德军第371与第297步兵师结合部打开个小缺口，而这两个师都没有可用于封闭该缺口的预备队。

因此，继前几天丢失西部和西南部防线后，截至1月13日黄昏，第6集团军的南部防线也将彻底崩溃。第14装甲军第376步兵师位于切尔夫连纳亚河以西的防御已不复存在，该师被击败的残部正渡过该河向东退却，逃离即将形成的合围。第14装甲军右侧，第4军右翼或中央的防御荡然无存，以炮兵和寥寥无几的预备队坚守后方阵地的企图纯属幻想，现在的态势很明显，只要第57和第64集团军的部队稍稍发起进攻，就能打垮该军残存的防御，并迫使其残部逃向沃罗波诺沃的铁路线和斯大林格勒城内。这种情况甚至没等罗科索夫斯基第21和第65集团军1月15日渡过罗索什卡河向东发起突击，就于1月14日出现了。

第6集团军西部防线被打垮、南部防线处于彻底崩溃的边缘时，斯大林格勒城区北半部的激烈战斗仍在继续，崔可夫第62集团军顽强地对德国第51军据守马马耶夫岗和工厂区筋疲力尽的各个师发起一次次进攻（参见副卷附录19K）。第51军1月13日发给第6集团军的报告较少。该军在5点50分提交的晨报中简单地指出："未能肃清靶场（102.0高地西北方）附近［第62集团军独立步兵第92旅达成］的突破，敌人对第100猎兵师左翼和第305步兵师发起的两次冲击均被击退。除此之外，当晚较为平静。"[84]这份报告还证实第71步兵师第171自行车营正赶去增援第4军。第51军21点50分呈交的每日报告更加简短，称自发出前一份报告以来，未发生重大情况，只是敌人从南面对面包厂发起一场突袭，但已将其轻松击退。[85]此后，第6集团军的记录中不再有辖内任何一个军的报告。

因此，双方的报告都表明，与第6集团军包围圈周边其他地段的情况一样，第62集团军的进攻行动有所减弱。此时，崔可夫的部队已完成第一阶段进攻。他们占领了102.0高地的大部分顶峰，夺得高地西北方的靶场，迫使德军第100猎兵师和第305师防御部队从"红十月"厂、该厂与面包厂和"街垒"厂之间地域向西退却，跨过铁路线进入下"红十月"厂工人新村。第62集团军突击群向西推进时，将第156筑垒地域各机枪–火炮连部署在关键地段，诸如位于"街垒"厂和"红十月"厂东面的原"柳德尼科夫岛"、斯大林格勒市中心近卫步兵第13师的防区、集团军遥远右翼的雷诺克地域。这就使该集团军腾出部队继续攻向107.5高地，特别是柳德尼科夫上校的步兵第138师，不久后又腾出罗季姆采夫将军的近卫步兵第13师。

第62集团军第二阶段的进攻行动，将以夺取面包厂、扩大对第51军防御的突破为开端。尽管这意味着一场激烈的战斗，但到1月13日日终时，所有人都意识到，虽然德国人的抵抗依然顽强，可随着各防御师弹药和兵力的耗尽，这种抵抗即将崩溃。从此刻起，苏军观察哨发现，从西面逃入城内防御阵地的德军士兵数量有所增加。

## 1月14日

尽管罗科索夫斯基下一阶段的攻势——攻向罗索什卡河一线和皮托姆尼克机场——应于1月15日晨发起，但保卢斯集团军前一天已开始出现解体的迹象。这种迹象切切实实地出现在第6集团军南部防线，但也发生在了更北面的卡尔波夫卡东北和东南地域，新罗加奇克北到新阿列克谢耶夫斯基南面的卡尔波夫卡河和罗索什卡河河段同样如此，只是程度较小而已。

### 德方的报告

第6集团军当日发给"顿河"集团军群和OKH的电报证明了这一事实（参见副卷附录16L）。上午晚些时候，第6集团军承认，苏军对其西部和西南部防线发起"猛烈"进攻，第376步兵师遭突破的防区已无法封闭。[86]下午晚些时候，集团军称敌人对其东北部和西部防线发起"极其猛烈"的进攻，并承认第3摩步师和第376步兵师基本已丧失战斗力，仅以轻武器从事战斗。此时，第6集团军宣称已无法坚守其西部防线，因而于1月14日—15日夜间将部队撤至"大罗索什卡—杜比宁斯基—巴萨尔吉诺一线，尔后将逐渐退守博罗德金—贡恰拉—阿列克谢耶夫斯基一线"。[87]另外几份报告重申了显而易见的问题——"继续坚守的先决条件是提供足够的弹药、物资和食物补给。"之后，第6集团军22点30分给"顿河"集团军群发去一份补充报告，指出：

东北部防线：击退敌人的数次进攻，目前将其遏止在145.1高地［422参照点附近］西南方的新防线前。

西部防线：总的说来，成功守住了423点—扎帕德诺夫卡—杜比宁斯基—巴萨尔吉诺一线。后卫部队仍在坚守423点—432点—438点—439点东面1公里的防线［扎帕德诺夫卡峡谷沿从巴布尔金至新阿列克谢耶夫斯基的罗索什卡河河段东岸向南］。敌人对449点［位于罗索什卡河东岸，卡尔波夫卡东北方5公里，杜比宁斯基以西6公里］施加了强大的压力。

南部防线：敌人在116.1高地［巴萨尔吉诺车站以南2公里］取得突破。正采取反制措施。据辖内部队报告，他们成功守住了514—515点一线［叶尔希西北方4公里至东北方5公里处］。

伏尔加河防线：敌突击群对第100猎兵师和第305步兵师发起猛烈冲击。肃清敌突破的行动仍在继续。[88]

50分钟后，"顿河"集团军群致电OKH，准确重复了第6集团军的报告，并补充道："该集团军危急的态势进一步加剧……由于剩余的补给物资不足，集团军群已无法期望该集团军恢复态势。"[89]可是，OKH再次对眼前的危机视而不见，称"**东线**，敌人继续对斯大林格勒周边发起集中进攻。经过成败参半的战斗，已在防线南段建立起一道浅近梯次配置的新防线。"[90]

虽然零碎、不完整，但这些电报和报告清楚地表明，第6集团军的西部和南部防线已接近全面崩溃。甚至在顿河方面军第21和第65集团军1月15日晨渡过罗索什卡河和卡尔波夫卡河，恢复他们向东的全面进攻前，这种崩溃就已经开始了。

## 苏军的进攻

对于这场即将发生的灾难,如果说德方记录缺乏相关细节,那么,苏方记录却并非如此。红军总参谋部1月14日的作战概要循序渐进地描述了这场崩溃是如何开始的(参见地图73)。作战概要的开头处是一段概括性陈述:"**顿河方面军**继续其攻势,以歼灭被困于斯大林格勒之敌集团,收紧包围圈,并占领包括锡涅奥科夫斯基(Sineokovskii)和卡尔波夫斯卡亚火车站在内的几个居民点"(参见副卷附录16M)。[91]

1月14日白天,罗科索夫斯基顿河方面军主力突击群完成了他们受领的任务,甚至略有超额。加拉宁第24集团军右翼的步兵第49和第84师据守着韦尔佳奇坟堆东面约1公里处南延至扎帕德诺夫卡峡谷以西的阵地,当面之敌为德国第8军第76步兵师左翼。第24集团军原突击群编成内的第三个师是步兵第273师,现已转隶巴托夫第65集团军,并向南重新部署至集团军最左翼[①],准备加入步兵第304师对新阿列克谢耶夫斯基的突击。

第24集团军右侧,第65集团军辖下的步兵第214师发起进攻,但未能夺取扎帕德诺夫卡。集团军中央突击地域,近卫步兵第27和步兵第24师设法攻入巴布尔金郊区,但没能从德国第8军第44步兵师残部手中夺得该镇。1月14日晚些时候,近卫步兵第27师调入集团军预备队,接受休整和补充,准备对斯大林格勒发起最后的突击。第65集团军右翼,步兵第24和第304师渡过罗索什卡河,从北、南两面包围德军第44步兵师据守新阿列克谢耶夫斯基的部队,但没能攻克该镇。夜幕降临前,他们获得步兵第273师加强。这些行动仅仅是为了掩护第21集团军,以便将其兵力集结于新阿列克谢耶夫斯基南延至卡尔波夫卡地域的罗索什卡河河段。

多亏第65集团军牵制住德国第8军第44步兵师和该军所有预备队,奇斯佳科夫第21集团军才得以在当日日终前成功地将步兵第173、近卫步兵第51、第52、步兵第298师集结在6公里宽的突击地域上,这片地域从新阿列克谢耶夫斯基起,沿罗索什卡河西岸向南延伸,直至卡尔波夫卡东北方2.5公里的51.6里程

---

① 译注:右翼。

碑。另外也使这股突击力量的北部部队——具体说来就是步兵第173、近卫步兵第51和第52师——得以强渡罗索什卡河，并在夜幕降临，苏军停止推进前迫使德军第29和第3摩步师残部构设的虚弱掩护向东退却了2公里。

第21集团军左翼四个师奉命展开行动时，右翼三个师完成的任务实际上超过了命令或计划的要求。借第57集团军右翼①近卫步兵第15师攻占旧罗加奇克之机，第21集团军步兵第252和第96师从卡尔波夫卡发起冲击，顺利夺取从原德军支撑点以东4公里至东南方8公里的卡尔波夫卡河西岸河段。更南面，第21集团军最右翼，步兵第120师向东南方推进9公里，渡过卡尔波夫卡河，夺得卡尔波夫斯卡亚车站和新罗加奇克。日终前，步兵第120师派部队沿铁路线赶往东南偏东方约1公里处的巴萨尔吉诺车站。第21集团军右翼师的推进粉碎了德国第14装甲军第29和第3摩步师虚弱的残部，这股德军所能做的不过是沿卡尔波夫卡河构设一道脆弱的屏障；越来越低的战斗力迫使他们别无选择，只能向东退却。此时，这两个德军师徒有番号而已——火炮损失殆尽，轻武器弹药所剩不多，残余的车辆和坦克寥寥无几，几乎没有燃料可供其开动。第21集团军左翼部队的迅速推进也从北面包围了第14装甲军左翼第376步兵师的残部。

德军第376步兵师肯定受到第21集团军步兵第120师攻向巴萨尔吉诺的威胁，不过，是托尔布欣第57集团军颇具成效的大举推进，为从两翼合围并彻底粉碎倒霉的第376步兵师创造了条件。前一天夺取拉科季诺后，1月14日，托尔布欣集团军右翼的步兵第422师攻向西北方的斯克利亚罗夫，并拿下该镇，在此过程中席卷了德军第376步兵师左翼。在步兵第422师右侧遂行突击的步兵第38师和坦克第254旅迅速向北，攻向德军第376步兵师后方的巴萨尔吉诺车站，切断这股德军的后撤路线。与此同时，第57集团军左翼，前一天已渡过切尔夫连纳亚河的近卫步兵第15师向东进击，一举夺取佩夏内卡里耶尔（Peschanyi Kar'er），前出至巴萨尔吉诺西北偏西方2公里处的铁路线。就这样，1月14日日终前，第57集团军的两支铁钳，会同第21集团军沿铁路线向东南方冲往巴萨尔吉诺车站的步兵第120师，将德国第14装甲军第376步兵师残部困在巴萨尔吉

①译注：应为左翼。

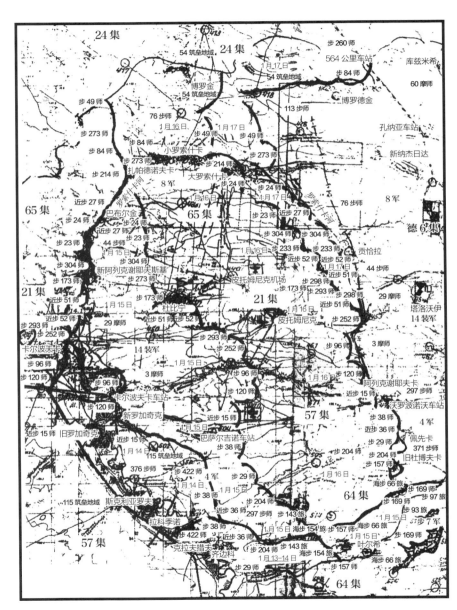

地图 73 指环行动，1943 年 1 月 13 日—17 日

诺西南地域。这使"顿河"集团军群在当晚晚些时候指出："第376步兵师似乎已被粉碎。"[92]事实的确如此。没有任何炮火支援，四面八方遭到包围，第376步兵师残余的将士阵亡、投降，或就此消失在这个寒冷的冬夜。

舒米洛夫第64集团军虽然没能取得像第57集团军那般引人注目的战果，但也为彻底打垮德国第4军的防御创造了有利条件。1月14日晨，舒米洛夫调整了左翼部队，准备将他们投向东北方，配合第57集团军继续遂行进攻，后者的部队正从西面逼近巴萨尔吉诺车站。因此，舒米洛夫将近卫步兵第36师撤出前线稍事休整，将步兵第29、第204师、第143旅和海军步兵第154旅部署在约7公里宽的作战地域内，该地域从拉科季诺东北方8公里的78.8高地地域向东南方延伸，跨过沙谷和波利亚纳国营农场2号、3号分场，直至119.7高地西北面。这些师和旅转向东北方，遭遇并挫败了德国第4军以第171自行车营为核心组织的一场反冲击。但是，这场战斗，加之德军在119.7高地和叶尔希的顽强抵抗，导致第64集团军辖内部队未能在1月14日取得重大战果。日终时，集团军辖下的步兵第157师、海军步兵第66旅、步兵第169师和步兵第7军的三个旅仍面对着德国第4军第297和第371步兵师左翼部队，这股德军据守的防御从119.7高地东延至叶尔希，然后向东北方延伸至库波罗斯诺耶南郊。尽管第64集团军进展有限，但1月15日拂晓时，集团军辖内部队已做好准备，加入顿河方面军第65、第21、第57集团军向东面的斯大林格勒发起的总攻。

1月14日黄昏，就在罗科索夫斯基发起总攻前几小时，德国第6集团军的西部和南部防线已残破不堪。尽管第8军第76步兵师仍在扎帕德诺夫卡北面坚守，但第44步兵师从扎帕德诺夫卡向南延伸、经巴布尔金至新阿列克谢耶夫斯基的薄弱防线在苏军冲击下几近崩溃。南面，苏军已突破第14装甲军第29、第3摩步师从新阿列克谢耶夫斯基南延至卡尔波夫卡以东、沿罗索什卡河和卡尔波夫卡河构设的薄弱防御，苏军到达新阿列克谢耶夫斯基南面的罗索什卡河东岸，并在新罗加奇克渡过卡尔波夫卡河。

由于第14装甲军辖内三个师已基本丧失战斗力，现在没有什么可以阻挡苏军向东攻往皮托姆尼克和卡尔波夫卡—斯大林格勒铁路线南北两侧。因此，命令辖内部队向大罗索什卡—杜比宁斯基—巴萨尔吉诺一线全面后撤的同时，保卢斯竭力从北部、东北部和斯大林格勒城内防线搜寻着可用的部队，以填补西部和西南部防线敞开的缺口。即便他能找到些兵力，积雪、酷寒和燃料短缺也使这些部队难以赶至指定地域。同时，保卢斯南部防线面临着即将崩溃的局面。从此刻起，仅仅因为气候恶劣和德军遭孤立的小股部队拼死抵抗，保卢斯的整个要塞才没有土崩瓦解。

一连串失败吞噬第6集团军不断萎缩的要塞的西半部时，斯大林格勒城内，面对崔可夫第62集团军的进攻，赛德利茨第51军顽强据守着他们的阵地（参见副卷附录19K）。城内的艰苦战斗重演了去年10月和11月上半月的激烈争夺战，只不过双方现在互换了角色。虽然第51军第305步兵师拼死守卫"街垒"厂和面包厂的阵地，第100猎兵师在马马耶夫岗（102.0高地）西坡控制着连贯的防御，但苏军步兵第45、第138、近卫步兵第39师还是向前推进10个街区，在德军两个防御师的结合部深入到下"红十月"厂工人新村。日终时，步兵第45和第138师先遣突击群距离107.5高地这个最终目标仅剩半数里程。

# 从罗索什卡河到皮托姆尼克，1月15日—17日
## 1月15日

1月15日，罗科索夫斯基中将晋升上将，当日拂晓后不久，他的顿河方面军发起总攻（参见地图73）。此时，第6集团军辖下第8军和第14装甲军的主力已开始退向大罗索什卡—杜比宁斯基—佩夏内一线，正赶往从博罗德金村向南延伸、经贡恰拉至阿列克谢耶夫卡的最终防御阵地。然而，积雪和严寒，加之苏军的进攻、骚扰性炮火和空袭，妨碍了德军的有序后撤，这场撤退在某些地域演变成混乱的小规模战斗，在另一些地段则沦为一场仓促的退却。

### 德方的报告

第6集团军试图跟上快速变化的态势，但无法做到。这就使后撤中的部队不得不自行设法退往更安全的防御阵地，而这种努力有时候纯属徒劳。正如第6集团军和"顿河"集团军群向上级部门汇报的那样，保卢斯集团军既无法挡住苏军的进攻，也无力据守计划中的中间防线（参见副卷附录16N）。

"顿河"集团军群在发给OKH的晨报中承认，第11军辖下的第16装甲师丢失了139.7高地，正撤往奥尔洛夫卡北面的新防御阵地，但报告中又称：

"西部防线向弗拉索夫卡—杜比宁斯基—佩夏内一线、南部防线向119参照点
［119.7高地］以北2公里—［波利亚纳国营农场］2号分场东南方3公里一线的
后撤基本取得了成功。"报告结尾处乐观地指出，其他地段"肃清突破之敌的
行动仍在进行中"。[93]但实际情况恰恰相反，17点，派驻第6集团军的联络官
向OKH报告："敌人正跨过123.6高地（巴萨尔吉诺以东5公里）—115.9高地
［巴萨尔吉诺东北方2公里］—100.7高地［巴萨尔吉诺以北6公里、杜比宁斯
基东南偏南方4公里］—86.7高地［杜比宁斯基以南2公里］一线，并以强大的
步兵和坦克部队攻向东面和西北面。"[94]至于第6集团军令人担心的状况，他
坦率地哀叹道：

> 第29摩步师、第376、第297步兵师的残部已覆灭……由于严重的作战损失
> 和冻伤（夜间达零下35摄氏度），第14装甲军和第4军的步兵缺员75%。营养
> 不良、疲惫不堪的士兵们的抵抗力非常弱。武器和技术装备损失严重。没有足
> 够的补给。各部队的弹药也已不足。所谓的最终阵地能否坚守一段时间，这一
> 点值得怀疑。[95]

在24点发给OKH的每日报告中，"顿河"集团军群几乎一字不漏地重复
了第6集团军的报告，并直言不讳地指出，敌军17点前已前出至"小罗索什卡
［扎帕德诺夫卡以东3公里］—杜比宁斯基［皮托姆尼克以西7公里］—125高
地［应为125.1高地］（皮托姆尼克以西4公里）—佩夏内以东6公里的高地一
线"，而勉力求生的德军后卫部队位于"巴萨尔吉诺以东12公里、沃罗波诺
沃以西2公里的新阿列克谢耶夫斯基—佩夏内车站两侧一线（车站已被敌人占
领）"。[96]这份报告继续指出，1月15日—16日夜间，"第8军将撤至从小罗索
什卡以北4公里至大罗索什卡［扎帕德诺夫卡以东7公里］，及杜比宁斯基东北
方4公里的阵地上，"而第14装甲军和第4军右翼残部"将撤至皮托姆尼克以东
5公里—通往阿列克谢耶夫卡的铁路线—旧杜博夫卡［阿列克谢耶夫卡以南4公
里］的防御阵地"。报告中承认："由于严重的作战损失和大批冻伤，第29、
第3摩步师和第376、第297步兵师的作战兵力已降至最低点。"但"集团军正
采取一切措施应对初期的解体，并构设一道新防线。"[97]

收悉这些报告后，OKH比前几天更加准确地总结了当日的作战行动：
"**东线**。由于弹药短缺，位于斯大林格勒的部队经常被迫与敌人展开白刃战，
1月14日—15日夜间，前线已转移到大罗索什卡和新罗加奇克一线。"[98]对元
首来说，这不是个好消息，但他更关心的可能是俄国南部的其他战线，而非斯
大林格勒第6集团军的命运。

## 苏军的进攻

如果说保卢斯集团军无法跟上快速变化的态势，那么，红军总参谋部却
能做到这一点，他们在报告中称："**顿河方面军**继续其攻势，以歼灭被困于斯
大林格勒之敌，他们向前推进6—10公里，从而收紧了包围圈。人员和作战装
备遭受严重损失后，敌人从西部地区退往斯大林格勒"（参见地图73和副卷附
录16O）。[99]总的说来，奇斯佳科夫第21集团军向东发起的突击，距离皮托姆
尼克机场已不到3公里，巴托夫第65集团军夺得罗索什卡河河谷的新阿列克谢
耶夫斯基和巴布尔金，托尔布欣第57集团军攻占了至关重要的巴萨尔吉诺火车
站。红军总参谋部作战概要中的细节填补了德方报告的空白。

罗科索夫斯基恢复进攻第一天，巴托夫第65、奇斯佳科夫第21和托尔布
欣第57集团军的联合部队粉碎了第6集团军第8军左翼、第14装甲军整条防线
和第4军右翼的防御。遂行进攻的各集团军突击群跨过一条25公里宽的战线
向东推进，这条战线从巴布尔金北面的罗索什卡河向南延伸，跨过巴萨尔吉
诺东面的铁路线，直至119.7高地北面的戈尔纳亚波利亚纳国营农场。在此过
程中，突击部队夺得罗索什卡河畔的巴布尔金和新阿列克谢耶夫斯基；分别
位于皮托姆尼克以西6公里和西南面4公里处的杜比宁斯基和亚布洛诺夫斯基
（Iablonovskii）；巴萨尔吉诺车站和戈尔纳亚波利亚纳国营农场西半部。这场
总攻重创德国第8军第44步兵师、第4军第297步兵师残部，彻底歼灭了第14装
甲军第29、第3摩步师和第376步兵师残余力量。因此，日终前，无计可施的保
卢斯只得放弃皮托姆尼克机场，将支离破碎的部队撤至更东面的新防御阵地，
并以第8、第4军残余部队为其提供加强。

正如"顿河"集团军群1月15日晚些时候在报告中所说的那样，保卢斯试
图以第8、第4军相对完整的部队，在第8军第44步兵师和第14装甲军第3、第

29摩步师残部补充下，构设并据守一道新西部防线。这条新防线将从第8军第113步兵师位于科连纳亚峡谷（Korennaia）东脊的左翼向南、东南方延伸，经425、433、440、453、472、508德军参照点，至三个坟堆北面和旧杜博夫卡以东4公里处第4军第371步兵师右翼的原防线（参见地图73）。就其地理位置而言，这条防线与位于南延至杜比宁斯基这片地域内的苏军前沿相距3公里，与从杜比宁斯基向南赶往阿列克谢耶夫卡的苏军先遣部队相距6—8公里，与旧杜博夫卡的苏军相距2—3公里。

如果第6集团军想据守这道防线，其部队必须在1月15日—16日夜间占据该防线，也就是说，他们只有短短的8小时时间。否则，推进中的苏军肯定会于次日晨越过这道防线。因此，保卢斯命令第8军以第76步兵师、第44步兵师残部和从该军第113步兵师及第6集团军第11、第51军所能搜罗到的一切援兵，据守从科连纳亚峡谷南延至杜比宁斯基东北方4公里440参照点这片地域。第14装甲军第3、第29摩步师残余力量，左翼获得第4军实力虚弱的第297步兵师掩护，在第11、第51军拼凑的援兵和第4军第371步兵师加强下，奉命守卫从440参照点南延至旧杜博夫卡这片防区。鉴于紧迫的时间和苏军的推进速度，德国人能否抢在苏军达成突破前占据这道防线很值得怀疑，更不必说据守该防线了，这的确是千钧一发之际。

保卢斯竭力沿扩大的西部防线加强集团军防御时，赛德利茨第51军仍在斯大林格勒城内从事着愈发绝望的防御。此时，该军的力量太过分散，赛德利茨不得不将第79步兵师第212团残部并入第226团，而后者仍隶属于第305步兵师，据守在该师最右翼。这个实力严重不足的团正面朝西[①]布防，目前的任务是遏制苏军步兵第138师的部队，该师正沿中央大街向西突破至下"红十月"厂工人新村（参见副卷附录19K）。[100]

第62集团军辖内部队缓缓向西推进，穿过"红十月"厂工人新村赶往107.5高地之际，顿河方面军第65、第21、第57集团军突击群正与保卢斯集团军展开一场致命的、具有潜在决定性的竞赛。保卢斯新防线的可行性危如累

---

① 译注：朝东。

卵。如果顿河方面军辖内部队抢在第6集团军沿该防线加固其防御前赶到并达成突破，已无法避免的没顶之灾将在几天内到来。

## 1月16日

### 苏军的计划

顿河方面军辖内诸集团军逼近斯大林格勒城西面第6集团军最后的防御巢穴时，罗科索夫斯基意识到他们面临的挑战（参见副卷附录16P）。除了极度寒冷的1月气候和深深的积雪，他的部队还必须对付据守纵深筑垒防御、孤注一掷的德国人。虽然德军缺乏食物、弹药和燃料，但其兵力远远超出"指环"行动策划者们的预料。这就意味着罗科索夫斯基已在先前战斗中遭到削弱的部队必须为争夺每一个德军防御阵地展开持久的厮杀。[101]

罗科索夫斯基没有想到的是，德军现已退守红军1942年夏季为保卫斯大林格勒构设的强化阵地和防线。实际上，保卢斯集团军早已拟定出计划，一旦包围圈西半部的初期防御崩溃，就沿罗索什卡河东部使用这些防御阵地。此后，第6集团军将利用苏军第62集团军1942年8月和9月初退却时使用过的阵地。顿河方面军司令员没有料到的另一点是，1月10日被困于包围圈内的德军士兵有197000多名，德军指挥部认为作战步兵的数量只有10%。到1月15日日终时，由于阵亡、冻伤或被俘，第6集团军很可能损失了60000多名士兵，约为1月10日总兵力的三分之一。据报，罗科索夫斯基顿河方面军为此付出的代价是24000人阵亡、负伤、失踪或因其他原因减员，原有的264辆坦克损失超过143辆。[102]

### 德方的报告

1月16日关于第6集团军包围圈内战斗情况的报告相当粗略，这一点可以理解。集团军发给"顿河"集团军群、"顿河"集团军群发给OKH的几封电报，其内容丝毫不令人感到鼓舞（参见副卷附录16Q）。清晨汇报了后撤行动正按计划进行后，第6集团军的情况随着时间的推移变得愈发困难。17点15分，"顿河"集团军群向OKH承认，虽然第6集团军在西部和西南部防线"遏止了敌人虚弱无力的推进"，但"补给情况糟糕至极，由于物资短缺，食物已无法运抵前线部队"。因此，"守卫西部防线的许多连队已两天没有得到食物。"最后，报告中抱怨道："冒着零下30度的酷寒，缺乏掩体和防御阵地的部队全天面临着成群的斯图卡和一波波携带着最重型炸弹的俄国轰炸机持续不断的攻击。"[103]

派驻第6集团军的联络官同一时间发给OKH的报告提供了一幅更加黯淡的画面："北部和南部防线的后撤较为成功，但人员、武器和装备损失严重。"他继续指出："后卫部队冒着严寒（许多人因冻伤致死）展开行动，补给和弹药严重不足。仍未收到第11军的报告。"[104]尽管他称"许多部队面对种种困难时的精神值得称赞"，但他也承认，"几天没获得食物的官兵们疲惫不堪，他们徒手拖曳着大炮，在积雪遍地、通常无路可寻的草原上跋涉20公里。"他将补给情况描述为"一场灾难"。[105]位于遥远后方的OKH记录下简单、毫无实际内容的条目："**东线**，敌人以大股兵力继续在斯大林格勒遂行进攻。据守南翼前沿阵地的部队实施后撤。"[106]

虽然缺乏细节，但这些电报和报告证实，苏军正在第6集团军西部防线的中央和南部快速推进，并沿巴萨尔吉诺车站至斯大林格勒的铁路线及其南面继续打垮德国第4军右翼防御。实际上，这些电报和报告还指出，旧杜博夫卡地域发生了一场突破，集团军以所剩无几的坦克在皮托姆尼克东面发起一场反冲击。因此，尽管保卢斯集团军宣称他们成功据守着新防线，但苏军事实上拿下了皮托姆尼克及其机场，目前已越过中间防线2—3公里，保卢斯前一天午夜时宣布构设这道防线。这促使德国人投入10辆坦克，在贡恰拉国营农场南面发起一场反冲击，在此过程中损失4辆坦克。[107]其实，1月16日黄昏时，第6集团军西部防线位于博罗德金—贡恰拉—阿列克谢耶夫卡一线或附近，这是保卢斯最终的后方阵地。另外，第6集团军命运多舛的部队拼死奋战，但他们所处的状况没能提供任何慰藉。

在德国人看来，1月16日最严重的事态是皮托姆尼克机场的丢失，该机场落入第21集团军近卫步兵第51和步兵第252师手中。该集团军辖下的步兵第298、第293师夺得南面3—4公里处的皮托姆尼克村。在那里，除了德国守军，苏联人还遭遇到一个88毫米高射炮连，面对迎面而来的T-34坦克，该连战斗到最后一发炮弹。[108]

在开阔、积雪覆盖的草原上遂行进攻的苏军损失惨重，守军将有限的弹药发挥出最大效力。正如一名德军士官所写的那样：

> 周二，我用我的自行反坦克炮击毁了两辆T-34……之后，我驱车驶过仍在冒烟的坦克残骸。舱口挂着一具躯体，头朝下，双脚卡在舱盖处，双腿一直烧到膝盖。他还活着，嘴里发出呻吟……不可能把他救出。就算救他下来，他也活不了几个小时，徒遭痛苦的折磨而已。我开枪击毙了他，泪水从我的面颊滚落……

> 我现在接管了一门重型反坦克炮，并组织起8名部下，其中4人是俄国志愿者。我们九个将火炮从一处拖至另一处。每次变换阵地，战场上都会留下一辆燃烧的坦克。这个数字已上升到8辆，我们打算把它增加到十几辆。可是，我们只剩三发炮弹，而且打坦克也不像打台球那么容易。夜里，我抑制不住地哭了，像个孩子。[109]

## 苏军的进攻

在德军队列混乱的漩涡中，红军总参谋部的作战概要阐述了当前态势，提供了顿河方面军辖内部队1月16日晚些时候的准确位置（参见地图73和副卷附录16R）。至于该方面军取得的战果，这份作战概要简单地指出：“**顿河方面军**继续在斯大林格勒地域缩小包围德国法西斯部队的合围圈。”[110]

将第65、第21、第57集团军辖内各师的位置标注在地图上，就能清楚看出，他们在1月16日黄昏前突破了第6集团军中间防线。这道防线环绕着整个防区，从博罗德金村南延至大罗索什卡，从贡恰拉农场以西约3公里处向东南偏南方延伸至皮托姆尼克以东6公里的铁路线，沿铁路线及其西面南延至阿列克谢耶夫卡和沃罗波诺沃车站西部接近地，再向南便进入德国第4军位于沃罗波诺沃车站与佩夏内之间的防区。德国第6集团军这道新西部防线的南端，苏军第64集团军将整个左翼转向东北和东面，面对着佩夏内和旧杜博夫卡。保卢斯以第14装甲师残余的坦克在皮托姆尼克以东实施反冲击，迟滞了第65和第21集团军的推进，重创苏军步兵第252师，迫使巴托夫将新锐部队从集团军左翼调至该地域。实际上，截至1月16日黄昏，顿河方面军的每一位集团军司令员显然每天至少从前线撤下一个师，并以另一个师接替，循环往复，以便让冒着大雪持续作战的士兵们得到定期休整。还有一点很明显，第6集团军成功守住了一道连贯的防线，该线从博罗德金向南延伸，经贡恰拉至阿列克谢耶夫卡。这就意味着罗科索夫斯基不得不再次停止前进，休整、补充部队，以便发起最后的突击，彻底歼灭保卢斯集团军。此时，保卢斯将他的部队集结在斯大林格勒防区最强大的地段——1942年8月，第62集团军守卫城市接近地时曾使用过这些防御地域。

罗科索夫斯基亲自证实了这场消耗战对方面军辖内向前推进的各集团军造成的不利影响。描述第57集团军近卫步兵第15师渡过切尔夫连纳亚河、穿过旧罗加奇克向前推进的情形时，他甚至称赞了德国人沿顿河方面军主要突击方向实施的坚决抵抗：

> 第21集团军辖内诸兵团的进攻地域也不乏激烈的战斗，德军指挥部门将其主力集结在那里。我方部队不得不依次突破对方的一道道阵地，同时击退敌步兵和坦克发起的猛烈反击。
>
> 沿集团军战线遂行战斗的敌军将其部队缓缓向东撤退。顿河方面军司令部手头没有足够的预备队加强辖内部队并发展胜利。担任预备队的是坦克第121旅、近卫坦克第2、第4、第6团和独立坦克第512营，但没有坦克。在先前的战斗中，配备给集团军的几个突破坦克团损失坦克多达50%。人员伤亡也很严重，有些集团军的人员损失高达15%。[111]

与此同时，斯大林格勒城内的致命消耗战仍在继续，崔可夫集团军再次对面包厂现在已熟悉的目标和附近的学校发起冲击（参见副卷附录19K）。第62集团军突击群缓慢、逐步侵蚀着第51军设在"红十月"厂新村的防御。但在此过程中，苏军损失极为严重，迫使崔可夫批准辖内各师各旅短暂休整，恢复各突击群的实力，以便再度攻向107.5高地。不过，这场休整必须再等一天。

## 1月17日

罗科索夫斯基和沃罗诺夫显然都对进攻行动的进展不太满意，并对各突击集团军的耗损深感担心，因而决定再进攻一天，同时调整后续计划。最高统帅部也对顿河方面军的推进速度深表关心，要求两位将军提交下一阶段作战行动的修订计划。他们重新制定作战方案时，1月17日的战斗有增无减，但进展明显减缓。

### 德方的报告

第6集团军和"顿河"集团军群零碎的电报和报告追踪着罗科索夫斯基的进攻进展和保卢斯的防御情况（参见副卷附录16S）。总的说来，德方17日的报告证实，第6集团军的防御据守得较为牢固，苏军只在皮托姆尼克东面第8军防区取得些许战果。但是，第6集团军恶化的补给情况吸引了德国人的主要注意力。例如，第6集团军8点45分报告OKH，"前一天晚上空投的物资，到达目的地的不到10吨，"而且"没有飞机着陆。"[112]因此，该集团军指出："战斗越来越绝望，因为补给的缺口已无法弥补。"[113]15点30分，集团军向第4航空队抱怨，尽管存在相反的报告，但古姆拉克机场仍能接收昼夜运输航班。一个小时后，第6集团军又告诉OKH，"夜间着陆完全不成问题，"并要求陆军总司令部"强令德国空军以容克运输机运送补给物资着陆"。[114]20点51分，第6集团军报告"顿河"集团军，"由于弹药和补给短缺，多次发生有限的局部危机""由于缺乏燃料，我方三辆坦克无法开动""大批德军士兵快被饿死了"。21点02分，保卢斯向OKW抱怨："我的元首，您下达的关于为第6集团军运送补给物资的命令并未得到执行……请尽快干预。情况极其严峻。"[115]情况依然没有得到改善，第6集团军凌晨1点致电第4航空队："仍没有飞机着陆。第6集团军要求你们命令机组人员着陆。"[116]

通过"顿河"集团军群，第6集团军作训处长向OKH汇报了当日日终时的态势，称集团军"据守阵地，抗击着敌人对东北部、西部和西南部防线多次发起的猛烈进攻"，尽管"由于弹药和补给短缺，多次发生有限的局部危机"。他在报告中强调指出，"由于饥饿，许多德军士兵死在包围圈内的道路上，"并再次重申，空运工作依然完全不能令人满意。[117]

这一次，OKH坦率承认了第6集团军的困境，尽管简短，但还是在其作战日志中写道："**东线**，斯大林格勒，敌人对新防线的所有进攻均被击退。第6

集团军的食物情况深具灾难性。对空防御无法进一步击退敌俯冲轰炸机的持续空袭。"[118]

与前几日相比，顿河方面军辖内部队1月17日的推进较浅，从不到1公里到略高于4公里不等。但这种情况并未缓解笼罩着第6集团军司令部和辖下第11、第8军军部极度紧张的气氛。这主要涉及两个受威胁地域。首先是第11军第16装甲师防区，其左右两翼都遭到突破，迫使该师撤至后方2—4公里处的一道新防线。这道防线的左翼倚靠着奥佩特纳亚车站（Opytnaia）附近的支撑点。第二个遭受威胁的是第8军防区，前进中的苏军步兵和坦克已拿下441参照点并向东推进，在大罗索什卡东南方4—7公里、第8军沿罗索什卡河构设的防御上撕开个3公里宽的缺口。这个缺口位于第76步兵师左翼与第44步兵师右翼之间，前者正从大罗索什卡向西①退却，后者则向东撤往罗索什卡河南面，缺口内的是苏军第65集团军近卫步兵第27、步兵第304、第233师。但是，这三个发起追击的苏军师中，只有近卫步兵第27师先遣部队设法向东渡过罗索什卡河。次日早些时候，这两场危机有所消退，因为罗科索夫斯基命令辖内大部分兵团停止进攻，休整部队并补充弹药和燃料，而向东渡过罗索什卡河的苏军实力较弱，面对德国人不断加强的抵抗，他们的进攻很快发生了动摇。

## 苏军的进攻

红军总参谋部的每日作战概要再次简单地指出："**顿河方面军**继续其攻势，在斯大林格勒地域缩小包围德国法西斯部队的合围圈"（参见地图73和副卷附录16T）。[119]苏军这场推进较浅，以第65和第21集团军辖内部队向东进击，攻占小、大罗索什卡，前出至罗索什卡河并在东岸夺取几座小型登陆场。

1月17日日终时，顿河方面军第24、第65、第57、第64集团军的战线，从大罗索什卡东北方10公里的154.2高地向南延伸至大罗索什卡以东2公里的别济米扬卡峡谷（Bezymianka），然后沿罗索什卡河（在一个地段沿贡恰拉西面的罗索什卡河东岸）向东南方延伸，再沿斯大林格勒西面的半圆形铁路线南延至

---

① 译注：向东。

沃罗波诺沃车站和佩夏内、旧杜博夫卡西郊，最后向东延伸至佩夏内东南方4
公里的145.5高地西坡。这就意味着，自1月13日渡过罗索什卡河恢复进攻后，
方面军辖下的第65、第21、第57集团军推进了22公里，平均每天4.5公里，而第
24和第64集团军取得10公里进展，平均每天2公里。在此过程中，进攻中的苏
军夺得小、大罗索什卡、皮托姆尼克村和机场、巴萨尔吉诺车站，迫使德国第
8军第113、第76、第44步兵师撤过罗索什卡河，向东退往贡恰拉西郊。在其他
地域，前进中的苏军将德国第14装甲军第29、第3摩步师和第376步兵师残部，
向东逐至阿列克谢耶夫卡北面的半圆形铁路线和沃罗波诺沃车站西部接近地，
并迫使德国第4军第297、第371步兵师退至佩夏内、旧杜博夫卡西郊和南郊。

　　顿河方面军主力突击群沿第6集团军宽大的西部防线展开这场引人注目的
推进时，第66和第62集团军继续猛攻施特雷克尔将军第11军位于包围圈东北
面、赛德利茨将军第51军在斯大林格勒城内日益萎缩的防御。他们的总体目标
是防止德国人抽调兵力增援西部防线，并扩大可供第24、第65、第21、第57、
第64集团军这柄"铁锤"打击的"铁砧"。由于实力远不及西面的友军，第66
和第62集团军取得的进展较小，这一点可以理解。第66集团军的主要打击目标
是倒霉的第16装甲师，在5天战斗中推进2.5公里；而第62集团军沿3公里宽的
战线发起突击，这5天只取得1.5公里进展。

　　一如既往，斯大林格勒城内的战斗最为血腥，因为崔可夫对德国第51军
明显遭到削弱的防御发起毫不松懈的突击。而第51军仍和先前一样，继续从实
力已然不济的部队一点点抽调出兵力，协助集团军加强西部防线。1月17日午
夜后不久，崔可夫给麾下几乎已耗尽的部队又下达一道进攻令，要求他们恢复
进攻，夺取面包厂、"街垒"厂新村、"红十月"厂新村、马马耶夫岗余部及
以西地域，前出至107.5高地这个最终目标。夺取该高地后，第62集团军主力
突击群将冲向戈罗季谢，在那里与顿河方面军从西面而来的部队会师。

　　为确保辖内部队实力足以完成受领的任务，崔可夫将罗季姆采夫将军的
近卫步兵第13师插入集团军进攻队形；具体说来，该师在近卫步兵第39师左翼
占据一片狭窄地域，从"红十月"厂新村南半部南延至班内峡谷上部。约一周
前的1月9日，崔可夫已命令第156筑垒地域接防近卫步兵第13师位于斯大林格
勒市中心的阵地，以便该师北调，加强工厂区的突击行动。罗季姆采夫师分阶

段向北开拔，1月11日前先赶至克鲁托伊、多尔吉冲沟附近和马马耶夫岗东面的铁路环线；1月16日—17日夜间再次得到第156筑垒地域辖内部队接替后，该师于17日拂晓前赶至"红十月"厂西面的进攻阵地（参见副卷附录19K）。[120]

截至1月17日黄昏，第62集团军遂行的进攻已将伏尔加河西岸登陆场扩大了约50%。崔可夫的部队目前占据的前沿阵地，向南穿过"街垒"厂东面、恶名昭著的储油区西面的原"柳德尼科夫岛"；沿峡谷西延，经面包厂和位于"街垒"厂新村南部边缘的学校至杜布林大街；然后沿列宾大街（Repina）和纳罗德纳亚大街南延至班内峡谷头部，从靶场西面至马马耶夫岗西北坡和南坡。这就使各突击师、旅的前沿阵地位于以下位置：

· 步兵第95师——正面朝北，面对德军第305步兵师位于面包厂、学校和"街垒"厂新村西部边缘的防御。

· 步兵第45、第138和近卫步兵第39师——面对德军第305步兵师右翼和第100猎兵师左翼，大致在穿过下"红十月"厂新村的中途。

· 近卫步兵第13和步兵第284师——面对德军第100猎兵师中央和右翼，位于班内峡谷头部、靶场和马马耶夫岗西坡、南坡。

· 独立步兵第92旅——在马马耶夫岗东面担任预备队。

同时，崔可夫还巩固了对登陆场的控制，并腾出步兵加强集团军的突击。他把第156筑垒地域的一个个连队部署在雷诺克和斯巴达诺夫卡，部署在"街垒"厂东面的狭长地带，部署在"红十月"厂内、马马耶夫岗上和斯大林格勒市中心狭窄的登陆场。这就使他得以将近卫步兵第13师残部从斯大林格勒市中心调往北面，加强集团军在工厂区的主要突击。

赛德利茨第51军竭力坚守其防御时，德国军队开始从西面退入市区。这些部队中的大多数进入"街垒"厂及工人新村，以加强第51军的防御。此时，城内的德国守军依靠德国空军的伞降获得补给，但许多空投物资落入苏军手中。随着皮托姆尼克的陷落，古姆拉克也明显遭到威胁，保卢斯只得将集团军司令部迁入斯大林格勒城内。由于第6集团军司令部使用了哈特曼将军第71步兵师原来的师部所在地，该司令部很快得到了"哈特曼指挥部"的绰号。[121]

## 总结

虽然德国人在整个斯大林格勒包围圈内遭受到难以估量的精神和肉体折磨, 但遂行突击的苏军也面临着巨大的困难。进攻头七天伤亡26000多人后, 顿河方面军不再发动大规模进攻, 宁愿采用诸兵种配合的方式, 尽量减少己方损失。方面军司令员罗科索夫斯基描述了他们在一月中旬的冰天雪地里采用的这种战术:

> 散兵线在积雪覆盖的战场上缓缓向前, 紧随其后的是直瞄火炮, 各编队依次向前。应该说, 炮兵阵地上的人看起来比散兵线上的步兵更多些。广阔的战场上点缀着10来辆坦克, 在其掩护下, 小股步兵向前冲去。炮兵也从隐蔽阵地发起炮击, 支援前进中的步兵。火箭炮不时对敌人展开齐射。我方强击机也竭力为薄弱的步兵队列提供支援, 在天气情况允许时编队打击敌抵抗基点, 气候条件不利时则采用单机突击。[122]

截至1月10日, 罗科索夫斯基遂行进攻的兵团已将保卢斯的"要塞"压缩至不到原先的一半, 也就是说, 包围圈从1400平方公里萎缩到约600平方公里。到1月17日黄昏, 这个包围圈的尺寸已减小——周长从170公里降至110公里, 东西向深度从53公里降到20公里, 南北向宽度从35公里降为30公里。[123] 1月10日, 困在这个日趋萎缩的包围圈内的部队尚有约197000名德军士兵, 到1月17日已不到125000人。[124]

持续五天的激战使第6集团军辖内部队遭受到严重损失, 特别是第8军已大伤元气的第44步兵师、第14装甲军第3和第29摩步师残部、第4军第297步兵师和提供配合的罗马尼亚第82步兵团。截至1月17日, 第376步兵师已丧失战斗力, 第29和第3摩步师只剩下一具空壳。还有些德军部队, 例如第295步兵师第518团第2营, 从斯大林格勒市中心调至巴萨尔吉诺地域实施防御, 1月15日—16日夜间向苏军第57集团军步兵第38师集体投降。[125]第376步兵师经历了旧罗加切夫的战斗, 并被包围在巴萨尔吉诺西南面后, 多数残部的命运如出一辙。

这段时期, 空军第16集团军的歼击机、强击机和轰炸机, 在最高统帅部直接掌握的远程作战航空兵的轰炸机加强下, 从黎明到黄昏, 每天都对第6集团军的防御实施打击。由于红空军白天基本控制了整个天空，迫使德国空军主要在夜间为"要塞"提供空运补给。苏军航空兵的主要目标是德军防御阵地、集结的部队、包围圈内至关重要的交通线、皮托姆尼克机场（1月16日后改为古姆拉克）和卡缅内布耶拉克。骚扰性空袭和飞行同样重要，其目的是削弱处在半饥饿状态的德国人的士气。苏军在这段时期大体上取得了空中均势，部分是德国人的资源过度拉伸、苏军在地面上的大举进攻迫使德国空军转场，以及德国空军被迫为空运再补给第6集团军的运输机护航所致。尽管如此，红空军在很长一段时间里缺乏无线电设备（更准确地说，缺乏能够或愿意使用无线电设备的机组人员），另外，苏军战机还缺乏夜间行动的能力。[126]

罗科索夫斯基的进攻取得了成功，与之同来的是，经过五天激战，顿河方面军辖内部队需要休整。尽管被围德军已支离破碎、实力耗尽并处于半饥饿状态，但他们现在沿奥尔洛夫卡、贡恰拉、佩夏内、旧杜博夫卡一线占据了更强大的防御阵地，他们坚决、通常有些狂热的抵抗并未表现出就此结束的迹象。因此，根据最高统帅部的指示，沃罗诺夫和罗科索夫斯基制订出一份最终消灭斯大林格勒包围圈的新计划。在此期间，他们将总攻暂停了四天，以便辖内部队休整、补充和重组，待他们再度发起进攻，就将彻底歼灭这支在过去七个月里让红军大吃苦头的"可怕的野兽"。

# 注释

1. *"Ul'timatum komanduiushchemu okruzhennoi pod Stalingradom 6-i Germanskoi Armiei general-polkovniki Pauliusu ili ego zamestiteliu"*（致围困在斯大林格勒城下的德军第6集团军司令保卢斯上将或他的副手的最后通牒），收录在V.A.日林（主编）的《斯大林格勒战役：编年史、真相和人物，两卷本》一书第二册，第396页。

2. 罗科索夫斯基，《军人的天职》，第216—221页。第6集团军的记录几乎没有提及这份最后通牒，希特勒和保卢斯收到该通牒的详情可参阅海因茨·施勒特尔的《斯大林格勒》，第168—170页；保罗·卡雷尔的《斯大林格勒：德国第6集团军的败亡》，第197—198页；以及其他人的相关著作。

3. 这些晨报可参阅《第6集团军作战日志附件册，第三卷》，第203—205页。

4. *"Funkspruch an Heeresgruppe Don, Morgenmeldung, 0635 Uhr, Armee-Oberkommando 6, Abt.-Ia, A.H.Qu., 10.01.43,"*（第6集团军司令部作训处发给"顿河"集团军群的晨报，1943年1月10日6点35分），同上，第205页。

5. *"Tagesmeldung, XI A.K., 1557 Uhr, A.O.K. 6, Ia., Datum 10.01.43,"*（第11军发给第6集团军作训处的每日报告，1943年1月10日15点57分），同上，第212—213页。

6. *"Nachtrag zur Tagesmeldung, XI A.K. meldet 1950 Uhr, A.O.K. 6 Ia, Datum 10.01.43,"*（第11军发给第6集团军作训处每日报告的补充件，1943年1月10日19点50分），同上，第217页。这些坦克包括3辆二号长身管[①]、3辆四号长身管、5辆二号坦克和4辆指挥坦克，另外2辆三号长身管和1辆四号长身管坦克只能"有条件地使用"。报告中还称，该军的3辆坦克（2辆三号长身管和1辆四号长身管）正为第60摩步师提供支援。

7. *"Tagesmeldung, IV. A.K., 1730 Uhr, A.O.K. 6, Ia., Datum 10.01.43,"*（第4军发给第6集团军作训处的每日报告，1943年1月10日17点30分），同上，第213—214页。

8. *"Tagesmeldung, VIII. A.K., 1615 Uhr, A.O.K. 6, Ia., Datum 10.01.43,"*（第8军发给第6集团军作训处的每日报告，1943年1月10日16点15分），同上，第214—215页。

9. *"Funkspruch an Heeresgruppe Don, Tagesmeldung, 1900 Uhr, Armee-Oberkommando 6, Abt.-Ia, A.H.Qu., 10.01.1943,"*（第6集团军司令部作训处发给"顿河"集团军群的每日报告，1943年1月10日19点），同上，第216页。

10. *"Funkspruch an Heeresgruppe Don, 2040 Uhr, Armee-Oberkommando 6, Abt.-Ia., A.H.Qu., 10.01.1943,"*（第6集团军司令部作训处发给"顿河"集团军群的电报，1943年1月10日20点40分），同上，第217—218页。

11. "顿河"集团军群2号作战日志，引自施勒特尔的《斯大林格勒》，第173页。

12. 德国国防军最高统帅部作战日志中的每日报告，收录在V.A.日林（主编）的《斯大林格勒战役：编年史、真相和人物，两卷本》一书第二册，第404页；档案引自KTB OKW, Bd. II, hb. 2。

13. 第6集团军不再汇报第14装甲军、第8和第4军防区的伤亡，主要是因为这些防区的态势极其混

---

① 译注：疑为三号长身管。

乱，另一个事实是，苏军最终控制了这些地盘。

14. 保卢斯发给"dem Heeresgruppe Don Oberbefehlshaber"（"顿河"集团军群司令）的电报，可参阅《第6集团军作战日志附件册，第三卷》，第218页。

15. "Izvlechenie iz operativnoi svodkoi No. 11 (684),"【11号（684）作战概要摘录】，V.A.日林（主编）的《斯大林格勒战役：编年史、真相和人物，两卷本》一书第二册，第406—410页，档案摘自 TsAMO RF, f. 16, op. 1072ss, d. 1,11，第88—98页。

16.《历史研究：德国侵苏战争中小股部队的作战行动》，第64页。

17. 同上。

18. 对于步兵第84师遂行突击的情况存在矛盾之处。红军总参谋部的每日作战概要称福缅科师1月10日晚些时候夺取117.5高地，而罗科索夫斯基在《伏尔加河畔的伟大胜利》一书第448页称该师1月11日攻占该高地。

19. "Fernspruch XIV. Pz.K. an AOK 6-Ia., 0045 Uhr, 11.01.43,"（第14装甲军发给第6集团军作训处的电报，1943年1月11日0点45分），收录在《第6集团军作战日志附件册，第三卷》，第219页。

20. "Nachtrag zur Tagesmeldung, IV. A.K., 2140 Uhr, A.O.K. 6, Ia, Datum 11.01.43,"（第4军发给第6集团军作训处的每日报告的补充件，1943年1月11日21点40分），同上，第232页，与第4军先前的报告相对比。

21. 参见"Boevoi prikaz No. 99, Shtab UR 156, Zonal'nyi, 10.01.43 g. 2:00"（99号作战令，第156作战地域指挥部，1943年1月10日2点），原件副本。

22. 詹森·D. 马克，《烈焰之岛：斯大林格勒"街垒"火炮厂之战，1942年11月—1943年2月》，第426页。

23. "Tagesmeldung, LI. A.K., 1705 Uhr, A.O.K. 6, Ia, Datum 10.01.43,"（第51军发给第6集团军作训处的每日报告，1943年1月10日17点05分），同上，第213页。

24. 詹森·D. 马克，《烈焰之岛：斯大林格勒"街垒"火炮厂之战，1942年11月—1943年2月》，第427页。

25. "Morgenmeldung, LI. A.K., 0605 Uhr, A.O.K. 6, Ia, Datum 11.01.43,"（第51军发给第6集团军作训处的晨报，1943年1月11日6点05分），收录在《第6集团军作战日志附件册，第三卷》，第220页。

26. 参见"Program einer Feierstunde des Stabes Der 71. Inf. Div. am 10.1.1943 in Stalingrad,"（第71步兵师师部一场晚会的节目，1943年1月10日，斯大林格勒），标题为"Vertrag: General v. Hartmann, Klavier: Hauptmann Ilse,"（演出：冯·哈特曼将军；钢琴演奏：伊尔塞上尉），原件副本。

27. "Funkspruch an Heeresgruppe Don, Absicht für 11.01.43, 2040 Uhr, Armee-Oberkommando 6, Abt.-Ia, A.H.Qu., 10.01.1943,"（第6集团军司令部作训处发给"顿河"集团军群的电报，关于1943年1月11日的企图，1943年1月10日20点40分），收录在《第6集团军作战日志附件册，第三卷》，第217—218页。

28. "Morgenmeldung, XI A.K. meldet 0430 Uhr, A.O.K. 6, Ia, Datum 11.01.43,"（第11军发给第6集团军作训处的晨报，1943年1月11日4点30分）和"Fernspruch von Gen. Kdo. XI A.K. an A.O.K. 6, Ia, 0440 Uhr, 11.01.43,"（第11军军部发给第6集团军作训处的电报，1943年1月11日4点40分），同上，

第219、第221页。

29. *"Morgenmeldung, VIII. A.K., 0550 Uhr, A.O.K. 6, Ia, Datum 11.01.43,"*（第8军发给第6集团军作训处的晨报，1943年1月11日5点50分），同上，第219页。

30. 同上，第219—220页。

31. *"Morgenmeldung, LI. A.K., 0615 Uhr, A.O.K. 6, Ia, Datum 11.01.43,"*（第51军发给第6集团军作训处的晨报，1943年1月11日6点15分），同上，第220—221页。

32. *"Morgenmeldung, XIV Pz.K., 0820 Uhr, A.O.K. 6, Ia, Datum 11.01.43,"*（第14装甲军发给第6集团军作训处的晨报，1943年1月11日8点20分），同上，第221页。

33. *"Funkspruch an Heeresgruppe Don, Morgenmeldung 0640 Uhr, Armee-Oberkommando 6, Abt.-Ia, A.H.Qu., 11.01.1943,"*（第6集团军司令部作训处发给"顿河"集团军群的晨报，1943年1月11日6点40分），同上。

34. *"Funkspruch an Heeresgruppe Don, 0745 Uhr, Armee-Oberkommando 6, Abt.-Ia, A.H.Qu., 11.01.1943,"*（第6集团军司令部作训处发给"顿河"集团军群的电报，1943年1月11日7点45分），同上，第223页。

35. *"Tagesmeldung, IX. A.K. [erroneously identified as XIV. Pz. K.] meldet 1700 Uhr, A.O.K. 6, Ia, Datum 11.01.43,"*【第9军（被误标为第14装甲军）发给第6集团军作训处的每日报告，1943年1月11日17点】，同上，第224页。[1]

36. *"Tagesmeldung, XI A.K. meldet 2030 Uhr, A.O.K. 6, Ia, Datum 11.01.43,"*（第11军发给第6集团军作训处的每日报告，1943年1月11日20点30分）和*"Nachtrag zur Tagesmeldung, LI. A.K. meldet 2110 Uhr," A.O.K. 6. Ia, Datum 11.01.43,"*（第51军发给第6集团军作训处每日报告的补充件，1943年1月11日21点10分），同上，第229、第231页。

37. *"Tagesmeldung, LI. A.K., 1710 Uhr, A.O.K. 6, Ia, Datum 11.01.43,"*（第51军发给第6集团军作训处的每日报告，1943年1月11日17点10分），同上，第225页。

38. *"Tagesmeldung, IV. A.K., 1735 Uhr, A.O.K. 6, Ia, Datum 11.01.43,"*（第4军发给第6集团军作训处的每日报告，1943年1月11日17点35分），同上，第225—226页。

39. *"Tagesmeldung, IV. A.K., 2120 Uhr, A.O.K. 6, Ia, Datum 11.01.43,"*（第4军发给第6集团军作训处的每日报告，1943年1月11日21点20分），同上，第230页。

40. *"Nachtrag zur Tagesmeldung, IV. A.K., 2140 Uhr, A.O.K. 6, Ia, Datum 11.01.43,"*（第4军发给第6集团军作训处每日报告的补充件，1943年1月11日21点40分），同上，第231页。

41. 同上，第231—232页。

42. *"Tagesmeldung, VIII. A.K., 1930 Uhr, A.O.K. 6, Ia, Datum 11.01.43,"*（第8军发给第6集团军作训处的每日报告，1943年1月11日19点30分），同上，第226页。

43. 同上。

44. 同上，第227页。

---

① 译注：格兰茨特地指出这份报告错误地标为第14装甲军，但此处又把第11军印成了第9军。

45. *"Nachtrag zur Tagesmeldung, XIV. Pz.K., 2230 Uhr, A.O.K. 6, Ia, Datum 11.01.42,"*（第14装甲军发给第6集团军作训处每日报告的补充件，1943年1月11日22点30分），同上，第232页。

46. 同上。

47. 同上。

48. *"Funkspruch an Heeresgruppe Don, Tagesmeldung, 1945 Uhr, Armee-Oberkommando 6, Abt.-Ia, A.H.Qu., 11.01.43,"*（第6集团军司令部作训处发给"顿河"集团军群的每日报告，1943年1月11日19点45分），同上，第227页。

49. *"An Heeresgruppe Don, Oberbefehlshaber, 2135 Uhr, den 11.01.1943,"*（发给"顿河"集团军群司令的电报，1943年1月11日21点35分），同上，第233页。"顿河"集团军群21点54分收到这封电报。

50. *"Funkspruch an Heeresgruppe Don, 2230 Uhr, Armee-Oberkommando 6, Abt.-Ia, A.H.Qu., 11.01.1943,"*（第6集团军司令部作训处发给"顿河"集团军群的电报，1943年1月11日22点30分），同上，第233页。

51. 德国国防军最高统帅部作战日志中的每日报告，收录在V.A.日林（主编）的《斯大林格勒战役：编年史、真相和人物，两卷本》一书第二册，第410页；档案引自KTB OKW, Bd. II, hb. 2。

52. *"Izvlechenie iz operativnoi svodkoi No. 12 (685),"*（12号（685）作战概要摘录），同上，第411—414页，档案引自TsAMO RF, f. 16, op. 1072ss, d. 1,11，第99—108页。

53. 进攻中的苏军获得两个近卫重型坦克团部分力量的支援。实施防御的德军为第203步兵团第1、第3营，获得第76步兵师小股部队加强；第44步兵师第131团第1、第2营；第260团第1营和第203团第2营，这两个营都归第131团指挥；另外还有调自第44步兵师预备队的第268团第2营。在这场战斗中，苏军共投入12000名士兵，对付约3000名德军士兵。

54. 1月10日—11日夜间，第6集团军从其他军抽调了几支连、营级部队增援第8军第44步兵师，包括第389工兵营和一个要塞营。但由于第44步兵师前一天的损失过于惨重，这么点援兵基本无济于事。虽然确切的兵力数尚不清楚，但第65集团军新突击群的四个师大约有14000名作战步兵和工兵，与之抗衡的是德军第44步兵师和第29摩步师残破的右翼，共3500名德军士兵。

55. 关于第3和第29摩步师逃离马里诺夫卡突出部的另一些情况，尽管零零碎碎，但仍可参阅罗纳德·塞特的《斯大林格勒，转折点：1942年8月—1943年2月之战》（纽约：考拉德-麦凯恩出版社，1959年），第239页；《第29师：第29步兵师，第29摩步师，第29装甲掷弹兵师》（西德，巴特瑙海姆：波德聪出版社，1960年），第234—235页；《第3步兵师，第3摩步师，第3装甲掷弹兵师》（德国库克斯港：格哈德·迪克霍夫，1960年），第224—227页。

56. *"Morgenmeldung, LI. A.K., 0625 Uhr, A.O.K. 6, Ia, Datum 12.01.43,"*（第51军发给第6集团军作训处的晨报，1943年1月12日6点25分），收录在《第6集团军作战日志附件册，第三卷》，第235页。

57. *"Funkspruch an Heeresgruppe Don, 2200 Uhr, Armee-Oberkommando 6, Abt.-Ia, A.H.Qu., 12.01.1943,"*（第6集团军司令部作训处发给"顿河"集团军群的电报，1943年1月12日22点），同上，第246页。

58. 德国国防军最高统帅部作战日志中的每日报告，收录在V.A.日林（主编）的《斯大林格勒战役：编年史、真相和人物，两卷本》一书第二册，第415页；档案引自KTB OKW, Bd. II, hb. 2。

59. *"Morgenmeldung, VIII. A.K., 0610 Uhr, A.O.K. 6, Ia, Datum 12.01.43,"*（第8军发给第6集团军作训处的晨报，1943年1月12日6点10分），收录在《第6集团军作战日志附件册，第三卷》，第234页。

60. *"Tagesmeldung, VIII. A.K. 1745 Uhr, A.O.K. 6, Ia, Datum 12.01.43,"*（第8军发给第6集团军作训处的每日报告，1943年1月12日17点45分），同上，第241页。

61. 同上。

62. 这起事件的详情可参阅施勒特尔的《斯大林格勒》，第180页。另一份较长的解释突出了苏方的观点，参见萨姆索诺夫的《斯大林格勒战役》，第496—497页。

63. *"Morgenmeldung, IV. A.K., 0600 Uhr, A.O.K. 6, Ia, Datum 12.01.43,"*（第4军发给第6集团军作训处的晨报，1943年1月12日6点），收录在《第6集团军作战日志附件册，第三卷》，第234页。

64. *"Tagemeldung, IV. A.K., 1720 Uhr, A.O.K. 6, Ia, Datum 12.01.43,"*（第4军发给第6集团军作训处的每日报告，1943年1月12日17点20分），同上，第240页。

65. 同上。

66. *"Nachtrag zur Tagesmeldung, IV. A.K. 2150 Uhr, A.O.K. 6 Ia, Datum 12.01.42,"*（第4军发给第6集团军作训处每日报告的补充件，1943年1月12日21点50分），同上，第244页。

67. *"Nachtrag zur Tagesmeldung, XI. A.K. meldet 2000 Uhr, A.O.K. 6 Ia, Datum 12.01.43,"*（第11军发给第6集团军作训处每日报告的补充件，1943年1月12日20点），同上，第244页。

68. *"Izvlechenie iz operativnoi svodkoi No. 13 (686),"*（13号（686）作战概要摘录），V.A.日林（主编）的《斯大林格勒战役：编年史、真相和人物，两卷本》一书第二册，第417—420页，档案摘自 *TsAMO RF, f. 16, op. 1072ss, d. 1,11*，第109—119页。

69. 在卡拉瓦特卡峡谷北面的战斗中，第64集团军步兵第204和近卫步兵第36师获得坦克第90旅和坦克第166、第35团的支援。第57集团军步兵第422、第38师和海军步兵第154旅获得坦克第254、第235旅、独立坦克第234团的支援。

70. *"Morgenmeldung, LI. A.K., 0550 Uhr, A.O.K. 6, Ia, Datum 13.01.43,"*（第51军发给第6集团军作训处的晨报，1943年1月13日5点50分），收录在《第6集团军作战日志附件册，第三卷》，第247页。

71. 施勒特尔在《斯大林格勒》一书第175页称"顿河"集团军群1月11日—12日夜间发出这份电报。但在第6集团军现存记录中未发现证实这份电报准确性的条目。如果施勒特尔的说法无误，那么这封电报很可能是1月12日夜间收到的，因为保卢斯12日7点45分报告苏军攻入齐边科，当日晚些时候，该镇落入苏军步兵第422师之手。

72. 德国国防军最高统帅部作战日志中的每日报告，收录在V.A.日林（主编）的《斯大林格勒战役：编年史、真相和人物，两卷本》一书第二册，第415页；档案引自KTB OKW, Bd. II, hb. 2。

73. 奇斯佳科夫（主编），*Po prikazu Rodiny: boevoi put' 6-i gvardeiskoi armii v Velikoi Otechestvennoi voine*（奉祖国之命：伟大卫国战争中近卫第6集团军的战斗历程），第104页。

74. 罗科索夫斯基，《伏尔加河畔的伟大胜利》，第450—451页。

75. 罗科索夫斯基对作战计划的描述可参阅《军人的天职》，第223页。

76. *"Morgenmeldung, XIV. Pz.K., 0635 Uhr, A.O.K. 6, Ia, Datum 13.01.43,"*（第14装甲军发给第6集团军作训处的晨报，1943年1月13日6点35分），收录在《第6集团军作战日志附件册，第三卷》，第248页。

77. 同上。

78. "Morgenmeldung, IV. A.K., 0655 Uhr, A.O.K. 6, Ia, Datum 13.01.43,"（第4军发给第6集团军作训处的晨报，1943年1月13日6点55分），同上。

79. "Nachtrag zur Tagesmeldung, IV. A.K., 2150 Uhr, A.O.K. 6, Ia, Datum 13.01.43,"（第4军发给第6集团军作训处每日报告的补充件，1943年1月13日21点50分），同上，第249—250页。

80. 同上，第250页。

81. "Nachtrag zur Tagesmeldung, IV. A.K. 2150 Uhr, A.O.K. 6, Ia, Datum 13.01.43,"（第4军发给第6集团军作训处每日报告的补充件，1943年1月13日21点50分），同上，第249—250页。发给第6集团军的另一些报告可参阅第248—250页。

82. "Fernschreiben an OKH/Op. Abt. nachr.: Bef. H. Gebiet Don, Morgenmeldung AOK 6, 0657 Uhr, Heeresgruppe Don Abt.-Ia, A.H.Qu., 14.01.1943,"（第6集团军晨报，"顿河"集团军群司令部作训处转呈OKH作训处、顿河地域司令部，1943年1月14日6点57分），同上，第250页。

83. 德国国防军最高统帅部作战日志中的每日报告，收录在V.A.日林（主编）的《斯大林格勒战役：编年史、真相和人物，两卷本》一书第二册，第421页；档案引自KTB OKW, Bd. II, hb. 2。

84. "Izvlechenie iz operativnoi svodkoi No. 14 (687),"（14号（687）作战概要摘录），同上，第423—425页，档案引自TsAMO RF, f. 16, op. 1072ss, d. 1,11, 第120—128页。

85. "Morgenmeldung, LI. A.K. 0550 Uhr, A.O.K. 6 Ia, Datum 13.01.43,"（第51军发给第6集团军作训处的晨报，1943年1月13日5点50分），收录在《第6集团军作战日志附件册，第三卷》，第247页。

86. "Nachtrag zur Tagesmeldung, LI. A.K. 2130 Uhr, A.O.K. 6 Ia, Datum 13.01.43,"（第51军发给第6集团军作训处每日报告的补充件，1943年1月13日21点30分），同上，第249页。

87. "Funkspruch an Heeresgruppe Don, 1143 Uhr, Armee-Oberkommando 6, Abt.-Ia, A.H.Qu., 14.01.1943,"（第6集团军司令部作训处发给"顿河"集团军群的电报，1943年1月14日11点43分），同上，第250—251页。

88. "Funkspruch an Heeresgruppe Don, 1700 Uhr, Armee-Oberkommando 6, Abt.-Ia, A.H.Qu., 14.01.1943,"（第6集团军司令部作训处发给"顿河"集团军群的电报，1943年1月14日17点），同上，第251页。

89. "Funkspruch an Heeresgruppe Don, 2230 Uhr, Armee-Oberkommando 6, Abt.-Ia, A.H.Qu., 14.01.1943,"（第6集团军司令部作训处发给"顿河"集团军群的电报，1943年1月14日22点30分），同上，第252页。

90. "Fernschreiben an OKH/Op. Abt. nachr: Bef. H. Gebeit Don, 2320 Uhr, Heeresgruppe Don Abt.-Ia, A.H.Qu., 14.01.1943,"（"顿河"集团军群司令部作训处发给OKH作训处，转呈顿河地域司令部的电报，1943年1月14日23点20分），同上，第252—253页。

91. 德国国防军最高统帅部作战日志中的每日报告，收录在V.A.日林（主编）的《斯大林格勒战役：编年史、真相和人物，两卷本》一书第二册，第426页；档案引自KTB OKW, Bd. II, hb. 2。

92. "Izvlechenie iz operativnoi svodkoi No. 15 (688),"（15号（688）作战概要摘录），同上，第428—431页，档案引自TsAMO RF, f. 16, op. 1072ss, d. 1,11, 第129—138页。

93. "Fernschreiben an OKH/Op. Abt. nachr: Bef. H. Gebeit Don, 2320 Uhr, Heeresgruppe Don

Abt.-Ia, A.H.Qu., 14.01.1943," （"顿河"集团军群司令部作训处发给OKH作训处，转呈顿河地域司令部的电报，1943年1月14日23点20分），收录在《第6集团军作战日志附件册，第三卷》，第252—253页。

94. "Fernschreiben an OKH/Op. Abt, nachr: Bef. H. Gebiet Don, Morgenmeldung, Heeresgruppe Don Abt.-Ia, A.H.Qu., 15.01.1943," （"顿河"集团军群司令部作训处发给OKH作训处，转呈顿河地域司令部的晨报，1943年1月15日），同上，第253—254页。

95. "Funkspruch an OKH, V.O. bei AOK 6, 1700 Uhr 15.01.43," （派驻第6集团军的联络官发给OKH的电报，1943年1月15日17点），同上，第254页。在这份报告上签名的是冯·齐策维茨少校。

96. 同上。

97. "Fernschreiben an OKH/Op. Abt, nachr: Bef. H. Gebiet Don, Tagesmeldung 2400 Uhr, Heeresgruppe Don Abt.-Ia, A.H.Qu., 15.01.1943," （"顿河"集团军群司令部作训处发给OKH作训处，转呈顿河地域司令部的每日报告，1943年1月15日24点），同上，第254—255页。

98. 同上。

99. 德国国防军最高统帅部作战日志中的每日报告，收录在V.A.日林（主编）的《斯大林格勒战役：编年史、真相和人物，两卷本》一书第二册，第431页；档案引自KTB OKW, Bd. II, hb. 2。

100. "Izvlechenie iz operativnoi svodkoi No. 16 (689)," （16号（689）作战概要摘录），同上，第433—437页，档案引自TsAMO RF, f. 16, op. 1072ss, d. 1,11，第139—150页。

101. 詹森·D. 马克，《烈焰之岛：斯大林格勒"街垒"火炮厂之战，1942年11月—1943年2月》，第439页。

102. 罗科索夫斯基，《军人的天职》，第223—226页。

103. 伊萨耶夫，《斯大林格勒：伏尔加河后方没有我们的容身处》，第410—413页。

104. "Fernschreiben an OKH/Op. Abt, nachr: Bef. H. Gebiet Don, Tagesmeldung 1715 Uhr, Heeresgruppe Don Abt.-Ia, A.H.Qu., 16.01.1943," （"顿河"集团军群司令部作训处发给OKH作训处，转呈顿河地域司令部的每日报告，1943年1月16日17点15分），收录在《第6集团军作战日志附件册，第三卷》，第256页。

105. "Funkspruch an OKH , 1715 Uhr, V.O. bei AOK 6, 16.01.43," （派驻第6集团军的联络官发给OKH的电报，1943年1月16日17点15分），同上，第257页。

106. 同上。

107. 德国国防军最高统帅部作战日志中的每日报告，收录在V.A.日林（主编）的《斯大林格勒战役：编年史、真相和人物，两卷本》一书第二册，第437页；档案引自KTB OKW, Bd. II, hb. 2。

108. "Funkspruch an OKH, 1715 Uhr, V.O. bei AOK 6, 16.01.43," （派驻第6集团军的联络官发给OKH的电报，1943年1月16日17点15分），同上，第257页。

109. 哪些苏军师夺取了皮托姆尼克和附近的机场，这个问题存在一些混乱之处。占领皮托姆尼克及其机场发生在奇斯佳科夫第21集团军作战地域内，据他说（《为祖国服役》，第116页）："1月15日，近卫步兵第51师会同步兵第252师的部队解放了皮托姆尼克［机场］。我带着指挥小组当天赶到那里，亲眼目睹了恐慌和激战造成的悲惨现场。"但红军总参谋部的作战概要将夺取皮托姆尼克的战果归功于奇斯佳科夫集团军辖下的步兵第298、第293师。第65集团军司令员巴托夫在他的回忆录中（《在行军和战斗中》，第258页）写道："拂晓时，消灭敌守备部队后，步兵第23师的部队占领了135.6高地。我们将集团军指挥所设在这里。机场就在下方不远处，那里挤满了车辆和飞机。两个团对其发起突击。Ia.L.别尔科少校奉命包围机场。"巴托夫随后描述了战斗场面，称他的部队以一场白刃战夺得机场。虽说这些记述无疑对夺取机场的行动有所美化，但造成混乱是该机场所处的位置所致，这座机场位于德军440参照点以东1—2公里的高地上，在皮托姆尼克村西北偏北方3—4公里、135.6高地东南偏东方2.5—3.5公里处。因此，第21集团军步兵第298、第293师占领皮托姆尼克村时，该集团军辖下的近卫步兵第51和步兵第252师夺取了机场，而第65集团军左翼部队以新投入战斗的步兵第233师（不是第23师）从北面包围了机场。从德方视角对该机场丢失所做的描述，可参阅齐姆克和鲍尔的《从莫斯科到斯大林格勒：东线决战》，第497—498页，以及海沃德的《止步于斯大林格勒：德国空军和希特勒在东线的失败，1942—1943年》，第284—285页。

110. 引自弗兰茨·施奈德和查尔斯·古兰斯所译的《来自斯大林格勒最后的信件》（康涅狄格州韦斯特波特：格林伍德出版社，1974年），第112—114页。

111. *"Izvlechenie iz operativnoi svodkoi No. 17 (690),"*（17号（690）作战概要摘录），收录在V.A.日林（主编）的《斯大林格勒战役：编年史、真相和人物，两卷本》一书第二册，第446—451页；档案引自*TsAMO RF, f. 16, op. 1072ss, d. 1,11*，第151—163页。

112. 罗科索夫斯基，《伏尔加河畔的伟大胜利》，第452页。这种说法与苏联方面的档案相一致，据后者记载，截至1月16日，顿河方面军的伤亡数超过26000人。

113. *"Funkspruch an OKH, 0845 Uhr, Armee-Oberkommando 6, Abt.-Ia, A.H.Qu., 17.01.1943,"*（第6集团军司令部作训处发给OKH的电报，1943年1月17日8点45分），收录在《第6集团军作战日志附件册，第三卷》，第258页。

114. 同上。

115. *"Fernspruch von Luftflotte 4, Ia, Major Hoffmann, 1530 Uhr,"*（霍夫曼少校发给第4航空队作训处的电报，15点30分），同上，第258—259页；*"Funkspruch an OKH, 1638 Uhr, Armee-Oberkommando 6, Abt.-Ia, A.H.Qu., 17.01.1943,"*（第6集团军司令部作训处发给OKH的电报，1943年1月17日16点38分），同上，第258页。

116. *"Funkspruch an Heeresgruppe Don, Tagesmeldung, 2051 Uhr, Armee-Oberkommando 6, Abt.-Ia, A.H.Qu., 17.01.1943,"*（第6集团军司令部作训处发给"顿河"集团军群的每日报告，1943年1月17日20点51分），同上，第259页，*"Funkspruch an General Zeitzier zur Weitergabe, 2102 Uhr, Armee-Oberkommando 6, Abt.-Ia, A.H.Qu., 17.01.1943,"*（第6集团军司令部作训处的电报，由蔡茨勒将军转达，1943年1月17日21点02分），同上。

117. 同上。

118. *"Fernschreiben an OKH/Op. Abt, nachr: Bef. H. Gebiet Don, Lageunterrichtung, Heeresgruppe Don Abt.-Ia, A.H.Qu., 17.01.1943,"*（"顿河"集团军群司令部作训处发给OKH作训处，转呈顿河地域司令部的态势报告，1943年1月17日），同上，第260页。

119. 德国国防军最高统帅部作战日志中的每日报告，收录在V.A.日林（主编）的《斯大林格勒战役：编年史、真相和人物，两卷本》一书第二册，第451—452页；档案引自KTB OKW, Bd. II, hb. 2。

120. *"Izvlechenie iz operativnoi svodkoi No. 18 (691),"*（18号（691）作战概要摘录），同上，第452—456页，档案摘自*TsAMO RF, f. 16, op. 1072ss, d. 1,11*，第164—175页。

121. I.A.萨姆丘克，*Trinadtsataia gvardeiskaia*（近卫步兵第13师）（莫斯科：军事出版社，1971

年），第161—162页。

122. 萨姆索诺夫，《斯大林格勒战役》，第498页，引自威廉·亚当《艰难的决定》一书俄文译本，第316页。

123. 罗科索夫斯基，《军人的天职》，第225页。

124. 这方面的资料很多，可参阅萨姆索诺夫的《斯大林格勒战役》，第499页；以及罗科索夫斯基的《伏尔加河畔的伟大胜利》，第454页。

125. 虽然顿河方面军的记录中指出在某些日子抓获了德军俘虏，但并未提供完整统计。而德国第6集团军也无从统计1月10日后的伤亡。因此，在这段时期丧生的德军士兵，即便不上万，可能也有数千人，包括阵亡者、冻死者和那些被愤怒的追兵就地处决的人。

126. 罗科索夫斯基，《伏尔加河畔的伟大胜利》，第453页。书中称，苏军步兵第38师在巴萨尔吉诺发起一场夜间突击，导致这个德军营损失80人，迫使该营营长率领120名部下举手投降。

127. 斯大林格勒战役期间空中行动的详情，可参阅海沃德的《止步于斯大林格勒：德国空军和希特勒在东线的失败，1942—1943年》，特别是第281—310；冯·哈德斯蒂的《火凤凰：苏联空军力量的崛起，1941—1945年》，第104—164页；赫尔曼·普洛歇尔的《德国空军对苏作战，1942年》，第260—355页。

# 第十章

# 覆灭：第二阶段
## 1月18日—25日

## 战役间歇，1月18日—21日

### 苏军的策划

　　1月18日5点30分，顿河方面军辖内部队对德国第6集团军被围"要塞"周边防御的进攻才停了几个小时，沃罗诺夫将军便把他与罗科索夫斯基将军拟制的最终歼灭第6集团军的计划呈交给斯大林和最高统帅部。与几位集团军司令员密切协商后，两位将军决定将这项任务交给从西面攻向斯大林格勒的几个军团：第24、第65、第21集团军。这些军团将沿一个宽大正面展开行动，"不仅要给第6集团军造成毁灭性打击，还必须粉碎小股敌军向西渗透我方战斗队形的一切可能性。"[1]

　　沃罗诺夫的计划中包括对整体情况的详细评述，以及一系列呈交斯大林请他批准的决定（参见副卷附录17A）。总结情况后，沃罗诺夫列举了已夺取的"奖杯"，并提议以第24、第65、第21、第57集团军"在左翼继续进攻，歼灭当面之敌，前出至古姆拉克、孔纳亚车站、库兹米希一线"，而第66和第62集团军继续遂行原先的任务。[2]他打算对"佩先卡和贡恰拉农场［相距22公里］发起猛烈打击，歼灭对垒之敌，给对方造成严重损失，粉碎其士气，分割遂行防御之敌，以诸集团军的联合部队将其逐一歼灭"。[3]沃罗诺夫建议，经过2—3天准备后，于1月20日恢复进攻。斯大林迅速做出回应，当日17点批准了这项计划，没有提出任何修改或保留意见。[4]

罗科索夫斯基和沃罗诺夫的战役企图是对德国第6集团军西部防线发起一场大规模突击，以第24、第65、第21集团军在22公里宽的作战地域向西攻击前进，该地域从博罗德金以北约2公里处向南延伸至阿列克谢耶夫卡以北2.5公里的155.0高地。奇斯佳科夫将军的第21集团军将在突击群右翼9公里宽的地域遂行主要突击，该地域从古姆拉克以西5公里的126.1高地向南延伸至阿列克谢耶夫卡以北5公里处①的155.0高地。集团军的任务是前出至"红十月"厂工人新村西部边缘，将德国第6集团军切为两段，并以零敲碎打的方式歼灭这两股敌军。进攻准备期间，加拉宁将军的第24集团军和巴托夫将军的第65集团军应在博罗德金南延至贡恰拉这片地域继续实施进攻，削弱第6集团军防御，为主要突击夺取更加有利的出发阵地。进攻发起时，第62和第66集团军应从南北两面发起向心突击，消灭第6集团军包围圈东北部之敌，以配合主力突击群的行动。⁵

为主要突击实施集结后，第21集团军将编有9个步兵师（从左至右为：步兵第173、近卫步兵第51、第52、步兵第293、第298、第252、第277、第96、第120师）；炮兵第1、第4师；身管炮兵第99、第156团；大威力榴弹炮兵第318团；3个反坦克歼击炮兵团；近卫迫击炮兵第2、第3师；1个近卫迫击炮兵团；3个迫击炮兵团；7个近卫（重型）坦克团；5个高射炮兵团；3个滑雪营；1个反坦克步枪营；工程地雷工兵第5旅和7个各种类型的工程兵营。这股力量相当于方面军炮兵团的40%、近卫迫击炮兵旅的80%、近卫迫击炮兵团的10%、迫击炮兵团的30%、坦克团的41%、高射炮兵团的近40%。没有遗漏任何一个细节。

奇斯佳科夫遂行突击的集团军将沿古姆拉克和"红十月"厂工人新村两个方向推进，以便将第6集团军切为两段，而在第21集团军左侧实施突击的巴托夫第65集团军右翼部队将向东推进，夺取亚历山德罗夫卡（Aleksandrovka）和"红十月"厂工人新村北郊。从理论上说，第21集团军先遣部队将与崔可夫第62集团军在107.5高地附近或戈罗季谢周边某处会合，这两处分别为第62集团军进攻行动的当前和最终目标。顿河方面军突击群左翼，加拉宁第24集团军将从

---

① 译注：原文如此。

博罗德金地域攻向正东面，与第65集团军右翼部队和扎多夫将军向南攻往戈罗季谢的第66集团军相配合，歼灭盘踞在第6集团军包围圈北半部之敌。方面军突击群右翼，托尔布欣第57集团军和舒米洛夫第64集团军将向东、向北发起向心突击，消灭沿主铁路线及其南面布防的德军，攻入斯大林格勒南半部，从而歼灭第6集团军位于斯大林格勒城南部和中部的部队。

　　"指环"行动最终阶段的策划工作完成后，1月18日至21日，顿河方面军休整、补充、重组、重新装备辖内部队。在此期间，第24和第65集团军，在较小程度上还包括第21、第66、第62集团军，继续实施局部行动，以改善他们的进攻阵地，并阻止第6集团军在各作战地域间调动部队。而此时，保卢斯集团军疯狂地试图克服补给物资的严重短缺（特别是食物、弹药、燃料），同时整顿防御，并把一些重要指挥人员送出斯大林格勒包围圈，其中有些人将为补给工作提供协助，而另一些人飞离包围圈纯粹是为后续作战保存重要人员。

## 1月18日

### 德方的报告

　　第6集团军现存记录中，关于1月18日的内容较少（参见副卷附录17B）。集团军发给"顿河"集团军群的晨报确认了战斗间歇，但仍抱怨说，古姆拉克机场据报仍在德军手中，而且依然可用，补给飞机却寥寥无几。[6]"顿河"集团军群7点发给OKH的态势报告重复了第6集团军的说法，但指出第16装甲师被迫撤至奥尔洛夫卡西北面。[7]集团军群的晚间报告提供了关于第6集团军确切位置的更多细节，证实古姆拉克机场仍在运作，并再次抱怨补给状况，称"由于空运不力，补给情况迫使该集团军停止一切活动，也无法为部队供应食物"。[8]最后，位于遥远后方的OKH以一份简短的陈述描绘了恶化的态势："**东线**。斯大林格勒，西北部、西部、西南部防线上的部队被迫后撤。"[9]

　　在保卢斯集团军看来，最危险的情况发生在大罗索什卡与贡恰拉国营农场之间沿罗索什卡河构设的防区。那里，贡恰拉北面4公里宽防区的北半部，强大的苏军以坦克（实际上是第65集团军近卫步兵第27师）突破第8军第44步兵师的防御，并向东北方赶往120.0高地接近地和新纳杰日达国营农场东南方3

公里的别济米扬纳亚峡谷（Bezymiannaia）①东端。这场推进威胁到第8军第76步兵师左翼，也导致第44步兵师一大股残部被孤立、包围在大罗索什卡南面。结果，第8军第76步兵师（正向东撤往罗索什卡河北面）、第44步兵师（其残部正杀开血路，向东退往大罗索什卡南面）与第65集团军从贡恰拉农场北面的罗索什卡河河段向东推进的三个步兵师展开一场竞赛。这番角逐的重点是贡恰拉以北3—5公里，120.0高地制高点和山脊。在那里，第76和第44步兵师重新部署的部队，在第14装甲师残部支援下，设法在接下来三天挡住第65集团军的推进，但非常勉强。实际上，第14装甲师所剩无几的坦克大多已无法开动，对改善集团军的处境提供不了什么帮助。东北方，第6集团军将第11军辖下的第16装甲师撤至奥尔洛夫卡北面向西穿过143.6高地到奥佩特纳亚国营农场的新阵地，从而稳定住北部防线。

## 苏军的行动

红军总参谋部1月18日的作战概要简单解释了顿河方面军哪些部队给第6集团军的防御造成了这些棘手问题（参见地图74和副卷附录17C）。[10]

遵照罗科索夫斯基的计划，顿河方面军辖内另一些集团军休整、重组时，巴托夫第65集团军和加拉宁第24集团军继续猛攻第6集团军西部防线的北半部。虽然第24集团军突击群仍在大罗索什卡东面和东北面与德国第8军第76步兵师相持不下，但巴托夫第65集团军突击群却力图扩大贡恰拉农场北面的罗索什卡河东岸登陆场。巴托夫的企图是到达并夺取新纳杰日达国营农场及南面的高地，并在古姆拉克与孔纳亚车站之间切断从西北方通入斯大林格勒的铁路线。如果巴托夫取得成功，将把德国第8军第76、第113步兵师和第11军的部队切断在斯大林格勒北部。然而，要么是第76步兵师，要么是第44步兵师，或者是这两个师一同向南调动（第6集团军的记录不甚清晰），其速度之快足以挡住这场进攻。结果，虽然第65集团军近卫步兵第27师在坦克第91旅支援下赶至别济米扬纳亚峡谷东端和120.0高地接近地，但他们的进攻失败了；步兵第304

---

① 译注：可能就是前文提及的别济米扬卡峡谷。

和第233师向南攻往贡恰拉的行动也未获成功。就这样，第6集团军西部防线又得以维持数日。

与西面的第65集团军一样，1月18日，崔可夫第62集团军继续对斯大林格勒城内第51军的防御发起顽强进攻，经过一场60分钟炮火准备，集团军突击群14点恢复向107.5高地的突击（参见副卷附录19L）。尽管其目标雄心勃勃，但崔可夫突击群的推进慢似蜗牛，进展只能以数十米、几百米计。

### 第6集团军恶化的后勤

除了实际战斗态势，第6集团军1月18日（如果不能说整个月的话）面临的最大问题是补给物资严重短缺。皮托姆尼克1月16日失守后，德国空军实施防御的最后一批战斗机飞离，已困难重重的补给形势更加难以为继。德国人撤往遍地瓦砾的斯大林格勒城内时，伤亡人数有所加剧，但他们得不到治疗，也没有疏散的机会。急救站成了停尸房。1月17日，希特勒姗姗来迟地委派米尔希将军负责空运工作，为征用资源和组织一场更具成效的空运行动赋予他近乎无限的权力。米尔希获悉，保卢斯的参谋人员一直不愿扩大古姆拉克剩下的跑道，他们担心飞机在这里起降会招致苏军战机的轰炸，进而危及附近的第6集团军司令部。[11]但现在已别无选择，古姆拉克的确遭受到间歇性攻击。同时，红空军的行动极其有效，以至于德国空军只能在夜间空运和空投补给。

1月18日晚，米尔希派7架运输机飞赴古姆拉克交付补给物资。按照希特勒的命令，其中一架飞机将第14装甲军军长胡贝中将①接出包围圈。胡贝描述了第6集团军的衰败，并直言不讳地告诉希特勒，空运行动已然失败。希特勒对亲纳粹、据称实现了现代化的空军青眼有加，胡贝对此难以接受，这一点可以理解。据说他曾问希特勒："您为何不枪毙几个空军将领呢？倒霉的总是陆军将领。"[12]但实际上，空运补给从一开始就是一项不可能完成的任务。尽管米尔希为重新组织运输工作付出巨大努力，但补给交付量日趋下降，1月23日古姆拉克失陷后，德国人只能采用空投的方式交付物资。

---

　① 译注：1942年10月已擢升为装甲兵上将。

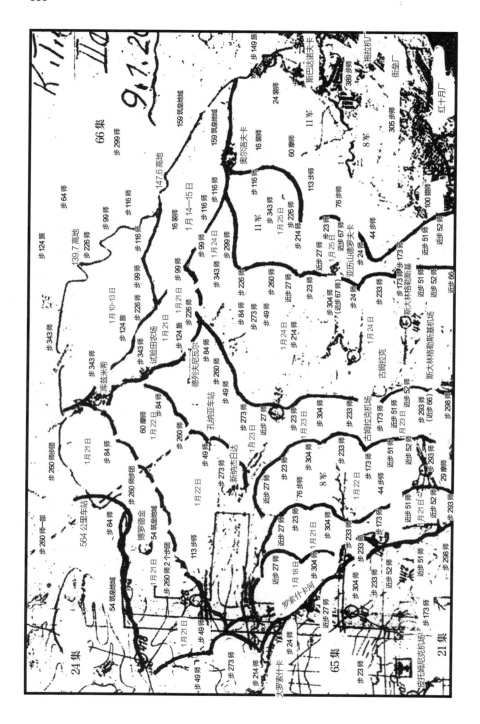

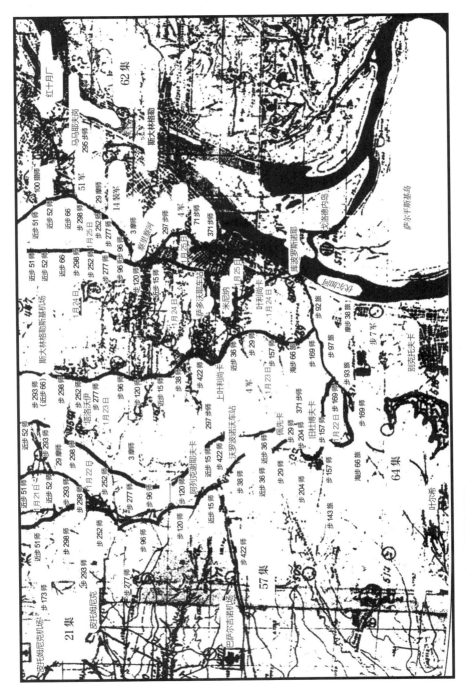

地图 74 指环行动，1943 年 1 月 17 日—25 日

在包围圈外，胡贝也向OKH总参谋长蔡茨勒将军做了汇报（参见副卷附录17D）。虽然无法确定胡贝的报告希特勒听进去了多少，但他对局势的评述极其坦率。胡贝将包围圈内的情况描述为"悲剧""有计划的屠杀"，生动刻画出部队所处的骇人听闻的条件，并坚称救援行动纯属白日做梦。就第6集团军现在应为整个战争努力付出牺牲的问题发生争执时，胡贝大胆谏言，"为了整个国家的利益，"希特勒应"立即放弃指挥陆军作战这种小事，并将其委托给其他人"。据称元首对胡贝的坦率言辞很不高兴，但仍不愿承认已彻底丧失希望，他告诉胡贝："我知道你们在斯大林格勒的处境极为严峻，但情况会好转的。"[13]奇怪的是，曼施泰因在回忆录中只谈到胡贝1月8日赶去向希特勒汇报包围圈内的情况，几乎没有提及1月19日的事情，只是说这场会晤基本上徒劳无获。[14]因此，人们只能猜测胡贝的坦率言论对希特勒1月底和2月初逐步给予曼施泰因期盼已久的"自主行事权"、批准他以他认为合适的方式使用A集团军群的最终决定起到了怎样的影响。当然，到那时，军事态势已发生根本性变化。

据第6集团军每日报告称，1月10日至16日期间（也就是皮托姆尼克失守前），共364个飞行架次为第6集团军提供了602吨补给，平均每天86吨（参见副卷附录17E）。这个数字远远低于维持该集团军的最低需求量。此后，第4航空队的记录表明，1月17日至28日，他们又空运或空投了790吨物资，平均每天66吨。但是，其中部分物资落入苏军手中或丢失不见了。

至于空运再补给的规模和疏散伤员及重要人员的努力，从11月24日至2月2日，德国空军将8350.7吨物资运入包围圈，平均每天117.6吨（远低于维持第6集团军的最低需求量——每天300吨），共疏散30000名伤员。德国空军为此付出的代价是，损失488架飞机——266架Ju-52（占总数的三分之一）、165架He-111、42架Ju-86、9架Fw-200、5架He-177、1架Ju-290——外加约1000名机组人员的生命。[15]

空运未受到太多关注的另一个方面，是将一些重要指挥人员从斯大林格勒撤至西面安全处这场刻意的行动。除了胡贝，返航的运输机还将另一些高级指挥官或参谋人员带离斯大林格勒包围圈（参见副卷附录17F），其中包括科勒曼将军、冯·什未林将军、施特恩梅茨将军、普法伊费尔将军、加布伦茨将军、耶内克将军、皮克特将军、泽勒上校和朗凯特少校①。[16]

因此，截至1月18日黄昏，顿河方面军第65集团军向东的推进基本停滞在罗索什卡河东岸地域，从别济米扬纳亚峡谷东端南延至贡恰拉农场接近地。罗科索夫斯基竭力为1月22日的新攻势重组和再部署辖内部队时，他命令巴托夫第65集团军1月19日在罗索什卡河东面继续进攻，这一次他们将获得第21集团军在贡恰拉南面向东突击的左翼师的支援。

## 1月19日

### 德方的报告

正如第6集团军记录中零零碎碎的报告证实的那样，顿河方面军准备恢复进攻时，1月19日围绕"要塞"防御周边展开的作战行动明显减少（参见副卷附录17G）。这场战役间歇期间，大多数电报提及集团军的空运补给（或者说是缺乏补给）和其他后勤问题。虽然为数不多的补给运输机设法降落在古姆拉克，但"顿河"集团军群还是向OKH抱怨空投效果，称"寥寥无几的飞机投下补给物资后，大雪导致它们很难被找到。紧急请求你们实施空投和着陆卸载物资"。[17]显然顾及自身形象问题，第4航空队当日中午给"顿河"集团军群发去一封电报，总结了实施空运的63架运输机的情况，其中51架顺利完成任务（5架降落在古姆拉克），4架仍在途中，8架被击落，电报中还提及苏军轰炸和恶化的天气对空运工作的影响。[18]

傍晚时刻，第6集团军向"顿河"集团军群报告，辖内部队的食物"已耗尽""雪堆中的路径几乎已无法通行"，大雪使他们难以找到并收集起空投下来的补给罐。集团军建议空军"尽快使用颜色鲜艳的降落伞"。[19]此时，就连OKH也注意到第6集团军岌岌可危的处境，在其作战日志中写道："**东线**。斯大林格勒，由于运输不足，食物补给已彻底瘫痪。尽管如此，他们正竭力击退

---

① 译注：科勒曼将军是第60摩步师师长，飞离包围圈后担任重新组建的第60摩步师师长；冯·什未林将军是第79步兵师师长，逃离包围圈后担任重新组建的第79步兵师师长；施特恩梅茨将军是第305步兵师师长，身受重伤后飞离包围圈，后担任第94步兵师师长；普法伊费尔将军是第94步兵师师长，后担任第6军军长；冯·加布伦茨将军是第384步兵师师长；耶内克将军是第4军军长，负伤后和他的参谋长泽勒上校一同飞离包围圈；皮克特将军是空军第9高射炮师师长，逃离包围圈后担任过第3高射炮军军长；朗凯特中校是第14装甲师第36装甲团团长。

敌军的进攻并遏止其突破。北部防线的防御前沿已后撤。"[20]

正如这些报告指出的那样，虽然第6集团军暂时击退了苏军所有试探行动，但其西部防线北段的危机依然存在，苏军猛攻德国第8军第76和第44步兵师位于罗索什卡河以东的防御，这段防区从别济米扬纳亚峡谷东端南延至贡恰拉农场接近地。此时，第44步兵师残部终于撤出大罗索什卡南面遭孤立的阵地，很可能又遭受到严重损失。第8军最终守住了防线，但实力极为虚弱。

就像这些电报表明的那样，第6集团军的补给情况同样危机重重。实际上，他们已无法为前线部队运送食物，部分是大雪所致，另外就是用降落伞空投的食物和其他物资要么难以找到，要么落入苏军手中。现在，前线作战部队只能靠自己囤积的物资度日，但有些部队没有任何储备物资。

**苏军的行动**

一如既往，红军总参谋部证实了德国第6集团军零零碎碎的报告，并准确阐述了哪些部队正在试探德国第8军的防御（参见地图74和副卷附录17H）。除了第21和第65集团军几个师发起的少量局部进攻，前线其他地段都较为平静。[21]这份作战概要指出，巴托夫第65集团军辖下的近卫步兵第27师，右侧可能获得步兵第304和第233师的有限支援，试图突破别济米扬纳亚峡谷东端以东1公里、新纳杰日达国营农场以南约2公里，德国第8军第76步兵师设在119.8高地的防御，但未能成功。与此同时，奇斯佳科夫第21集团军左翼师（可能是步兵第298、第293师）对德国第8军位于贡恰拉及其南面的防御发起冲击，但也没能取得胜利。这些进攻行动的目的是为即将发起的、更强大的突击削弱德军防御。顿河方面军辖内诸集团军的其他部队接受休整和重组，为他们所希望的歼灭第6集团军最后阶段的战斗做好准备。

与此同时，在斯大林格勒城区北半部，崔可夫第62集团军突击群继续从事着艰巨的任务——打击赛德利茨第51军的防御（参见副卷附录19L）。但是，崔可夫集团军的突击群和侦察组取得的战果依然微乎其微。

# 1月20日

随着第6集团军补给形势的恶化，辖内部队不得不依靠越来越少的口粮

（如果不能说彻底耗尽的话）维生，车辆和所剩无几的坦克因缺乏燃料而无法开动，火炮和迫击炮也因为弹药不足而沉默下来。罗科索夫斯基主力部队在休整中度过第三天，准备对德国第6集团军不断遭到削弱的防御发起最后的进攻。虽然看似进入战役间歇，但第6集团军摇摇欲坠的西北部防线上，罗索什卡河以东地域仍在进行激烈的战斗。

### 德方的报告

第6集团军记录中的报告主要集中于苏军的侦察活动和试探性进攻，其中最猛烈的行动发生在集团军西部防线和奥尔洛夫卡地域，在那里，第11军辖下的第60摩步师撤往更有利的防御地带，而苏军第66集团军辖内部队正试探德军第16、第24装甲师的防御（参见副卷附录17I）。此时，燃料短缺和深深的积雪迫使后撤中的德军丢弃了他们的重武器，导致第6集团军向"顿河"集团军群发出哀叹，而"顿河"集团军群又向上级重复了这一报告："鉴于物资短缺和士兵们的身体状况，已抛弃许多人员、武器和装备。"[22]

与前一天相同，第4航空队当日中午向"顿河"集团军群汇报了1月19日—20日夜间37架补给运输机的情况，23架顺利完成任务（14架降落在古姆拉克）、7架仍在途中、6架被击落、1架失踪。[23]有趣的是，"顿河"集团军群在13点25分发给第6集团军的电报中指出，胡贝将军需要"精力充沛、熟悉包围圈内情况的军官，以便对补给机场进行调度"，并提出"如果可以的话，西克纽斯上校、冯·佩措尔德中校、塞德尔少校、多马施克上尉、恩格尔布雷希特上尉和莱迪希上尉必须飞离包围圈"。[24]这些人最终是否飞离了包围圈，这一点不得而知[①]。OKH在作战日志中简单地写道："**东线**。斯大林格勒，敌人所有的进攻均被击退。"[25]

这些简短的报告强调了第6集团军西北部和东北部防线面临的危险。面对苏军第66集团军重新施加的压力，第11军将第60摩步师和第16装甲师撤至一道新防线，这条防线西倚孔纳亚车站，向东延伸至奥尔洛夫卡北面。与此同时，

---

① 译注：胡贝这一做法引起非议，因为飞离包围圈的大多是他的亲信部下。

第65集团军和第21集团军左翼部队的突击迫使德国第8军第76、第44步兵师残部退守新纳杰日达国营农场南延至贡恰拉国营农场的阵地。接下来两天的事态发展证明,据守该地域的部队已临近崩溃点。对德国人来说更加糟糕的是,燃料和零配件的缺乏使他们的车辆无法开动,后撤中的部队不得不丢弃重武器和技术装备。至于部队自身,第6集团军几乎每一名士兵此刻都在经历堪比、甚至超过第62集团军将士们去年秋季在斯大林格勒废墟中遭受过的匮乏。面对苏军的进攻、酷寒和饥饿,德军士兵们在这个难以形容的冰封地狱中战斗、死亡或苟存。[26]

第6集团军1月20日的记录中,最有趣的一份文件是保卢斯将军发给柏林上级的电报。这封由OKH派驻第6集团军的联络官1月19日3点45分发出、标为"特急"的电报中写道:

要塞只能再坚守几天。由于补给物资无法运抵,人员已虚弱不堪,车辆也无法开动。最后一座机场很快就将失守,补给会降至最低限度。继续为斯大林格勒奋战的基础已不复存在。现在,俄国人可以在任何一道防线达成突破。将士们的英勇气概依然牢不可破。为了在崩溃前以这股勇气做最后一搏,我准备命令所有部队向南发起一场有组织的突围。部分部队有望突出重围,或至少给苏军战线造成混乱,但如果留在原地,他们肯定会全军覆没,要么被俘,要么被饿死、冻死。我建议将少数作为专业人才的官兵送出包围圈,以备日后作战所用。这道命令必须尽快下达,因为飞机很快就无法再飞入包围圈。请您开列这些军官的名单。我本人当然不在考虑之列。[27]

次日,保卢斯收到含义模糊的回电,电报中称元首重申了他四天前给保卢斯的建议。简言之,希特勒拒绝了保卢斯的提议。关于将一些重要人才运出包围圈和发起突围的提议,保卢斯得到的回复如下:

元首已决定:

关于突围:元首保留最后决定权。因此,如有必要请再向我发电。

关于人员的飞出:元首暂时拒绝。请将齐策维茨派来我处商讨此事。[28]

　　奇怪的是，曼施泰因在回忆录中指出，保卢斯这份电报的签发日期为1月24日，而非19日，如果真是这样，保卢斯关于灾难即将到来的警告就发出得太晚了。因此，这封电报的重要性在于，就像去年12月中旬策划"霹雳"行动并真心实意地致力于实施突围（如果曼施泰因能向他保证该行动成功的可能性很大）时那样，保卢斯仍认为突围有可能挽救第6集团军部分部队，实际上，他建议采取这一行动。可是，关于第6集团军覆灭的大多数历史著作，包括曼施泰因的回忆录，都收录了保卢斯1月24日请求希特勒批准第6集团军投降的电报，却没有提及他1月19日建议突围的电报。因此，保卢斯消极被动、懦弱胆怯的说法不胫而走，自战争结束以来几乎从未受到过怀疑。

　　除了保卢斯令人不安的电报，希特勒还有一些烦心事。12月下半月歼灭意大利第8集团军后，苏军1月13日开始进攻匈牙利第2集团军。1月16日，第6集团军丢失皮托姆尼克机场的同一天，苏军坦克第3集团军和西南方面军、沃罗涅日方面军辖内其他部队即将合围整个匈牙利集团军及与之配合的意大利山地军。在此过程中，进攻中的苏军在德军沿沃罗涅日以南顿河段构设的防线上打开了个160公里宽的缺口。面对横跨整个东线南半部的类似危机，希特勒最不愿看到的就是第6集团军崩溃或投降。如果发生这种情况，苏军将腾出七个集团军，用于摧毁德国人在苏联南部构设的战略防御。

### 苏军的行动

　　虽然有些含糊，但红军总参谋部的每日作战概要还是给第6集团军简短的报告添加了一些内容（参见地图74和副卷附录17J）。与前一天不同，1月20日遂行局部进攻的只有第65、第66集团军，两个集团军的进展都很有限。尽管如此，顿河方面军还是宣称击毙约1750名德军士兵。[29]这毫无疑问有些夸大，但苏军作战概要确认了德方关于苏军行动的报告，并证明他们给德军造成严重损失。例如，第6集团军当日伤亡的1700多人，大多与第65集团军在罗索什卡河以东和贡恰拉国营农场以北的进攻有关。巴托夫集团军猛攻第8军防御时，很可能俘虏了第44步兵师在大罗索什卡南面设法逃离苏军后方地域的大批士兵，包括那些既没有办法也缺乏意志继续抵抗、不得不投降的德军士兵。最后，苏军缴获或击毁的大批重武器和车辆，证明德国人遭遇到严峻的补给问题。

同样，斯大林格勒城内的态势并不对德国人更加有利，在那里，崔可夫的部队继续遂行已持续11天的进攻（参见副卷附录19L）。虽说第62集团军各兵团的进展依然只能以数十米计，但黄昏时，步兵第138师和近卫步兵第39、第13师先遣部队已逼近107.5高地，并向该高地西坡①实施侦察。

## 1月21日

"指环"行动的最后阶段应于1月22日10点发起，但实际上，这场进攻1月21日就正式开始了。当天，罗科索夫斯基麾下诸集团军完成了"指环"行动最后一幕的准备，第24、第65、第21集团军对德国第6集团军防区的整个西北角发起一场强有力的战斗侦察。第66集团军辖内兵团以佯装的追击行动提供支援，积极逼迫着德国第11军力图撤往新防御阵地的第60摩步师和第16装甲师。

### 德方的报告

甚至在苏军恢复总攻前，第6集团军的记录便已描述了战斗的激烈和保卢斯防御的不稳定性（参见副卷附录17K）。坏消息开始于10点05分，第6集团军报告，"顿河"集团军群转发，"在坦克和强大炮兵支援下，俄国人对贡恰拉两侧"和第11军位于奥尔洛夫卡西北方的防区发起大规模进攻。[30]没过一个小时，显然深感震惊的"顿河"集团军群告知OKH，"若集团军崩溃，预计其部队将积极采取领导措施。在此情况下，空运补给不可或缺。为此，应立即指定可空投补给罐的具体地点。"[31]

由于苏军的进攻取得明显战果，中午后不久，可能是出自保卢斯的命令，第6集团军请求"顿河"集团军群"通知胡贝将军……无论他在何处：不再打算向西突围，因为已无法通知所有指挥官。"[32]为防止德国空军停止对第6集团军的空运支援，16点，"顿河"集团军群电告OKH："已获悉［第6集团军］放弃有组织的突围行动。但要塞崩溃时，个别部队会在没有

---

① 译注：疑似为东坡。

任何指挥的情况下实施突围。以告知的方式实施空运补给正是为了支援这些突围行动。"[33]

在这场令人不安的交流中，第4航空队通知集团军群，1月20日—21日夜间出动了113架次、31架次着陆、43架次空投补给、损失23架飞机、16架次仍在途中。[34]使用古姆拉克机场实施空运的问题突然在20点50分得到解决，第6集团军发给"顿河"集团军群一封简短的电报："自1月22日4点起，古姆拉克机场不再接收往返飞行。"但这份电报乐观地补充道："届时，完整的往返飞行将从一座新机场〔102.0高地西面的斯大林格勒斯卡亚〕实施。"[35]

21点左右发给OKH一份临时报告后，过了约2个小时，"顿河"集团军群在另一份报告中总结了当日的灾难性事件。首先，集团军群对据守西部防线的几个师大加称赞，这些师"在一场变化不定的战斗中，以一种令人难以想象、英勇的殊死搏斗力图击退敌人在强大炮兵和坦克支援下发起的大规模进攻"。随后，集团军群承认"不得不放弃遭纵深突破的几处阵地"，虽然"小股德军发起的反冲击暂时遏止了达成突破的敌步兵团"。[36]报告继续指出："面对敌人的重压，第60摩步师和第113、第76步兵师正撤往纳杰日达—贡恰拉以东4公里一线，"并称敌人已攻占贡恰拉，"第44步兵师似乎已被粉碎。"[37]最后，集团军群准确地预测道："敌人进一步加强西南部防线当面的兵力，必须预料到他们将发起一场强有力的突击。"[38]OKH以一贯的轻描淡写正式记录道：

**东线。**由于敌人达成突破，第6集团军被迫收缩西北地域的防线，尽管物资短缺造成了人员和装备损失。"[39]

第6集团军1月21日发来的消息的确很糟糕。白天，庞大的苏军部队，在比平日更多的火炮和大量坦克支援下，一举突破第11军第24和第16装甲师设在奥佩特纳亚车站及其南面的防御，并迫使第60摩步师向南撤往孔纳亚、德列夫尼瓦尔车站（Drevnii Val）（428、429参照点）。苏军还在其他地段发起突击，在从新纳杰日达国营农场南延至贡恰拉以南3公里的134.3高地这片10公里宽的地域上，粉碎了德国第8军第113、第76、第44步兵师的防御。苏军这些进攻重创第76步兵师，几乎全歼了第44步兵师残部。

更糟糕的是，第6集团军情报部门确认，大批苏军集结在第14装甲军防线西面134.3高地南延至151.7高地6公里宽的地域上，也就是铁路线以西、阿列克谢耶夫卡以北、沃罗波诺沃以西、旧杜博夫卡以南2—8公里处。因此，尽管1月21日遭受的破坏相当严重，但德国人知道，更糟糕的情况即将发生。

## 苏军的行动

次日晨，红军总参谋部以一段总体性评述为开端，准确地指出顿河方面军辖内哪些集团军给德国人造成了这番重创："**顿河方面军**在斯大林格勒包围圈西北和北部地域附近遂行进攻，克服了敌人的顽强抵抗，向前推进1—3公里"（参见地图74和副卷附录17L）。[40]

顿河方面军1月21日的初期进攻，主要推手是巴托夫第65集团军辖内各师，以及奇斯佳科夫第21集团军左翼部队。具体说来，第65集团军近卫步兵第27、步兵第23、第304、第233师，在坦克第91旅支援下，向东攻往120.0高地南北两侧，一举突破德国第8军第76步兵师的防御，向前推进2.5公里，攻占120.0、132.3和118.8高地，前出至古姆拉克西北方仅6公里处。这场突击粉碎了第76步兵师左翼，尽管苏军的进攻甚为猛烈，但该师仍牢牢据守着围绕新纳杰日达国营农场构设的防御。第65集团军右侧，第21集团军步兵第173和近卫步兵第51师一举突破德国第8军第44步兵师的防御，夺得贡恰拉国营农场，并继续向东推进1公里，以夺取古姆拉克以西7公里的118.8高地。位于第21集团军右翼的近卫步兵第52和步兵第293师，在贡恰拉与铁路线之间向东进击，攻占古姆拉克西南偏西5公里处的126.1高地。苏军这两股突击力量共同歼灭了德国第8军辖下的第44步兵师，重创第76步兵师，并在第6集团军西部防线上打开个6公里宽的缺口，其先遣部队已将古姆拉克机场纳入火炮射程，这座机场位于古姆拉克镇西面一道山脊上，甚至更靠近苏军战线。

当晚，苏军最高统帅部授予两个遂行进攻的步兵师"近卫军"称号。巴托夫第65集团军辖下，梅尔库洛夫上校的步兵第304师改称近卫步兵第67师；奇斯佳科夫第21集团军辖下，拉古京少将的步兵第293师改称近卫步兵第66师。

面对这场灾难，保卢斯拼凑起从其他防御地带所能找到的一切兵力，以填补贡恰拉北面的缺口，但由于燃料短缺，加之积雪深厚，这一点很难做到。与此同时，德军第76和第113步兵师竭力填补缺口，他们试图构设一道新防线，从新纳杰日达国营农场南延至贡恰拉以东4公里处的铁路线。

　　北面，第8军辖下的第113步兵师和第11军编成内的第60摩步师、第16装甲师继续将其部队（已抛弃重武器和车辆）撤往一道预期的防线，该防线从新纳杰日达向东北方延伸，经孔纳亚、德列夫尼瓦尔车站至奥尔洛夫卡北面。这场后撤狼狈不堪，但厚厚的积雪也迟滞了苏军第24和第66集团军的追击。

　　就在第6集团军西部防线的北半部濒临崩溃之际，崔可夫在斯大林格勒城内顽强地继续着他的进攻行动，但取得的进展依然微不足道。不过，崔可夫在城内遂行的血腥消耗战终于体现出一些积极成果（参见副卷附录19L）。尽管107.5高地仍在德国人手中，但步兵第138、近卫步兵第39和第13师先遣侦察队正逼近高地东坡接近地。除了德军的坚决抵抗，不断从西面涌入城内的德军士兵也拖缓了第62集团军的推进，有些部队是第6集团军派至此处，还有些则试图在城内建筑物和工厂废墟中寻找容身之所，以避大雪和严寒。

　　1月21日—22日晚，德国人和苏联人都很清楚，最后的时刻已然临近。第6集团军正在覆灭，这是交战双方上至高级将领、下至普通士兵都承认的一个现实。

## 1月21日晚些时候的态势

　　截至1月21日黄昏，顿河方面军发起最终突击、彻底歼灭德国第6集团军的舞台已搭设完毕。日终时，加拉宁第24集团军和巴托夫第65集团军命令辖内部队次日晨继续进攻，以防第6集团军为第11、第8军重新设立起新防御阵地。罗科索夫斯基希望在西北部行动的这两个集团军，加上扎多夫第66集团军，能与方面军辖内其他部队共同对保卢斯盘踞在斯大林格勒的集团军发起致命一击。

　　与此同时，南面，顿河方面军第21、第57和第64集团军完成了历时四天的筹备，各部队已为最后的进攻做好准备。此时，三个集团军在22公里宽的进攻地域集结起4100门火炮/迫击炮（76毫米或更大口径）和75辆坦克，创造出每公里正面186门火炮/迫击炮和超过3辆坦克的战术密度。其中，奇斯佳科夫第21集团军在9公里宽的进攻地域上部署了2000门火炮/迫击炮和71辆坦克，每公里正面的战术密度达222门火炮/迫击炮和8辆坦克。顿河方面军1月17日的总兵力为250000人，到22日减少了几千人，方面军掌握的坦克约为110辆。

此时，第6集团军的总兵力已从1月17日的约125000人下降至1月21日的约110000人，作战人员不到20000人。但总兵力与作战兵力之间的区别现在已无关紧要，因为每个士兵都是潜在的战斗人员。最糟糕的是，燃料、弹药和补给的严重短缺迫使后撤中的德军丢弃了许多重武器，他们的坦克和突击炮所剩无几，大多已无法开动，而他们的许多火炮也已无法使用。

由于苏军一方据有这些优势，应该不会发生太过激烈的厮杀。但诚如罗科索夫斯基所料，德国第6集团军绝不会束手就擒。

## 苏军的推进，1月22日—25日

### 1月22日

一场70分钟的炮火准备后，顿河方面军辖下的第21、第57、第64、第62集团军1月22日10点恢复进攻。最猛烈的突击发生在第21集团军作战地域内，集团军辖内部队配合第65集团军夜间便已投入进攻的部队，共同发起突击。截至当日上午，巴托夫第65集团军及左侧的加拉宁第24集团军，取得的进展与奇斯佳科夫前进中的部队不相上下。由于密云和小雪，空军第16集团军不得不限制空中支援行动，只派最具经验的机组人员遂行任务。这些挑选出来的轰炸机驾驶员不顾恶劣天气，袭击德军集结地并扫射敌阵地和另一些重要目标，而歼击机飞行员则封锁了萎缩的包围圈内德军最后的机场和跑道。当日，苏联空军共投入105个飞行架次。[41]

尽管火炮和迫击炮的压倒性火力袭向德军防御，但进攻中的苏军遭遇到所有俄方资料所描述的"顽强抵抗"，这严重限制了顿河方面军的推进。

### 德方的报告

在第6集团军看来，苏军极其猛烈的突击造成了无可非议的厄运将至感（参见副卷附录17M）。9点05分，第6集团军宣布苏军开始了新的进攻，并在发给"顿河"集团军群的报告中写道："自8点起，西部防线便遭到持续不断的炮击。敌人在古姆拉克车站西面部署了20—30辆坦克和步兵。炮弹已耗尽，即将发生崩溃。"[42]11点左右将苏军在第6集团军西部防线发起大规模突破、第11军与第8军之间的缺口无法封闭的消息通知OKH后，14点左右，"顿河"集团军群宣称第6集团军遏止了一些突破。[43]

不过，这种乐观情绪到16点30分便消散了，第6集团军承认，"弹药耗尽后"，西南部防线出现了"一个又宽又深的突破"，报告中称，敌人"挥舞着旗帜，在沃罗波诺沃两侧6公里宽的地域向东推进"。[44]第6集团军无法封闭缺口，其口粮已耗尽，包围圈内有12000多名伤员。曾向OKH保证"仍信赖上级"的保卢斯问道："辖内部队已无弹药，正遭到敌人强大的炮兵、坦克和大批步兵的攻击，我该给他们下达怎样的命令？"他强调："必须尽快做出决定，因为某些地段已开始解体。"实际上，这是向希特勒发出的一个心照不宣的请求，要求他批准第6集团军进行投降谈判——曼施泰因称自己支持这一决定。[45]在18点15分发给"顿河"集团军群的每日报告中，第6集团军作训处长简洁地总结了态势，称第29和第3摩步师已丧失战斗力，并得出结论："要塞的抵抗正临近尾声。"[46]OKH似乎并未受到这些越来越惊人的报告之影响，在日终时写道："**东线**。斯大林格勒周围的战斗仍在继续，主要发生在防线西部地段。敌人夺取了贡恰拉农场。"[47]

保卢斯16点30分的电报发至"顿河"集团军群并转呈OKH和OKW后，希特勒通过曼施泰因给保卢斯发去一封简短的电报，阻止了关于投降的一切想法，电报中写道：

绝对不能投降。

部队应坚守到最后一刻。可能的话，缩小要塞的规模，以仍能战斗的部队加以据守。

要塞的非凡勇气和坚韧不拔，使构设一道新防线并开始准备一场反攻成为可能。

在这方面，第6集团军为德国最伟大的斗争作出了历史性贡献。[48]

就这样，指示第6集团军这位倒霉的司令等待关于突围的"决定"两天后，希特勒现在坚持要求第6集团军自杀，而不是投降。

希特勒这番回应的时机和措辞清楚地表明了元首1月下旬最担心的问题。

希特勒的真实意图是，第6集团军坚持得越久，德军暂时恢复东线南半部稳定的机会就越大。1月下旬，稳定至关重要。仿佛是为了证明希特勒的担心似的，1月22日，红军沃罗涅日和西南方面军正在罗索希地域完成对匈牙利第2集团军的聚歼。两天后，沃罗涅日和布良斯克方面军还将在沃罗涅日和卡斯托尔诺耶地域歼灭德国第2集团军。在元首看来更加严重的问题是，现在的情况很明显，除非迅速阻止对方，否则红军西南方面军、南方面军和北高加索方面军很可能抢在A集团军群平安撤离高加索地区前攻占罗斯托夫。简言之，希特勒需要将苏军这七个集团军牵制在消灭斯大林格勒包围圈的战斗中。保卢斯第6集团军已沦为牺牲品，如果德国人希望恢复他们在东线的态势，就需要该集团军缓慢地覆灭。

第6集团军当日黄昏时的情况非常可怕。进攻中的苏军在集团军西部防线打开了一个大缺口，从古姆拉克西北面向南跨过沃罗波诺沃东面的铁路线，直至佩先卡附近。虽说这场突破在大多数地段的深度仅为1—3公里，但这场进攻粉碎了德国第8军第76步兵师的防御，并歼灭了第14装甲军已遭到严重削弱的第3、第29摩步师和第4军辖下的第297步兵师。面对这场重创，保卢斯和他的几位军长认为，日趋萎缩的包围圈的整个南半部必须退至斯大林格勒城南郊。

## 苏军的进攻

红军总参谋部的每日作战概要准确记录下罗科索夫斯基的哪些部队给德军造成了这番破坏，称"**顿河方面军**继续进攻，压缩将敌人包围在斯大林格勒的合围圈，在不同地段取得3—10公里进展"（参见地图74和副卷附录17N）。简言之，第64集团军夺得旧杜博夫卡地域，第57集团军攻克阿列克谢耶夫卡和沃罗波诺沃，第65集团军占领泽姆良卡，第24集团军攻占新纳杰日达国营农场，而第21集团军前出至古姆拉克以西仅2公里处。[49]

这些战果并未让罗科索夫斯基感到满意，他原本希望麾下部队在进攻第一天能取得更大的胜利。正如他在回忆录中描述这场推进时所说的那样："我军部队顽强地、一步一步地在主要突击方向上攻克敌军阵地。"[50]德军第371步兵师在第4军左翼和中央据守着库波罗斯诺耶和叶利尚卡南面强大的防御阵地，尽管没能突破该师的防御，但在舒米洛夫第64集团军中央遂行突击的步兵第204师当日攻占了旧杜博夫卡。夜间，部署在第64集团军左翼的近卫步兵第36和步兵第29师，沿铁路线向北扩大第57集团军达成的突破，次日冲击并夺取了佩先卡。

第64集团军左侧，托尔布欣第57集团军辖下的近卫步兵第15、步兵第38、第422师沿铁路线南北两侧攻向正东面。铁路线北侧，近卫步兵第15师粉碎了德国第14装甲军第376步兵师（该师目前的实力仅比一个加强营稍强些）的防御，并夺得阿列克谢耶夫卡西北方2.5公里的155.0高地。步兵第38师和新投入战斗的步兵第422师沿铁路线及其南面遂行突击，突破德国第4军第297步兵师和罗马尼亚第82步兵团残部的防御，夜晚前攻占阿列克谢耶夫卡车站和沃罗波诺沃车站。这场突击迫使德军第297步兵师残部退往上叶利尚卡。

顿河方面军主要突击地域上，奇斯佳科夫第21集团军编成内的9个步兵师（步兵第173、近卫步兵第51、第52、第66、步兵第298、第252、第277、第96、第120师），沿9公里宽的作战地域攻向第6集团军的防御，该地段从古姆拉克以西5公里的126.1高地南延至阿列克谢耶夫卡以北5公里的155.0高地。虽然这代表着每公里正面部署一个师，但奇斯佳科夫实际上将3个师（步兵第173、近卫步兵第51、第52师）部署在集团军左翼一片2.5公里宽的地域，从126.1高地至古姆拉克西南方5公里的铁路线；另外3个师（步兵第277、第96、第120师）集结在集团军右翼115.9高地至155.0高地的类似地域。这就使集团军剩下的3个师（近卫步兵第66、步兵第298、第252师）集结在中央4公里宽的地域内。第6集团军（由北至南）据守这片防区的是第8军第76步兵师左翼部队，加强有第44步兵师寥寥无几的残部；以及第14装甲军第29和第3摩步师，加强有第14装甲师所剩无几的残部。

尽管奇斯佳科夫的部队沿整条战线竭力克服德军防御，但守军实施了激烈抵抗。第21集团军左翼，步兵第173、近卫步兵第51、第52师向前推进3—4公里，在距离古姆拉克2公里处停下脚步，并将附近的机场置于其火炮和迫击炮火力射程内。集团军右翼，步兵第277、第96、第120师设法跨过铁路线，但在异常激烈的战斗中，他们取得的进展不超过1公里。

第21集团军左侧，巴托夫第65集团军辖下的近卫步兵第27、步兵第23、近卫步兵第66师（原步兵第293师）和步兵第233师利用夜间取得的战果向前推进3—4公里，将德国第8军实施防御的第76步兵师中央和右翼向东逐往古姆拉克北面的铁路线。该集团军最大的战果是步兵第23、近卫步兵第66、步兵第233师到达并夺取了144.7高地和泽姆良卡村，两地分别位于古姆拉克西北方5公里、2公里处。第65集团军左翼，近卫步兵第27师协助第24集团军毗邻的步兵第273和第49师夺得新纳杰日达国营农场。

与此同时，第6集团军北部防线对面，加拉宁第24集团军辖内各师和筑垒地域，在德国第8军后撤中的第113步兵师和第11军第60摩步师身后缓缓向南。由于积雪深厚，加之峡谷内布满冰雪，苏军在这里的推进较为缓慢。黄昏前，集团军辖下从左至右排列（从东北方至西南方）的步兵第84、第260、第49、第273师向前推进3—4公里，夺得波德索布诺耶和新纳杰日达国营农场，并在集团军左翼前出至距离孔纳亚车站不到1.5公里处。最后，前一天攻占库兹米希后，扎多夫将军的第66集团军当日主要是坚守现有阵地，并做好向南攻往戈罗季谢的准备，对面，德国第11军第16装甲师和第60摩步师缓慢地执行着他们计划中的后撤。

战斗这一阶段，大雪、酷寒、12天通常都很激烈的战斗这种令人厌烦的组合让交战双方疲惫不堪。但对德国人来说，饥饿和冻伤给他们造成了严重减员。奇斯佳科夫描述了最高统帅部代表沃罗诺夫、空军指挥员诺维科夫和方面军司令员罗科索夫斯基在第21集团军观察所查看战斗情况时发生的一件事：

战斗最激烈的时候，罗科索夫斯基正用他的炮队镜观察着拉古京将军步兵第293师〔1月22日改称近卫步兵第66师〕的进攻。忽然，他兴奋地叫我过去："伊万·米哈伊洛维奇，来看看那里是怎么回事！"我透过炮队镜望去，不由得大吃一惊。怎么回事？一部战地厨房车位于进攻队列最前方，正向前迅速行进。

我立即打电话给拉古京："听着，老伙计，那里发生了什么情况？要是战地厨房车损失的话，所有人都得挨饿！为什么要让它冲在队伍最前面？"

后者回答道："司令员同志，敌人不会朝厨房车开火的。据情报称，他们已经三天没吃东西了。"

我转述了拉古京的回复，于是，我们都注视着这种前所未见的情形。

战地厨房车向前行进了100米，部队也向前而去——跟在厨房车身后！厨房车加快了速度，士兵们紧随其后。战场上没人开火！我们看着厨房车驶入德国人占据的农场，战士们也跟了进去。后来拉古京向我们报告，那里的敌人投降了。停房们排成单列，开始领取食物。就这样，我们未费一枪一弹便夺取了这座农场。[51]

除了这个小插曲，奇斯佳科夫承认德军的抵抗极其顽强，特别是在猛烈的炮火准备已对他们的防御猛轰了1个多小时的情况下：

看上去，在如此强大的火力打击下，敌人会放下他们的武器，可他们继续实施激烈的抵抗，有时候甚至发起反冲击。这种情况一次次发生，令我们惊异的是，希特勒分子并未束手就擒，而是继续进行着猛烈的抗击。审问时，被俘的敌官兵称，他们害怕自己犯下的罪行不会被宽恕并遭到报复，因而像 Smertniki［被判处死刑的囚犯］那样战斗。[52]

虽然辖内部队取得的进展较为有限，但已料到敌人会顽强抵抗的罗科索夫斯基似乎对当日的战果（特别是给敌人造成的伤亡和装备损失）深感满意。

夜幕降临前，第65、第21、第57集团军打垮了德国人从古姆拉克北面南延至佩先卡的强大防御，在此过程中重创了据守这片地域的几个德军师。前进防御阵地丢失，加之弹药耗尽，德国人已没有可供他们守卫斯大林格勒西部、西南部接近地的有利阵地。因此，罗科索夫斯基推断，如果他能保持这种缓慢推进的势头，德国守军别无选择，只能退入城内。罗科索夫斯基策划次日的行动时，崔可夫的任务变得愈发重要，第62集团军不仅要扩大城内登陆场，同时要防止保卢斯从城内抽调兵力，加强西面正在崩溃的防御。

崔可夫将军充分理解自己的任务，并决心不惜一切代价予以完成，他命令辖内部队加快进攻速度，全力配合顿河方面军的最终突击。1月22日1点，崔可夫下达的24号令要求步兵第95、第45、第138、第284、近卫步兵第39、第13师上午9点实施炮火准备，10点发起步兵突击，夺取1月17日赋予他们的目标（参见副卷附录19L）。步兵第95师攻向西北方的"街垒"厂和下"街垒"厂工人新村，集团军主力向西推进，穿过"红十月"厂工人新村，并从班内峡谷上部和马马耶夫岗冲向107.0高地附近，以及与顿河方面军从西面而来的部队拟定的会合点。可是，由于进展极其有限，第62集团军1月22日最大的战果是导致德国第51军无法向城外抽调兵力。

1月22日晚，罗科索夫斯基将军决定更改进攻发起时间，以迷惑德国守军。他命令辖内部队不要像前几天那样10点整发起冲击，而是在一场较短的炮火准备后，9点整开始进攻。这位方面军司令员将在1月24日继续实施这种欺骗措施，命令辖内部队10点30分投入进攻。但到目前为止，进攻发起时间对德国人没有太大影响，因为他们知道，没顶之灾就算不会在几个小时内发生，也会在几天内到来。尽管如此，这种变更突击发起时间的戏法还是让德国人充分使用了他们的掩蔽所。

第6集团军日趋萎缩的包围圈内的战斗到达高潮时，1月22日，曼施泰因为发给OKH总参谋长蔡茨勒将军的一封"半正式"电报所描述的情况提供了战役和战略背景（参见副卷附录17O）。这封电报实际上是一种非官方通信渠道，只供蔡茨勒亲阅，开头处极其坦率地评论了当前的战略形势。曼施泰因显然希望蔡茨勒可以利用这些信息说服希特勒修改他的决策，这位陆军元帅认为要恢复德军东线的稳定，必须更改既有策略。曼施泰因还就希特勒在这场战争中的领导权这个敏感问题提出坦率的"忠告"，如果不对此做出重大更改，将导致必然的失败。

最令曼施泰因担心的是希特勒经常违背有效的领导原则，特别是他对军务的不断干预。在曼施泰因看来，此举就算没有彻底抑制，也严重妨碍了高级军事指挥官有效履行战役事务的能力。总之，曼施泰因暗示，要想击败苏联，希特勒必须听从那些值得信赖的军事顾问们的建议，这些人可以代表陆军、空军进言，可能还包括海军。但是，没有证据表明蔡茨勒将曼施泰因这番明智的建议乃至他的担心转达给元首。[53]

## 1月23日

1月23日，除扎多夫将军的第66集团军，顿河方面军辖内其他集团军继续遂行进攻。这股突击力量环绕着第6集团军整个西北部、西部和南部防线，攻破该集团军依托斯大林格勒旧有内环防御圈筑垒阵地所构设的防御的残余部分。与前一天的情况一样，第65、第21、第57集团军取得的进展最大，在古姆拉克以北铁路线南延至上波利亚纳这片地域前进了8公里。当日，第64集团军也加剧了保卢斯的挫败，迫使德国第4军位于斯大林格勒南面的防御后退4公里。

### 德方的报告

第6集团军和"顿河"集团军群残存的报告尽管不多，但证明了保卢斯集团军迅速衰退的防御能力。第6集团军6点30分发给"顿河"集团军群的第一份报告直接证实了所有人的怀疑："1月22日—23日夜间，强大的敌突击群沿整条战线展开行动。一股敌军冲向鞑靼壕沟西面，特别是对西部防线的拦截线发起冲击。没有补给物资着陆。"[54]7点59分，保卢斯又给希特勒发去一份简短的电报（由"顿河"集团军群转呈），保卢斯在这份电报中为自己提出的"集团军投降可能是最好的选择"这一建议表示歉意。这份明显表现出懊悔的电报中写道："我的元首！您的命令将得到执行。德国万岁，元首万岁！"[55]

此后，只有三份电报描述了第6集团军在罗科索夫斯基发起最后突击次日的情况（参见副卷附录17P）。第一封是第6集团军11点15分发给"顿河"集团军群的电报，称尽管压力很大，但沿北部和西部防线构设的支撑点仍在坚守，古姆拉克机场依然可用；但为防万一，集团军正将司令部迁至斯大林格勒市中心1号火车站附近。[56]第二封是"顿河"集团军群17点左右发给OKH的电报，承认苏军已达成突破，但沿塔洛沃伊西北方2公里—塔洛沃伊—米尼纳郊区西北方2公里一线"暂时停顿下来"。报告中还指出，击毁20辆敌坦克。[57]

第三封是第6集团军21点发给"顿河"集团军群和OKH的电报，确认了所有人的期盼：报告称集团军"仍坚定据守着戈罗季谢前沿地域、伏尔加河防线和北部防线"，但"要塞防线的南部正撤往城市边缘预有准备的阵地"。报告结尾处指出："辖内部队正以极大的韧性坚定实施全方位防御，但一切都对他们不利。"[58]OKH勉强承认了这些报告，在作战日志中写道："**东线**。斯大林格勒的弹药已耗尽。尽管如此，我们还是成功击退敌人发起的进攻，并通过缩短防线防止了一场突破。"[59]

这些电报和苏联方面的报告证实，第6集团军西部和西南部防线正在崩溃；不过，虽然北部防线的部队向南缓缓后撤，但北部和东北部防线依然较为完整，第6集团军仍据守着古姆拉克车站。当然，古姆拉克机场傍晚前已无法使用，如果第6集团军的弹药库存彻底耗尽，那么这些防线也就无关紧要了。

## 苏军的进攻

次日晨，红军总参谋部的报告捋清了"谁对谁做了什么"的问题，并指出："**顿河方面军**继续进攻，以歼灭被困于斯大林格勒之敌，同时继续压缩包围圈，取得2—8公里不等的进展"（参见地图74和副卷附录17Q）。[60]

凭借这一进展，截至1月23日黄昏，顿河方面军七个集团军中的六个从三个方向挤压着第6集团军包围圈。奇斯佳科夫第21集团军左翼的步兵第173、近卫步兵第51、第52师沿皮托姆尼克以东主要突击方向的正面，对德国第8军第44步兵师残部和第14装甲师提供支援的少量坦克发起打击，向东北方推进约2公里，傍晚时前出至古姆拉克西郊。皮托姆尼克东南方，第21集团军中央地带，近卫步兵第66、步兵第298、第252师向东推进约2—4公里，肃清格努西纳峡谷（Gnusina）西脊和塔洛沃伊村支撑点德国第14装甲军第29摩步师残部。第21集团军右翼，面对德国第14装甲军第3摩步师残部，步兵第277、第96、第120师沿察里察河上游南北两侧向东推进8公里，一举夺取斯图杰诺克亚布洛诺夫卡镇（Studenok Iablonovka）和波利亚科夫卡镇（Poliakovka），前出至格努西纳峡谷南半部西脊。此时，第6集团军已从第60摩步师和第24装甲师抽调小股部队向南，以加强第14装甲军的防御，但徒劳无获。

第21集团军左侧，面对德国第8军第76步兵师和第113步兵师部分部队，巴托夫第65集团军四个第一梯队师，继续向前缓慢推进约4公里，越过古姆拉克北面的环形铁路线。巴托夫左侧，加拉宁第24集团军的四个步兵师向东南方推进约4公里，以夺取孔纳亚、德列夫尼瓦尔车站，迫使德国第8军第113步兵师余部和第11军第60摩步师撤往戈罗季谢北部、西北部接近地。

第21集团军右侧，第57集团军辖下的近卫步兵第15、步兵第38、第422师，沿主铁路线南北两侧向东推进6公里，进入斯大林格勒南部，进一步打击德国第4军第297步兵师和与之相配合的罗马尼亚第82步兵团。两个师前出至上察里察河畔的波利亚科夫卡向东南方延伸至上叶利尚卡西郊一线。第57集团军右侧，舒米洛夫第64集团军完成了对德国第6集团军位于城市西部防御的破坏。该集团军编成内的近卫步兵第36和步兵第29师从德军第297步兵师手中夺得佩先卡，尔后向东推进至上叶利尚卡西南部接近地。第64集团军中央的步兵第157、第169师利用这一战果转向东北方，以夺取距离斯大林格勒南郊仅4公里的泽列纳亚波利亚纳（Zelenaia Poliana）。

斯大林格勒工厂区1月23日的战斗是其他地区作战行动的缩影，一座房屋接一座房屋，一个街区接一个街区，第62集团军突击群艰难地穿过第51军的防御。但崔可夫的部队又一次收效甚微（参见副卷附录19L）。

对德国人来说，1月23日又是倒霉的一天。第6集团军的要塞缩小了约20%。但防区缩小的严重性远不及德国空军未能提供任何补给。事实是，无论部队防御得多么顽强，弹药和食物的缺乏已然宣判保卢斯集团军死刑。

厄运将至，1月23日—24日夜间，保卢斯集结起部队发起最终尝试，力图遏止苏军的推进，或掩护辖内部队撤入斯大林格勒城内。投入行动的包括从第24装甲师和第60摩步师抽调的部队，以及再次在第1骑兵师旗帜下战斗的罗马尼亚部队，他们从北部防线赶来加强西部防线的防御，特别是在古姆拉克车站附近抗击第21集团军推进中的左翼。可是，对于接下来这场战斗的激烈程度，苏德双方的记述差异较大。

## 1月24日

苏联方面的记述称，1月24日和25日，斯大林格勒城外的战斗越来越激烈、绝望，主要因为第6集团军竭力夺回古姆拉克机场近接近地、坚守城外仅剩的几处阵地并掩护其部队撤入斯大林格勒城内。虽然德方资料未提及保卢斯采取了何种措施，但苏联方面的资料称，他的行动导致古姆拉克地域发生了历时两天，极为激烈、血腥的战斗。罗科索夫斯基后来在关于斯大林格勒战役的权威著作中回忆了这场战斗的性质：

1月24日和25日的作战行动具有一种激烈的特点。敌人的抵抗极为猛烈，并对第21集团军左翼兵团发起局部反冲击，当时，我方部队在那里的活动有所加剧。担任方面军预备队的坦克第121旅，在M.V.涅夫任斯基中校率领下投入集团军左翼的战斗。在这两天的激烈战斗中，夺取敌人重要的古姆拉克支撑点后，近卫步兵第51师左翼部队、近卫步兵第52师，会同坦克第121旅，先后到达126.3、145.1高地，并切断了126.3高地南面的铁路线。此时，第65集团军已将敌人驱离亚历山德罗夫卡和戈罗季谢支撑点，第66和第62集团军的进展微乎其微，但他们的积极行动牵制住当面之敌，并促成了其他集团军成功的突击。[61]

## 德方的报告

关于1月24日恶化的战斗态势，第6集团军残存的报告寥寥无几。一些较早的著作错误地宣称，保卢斯当日试图获得希特勒的批准，同意第6集团军投降。[62]实际上，保卢斯1月22日已经这样做了，但希特勒严词拒绝了他的请求。进一步混淆这个问题的是，曼施泰因在回忆录中称，蔡茨勒1月24日将保卢斯发给希特勒、请求批准突围的电报转发给他（曼施泰因），但这其实发生在1月20日。

除此之外，1月24日唯一一份翔实的报告是第6集团军16点45分发给"顿河"集团军群的电报（参见副卷附录17R）。电报中称"（苏军）对整个西部防线的进攻毫未减弱"，集团军辖内部队正实施战斗后撤，经戈罗季谢退守计划在拖拉机厂构设的"刺猬"防御。[63]南部防线也正沿市郊战斗，而伏尔加河防线和西北部防线未发生变化。报告中指出，"市内狭窄地域的条件极其可怕，约20000名无人照料的伤员在建筑物废墟中寻找容身处，另外还有同样数量饥肠辘辘、被冻伤的人和散兵游勇，大多没有武器，是在战斗中走散的。"[64]最后，保卢斯宣布，斯大林格勒南半部"最后的抵抗"将由"在前线战斗的精力充沛的将领、英勇的军官和团结在他们身边仍具战斗力的人员领导"。他补充道："拖拉机厂也许还能坚持一段时间。"[65]

在古姆拉克及其北面、佩先卡和叶利尚卡地域的战斗中，罗马尼亚第20步兵师第82团和重新组建的罗马尼亚第1骑兵师的残部，显然与他们的德国战友一同实施了有效抵抗，足以使第6集团军在1月24日的电报中专门提及此事。第6集团军19点18分致电"顿河"集团军群："在斯大林格勒的战斗中，第1

骑兵师和第20步兵师的士兵与他们的德国同志并肩奋战，出色地战斗到最后一刻。这些行为值得在这场史无前例的斗争的历史中加以强调。"[66]

　　顺便说一句，关于第6集团军的投降，无论保卢斯是在1月22日还是之后提出的这一请求，曼施泰因都认为应当批准该集团军投降，因为在各处"推进的敌军具有兵力优势，且拥有近乎完全的自主行动权"。[67]因此，曼施泰因写道："集团军遭受的苦难已毫无益处可言，因为他们再也无法牵制敌军了。"[68]尽管曼施泰因1月22日向蔡茨勒提出过这个问题，但这一点目前显然存有争议。由于第6集团军的坚决抵抗，苏军最高统帅部直到1月27日才开始将大批部队调离斯大林格勒地域的战斗，届时，最高统帅部命令加拉宁将军的第24集团军脱离战斗，在沃罗涅日地域加入最高统帅部预备队。此后，最高统帅部1月29日命令托尔布欣第57集团军，连同方面军直属的炮兵第1、第11师撤入最高统帅部预备队；2月1日又命令第24和第57集团军将辖内部队转隶第64、第65、第66集团军。直到德国第6集团军正式投降后，奇斯佳科夫第21集团军和舒米洛夫第64集团军才分别于2月3日和10日调入最高统帅部预备队。

　　最后，最高统帅部将巴托夫第65集团军和奇斯佳科夫第21集团军调往西北方，库尔斯克以东的利夫内地域（Livny），在那里加入新组建的中央方面军，该方面军是遵照最高统帅部10天前发布的命令，于2月15日以顿河方面军领率机关改编而成。中央方面军仍由罗科索夫斯基将军指挥，任务是于2月15日从库尔斯克地域向西发起一场进攻，切断布良斯克—戈梅利铁路线，前出至杰斯纳河，配合西方面军和布良斯克方面军，歼灭德国"中央"集团军群盘踞在布良斯克和斯摩棱斯克地域的部队。尽管这一行动由于第65和第21集团军从斯大林格勒地域向北部署遭遇到困难而推延至2月25日，但这场雄心勃勃的攻势几近成功。[69]

　　因此，如果保卢斯集团军1月23日或24日投降，苏军最高统帅部就将获得10天时间将第65、第21集团军和顿河方面军领率机关重新部署至利夫内和库尔斯克地域。虽说思考"如果……将会怎样"这类问题大多徒劳无益，但保卢斯集团军过早投降会给德军东线南半部日后的态势造成怎样的影响，人们只能凭借想象。直到1月29日后，第6集团军在包围圈内的持续抵抗才不再妨碍到苏军将其部队调往别处。

**苏军的进攻**

让我们重新回到1月24日斯大林格勒地域的战斗上，日终时，红军总参谋部总结了军事态势："顿河方面军继续进攻，以歼灭斯大林格勒地域之敌，并向前推进2—8公里，进一步缩小了包围圈"（参见地图74和副卷附录17S）。第21集团军夺得古姆拉克和奥佩特纳亚车站。在其左侧，第24、第65集团军冲向戈罗季谢西郊、北郊和亚历山德罗夫卡；向南攻往奥尔洛夫卡西面的第66集团军遭遇到更加顽强的抵抗。南面，第57和第64集团军攻占萨多瓦亚车站，并进入叶利尚卡西郊、米尼纳郊区和库波罗斯诺耶镇中心。[70]

1月24日的战斗令第6集团军包围圈缩小了约三分之一。实际上，察里察河南面的包围圈，包括斯大林格勒南郊一部分、斯大林格勒城南半部和市中心，以及西面1—3公里深的一片高地地带，目前由第4军第371、第297步兵师和第14装甲军第3摩步师残部据守。北面，第6集团军第8、第11军实力严重受损的几个师据守着10公里宽、10公里深的突出部，战线沿铁路线及其东面延伸，从戈罗季谢以北5公里向南穿过亚历山德罗夫卡，并从奥尔洛夫卡以西5公里东延至奥尔洛夫卡北面一线以南，直至斯巴达诺夫卡南面的伏尔加河河段。

第66、第24、第65、第21、第57、第64集团军辖内各师以与1月23日大致相同的战役布势，逼近奥尔洛夫卡、戈罗季谢、亚历山德罗夫卡、斯大林格勒市中心以西高地、米尼纳、叶利尚卡，并进入库波罗斯诺耶的街道和工厂。推进期间，各集团军司令员一次次将个别师撤出战斗，加以短暂休整后再将他们重新投入交战。

斯大林格勒工厂区的战斗也采用了大致相同的模式，但在这里，苏军的进展仅为几十米、几百米，作战部队留在前线，直到实力耗尽或得到加强（参见副卷附录19L）。因此，1月24日又一次进展甚微后，崔可夫命令辖内部队转入防御，等待顿河方面军其他集团军的先遣部队从西面攻入城内。这相当于一种坦率的承认：第62集团军无力夺取107.5高地，也无法依靠自身的力量发起计划中的会师。

尽管如此，随着第6集团军防御的崩溃，顿河方面军辖内部队在各条战线挤压着日趋萎缩的包围圈，保卢斯集团军失去了对部队的控制，食物和弹药已耗尽，就连"危急"一词也已不足以形容集团军的状况。

## 1月25日

### 德方的报告

就在罗科索夫斯基麾下诸集团军继续进攻，仍以炮兵、坦克和飞机弥补步兵兵力不足之际，第6集团军向"顿河"集团军群发出越来越多零零碎碎的报告，而曼施泰因的集团军群目前从遭到孤立的部队和第6集团军司令部接收相关报告（参见副卷附录17T）。第6集团军北部防线是个例外，尽管放弃了奥尔洛夫卡，但第11军的抵抗非常坚决。总的说来，这些报告较为悲观。例如，苏军已夺取戈罗季谢和亚历山德罗夫卡，正从西面和南面进入市区。而此时，德国第8军和第14装甲军的残部正向东退入市中心，第4军所剩无几的部队也正撤入城市南部。尽管苏军无情地向前推进，但第6集团军当日清晨挑衅似的宣布："万字旗飘扬在城内最高建筑物上，最后的战斗将在这个符号的领导下进行。"[71]可是，集团军和第11军当日晚些时候都承认，"伤员、饥肠辘辘者和散兵游勇的数量不断增加，"第11军、第8军、第14装甲军之间的通信已中断，"西部防线已无力继续战斗。"[72]

"顿河"集团军群日终时发给OKH的每日作战概要总结了灾难性态势，报告中指出，虽然"敌人以强大的炮兵、坦克和已遭到削弱、行动犹豫不决的步兵发起强有力的进攻"，但集团军据守着从戈罗季谢以南7公里至萨多瓦亚车站以东3公里的西部防线，不过，米尼纳已丢失。[73]另外，第4军第371步兵师残部正沿斯大林格勒城南面的铁路线战斗，伏尔加河防线未发生变化，与第11军的通信已中断，该军"正以寥寥无几的重武器和所剩不多的弹药继续战斗，食物已耗尽"。[74]阐述显而易见的事实的同时，集团军群承认"一波波敌机对整个城市发起猛烈空袭，伤员、饥肠辘辘者和散兵游勇的数量不断增加"。[75]

OKH再次注意到情况的严重性，并在作战日志中写道："**东线**。斯大林格勒，敌人成功突入城市北半部，其部队集结在戈罗季谢周围。城市南半部，第6集团军目前据守着防线西段。"[76]显然是出于某种灵感，这份作战日志随后重复了第6集团军1月24日所提交报告中的一部分，即以下定决心的士兵在精力充沛的将领和意志坚定的军官的率领下继续战斗，特别是拖拉机厂很可能再坚守一段时间。[77]

第6集团军的记录清楚表明，要塞的整个周边防御正在崩溃，唯一的例外是第51军防区，该军辖内各师的残部坚守着拖拉机厂、"街垒"厂和西面相关联的几个新村。赛德利茨的部队还守卫着107.5高地、上"红十月"厂工人新村、马马耶夫岗西面一条萎缩的地带、克鲁托伊和多尔吉冲沟、斯大林格勒市中心的阵地（从伏尔加河西岸的苏军阵地延伸至市中心西面的一小片高地）。此时，第4军辖下的第297步兵师正在投降（参见下文），而第371步兵师正从城市南部撤往察里察河北岸防御阵地。

至于第6集团军西部防线上倒霉的守军，目前，第8军和第14装甲军残部已丢失拉兹古利亚耶夫卡车站、亚历山德罗夫卡和戈罗季谢。少数有组织的部队正撤入斯大林格勒市中心西面的高地、马马耶夫岗西面的树林、维什涅瓦亚峡谷（Vishnevaia）西面的丘陵和树林、上"红十月"厂和"街垒"厂新村西部边缘。西部防线遭到的最严重突破发生在当日下午晚些时候和傍晚，第21集团军坦克第121旅的25辆坦克和搭载着步兵的卡车向前推进，以夺取位于上"红十月"厂工人新村以西半公里、马马耶夫岗西坡西北方2.5公里的112.0高地。

最后，在施特雷克尔将军越来越孤立的第11军防区内，第24和第16装甲师弃守奥尔洛夫卡，开始向南撤往新防御阵地，这道防线从斯巴达诺夫卡以西向西南方延伸至737参照点（"街垒"厂新村西北角）和735参照点（107.5高地南面1公里），这两处尚未被崔可夫第62集团军攻占。第11军辖下的第60摩步师，除了派往南面增援第14装甲军的部队外，余部坚守戈罗季谢，尔后于1月25日—26日夜间向东撤往维什涅瓦亚峡谷和"街垒"厂新村西部。

据苏联方面统计，1月20日至25日，顿河方面军辖内部队至少击毙9280名德军士兵，俘虏6463人。这就意味着第6集团军的总兵力从1月21日的110000人下降至25日晚的不到100000人。[78]这些士兵中包括22000多名伤员，他们涌入斯大林格勒市中心的狭窄区域和工厂区的三个工人新村——这片地域总共只有100平方公里。他们当中还有数千名罗马尼亚士兵和人数更多的俄国志愿者。第6集团军残部以很少或根本就没有的食物、寥寥无几的医疗用品、少得珍贵的弹药，在这片冰封地狱内生存或死亡，这里满是半毁的建筑物，布满战壕、散兵坑和铁丝网的市内公园，毁坏或丢弃的军用装备，冻僵的尸体，被弹坑和积雪覆盖的树林和田野。

## 苏军的进攻

红军总参谋部在次日清晨签发的一份战役总结中记录下进攻方的进展。报告开头处指出: "顿河方面军继续进攻, 以歼灭斯大林格勒之残敌, 日终前, 斯大林格勒南部和'红十月'新村附近的战斗仍在继续" (参见地图74和副卷附录17U)。[79]

除了第62集团军依然较为被动 (参见副卷附录19L), 对顿河方面军辖内其他集团军来说, 这又是大获全胜的一天。奇斯佳科夫将军的第21集团军进展最大, 其左翼部队向东推进至112.5高地地域, 距离斯大林格勒工厂区第62集团军的前沿阵地已不到3.5公里。此时, 崔可夫部队所处的位置从107.5高地东部起, 沿纳罗德纳亚大街向南延伸至下"红十月"厂工人新村西南角, 再向南跨过班内峡谷上段和靶场, 直至马马耶夫岗林木茂密的西坡。在坦克第121旅的坦克和摩托化步兵的率领下, 第21集团军近卫步兵第51、第52、第66师取得了最大的进展。步兵第173师夺得拉兹古利亚耶夫卡车站南面半公里处的144.3高地, 左翼获得该师的掩护, 三个近卫步兵师和一个坦克旅组成的突击群向东面的"红十月"厂工人新村和马马耶夫岗推进2—3公里。近卫步兵第51师居左掩护, 坦克第121旅的坦克和近卫步兵第52师的步兵攻占112.5高地及附近南北两面的地段。该突击群右侧, 第21集团军编成内的步兵第298和第252师夺得122.5高地及其北面地段, 位于列索波萨多奇纳亚村 (Lesoposadochnaia) 东北方2—4公里处。与此同时, 步兵第277、第96、第120师攻向正东面的察里察河北部, 直扑斯大林格勒市中心西部边缘。这些突击粉碎了德国第8军和第14装甲军残部, 迫使他们穿过市中心西面的高地, 混乱不堪地向后退却。

第21集团军左侧, 巴托夫第65集团军辖下的近卫步兵第27、步兵第23、近卫步兵第67、步兵第233师集结于亚历山德罗夫卡和戈罗季谢西半部, 一举夺取这两个镇和拉兹古利亚耶夫卡车站。尔后, 他们开始将德国第8军右翼部队 (第76和第113步兵师) 向东逐往维什涅瓦亚峡谷和"街垒"厂新村西端。[80]第21集团军右侧, 托尔布欣第57集团军辖下的近卫步兵第15、步兵第38、第422师沿主铁路线两侧向东突击, 攻入斯大林格勒南部, 夺得2号火车站, 尔后转身向北, 追击德国第4军后撤中的残部, 后者此刻正在察里察河北岸寻找安全处。第57集团军的推进切断了德军第297步兵师主力, 迫使该师师长德雷布尔将军为正式投降寻求谈判。黄昏时，德雷布尔、他的参谋人员和许多部下向第57集团军步兵第38师投降。[81]

第57集团军右侧，舒米洛夫第64集团军的部队穿过斯大林格勒南郊发起一场总攻，以步兵第7军夺取库波罗斯诺耶，以近卫步兵第36、步兵第29、第157、第169师攻占叶利尚卡和米尼纳郊区。在这场战斗中，步兵第157师争夺并攻克了恶名昭著的粮仓，抓获大批俘虏，尔后向北冲往察里察河。[82]德国第4军第371步兵师残部遭到来自三个方向的重压，被迫向北退却，跨过叶利尚卡河和铁路线，撤入斯大林格勒城南部街道。但他们仍在火车站两侧的市区南部据守着一些建筑物，并在叶利尚卡河南面、伏尔加河西面的木材厂保留着一片小小的立足地。

与此同时，第6集团军包围圈北部接近地，加拉宁第24集团军和扎多夫第66集团军集结在德国第11军防区前，这片防区从戈罗季谢东部边缘向东穿过奥尔洛夫卡，直至斯巴达诺夫卡西面的高地。苏军的进攻迫使第11军弃守奥尔洛夫卡周围的支撑点防御体系，开始缓缓撤至一道新防线，这道防线从拖拉机厂北部边缘起，沿拖拉机厂工人新村北部和西部边缘向西延伸，尔后沿莫克拉亚梅切特卡河、梅切特卡河及其南部向南延伸，直至"街垒"厂工人新村西北角。日终时，第24、第16装甲师和第60摩步师距离其新防线大约还有半数路程，但他们的重武器已荡然无存。随着所有弹药的耗尽，这一点已无关紧要。

从更广阔的角度看，到1月25日黄昏，斯大林格勒包围圈的对内合围正面缩小到紧贴城区时，围绕第6集团军的合围对外正面成为了一道正式的战略防线，据守在此的是B集团军群和"顿河"集团军群依然过度拉伸的部队。该防线从旧别利斯克沿艾达尔河（Aidar）和北顿涅茨河向南延伸，跨过顿河下游，再沿萨尔河及其南部向东南方延伸至萨利斯克。简言之，这道防线目前距离斯大林格勒270—400公里。

同样是在1月25日，"顿河"集团军群司令冯·曼施泰因元帅从设在罗斯托夫的司令部给集团军群各级指挥官、参谋人员和其他官员及下属部门下达了一道有趣的命令（参见副卷附录17V）。这道措辞严谨的命令承认，所有人"急切地"关注着第6集团军的事态发展，"同志圈"里讨论着"造成这场灾难的原因"，"这完全可以理解。"同样，参与救援第6集团军的每个人"都将得出自己的结论并从这起事件中吸取教训"。但是，曼施泰因命令他们"停止讨论"关于所发生事情的"责任问题"。特别是，他"要求"参与大规模指挥和后勤谈话及通信的所有军官对"第6集团军的覆灭……保持沉默"。[83]表面上这是为了确保安全，保持德国军队的士气，但这道"封口"令也封杀了对集团军群及其指挥官在保卢斯集团军覆灭这场灾难中所负责任的讨论。

就这样，截至1月25日黄昏，顿河方面军辖内诸集团军对第6集团军北部、西部和南部防线的进攻几乎摧毁了德国人在斯大林格勒城外的防御。实际上，他们的行动极具成效，以至于崔可夫仍被阻挡在斯大林格勒工厂区狭窄地域内的第62集团军得以在这场自1月10日起便持续进行的激战中"休息一天"。因此，1月24日晚，崔可夫命令他的部队转入防御，加强并改善既有阵地，实施战斗侦察和观察。但事实证明，崔可夫部队得到的喘息之机非常短暂。当晚晚些时候，罗科索夫斯基将最终歼灭第6集团军的一项重要任务赋予该集团军。

随着斯大林格勒的胜利几乎已成定局，作为最高统帅部代言人，红军总参谋部1月25日开始将部分部队调离斯大林格勒并派往其他战线。第一支调离的部队是坦克第235旅，显然，该旅替代了坦克第121旅；原准备将后者调离，但该旅正积极参与突入斯大林格勒城内的战斗（参见副卷附录17W）。[84]

当日晚些时候，斯大林以最高统帅的身份给斯大林格勒地域和前线其他地段所有参战部队发去一封正式电报，对他们取得的伟大胜利表示祝贺。斯大林没有提及此前遭受的惨败，而是指出，在两个月时间里，北起波罗的海，南至黑海，红军推进了400公里，歼灭敌人102个师，抓获20多万俘虏，解放了无数座城市。斯大林鼓励红军将士们消灭德国侵略者，把他们赶出祖国的领土。发给红军全体指战员的这封电报清楚表明，斯大林的军事战略期望远远超出了目前的斯大林格勒、高加索和苏联南部。正如他的后续指令指出的那样，现在构想的是彻底打垮东线所有德国部队。

# 注释

1. 罗科索夫斯基，《伏尔加河畔的伟大胜利》，第455页。

2. *"Doklad predstavitelia Stavki No. 1191 Verkhovnomu Glavnokomanduiushchemu plana razgrom okruzhennogo v raione Stalingrada protivnika"*（最高统帅部代表发给最高统帅的1191号报告，关于歼灭被围于斯大林格勒地域之敌的计划），收录在V.A.佐洛塔廖夫（主编）的*Stavka VGK: Dokumenty i materialy 1943*（《最高统帅部大本营：1943年的文献资料》），刊登在*Russkii arkhiv: Velikaia Otechestvennaia [voina], 16 (5-2)*（《俄罗斯档案：伟大卫国战争》），第16册（5-2）（莫斯科：特拉出版社，1999年），第270—271页；档案引自*TsAMO, f. 206, op. 268, d. 23,11*，第17—18页。此后简称为"佐洛塔廖夫，《最高统帅部1943》"。

3. 同上。

4. *"Direktiva Stavki VGK No. 30019 predstaviteliu Stavki pri Donskom fronte ob utvershdenii plana razgroma okruzhennogo v raione Stalingrada protivnika"*（最高统帅部大本营发给派驻顿河方面军最高统帅部代表的30019号指令，关于批准歼灭被围于斯大林格勒地域之敌的计划），同上，第32页；档案引自TsAMO, f. 96a, op. 1711, d. 7a, 1，第242页。

5. 沃罗诺夫的完整计划可参阅罗科索夫斯基的《伏尔加河畔的伟大胜利》，第455—457页，以及萨姆索诺夫的《斯大林格勒战役》，第500—501页。

6. *"Funkspruch an Heeresgruppe Don, Morgenmeldung, 2051 Uhr, Armee-Oberkommando 6, Abt.-Ia, A.H.Qu., 18.01.1943,"*（第6集团军司令部作训处发给"顿河"集团军群的晨报，1943年1月18日20点51分），收录在《第6集团军作战日志附件册，第三卷》，第260页。此处有误，应为6点左右。

7. *"Fernschreiben an OKH/Op. Abt., nachr: Bef. H. Gebeit Don, Lageunterrichtung, 0700 Uhr, Heeresgruppe Don, Abt.-Ia, A.H.Qu., 18.01.1943,"*（"顿河"集团军群司令部作训处发给OKH作训处，转呈顿河地域司令部的态势报告，1943年1月18日7点），同上，第261页。

8. *"Fernschreiben an OKH/Op. Abt., nachr: Bef. H. Gebeit Don, Tagesmeldung, 2306 Uhr, Heeresgruppe Don, Abt.-Ia, A.H.Qu., 18.01.1943,"*（"顿河"集团军群司令部作训处发给OKH作训处，转呈顿河地域司令部的每日报告，1943年1月18日23点06分），同上。

9. 德国国防军最高统帅部作战日志中的每日报告，收录在V.A.日林（主编）的《斯大林格勒战役：编年史、真相和人物，两卷本》一书第二册，第457页；档案引自KTB OKW, Bd. II, hb. 2。

10. *"Izvlechenie iz operativnoi svodkoi No. 19 (692),"*【19号（692）作战概要摘录】，同上，第458—463页；档案引自*TsAMO RF, f. 16, op. 1072ss, d. 1,11*，第176—188页。

11. 关于第6集团军与德国空军对空运补给问题的争执，详情可参阅海沃德的《止步于斯大林格勒：德国空军和希特勒在东线的失败，1942—1943年》，第286-310页；赫尔曼·普洛歇尔的《德国空军对苏作战，1942年》，第306-330页。而苏联方面对空中封锁的看法，可参阅冯·哈德斯蒂的《火凤凰：苏联空军力量的崛起，1941—1945年》，第147-153页。

12. 引自海沃德的《止步于斯大林格勒：德国空军和希特勒在东线的失败，1942—1943年》，第295页。

13. 同上，引自戴维·欧文的《希特勒的战争》，第477页；艾尔哈德·米尔希日记，戴维·欧文微缩胶片系列，关于第三帝国的记录和文件，1943年1月19日—23日的条目。海沃德在注释中指出："欧文没有提供这番交流的具体日期，但可能是1月19日，胡贝飞离包围圈的当天。"

14. 曼施泰因，《失去的胜利》，第352页。

15. 海沃德，《止步于斯大林格勒：德国空军和希特勒在东线的失败，1942—1943年》，第310页。

16. 伊萨耶夫，《斯大林格勒：伏尔加河后方没有我们的容身处》，第414—415页；詹森·D.马克，《烈焰之岛：斯大林格勒"街垒"火炮厂之战，1942年11月—1943年2月》，第409、第421页。

17. "Fernschreiben an OKH/Op. Abt., nachr: Bef. H. Gebeit Don, Morgenmeldung, Heeresgruppe Don, Abt.-Ia, A.H.Qu., 19.01.1943,"（"顿河"集团军群司令部作训处发给OKH作训处，转呈顿河地域司令部的晨报，1943年1月19日，未标注具体时间），收录在《第6集团军作战日志附件册，第三卷》，第262页。

18. "Einsatz der Luftflotte 4 in der Nacht vom 18. auf 19.01. zur Versorgung der 6. Armee, Verb. Kdo. d. Luftflotte 4 zur Heeresgruppe Don, O.U., den 19.01.1943,"（第4航空队1月18日—19日夜间补给第6集团军的任务，第4航空队通讯处致"顿河"集团军群，1943年1月19日），同上，第263页。

19. "Funkspruch an Heeresgruppe Don, Armee-Oberkommando 6, Abt.-Ia, A.H.Qu., 19.01.1943,"（第6集团军司令部作训处发给"顿河"集团军群的电报，1943年1月19日，未标注具体时间），同上，第263—264页。

20. 德国国防军最高统帅部作战日志中的每日报告，收录在V.A.日林（主编）的《斯大林格勒战役：编年史、真相和人物，两卷本》一书第二册，第463—464页；档案引自KTB OKW, Bd. II, hb. 2。

21. "Izvlechenie iz operativnoi svodkoi No. 20 (693),"（20号（693）作战概要摘录），同上，第465—467页；档案引自TsAMO RF, f. 16, op. 1072ss, d. 1,11，第189—197页。

22. 参见"Funkspruch an Heeresgruppe Don, 1425 Uhr, Armee-Oberkommando 6, Abt.-Ia, A.H.Qu., 20.01.1943,"（第6集团军司令部作训处发给"顿河"集团军群的电报，1943年1月20日14点25分），收录在《第6集团军作战日志附件册，第三卷》，第267页；"Funkspruch an OKH, Tagesmeldung, Heeresgruppe Don Abt.-Ia, A.H.Qu., 20.01.1943,"（"顿河"集团军群司令部作训处发给OKH的每日报告，1943年1月20日），同上。

23. "Einsatz der Luftflotte 4 in der Nacht vom 19. auf 20.01. zur Versorgung der 6. Armee, Verb. Kdo. d. Luftflotte 4 zur Heeresgruppe Don, O.U., den 20.01.1943,"（第4航空队1月19日—20日夜间补给第6集团军的任务，第4航空队通讯处致"顿河"集团军群，1943年1月20日），同上，第266页。

24. "Funkspruch an AOK 6, 1325 Uhr, Heeregruppe Don Abt.-Ia, Bef. Gef. Std. H Gr. Don, 20.01.1943,"（"顿河"集团军群司令部作训处发给第6集团军的电报，1943年1月20日13点25分），同上，第265页。

25. 德国国防军最高统帅部作战日志中的每日报告，收录在V.A.日林（主编）的《斯大林格勒战役：编年史、真相和人物，两卷本》一书第二册，第469页；档案引自KTB OKW, Bd. II, hb. 2。

26. 参加过这场战役的许多德军老兵对斯大林格勒地狱的描述，可参阅施勒特尔的《斯大林格勒》、克雷格的《兵临城下：斯大林格勒战役》和安东尼·比弗的出色之作《斯大林格勒：决定命运的围攻，

1942—1943年》（纽约：维京出版社，1998年）。而红军士兵的视角，可参阅迈克尔·K. 琼斯的《斯大林格勒：红军是如何在德国人的猛攻下坚持下来的》（费城：炮塔出版社，2007年）；弗兰克·埃利斯的《被诅咒者和死者：苏联和俄罗斯小说家眼中的东线》（劳伦斯：堪萨斯大学出版社，2011年）；P.P.波波夫、A.V.科兹洛夫、B.G.乌西科，《转折点：斯大林格勒战役苏军参与者和目击者的回忆》，詹姆斯·F·格布哈特译（澳大利亚悉尼：跳跃骑士出版社，2008年）。根据NKVD对德军战俘（包括保卢斯元帅）的审讯以及对红军士兵家书的审查所作的极其坦率的报告，可参阅*Stalingradskaia epopeia: Vpervye publikuemye dokumenty, rassekrechennye FSB RF*（《斯大林格勒的史诗：首次出版的俄罗斯联邦安全局解密文件》）（莫斯科：叶翁尼察-MG出版社，2000年）。

27. *"Funkspruch vom 20.01.43, 1150 Uhr. Absendende Stelle: V.O. AOK 6, 19.01.43, 03.45 Uhr KR-Drigend!"*（1943年1月20日11点50分的电报，提交者：派驻第6集团军的联络官，1943年1月19日3点45分，特急，），收录在《第6集团军作战日志附件册，第三卷》，第266—267页。这份电报可参见曼施泰因《失去的胜利》第358页，电报的日期为1943年1月24日。曼施泰因为何会写下个错误的日期，这一点不得而知。但曼施泰因推断保卢斯主张投降，他强调后者此时似乎已消极被动，但实际上，保卢斯正要求获得突出包围圈的自主行动权。

28.《第6集团军作战日志附件册，第三卷》，第267页。蔡茨勒11月23日派OKW的总参少校冯·齐策维茨，率领一个四人无线电小组赶赴斯大林格勒，从第6集团军司令部向OKH汇报相关情况。11月25日到达斯大林格勒后，齐策维茨将一封封生动的电报发回柏林，其中许多未经第6集团军参谋长施密特上校过目。保卢斯1月19日的电报使OKH命令齐策维茨飞回柏林，"向希特勒当面陈述斯大林格勒的情况。"据说1月22日向希特勒汇报时，他说："我的元首，我必须报告，斯大林格勒的将士们已无法奉命战斗至最后一颗子弹了，首先是因为他们已没有继续战斗的体力，其次是因为最后一颗子弹也已射出。"而希特勒对此的回答据说是："人类的恢复力很强。"更多细节可参阅施勒特尔的《斯大林格勒》，第210页（尽管这个版本使用的一些字眼并非出自齐策维茨的原话）。不管怎样，齐策维茨的准确报告被忽略了，部分原因是帝国元帅戈林认为他是个"失败主义者"。

29. *"Izvlechenie iz operativnoi svodkoi No. 21 (694),"*【21号（694）作战概要摘录】，收录在V.A.日林（主编）的《斯大林格勒战役：编年史、真相和人物，两卷本》一书第二册，第470—473页；档案引自*TsAMO RF, f. 16, op. 1072ss, d. 1,11*，第198—206页。

30. *"Funkspruch an Heeresgruppe Don, 1015 Uhr, Armee-Oberkommando 6, Abt.-Ia, A.H.Qu., 21.01.1943,"*（第6集团军司令部作训处发给"顿河"集团军群的电报，1943年1月21日10点15分），收录在《第6集团军作战日志附件册，第三卷》，第268页。

31. *"Funkspruch an OKH, 1040 Uhr, Heeresgruppe Don Abt.-Ia, Bef. Gef. Std. H Gr. Don, 21.01.43,"*（"顿河"集团军群司令部作训处发给OKH的电报，1943年1月21日10点40分），同上。

32. *"Funkspruch an Heeresgruppe Don, 1235 Uhr, Armee-Oberkommando 6, Abt.-Ia, A.H.Qu., 21.01.1943,"*（第6集团军司令部作训处发给"顿河"集团军群的电报，1943年1月21日12点35分），同上。

33. *"Funkspruch an OKH, 1600 Uhr, Heeresgruppe Don Abt.-Ia, Bef. Gef. Std. H.Gr. Don, 21.01.43,"*（"顿河"集团军群司令部作训处发给OKH的电报，1943年1月21日16点），同上，第269页。

34. "Einsatz der Luftflotte 4 in der Nacht vom 20. auf 21.01. zur Versorgung der 6. Armee, Verb. Kdo. d. Luftflotte 4 zur Heeresgruppe Don, O.U., den 21.01.1943,"（第4航空队1月20日—21日夜间补给第6集团军的任务，第4航空队通讯处致"顿河"集团军群，1943年1月21日），同上。

35. "Funkspruch an Heeresgruppe Don, 2050 Uhr, Armee-Oberkommando 6, Abt.-Ia, A.H.Qu., 21.01.1943,"（第6集团军司令部作训处发给"顿河"集团军群的电报，1943年1月21日20点50分），同上。

36. "Funkspruch an OKH, Tagesmeldung, Heeresgruppe Don Abt.-Ia, Bef. Gef. Std. H.Gr. Don, 21.01.43,"（"顿河"集团军群司令部作训处发给OKH的电报，1943年1月21日，未注明具体时间），同上，第270页。

37. 同上。

38. 同上。

39. 德国国防军最高统帅部作战日志中的每日报告，收录在V.A.日林（主编）的《斯大林格勒战役：编年史、真相和人物，两卷本》一书第二册，第473—474页；档案引自KTB OKW, Bd. II, hb. 2。

40. "Izvlechenie iz operativnoi svodkoi No. 22 (695),"【22号（695）作战概要摘录】，同上，第474—477页；档案引自TsAMO RF, f. 16, op. 1072ss, d. 1,11，第207—216页。

41. "Izvlechenie iz operativnoi svodkoi No. 23 (696),"【23号（696）作战概要摘录】，同上，第480—483页；档案引自TsAMO RF, f. 16, op. 1072ss, d. 1,11，第217—224页。

42. "Funkspruch an Heeresgruppe Don, 0905 Uhr, Armee-Oberkommando 6, Abt.-Ia, A.H.Qu., 22.01.1943,"（第6集团军司令部作训处发给"顿河"集团军群的电报，1943年1月22日9点05分），收录在《第6集团军作战日志附件册，第三卷》，第271页。

43. "Funkspruch an OKH, Heeresgruppe Don Abt.-Ia, Bef. Gef. Std. H.Gr. Don, 22.01.43,"（"顿河"集团军群司令部作训处发给OKH的电报，1943年1月22日，未注明具体时间）和"Funkspruch an OKH, Heeresgruppe Don Abt.-Ia, Bef. Gef. Std. H.Gr. Don, 22.01.43,"（"顿河"集团军群司令部作训处发给OKH的电报，1943年1月22日，未注明具体时间），同上，第271—272页。

44. "Funkspruch an Heeresgruppe Don, 1630 Uhr, Armee-Oberkommando 6, Abt.-Ia, A.H.Qu., 22.01.1943,"（第6集团军司令部作训处发给"顿河"集团军群的电报，1943年1月22日16点30分），同上，第273页。

45. 同上。也可参阅曼施泰因的《失去的胜利》，第360页。

46. "Funkspruch an Heeresgruppe Don, 1815 Uhr, Armee-Oberkommando 6, Abt.-Ia, A.H.Qu., 22.01.1943,"（第6集团军司令部作训处发给"顿河"集团军群的电报，1943年1月22日18点15分），收录在《第6集团军作战日志附件册，第三卷》，第273页。

47. 德国国防军最高统帅部作战日志中的每日报告，收录在V.A.日林（主编）的《斯大林格勒战役：编年史、真相和人物，两卷本》一书第二册，第477—478页；档案引自KTB OKW, Bd. II, hb. 2。

48. "Abschrift von Funkspruch an 6. Armee Zur Vorlage an Herrn Generalfeldmarschall von Manstein An Herrn Generaloberst Paulus, 1900 Uhr, 22. Januar 1943,"（发给第6集团军的电文副本，原件发给陆军元帅冯·曼施泰因，转交给卢斯大将，1943年1月22日19点），收录在《第6集团军作战日志附件册，第三卷》，第272页。施勒特尔在《斯大林格勒》一书第221页节选了这份电报的部分内

容，但错误地称之为1月25日发出的。曼施泰因在《失去的胜利》一书第360页称，22日和之后，他与希特勒争论了保卢斯投降与否的问题，但徒劳无获。

49. 23号（696）作战概要摘录，收录在V.A.日林（主编）的《斯大林格勒战役：编年史、真相和人物，两卷本》一书第二册，第480—483页；档案引自TsAMO RF, f. 16, op. 1072ss, d. 1,11，第217—224页。

50. 罗科索夫斯基，《军人的天职》，第225页。

51. 奇斯佳科夫，《为祖国服役》，第119—120页。

52. 同上，第119页。

53. 曼施泰因对指挥官们operativ[1]的担心关乎他们指挥战役的能力，即，在战役和战术层面理解并有效实施军事行动。与俄罗斯和苏联那些将策划和实施军事行动视为艺术（战争艺术）和科学的军事理论家们一样，德国的军事领导理论也强调高级指挥官的战役指挥能力。这就意味着在一场特定战争具体条件的背景下，对军事行动各个方面（战略或战役）天生或经学习后获得的理解力。

54. "Funkspruch an Heeresgruppe Don, 0630 Uhr, Armee-Oberkommando 6, Abt.-Ia, A.H.Qu., 23.01.1943,"（第6集团军司令部作训处发给"顿河"集团军群的电报，1943年1月23日6点30分），收录在《第6集团军作战日志附件册，第三卷》，第274页。

55. "Funkspruch an Heeresgruppe Don, Weitergade an der Führer, 0759 Uhr, Armee-Oberkommando 6, Abt.-Ia, A.H.Qu., 23.01.1943,"（第6集团军司令部作训处发给"顿河"集团军群的电报，转交元首，1943年1月23日7点59分），同上。

56. "Funkspruch an Heeresgruppe Don, 1115 Uhr, Armee-Oberkommando 6, Abt.-Ia, A.H.Qu., 23.01.1943,"（第6集团军司令部作训处发给"顿河"集团军群的电报，1943年1月23日11点15分），同上。

57. "Funkspruch an OKH, Heeresgruppe Don Abt.-Ia, Bef. Gef. Std. H.Gr. Don, 23.01.43,"（"顿河"集团军群司令部作训处发给OKH的电报，1943年1月23日，未注明具体时间），同上。

58. "Funkspruch an Heeresgruppe Don, nachr. OKH, 2100 Uhr, Armee-Oberkommando 6, Abt.-Ia, A.H.Qu., 23.01.1943,"（第6集团军司令部作训处发给"顿河"集团军群的电报，转呈OKH，1943年1月23日11点15分），同上，第275页。

59. 德国国防军最高统帅部作战日志中的每日报告，收录在V.A.日林（主编）的《斯大林格勒战役：编年史、真相和人物，两卷本》一书第二册，第483页；档案引自KTB OKW, Bd. II, hb. 2。

60. "Izvlechenie iz operativnoi svodkoi No. 24 (697),"【24号（697）作战概要摘录】，同上，第484—486页，档案引自TsAMO RF, f. 16, op. 1072ss, d. 1,11，第225—234页。

61. 罗科索夫斯基，《伏尔加河畔的伟大胜利》，第459页。

62. 施勒特尔在《斯大林格勒》一书第218页引用了第6集团军（10点发出）发给OKH（11点16分收悉）的一封电报，电报中写道："部队已没有弹药或食物。只有六个师的部队保持着联系。南部、北部和西部防线出现解体迹象。已无法继续实施有效指挥。东部防线变化不大：18000名伤员没有得到任何包扎

---

① 译注：这是个抽象的形容词，表述的是战略与战术之间的一个军事行动层级，大致可理解为"战役"。

和药物的补给；第44、第76、第100、第305、第384步兵师覆灭。敌人从三个方向发起的强劲突破撕裂了我方防线。只有城内的支撑点和掩体可资使用，继续坚守已毫无意义。崩溃不可避免。请求立即批准集团军投降，以挽救剩余将士们的生命，［签名］保卢斯。"这封电报似乎是把第6集团军1月22日和24日所发的电报拼凑在一起，从而不正确地暗示保卢斯1月24日试图获准投降。另一些著作也接受了施勒特尔这种错误的说法。

63. "Funkspruch an Heeresgruppe Don, 1645 Uhr, Armee-Oberkommando 6, Abt.-Ia, A.H.Qu., 24.01.1943,"（第6集团军司令部作训处发给"顿河"集团军群的电报，1943年1月24日16点45分），收录在《第6集团军作战日志附件册，第三卷》，第275页。

64. 同上。

65. 同上。

66. "Funkspruch an Heeresgruppe Don, 1918 Uhr, Armee-Oberkommando 6, Abt.-Ia, A.H.Qu., 24.01.1943,"（第6集团军司令部作训处发给"顿河"集团军群的电报，1943年1月24日19点18分），同上。

67. 曼施泰因，《失去的胜利》，第360页。

68. 同上。另可参阅副卷附录17O，曼施泰因1月22日发给蔡茨勒的电报，电报中也提及苏军从斯大林格勒向西抽调部队的危险。

69. 俄罗斯当局直到最近才解密中央方面军策划这场进攻的详情，参见戴维·M. 格兰茨的《斯大林格勒战役后：红军1942—1943年的冬季攻势》（英国西米德兰兹郡索利赫尔：氦核出版社，2008年），第228—389页；以及另一部较为粗浅的著作，戴维·M. 格兰茨的《1941—1945年，苏德战争中被遗忘的战役，第四册，冬季战役（1942年11月19日—1943年3月21日）》（宾夕法尼亚州卡莱尔：自费出版，1999年），第213—380页。

70. "Izvlechenie iz operativnoi svodkoi No. 25 (698),"【25号（698）作战概要摘录】，收录在V.A.日林（主编）的《斯大林格勒战役：编年史、真相和人物，两卷本》一书第二册，第487—490页；档案引自TsAMO RF, f. 16, op. 1072ss, d. 1,11，第235—242页。

71. "Funkspruch an Heeresgruppe Don, Armee-Oberkommando 6, Abt.-Ia, A.H.Qu., 25.01.1943,"（第6集团军司令部作训处发给"顿河"集团军群的电报，1943年1月25日，未标明具体时间），收录在《第6集团军作战日志附件册，第三卷》，第276页。

72. "Funkspruch an Heeresgruppe Don, 1815 Uhr, Armee-Oberkommando 6, Abt.-Ia, A.H.Qu., 25.01.1943,"（第6集团军司令部作训处发给"顿河"集团军群的电报，1943年1月25日18点15分）、"Funkspruch an Heeresgruppe Don, 2159 Uhr, Armee-Oberkommando Chef, A.H.Qu., 25.01.1943,"（第6集团军司令发给"顿河"集团军群的电报，1943年1月25日21点59分）和"Funkspruch an Heeresgruppe Don, 2350 Uhr, XI. Armee Korps, Gef. Std., 25.01.1943,"（第11军军部发给"顿河"集团军群的电报，1943年1月25日23点50分），同上，第276—277页。

73. "Funkspruch an OKH, Heeresgruppe Don, Abt.-Ia, Bef. Gef. Std. H. Gr. Don, 25.01.43,"（"顿河"集团军群司令部作训处发给OKH的电报，1943年1月25日，未注明具体时间），同上，第278页。

74. 同上。

75. 同上。

76. 德国国防军最高统帅部作战日志中的每日报告，收录在V.A.日林（主编）的《斯大林格勒战役：编年史、真相和人物，两卷本》一书第二册，第490—492页；档案引自KTB OKW, Bd. II, hb. 2。

77. 同上。

78. 这些数字收录在红军总参谋部这段时期的每日作战概要中。鉴于第6集团军的状况，如果没有低估德军损失的话，这些数字很可能是准确的。

79. "Izvlechenie iz operativnoi svodkoi No. 26 (699)," 【26号（699）作战概要摘录】，收录在V.A.日林（主编）的《斯大林格勒战役：编年史、真相和人物，两卷本》一书第二册，第493—496页；档案引自TsAMO RF, f. 16, op. 1072ss, d. 1,11，第243—250页。

80. 关于步兵第23师在第65集团军这场推进中发挥的作用，可参阅Rozhdennaia v boiakh: Boevoi put' 71-i gvardeiskoi strelkovoi Vitebskoi, ordena Lenina, Krasnoznamennoi divizii（《生于战斗：荣获列宁勋章的近卫红旗维捷布斯克步兵第71师的征程》）（莫斯科：军事出版社，1986年），第89—91页。步兵第23师参加了夺取戈罗季谢的战斗，并与亚库波夫斯基上校的坦克第91旅相配合，攻向"红十月"厂新村西端。1月27日，该师参加了维什涅瓦亚峡谷争夺战，后来又参加了"街垒"厂新村的战斗。

81. 德雷布尔将军投降的细节，可参阅73-ia Gvardeiskaia: Sbornik vospominanii, dokumentov i materialov o boevom puti 73-i gvardeiskoi strelkovoi Stalingradsko-Dunaiskoi Krasnoznamennoi divizii（《近卫步兵第73师：关于近卫红旗斯大林格勒—多瑙河步兵第73师征途的回忆、文件和资料集》）（阿拉木图：哈萨克斯坦出版社，1986年），第68—72页。

82. 参见Gvardeiskaia Chernigovskaia: Boevoi put' 76-i gvardeiskoi strelkovoi Chernigovskoi Krasnoznamennoi divizii（《切尔尼戈夫近卫军：近卫红旗切尔尼戈夫步兵第76师的征程》）（莫斯科：军事出版社，1976年），第110—111页。

83. "Der Oberbefehlshaber der Heeresgruppe Don, H.Q., den 25.01.43, FPNr. 23079," （"顿河"集团军群司令23079号令），收录在《第6集团军作战日志附件册，第三卷》，第278页。

84. "Direktiva General'nogo Shtaba No. 36313 komanduiushchim voiskami Donskogo fronta, Moskovskogo Voennogo Okruga, nachal'niku Upravleniia Voennykh Soobshchenii Krasnoi Armii o vyvode 235-i Ognemetnoi Tankovoi Brigady v Rezerv Verkhovnogo Glavnokomandovaniia"（总参谋部发给顿河方面军司令员、莫斯科军区司令员和红军军事交通部部长的36313号指令，关于将喷火坦克第235旅调入最高统帅部预备队），收录在佐洛塔廖夫的《总参谋部1943》，第47页；档案引自TsAMO, f. 48a, op. 3409, d. 13,1，第329页。

## 第十一章
# 覆灭：最终之战
## 1月26日—2月2日


### 罗科索夫斯基的计划

　　斯大林和最高统帅部着手将扩大的冬季攻势推向高潮时，1月25日晚，罗科索夫斯基将军完成了粉碎第6集团军在斯大林格勒及其周边的防御的计划。最复杂的问题是，他完全清楚德国第6集团军当初试图从第62集团军手中夺取斯大林格勒城是多么艰难，而且没能成功。当然，他掌握的王牌是这样一个事实：保卢斯集团军正在挨饿，弹药也已耗尽，这主要因为希特勒（在某种程度上也包括曼施泰因元帅）已抛弃该集团军，任其自生自灭。

　　当晚晚些时候，基于同最高统帅部代表沃罗诺夫、几位集团军司令员和最高统帅部进行的广泛磋商，罗科索夫斯基决定将斯大林格勒城内守军切为两段，逐一将其消灭，就此全歼第6集团军。他的计划要求奇斯佳科夫将军的第21集团军和巴托夫将军的第65集团军向正东面发起突击，攻入城内，而崔可夫将军的第62集团军从东面冲击德军防御。这些部队在"红十月"厂工人新村附近会合后，第65、第66、第62集团军负责歼灭市区北部之敌，第21、第57、第64集团军负责消灭城市南部的德军。[1]为实现出敌不意的效果并加强这场重要突击的突然性，罗科索夫斯基这场进攻未安排初期炮火准备。

　　奇斯佳科夫将军把会师的任务交给尼古拉·塔列洛维奇·塔瓦尔特基拉泽少将的近卫步兵第51师、内斯特·德米特里耶维奇·科津少将的近卫步兵第52师、米哈伊尔·瓦西里耶维奇·涅夫任斯基中校的坦克第121旅，近卫重型坦克第9和第48团提供支援。近卫坦克第48团以21辆KV坦克配合近卫步兵第

51师的行动，坦克第121旅和近卫坦克第9团为近卫步兵第52师的突击担任先锋。这些部队已夺取古姆拉克，尔后又攻占112.0高地，他们将在拂晓时向东突击，攻破德军防御，在"红十月"厂工人新村西端附近某处与第62集团军的部队会师。尔后，他们将转身向南，冲往马马耶夫岗西面，着手歼灭第6集团军位于市中心的南部集团。第21集团军辖内其他部队——从左至右为近卫步兵第66、步兵第298、第252、第277、第96、第120师——将从西面的高地攻入市中心。[2]第21集团军右侧，托尔布欣将军第57集团军和舒米洛夫将军第64集团军的部队将从斯大林格勒郊区向北进击，肃清察里察河以南之敌，尔后向北渡过该河进入市中心。

第21集团军左侧，巴托夫将军第65集团军、加拉宁将军第24集团军和扎多夫将军第66集团军辖内各师将从斯大林格勒西北面高地和北面发起向心突击，将德军逐至拖拉机厂和拖拉机厂工人新村北郊，以及"街垒"厂工人新村西侧。尔后，三个集团军将配合第62集团军扎根城内的部队，消灭据守斯大林格勒工厂区的德军残部。近卫步兵第67、步兵第24和第233师在第65集团军右翼行动，负责进攻"红十月"厂新村西部边缘和"街垒"厂新村西南部边缘，应在那里与第62集团军右翼部队会合。为顺利取得会师，崔可夫与奇斯佳科夫、巴托夫密切协调，确定了识别信号和无线电呼号，特别是第62集团军辖下的近卫步兵第13和步兵第284师，这两个师守卫着预定会师点附近的阵地。

## 苏军的推进和肃清第6集团军南部包围圈，1月26日—30日
### 1月26日

拂晓后不久，罗科索夫斯基发起意图将第6集团军包围圈切为两段的突击，前一天的战斗已令德国守军混乱不堪、士气低落，他们疲惫至极，各种弹药严重短缺，结果可想而知。

### 德方的报告

第6集团军和辖内各兵团当日提交的报告描述了守军的绝望处境（参见副卷附录18A）。第6集团军8点20分发出的第一份报告通知"顿河"集团军群，第11军将撤至拖拉机厂，第51、第8和第14装甲军守卫着"红十月"厂新村西

南偏西方3—4公里南延至察里察河铁路桥以西1.5公里处的阵地，第4军"面对优势敌军的重压，退往察里察河南面"。[3]这份报告还指出，7点时，"普费弗将军、冯·哈特曼将军、施滕佩尔将军①和总参上校克罗默率领少量部下，站在一座仓库里朝一群从西面冲来的俄国人开火射击。"但9点40分，第6集团军在报告中称："哈特曼将军……在1月26日8点的混战中中弹身亡。第297步兵师师长冯·德雷布尔将军可能在他的师部被俘，俄国人1月25日中午打垮了该师部。"[4]此时，空中观察员证实，第6集团军残部形成了"一个较小的南部包围圈和一个较大的北部包围圈，其轮廓清晰可辨"。戈罗季谢已落入敌手，奥尔洛夫卡也"很成问题"，德军飞行员们注意到，"大批运输车队正从东面向西行驶，而斯大林格勒南部，南北双向的交通异常繁忙"。[5]

北部包围圈内，第24装甲师抱怨"承诺的空中补给并未兑现"，而施特雷克尔将军第11军11点15分报告，尽管他们正"战斗至最后一刻"，但辖内部队"筋疲力尽，没有武器，也没有食物"，他们"被冻死时步枪还攥在手中"；不过，报告中也指出，"俄国人的步兵较差。"[6]当晚，施特雷克尔提供了一份更详细的说明，该军的防御不断萎缩，目前仅限于拖拉机厂、"街垒"厂和两个工人新村下部。他补充道："这里仍存在堪称楷模的战斗态度；可是，疲惫的部队已无法继续战斗下去。"他又问道："南面的情况怎样？"[7]

深夜时，"顿河"集团军群根据第6集团军和第11军的报告总结了市内的态势："1月26日中午前，优势敌军占领察里察河南面的部分城区……粉碎了第4军残部，但他们向北发起的后续突击为察里察河北岸一道薄弱的防线所阻，渡过察里察河之敌已被消灭。"[8]此时，第6集团军的西部防线就在市中心西面，伏尔加河防线没有变化，"未收悉戈罗季谢东面第11军的消息。"集团军群没有把第6集团军以下这句话收录到报告中："有几次，俄国人派来进行投降谈判的代表和前几天一样被送了回去。"[9]

OKH的报告稍有些滞后："**东线。**斯大林格勒，部队弃守米尼纳郊区，正沿察里察河构设一道新防线。敌人对市区的轰炸持续不断。"[10]

---

① 译注：两人分别是第71和第371步兵师师长。

这些报告证实，第11军第24、第16装甲师和第60摩步师正撤往拖拉机厂北部边缘、该厂工人新村、莫克拉亚梅切特卡河和梅切特卡河、"街垒"厂工人新村西部边缘、"红十月"厂工人新村一部、远至南面的107.5高地。这座关键高地的南面，德国第8军和第14装甲军辖内各个支离破碎的师正力图沿斯大林格勒市中心西面的高地构设一道新防线。这个狭窄包围圈的南半部，德国第4军第297步兵师大部，连同罗马尼亚第82步兵团和德军第71步兵师一部，此刻被切断在斯大林格勒南部；该军正将第71步兵师余部和第371步兵师向北撤往沿察里察河构设的防御阵地。此时，第297步兵师师长被俘，第71步兵师师长在战斗中阵亡。第4军将以第371、第295步兵师和第71步兵师残部沿察里察河实施最后的抵抗。保卢斯本人待在国营百货商店地下室里，这个商店位于斯大林格勒市中心，毗邻"阵亡将士"广场。

这些部署看似和过去一样简明扼要，实际上，第6集团军支离破碎的部队仓促撤入城内时杂乱无章。这一点，加之他们不断抽调兵力填补进攻中的苏军打开的缺口，以及随意将伤员疏散到后方，导致许多单位被打乱，或与其他部队合并，或彻底消失了。随着部队凝聚力的下降，有组织的单位沦为无人率领的群体、乌合之众或暴徒，只顾在持续不断的炮击和猛烈空袭下寻找藏身处。只有极其优秀的领导者才能为这支垂死的军队恢复些表面秩序，正如苏联方面的许多记述证实的那样，直到最后一刻都存在这种优秀的领导者。

### 苏军的进攻

总参谋部提供了一份红军1月26日所取得胜利的概要："**顿河方面军**继续歼灭斯大林格勒地域……和城内之残敌"（参见地图75和副卷附录18B）。[11]

当日白天最引人注目的进展发生在第21集团军左翼，集团军辖内部队9点30分至10点30分间与第62集团军近卫步兵第13师胜利会师，11点又与步兵第284师先遣部队会合。苏联方面的记述称，守卫该地域的是德国第8军第44步兵师残部，他们部署在亚历山德罗夫卡东南面，右（北）侧得到第8军第76步兵师残部掩护，该师守卫着亚历山德罗夫卡正东面地段和戈罗季谢南部。第44步兵师左侧防御由第14装甲军第376步兵师、第14装甲师和第29摩步师残部据守，并获得罗马尼亚第1骑兵师加强，他们由北向南排列，横跨从亚历山德罗

地图 75 指环行动，1943 年 1 月 25 日—31 日

夫卡向东南方通入斯大林格勒市中心的公路。[12]相反，一些德方记述称，罗马尼亚第1骑兵师部分部队位于第44步兵师右侧。实际上，轴心国部队相互混杂的情况相当严重，很难确定各部队及其防区。

不管怎样，拂晓后不久，奇斯佳科夫集团军在未实施炮火准备的情况下发起突击。他们从112.0高地周边阵地向东进攻，塔瓦尔特基拉泽近卫步兵第51师和科津近卫步兵第52师，在涅夫任斯基坦克第121旅支援下，向东推进1—2公里，与罗季姆采夫近卫步兵第13师在上"红十月"厂新村西部边缘和班内峡谷上段附近会师。最初的会合发生在9点20分至10点30分间，上"红十月"厂新村西南郊，近卫步兵第51师第216团的士兵们到达近卫步兵第13师第42团据守的阵地。近卫步兵第52师第155和第151团的先遣部队，与坦克第121旅的坦克，在班内峡谷上段西面遇到近卫步兵第13师第34团的侦察兵。奇斯佳科夫将军从第21集团军的角度描述了最初的接触与相关庆祝活动（参见地图76和副卷附录18C）。[13]

这些庆祝活动刚一结束，奇斯佳科夫便命令科津率领近卫步兵第52师赶往东南方，穿过树林，直奔马马耶夫岗西坡，尼古拉·菲利波维奇·巴秋克上校的步兵第284师已在那里持续战斗了近四个月。前一天晚上，巴秋克命令各团、营、连执行崔可夫的命令，加强向"红十月"厂新村和更西面的观察。因此，该师在102.0高地顶部建立起一个加强观察哨，由经验丰富的师作训科助理科长G.M.马利茨基上尉率领。11点20分左右，马利茨基看见苏军坦克逼近高地西坡，他立即射出信号火箭弹，坦克第121旅先遣坦克排也以红色火箭弹发出回应。11点30分，近卫步兵第52师与步兵第284师在马马耶夫岗顶部蓄水池附近正式会师（参见地图76）。经过一场短暂的庆祝活动，近卫步兵第52师转身向北，协助消灭"红十月"厂新村的德军（第100猎兵师），而巴秋克步兵第284师向南赶往多尔吉冲沟和第6集团军南部包围圈的北部边缘。

就在这些会师发生之际，第21集团军辖内其他部队，近卫步兵第66、步兵第298、第252、第277、第96、第120师，从马马耶夫岗以西4.5公里处的阿维亚戈罗多克村（Aviagorodok）沿5公里宽的战线向东推进，并从察里察河南面、列索波萨多奇纳亚村东南方2公里的20.7里程碑向南推进。尽管德国第14装甲军第14装甲师、第29和第3摩步师残部实施了出人意料的顽强抵抗，但这

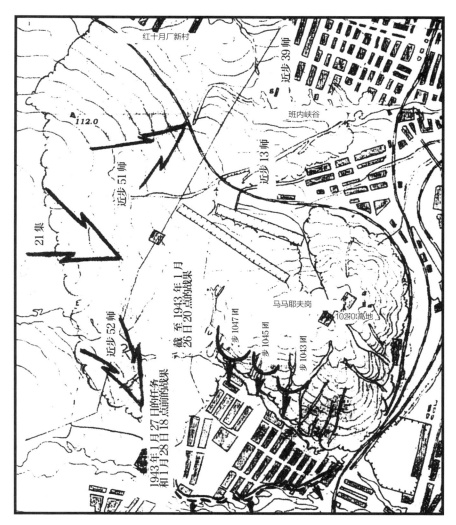

地图 76　1943 年 1 月 26 日—28 日，步兵第 284 师的位置

些苏军师还是前出至从115.5高地南延至112.5高地一线，以及铁路桥西面约3公里的察里察河河段。第21集团军右侧，斯大林格勒南部的战斗是一场真正的混战。托尔布欣第57集团军和舒米洛夫第64集团军辖内各师，在激烈的战斗中将德国第4军残部逐出大批建筑物。不管怎样，两个集团军的先遣部队在傍晚前到达了铁路桥东西两侧的察里察河南岸。

与此同时，北面，第21集团军左侧，巴托夫第65集团军右翼的近卫步兵第67、步兵第24、第233师从亚历山德罗夫卡和拉兹古利亚耶夫卡车站东面的阵地向东突击。但他们在此处的进展更为困难，因为德国第8军第76步兵师的抵抗组织得较好。激战持续了一整天，巴托夫部队取得3—5公里进展，位于出发阵地与"街垒"厂新村、"红十月"厂新村西部边缘的中途。近卫步兵第67师的进展更好些，他们设法到达并夺取了上维什涅瓦亚峡谷西脊的73.6里程碑，距离"街垒"厂新村、"红十月"厂新村西部边缘已不到1公里。[14]巴托夫集团军左翼，步兵第214和第23师从戈罗季谢沿梅切特卡河南岸向东席卷，迫使德国第8军第113步兵师向东退至离"街垒"厂新村西部边缘不到1公里处。

更北面，面对德国第8军后撤中的第60摩步师、第24和第16装甲师，第24集团军辖下的步兵第260师和第66集团军编成内的步兵第64、第116、第99、第299师，在第二梯队步兵第226、第343师支援下，以更加从容的步伐向东南方推进，从北面和西面发起进攻，一举夺取奥尔洛夫卡，并到达拖拉机厂工人新村西面的梅切特卡河西岸。苏军这场推进将德军第24装甲师一部和第94步兵师附属部队困在奥尔洛夫卡与斯巴达诺夫卡之间一个狭窄的口袋里。第24集团军约半数兵力向前推进时，加拉宁将步兵第49、第84、第273师留在第二梯队，准备对拖拉机厂发起最后的突击。

总之，虽然第21集团军左翼部队取得引人注目的进展，并在"红十月"厂新村和马马耶夫岗附近与第62集团军会师，但顿河方面军步兵力量的弱点开始显现出来。此时，方面军辖内许多师正以团级兵力从事战斗，正如诸多德方报告指出的那样，前进中的苏军步兵表现得"怯懦""犹豫不决"。尽管如此，他们还是比保卢斯饥肠辘辘的士兵组织得更好，另外，齐全的武器和弹药也帮了他们大忙。

与前几天不同，第62集团军在斯大林格勒城内的持续战斗终于在1月26日获得回报，位于其南翼的近卫步兵第13、步兵第284师与第21集团军从西面而来的两个步兵师和一个坦克旅成功会师（参见副卷附录18C）。集团军的作战报告记录下这场会合，但也指出，要消灭德寇的抵抗意志和能力，还需要进行更加艰巨的战斗（参见副卷附录19M）。

虽然第6集团军的记录没有解释第21集团军左翼部队为何能如此轻松地突破德军位于"红十月"厂新村和马马耶夫岗西面的防御,但至少有一份德方记述称,配合第8军第44步兵师作战的一大股罗马尼亚部队的投降引发一连串灾难,最终导致第6集团军包围圈被切为两段。[15]但是,由于缺乏相关文件证实,这种说法很可能是杜撰的,不过是德国人将他们的失败归咎于罗马尼亚人或其他人的又一个例子而已。不管怎样,鉴于轴心国部队1月26日的情形,很明显,无论德国人还是罗马尼亚人,都无法挫败苏军两个近卫师和一个坦克旅及25辆KV重型坦克的突击。

随着1月25日和26日数支德国部队的投降,此举之利弊成为被包围、被分割的第6集团军辖内部队讨论的话题。这方面的一个例子是,1月25日夜间未能说服保卢斯投降后,据说赛德利茨将军决定以自己的方式解决问题,他命令据守包围圈东部的第51军,将剩余弹药射完后停止抵抗。[16]虽然这个决定应该能让红军更快地完成其进攻,但第6集团军和第62集团军的报告都表明,第51军在工厂区的抵抗并未减弱。

1月26日夜间,施特雷克尔第11军的部队仍被困在拖拉机厂周围及其北部的一个口袋里,而第6集团军司令部、第14装甲军、第8军和第51军位于南面的三分之一部队,在斯大林格勒主火车站周围和市中心其他地方掘壕据守。马马耶夫岗北面,第51军另外三分之二部队守卫着"街垒"厂、西面的"街垒"厂工人新村及其周边阵地。保卢斯陷入困境的司令部已迁入国营百货商店,为其提供掩护的是第71步兵师残部,该师目前由原第194步兵团团长弗里茨·罗斯克少将(原为上校)指挥。[17]

在这个支撑点外,杂乱无章的市区争夺战彻底陷入混乱。保卢斯冒着炮火赶往几处,力图说服麾下指挥官们,继续抵抗至关重要。至少他希望避免正式投降,因为这需要他命令整个集团军停止战斗。与此同时,越来越多的部队耗尽食物和弹药后被迫投降,加速了第6集团军的解体。但正如苏联方面坦率承认的那样:"伏尔加河畔之战的最后阶段,苏军与顽强防御的敌人继续战斗,对方直到最后几天仍不肯放下武器。"[18]没有哪个士兵想在一场战役或战争的最后几天付出无谓的牺牲,这一事实使得罗科索夫斯基的任务丝毫没能变得更容易些。

# 1月27日

### 德方的报告

从第6集团军发出的报告（参见副卷附录18D）和"顿河"集团军群的作战概要看，该集团军1月27日实施抵抗的顽强性显而易见。"顿河"集团军群11点30分向OKH汇报了当天的第一个坏消息，称"优势敌军正夺取察里察河南面的斯大林格勒南部市区"，但又补充了更令人鼓舞的一句话："渡过察里察河之敌已被歼灭。"[19]12点50分，第6集团军确认（根据无线电拦截），"拖拉机厂及其西部地段仍在德军手中，"但"一股强大的敌军正在察里察河南面集结，特别是在铁路线与伏尔加河之间"。[20]当晚晚些时候，"顿河"集团军群向OKH汇报："截至17点，敌人在斯大林格勒附近和拖拉机厂发起的所有进攻均被击退……虽然面对着激烈的战斗和难以克服的困难，但许多士兵展现出堪称楷模的杰出战斗意志。"[21]

日终时，OKH准确记录道："**东线**。斯大林格勒，敌人占领了直至察里察河的市区南半部。食物补给彻底耗尽。一些积极的指挥官正设法将支离破碎的小股部队合并成抵抗支队，连伤员在内，人数已上升至3—4万人。"[22]

这些报告表明，尽管第6集团军遭到重创，但仍冒着几乎无处不在的猛烈炮火顽强抗击苏军的试探性进攻。很明显，苏军仍忙着将被绕过的德军部队清理出察里察河南面部分市区的建筑物和工厂，但保卢斯集团军设法沿河流集结起足够的兵力，击退苏军渡河至北岸的大部分企图。但是，敌人位于"750参照点北面"这一注释表明，一些苏军部队确实在铁路桥与伏尔加河之间渡过了察里察河。有趣的是，12点30分①发出的电报清楚表明，德军通信部门截获了苏军无线电通信，可能是因为后者没有使用加密电报，"用的是明码。"对许多苏军下级指挥员来说，这（使用加密电报）依然是个难题。

截至1月27日，第6集团军已为北部和南部包围圈内的部队建立起新的指挥体系。北部包围圈由第11军军长施特雷克尔将军负责，他掌握的部队包括第16、第24装甲师、第60摩步师、第76、第113、第305、第389步兵师残部，以

---

① 译注：12点50分。

及第44、第79步兵师和第14装甲师卷入其中的零碎部队。南部集团表面上由第71步兵师师长罗斯克将军负责，但实际指挥行动的是保卢斯将军，编有第3、第29摩步师、第71、第371、第295步兵师、第100猎兵师残部，另外还有第297、第376步兵师、罗马尼亚第1骑兵师、罗马尼亚第20步兵师第82团一些零星部队。虽然无法确定准确数字，但这两个包围圈各有约50000人，其中半数是伤员。

## 苏军的进攻

红军总参谋部1月28日8点签发的每日作战概要证实了"顿河"集团军群27日面临的困境，尽管开头处只是一段总体性评论："**顿河方面军继续歼灭斯大林格勒地域的敌军残部**"（参见地图75和副卷附录18E）。[23]

虽然师级作战行动的细节不太多，但这份作战概要证实，舒米洛夫半数以上的兵力仍在肃清盘踞在斯大林格勒市区南半部的德军，而他麾下另一些部队已渡过察里察河。进攻方夺得一小片狭窄地段，从河流北岸至红旗大街（Krasnoznamenskaia），位于河流北面100—300米处，就在与保卢斯司令部相毗邻的"阵亡将士"广场南面3—4个街区，或者说约600—700米处。但舒米洛夫的部队遭到罗斯克第71步兵师顽强阻截。西面，托尔布欣第57集团军的许多部队仍在后方战斗，该集团军逼近了铁路桥西面的察里察河河段，但面对德军第371步兵师残部的抵抗，他们无法强渡该河。

北面，斯大林格勒市中心西面，奇斯佳科夫第21集团军的前线师只取得缓慢的进展，他们向东推进，翻过将他们与伏尔加河西岸低地处的市区隔开的高地和断崖。集团军左翼，近卫步兵第51和第52师用一天时间将部队转向南面，准备从马马耶夫岗西面和多尔吉、克鲁托伊冲沟上段的阵地向南发起进攻。

更北面，巴托夫第65集团军的部队向东冲往"街垒"厂、"红十月"厂新村西端和维什涅瓦亚峡谷，这条峡谷是一道理想的防坦克壕，守卫着两座新村，使其免遭来自西面的攻击。27日11点30分，A.B.巴拉诺夫少将的步兵第233师夺取上"红十月"厂新村南部，并在107.5高地南面与近卫步兵第13、第39师先遣部队会师。尔后，巴拉诺夫和罗季姆采夫的步兵，连同左侧的步兵第23师和坦克第91旅转身向北，攻入"街垒"厂新村西南部。总的说来，第65和第62集团军随后几天取得的进展微乎其微，这是因为赛德利茨第51军辖下的第305、第389步兵师仍据守着精心构设的阵地，他们的后方虽然有所收缩，但现在得到了第8军第76和第113步兵师残部的掩护。

第6集团军北部包围圈西北部和北部防线上，扎多夫第66集团军的部队逼近 "街垒" 厂新村西北角和拖拉机厂及其新村的西部、北部边缘。与此同时，加里宁第24集团军奉命将领率机关连同步兵第49师撤离前线，集结在后方休整、补充，准备调离斯大林格勒地域。第24集团军将步兵第260师交给巴托夫第65集团军，将步兵第84和第273师转隶扎多夫第66集团军。1月27日，最高统帅部命令以下5个步兵师和3个步兵旅调入其预备队：

- 从第21集团军调离——步兵第277师
- 从第24集团军调离——领率机关和步兵第49师
- 从第66集团军调离——步兵第64师
- 从第64集团军调离——步兵第157、第169师、海军步兵第66、第154旅
- 从第62集团军调离——步兵第124旅

这一决定强调了最高统帅部对调集部队的严重关切，这些部队将部署至预期会发起进攻行动的其他重要战略方向。首先，这涉及进入顿巴斯地区的南方向，以及向西通往杰斯纳河的库尔斯克和奥廖尔方向。在这方面同样重要的是顿河方面军遂行 "指环" 行动的方式。战役伊始，最高统帅部就命令沃罗诺夫和罗科索夫斯基——反过来，他们又给麾下诸集团军司令员下达相关指示——实施一场 "节约兵力" 的进攻。这就意味着主要依靠炮兵和坦克（而非步兵）消灭当面之敌，以节约他们稀缺的步兵兵力。所以罗科索夫斯基多次暂停进攻，休整和重组部队，在进攻期间要求集团军司令员们每天轮换前线部队。当然，这也是罗科索夫斯基不急不忙地消灭第6集团军南、北包围圈内德军部队的原因所在。遵照最高统帅部节约兵力的明确指示，加之罗科索夫斯基本人非常清楚，在这座瓦砾遍地的城市内，对德国人在已成废墟的建筑物内构设的刺猬防御发起一场大规模步兵突击会付出多么高昂的代价，因此，他故意实施一场缓慢、有条不紊、规模有所缩小的行动，尽量避免付出过高伤亡。[24]

因此，斯大林格勒城内1月27日和之后的战斗是小股战斗群在压倒性数量的炮兵和其他火力支援下实施的一场缓慢、艰巨的推进。故此，将第6集团军残部困在两个独立包围圈内后，与顿河方面军辖内大多数集团军一样，崔可夫第62集团军1月27日只实施了有限的作战行动。他们等待着饥饿、疲劳，弹药和其他补给物资的短缺继续削弱德国人负隅顽抗的能力和意志（参见副卷附录19M）。

罗科索夫斯基和其他大多数战斗记述，以及顿河方面军抓获战俘数量的正式统计表明，彻底无望的态势导致一些（如果不能说很多的话）德国人举手投降：

> 从1月27日起，顿河方面军辖内部队着手肃清城内两个地域的敌人。尽管德军将领下达了明确的命令，但从此时起，前线许多地段开始违背德军指挥部的命令。敌人的士气急剧下降。有组织的投降出现了。大批德军士兵和他们的指挥官一同束手就擒，而他们的装备——坦克、大炮、迫击炮和弹药——遗弃在战场上。[25]

证明这一事实的是，舒米洛夫第64集团军报告，1月27日—29日这三天，他们共俘虏15000名敌官兵。[26]这些人中的大多数将在2月2日战斗结束后，与先前被俘的人一同计入顿河方面军的俘敌总数。

## 1月28日

1月28日，除了加拉宁将军的第24集团军，顿河方面军辖内诸集团军沿各条战线继续着他们系统性的推进。面对疲惫、饥饿、酷寒和苏军的无情推进，第6集团军的将士们顽强守卫着他们的两个包围圈，尽管所有人都明白不可避免的结局是什么。

### 德方的报告

德国人从城内发出的报告表明了苏军的进展和第6集团军痛苦的死亡（参见副卷附录18F）。当日晨，第6集团军继续抱怨无法找到德国空军投下的补给罐，并将情况描述为"没有变化"，报告中指出，集团军辖内部队仍在消灭突破察里察河防线的苏军部队。[27]另外，报告中还称，"第11军已构设起全方位防御阵地，"掩护着拖拉机厂和"街垒"厂，但由于补给状况，"已不再给伤病员分发食物，以维持战斗人员。"[28]

当日下午，情况明显恶化。16点30分，"顿河"集团军群告诉OKH，"一场猛攻后，敌人在优势炮兵和'斯大林管风琴'火力支援下突破铁路线以西的察里察河防线，[我军]弹药已耗尽，"无法封闭敌人的突破。[29]集团军群此时尚未收到第11军的消息，直到20点58分，施特雷克尔才报告，他的部队成功守卫着他们的刺猬阵地，并称只有在集团军群提供必要的食物和弹药的前提下，才能提高部队的"战斗意志"。[30]日终时，OKH终于流露出一丝合理的悲观情绪，在作战日志中写道："**东线**。尽管继续战斗纯属徒劳，但[我军]还是在斯大林格勒击退敌人发起的几次进攻。"[31]

除了灾难性的补给情况，在第6集团军看来，1月28日最严重的威胁发生在两个地段：首先是沿莫克拉亚梅切特卡河和梅切特卡河，拖拉机厂工人新村西北和西部边缘，以及"街垒"厂工人新村西侧一线，在那里，第11军第60摩步师、第16、第24装甲师刚刚完成刺猬防御阵地的构设工作；其次是沿察里察河防线，第4军第371、第71步兵师设法挡住苏军从铁路桥东面、河流北岸一座浅近登陆场沿红旗大街的推进。

北面，早晨侦察相关地带后，苏军在莫克拉亚梅切特卡河、梅切特卡河与奥尔洛夫卡河交汇处东、西面强渡前两条河流，当日下午在拖拉机厂工人新村西北角夺得一个立足地。与此同时，向东突击的其他苏军部队在南面数公里处渡过梅切特卡河，前出至"街垒"厂工人新村西部边缘，深深楔入拖拉机厂工人新村与"街垒"厂工人新村之间的树林，直至硅酸盐厂西部边缘。虽然施特雷克尔的部队设法将对方这场突破限制在600米内，但这是个不祥之兆。

南面的察里察河防线上，一股强大的苏军部队在铁路桥西面渡过该河向北突击。他们从德国第4军第371步兵师手中夺得河流北岸的一座登陆场，深度从100米到1000米不等。与此同时，从市中心西面的高地向东进攻的苏军部队向前推进600米，迫使德国第14装甲军残部退守围绕市中心西郊两座砖厂构设的阵地，以及主铁路线以西1.5—2公里之间的建筑区，从克鲁托伊冲沟上段南

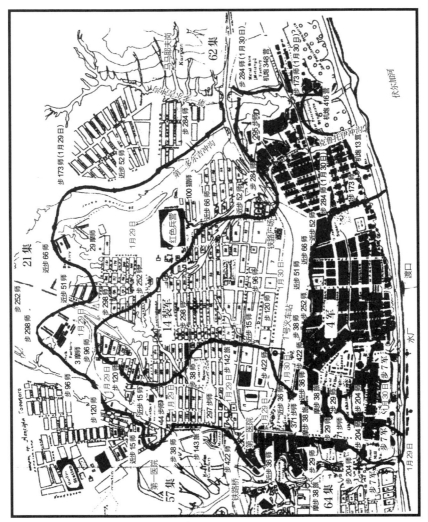

地图 77　1943 年 1 月 28 日—31 日，第 6 集团军南部包围圈的覆灭

延至察里察河以北约1公里处。苏军这些进攻给第6集团军南部包围圈西部、西南部边缘造成了破坏。

## 苏军的进攻

红军总参谋部的每日作战概要准确阐述了哪些部队取得了这些进展，开头处是一段总体性评论："**顿河方面军**继续进行持续的战斗，以歼灭斯大林格勒地域的残敌"（参见地图75、77、78和副卷附录18G）。[32]

打击第6集团军北部包围圈的战斗主要由扎多夫第66集团军辖内各师遂行。当日下午，集团军辖下的步兵第226师从珍珠大街（Zhemchuzhnaia）附近向南推进，渡过莫克拉亚梅切特卡河，在拖拉机厂工人新村北部边缘夺得一个立足地。步兵第226师右侧，步兵第343和第99师向东突击，在梅切特卡河与奥尔洛夫卡河交汇处以南1—2公里渡过梅切特卡河，并向前推进100米，进入拖拉机厂工人新村西部。步兵第84师在南面约2公里处渡过梅切特卡河，攻入拖拉机厂工人新村与"街垒"厂工人新村之间的树林，其先遣部队推进至硅酸盐厂西面。最后，在右侧配合第66集团军的巴托夫第65集团军，以步兵第260和近卫步兵第27师向东攻往梅切特卡河南面，在激烈的战斗中跨过维什涅瓦亚峡谷，并向东进入"街垒"厂工人新村西部。可是，德军顽强的抵抗使他们的进展不超过200米。

1月28日，托尔布欣第57集团军和奇斯佳科夫第21集团军所获进展最大，在他们右侧，舒米洛夫第64集团军的部队仍被牵制在红旗大街。第57集团军近卫步兵第15、步兵第38师和步兵第143旅从左至右（由西向东）排列，在铁路桥西面渡过察里察河向北突击，前出至新里亚德大街（Novoriadskaia）、萨利斯克大街（Sal'skaia）和戈卢宾斯基大街（Golubinskaia）。在此过程中，他们夺得河流北岸两座医院的废墟，左翼推进约1公里，右翼取得200米进展，迫使遂行防御的德军第44和第371步兵师向北退却。激战中，近卫步兵第15师攻克第一医院，包围第44步兵师师部，该师师长德博伊将军和数百名部下被俘。[33]

第57集团军左侧，第21集团军从左至右（由北向南）排列的近卫步兵第51（连同坦克第121旅）、步兵第298、第277、第96、第120师从斯大林格勒市中心西面的高地向东突击，作战地域从克鲁托伊冲沟上段南延至列索波萨多奇

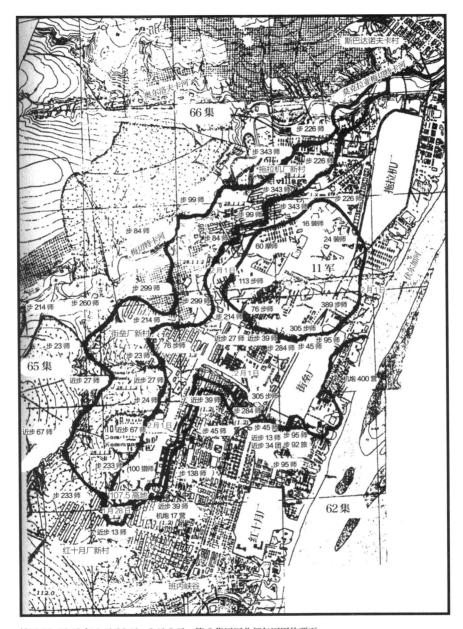

地图 78 1943 年 1 月 28 日—2 月 2 日，第 6 集团军北部包围圈的覆灭

纳亚村以东约2公里处。午后，苏军部队对德国第14装甲军残部发起冲击，从高地和断崖向东攻入市中心西郊。这些师推进600米，为争夺市郊的两座砖厂展开战斗，并前出至从克鲁托峡谷大街（Krutoovrazhnaia）的克鲁托伊冲沟南延至公路大街（Dorozhnaia）和新里亚德大街西部一线。这就使他们位于主铁路线以西约1.5—2公里、毗邻保卢斯司令部的"阵亡将士"广场西面约2.5公里处。第21集团军最左翼，近卫步兵第52师和左侧步兵第284师从马马耶夫岗西南面和南面的阵地向南推进，迫使德军第100猎兵师和第295步兵师残部退至多尔吉冲沟南脊。

1月28日日终时，罗科索夫斯基辖内部队已在施特雷克尔将军构设的刺猬阵地的西北部和西部楔入德国第11军的防御，尽管速度较为缓慢，但他们正在打垮保卢斯位于斯大林格勒市中心的南部包围圈的西南部、西部和北部防线。第6集团军的防线中还算完整的是第51军守卫的北部包围圈南部地段，另外还有南部包围圈从铁路桥东延至伏尔加河的察里察河防线。此时，北部包围圈由东至西约为3.5公里，由北至南约为4公里；南部包围圈由东至西约为3公里，由北至南的距离大致相等。这意味着第6集团军的90000名将士（其中许多是伤病员）挤在一片约25平方公里的区域内。但对残存者来说，最糟糕的时刻尚未到来。

第6集团军北部、南部包围圈逐渐萎缩时，艰巨、血腥的战斗仍在斯大林格勒工厂区肆虐（参见副卷附录19M）。从第62集团军遭受的损失看，崔可夫部队所从事的战斗与前几天、前几周乃至前几个月如出一辙，绞肉机继续发挥着致命的效力。一如既往，崔可夫部队取得的进展微乎其微。

虽然第62集团军没能粉碎第51军的防御，但1月28日日终前，罗科索夫斯基的部队已在冰冻的察里察河北岸夺得一座至关重要的登陆场。现在，随着第21集团军从西面、第57和第64集团军从南面逼近斯大林格勒市中心，第6集团军南部包围圈的防御开始崩溃。此后，德国人在斯大林格勒市中心的抵抗大为减弱，被越过或被包围时，第14装甲军和第8军的士兵们开始大批投降。

# 1月29日

## 德方的报告

第6集团军和辖内各部队1月29日的报告无疑都谈及了集团军的危险处境

（参见副卷附录18H）。清晨向OKH报告集团军正实施防御后，9点10分，第6集团军给"顿河"集团军群发去坏消息："1月28日—29日夜间部署在西部防线的第14装甲军军部遭到俄国人突袭，施勒默尔将军可能已受伤被俘。"[34]不到一小时，第6集团军又报告，尽管北部、西部和南部防线挡住敌人虚弱的进攻，但"几支食物和弹药告罄的部队出现解体迹象"，集团军正努力解决。[35]

上午晚些时候，重点转移到空运再补给的问题上，"顿河"集团军群问第6集团军有没有找到德国空军空投的约100吨物资。虽然不清楚第6集团军的回答是什么，但这个问题的提出表明这方面存在严重问题。[36]

第6集团军早上提及的解体，当天下午成为了事实，该集团军称苏军在铁路线以西和察里察河以北达成突破。[37]预料到这个问题的"顿河"集团军群已提醒OKH："必须预想到敌人企图于1月30日打垮要塞。空军必须投入战斗机，以各种方式支援地面部队。"[38]23点，第6集团军证实了集团军群最大的担心，在报告中称："［敌人］对整个西部、南部防线发起猛烈进攻，集团军正集结起最后几支尚具战斗力的小股部队和弹药自卫。"[39]集团军随后确认，敌人已"达成又宽又深的突破"，在此期间，"许多手无寸铁的官兵在敌人的报复中被杀害。"[40]第6集团军预计："南部包围圈很可能在1月30日崩溃；已没有继续实施防御的弹药和反坦克武器。"集团军称，如果发生崩溃，"最后的抵抗将以第194掷弹兵团和集团军司令部在36D2［国营百货商店］的多层建筑物中实施。"[41]尽管这份报告很悲观，但第6集团军预计："第11军也许能在拖拉机厂坚守得更久些，因为那里的敌人实力较弱。"[42]

在这些令人沮丧的电报中，第11军证实，至少有一部分德军将士不愿束手待毙。该军在17点发出的电报中称："10名士兵搭乘一辆卡车实施突围，行动方向不明。暂时无法采取更多行动，否则将无力据守防线。"[43]

此时，OKH的作战日志表明，他们完全清楚这场发展中的灾难的程度："**东线**。斯大林格勒，敌人成功突破［我军］在铁路线以西沿察里察河构设的防线，我军不得不在该地域和南部集团的北部构设新防线。北部集团继续实施抵抗。就连病者和伤员也没有食物。"[44]

总的说来，这些报告强调了第6集团军绝望的困境。虽然为北部、南部包围圈提供了一些至关重要的补给物资，但前者正在苏军从北面、西北面和西面发起的持续不断的进攻下苦苦支撑，而后者遭到苏军从西面和西南面发起的打击，崩溃的速度不断加快。苏军前一天晚上的猛烈突击打垮了德国第14装甲军军部，施勒默尔将军受伤被俘，一同被俘的还包括军部人员和许多士兵。清晨实施试探和侦察突袭后，当日下午，苏军沿南部包围圈南部、西南部和西部防线恢复大规模进攻。这些突击迫使德军第71步兵师残部向北后退150—600米，距离保卢斯位于"阵亡将士"广场的司令部已不到400米；第371步兵师向火车站附近和西面的阵地后撤800米；而据守斯大林格勒市中心西部的第14装甲军残部，从两座砖厂向东后退了1000米。包围圈北翼，苏军将第100猎兵师和第295步兵师残部驱离多尔吉冲沟南脊的防御，迫使他们向南退往克鲁托伊冲沟。黄昏时，保卢斯的南部包围圈已缩小到原先的一半左右。

**苏军的进攻**

红军总参谋部的每日作战概要证实了苏军各部队取得的这些进展，但也承认："**顿河方面军**在歼灭斯大林格勒地域残敌的激战中遭遇到顽强抵抗"（参见地图135、137、138和副卷附录18I）[①]。[45]

1月29日，顿河方面军第64、第57、第21集团军继续遂行着最猛烈、在第6集团军看来也是最危险的进攻。第64集团军近卫步兵第36、步兵第29、第204师，沿着从主铁路线东延至伏尔加河的红旗大街发起突击，右翼获得步兵第7军三个旅掩护，向北推进150—600米。舒米洛夫集团军左翼的近卫步兵第36和步兵第29师取得的进展最大，下午晚些时候逼近斯大林格勒主火车站和南面的果戈里大街。傍晚时，近卫步兵第36师先遣部队到达果戈里大街，位于"阵亡将士"广场西南角西面数百米处，而保卢斯的司令部就在毗邻的国营百货商店大楼地下室内。第64集团军右翼，步兵第204师和步兵第7军当日白天沿伏尔加河西岸向北推进数百米，到达乌里茨克大街（Uritskaia），逼近了它与十月大街（Oktiabr'skaia）的交叉口。他们在那里俘获第6集团军司令部的几名参谋，进而获悉了保卢斯司令部所在地。这个情况上报给方面军司令部，罗科索夫斯

---

[①] 译注：原文如此，下文中类似的状况不再列出。

基命令舒米洛夫加强进攻，俘虏第6集团军司令和他的指挥部。[46]因此，截至1月29日晚些时候，第64集团军先遣部队就在保卢斯司令部西面200—250米、南面约300米处。当晚晚些时候，舒米洛夫命令I.D.布尔马科夫上校的独立摩托化步兵第38旅（原先是个海军步兵旅，一直担任集团军预备队），立即在近卫步兵第36师与步兵第29师之间向前推进，攻向"阵亡将士"广场，俘虏保卢斯的司令部。[47]

随着这场战斗的进行，1月29日—30日夜间，第64集团军A.V.斯科沃尔措夫少将率领的步兵第204师抓获一名罗马尼亚军官，他是罗马尼亚第20步兵师师长迪米特留准将的副官。这位副官称，他的师长目前率领着师残部和第82步兵团，待在察里察河北岸2号面粉厂的一座谷仓里，正打算向苏军投降。斯科沃尔措夫立即将这个情况汇报给舒米洛夫，舒米洛夫派负责政治事务的副司令员协助斯科沃尔措夫与罗马尼亚人谈判。经过30分钟洽谈，并威胁要用"喀秋莎"轰击罗马尼亚人的阵地后，迪米特留和他的残部21点30分放下武器。投降后，迪米特留也指出了保卢斯司令部的所在地。[48]

第64集团军左侧，托尔布欣第57集团军的部队不能说进展更好，但最起码与第64集团军不相上下。近卫步兵第15、步兵第38师、第143旅、第422师齐头并进，沿着戈卢宾斯基大街东延至红旗大街铁路线的阵地，从新里亚德大街朝汇聚方向推进800米，前出至萨利斯克大街沿沃尔霍夫大街（Volkhovskaia）和涅瓦大街（Nevskaia）东延至斯大林格勒1号火车站附近一线。I.K.莫罗佐夫上校已于前一天夜间强渡察里察河的步兵第422师，沿铁路线向东冲往1号火车站。29日拂晓后不久，对面的德军第376步兵师师长冯·丹尼尔斯将军派一名代表赶至莫罗佐夫师，提出他的3000名残部无条件投降。[49]与冯·丹尼尔斯一同被俘的还有第6集团军医疗勤务主任奥托·雷诺尔迪中将和另外16名上校。收容战俘后，莫罗佐夫的步兵继续为最后一公里而战，直扑他们的最终目标——斯大林格勒市中心中央地带。

利用第57集团军取得的战果，奇斯佳科夫第21集团军辖内各师肃清了斯大林格勒市中心西郊两座砖厂内的残敌，进入市中心达200—1500米，左翼部队的进展较大。位于集团军左翼的近卫步兵第52师从多尔吉冲沟向南推进至克鲁托伊冲沟北脊。冲沟南面，近卫步兵第52师右侧，奇斯佳科夫集团军以辖内从左至右（由北向南）排列的近卫步兵第51、第66、步兵第298、第277、第96、第120师向东并肩推进。27日被步兵第277师接替的步兵第252师尾随其后，但该师1月30日重返前线，参加消灭第6集团军南部包围圈的最后突击。[50]最后，遵照奇斯佳科夫的命令，1月27日以前一直在集团军最左翼的步兵第173师28日撤出战斗，赶往克鲁托伊冲沟北脊，部署在步兵第284师左侧。该师接到的命令是1月30日发起进攻，会同步兵第184师，粉碎保卢斯南部包围圈的北部防线，并向南推进，夺取"一月九日"广场。

第21集团军胜利推进期间，近卫步兵第51师从沿克鲁托峡谷大街的阵地向东冲往克鲁托伊峡谷南面，夜幕降临前夺得红场北面的"红色兵营"。[51]在其左侧，近卫步兵第66师当日清晨要求对面的200名德军士兵投降，对方放下了武器；尔后，该师进抵第聂伯河大街（Dneprovskaia）与贝加尔大街（Baikal'skaia）交界口附近，位于斯大林格勒1号火车站北面的铁路线以西不到1公里处。[52]

第64、第57、第21集团军挤压第6集团军南部包围圈之际，巴托夫第65集团军和扎多夫第66集团军辖内各师对施特雷克尔北部包围圈的西部、北部防线保持着持续的压力。前者以步兵第214、近卫步兵第27、步兵第260、第23、第24师攻向"街垒"厂新村西端，引发了一场历时两天的激战，这场战斗沿维什涅瓦亚峡谷及其对面、"街垒"厂新村西端的树林和该工人新村上部进行。比留科夫少将的步兵第214师在集团军最左翼向前推进，他们面临着一场艰巨的战斗，因为赶至"街垒"厂新村西部边缘前，他们必须消灭困在维什涅瓦亚峡谷内的一股敌军。到达那里后，该师将与左侧第66集团军步兵第84师协同，攻入上"街垒"厂新村与上拖拉机厂新村之间的树林。这只是苏军在第6集团军北部包围圈"刺猬"防御阵地的北部和西部防线上造成的诸多"凹陷"之一。

第65集团军左侧，扎多夫第66集团军辖内步兵第99、第343、第226师对德国第11军位于拖拉机厂工人新村西北面和北面的防御发起冲击。步兵第99和第343师向东跨过梅切特卡河、步兵第226师向南渡过莫克拉亚梅切特卡河遂行突击，苏军克服德军第24装甲师和第389步兵师残部越来越绝望的抵抗，在该工人新村夺得一片小小的立足地。此时，施特雷克尔军已将残余的所有部队撤入一个四边形"刺猬"防御阵地，这片防区从拖拉机厂北部边缘和大半个拖拉机厂工人新村向南延伸，穿过伏尔加河西岸与拖拉机厂新村、"街垒"厂新村中段之间地段，直至"街垒"厂南部边缘、面包厂和布古鲁斯兰大街（Buguruslanskaia）东端，然后向南斜向延伸至铁路线以西，将拉兹多利纳亚大街（Razdol'naia）和107.5高地北面的下"红十月"厂新村北部包纳其中。

第65、第66集团军攻入第11军"刺猬"防区西部和北部时，德国第51军辖下的第305步兵师，会同第100猎兵师部分兵力和另外一些从西面逃入城内的部队据守己方防区，顽强抗击第62集团军在工厂区的推进。此时，巴托夫第65集团军负责肃清107.5高地西面上"红十月"厂新村和上"街垒"厂新村之敌，而崔可夫第62集团军负责消灭107.5高地东面下"红十月"厂新村、下"街垒"厂新村、面包厂和"街垒"厂之敌。但这项任务并不容易。

崔可夫命令集团军右翼的步兵第138、第45、第95师（后者加强有步兵第92旅）夺取面包厂、"街垒"厂和下"街垒"厂新村东南部。集团军左翼的近卫步兵第39和第13师应攻占拉兹多利纳亚大街北面下"红十月"厂新村余部，将德军驱离107.5高地，夺取下"街垒"厂新村西南部。可是，崔可夫的部队又一次未能将赛德利茨的部队逐出他们设在"街垒"厂、面包厂和恶名昭著的第五中学的堡垒（参见副卷附录19M）。

因此，1月29日，顿河方面军第64、第57、第21集团军对第6集团军南部包围圈的突击取得重大战果。实际上，截至日终时，他们已粉碎德国人的抵抗，从两个方向打垮了该包围圈，彻底消灭对方的负隅顽抗仅仅是几个小时的问题而已。不过，北部包围圈的战斗完全是另外一回事。虽然第65和第66集团军针对德国第11军在拖拉机厂、拖拉机厂新村和"街垒"厂新村构设的刺猬防御取得些许进展，但第62集团军与德国第51军为争夺"街垒"厂、面包厂、下"红十月"厂新村一部和"街垒"厂新村展开的战斗依然是一场血腥的厮杀。无论崔可夫的部队朝何处进击，进展都只有几十米。1月29日黄昏时，罗科索夫斯基已非常清楚，要想让巴托夫、扎多夫和崔可夫集团军顺利完成任务，必须为其增派援兵。

顿河方面军成功消灭第6集团军南部包围圈后，苏军最高统帅部信心十足地认为，完全可以从斯大林格勒地域再抽调一个集团军，将其部署至不同战略方向，参加新的进攻行动。故此，1月29日19点，最高统帅部发出朱可夫签署的两道指令，要求罗科索夫斯基方面军将托尔布欣第57集团军领率机关、炮兵第1、第11师和3个身管炮兵、4个反坦克歼击炮兵团调入最高统帅部预备队，1月31日生效。[53]短暂休整和补充后，这些部队将于2月2日—4日离开斯大林格勒，乘火车赶往奥斯塔什科夫地域，在那里加入西北方面军。待托尔布欣的领率机关调离后，近卫步兵第15、步兵第38、第422师和从第64集团军暂时借调的步兵第143旅，将在斯大林格勒战役期间转隶舒米洛夫集团军。第57集团军领率机关、辖内其他部队、技术装备及其炮兵兵团将用于代号为"北极星"的新攻势，朱可夫计划于1943年2月中旬在列宁格勒和旧鲁萨地域发起这一行动。[54]

随着又一个集团军调离斯大林格勒，罗科索夫斯基准备于1月30日对第6集团军至少半数残部发起致命一击。此时的保卢斯几乎被彻底困在百货商店的地下室里，他当然意识到集团军的末日已然临近。具有讽刺意味的是，当日中午，据说第6集团军起草了一份发给希特勒的贺电，祝贺他执政十周年，尽管第6集团军现存记录中并未发现这封电报。电报中写道："在您执政纪念日到来之际，第6集团军向元首表示祝贺。万字旗依然飘扬在斯大林格勒上方。我们的斗争或将成为当代和后代德国人即便身陷困境也决不投降，直至德国赢得胜利的典范。元首万岁。［签名］保卢斯上将，斯大林格勒，1943年1月29日中午。"[55]但保卢斯直到1月31日早上、他投降前几分钟才将这封电报发给希特勒。至少在南部包围圈，万字旗将在48小时内停止飘扬。

## 1月30日

1月30日晨，罗科索夫斯基顿河方面军辖下的第64、第57、第21集团军对第6集团军南部包围圈和保卢斯司令部发起最后的进攻。

**德方的报告**

此时，第6集团军与辖内部队几乎失去了一切联系，只能想象斯大林格勒其他地段的情况。第6集团军、集团军辖下各指挥部和"顿河"集团军群的报告拼凑出当日所发生情况的一幅不太完整的拼图（参见副卷附录18J）。苏军当日晨的进攻并未给施特雷克尔第11军造成破坏，该军报告，他们消灭了敌人的一些突破，还抓获一些俘虏，10点45分又在报告中吹嘘："我们将奉命坚守到最后一刻，尽管伤亡惨重，但部队的士气堪称楷模。"[56]尽管如此，该军还是抱怨俄国人使用了同样的灯光信号，欺骗德国空军机组人员投下补给物资。[57]

南部包围圈的情况并非如此，在那里，保卢斯陷入困境的部队正面临着即将到来的覆灭。第6集团军司令部10点30分指出："敌人以坦克从西部防线和市中心中部发起猛烈进攻……挡住敌人部分突击。"不过，第6集团军不得不承认："用不了多久，俄国人就会出现在这座大楼门前。我们将战斗到最后一刻，从某种程度上说是为了我方将士的命运。"[58]三小时后，集团军又报告："今晚向红场空投物资已不复可能。工兵兵营的情况不明，拖拉机厂大概可以。"这句话的意思是广场和兵营已落入苏军手中。[59]集团军密切留意着苏军的进展，14点报告："火车站广场［1号火车站北面1100米］和察里察河北面的战斗群仍在坚守，俄国人已位于他们之间。"19点左右，第6集团军又报告："我们的主防线数处遭到突破，刺猬阵地位于红场周围300米。"[60]

最后，21点40分，集团军群派驻第6集团军的联络官总结了态势："据许多指挥官报告，他们杂乱的部队已结束抵抗，尽管采取了严厉措施，但由于缺乏意志，他们将弹药射完后放弃抵抗束手就擒。我们在掩体内聆听了元首的公告，也许是最后一次，伴随着国歌，我们举起手臂敬礼。"[61]当晚晚些时候，"顿河"集团军群向OKH描述了严峻的局面，指出"敌人以强大的炮兵对南部刺猬防御阵地发起向心突击，部分火炮采取直瞄射击，并获得坦克支援……尽管我方部队顽强实施了英勇抵抗，但最终崩溃"。这份报告总结了日终时的态势，称"第6集团军司令部仍坚守着红场的刺猬阵地，另一处刺猬阵地位于工兵兵营，但我们估计这些部队将在1月31日被彻底打垮"。[62]对于第11军先前称部分部队试图突出包围圈的电报，这份报告补充道："［第11军］8—10个小组向西南方突围，大概是赶往下奇尔斯卡亚。"[63]这封电报表明，试图逃出包围圈的德军士兵远比过去认为的人数为多。

OKH作战日志当晚的条目回应了白天收悉的电文："**东线**。斯大林格勒，敌人投入坦克，对南部包围圈北部和南部防区发起冲击。西部防线上的部队后撤。尚未收悉北部包围圈的消息。获得空投的食物，加之防御的成功，再次激发起部队的士气。"[64]

620

虽然这些电报和报告较为零碎，但它们清楚表明，第6集团军南部包围圈已彻底崩溃。实际上，苏军沿斯大林格勒1号火车站铁路线向北冲击、向东跨过车站北面的铁路线、向南穿过南部包围圈沿克鲁托伊冲沟构设的北部防线时，原先的一个大包围圈已被分割成两个较小的包围圈。苏军这些突击消灭了德国第14装甲军位于包围圈西南部的部队，孤立并迅速俘获了德国第8军位于铁路线以西的残部（包括据守工兵兵营的部队）。同时，苏军在铁路线东面向北发起的冲击，将德国第4军第371和第71步兵师残部逼入"阵亡将士"广场（德国人称之为红场）周围及北部的建筑物。最后，苏军从北面发起的进攻粉碎了德国第51军第100猎兵师和第295步兵师沿克鲁托伊冲沟据守的残余防御，迫使他们退往车站广场和"一月九日"广场。

苏军在南部包围圈大显神威，但北部的情况却并非如此。在那里，施特雷克尔将军第11军辖内部队——目前编有第76、第113、第305、第389步兵师、第16、第24装甲师、第60摩步师残部——在工厂区顽强据守着四边形刺猬要塞的周边防线。实际上，除崔可夫部队对"街垒"厂南部边缘和下"街垒"厂新村发起的冲击，苏军当日只沿拖拉机厂北面的莫克拉亚梅切特卡河发起虚弱无力的推进，对拖拉机厂工人新村西端的突击也不甚猛烈。第11军较为轻松地击退了对方这些冲击。除了展现出"堪称楷模的士气"外，北部包围圈内的部队显然有足够的勇气发起突围尝试。据报，8—10个小组"逃离"北部包围圈，如果每个小组由4—5人组成，那么总人数可能已超过50名士兵。鉴于眼前的情况，可能有更多人加入他们的行列。可是，他们逃离时所带的食物寥寥无几，斯大林格勒以西地域也已被苏军肃清。考虑到1月份的酷寒，数十万苏军散布在整片地域，加之突围者与西面的德军主防线相距300多公里，这些人的生存概率微乎其微。[65]

### 苏军的进攻

德方报告使得1月30日的情况看似混乱不堪，而苏联方面的文件和相关记述则填补了缺失的细节。首先，红军总参谋部的每日作战概要一如既往地提供了对当日作战行动的总体概述："顿河方面军继续消灭被围于斯大林格勒地域的敌军残部"（参见地图135、137、138和副卷附录18K）。[66]

在消灭第6集团军南部包围圈的行动中，舒米洛夫第64集团军又一次赢得首功。遵照罗科索夫斯基前一天晚上下达的命令，部署在集团军左翼的近卫步兵第36师、摩托化步兵第38旅和步兵第29师，从1号火车站附近的主铁路线沿果戈里大街南延至十月大街的阵地向北攻入斯大林格勒市中心。这些部队随后转向东面，包围"阵亡将士"广场及其北面的商场区，国营百货商店和保卢斯司令部就位于这片区域的西端。日终前，苏军这三个兵团前出至苏维埃大街（Sovetskaia）、哈尔图林大街（Khalturina）和奥斯特罗夫大街（Ostrovskaia），辖内大多数部队正面朝南。

在这场推进中，M.I.杰尼先科少将的近卫步兵第36师在主铁路线南面向北攻击前进，与第57集团军右翼莫罗佐夫上校步兵第422师保持联系的同时，还掩护着摩托化步兵第38旅左翼。该师先遣部队到达库尔斯克大街（Kurskaia）后，沿日科夫大街（Zhikovskaia）和伏尔加顿斯克大街（Volgadonskaia）转身向东，继续掩护第64集团军左翼的同时，赶往哈尔图林大街和奥斯特罗夫大街，包围铁路线以东之敌。近卫步兵第36师右侧，布尔马科夫上校的摩托化步兵第38旅向东北方攻往"阵亡将士"广场，A.I.洛谢夫上校的步兵第29师位于其右侧，但该旅到达广场西部边缘时遭遇到顽强抵抗。

第64集团军右翼，A.V.斯科沃尔措夫少将的步兵第204师和S.G.戈里亚切夫少将步兵第7军辖下的第93、第96、第97旅，从十月大街向东穿过公园，沿乌里茨克大街至伏尔加河河段（斯大林格勒主渡口南面数百米）这片地域向正北方攻击前进。日终前，这些部队到达渡口区西南面100米西延至苏维埃大街、十月大街一线。第64集团军这场推进成功构设起一道步兵封锁线，距离保卢斯位于国营百货商店的司令部仅200—300米。此时，杰尼先科和布尔马科夫都请求舒米洛夫为他们调拨夺取目标所需的援兵。据近卫步兵第36师师史称，舒米洛夫迅速以工程–战斗工兵第329营的一个连加强该师（参见副卷附录18L）。[67]

与此同时，舒米洛夫将该工程–战斗工兵营的另外三个连调拨给摩托化步兵第38旅。这就使布尔马科夫旅和洛谢夫上校位于左侧[①]的步兵第29师得以从

---

① 译注：应为右翼。

西南面和南面突入"阵亡将士"广场。1月30日—31日夜间，布尔马科夫和洛谢夫的部队再次转入防御，准备围绕国营百货商店（位于广场对角）构设起更加紧密的封锁。采取这些措施后，第64集团军为德国第6集团军覆灭过程中最著名的标志性事件——保卢斯将军和他的司令部投降——做好了准备。

舒米洛夫的部队锁定第6集团军司令部时，托尔布欣第57集团军和奇斯佳科夫第21集团军从西面和西北面冲入斯大林格勒市中心心脏地带，消灭了已然覆没的第14装甲军和即将覆灭的第8军辖内部队的所有抵抗。托尔布欣集团军仍以从左至右排列的近卫步兵第15、步兵第38师、步兵第143旅、第422师向东北方推进，突破至1号火车站北面的主铁路线。日终时，集团军辖内部队到达库尔斯克大街西面的主铁路线向西南方穿过共产主义大街（Kommunisticheskaia）、沿帕尔霍缅科大街（Parkhomenko）南延至1号火车站南面300米处的库班大街（Kubanskaia）一线。在此过程中，莫罗佐夫上校的步兵第422师夺得察里察河北面、铁路线西面的第二医院、州党委大楼（在那里解放了300名苏军战俘）和1号火车站。[68]

第57集团军左侧，奇斯佳科夫第21集团军辖内各师，从西北面和西面沿一条宽大的战线攻入斯大林格勒市中心。由于战斗在不同街区进行，彼此间的距离非常近（城内其他地段的情况同样如此），奇斯佳科夫命令辖内部队，"除团属火炮和45毫米火炮，其他火炮一律停止射击，"而允许开火的火炮大多采用直瞄方式射击。[69]集团军左翼，近卫步兵第52师在坦克第121旅和近卫坦克第47团支援下，向东南方推进，跨过克鲁托伊冲沟和梅德韦季茨克大街（Medveditskaia）北端，前出至共产主义大街北端，位于斯大林格勒1号火车站北面不到2公里处。集团军中央和左翼①，近卫步兵第66、第51、步兵第277、第96、第120师从沿第聂伯罗斯特罗耶夫大街（Dneprostroevskaia）南延至斯杰普纳亚大街（Stepnaia）的阵地攻向东南面和东面，他们跨过铁路线，前出至从铁路大街（Zheleznodorozhnaia）沿共产主义大街西延至哈尔科夫大街（Khar'kovskaia）一线。在那里，第21集团军右翼的步兵第120师，日

---

① 译注：应为右翼。

终前与第57集团军左翼的近卫步兵第15师取得联系。集团军向东进击时，奇斯佳科夫将步兵第298和第252师转入预备队，以防范一切无法预料的问题。

位于第21集团军最左翼的步兵第173师，会同第62集团军步兵第284师，继续从克鲁托伊冲沟向南攻往斯大林格勒市中心北部。向南推进1公里后，两个师的突击群粉碎了德军第295步兵师位于第6集团军南部包围圈北部防线的防御，突破至"一月九日"广场北郊和太阳大街（Solnechnaia）西端。

但北面的情况截然不同。与南部包围圈相比，德国人在北部包围圈的抵抗更加顽强，组织得也更好，苏军第65、第66、第62集团军先前发起的突击均告失败，损失相当惨重。苏军情报部门估计，施特雷克尔将军掌握着约20000名士兵，尽管他们的食物和弹药即将耗尽，但对方依然据守着显然很强大的防御阵地。[70]不管怎样，罗科索夫斯基决定，一次消灭第6集团军的一个包围圈，他命令北面诸集团军只实施有限的试探行动，利用短暂的战斗间歇侦察德军防御，并让部队做好1月31日恢复大规模进攻的准备。

一如既往，崔可夫第62集团军并未享受到这场战斗间歇，各突击群1月30日继续进攻敌支撑点。集团军辖内各兵团作战日志的相关条目表明，面对德军的坚决抵抗，他们又一次进展甚微（参见副卷附录19M）。

## 德国的反应

给第6集团军的苦难平添侮辱的是，1月30日中午，帝国元帅戈林通过电台向德国人民发表讲话，庆祝元首执政十周年。第6集团军有幸拥有收音机的将士们听到了戈林对他们的溢美之词，就是这个人曾多次保证，他的空军能够满足他们的一切需求。戈林在讲话中傲慢地宣称：

> 终有一天，装甲掷弹兵们首次攻入斯大林格勒要塞，沿伏尔加河夺得立足地。这将作为我们最伟大、最英勇的战斗永载史册。我们的掷弹兵、工兵、炮兵、高射炮兵和那座城市里的其他人，从将军到普通士兵，取得了史无前例的战绩。虽然他们中的大多数人疲惫不堪、筋疲力尽，但他们继续以丝毫未减的勇气顽强战斗，抗击占据压倒性优势的敌人。一千年后，德国人将满怀尊敬和敬畏地谈及这场战役，并将牢记，不管怎样，德国的最终胜利

正是在那里决出……

千年之后，德国人将怀着敬畏的心情这样谈起伏尔加河畔的英雄战役：你们来到德国的时候，别忘了说一声，你们已经看到我们长眠在斯大林格勒。为了德国、为了荣誉、为了元首，我们必须这样做。说士兵们必须牺牲在斯大林格勒、牺牲在荒漠或北方的冰天雪地里，这听上去也许很残酷，可如果我们的将士都不愿以身涉险，那我们还不如去修道院出家……

投身战场的士兵必须知道，他可能无法平安返回；如果他活着回来了，那他应该对自己的好运心存感激。[71]

第6集团军北部包围圈内的士兵们听到这番讲话时，戈林空头支票的这些受害者肯定觉得他这番夸夸其谈颇具讽刺意味。一千年后，德国人的确会谈及这场战役，但绝非满怀尊敬和敬畏，而是带着耻辱和最深刻的痛悔。这些士兵们还知道，不会有什么"最终胜利"，斯大林格勒将成为最终战败的开始。据说一位颇具洞察力的无线电操作员以一封简短的电报回应了戈林的讲话："这里并不欣赏早到的祭文。"[72]

## 保卢斯的投降，苏军消灭第6集团军北部包围圈，1月31日—2月2日

### 1月31日

1月31日晨标志着保卢斯第6集团军末日的到来，苏德士兵对此都不感到意外。拂晓前，罗科索夫斯基已命令舒米洛夫第64集团军对垂死的第6集团军发起致命一击，俘虏或击毙躲在最后一座指挥掩体中的司令官及其参谋人员，他们的指挥部设在国营百货商店的地下室，就在"阵亡将士"广场对面。

**德方的报告**

随着周围的一切坍塌崩溃，第6集团军司令及其参谋人员都意识到末日将至，但他们对部队的情况知之甚少。现存的德方文件只简短记录下这个决定命运的早晨的点滴情况（参见副卷附录18M）。1月30日—31日夜间，OKH提醒第6集团军，其职责是坚守到最后一刻，参谋长施密特将军略有些夸张地回复

道："我们阅读了元首的公告，这使我们获得了勇气和决心，我们将为伏尔加河畔这座红色堡垒的废墟奋战至最后一息。万字旗在我们上方飘扬。总司令的命令将被执行到最后一刻。我们所想的是忠于祖国。元首万岁！"[73]几小时后，施密特向"顿河"集团军群发出最后一份态势报告，电报中称，尽管"被紧密包围在三座堡垒中"，但集团军"仍控制着火车站以西、水厂以南的一些建筑区"，"第4军已不复存在，第14装甲军已投降，尚未收悉第8军和第51军的情况。"施密特认为："最终崩溃24小时内就将到来。"[74]现存记录中，第6集团军司令部发出的最后两封电报是"顿河"集团军群派驻第6集团军的联络官分别于6点15分和7点14分发给OKH的。前一封电报中写道："俄国人已到门口，我们正准备销毁/摧毁［文件和设备］。"后一封电报证实："我们正在销毁/摧毁［文件和设备］。"[75]13点15分，曼施泰因对这些电报做出回应："致第6集团军的同志们！我们对你们的英勇牺牲深表敬意。我们将继承你们的遗志，将战斗进行到底。"[76]而此时，保卢斯已向苏军投降。

第6集团军南部包围圈成为历史时，施特雷克尔负隅顽抗的第11军继续坚守着北部包围圈。7点59分，该军报告，"夜晚平安度过，但肃清主防线的反冲击只取得部分成功。"另外，"由于敌轰炸机猛烈空袭，"该军损失惨重，"重武器弹药补给即将耗尽。"[77]17点40分，经历了较为平静的一天后，第11军发出最后一份后勤报告，称该军50000名将士需要28吨补给，但并未收到。[78]

OKH在其作战日志中写下了保卢斯的"墓志铭"，文中写道："**东线。**斯大林格勒，尽管进行了英勇抵抗，但南部包围圈陷落了。集团军司令部以最后几支分队的兵力在红场周围300米内构设起全方位防御。1月31日晨收到了陆军元帅保卢斯率领的南部集团发出的最后一封电报。与此同时，他们停止了抵抗。"[79]

OKH和OKW收到施密特将军清晨发来关于第6集团军即将覆灭的电报后没多久，希特勒擢升了第6集团军的许多中级和高级军官。117名军官获得晋升，他们中的大多数人对此一无所知，第4军军长海茨中将擢升上将①；保卢斯的参

---

① 译注：应为"第8军军长海茨擢升大将"，海茨1937年就已经是炮兵上将了，下文中也有类似问题，不再单独列出。

谋长施密特少将擢升中将①；保卢斯上将擢升为令人敬畏的陆军元帅②。希特勒
发出电报宣布这些晋升时，他知道从来没有过投降的德国元帅。希特勒的意图
可能是提醒保卢斯这位出色而又忠诚的总参军官，应该自杀而不是投降。[80]可
没过几小时，保卢斯打破先例投降了，他很可能是希望苏联人宽大处理数千名
已被祖国抛弃的德军将士。

## 苏军的进攻

红军总参谋部的每日作战概要为第6集团军南部包围圈的戏剧性发展提供
了相关背景，称"顿河方面军消灭了敌南部集团，准备恢复进攻，歼灭其北部
集团"。[81]这份作战概要没有提及细节，只简单描述了第6集团军南部包围圈
的投降（参见地图135、137、138和副卷附录18N）。

保卢斯的投降发生在1月31日清晨，7点后不久。前一天晚上，布尔马
科夫上校的摩托化步兵第38旅和工程–战斗工兵第329营的三个附属连封锁了
"阵亡将士"广场周边地带和位于巴扎尔大街（Bazarnaia）、果戈里大街、卡
尔利夫涅赫塔大街（Karl Livnekhta）拐角处的国营百货商店。他们切断了保卢
斯位于百货商店地下室内的司令部与辖下部队之间的所有电话线。近卫步兵第
36师的部队沿哈尔图林大街和奥斯特罗夫大街占领北面和东北面街区，而步兵
第29师的部队沿十月大街和苏维埃大街据守着南面和东南面街区。保卢斯和他
的司令部人员被配备机枪、团属火炮的苏军步兵和工兵团团包围，无路可逃。
6点15分，第6集团军司令部的无线电操作员报告："俄国人已到门口。"[82]
不久之后，施密特将军向上级部门发出最后的电报，保卢斯和他的参谋人员
决定，投降的时刻已到。7点，保卢斯的副官亚当上校打着一面白旗走出地下
室，向离得最近的苏军军官宣布，他们打算接洽投降事宜。他这样做时，7点
14分，无线电操作员发出最后一封简短的电报："我们正在销毁/摧毁［文件
和设备］。"[83]

---

① 译注：施密特1943年1月17日已晋升为中将。
② 书中没有提及保卢斯1942年11月20日晋升大将一事，大概是因为美国人的军衔等级将德军"大将"等同于美军的上将。

　　许多著作描述了这场投降是如何发生的，并提供了不同程度的细节。罗科索夫斯基在他主编的权威著作《伏尔加河畔的伟大胜利》中所做的叙述最为清晰、简洁（参见副卷附录18O）。他以一种实事求是的态度谈及摩托化步兵第38旅7点—8点间俘虏了保卢斯和他的参谋人员；8点—10点，第64集团军与对方举行谈判，第6集团军向第64集团军参谋长拉斯金少将无条件投降；保卢斯拒绝命令北部集团投降，理由是该集团已不归他指挥，他也联系不上对方。最后，保卢斯和他的参谋人员12点被送至第64集团军司令部。[84]

　　舒米洛夫将军询问了保卢斯一些问题，包括他如何擢升为陆军元帅、他为何不亲自命令北部和南部包围圈投降、希特勒给他下达了什么命令、他为何决定投降等。这位第6集团军司令回答道，他接到的命令是"战斗到底"并遵照这道命令行事。但最终决定投降是因为"我们已无法继续战斗"。他解释说："我们并未放下武器，而是筋疲力尽，无法继续战斗下去。您的部队楔入并逼近我军残部时，我们已无法实施防御，弹药告罄，因此，战斗停息下来。"[84]当晚，保卢斯被送至顿河方面军司令部，与罗科索夫斯基进行了一场短暂、彬彬有礼的会谈，后者在回忆录中对此有所记述（参见副卷附录18O）。

　　第64集团军俘虏保卢斯元帅时，集团军辖内部队，连同第21集团军从西面推进、第62集团军从北面攻向南部包围圈的部队，在市中心、铁路线以东、"一月九日"广场及其南面汇聚，俘获了另一些德军将领。其中一些将领据守着市内其他地段的孤立阵地，被前进中的第21和第62集团军绕过后，他们放下了武器。1月31日投降的将领如下：

　　·向第57和第64集团军投降：陆军元帅保卢斯、第6集团军参谋长施密特少将①、第29摩步师师长莱泽少将、第51军炮兵主任瓦塞尔少将、罗马尼亚骑兵师师长布勒泰斯库将军、第71步兵师师长兼南部包围圈指挥官罗斯克少将。

　　·向第21集团军投降：第100猎兵师师长桑内中将、第8军军长海茨中将、第76步兵师师长罗登布尔格中将及21800名官兵。

---

　　① 译注：中将。

·向第62集团军投降：第51军军长冯·赛德利茨中将、第4军军长普费弗中将[1]、第14装甲军军长施勒默尔中将、第376步兵师师长冯·丹尼尔斯中将、第44步兵师师长德博伊中将、第295步兵师师长克费斯少将。

·向第64、第57、第21、第62集团军投降：50000人。

顿河方面军第64、第57、第21集团军和第62集团军部分部队忙着在斯大林格勒市中心消灭保卢斯第6集团军司令部和辖内几个军时，第66、第65、第62集团军在北部包围圈外消磨着时间。由于该包围圈内的德军实力较强、极其顽固，罗科索夫斯基向最高统帅部提出，暂时停止对北部包围圈的进攻，这个建议得到后者的批准。罗科索夫斯基认为，保卢斯投降后，也许能劝说北部集团放下武器。实际上，拉斯金、舒米洛夫和罗科索夫斯基曾敦促保卢斯这样做。除了批准将进攻推延至2月1日，最高统帅部还答应，待第21集团军完成斯大林格勒市中心的任务后，就以该集团军的部队加强巴托夫和扎多夫集团军。

与此同时，罗科索夫斯基命令巴托夫第65集团军和扎多夫第66集团军，1月31日的行动仅限于对北部包围圈的防御实施试探、袭击和侦察。当然，崔可夫第62集团军继续进攻包围圈南部防线，这样一来，步兵第284师的部队得以向南推进，夺得"一月九日"广场，在那里与第64集团军的部队会合（参见副卷附录19M）。

第6集团军南部包围圈的崩溃、解体和投降标志着第14装甲军、第4、第8军、第51军位于克鲁托伊冲沟南面的部分部队彻底覆灭。苏联方面的资料称，该包围圈内约50000名士兵被俘。但是，保卢斯拒绝命令北部包围圈投降，这使施特雷克尔将军的第11军又坚守了一天。此时，施特雷克尔的部队包括第16和第24装甲师残部，据守着包围圈北部防线的西半部；第113、第76步兵师、第60摩步师残部，守卫着拖拉机厂及其西面的工人新村；第389步兵师位于拖拉机厂南延至"街垒"厂北端一线；第79和第305步兵师仍坚守着面包厂、"街垒"厂和附近位于西面的建筑物。施特雷克尔估计，截至1月30日，他的

---

① 译注：赛德利茨和普费弗都是炮兵上将。

总兵力约为50000人，但他们缺乏重武器，食物和弹药也将耗尽。而沃罗诺夫和罗科索夫斯基估计，施特雷克尔的部队会实施最后的、也许是狂热的抵抗。

为了尽快粉碎这种抵抗，罗科索夫斯基命令扎多夫第66集团军和巴托夫第65集团军，2月1日对北部包围圈西北部和西南部防线发起大规模突击，而崔可夫第62集团军突击群继续穿过北部包围圈南部防线上的"红十月"厂新村、"街垒"厂新村和"街垒"厂北部。罗科索夫斯基计划投入猛烈的炮火和近乎持续不断的空袭，在不危及苏军部队的前提下，随时随地支援这些地面突击。另外，他信守承诺，开始以从南部包围圈战斗中腾出的部队加强扎多夫和巴托夫集团军。1月31日黄昏，第一支部队（近卫步兵第66师）向北开拔，加入扎多夫集团军。巴托夫和扎多夫计划以这些援兵遂行他们希望于2月2日发起的最终突击。

## 2月1日

罗科索夫斯基在回忆录中称，顿河方面军炮兵和航空火力准备的强大威力一举打垮了施特雷克尔倒霉的部队："炮兵向前部署后，2月1日，第62、第65、第66集团军猛烈的炮火雨点般落向敌军。与此同时，我们的战机也对敌人实施了轰炸。炮兵和航空兵火力准备结束后，许多地段的敌防区挑出白旗，这表明北部集团的敌人也放下了武器。"[85]

率领方面军这场突击的是第65集团军，对于这场炮击和轰炸，司令员巴托夫提供了更加生动的描述，许多亲历者称，这是迄今为止，苏军在这场战争中实施的最为猛烈的炮击和轰炸，对德国守军造成了毁灭性影响（参见副卷附录18P）。[86]苏联人和德国人均未质疑罗科索夫斯基第62、第65、第66集团军这场突击的猛烈度，因为没过24小时，施特雷克尔的北部包围圈便停止了抵抗（参见地图78）。

### 德方的报告

现存的德方记录虽然数量不多，但证实了苏军对施特雷克尔50000名将士发起这场进攻的效果（参见副卷附录18Q）。第11军度过他们所说的平静夜晚后，7点45分在当日第一份电报中指出，"〔敌人发起〕最猛烈的炮火准备"，并预计对方将在"南面和西南面实施一场大规模进攻"。[87]苏军发起全面突击后，希特勒亲自（通过OKH）告诫"顿河"集团军群和第11军，"我希望斯大林格勒北部包围圈坚守到最后一刻，"他预言道："多坚持一天，哪怕是一个小时，都将使其他防线变得更加强大。"[88]21点30分，施特雷克尔军报告："敌人在拖拉机厂西面和火炮厂西南面达成纵深突破……我军损失惨重，一部分已遭粉碎。"这份报告还预计："由于敌人具有压倒性优势，加之我军所有弹药已耗尽，估计抵抗将于2月2日告终。"[89]

OKH竭力跟上快速变化的态势，在其作战日志中记录道："**东线。**第6集团军（南部集团）1月31日7点发出最后的电报，称'俄国人已到门口，我们正准备销毁/摧毁［文件和设备］'、'我们正在销毁/摧毁［文件和设备］'。第11军（北部包围圈）发起数次反击，以肃清敌人的突破。敌机的空袭使该军损失惨重。重武器弹药已耗尽。"[90]

这些报告总体上证实了苏军炮兵、航空火力准备和随之而来的地面突击的规模及破坏性影响。进攻中的苏军粉碎了北部包围圈西部和北部防线，将残存的德军逐入拖拉机厂、"街垒"厂、相关工人新村及其周边支撑点。最重要的是，这些报告证实，战斗可能在24小时内结束。


## 苏军的进攻

苏联方面的报告详细阐述了这场最终突击的发展情况和取得的战果。首先，红军总参谋部的每日作战概要描述了各集团军的进攻表现。例如："顿河方面军对被围于斯大林格勒城北部之敌集团发起进攻"（参见地图78和副卷附录18R）。[91]

虽然2月1日的战斗重点在斯大林格勒工厂区，但苏联方面的资料清楚表明，一些孤立于市中心建筑物废墟中的德军部队仍不肯投降。因此，舒米洛夫第64集团军部分部队这一整天都忙于肃清负隅顽抗的敌人，这些资料一如既往地称对方是党卫队部队，但这种说法并不正确。目前尚不清楚该集团军辖内哪些部队完成了这份苦差。但我们知道，由于前一天晚上的转隶，2月1日时，第64集团军编有步兵第7军第93、第96、第97旅；近卫步兵第15、第36、步兵第29、第38、第204、第422师；步兵第143、坦克第90、第254、摩托化步兵第38

旅；第118筑垒地域。此时，罗科索夫斯基已将第64集团军辖内大编制炮兵兵团北调，加强对北部包围圈的炮火准备。同时，根据最高统帅部和罗科索夫斯基的命令，正如第64集团军2月1日的新编成表明的那样，托尔布欣第57集团军已于2月1日前将步兵第96和第120师转隶第21集团军，近卫步兵第15师转隶第64集团军。而第57集团军领率机关转入最高统帅部预备队，准备部署至苏德战线其他地段。

至于奇斯佳科夫第21集团军，结束斯大林格勒市中心的战斗后，该集团军也派出部分部队加强第65和第64集团军①，但只是暂时性的。例如，近卫步兵第66师调至第66集团军，准备参加2月2日对第6集团军北部包围圈的最终突击。尽管未得到确认，但近卫步兵第51、第52、步兵第173师很可能也加入了第65或第66集团军，虽然很短暂。

斯大林格勒市中心的战斗逐渐平息时，2月1日8点30分，罗科索夫斯基的重锤砸向施特雷克尔的北部集团。分配给第65集团军的炮兵发起一场持续约90分钟的炮火准备，并以巴托夫所描述的10—15分钟可怕的炮火急袭为结束。30分钟后，扎多夫第66集团军的炮兵加入其中。约1000门各种口径的火炮投入第65集团军的炮火准备，集团军6公里宽的主要突击地域上，战术密度达每公里正面170门火炮。

10点整，巴托夫发起地面突击，比留科夫位于集团军最左翼的步兵第214师沿维什涅瓦亚峡谷东脊、峡谷与梅切特卡河交汇处南面的阵地向东实施攻击。I.A.西瓦科夫上校的步兵第23师和F.A.普罗霍罗夫少将的步兵第24师，可能获得格列博夫将军近卫步兵第27师、梅尔库洛夫将军近卫步兵第67师、步兵第233、第260师部分部队加强，在集团军中央和右翼跨过峡谷发起突击。[92]据守这些地段的是德国第11军第76、第113步兵师残部和第60摩步师部分部队。

这场进攻使第65集团军左翼步兵向前推进1公里多，右翼部队也取得600米进展。步兵第214师先遣部队前出至上"街垒"厂新村与上拖拉机厂新村之间的第三硅酸盐厂附近，夺得上"街垒"厂新村西北部。在其右侧（南面），

---

　① 译注：第66集团军。

巴托夫麾下其他师跨过峡谷，前出至上"街垒"厂新村南部和西南部边缘，在那里夺得上"红十月"厂新村与上"街垒"厂新村之间的一座无名村庄。工人俱乐部和沿107.5高地东北面数百米，恶名昭著的双冲沟西面的沙赫京斯克大街（Shakhtinskaia）、尤里宰斯克大街（Iurizaiskaia）、热尔杰夫斯基大街（Zherdevskaia）毗邻建筑区均落入苏军手中。因此，除了将第11军西部防线打垮外，第65集团军的突击还威胁到该军在107.5高地的防御，几天来，该高地一直处于第62集团军近卫步兵第13、第39师的攻击下。

扎多夫获得加强的第66集团军配合巴托夫第65集团军对北部包围圈西部防线的突击，10点整攻向包围圈北部防线。扎多夫集团军在约4公里宽的主要突击地域遂行冲击，这片地域从珍珠大街南面的莫克拉亚梅切特卡河河段起，向西南方延伸至拖拉机厂西面的梅切特卡河河段。N.S.尼基琴科少将的步兵第226师向南渡过莫克拉亚梅切特卡河，攻入拖拉机厂新村北部。I.M.沃多皮亚诺夫中校的步兵第343师和V.Ia.弗拉基米罗夫少将的步兵第99师，从莫克拉亚梅切特卡河右（东）岸登陆场向东攻入拖拉机厂新村西部。由于这些师的战斗兵都不超过1000人，他们无疑获得了P.I.福缅科少将步兵第84师、G.V.巴克拉诺夫少将步兵第299师、I.M.马卡罗夫少将步兵第116师部分部队的加强。德国第11军以第60摩步师主力和第16、第24装甲师残部守卫该地域。

扎多夫遂行突击的各师在数个地段突破德国第11军的防御，向前推进400米，包围第16装甲师第79装甲掷弹兵团，歼灭该师第16装甲炮兵营和第16摩托车营大部。这场进攻迫使德军第60摩步师和第16装甲师残部混乱不堪地退入工人新村深处或附近的拖拉机厂。日终前，第66集团军辖内部队前出至拖拉机厂工人新村西部、西北部、北部的季泽利纳亚大街（Dizel'naia）、季波格拉夫斯克大街（Tipografskaia）、巴枯宁大街（Bakunin）、苏尔科夫大街（Surkov）、克拉辛大街（Krasin）和谢门拉戈德大街（Semen Lagody），这意味着第66集团军的突击集群夺取了三分之一个工人新村。

正如施特雷克尔军21点30分所发电报表明的那样，巴托夫和扎多夫突击群在第11军包围圈北部和西部防线成功打开数个缺口。深具毁灭性的炮兵和航空火力准备，以及随后发起的地面突击，导致20000名德军士兵被俘，彻底打垮了躲在包围圈剩余地段各支撑点内残存者的士气。

加剧德国第11军危险局面的是，崔可夫第62集团军完成了消灭南部包围圈的任务，在步兵第284师增援下，从南面对第11军的防御发起突击。崔可夫2月1日下达的命令很简单："接到具体指示前坚守现有阵地，以突击群遂行进攻，歼灭敌北部集团。"[93]为支援这些进攻，崔可夫前一天晚上将巴秋克上校的步兵第284师北调，加强索科洛夫上校的步兵第45师（以及近卫步兵第13师第34团），他还以工兵坦克、一个反坦克团和索科洛夫在伏尔加河对岸伤愈的士兵加强步兵第284和第45师。获得这些增援后，巴秋克和索科洛夫师将夺取"街垒"厂新村，并向东冲往钢铁大街和面包厂后方。崔可夫希望以步兵第45和第95师的钳形攻势合围顽强据守面包厂的德军。集团军右翼，戈里什内上校的步兵第95师和步兵第92旅一个混编营，负责夺取"街垒"厂和面包厂，攻占面包厂时将得到步兵第45师的协助。集团军左翼，罗季姆采夫近卫步兵第13师和古里耶夫近卫步兵第39师为集团军左翼部队提供掩护，并向北攻击前进，夺取107.5高地和从扎赖斯克大街（Zaraiskaia）北延至中央大街的上"红十月"厂新村；如果一切顺利，他们尔后将攻入"街垒"厂新村。第62集团军辖内各师的报告讲述了故事的剩余部分（参见副卷附录19M）。[94]

与第65、第66集团军的顺利推进相比，崔可夫第62集团军2月1日取得的战果微乎其微。实际上，当天与先前的几百天一样，进展只有几十米。崔可夫的参谋长克雷洛夫显然对此失望不已，后来他将集团军的表现与第65和第66集团军的出色战果做了比较：

> 集团军前线并未发生这种事。的确有敌人投降，但不多：当天共116人。他们说的"现在一切都结束了"还为时过早。整个集团军2月1日取得的进展只比前一天稍大些。伤亡较少是事实。我们的损失是，42人阵亡、105人负伤，远远少于前一段时间。[95]

据克雷洛夫说，因此，第62集团军"开始获得大规模增援，方面军司令员将第21集团军步兵第298和近卫步兵第51师转隶给我们，又从其他友邻部队调拨了一个坦克旅和一个近卫坦克团加强第62集团军"。[96]这位参谋长还指出，罗科索夫斯基从方面军直属的工程地雷工兵第5、第8旅派出几个营增援崔可夫集团军，协助他们克服面对的诸多障碍。

因此，2月1日黄昏时，交战双方都意识到，第6集团军北部包围圈的覆灭只是几个小时的问题。为确保胜利，罗科索夫斯基将方面军辖下充分做好战斗准备的部队主力，连同大部分炮兵和坦克力量，集结在包围施特雷克尔第11军约25000名残余者的铁环周围。第65、第66、第62集团军的部队和士兵们当晚接到的唯一命令是继续进攻，直到完成他们的任务。

## 2月2日

### 德方的报告

第6集团军和辖内各师的记录包括斯大林格勒北部包围圈发出的最后几封电报，总的说来，这些电报代表着集团军残余部队的简短墓志铭。另外，数份空中侦察报告证实斯大林格勒的战斗基本已告终（参见副卷附录18C）。

2月2日，第11军的末日迅速到来，几乎没有经过战斗。据说施特雷克尔将军2月1日—2日夜间与他的几位师长商讨是否应当投降的问题。拒绝了几个投降要求后，4点左右，他与第24装甲师师长伦斯基将军和第389步兵师师长拉特曼将军讨论了这个问题。施特雷克尔拒绝批准投降，但伦斯基宣布他已派军使去联系俄国人。[97]施特雷克尔随即做出让步，不久后，他起草了两份电报。第一封电报7点发给第11军辖内部队："停止一切战斗；销毁所有武器；估计俄国人会在一个小时内到来。"[98]第二封电报8点发给"顿河"集团军群，集团军群8点40分收悉，电报中称："第11军及辖内六个师，已通过坚持到最后一刻的激烈战斗履行了自己的职责。元首万岁！德意志万岁！"[99]9点20分，第11军发出最后一封电报，这份传送得不太完整的电报中称："俄国人正在突破……战斗……拖拉机厂。"[100]该军电台随即陷入沉默。具有讽刺意味的是，与斯大林同名的这座城市的战斗平息时，恰好是个美丽的冬日。

OKH作战日志中的记录再次滞后："**东线**。斯大林格勒，第11军2月1日8点报告，他们消灭了敌人在数个地段达成的突破，现在估计，经过一个小时强大的炮火准备后，大股敌军将发起进攻。该军21点30分报告，他们据守的阵地仅仅是几个支撑点，敌人在两个地段再度达成纵深突破；该军的抵抗很可能在1943年2月2日8点彻底结束。"[101]

### 苏军的进攻

　　虽然没有找到红军总参谋部2月2日的作战概要，但我们可以想象，这份报告会这样写道："**顿河方面军**继续肃清斯大林格勒城内之敌，并接受了被围之敌北部集团的投降"（参见地图78和副卷附录18T）。简言之，顿河方面军第65和第66集团军11点发起进攻，以歼灭盘踞在"街垒"厂新村、拖拉机厂新村和拖拉机厂内的德军，而第62集团军的进攻旨在消灭"街垒"厂和西面建筑物内的敌人。

　　方面军司令员罗科索夫斯基在他的回忆录中以简短的陈述描绘了2月2日的作战行动："直至2月2日晨，被围的敌北部集团才大批投降，但这再次违背了法西斯指挥机构的意愿。"[102]沃罗诺夫和罗科索夫斯基在2月2日16点发给莫斯科的电报中写道："遵照您的命令，顿河方面军1943年2月2日16点完成了击败和消灭敌斯大林格勒集团的任务。……鉴于全歼被围敌军，斯大林格勒城内和斯大林格勒地域的战斗已告结束。"[103]

　　第65、第66、第21集团军及其辖内许多师的战史和大批指挥员的回忆录，提供了2月2日这三个集团军作战行动的更多细节（参见副卷附录18U）。总的说来，这些记述都称这是一场规模庞大的进攻，但伤亡并不严重，数千名德军士兵或是集体，或是成队，或是单独投降。施特雷克尔麾下大多数筋疲力尽的士兵放下了武器，没有负隅顽抗。也有少数不愿投降者躲了起来，或干脆逃入冰冷、荒芜的草原。

　　与顿河方面军辖内其他集团军不同，在斯大林格勒城内经历了四个多月艰巨、通常都很绝望的战斗后，2月2日，崔可夫第62集团军终于迎来了他们所说的"胜利的"一天。集团军的士兵们没有像往日那样流血牺牲，这支获胜的队伍顺利穿过（尽管不是完全没有伤亡）面包厂、"街垒"厂和"街垒"厂新村。集团军参谋长克雷洛夫将军和司令员崔可夫将军描述了当日的行动和集团军作战行动出人意料的结束（参见副卷附录18U）。第62集团军的作战令和进攻计划，以及崔可夫集团军和辖内各师的命令及报告，为斯大林格勒工厂区之战的最后一章提供了必要的细节（参见副卷附录19M）。

　　正式的说法是，2月2日日终前，顿河方面军辖下的第65、第66、第62集团军消灭了德军在斯大林格勒城北半部一切有组织的抵抗。这样一来，他们便在稍稍超过24小时的激战中粉碎了第6集团军北部集团，施特雷克尔将军1月30日估计该集团约有50000人。战斗结束时，顿河方面军辖内部队估计，他们俘虏40000名德军官兵，比两天前在南部包围圈向他们的战友投降的敌军少10000人。[104]虽然相关报告较为零碎且不完整，但这些俘虏中包括5名投降的将军，另有一位自杀身亡：

· 向第66集团军投降：第11军军长施特雷克尔中将[①]。

· 向第65和第21集团军投降：第113步兵师师长冯·阿尼姆中将，第305步兵师师长施特恩梅茨将军[②]。

· 向第62集团军投降：第389步兵师师长拉特曼少将，第24装甲师师长冯·伦斯基中将。

· 自杀：第16装甲师师长京特·安格恩中将。

与此同时，苏军最高统帅部密切关注着苏德战线其他地段的事态发展，凸显这一点的是，2月2日14点10分，斯大林格勒城内的战斗刚刚结束，最高统帅部便下达一道指示，命令顿河方面军将两个集团军调入最高统帅部预备队。指令中写道："将第21、第64集团军野战领率机关、所有辅助单位、勤务机关和集团军后勤机构调离顿河方面军，加入最高统帅部预备队。"[105]表明这道命令之紧迫性的是，第21和第64集团军应分别于2月3日和10日开始以火车装载其领率机关和辅助单位，并在布良斯克方面军后方地域的叶列茨车站和利夫内卸载。每个集团军应携带10天口粮，表明这番调动会在2月13日—20日间完成。布良斯克方面军司令员将在到达地迎候，为他们提供营房、伙食等相关协助，这明确表明他们将投入下一阶段的进攻行动。

因此，2月2日日终时，顿河方面军七个集团军中的四个——第24、第57、第21、第64集团军——已赶往最高统帅部预备队，要么部署在后方（第24

---

① 译注：大将。

② 译注：译注：施特恩梅茨少将并未被俘，1月8日—9日因伤飞离包围圈，1944年1月出任第94步兵师师长，当年6月晋升为中将。

和第57集团军），要么投入到苏德战线其他地段。斯大林格勒地域只剩顿河方面军领率机关和第62、第65、第66集团军。这些集团军暂时留在原地，是因为最高统帅部正补充他们消耗严重的兵团/部队，并考虑应将他们派往何处。

## 浩劫余波

### 清理战场

第11军2月2日投降后，德军上级部门从斯大林格勒的部队收悉的报告戛然而止。但德国人在该地域上方的空中侦察持续了数日，主要是搜寻、发现可能已逃离包围圈的德军士兵，并为他们空投补给。据说一位He–111飞行员2月3日执行了最后一批飞行任务中的一次，他驾机低空飞越这座城市，但没有发现任何逃离者。[106]

基于1月29日和30日的德方报告，可能有数百名德军士兵组成小股群体或独自突围，徒劳地试图逃至友军防线。各种记述表明，历经艰难险阻的跋涉后得以生还者寥寥无几。例如，某高炮连一名中士据说逃至第11装甲师防区，但48小时后却被一发迫击炮弹炸死。无论这些故事的真实性如何，事实是，到2月2日，不可思议的事情发生了——德国军队中实力最强、最负盛名的第6集团军已不复存在。[107]

虽然斯大林格勒的战斗随着德国第6集团军及辖内各军的投降于2月2日正式结束，但对顿河方面军来说，肃清先前战斗中绕过的德军及坚守或躲在城内建筑物废墟内的残敌还需要些时间。这些德军小股部队或个人认为自己仍有可能逃脱，或下定决心战斗到底。显然，他们躲藏并抵抗了数周之久。为解决这一威胁，顿河方面军投入正规军和内务人民委员部（NKVD）为维持后方地区的安全，特别是肃清敌特和残余敌军而组建的部队。

据巴托夫将军称，他派近卫步兵第67和步兵第214师肃清部分工厂区内的残敌：

2月3日，第65集团军辖内部队会同大名鼎鼎的第62集团军的部队，将小股敌军清理出"街垒"厂及其工人新村。比留科夫师与梅尔库洛夫师的战士们并肩集结在韦尔霍夫尼扬大街（Verkhovnianskaia）。他们当天抓获600名俘虏。

我们在普罗佐罗夫上校的陪同下走入废墟。一丝薄雾笼罩着废墟的瓦砾。布济诺夫跑过来喊道："小心点，将军同志！这里有德国佬。"

靠近后，我们悄悄地朝一个浅浅的混凝土井内望去。底部，三名裹着破衣烂衫的德军军官坐在那里打牌。

"举起手来！"几个德国人乖乖地站了起来，手里的牌落在雪地上。牌局结束了。[108]

由于顿河方面军诸集团军辖内许多师在战斗结束后不久便调离斯大林格勒地域，肃清躲在市区及工厂区废墟内残敌的任务落在各筑垒地域肩头，战役期间，这些筑垒地域负责守卫至关重要的地段。例如，第156筑垒地域提交的一份报告阐述了2月3日的行动，并总结了他们在战役期间及之后的表现和战果。[109]报告中称，截至2月3日晨，其机枪–火炮营在斯大林格勒地域击毙4000多名德军官兵，俘虏700人（参见副卷附录18V）。

除了红军正规部队，2月2日后，NKVD内卫部队也负责清理困在斯大林格勒城内或试图逃至毗邻地域的德军残部，以及德国情报机构（阿布维尔）留在城内的特务。[110]这些NKVD单位包括内卫部队、边防部队和负责押运、看守战俘的警卫部队。描述其工作的著作非常多，其中一部尤为有趣，书中承认："与残余德寇的斗争持续至2月20日，个别地段甚至持续至3月1日。"[111]书中引用了题为"NKVD步兵第21旅勤务记录，关于保卫顿河方面军后方和斯大林格勒市期间作战勤务活动"的报告，不仅表明德国人仍在斯大林格勒地域遂行抵抗，还揭示了NKVD看押下的战俘数量（参见副卷附录18W）。这份报告指出，NKVD步兵第21旅1月4日—3月20日期间在斯大林格勒地域行动，先是掩护顿河方面军第57、第62、第64、第66集团军后方地带；2月2日后，该旅四个营"肃清敌被围集团……执行城内驻军勤务、押送战俘、监管战俘收容点"。[112]据该旅报告，截至1943年2月3日，他们看押着75816名战俘，其中28000人被送至该旅辖下部队管理的各个营地。另外，该旅还和其他部队一同肃清逃离包围圈，或在市区各地段的掩体、散兵坑、地下室内"继续实施武装抵抗"的德寇。[113]

1943年3月NKVD签发的一份总结报告证实，"［斯大林格勒地域的］武装抵抗持续至2月15日，个别地区甚至持续到2月20日。截至3月，大部分武装集团已被消灭。"[114]报告中称，在此期间，第21旅"击毙2418名、俘虏8646名敌官兵，并把俘虏押送至战俘营进行移交"。[115]

第一副内务人民委员弗谢沃洛德·尼古拉耶维奇·梅尔库洛夫在1943年3月18日起草的一份文件中，将NKVD的工作描述为"在红军解放的城镇和地区肃清敌特、地下破坏力量、德国人的帮凶及匪徒"。[116]谈及NKVD在斯大林格勒州的工作时，这份报告指出：

共逮捕2450人，包括479名德国情报机关的特务和涉嫌从事间谍活动者、1431名德国人的帮凶、78名匪徒和逃兵、470名反苏分子。

在斯大林格勒城内，当年2月2日—8日，NKVD行动组会同作战分队，清理、检查了各座地下室，并搜查城内的峡谷和冲沟。在此期间，他们发现并抓获5000多名德军官兵，抓捕过程中发生了几次武装抵抗。[117]

同一类型的其他报告也提及，在伏尔加河与顿河之间整片地域，甚至在更西面，特别是奇尔河与顿河交汇处的雷奇科夫斯基和下奇尔斯基地域，NKVD部队击毙或俘虏了"匪徒"和"德军逃兵"。这些报告无疑涉及试图逃离包围圈的德军士兵，就算没有数千人，可能也有几百人，但活着回到德军防线的人寥寥无几。

### 胜利者和失败者的最终结果
#### 胜利者

1月31日至2月2日的战斗中，顿河方面军辖内部队的指挥关系发生巨大的变更，这是因为负责消灭北部包围圈的第65、第66、第62集团军需要获得方面军辖内其他集团军大力协助。尽管如此，战斗结束后，最高统帅部继续将作战部队调入其预备队，尔后将各个师、师群甚至是完整的集团军派往其他地域，以此加强另一些高优先级方面军。同时，最高统帅部也谨慎地在斯大林格勒地域留下足够的部队，以解决残余的一切抵抗，这些部队最终组成一个战役集群。2月5日，最高统帅部任命顿河方面军副司令员K.P.特鲁法诺夫中将担任该战役集群司令员，2月27日，该集群被命名为"斯大林格勒"军队集群，并留在最高统帅部预备队。该集群掌握着在斯大林格勒地域遂行安保任务的几个师和另一些由于实力太弱无法继续从事战斗的部队，直到他们接受休整，获得补充兵和新配发的武器装备。

第一个撤出战斗的是加拉宁将军的第24集团军（1月27日），不久后，集团军辖内部队转隶第65和第66集团军。2月1日，加拉宁集团军调入最高统帅部预备队，3月13日转隶预备队方面军（第二次组建），3月24日再次返回最高统帅部预备队，最终于4月10日再度加入预备队方面军（第三次组建），4月16日改称近卫第4集团军。[118]1943年3—4月，斯大林反复组建预备队方面军，这是为了应对德国人在别尔哥罗德和哈尔科夫地域恢复进攻行动的企图。

2月2日，德国第6集团军刚刚投降，苏军最高统帅部便命令舒米洛夫第64集团军北调至利夫内地域，支援布良斯克方面军沿库尔斯克和奥廖尔方向向西发起的进攻。但最高统帅部次日撤销了这道命令，将巴托夫第65集团军派往利夫内，第64集团军留在斯大林格勒。2月5日，该集团军与第62、第66集团军一同成为特鲁法诺夫战役集群组成部分，2月27日，该集群改称"斯大林格勒"军队集群。特鲁法诺夫集群负责对这些集团军及其辖内各师加以准备，以便在日后需要时投入战斗。2月28日，最高统帅部派舒米洛夫集团军加入沃罗涅日方面军，计划于3月15日前到达别尔哥罗德以东地域。离开斯大林格勒时，该集团军编有近卫步兵第15、第36、步兵第29、第38、第204、第422师、近卫坦克第27旅（原坦克第121旅）和近卫摩托化步兵第7旅（原摩托化步兵第38旅）。集团军辖内其他部队，包括步兵第7军第93、第96、第97旅、步兵第143旅、坦克第254旅和第118筑垒地域，仍与"斯大林格勒"军队集群一同留在斯大林格勒地域，一直到1943年3月。但坦克第90旅转隶第62集团军。4月16日，舒米洛夫的第64集团军改称近卫第7集团军。

最高统帅部1月31日将托尔布欣第57集团军领率机关调入其预备队后，集团军辖内部队转隶第64集团军。2月1日，托尔布欣集团军改称第68集团军，最高统帅部从预备队为其调拨了一批新师，并将新组建的第68集团军派给"霍津"特别集群，该集群隶属于西北方面军，驻扎在杰米扬斯克地域。1943年2月底，托尔布欣第68集团军参加了朱可夫代号为"北极星"的攻势。

至于奇斯佳科夫的第21集团军, 派出部分部队协助第65、第66集团军消灭第6集团军北部包围圈后, 重新获得近卫步兵第51和第52师, 斯大林格勒地域的战斗结束后, 又从第65集团军获得近卫步兵第67和第71师(步兵第23师3月1日改称近卫步兵第71师)。但是, 集团军辖下的步兵第96和第120师(2月1日从第51集团军转隶而来, 3月1日改称近卫步兵第68、第69师), 连同步兵第173(3月1日改称近卫步兵第77师)、第298(3月1日改称近卫步兵第80师)、第252师, 作为 "斯大林格勒" 军队集群的组成部分继续留在斯大林格勒地域, 直至1943年3月1日。第21集团军参加 "指环" 行动的最后两个师也发生了变动——近卫步兵第66师转隶第66集团军, 后者加入 "斯大林格勒" 军队集群; 而步兵第277师2月1日调入最高统帅部预备队。步兵第277师将于月底前北调, 以加强西方面军。至于第21集团军的坦克部队, 最高统帅部2月7日授予坦克第121旅 "近卫军" 称号, 改称近卫坦克第27旅, 并转隶第64集团军。最高统帅部随后将第21集团军编成内的近卫坦克第1、第9、第10、第14、第48团调给 "斯大林格勒" 军队集群; 近卫坦克第5团转隶第62集团军; 近卫坦克第15团2月15日前调拨给中央方面军。

第21集团军2月3日调入最高统帅部预备队, 2月15日转隶罗科索夫斯基的中央方面军(第二次组建)。但由于延误, 该集团军直到3月5日—8日才到达利夫内附近的集结区。3月初, 罗科索夫斯基的进攻停滞不前, 最高统帅部3月14日将奇斯佳科夫第21集团军调给沃罗涅日方面军, 4月16日改称近卫第6集团军。

巴托夫第65集团军以部分部队参加消灭第6集团军北部包围圈的战斗, 2月2日战斗结束时, 集团军编有近卫步兵第27、第67、步兵第23、第24、第214、第233、第260师、坦克第91旅和近卫坦克第47团。2月3日, 最高统帅部命令第65集团军领率机关、顿河方面军领率机关及其司令员罗科索夫斯基, 2月中旬前北调至叶列茨地域, 第65集团军仍隶属于顿河方面军。2月5日, 最高统帅部将顿河方面军改为中央方面军, 仍由罗科索夫斯基指挥。第65集团军领率机关2月18日到达叶列茨地域后, 从最高统帅部获得新的军、师和旅, 并为中央方面军向杰斯纳河, 稍后向奥廖尔发起的进攻担任先锋。第65集团军辖下的近卫步兵第67和步兵第23师(3月1日改称近卫步兵第71师)加入第21集团军，而步兵第260师则调入最高统帅部预备队。最后，第65集团军编成内的近卫步兵第27和步兵第24师转隶第62集团军，步兵第214、第233师、坦克第91旅和近卫坦克第47团加入"斯大林格勒"军队集群。

至于扎多夫第66集团军，其领率机关，连同步兵第116、第226、第299、第343师、近卫坦克第7、第8团，2月26日划拨给"斯大林格勒"军队集群。但集团军辖下的步兵第99师转隶第62集团军，步兵第84、第273师、步兵第149旅、第54、第159筑垒地域成为"斯大林格勒"军队集群直属部队，第149旅加入该集群辖下的步兵第7军。反过来，第66集团军从第62集团军得到近卫步兵第13师，从第21集团军获得近卫步兵第66师。但3月1日，近卫步兵第66师又转隶"斯大林格勒"军队集群直属。2月28日，最高统帅部命令第66集团军转隶加里宁方面军，曼施泰因的"南方"集团军群2月中旬在顿巴斯地域对西南方面军成功发起反攻后，最高统帅部3月1日又命令第66集团军加入西南方面军。由于第66集团军到达得太晚，无法扭转顿巴斯地域的败局，最高统帅部遂于3月13日命令扎多夫集团军加入预备队方面军（第三次组建），4月16日，第66集团军改称近卫第5集团军。

崔可夫第62集团军2月2日后也发生一些变更。"指环"行动结束后，最高统帅部将该集团军交给特鲁法诺夫将军位于斯大林格勒地域的军队集群（2月27日后改称"斯大林格勒"军队集群）。2月28日，最高统帅部将第62集团军转隶西南方面军，3月20日到达目的地后，该集团军以其出色的防御能力沿奥斯科尔河东岸设立起强有力的防御。4月16日，崔可夫集团军获得近卫第8集团军的荣誉番号。

至于其辖内部队，第62集团军保留了近卫步兵第39、步兵第45、第284师和第156筑垒地域，但最高统帅部将近卫步兵第13师转隶第66集团军，将步兵第95师（3月1日改称近卫步兵第75师）和第138师（2月6日改称近卫步兵第70师）调入最高统帅部预备队，步兵第92旅加入"斯大林格勒"军队集群辖下的步兵第7军。作为补偿，最高统帅部将第65集团军近卫步兵第27和步兵第24师、第66集团军步兵第99师、第64集团军坦克第90旅、第21集团军近卫坦克第5团调拨给崔可夫集团军。

如前所述，"指环"行动期间和之后，最高统帅部授予顿河方面军编成内的许多集团军、师和旅"近卫军"称号，以奖励他们在"天王星"行动中的表现。荣誉称号的授予多在四个波次中——1月21日、2月6日、3月1日和4月16日，但也有少数部队在其他日期获得荣誉称号（参见副卷附录18X）。因此，除"天王星"行动期间获得"近卫军"称号的兵团外，截至1943年4月16日，"指环"行动期间在斯大林格勒地域参战的部队中，共有5个集团军、1个步兵军、1个骑兵军、1个坦克军、19个步兵师、3个坦克旅成为近卫兵团。

**失败者**

　　尽管"指环"行动标志着22个轴心国师（20个德国师、2个罗马尼亚师）和5个德国军指挥部的覆灭，但信心十足的元首下令重新组建这些惨遭歼灭的师。曼施泰因1月31日签发了一道题为"重建第6集团军各师"的命令，宣布"根据元首的命令，第6集团军以下部队应尽快予以重建"（参见副卷附录18Y）。[119]这道命令中提及在斯大林格勒覆灭的20个德军师中的19个（缺第94步兵师，该师已于11月底解散），并指出："第6集团军所有残部（例外参见第三段）……应尽快调至各自的后方地域，第14装甲军军部负责所有相关事务。"胡贝将军承担起这项工作，菲利普少将负责初期准备。这道命令还要求"霍利特"集团军级支队重建第79步兵师，并将另外两个步兵师（暂定为第295步兵师和第100猎兵师）编为一个加强团级战斗群，在马里乌波尔担任海岸防御，"顿河"集团军群还使用了第6集团军司令部和集团军直属部队的残部。到1943年夏末，德军终于将覆灭于斯大林格勒的第6集团军、5个军和20个师重新组建起来（参见副卷附录18Z）。

## 总结
### 战役的性质

　　就其本质而言，"指环"行动可能是第二次世界大战中规模最大的一场"节约兵力"式攻势。1942年12月中旬战役发起时，苏军最高统帅部就要求沃罗诺夫和罗科索夫斯基策划并实施一场依靠火力（特别是炮兵和战机）、节约兵力的进攻行动。此举出于两个原因。首先，1942年12月24日晨，叶廖缅科斯大林格勒方面军沿梅什科瓦河击退曼施泰因的救援部队后，第6集团军的覆灭已成定局。在科捷利尼科沃进攻战役中，斯大林格勒方面军辖下的近卫第2和第51集团军彻底且无可挽回地挫败了德国第4装甲集团军第57装甲军。待"指环"行动发起后，基希纳装甲军所能做的仅仅是自保，根本谈不上再度冲向斯大林格勒。帝国元帅戈林曾保证他的空军可以通过空运补给维持陷入重围的第6集团军，可他没能做到这一点，和戈林一样，希特勒也曾许诺从西线和其他地区抽调部队，再次攻向斯大林格勒，解救保卢斯集团军，但他同样没能兑现这一承诺。

其次，如果斯大林及其最高统帅部大本营希望实现红军1942—1943年冬季战役中雄心勃勃的目标，就必须采用"节约兵力"的打法。冬季战役能否成功，罗科索夫斯基麾下诸"斯大林格勒"集团军的参与至关重要。具体说来，这意味着罗科索夫斯基的部队必须及时加强沃罗涅日方面军、西南方面军、南方面军沿哈尔科夫和顿巴斯方向，西方面军和布良斯克方面军沿库尔斯克、奥廖尔和布良斯克方向发起的进攻。[120]最高统帅部将德军逐过第聂伯河一线并夺取斯摩棱斯克的目标，至少还需要一个方面军和罗科索夫斯基七个"斯大林格勒"集团军中的大部分（如果不是全部的话）。理想情况下，需要投入罗科索夫斯基的顿河方面军，该方面军也相应地更名为中央方面军；从最高统帅部预备队抽调的其他新集团军（例如第70和坦克第2集团军）；原顿河方面军辖内几乎所有集团军——其中半数用于加强向库尔斯克、奥廖尔、斯摩棱斯克发起的北部突击，另一半加入经哈尔科夫和顿巴斯地域向第聂伯河发起的南部突击。由于该方面军和辖内七个集团军必须拥有足够兵力，使之成为一股可靠的力量，因此，"指环"行动无法承受红军在以往进攻战役中遭受的巨大损失。

罗科索夫斯基策划、实施"指环"行动时完全秉承了最高统帅部的要求。他在沃罗诺夫将军的指导下采取相应措施，而沃罗诺夫不仅仅是协调这场战役的最高统帅部代表，还是红军炮兵主任。另外，最高统帅部选中沃罗诺夫担任此次战役的代表（协调员）时，还为罗科索夫斯基方面军调拨了节约兵力所需的大量炮兵。

随后，罗科索夫斯基和沃罗诺夫策划"指环"行动时，特别注意沿在最短时间内能够取得最大战果的方向组织起方面军的主要突击。他们需要时便更改主要突击方向，以适应不断变化的态势，尤其是保卢斯的防御特点。两位策划者还利用他们掌握的大量加强炮兵，将其分配给遂行主要突击的集团军，并在必要时将这些炮兵在各突击方向之间调动。因此，方面军主力炮兵在进攻第一阶段（1月10日—17日）支援第65集团军，在第二阶段（1月22日—24日）支援第21集团军，在战役的最后阶段，炮兵又提供直接火力支援，经常实施直瞄射击。

从节约兵力的角度来看，最重要的莫过于沃罗诺夫和罗科索夫斯基故意采用了明显的战役和战术停顿，以便各集团军得到休整。其中包括1月18日—20日这场较长的战役停顿，以及1月13日—15日、1月22日—23日两场短暂的战术停顿。同时，他们还要求各集团军司令员轮换第一梯队与第二梯队、预备队之间的各个师，以确保他们不至于耗尽实力。这一点尤为重要，因为进攻发起时，方面军辖内步兵师的平均兵力非常少，七个集团军中的六个，各步兵师的平均兵力从4900人至5900人不等，实力最强的当属巴托夫第65集团军，各步兵师平均兵力为7000人。战役结束时，方面军各步兵师（包括第62集团军辖内各师，其实力更弱）的平均兵力降至3900—4900人，每个师的战斗兵仅为1000—2000人。

最后，沃罗诺夫和罗科索夫斯基为节约兵力付出的精心努力取得了成功。顿河方面军在这场战役中的损失不到其总兵力的20%——不及红军在以往进攻行动中遭受损失的一半（参见下文）。因此，罗科索夫斯基得以于1月30日将两个集团军（第24和第57）的领率机关交还最高统帅部，2月份第一周结束前，又将方面军领率机关和另外五个集团军置于最高统帅部掌握下。如果换作当年的其他季节，完全有时间在月底前将这些军团部署至其他战略地带，但恶劣的冬季气候、与之相关的运输困难和部队自身的缺点给调动造成严重问题，导致这场再部署延迟到3月初和中旬。届时，曼施泰因元帅2月份下半月在顿巴斯、3月份上半月在哈尔科夫和别尔哥罗德地域组织的反攻已挫败苏军最高统帅部冬季战役的战略野心。但是，这些"斯大林格勒"集团军中的大多数（第21、第62、第64集团军；第66、第24集团军尾随其后）出现在沃罗涅日方面军和西南方面军后方地域，德军情报部门和"南方"集团军群当时并未识别出这些军团，德军在春季扩大曼施泰因这场反攻的所有计划因此告终。

## 人员和装备的损失

"指环"行动结束后不久，沃罗诺夫和罗科索夫斯基将军向最高统帅部提交了一份正式报告，总结了这场进攻战役取得的战果。报告中称："遵照您的命令，顿河方面军1943年2月2日16点完成了击败并消灭敌斯大林格勒集团的任务，对方共计22个师。"[121]另外，报告中还称，进攻战役期间共俘虏91000名敌军官兵，缴获的战利品包括5762门火炮、1312门迫击炮、12701挺机枪、156987支步枪、10722支自动武器、744架飞机、1666辆坦克、261辆装甲车、80438辆汽车、10679辆摩托车、3560辆自行车、240辆拖拉机、571辆拖车、3列装甲列车、58部火车头、1403节车皮、696部电台、933部电话设备、397公里电话线、337个各种类型的仓库、13787辆大车和大批其他军用装备。[122]罗科索夫斯基在回忆录中称，俘虏中包括24名将军和一位陆军元帅。[123]另外，罗科索夫斯基还指出，德方资料称通过空运将42000人撤出斯大林格勒包围圈，其中大多是伤员。他写道，如果这一说法属实，那么，"敌人在持续的战斗中损失约120000名官兵。"[124]

与第6集团军覆灭相关的几乎所有数字都存在这样或那样的争议，最具争议的是该集团军在"指环"行动期间（1943年1月10日—2月2日）的损失总数、通过空运补给返航的飞机撤出斯大林格勒包围圈的人数、德军和其他轴心国部队向红军投降或被俘的人数。在这方面得出任何结论的基准是第6集团军1月9日的总兵力，据第6集团军的记录称，当时共计197000名德军官兵，包括约5100名伤病员。包围圈内可能还有10000名罗马尼亚人、5000名克罗地亚人和另一些附属部队，这就使第6集团军1月9日的总兵力达212000人左右。[125]

至于通过空运撤出包围圈的人数，历史学家A.M.萨姆索诺夫和另一些苏方资料所持的观点是，包围圈形成后，共42000名伤员和技术兵经空运疏散出包围圈。[126]但另一方面，近期主要基于德国空军将领皮克特的计算所作的研究称，1942年11月25日至1943年1月11日，24910名伤病员飞离包围圈，而1月12日至24日疏散的人数刚刚超过5000人，使总疏散人数达到30000人。[127]如果说后者的统计更接近事实，就意味着苏军1月10日发起进攻后，约6000人飞离包围圈，从而使包围圈内轴心国士兵的总数降为约206000人。

第6集团军1月10日至2月2日的伤亡人数也存有争议。例如，罗科索夫斯基估计第6集团军损失120000人；但萨姆索诺夫称德军损失140000人，而另一些著作则把这个数字增加到147200人。[128]问题是，苏军1月10日发起进攻后，由于局面混乱，第6集团军已不再记录伤亡人数。我们无从得知这些伤亡数中当场阵亡、负伤、被俘或被俘后被枪毙的具体数字。

关于被红军俘虏的轴心国官兵人数，罗科索夫斯基在2月2日的报告中估计为91000人，而保卢斯元帅认为是107800人；还有人估计这个数字高达130000人。实际上，保卢斯所说的107800人，包括1月10日—29日被俘的16800人和1月30日—2月2日被俘的91000人，接近于罗科索夫斯基的估计和第6集团军投降后NKVD提交报告中列举的数字。罗科索夫斯基的数字并不包括1月30日前抓获的俘虏，这个数字超过16000人。而像独立步兵第21旅这些NKVD单位提交的报告，称2月3日前俘虏75816人，并暗示另外28000名俘虏已被送走，两个数字相加有近104000人，如果再加上2月份稍晚些时候俘虏的约5000人，总数与保卢斯的估计非常接近。至于第6集团军的战车损失，红军共击毁或缴获约100辆坦克和突击炮。

归根结底，战斗损失和战俘的数字问题没什么实际意义，因为第6集团军1月9日的217000名轴心国官兵，除飞出包围圈的30000人，几乎悉数阵亡或被俘，只有极少数幸运儿逃了出去或躲了起来。

与第6集团军不同，罗科索夫斯基顿河方面军的伤亡有据可查（参见副卷附录18AA和18AB）。进攻头五天，遂行突击的诸集团军损失约24600人，其中约6300人阵亡。第21、第66和巴托夫的第65集团军损失最为严重，尤以后者为甚，因为这几个集团军遂行主要突击。1月16日—19日稍事停顿后，1月20日—30日，方面军又折损22043人，其中5530人阵亡。在此期间，第21集团军的损失超过其他集团军，因为该集团军担任主要突击。但第62集团军的伤亡也很大，这是因为该集团军加强了进攻。这段时期损失的25883人中，16444人损失于1月20日—25日，9439人损失于1月25日—30日，这主要是因为第6集团军的防御1月25日后开始崩溃。[129]至于顿河方面军的坦克损失，1月10日发起进攻时，他们共有264辆坦克，1月22日降至121辆，到2月2日仅剩78辆（参见副卷附录18AC和18AD）。

所有"节约兵力"的作战行动都试图依靠炮兵和坦克提供的火力，从而实现节约兵力的目的，在这种情况下，苏军的坦克损失较大，但人员伤亡相对较低。例如，整个斯大林格勒进攻战役中，顿河方面军1942年11月19日发起进攻时，总兵力为307500人，截至1943年2月2日，共伤亡169925人，其中46365人阵亡、被俘或失踪，123560人负伤或患病，伤亡数高达最初兵力的55%。相比之下，1月10日—30日这21天战斗中，方面军共投入281158人，伤亡48000人，其中约12000人阵亡。因此，方面军在"指环"行动中的人员损失为17%，远低于整个斯大林格勒进攻战役中的伤亡。

　　从不同的角度审视顿河方面军的损失就会发现，他们的总伤亡约为170000人，而11月19日—1月9日这52天内损失122000人。但由于方面军辖内部队12月9日转入防御，1月10日前只实施局部进攻，改善其阵地，这122000人损失数中的大部分，也许是110000人，可能发生在11月19日—12月9日这21天内，相当于每天伤亡5280人。相比之下，该方面军在1月10日—30日这21天内共损失48000人，也就是说，"指环"行动期间每天伤亡约2286人——比先前的进攻行动低50%。最后，罗科索夫斯基的部队以不到50000人的伤亡击败并歼灭了拥有20多万兵力的轴心国军队，这个事实强调了"指环"行动的意义。当然，就连罗科索夫斯基也承认，军功章上也有希特勒、戈林和曼施泰因的一半，正是这些人有意无意地抛弃了第6集团军，任其自生自灭。

　　如果不提及城内居民的遭遇，任何一部研究斯大林格勒战役的著作都不算完整。正如本三部曲第二部指出的那样，斯大林格勒1942年8月的人口约为40万居民，当然，这个数字很可能包括从其他地方逃来的数千名难民。官方史称，截至10月初，苏联当局疏散了约125000名平民，但40000多人死于疏散途中，到11月初，城内只剩几千名居民。

　　近期公开的NKVD文件证实，困在城内废墟中的平民远比过去认为的多（参见副卷附录18AE）。1943年4月1日，NKVD签发的一份报告称："德国人在斯大林格勒城内所占领的地区发现20多万名居民。"[130]描述德国人占领了城内哪些地区和他们将城内居民强行疏散至城外安全处、乌克兰和德国所采取的措施后，这份报告得出结论："到1943年1月1日，仍留在斯大林格勒城内被占领地区的居民不超过12000—15000人，其中包括德国人留下来为其部队提供相关服务并照料伤病员和老年人的那些居民。"[131]

这份报告又指出，顿河方面军辖内部队2月2日解放这座城市后，斯大林格勒城内居民只剩7655人，其中大多数聚集在"捷尔任斯基"和"伏罗希洛夫"区。[132]报告中还指出，NKVD对市区进行了一场"清理"（ochistka），截至3月20日共抓获502名敌特、罪犯和叛徒，包括63名共产党员［布尔什维克］和预备党员，他们都被"镇压"了。对战俘的类似甄别发现91名"德国和罗马尼亚情报、反谍报、警察及其他行政机关的正式人员和合作者"。[133]其中39人送至莫斯科接受处理。这些人最终大概都被"清算"了。

尽管苏联当局10月初之前设法从斯大林格勒城区疏散了约125000名平民，但德国人11月初在城内统计出20万名居民，而8月底时，城内共有40万居民，这意味着75000名平民死于德军轰炸和苏联当局实施的疏散——远远超过40000人这一官方数字。此后，185000—187000名平民遭驱逐，并被送至德国的工厂、苦役集中营或其他地方，其中许多人可能死于囚禁期间。1月1日，城内尚存12000—15000名居民，到2月2日只剩7500人。许多人要么死于德国人之手，要么成为"指环"行动期间苏军轰炸的牺牲品。因此，简单而又可怕的加减法表明，斯大林格勒城内平民的实际死亡总数至少为8万。哪怕那些奴工只有一半人丧生，也将使这个总数超过17万人。

## 评价

无论以何种标准衡量，"指环"行动都取得了巨大成功。罗科索夫斯基的顿河方面军，辖内七个集团军的28万大军付出伤亡约48000人的代价，彻底击败并歼灭德国第6集团军及其21万多人的部队。苏军在一场持续三周多一点时间的行动中完成了这番壮举。无可否认的是，苏军的胜利得益于希特勒、空军总司令戈林和德国国防军最高统帅部（OKW）全体人员犯下的严重错误。德国陆军总司令部（OKH）和"顿河"集团军群司令曼施泰因的无能也帮了大忙，他们默认了元首和戈林荒谬的战略判断。尽管他们都是出色的军事指挥官，但出于胆怯、对祖国及其武装力量错误的忠诚或纯粹的傲慢，他们没有效仿博克和另一些职业军人的做法——"宁可解甲归田，也不愿率领部队投入显而易见的可耻失败中"。

可悲的是，为上级的无能和傲慢买单的是德国陆军士兵和他们的罗马尼亚、克罗地亚及另一些战友。冬季两个多月的围困期间，数十万轴心国士兵遭受到难以想象的困苦；他们或在战场上阵亡，或被关入战俘营，被俘者中只有5000余人最终得以生还。因此，对这样一场付出的人力和物力代价在世界近代史上无与伦比的战役来说，这是个恰当的结局，它标志着希特勒千年帝国末日的开始。

## 注释

1. 罗科索夫斯基，《伏尔加河畔的伟大胜利》，第460—461页。

2. 奇斯佳科夫（主编），《奉祖国之命：伟大卫国战争中近卫第6集团军的战斗历程》，第65页。

3. "Funkspruch an Heeresgruppe Don, 0820 Uhr, Armee-Oberkommando 6, Abt.-Ia, A.H.Qu., 26.01.1943,"（第6集团军司令部作训处发给"顿河"集团军群的电报，1943年1月26日8点20分），收录在《第6集团军作战日志附件册，第三卷》，第279页。

4. "Funkspruch an Heeresgruppe Don, 0940 Uhr, Armee-Oberkommando 6, Abt.-Ia, A.H.Qu., 26.01.1943,"（第6集团军司令部作训处发给"顿河"集团军群的电报，1943年1月26日9点40分），同上。

5. "Fernspruch, 0915 Uhr, Abteilung Ia, den 26. Januar 1943,"（作训处的电报，1943年1月26日9点15分），同上，第280页。

6. "Funkspruch von Funkstelle 24. Pz. Div. fernmündlich an Heeregruppe Don, 1010 Uhr, Abteilung Ia, H.Qu., den 26.01.1943,"（第24装甲师的电台发给"顿河"集团军群作训处的电报，1943年1月26日10点10分）和"XI. A.K. an Heeresgruppe Don, 1115 Uhr, 26.01.43,"（第11军发给"顿河"集团军群的电报，1943年1月26日11点15分），同上，第279、第280页。

7. "Funkspruch an Heeresgruppe Don, 2058 Uhr, XI. A.K., Gef. Std., 26.01.1943,"（第11军军部发给"顿河"集团军群的电报，1943年1月26日20点58分），同上，第281页。

8. "Funkspruch an A.O.K. 6, Heeresgruppe Don Abt.-Ia, Bf. Gef. Std. H. Gr. Don, 26.01.43,"（"顿河"集团军群作训处发给第6集团军的电报，1943年1月26日，未注明具体时间），同上。

9. "Funkspruch an Heeresgruppe Don, 2320 Uhr, Armee-Oberkommando 6, Abt.-Ia, A.H.Qu., 26.01.1943,"（第6集团军司令部作训处发给"顿河"集团军群的电报，1943年1月26日23点20分），同上。

10. 德国国防军最高统帅部作战日志中的每日报告，收录在V.A.日林（主编）的《斯大林格勒战役：编年史、真相和人物，两卷本》一书第二册，第496页；档案引自KTB OKW, Bd. II, hb. 2。

11. "Izvlechenie iz operativnoi svodkoi No. 27 (700),"【27号（700）作战概要摘录】，同上，第497—500页；档案引自TsAMO RF, f. 16, op. 1072ss, d. 1,11，第251—260页。

12. 奇斯佳科夫的《奉祖国之命：伟大卫国战争中近卫第6集团军的战斗历程》和罗科索夫斯基的《伏尔加河畔的伟大胜利》都指出，第14装甲军辖下的"蔡茨"战斗群（由蔡茨少校率领，可能是第14装甲师的残部）横跨亚历山德罗夫卡公路及其东面。最后，1月底，第14装甲师不在第14装甲军辖内的余部被纳入第389步兵师。

13. 参见奇斯佳科夫（主编）的《奉祖国之命：伟大卫国战争中近卫第6集团军的战斗历程》，第66—67页，基于原近卫步兵第13师政治处副处长L.科连少校和原近卫步兵第52师第155团负责政治事务的副团长V.叶列明少校的回忆；萨姆丘克，《近卫步兵第13师》，第163—164页。

14. 巴托夫，《在行军和战斗中》，第261页。

15. 施勒特尔在《斯大林格勒》一书第211—212页称（没有更多文件证明）："1月26日清晨，第44步兵师作训参谋的报告令军参谋长大吃一惊，'长官，罗马尼亚人投敌了。这就是他们对第44步兵师玩的肮脏的伎俩。'"

"令人难以置信，可这千真万确。这个1100多人的罗马尼亚团据守着第44步兵师与第29摩步师之间的防御，已于夜间携带着他们的武器和全部装备偷偷向俄国人投降了。原来，该团通过电话与敌人取得联系，获悉了对方即将发起进攻的消息。"

"这场看似不甚严重的变故导致了恶劣的后果。敌人立即派出已做好准备的部队，穿过前线2.5英里宽的缺口。这根插入的楔子迅速变得又深又宽。在这场突如其来的进攻中，第44步兵师后方梯队的大部被彻底歼灭。"

"突破口无法封闭。第29摩步师部分部队和军预备队一个摩托车营被派去抗击敌军，他们成功挡住对方的推进，但恢复原先的防线已不复可能。"

16. 保罗·卡雷尔，《斯大林格勒：德国第6集团军的败亡》，第205页。卡雷尔也没有提供相关文件证明自己的说法。

17. 第71步兵师遂行防御的更多详情，可参阅维甘德·维斯特博士的《斯大林格勒的一名炮兵：一名战役参加者的回忆》，托本·劳尔森、詹森·D. 马克、哈拉德·施泰因米勒译（澳大利亚，悉尼：跳跃骑士出版社，2007年）。施特雷克尔第11军位于拖拉机厂及其北面，第51军的部队位于"街垒"厂及其工人新村，第6集团军的其余部队位于马马耶夫岗南面，这使许多评论者称斯大林格勒形成了三个包围圈。但是，大多数苏联方面的记述和第6集团军的通信记录都只提及两个包围圈。

18. 罗科索夫斯基，《伏尔加河畔的伟大胜利》，第464页。

19. "Funkspruch an OKH, 1130 Uhr, Heeresgruppe Don Abt.-Ia, Bef. Gef. Std. H. Gr. Don, 27.01.43,"（"顿河"集团军群作训处发给OKH的电报，1943年1月27日11点30分），收录在《第6集团军作战日志附件册，第三卷》，第282页。

20. "Funkspruch an Heeresgruppe Don, 1250 Uhr, Armee-Oberkommando 6, Abt.-Ia, A.H.Qu., 27.01.1943,"（第6集团军司令部作训处发给"顿河"集团军群的电报，1943年1月27日12点50分），同上。

21. "Funkspruch an OKH, 2240 Uhr, Heeresgruppe Don Abt.-Ia, Bef. Gef. Std. H. Gr. Don, 27.01.43,"（"顿河"集团军群作训处发给OKH的电报，1943年1月27日22点40分），同上，第283页。

22. 德国国防军最高统帅部作战日志中的每日报告，收录在V.A.日林（主编）的《斯大林格勒战役：编年史、真相和人物，两卷本》一书第二册，第500页；档案引自KTB OKW, Bd. II, hb. 2。

23. "Izvlechenie iz operativnoi svodkoi No. 28 (701),"【28号（701）作战概要摘录】，同上，第501—504页；档案引自TsAMO RF, f. 16, op. 1072ss, d. 1,11，第261—268页。

24. 基于他的作战记录，他对麾下部队1941年在莫斯科、1942年8月在日兹德拉地域、1943年[1]秋季在科特卢班地域遭受的人员损失的消极反应，以及他的部队在战争后期的行动和战役中有所减少的损失，老兵们认为罗科索夫斯基是一位富有同情心的将领，他总是想法设法保障战士们的生命安全。这与其他将领（包括朱可夫）的声誉形成了对比，无论公正与否，他们都得到了"血腥将领"的绰号。

25. 罗科索夫斯基，《伏尔加河畔的伟大胜利》，第464页。

---

① 译注：1942年。

26. 伊萨耶夫，《斯大林格勒：伏尔加河后方没有我们的容身处》，第416页。

27. "Funkspruch an Heeresgruppe Don, 0712 Uhr, Armee-Oberkommando 6, Abt.-Ia, A.H.Qu., 28.01.1943,"（第6集团军司令部作训处发给"顿河"集团军群的电报，1943年1月28日7点12分）和"Funkspruch an Heeresgruppe Don, 1200 Uhr, Armee-Oberkommando 6, Abt.-Ia, A.H.Qu., 28.01.1943,"（第6集团军司令部作训处发给"顿河"集团军群的电报，1943年1月28日12点），收录在《第6集团军作战日志附件册，第三卷》，第283页。

28. 同上。

29. "Funkspruch an OKH, 1630 Uhr, Heeresgruppe Don Abt.-Ia, Bef. Gef. Std. H. Gr. Don, 28.01.43,"（"顿河"集团军群作训处发给OKH的电报，1943年1月28日16点30分），同上，第284页。

30. "Funkspruch an Heeresgruppe Don, 2058 Uhr, XI. A.K., Gef. Std., 28.01.1943,"（第11军军部发给"顿河"集团军群的电报，1943年1月28日20点58分），同上。

31. 德国国防军最高统帅部作战日志中的每日报告，收录在V.A.日林（主编）的《斯大林格勒战役：编年史、真相和人物，两卷本》一书第二册，第504—505页；档案引自KTB OKW, Bd. II, hb. 2。

32. "Izvlechenie iz operativnoi svodkoi No. 29 (702),"【29号（702）作战概要摘录】，同上，第505—508页；档案引自TsAMO RF, f. 16, op. 1072ss, d. 1,11，第269—277页。

33. 近卫步兵第15师在战斗中发挥的作用，可参阅S.I.瓦西里耶夫和A.P.季坎的Gvardeitsy piatnadtsatoi: Boevoi put' Piatnadtsatoi Gvardeiskoi strelkovoi divizii（《近卫步兵第15师的征途》）（莫斯科：军事出版社，1960年），第74—75页。

34. "Funksrpuch an OKH, 0655 Uhr, Armee-Oberkommando 6, Abt.-Ia, A.H.Qu., 29.01.1943,"（第6集团军司令部作训处发给OKH的电报，1943年1月29日6点55分）和"Funkspruch an Heeresgruppe Don, 0910 Uhr, Armee-Oberkommando 6, Abt.-Ia, A.H.Qu., 29.01.1943,"（第6集团军司令部作训处发给"顿河"集团军群的电报，1943年1月29日9点10分），收录在《第6集团军作战日志附件册，第三卷》，第284、第285页。

35. "Funkspruch an Heeresgruppe Don, 0955 Uhr, Armee-Oberkommando 6, Abt.-Ia, A.H.Qu., 29.01.1943,"（第6集团军司令部作训处发给"顿河"集团军群的电报，1943年1月29日9点55分），同上，第285页。

36. "Funkspruch an AOK. 6, 1015 Uhr, Heeresgruppe Don Abt.-Ia, Gef. Std., 29.01.1943,"（"顿河"集团军群作训处发给第6集团军的电报，1943年1月29日10点15分），同上；另可参阅"Ferngespräch Oberst Finckh—Lt. Feil, 1150 Uhr, Abteilung Ia, H.Qu., den 29 Januar 1943,"（芬克上校发给法伊尔少尉的电报，司令部作训处，1943年1月29日11点50分），同上，第286页。

37. "Funkspruch an Heeresgruppe Don, 1230 Uhr, Armee-Oberkommando 6, Abt.-Ia, A.H.Qu., 29.01.1943,"（第6集团军司令部作训处发给"顿河"集团军群的电报，1943年1月29日12点30分），同上，第287页。

38. "Funkspruch an OKH, 1205 Uhr, Heeresgruppe Don, Gef. Std., 29.01.1943,"（"顿河"集团军群发给OKH的电报，1943年1月29日12点05分），同上，第286页。

39. "Funkspruch an Heeresgruppe Don, 2300 Uhr, Armee-Oberkommando 6, Abt.-Ia, A.H.Qu., 29.01.1943,"（第6集团军司令部作训处发给"顿河"集团军群的电报，1943年1月29日23

点），同上，第287页。

40. 同上。

41. 同上。

42. 同上。

43. *"XI. A.K., 1700 Uhr, Gef. Std., den 29.01.1943,"*（第11军的电报，1943年1月29日17点），同上。

44. 德国国防军最高统帅部作战日志中的每日报告，收录在V.A.日林（主编）的《斯大林格勒战役：编年史、真相和人物，两卷本》一书第二册，第508—509页；档案引自KTB OKW, Bd. II, hb. 2。

45. *"Izvlechenie iz operativnoi svodkoi No. 30(703),"*【30号（703）作战概要摘录】，同上，第510—512页；档案引自*TsAMO RF, f. 16, op. 1072ss, d. 1,11*，第278—287页。

46. 参见B.I.穆托温的*Cherez vse ispytaniia*（《历经考验》）（莫斯科：军事出版社，1986年），第58—59页。步兵第204师（近卫步兵第78师）这份战史包含俘虏保卢斯的完整记述。

47. 罗科索夫斯基，《伏尔加河畔的伟大胜利》，第464页。

48. 详情可参阅I.A.拉斯金的*Na puti k perelomu*（《通往转折点之路》）（莫斯科：军事出版社，1977年），第315—316页。拉斯金时任第64集团军参谋长，后擢升为中将，并出任北高加索方面军副司令员。

49. 步兵第422师在斯大林格勒的作战情况，可参阅I.K.莫罗佐夫的*Ot Stalingrada do Pragi: Zapiski komandira divizii*（《从斯大林格勒到布拉格：一名师长的笔记》）（伏尔加格勒：伏尔加河下游出版社，1976年），第24—66页。

50. 关于步兵第252师在消灭第6集团军南部包围圈的最后突击中发挥的作用，可参阅*Nasha 252-ia: Veterany divizii vospominaiut*（《我们的第252师：第252师老兵的回忆》）（彼尔姆：彼尔姆出版社，1983年），第76—78页。

51. "红色兵营"可能就是德方报告中提及的"工兵兵营"。

52. 近卫步兵第66师在斯大林格勒市中心的作战情况，可参阅*Pod gvardeiskim znamenem: Boevoi put' 66-i gvardeiskoi strelkovoi Poltavskoi Krasnoznamennoi divizii*（《在近卫军的旗帜下：近卫红旗波尔塔瓦步兵第66师的征程》）（莫斯科：军事出版社，1992年），第48—49页。

53. 参见*"Direktiva Stavki VGK No. 46013 komanduiushchim voiskami Donskogo i Severo-Zapadnogo frontov o vyvode upravleniia, armeiskikh chastei i uchrezhdenii 57-i Armii v rezerv Verkhovnogo Glavnokomandovaniia"*（最高统帅部大本营发给顿河、西北方面军司令员的46013号指令，关于将第57集团军领率机构、辖内部队和装备调入最高统帅部预备队），收录在佐洛塔廖夫的《最高统帅部1943》，第42—43页，档案引自*TsAMO, f. 48a, op. 3409, d. 8, 11*，第8—9页；以及*"Direktiva Stavki VGK No. 46014 komanduiushchemu voiskami Donskogo frontov o peredislokatsii artilleriiskikh soedinenii i chastei"*（最高统帅部大本营发给顿河方面军司令员的46014号指令，关于炮兵兵团和部队的再部署），同上，第43页，档案引自*TsAMO, f. 48a, op. 3409, d. 8,11*，第10—11页。调离的炮兵部队除了两个炮兵师，还包括身管炮兵第266、第1103、第1104团，反坦克歼击炮兵第184、第186、第397、第500团。

54. 关于"北极星"行动的更多情况，可参阅格兰茨的《斯大林格勒战役后：红军1942—1943年的冬季攻势》，第390—443页；以及格兰茨的《1941—1945年，苏德战争中被遗忘的战役，第四册，冬季战役（1942年11月19日—1943年3月21日）》，第381—430页。

55. 施勒特尔，《斯大林格勒》，第247页。

56. "XI A.K., 0830 Uhr, Gef. Std., den 30.01.1943,"（第11军军部的报告，1943年1月30日8点30分）和"XI A.K., 1045 Uhr, Gef. Std., den 30.01.1943,"（第11军军部的报告，1943年1月30日10点45分），收录在《第6集团军作战日志附件册，第三卷》，第288、第290页。

57. "XI A.K., 29.01.1943, angekommen: 30.01., 1020 Uhr,"（第11军1943年1月29日的电报，1月30日10点20分收悉），同上，第289页。

58. "Fernschreiben an H. Gr. Don, 1030 Uhr, Armee-Oberkommando 6, Abt-la, A.H.Qu., 30.01.1943,"（第6集团军司令部作训处发给"顿河"集团军群的电报，1943年1月30日10点30分），同上。

59. "Fernschreiben an H. Gr. Don, 1335 Uhr, Armee-Oberkommando 6, Abt-la, A.H.Qu., 30.01.1943,"（第6集团军司令部作训处发给"顿河"集团军群的电报，1943年1月30日13点35分），同上，第290页。

60. "Fernschreiben an H. Gr. Don, 1400 Uhr, Armee-Oberkommando 6, Abt-la, A.H.Qu., 30.01.1943,"（第6集团军司令部作训处发给"顿河"集团军群的电报，1943年1月30日14点）和"Fernschreiben an H. Gr. Don, 1900 Uhr, Armee-Oberkommando 6, Abt.-la, A.H.Qu., 30.01.1943,"（第6集团军司令部作训处发给"顿河"集团军群的电报，1943年1月30日19点），同上。后一封电报错误地列为第11军发出，该书下一页有一封标题和时间完全重复的电报。但这份电报的标题清楚地表明，这是第6集团军19点左右发出的。

61. "Funkspruch an OKH, 2140 Uhr, V.O. bei AOK. 6, 30.01.43,"（派驻第6集团军的联络官发给OKH的电报，1943年1月30日21点40分），同上，第291页。

62. "Funkspruch an OKH, Heeresgruppe Don Abt.-la, Gef. Std., 30.01.1943,"（"顿河"集团军群作训处发给OKH的电报，未注明具体时间），同上。

63. 同上。这一说法基于第11军13点20分发给空军元帅米尔希的电报，电报中称："8—10个小组向西南方突围，可能逃往下奇尔斯卡亚。不排除这些小组中的某一个在卡尔波夫卡参加战斗的可能性。"

64. 德国国防军最高统帅部作战日志中的每日报告，收录在V.A.日林（主编）的《斯大林格勒战役：编年史、真相和人物，两卷本》一书第二册，第512—513页；档案引自KTB OKW, Bd. II, hb. 2。

65. 施勒特尔在《斯大林格勒》一书第213—216页描述了第4军一群士兵向南穿过齐边科和卡拉奇成功逃脱的罕见例子。一名幸存者3月初逃回到德军沿北顿涅茨河构设的防线，声称他知道另一些小组也实施了这样的突围。

66. "Izvlechenie iz operativnoi svodkoi No. 31(704),"【31号（704）作战概要摘录】，同上，第514—517页；档案引自TsAMO RF, f. 16, op. 1072ss, d. 1,11，第288—297页。

67. K.V. 阿米罗夫，Ot Volgi do Alp: Boevoi put' 36–i Gvardeiskoi strelkovoi . Verkhnedneprovskoi Krasnoznamennoi ordenov Suvorova i Kutuzova II stepeni divizii（《从伏尔加河到阿尔卑斯山：荣获苏沃洛夫勋章和库图佐夫勋章的近卫红旗上第聂伯罗夫斯克步兵第36师的征途》）（莫斯科：军事出版社，1987年），第69页。

68. 莫罗佐夫，《从斯大林格勒到布拉格：一名师长的笔记》，第95—96页。

69. 奇斯佳科夫，《为祖国服役》，第125页。

70. 对第11军实力的这番评估，可参见萨姆丘克等人合著的《从伏尔加河到易北河和布拉格：近卫第5集团军征程简史》，第42页。

71. 施勒特尔，《斯大林格勒》，第242页。另可参阅安东尼·比弗的《斯大林格勒：决定命运的围攻，1942—1943年》，第380页；克雷格的《兵临城下：斯大林格勒战役》，第373页；一些心烦意乱、对此气愤不已的士兵的个人回忆，收录在詹森·D.马克的《烈焰之岛：斯大林格勒"街垒"火炮厂之战，1942年11月—1943年2月》，第462页；以及维甘德·维斯特博士的《斯大林格勒的一名炮兵：一名战役参加者的回忆》，第179—180页。

72. 施勒特尔，《斯大林格勒》，第242页。安东尼·比弗，《斯大林格勒：决定命运的围攻，1942—1943年》，第380页，书中描述了德军士兵的另外一些反应。另可参阅注71列举的资料。

73. OKH作训处作战日志，引自V.E.塔兰特的《斯大林格勒：对这场痛苦的剖析》，第220页。

74. "顿河"集团军群作训处作战日志，同上，第279页。另可参阅施勒特尔的《斯大林格勒》，第243页。这两部著作都称"顿河"集团军群是在保卢斯投降的两个小时前收到这封电报，也就是4点左右。三个要塞指的是第11军的北部包围圈、第8军位于铁路线以西的部队、第6集团军位于"阵亡将士"广场（德国人称之为红场）及其东面的包围圈。

75. "Funkspruch an OKH, 0615 Uhr, V.O. b. AOK 6,"（派驻第6集团军的联络官发给OKH的电报，1943年1月31日6点15分）和"Funkspruch an OKH, 0714 Uhr, V.O. b. AOK 6,"（派驻第6集团军的联络官发给OKH的电报，1943年1月31日7点14分），收录在《第6集团军作战日志附件册，第三卷》，第292、第293页。

76. "von Manstein, an Kameraden der 6. Armee, 1315 Uhr 31.01.1943,"（冯·曼施泰因致第6集团军的同志们，1943年1月31日13点15分），同上，第293页。

77. "XI A.K., 0759 Uhr, Gef. Std., den 31.01.1943,"（第11军军部的电报，1943年1月31日7点59分），同上，第291页。

78. "XI A.K., 1740 Uhr, Gef. Std., den 31.01.1943,"（第11军军部的电报，1943年1月31日17点40分），同上，第294页。

79. 德国国防军最高统帅部作战日志中的每日报告，收录在V.A.日林（主编）的《斯大林格勒战役：编年史、真相和人物，两卷本》一书第二册，第517页；档案引自KTB OKW, Bd. II, hb. 2。

80. 施勒特尔，《斯大林格勒》，第244页。据说前一天晚上，希特勒告诉凯特尔元帅："军事历史中从未有过被俘的德国元帅。"

81. "Izvlechenie iz operativnoi svodkoi No. 32 (705),"【32号（705）作战概要摘录】，收录在V.A.日林（主编）的《斯大林格勒战役：编年史、真相和人物，两卷本》一书第二册，第520—522页；档案引自TsAMO RF, f. 16, op. 1072ss, d. 2,11，第1—8页。

82. "Funkspruch Nr. 979, V.O. b. AOK 6, 31.1, 0615,"（派驻第6集团军的联络官发给OKH的979号电报，1943年1月31日6点15分），收录在《第6集团军作战日志附件册，第三卷》，第293页。

83. "Funkspruch Nr. 981/870, V.O. b. AOK 6, 31.1, 0714,"（派驻第6集团军的联络官发给OKH的981/870号电报，1943年1月31日7点14分），同上。

84. 罗科索夫斯基，《伏尔加河畔的伟大胜利》，第465—466页。对投降过程最详细、最权威的描述当属拉斯金的《通往转折点之路》，第318—339页；亚当的《艰难的决定：德国第6集团军一名上校的回忆录》，第346页；B.I.穆托温的Vospominaniia o pleninii nemetskovo feVdmarshala Paulusa i ego shtaba v Stalingrade（《在斯大林格勒俘虏德国陆军元帅保卢斯及其参谋人员的回忆》），据拉斯金称（第322页），这本书藏于伏尔加格勒国防博物馆。这些著作详细描述了各个层面的谈判。NKVD审问保卢斯和施密特的报告收录在《斯大林格勒的史诗：首次出版的俄罗斯联邦安全局解密文件》（莫斯科：叶翁尼察-MG出版社，2000年）。

85. D.A.德拉贡斯基（主编），《从伏尔加河到布拉格》，第56—58页。

86. 罗科索夫斯基，《伏尔加河畔的伟大胜利》，第467页。

87. 巴托夫，《在行军和战斗中》，第263—164页。另可参阅N.I.比留科夫的Trudnaia nauka pobezhdat'（《艰难的技术胜利》）（莫斯科：军事出版社，1975年），第44—45页。整个战役期间，比留科夫指挥着步兵第214师，该师攻入"街垒"厂新村西北部，抓获大批俘虏，给第6集团军北部集团造成致命打击。

88. "XI A.K., 0745 Uhr, Gef. Std., den 01.02.1943,"（第11军军部的电报，1943年2月1日7点45分），收录在《第6集团军作战日志附件册，第三卷》，第294页。

89. "Funkspruch an Heeresgruppe Don, nachr.: an Gen. Kdo. XI A.K., 1435 Uhr, OKH/Operations Abteilung, 01.02.1943,"（OKH作训处发给"顿河"集团军群的电报，转第11军军部，1943年2月1日14点35分），同上。

90. "XI A.K., 2130 Uhr, Gef. Std., den 01.02.1943,"（第11军军部的电报，1943年2月1日21点30分），同上。

91. 德国国防军最高统帅部作战日志中的每日报告，收录在V.A.日林（主编）的《斯大林格勒战役：编年史、真相和人物，两卷本》一书第二册，第522—523页；档案引自KTB OKW, Bd. II, hb. 2。

92. "Izvlechenie iz operativnoi svodkoi No. 33 (706),"【33号（706）作战概要摘录】，同上，第528—531页，档案引自TsAMO RF, f. 16, op. 1072ss, d. 2,11，第9—17页。

93. 对于第65集团军的最终突击，现有的记录只提及步兵第23、第24和第214师。此时，由于集团军辖内各师的战斗兵只有1000—2000人，大多数师很可能在这场战斗中发挥了作用。

94. 参见第62集团军1943年2月1日的作战日志。

95. 参见第62集团军辖内各兵团的每日作战记录。

96. N.I.克雷洛夫，Stalingradskii rubezh（《斯大林格勒战线》）（莫斯科：军事出版社，1984年），第366页。

97. 同上。

98. 据说拉特曼将军大约在1月19日接替生病的埃里希·马格努斯将军执掌第389步兵师，并派京特·路德维希上校指挥第14装甲师残部。参见http://www.stalingrad.net/german-hq/oob_bestanden/oobl9jan.htm.

99. 詹森·D. 马克，《烈焰之岛：斯大林格勒"街垒"火炮厂之战，1942年11月—1943年2月》，第469页。

100. "Funkspruch XI A.K. an H. Gru. Don /la, nachr. Chef, HNW, 0800 Uhr, 2.2.43,"（第11军

发给"顿河"集团军群作训处的电报，转呈陆军通信主任，1943年2月2日8点），收录在《第6集团军作战日志附件册，第三卷》，第295页。

101. *"XI A.K. 0920 Uhr, Gef. Std., den 02.02.1943,"*（第11军军部的电报，1943年2月2日9点20分），同上，第296页。詹森·D. 马克在《烈焰之岛：斯大林格勒"街垒"火炮厂之战，1942年11月—1943年2月》第473页提供了这封支离破碎的电报较完整的版本："俄国人正攻入拖拉机厂。德国万岁！"

102. 德国国防军最高统帅部作战日志中的每日报告，收录在V.A.日林（主编）的《斯大林格勒战役：编年史、真相和人物，两卷本》一书第二册，第531—532页；档案引自*KTB OKW, Bd. II, hb. 2*。

103. 罗科索夫斯基，《军人的天职》，第228—229页。

104. 萨姆索诺夫，《斯大林格勒战役》，第506页。这份报告刊登在1943年2月3日的《真理报》。

105. 这40000人中包括2月1日俘虏的约19000人，主要是第65集团军抓获的；2月2日第65、第66和第21集团军一部俘虏的17000人；第62集团军2月1日和2日俘虏的1000人；剩下的则是2月3日或之后俘虏的。

106. *"Direktiva Stavki VGK No. 46038 komanduiushchemu voiskami Donskogo fronta o vyvode v reserv Verkhovnogo Glavnokomandovaniia upravlenii 21-i i 64-i armii"*（最高统帅部大本营发给顿河方面军司令员的46038号令，关于将第21和第64集团军调入最高统帅部预备队），收录在佐洛塔廖夫的《最高统帅部1943》，第58页；档案引自*TsAMO, f. 48a, op. 3409, d. 8,1*，第30页。签署这道命令的是朱可夫。

107. 保罗·卡雷尔，《斯大林格勒：德国第6集团军的败亡》，第209页。

108. 同上；第11军1月30日的电报及下文引用的NKVD文件。

109. 巴托夫，《在行军和战斗中》，第265页。

110. *"Boevoe donesenie No. 60. ShTAUR 156 k 2.00 3.2.43 g."*（第156筑垒地域60号作战报告，1943年2月3日签发），收录于第156筑垒地域的记录（原件副本）。签署报告的是该筑垒地域司令员戈利措夫上校和他的副参谋长格拉霍夫少校。

111. 整个战争期间，德国"阿布维尔"（军事谍报局）负责在苏联后方安插间谍，以收集情报并根据需要实施牵制性行动。1941年6月22日"巴巴罗萨"行动起前，德国人的谍报工作开展得相当广泛。苏联方面对此非常敏感，派NKVD、总参情报局和另一些反间谍机关（例如SMERSH，意思是间谍之死）负责肃清敌特。红军1941年底和1942年开始从德国人手中解放国土时，希特勒坚持要求阿布维尔特工人员留下，继续实施谍报工作，他认为德军很快会卷土重来。但是，鉴于第6集团军的困难处境，许多（如果有的话）特工人员被故意留在斯大林格勒地域这种说法很值得怀疑。在苏联后方被击毙或被抓获的德国人，很可能是试图逃至德军防线的普通士兵。

112. V.V.杜申金（主编），*Vnutrennye voiska v Velikoi Otechestvennoi voine 1941–1945 gg.:Dokumenty i materially*（《1941—1945年，伟大卫国战争中的内卫部队：资料和文件》）（莫斯科：法律文献出版社，1975年），第575页。

113. 同上，第575—576页。

114. 同上。

115. 詹森·D. 马克，《烈焰之岛：斯大林格勒"街垒"火炮厂之战，1942年11月—1943年2月》，第479页。尽管作者并未提及所引用的文件，但其说法与NKVD独立步兵第21旅的报告相一致。

116. 同上。

117. *Organy gosudarstvennoi bezopastnosti SSSR v Velikoi Otechestvennoi voine: Sbornik dokumentov, Tom chetvertyi, Kniga 1: Sekrety operatsii "Tsitadel'," 1 ianvaria–30 iiunia* 1943 goda（《伟大卫国战争中的苏联国家安全机构：文件集，第一卷，第一册，"堡垒"行动的秘密，1943年1月1日—6月30日》）（莫斯科：俄罗斯出版社，2008年），第295—296页。关于NKVD边防军第98团当年1—2月在顿河方面军后方采取行动的类似报告，可参阅*Pogranichnye voiska SSSR v Velikoi Otechestvennoi voine 1942–1945: Sbornik dokumentovi materialov*（《1942—1945年，伟大卫国战争中的苏联边防军：文件和资料集》）（莫斯科：科学出版社，1976年），第308—311页。

118. 《伟大卫国战争中的苏联国家安全机构：文件集，第一卷，第一册，"堡垒"行动的秘密，1943年1月1日—6月30日》，第296页。

119. 关于红军各方面军和集团军战时记录的详情，可参阅V.A.佐洛塔廖夫（主编）的*Velikaia Otechestvennaia, Deistvuiushchaia armiia 1941–1945 gg.*（《伟大卫国战争中的作战部队，1941—1945年》）（莫斯科：勇气出版社和库奇科沃原野出版社，2005年）。

120. 参见*"Neuaufstellung der Divisionen 6. Armee, Oberkommando der Heeresgruppe Don, Abt. la, Nr. 310/43 geh. Kdos. H.Qu., den 31 Januar 1943,"*（"顿河"集团军群司令部作训处关于重建第6集团军各师的310/43号令，1943年1月31日），收录在《第6集团军作战日志附件册，第三卷》，第296页。曼施泰因的命令中没有提及第94步兵师，该师残部已并入第24装甲师。

121. 苏军最高统帅部策划的1942—1943年冬季战役的详情，可参阅格兰茨的《斯大林格勒战役后：红军1942—1943年的冬季攻势》。

122. 参见V.A.佐洛塔廖夫（主编）的*Velikaia Otechestvennaia voina 1941–1945: Voenno-istoricheskii ocherki v chetyrekh knigakh, Kniga 2: Perelom*（《伟大卫国战争1941—1945：军事历史调查，第二册：转折点》）（莫斯科：科学出版社，1998年），第99页；罗科索夫斯基，《伏尔加河畔的伟大胜利》，第467—468页。罗科索夫斯基添加了"对方共计22个师"这句话。据罗科索夫斯基说，被俘的敌人来自多达160个不同类型的部队，这些部队为第6集团军提供支援和勤务协助。22个师是德国第44、第71、第76、第79、第94、第100、第113、第295、第297、第305、第371、第376、第384、第389步兵师，第3、第29、第60摩步师，第14、第16、第24装甲师，外加罗马尼亚第20步兵师和第1骑兵师。

123. 罗科索夫斯基，《伏尔加河畔的伟大胜利》，第468页。苏联方面的资料称，摧毁敌坦克的总数包括1942年8月的战斗中击毁德军坦克的数量。

124. 罗科索夫斯基，《军人的天职》，第229页。

125. 罗科索夫斯基，《伏尔加河畔的伟大胜利》，第468页。

126. 马克·阿克斯沃西等人合著的《第三轴心第四盟友：欧战中的罗马尼亚军队，1941—1945年》一书第111页称，斯大林格勒包围圈内有12607名罗马尼亚官兵。如果这一说法属实，就有理由认为1月10日包围圈内有约10000名健康的罗马尼亚官兵。

127. 保罗·卡雷尔在《斯大林格勒：德国第6集团军的败亡》一书第208页接受了空运疏散出42000人这个数字。但V.E.塔兰特在《斯大林格勒：对这场痛苦的剖析》第230页将这个数字减为36000人，其中包括29000名伤员和7000名军事专业人员。德尔在《进军斯大林格勒》一书第119页引用了施勒特尔《斯大林格勒》一书的说法，称1942年11月25日至1943年1月24日，29000名伤员得到疏散；由于战斗愈加激烈，半数伤员（14500人）在1月10日—24日期间飞离包围圈。

128. 海沃德，《止步于斯大林格勒》，第310页。

129. 萨姆索诺夫，《斯大林格勒战役》，第506页，他在书中引用了德方资料，称140000名德军官兵阵亡、负伤、失踪。

130. 伊萨耶夫，《斯大林格勒：伏尔加河后方没有我们的容身处》，第416页。

131. "No. 93. Iz dokladnoi zapiski UNKVD CO v NKVD SSSR 'O polozhenii v g. Stalingrade v period ego chastichnoi okkupatsii i nosle izgnaniia okkupantov,' 1 aprelia 1943 g." （斯大林格勒州NKVD局发给苏联NKVD部的93号报告，关于"被占领期间和驱逐占领者后斯大林格勒城内的情况"，1943年4月1日），收录在《斯大林格勒的史诗：首次出版的俄罗斯联邦安全局解密文件》，第393—407页，特别是第393页。

132. 同上。

133. 同上，第404页。各个区所剩居民具体如下："拖拉机厂"区，112人；"街垒厂"区，123人；"红十月厂"区，128人；"叶尔曼斯基"区，72人；"捷尔任斯基"区，3090人；"伏罗希洛夫"区，4120人。

134. 同上，第406—407页。

# 第十二章
# 背景、总结和简评

## 背 景

在苏德战争这一背景下，红军1942年11月在斯大林格勒地域实施的反攻独特而又深具历史意义。这场反攻不仅成功击败轴心国军队，还在这场战争中首次消灭了一个完整的轴心国集团军——罗马尼亚第3集团军，而后又围歼了两个德国集团军，即著名的第6集团军和第4装甲集团军（司令部除外）。虽然红军1941年曾设法在列宁格勒、莫斯科和罗斯托夫门前击败过德军，并在接下来的冬季战役期间扩大了胜利，但事实证明，除了将一个德国军困在杰米扬斯克地域（该军最终脱困），红军无法包围编制更大的德国军队。[1]

从1942年6月底起，几乎可以肯定，"蓝色"行动已超出德国武装力量成功实施作战行动的军事和后勤能力（"蓝色"行动和"天王星"反攻中关键事件的时间表参见副卷附录20A）。尽管德国军队1941年夏季和秋季取得巨大胜利，但逐渐获得改善的红军给德军人力和物力造成可怕的损失。因此，德国人1942年发起夏季战役时，多数部队的实力远远低于规定编制。希特勒和他的顾问们注意到了这种耗损，但出于意识形态和对德国军力的盲信，他们在很大程度上轻视了这个问题，这也部分解释了德军战地指挥官与他们的元首之间的严重分歧。

"蓝色"行动是德军在这场战争中的第二次大规模攻势，其原定目标一直是进抵高加索油田，为德国提供必要的燃料，并使苏联丧失一个至关重要的资源。无论这个目标能否实现，待德国人决定夺取，而不是压制斯大林格勒后，上述目标就被他们抛之脑后。面对红军出人意料的坚决抵抗，兵力不足的德国第6集团军无法以一场突击夺取该城，保卢斯不得不实施四场连续、谨慎的进攻，仅仅是为了进抵斯大林格勒。进入市区后，崔可夫第62集团军以坚决、巧妙的防御牵制住保卢斯集团军，并使后者在接下来几个月耗尽了实力。

1942年整个夏末和秋季，斯大林和最高统帅部抓住一切机会组织反突击和反攻，以遏止或击败前进中的德军，但这些努力均告失败，损失极为惨重。苏军的挫败使德国人深信自己天下无敌，他们不再小心翼翼，而是采取了前所未有的冒险举措。正是在这种情况下，OKH愚蠢地将几乎整个顿河防线委托给匈牙利第2、意大利第8、罗马尼亚第3集团军组成的一个特别集群。

1942年11月，轴心国军队的好运耗尽了。红军终于成功集结起他们的资源，并组织其部队发起一场有效的反攻和大胆的合围。对轴心国军队来说更加糟糕的是，苏军这场反攻针对的不是德军，而是装备拙劣的卫星国集团军，德军先头部队集中在斯大林格勒和高加索时，希特勒不得不以这些轴心国集团军掩护其侧翼。虽然希特勒充分意识到侧翼的危险，但他误判了苏军成功发起一场大规模行动的能力。

"天王星"反攻发起后不到一周，斯大林格勒地域实力不足的德军已处于危险下。由于装甲力量、燃料、驮畜和其他运输工具短缺，保卢斯面临着极大的困难，无法将整个集团军及其装备撤离即将形成的包围圈。也许有人会说，应当立即做出决定，从斯大林格勒向西撤退，从而挽救第6集团军大批经验丰富的将士，但在德军高级指挥官们看来，这个决定需要做出的变动太大，已超出他们的考虑范畴。保卢斯和他的几位军长本能地意识到，采取这一行动是必要的，但曼施泰因提出反对意见，希特勒和他的左右也断然拒绝了这一想法。

回想起来，"天王星"反攻的时机远不及红军实施这一行动时的形势和方式重要。从德国人发起"蓝色"行动起，苏联守军就不满足于防御。相反，斯大林坚持要求红军不断阻击德军的进攻。轴心国军队跨过苏联南部发起推进后不到一周，斯大林便命令他的部队发动反攻，阻止并歼灭敌人。因此，红军实施了一连串反突击，打击轴心国军队的前线和不断延伸的左翼，并试图发起反攻。对德国人来说幸运的是，苏军最高统帅部坚持要求发起的这些进攻中有许多为时过早，缺乏经验的红军战地指挥员没能为这些复杂的行动做好后勤和火力支援准备。

红军在夏季实施了两次进攻：先是在7月初和中旬，新组建的坦克第5集团军在沃罗涅日地域发起一场反突击；7月底又以坦克第1、第4集团军和第62、第64集团军在顿河大弯曲部附近展开一场正式反攻。这两次尝试均告失败。轴心国军队8月底到达伏尔加河和斯大林格勒后，苏军9月和10月间发起四次规模较大的反突击，目的都是为击败或遏止强大的德军。苏军多个集团军从斯大林格勒西北方科特卢班地域发起的这些猛烈进攻，经常辅以从城市南面或城内遂行的大规模突击。这些进攻试图以一场从南北两面实施的浅近合围消灭德国第6集团军位于斯大林格勒接近地的部队，但均以失败告终，进攻方损失惨重。

1942年10月初，斯大林、最高统帅部和身处斯大林格勒地域的两位方面军司令员痛苦地思考着下一步该如何行事，"天王星"攻势独特的一面就此出现——具体说来就是促成"天王星"行动最终赢得胜利的作战方针。

## 总结
### 策划"天王星"行动

几个月来，斯大林和他的高级军事顾问，特别是朱可夫和华西列夫斯基将军，一直认为从城市西北面和南面发起的浅近突击能够包围并歼灭德国第6集团军。这种被称作"旧解决方案"的浅近合围共实施了四次，每次都以3—5个集团军遂行，但都遭到惨败，损失极其严重。10月初，就在发起第五次尝试前夕，斯大林格勒方面军司令员叶廖缅科将军针对旧有问题提出一个新解决方案。叶廖缅科认为对面的罗马尼亚军队实力较弱，他提出的"不同解决方案"力图合围斯大林格勒地域的所有轴心国军队。他建议，先突破城市西北方沿顿河布防、在城市南面据守湖区的罗马尼亚军队，尔后以骑兵军和与之相配合的机械化部队发起一场大规模"突袭"，在第6集团军后方的顿河畔卡拉奇会合。斯大林的副手朱可夫将军接受了叶廖缅科实施一场深远合围的构想，并大力加强用于实现这一意图的部队，"天王星"计划就此诞生。

过去对"天王星"行动的记述将该计划归功于朱可夫，称他在9月12日与斯大林会晤时提出这个构想，但事实是叶廖缅科10月6日提出这一"不同解决方案"。[2]待朱可夫接受叶廖缅科的建议后，"天王星"行动（以及在莫斯科以西"勒热夫—维亚济马"突出部打击德国第9集团军的"火星"行动）的实际策划工作发生在10月12日—31日，11月18日前又对该计划加以最后的改进。

叶廖缅科富有想象力的作战方案，得到朱可夫的强烈认同和大力修改，使"天王星"行动的一个特点明显有别于过去失败的进攻行动——策划时间更长。这个新方案，加之更为细致的策划工作和妥善准备、训练有素的红军兵团（特别是其坦克和机械化军），为苏联的胜利铺平道路。当然，德军实力处于前所未有的低下状态，这一点也给苏联人的成功帮了大忙。

对苏军这场胜利同样重要的是，叶廖缅科建议对罗马尼亚军队，而不是对德军的防御发起反攻。因为这位斯大林格勒方面军司令员发现，他的部队9月28日—30日在斯大林格勒南面的湖区突破罗马尼亚人的防御较为轻松，相比之下，其部队力图攻破德军位于别克托夫卡地域的防御时却难以取得成功。同样，叶廖缅科选中谢拉菲莫维奇地域作为北钳突破地，是因为第63和第21集团军1942年8月底曾在那里成功打击过意大利军队。

事实上，1942年11月前，红军很少能突破德国人精心构设的防御。仅有的几个成功例子中，他们利用茂密的林地、人烟稀少的地带或恶劣的气候条件，在德军忙于发展胜利或未能将战术突破扩大为战役规模突破时对其发起打击。例如1941年8月和9月在斯摩棱斯克东北方的沃皮河和叶利尼亚、1941年11月在季赫温和罗斯托夫、1941年12月在莫斯科地域、1941—1942年冬季期间在另外几处。虽然叶廖缅科对这场攻势的最初构想是以一个近卫骑兵军和几个加强坦克旅遂行一场大规模突袭，但他的理念为红军投入重新组建的坦克军和新建立的机械化军提供了良机。到1942年10月，经过多次失败的尝试后，这些军级指挥员和他们麾下的许多部队，在发起并维持纵深作战方面已变得更加熟练。

因此，尽管应当承认叶廖缅科为发展"天王星"行动方针做出了贡献，但朱可夫领会并接受了这个概念，积极采取行动，将其演化为一场深具胜利前景的全面反攻，因而独揽全功。至于组织和实施反攻的功劳，则应由遂行行动的三位方面军司令员瓦图京、叶廖缅科和罗科索夫斯基将军分享。

指定参加"天王星"行动的三个方面军中的两个，不得不在与德军展开激烈战斗的同时策划该行动。即便如此，最高统帅部、各方面军司令员和诸集团军还是有足够时间完成他们的准备工作，在这场战争中尚属首次。相比之下，苏军1941年和1941—1942年冬季战役期间的进攻行动策划得相当仓促，完全是"从行进间"发起，或者说，其糟糕的表现源于上级错误的指导。[3]但"天王星"和"火星"行动完全不同。接受新行动理念后，最高统帅部和国防人民委员部（NKO）有一个多月时间组建新的西南方面军，为这场进攻担任先锋，而指定参加"天王星"行动的三个方面军和十个集团军的指挥员们也有略多于一个月的时间策划作战行动。另外，多亏崔可夫第62集团军付出的牺牲，新组建的西南方面军、顿河方面军和斯大林格勒方面军余部得以在不受德军任何干扰的前提下从事他们的工作。

苏军对"天王星"行动的后续策划非常全面。最高统帅部与各方面军之间的磋商主要依赖于新近设立的最高统帅部代表，事实证明此举相当有效。各方面军与辖内诸集团军，以及各集团军内部的策划工作同样如此，这主要得益于时间充裕，加之方面军、集团军和师指挥员们的能力有所提高。与去年相比，红军指挥员们在很大程度上不再把上级的命令当作遂行现代战争的指导方针。

反映出斯大林对作战行动的各个方面及结果抱有浓厚兴趣的是，最高统帅部、NKO和红军总参谋部竭力为赢得胜利提供必要的资源和指导。这些机构不遗余力地组建起一个个新的军、师、旅、团、独立营，并抽调现有兵团和部队，以此组建全新的西南方面军。他们还设法调集人员、武器和其他装备，以弥补6月28日至11月18日沿沃罗涅日和斯大林格勒方向损失的120万人（其中约70万人阵亡或被俘）和苏德战线其他方向折损的约300万人。

尽管苏联最高统帅部付出巨大努力，但他们无力改变苏联交通网欠发达、普遍缺乏卡车、气候条件恶劣这些固有问题。为"天王星"行动实施集结期间，后勤部门在运送部队和交付装备方面频频遭遇到问题，就连最具能力的策划者也对此头痛不已。结果，一些指定用于反攻的部队和技术装备到达集结区过晚，部分弹药、燃料和其他补给物资不是姗姗来迟就是数量不足。反攻发起日期的推延，至少部分是运输和后勤问题所致。但是，由于斯大林格勒城内的战斗仍在继续，这些延误并未造成太严重的后果。

这场攻势的规模非常庞大，部分集结工作进行得较为仓促，也给各部队的准备和士兵的训练造成一些妨碍，尽管其程度不像前几个月那么严重。因此，一些近卫师不如预想中那般精锐，派去补充各个师和旅的许多新兵缺乏训练。但这个问题自战争第一天起就困扰着红军指挥员们，1942年秋季并不比去年更加严重。

不过，当年秋季在斯大林格勒地域持续数月的激战导致许多苏军师的状态极其虚弱，特别是在"战斗兵"方面。罗科索夫斯基顿河方面军辖内几个集团军和叶廖缅科斯大林格勒方面军编成内的第62、第64集团军尤为如此。顿河方面军和第64集团军自8月底以来，就一直从事着代价高昂的反突击和反攻，而第62集团军已在斯大林格勒城内更加血腥的战斗中消耗殆尽。因此，西南方面军各师平均兵力约为8800人，顿河方面军诸集团军和斯大林格勒方面军第62、第64集团军辖内各师的平均兵力仅为4000—5000人，顿河方面军第65集团军、斯大林格勒方面军第51和第57集团军各师平均兵力为6500—7000人。尽管兵力较弱（这个问题在战争进行期间持续存在，某些情况下还会变得更加严重），但最高统帅部为这场反攻顺利集结起一股拥有100多万名士兵和1550辆坦克的进攻力量：西南方面军有39万名士兵和721辆坦克，斯大林格勒方面军有36.8万名士兵和575辆坦克，顿河方面军有28.5万名士兵和254辆坦克。

最后，为欺骗德国人并掩盖苏军意图，最高统帅部细心荫蔽其进攻准备，并要求斯大林格勒地域的部队继续沿原先的方向遂行进攻。这些措施，加之"火星"行动的准备工作，导致德军情报机关未能弄清红军将于何时、何地、以何种力量发起最终打击。

## "天王星"行动前夕的轴心国军队

保卢斯第6集团军和霍特第4装甲集团军（更不必说希特勒、OKH和B集团军群）专注于打垮苏军在斯大林格勒的抵抗，根本无暇关注其他地段的态势发展。由于轴心国军队较为轻松地击退了苏军先前发起的每一次反攻，德军指挥官们开始在10月和11月铤而走险，而在通常情况下，谨慎的指挥官们很少会采用这种做法。保卢斯批准将集团军主力投入斯大林格勒"绞肉机"，包括最重要的三个装甲师（第14、第16、第24）和三个摩步师中的两个（第3、第60），事实证明此举深具灾难性。与前任博克元帅不同，B集团军群司令魏克斯将军几乎对元首唯命是从，他并未延缓第6集团军彻底卷入城内战斗的步伐，反而批准将他的战役预备队悉数投入，从未提出过反对意见。希特勒同样打算夺取这座以斯大林的名字命名的城市的每一寸土地，同时派意大利和罗马尼亚集团军维持一道貌似连贯的防线，这些部队组成一个轴心国集团军群，负责守卫B集团军群超过三分之一的防线。基于对德军去年冬季所遭遇情况的了解，此举实在愚不可及。

希特勒、OKH和B集团军群犯下的大错是1942年11月前批准使用耗损严重、防御能力遭到削弱的部队，这让人想起1941年秋季发生的事情。例如，尽管第6集团军11月中旬的编制兵力约为30万人，但月中时缺员121900人，即41%；实际作战兵力的缺员更是大得不成比例。这导致该集团军的总兵力只有20万不到，加上第4装甲集团军约12万人、罗马尼亚第3集团军155000人、B集团军群直属的45000人、德国空军地面部队和各种后方地域保安、后勤单位，轴心国部队共计52万人，而他们要对付的是红军投入"天王星"行动的100万士兵。

斯大林格勒地域轴心国装甲部队的情况甚至更加糟糕。由于第6集团军已将三个装甲师和两个摩步师投入斯大林格勒城内和伏尔加河与顿河之间陆桥的激烈战斗，集团军装甲力量严重下降，每个师只有50辆坦克，共计218辆。就算加上第4装甲集团军第29摩步师的59辆坦克、第22装甲师（B集团军群预备队）的40辆坦克、第6集团军和第4装甲集团军的43辆突击炮、罗马尼亚第1装甲师的105辆坦克，斯大林格勒地域的轴心国军队也只有465辆坦克和突击炮。这就使苏军在装甲力量方面具有超过三比一的优势。

加剧这一问题的是，第6集团军和第4装甲集团军的装甲部队部署得较为分散，承担着前线作战和充当预备队的双重任务。例如，第16、第24装甲师和第3、第60摩步师守卫着前线地段，而这两个装甲师还试图在后方地域集结、整顿其坦克力量。第14装甲师也设法将其坦克集结在后方，而该师的装甲掷弹兵团正承担着前线作战任务，第29摩步师留在后方集结区，准备为希特勒计划中攻向阿斯特拉罕的行动担任先锋。最后，由于长期闲置，第48装甲军辖下担任B集团军群预备队的第22装甲师，可用的坦克少之又少。总之，由于战斗消耗和部署不力，斯大林格勒地域轴心国军队的装甲部队根本无法击退苏军协调一致的坦克突击。

## "天王星"反攻，11月19日—30日

"天王星"反攻是一场前所未有的胜利。历时五天的战斗中，西南方面军、顿河方面军和斯大林格勒方面军辖内诸集团军完成了最高统帅部赋予的大部分初始任务，他们突破罗马尼亚第3集团军和德国第4装甲集团军的防御，攻入德国第6集团军后方，歼灭罗马尼亚第3集团军大部，将德国第6集团军和第4装甲集团军主力包围在斯大林格勒。这标志着红军已经能够突破轴心国军队的战术防御至纵深，将战术突破发展为战役突破，在后勤方面予以维系，挫败德军装甲和摩托化部队发起的反突击，并围绕大股被围德军构设起可靠的对内、对外合围正面，这在苏德战争期间尚属首次。最后，击败德军救援尝试后，红军歼灭了一整个德国集团军，在这场战争中亦属首次。

虽然取得这些战果，但"天王星"反攻也存在一些缺陷，导致战役时间延长，有时甚至构成了限制其胜利的某种威胁。尽管苏军设法突破罗马尼亚人的防御，但他们很难攻破德军防御。另外，进攻方用了五天时间合围德国第6集团军，而不是计划中的三天，其快速军在坦克力量方面遭受的损失远远高于预期，他们也没能在奇尔河对岸夺得立足地。结果，西南方面军和斯大林格勒方面军未能将合围对外正面推至"天王星"计划预期的深度。这反过来给德国人提供了一个解救第6集团军的机会。对此，西南方面军和斯大林格勒方面军不得不发起新的进攻，双方沿克里瓦亚河、奇尔河、顿河和科捷里尼科沃地域展开激战，导致苏军消灭斯大林格勒包围圈内第6集团军的行动延误了八周之久。另外，第6集团军包围圈形成后，苏军无法以受领相关任务的部队歼灭该集团军，这是因为苏军最初认为约9万名敌军被围，实际上，包围圈内的轴心国士兵几乎是这个数字的三倍。

尽管存在这些问题，但对苏联人来说，"天王星"合围是一场鼓舞人心、前所未有的胜利，致使轴心国军队遭遇到一场令人震惊的战略失败。这是个了不起的开始，但这场雄心勃勃的反攻尚未全胜。

## 消灭斯大林格勒包围圈、合围对外正面和"土星"行动，11月24日—30日

第6集团军遭合围后，双方都面临着重大挑战，但德国人的处境无疑更为严重。罗马尼亚第3集团军和尚处于孕育状态的第4集团军的损失，加之德国第6集团军和第4装甲集团军大部陷入重围，有可能全军覆没，对德国人的整个东线构成了威胁。他们迅速调整注意力，力图抢在保卢斯集团军覆灭前与之恢复联系或实施救援。希特勒任命冯·曼施泰因元帅为新组建的"顿河"集团军群司令后，这成为了他的任务。

苏联人面临的挑战不太严重。由于完成"天王星"合围期间遭遇延误和损失，遂行进攻的三个方面军面临的问题是如何完成他们的后续任务。在合围对外正面，西南方面军辖下的坦克第5集团军没能突破轴心国军队沿奇尔河构设的防御，斯大林格勒方面军第51集团军也未能攻占科捷利尼科沃。更糟糕的是，由于苏军情报机构严重低估了斯大林格勒包围圈内轴心国军队的实力，顿河方面军辖内诸集团军，会同西南方面军第21集团军、斯大林格勒方面军第62、第64、第57集团军，设法夺得第6集团军包围圈北部三分之一的地盘，但没能完成消灭整个包围圈的任务。虽然苏军最高统帅部为解决这个问题将第21集团军转隶顿河方面军，但困难依然存在，这是因为斯大林格勒方面军辖内诸集团军仍沿合围对内、对外正面同时展开行动。最后一个原因是苏军最高统帅部为实施"土星"行动保留了大批兵力，特别是实力强大的近卫第2集团军，这导致在斯大林格勒地域遂行进攻的三个方面军缺乏必要的兵力完成至关重要的两项任务——消灭第6集团军，抗击德军从西面和西南面向斯大林格勒发起的解围行动。

如果保卢斯集团军12月初之前设法突出包围圈，向西退往顿河或向南撤往科捷利尼科沃，至少半数人员（重装备和重武器除外）有可能回到德军防线。但该集团军从未发起过突围，原因有几个。首先是希特勒顽固地拒绝放弃第6集团军的既得战果和德国空军能以空运为该集团军提供补给的想法。其次，曼施泰因打破了德军将领们的共识，他们认为应立即突围，但曼施泰因相信自己能在稍晚些时候救出第6集团军。第三，保卢斯需要时间组织、准备一场突围，但在没有获得希特勒或曼施泰因批准，以及一支强有力的救援部队从包围

圈外发起进攻，为其突围提供支援这一保证的前提下，他不会下达突围令。

这一切为一场至关重要的"猫鼠游戏"创造了背景，12月头三周，曼施泰因的"顿河"集团军群与苏军最高统帅部署在斯大林格勒地域的三个方面军展开这番角逐。这场竞赛的目标是解救或消灭保卢斯第6集团军，对胜利者和失败者而言，都具有重大战略意义。"顿河"集团军群的目标是从西面和西南面发起解围行动，解救第6集团军，而苏军最高统帅部则要破坏、阻截、挫败德方一切救援企图。岌岌可危的不仅仅是第6集团军的生存，还包括希特勒国防军的声誉——如果不能说是其最终命运的话。

## 击败德军救援企图："冬季风暴"和"霹雳"行动，12月1日—23日

12月第一周，曼施泰因元帅命令霍特将军的第4装甲集团军策划并实施一场钳形攻势，增援或解救斯大林格勒包围圈内的第6集团军。就参加此次行动可用的部队与希特勒进行长时间商讨后，曼施泰因命令第4装甲集团军辖内第48装甲军，以第11装甲师和第336步兵师，从上奇尔斯基和雷奇科夫斯基地域的顿河对岸登陆场向东发起突击，从西面与第6集团军会合。与此同时，第57装甲军应投入第6和第23装甲师，从科捷利尼科沃地域向东北方攻击前进，渡过阿克赛河和梅什科瓦河，从西南面攻入第6集团军包围圈。集结这些部队的困难导致救援行动发起日期推迟至12月12日。德方相关记述通常认为这场延误让他们丧失了解救保卢斯集团军的良机，实际上，这些实力不济的部队取得成功的可能性微乎其微。

苏联人预料到德军会试图救援第6集团军，12月3日—4日，最高统帅部命令西南方面军准备"土星"行动，该方面军以近卫第1、第2、第3集团军遂行这场攻势，旨在歼灭意大利第8集团军，并向南面的罗斯托夫地域发展胜利。与此同时，方面军辖内坦克第5集团军将渡过奇尔河向南发起突击，以防德国第48装甲军从西面向斯大林格勒包围圈实施救援。12月5日—13日，尽管遭遇到多次战术挫败，但坦克第5集团军辖下的坦克第1和机械化第5军经过反复进攻，牵制并严重削弱了德国第48装甲军的两个师，使其无法从上奇尔斯基和雷奇科夫斯基地域发起计划中的救援行动。最后，12月13日—15日，斯大林格勒方面军新组建的突击第5集团军，以坦克第7和近卫骑兵第3军为先锋，一举夺

取上奇尔斯基和雷奇科夫斯基，彻底消除了德国第4装甲集团军从西面向斯大林格勒发起解围行动的一切可能性。

11月底和12月初消灭第6集团军包围圈的尝试失败后，苏军最高统帅部彻底更改了强大的近卫第2集团军的原定部署。12月10日，该集团军转隶顿河方面军，充当"指环"行动的先锋，任务是彻底歼灭第6集团军。德国第4装甲集团军12月12日以第57装甲军从科捷利尼科沃地域向斯大林格勒发起救援行动后，苏军最高统帅部14日以近卫第2集团军增援斯大林格勒方面军第51集团军，阻截德军的推进。这个决定将"指环"行动推延至挫败德军救援企图之后，并将"土星"行动缩减为"小土星"行动，这场规模较小的攻势旨在围歼意大利第8集团军，并夺取德国空军用于补给第6集团军的机场。与其前身一样，"小土星"行动的目的是挫败德军救援第6集团军的企图。

苏军最高统帅部将近卫第2集团军部署至科捷利尼科沃方向，反映出他们对德国第4装甲集团军第57装甲军惊人进展的担心。这场推进开始于12月12日，第57装甲军一举粉碎斯大林格勒方面军实力虚弱的第51集团军，在两天内前进45公里，彻底消灭了第51集团军辖内唯一的快速部队——骑兵第4军，13日向北渡过阿克赛河。斯大林格勒方面军对此的应对是，14日以机械化第4和第13军驰援第51集团军，而最高统帅部则命令近卫第2集团军进入梅什科瓦河北岸防御阵地。

第57装甲军第6装甲师渡过阿克赛河的推进，在上库姆斯基村及其周边引发一场历时四天的激战，第6装甲师与迅速向南增援第51集团军的苏军部队展开战斗。在随后的厮杀中，获得第17装甲师和第23装甲师一部加强的第6装甲师歼灭了苏军机械化第4军主力及其坦克、步兵部队。但是，第57装甲军同样损失惨重，更重要的是，该军向梅什科瓦河的推进耽误了四天。实际上，12月12日—20日这场推进期间，该军伤亡1600多人，原有的140辆坦克和突击炮①折损78辆。对第57装甲军来说更糟糕的是，该军先遣部队12月19日晚些时候到达梅什科瓦河时，拥有超过12万人、600余辆坦克的苏军近卫第2集团军的先头

---

① 译注：这不是第57装甲军原有的坦克和突击炮数量。

部队已在北岸占据阵地。第6装甲师12月20日在北岸的瓦西里耶夫卡夺得一座登陆场后，双方为争夺这座登陆场展开一场超过三天的激烈战斗。

事实证明，12月20日至23日这几天对德军救援第6集团军的行动至关重要。在此期间，第6装甲师为坚守瓦西里耶夫卡登陆场展开苦战，第57装甲军竭力将大批部队集结于登陆场内，以便向北发起突击，解救第6集团军，而曼施泰因与保卢斯就如何顺利会合的问题展开磋商。到12月19日，第6集团军正在策划代号为"霹雳"的突围行动。这场行动要求第14装甲军辖下的第3和第29摩步师，在第14装甲师坦克和突击炮的率领下发起突围。数个装甲掷弹兵营将以一个装甲营的40—60辆坦克为先锋，从第6集团军包围圈向南推进约20公里，而第57装甲军负责完成从瓦西里耶夫卡登陆场至保卢斯包围圈南部边缘这60公里距离剩下的40公里路程。然而，曼施泰因无法向保卢斯保证希特勒会批准这场突围、第57装甲军一定能完成这40公里路程，致使保卢斯迟迟未下达发起"霹雳"行动的命令。与保卢斯的最终决定同样重要的是，12月19日至22日，大批苏军援兵赶往马里诺夫卡与卡尔波夫卡之间，第6集团军计划中的突围地带，并对这些地域发起猛烈的空中和地面打击。

如果第6集团军在12月18日前发起"霹雳"行动——无论是谁下达命令，不管有没有得到希特勒的批准——可能会有30%~40%的人员，在抛弃装备和重武器的前提下平安到达德军防线。此后，能成功突围人数的百分比每天呈几何式下降，12月26日后，能逃脱的人员已不到10%。

但是，近卫第2集团军的出现，最终导致第57装甲军从梅什科瓦河地域向北推进的一切企图化为乌有。另外，12月16日发起"小土星"行动后，西南方面军已于12月23日前歼灭意大利第8集团军，坦克第24和第25军威胁到德军设在塔钦斯卡亚和莫罗佐夫斯克的机场，德国空军利用这两座机场为第6集团军空运补给。这使曼施泰因别无选择，只得将第6装甲师从第57装甲军转隶第48装甲军，以阻止意大利人的崩溃，并重新夺回24日落入苏军手中的塔钦斯卡亚机场。此举导致第57装甲军失去半数以上的装甲力量，救援行动取得成功的一切希望就此告终。证明这一事实的是，12月24日，斯大林格勒方面军近卫第2、第51集团军发起科捷利尼科沃进攻战役，一举粉碎第57装甲军的防御，迫使其部队向南退往阿克赛河和科捷利尼科沃。

保卢斯集团军的最终下场已毫无疑问，唯一的问题是，该集团军的覆灭还需要多久。苏军最高统帅部希望迅速消灭第6集团军，以便将顿河方面军的七个集团军用于其他战线。为防止这种情况的发生，德国人希望第6集团军充当被牺牲的羔羊，尽可能实施更长久的抵抗。只要保卢斯集团军牵制住这些苏军集团军，他们就无法调往其他地段，给德军在苏联南部所剩无几的战略防御造成破坏。

## 顿河中游和科捷利尼科沃：苏军扩展攻势，12月16日—31日

归根结底，苏军最高统帅部将近卫第2集团军留作预备队，确保粉碎德国人解救第6集团军的企图，并向斯大林格勒西面和西南面扩展攻势，这两个决定就此决定了第6集团军的命运。西南方面军12月16日沿顿河对意大利第8集团军发起突击，苏军一系列进攻行动随之开始。在顿河南面经过历时一周的战斗后，前进中的苏军消灭了意大利集团军，击败了第4装甲集团军辖下的"霍利特"集团军级集群，破坏了德军交通线，迫使曼施泰因只能削弱第57装甲军的救援力量，以支援顿河西面陷入困境的部队。一天后的12月24日，斯大林格勒方面军近卫第2、第51集团军沿梅什科瓦河对德国第4装甲集团军第57装甲军发起猛攻，迫使其渡过阿克赛河，退往科捷利尼科沃。雪上加霜的是，12月底，西南方面军坦克第5集团军、斯大林格勒方面军突击第5集团军，会同近卫第2集团军右翼部队，从北面和东面攻向托尔莫辛。

到1942年12月底，在沃罗涅日方面军左翼第6集团军的协助下，西南方面军和斯大林格勒方面军遂行突击的诸集团军在轴心国军队的战略防区上撕开了个350公里宽的缺口，并沿从顿河上游的新卡利特瓦南延至罗斯托夫以东200公里处的济莫夫尼基地域这条宽大的战线向西、西南方攻击前进。B集团军群试图以意大利第8集团军残部和仓促组建的"弗雷特–皮科"集团军级支队将苏军阻挡在这片地域北部三分之一处，也就是从罗索希以东顿河河段向南穿过别洛沃德斯克至米列罗沃。"顿河"集团军群同样如此，力图以"霍利特"集团军级集群和第4装甲集团军残部据守这片地域南部三分之二处，也就是沿贝斯特拉亚河和齐姆拉河向南延伸，跨过顿河直至济莫夫尼基。弃守科捷利尼科沃地域后，曼施泰因集团军群竭力阻止进击中的苏军夺取罗斯托夫，如果该城丢

失，A集团军群将被切断、孤立在高加索地区。

至于包围圈内的第6集团军，由于希特勒拒绝将A集团军群的指挥权交给曼施泰因，到1943年1月初，该集团军任何一部逃脱的可能性都已荡然无存。

因此，除将第6集团军歼灭于斯大林格勒包围圈，苏军最高统帅部1943年1月的主要战略目标是向西扩大攻势，进入顿巴斯和罗斯托夫地域。正如本三部曲副卷所述，苏军向西发起的推进与斯大林格勒地域的战斗同样引人注目，同样深具决定性，同样对1942—1943年冬季战役的结局具有重大战略意义。

## "指环"行动：歼灭第6集团军，1943年1月1日—2月2日

德国第6集团军的覆灭被认为是这一时期最重要的事件，这一点可以理解。这不仅是苏军一场前所未有的胜利，歼灭保卢斯集团军也一直是"天王星"行动的主要目标。

交战双方截然不同的战略目的决定了德国第6集团军的命运。从苏联一方看，必须迅速消灭包围圈内的敌集团军，同时尽量减少苏军进攻部队的伤亡。这种节约兵力的措施是为保全罗科索夫斯基的主力，以便将其部署至其他地区，遂行最高统帅部越来越雄心勃勃的冬季战役。总的说来，最高统帅部希望以顿河方面军辖内诸集团军加强并维系沿库尔斯克—奥廖尔、哈尔科夫—第聂伯河、顿巴斯—第聂伯河方向的进攻。

因此，沃罗诺夫和罗科索夫斯基为"指环"行动拟制的计划，与红军过去大多数进攻行动有着根本区别。他们没有投入大批步兵，在大股坦克和机械化部队的支援下发起进攻，而是依靠压倒性炮火为明智的阶段性地面行动提供支援，其间还多次让遂行突击的步兵师实施短暂休整和补充。其结果令人惊讶。苏军投入的兵力超过25万，伤亡仅为48000人，其中12000人阵亡、重伤致死、被俘或失踪。这个伤亡数远远低于苏军过去任何一次进攻行动。尽管限制了自身的伤亡，但罗科索夫斯基的部队设法将超过25万名敌军从东线轴心国军队作战序列中抹去。

1月20日，保卢斯要求获得自主行事权，批准其部队向南突围。次日，希特勒断然禁止这种行动，要求第6集团军抵抗到底。两天后的1月22日，随着苏军迅速逼近城市，保卢斯汇报了恶化的态势，并问道："我该给我的部队下达

怎样的命令？"希特勒的回复是禁止第6集团军投降（有趣的是，曼施泰因在他的英文版回忆录中更改了保卢斯电报的日期，称他22日请求希特勒准许第6集团军投降，24日又要求批准他发起一场殊死突围）。不管怎样，1月29日和30日前，显然有部分指挥官自行其是，批准一些小股部队突出日趋萎缩的包围圈。但此时挽救第6集团军任何一支大股部队都已为时过晚。

从德方角度看，增援或解救第6集团军的一切希望12月23日后已荡然无存（尽管希特勒保证援兵正在赶来），第6集团军的主要战略任务是奋战到底、尽可能长时间坚守并给其对手造成最大伤亡。保卢斯集团军抵抗至2月2日，成功牵制住顿河方面军辖内部队，使其无法部署至其他战线。第6集团军的覆灭严重削弱了德军发起后续进攻行动的能力，也沉重打击了德国人的士气。简言之，第6集团军的灭亡意味着德国最终将被击败，唯一的问题是，这需要多久，以及他们将会失去些什么。

### "指环"行动的背景

1943年1月，顿河方面军忙着消灭第6集团军时，顿巴斯东部和罗斯托夫接近地也进行着重要战斗，苏军最高统帅部力图向西扩展其攻势。本三部曲的副卷将详细描述这些行动，但还是有必要在这里总结一下这些事件。遵照最高统帅部的命令，位于苏联南部的红军各方面军紧随着西南方面军和斯大林格勒方面军12月下旬实施的"小土星"行动和科捷利尼科沃进攻战役，于1月份发起七次进攻，力图扩大德军在斯大林格勒地域的挫败（参见副卷附录20B）。这些进攻行动的目的是将德军驱离沃罗涅日、顿巴斯和罗斯托夫地域，最终歼灭德国A、B和"顿河"（"南方"）集团军群主力，夺取库尔斯克、哈尔科夫、顿巴斯地域和罗斯托夫，并在春季到来前向西前出至第聂伯河。

布良斯克和沃罗涅日方面军辖内部队，获得西南方面军右翼集团军协助，在这片进攻地域北部三分之一处取得巨大战果。两个方面军以坦克第3集团军（坦克第12、第15军）、坦克第4、近卫骑兵第6军为先锋，月底前向西推进150—180公里，重创匈牙利第2集团军和意大利山地军，击败德国第2集团军，夺得沃罗涅日、奥斯特罗戈日斯克和卡斯托尔诺耶，前出至库尔斯克、别尔哥罗德、哈尔科夫接近地。

同一时期，西南方面军设法攻占了米列罗沃、旧别利斯克、卡缅斯克和伏罗希洛夫格勒东面的北顿涅茨河一线，迫使德国B集团军群右翼和"顿河"集团军群左翼的部队退至伏罗希洛夫格勒接近地和卡缅斯克，及其南面的北顿涅茨河河段。但是，该方面军只取得50—150公里进展，远远低于右侧友邻部队，而为其担任先锋或提供支援的11个坦克和机械化军（近卫坦克第1、第2、第4、坦克第2、第3、第10、第18、第23、第25军和近卫机械化第1、机械化第5军），坦克力量的损失也远高于北面的友军。因此，他们12月初恢复行动、渡过北顿涅茨河进入顿巴斯西部地域时，实力非常虚弱，而他们即将面对曼施泰因"南方"集团军群（原"顿河"集团军群）当月中旬发起的反攻。

与此同时，更南面，南方面军（原斯大林格勒方面军）辖下的近卫坦克第3军，1月份第一周向西推进150公里，在沙赫特以东40公里、罗斯托夫东北方80公里处的拉兹多尔斯卡亚（Razdorskaia）夺得顿河对岸的一座登陆场。但南方面军余部远远落在后面，月底前只向西推进100—150公里。尽管该方面军共投入5个坦克和机械化军（近卫坦克第3、坦克第2、第3、第4、近卫机械化第5军），夺得齐姆良斯卡亚、康斯坦丁诺夫斯卡亚、济莫夫尼基和萨利斯克，并前出至卡缅斯克南面的北顿涅茨河和罗斯托夫东面的顿河，但他们无法在德国A集团军群第1装甲集团军向西穿过罗斯托夫进入顿巴斯南部地域前夺取该城（罗斯托夫）。第1装甲集团军顺利逃脱，加之从西线调来的党卫队装甲军及时赶至，使曼施泰因得以在2月中旬发起一场成功的反攻。

虽然受到大雪和酷寒的妨碍，但导致西南方面军和南方面军的推进缓慢而又艰难的主要原因是德军实施的巧妙防御——首先是"霍利特"集团军级集群辖下的第19、第6、第7、第11装甲师和"霍特"集群第17、第23装甲师，稍晚些时候第3装甲师和第16装甲掷弹兵师也加入其中。除明显拖缓苏军冬季攻势的步伐外，这些部队实施的战斗后撤最终导致西南方面军、南方面军和沃罗涅日方面军在曼施泰因2月中旬于顿巴斯地域和哈尔科夫发起的反攻中大败。

## 战役的代价：人员和装备损失

虽然战争中的人员损失总是难以统计，但很显然，红军在"蓝色"行动中那种损失明显的模式，在"天王星"反攻及随后向西扩展攻势期间已得到根本性扭转。

据苏联方面统计，"蓝色"行动期间，红军沿沃罗涅日和斯大林格勒方向战斗的各方面军共伤亡1212189人，包括694108名不可挽回的损失（阵亡、被俘、失踪）和517811名伤病员。如果加上罗斯托夫和高加索地区的战斗，这个伤亡数将高达令人难以置信的1586100人，其中包括886899名不可挽回的损失和698931名伤病员。尽管由于进攻部队的编制经常发生变动，伤亡数难以统计，但德国第6集团军和第4装甲集团军在"蓝色"行动期间很可能伤亡约13万人。加之罗马尼亚部队损失约4万人，匈牙利部队损失约3万人，以及德国第2集团军和意大利第8集团军的伤亡，轴心国军队的损失也高达25万。

苏军和轴心国军队在"天王星"反攻期间和之后的伤亡数，反映出斯大林格勒战役中双方态势的急剧变化，特别是罗马尼亚第3、第4、德国第6、意大利第8集团军的覆灭，外加匈牙利第2集团军，在较小程度上还包括德国第2集团军遭受的重创。据苏联（俄罗斯）方面统计，红军在斯大林格勒地域参战的诸方面军，从1942年11月19日至1943年2月2日，共伤亡485777人，包括154885名不可挽回的损失和330892名伤病员（参见副卷附录20C）。相反，苏联（俄罗斯）方面和另一些资料估计，轴心国军队的损失超过80万人，其中58万人阵亡、负伤、失踪或从作战地区疏散，22万人被俘，其中91000人在斯大林格勒束手就擒（参见副卷附录20D）。虽说苏联方面对轴心国军队的损失所做的估测通常不太可信，但这一次的数字似乎较为合理，因为被围于斯大林格勒的轴心国部队超过30万，罗马尼亚第3、第4、意大利第8集团军和德国B集团军群损失10万人或更多，"顿河"集团军群1942年12月至1943年1月也损失约10万人。总之（除去高加索地区），整个斯大林格勒战役期间，苏军沿沃罗涅日和斯大林格勒方向损失约170万人，而轴心国军队的损失也超过100万。

统计"天王星"行动期间武器和技术装备的损失并非不可能，但极其困难，特别是轴心国军队的装备损失，因为德国第6集团军、第4装甲集团军，罗马尼亚第3、第4集团军，意大利第8和匈牙利第2集团军覆灭期间交出或丢弃了大量武器装备。简单地说，苏联（俄罗斯）方面承认，他们在斯大林格勒战略反攻中损失约3000辆坦克、3500门火炮/迫击炮和200多架战机（参见副卷附录20E）。相比之下，苏联方面的资料指出，消灭斯大林格勒包围圈期间（1942

年11月23日—1943年2月2日），轴心国军队损失1666辆坦克/突击炮（大多是8月份战斗中损失的）、7074门火炮（5762门火炮和1312门迫击炮）、12701挺机枪、156987支步枪、10722支自动武器（冲锋枪）、261辆装甲车/装甲运兵车、80438辆汽车、10679辆摩托车、3560辆自行车、811辆拖拉机/拖车、3列装甲列车、58部火车头、1403节车皮、696部电台和933部电话设备，并击毁805架（120架战斗机和685架轰炸机/运输机）、缴获744架飞机。[4]

虽然这些数字中的大多数与参战的德国和其他轴心国部队的武器及技术装备实际数量相符，但仍有些混乱之处。例如，这些资料显然高估了轴心国军队的坦克损失，主要因为他们将对方在先前战斗中损失并丢弃在战场上的坦克也统计在内。

本书第三部卷一第四章的表20（基于近期公布的第6集团军相关记录）表明，第6集团军11月18日有218辆坦克，而副卷附录20F提供的数字包括第27装甲师，称第6集团军在"天王星"行动前夕有180辆可用的坦克，由此看来，B集团军群辖内装甲部队可能共有425辆坦克（387辆加上第6集团军无法使用的38辆）。这些部队还获得约50辆突击炮的补充。另外，1942年12月和1943年1月，德军统帅部调拨6个装甲师和2个装甲营增援B集团军群和"顿河"集团军群。这些部队到达目的地时，共有541辆可用的坦克（参见副卷附录20G）。最后，1942年12月和1943年1月，B集团军群和"顿河"集团军群还获得202辆补充坦克，包括162辆三号和40辆四号坦克。[5]因此，除B集团军群11月中旬掌握的425辆坦克外，该集团军群和"顿河"集团军群当年12月和次年1月还获得拥有541辆坦克的装甲部队的加强，并得到202辆补充坦克，这就使沿沃罗涅日和斯大林格勒方向展开行动的德军坦克数量达到1168辆，并获得约50辆突击炮的补充。即便德军在此期间折损70%的坦克（实际上没这么高），总损失也只是818辆坦克，大约是苏联资料所说的一半，不及苏军坦克损失数的三分之一。

至于飞机的损失，德方记述表明，1942年11月24日至1943年2月2日，为第6集团军提供空运补给期间，德国空军共损失488架运输机。其中166架被击毁、108架失踪、214架受损报废。折损的运输机包括266架Ju-52、165架He-111、42架Ju-86、9架Fw-200、5架He-177和1架Ju-290。[6]但是，这些数字不包括德军战斗机和轰炸机的损失，也不包括罗马尼亚和意大利空军的损失，这些损失将给上述总数增添100—150架飞机。因此，轴心国军队飞机损失总数约为588—638架，是苏联人估计数的73%~79%。

其他轴心国部队的武器和技术装备也损失惨重，但准确数量难以确定，因为他们遭遇的失败通常是防御彻底崩溃。不管怎样，这些损失的估计如下：

·罗马尼亚第3、第4集团军——115辆坦克，包括14辆R-1、81辆R-2、10辆三号、10辆四号坦克，以及80%的武器装备。

·意大利第8集团军——全部的55辆坦克和90%的火炮。

·匈牙利第2集团军——全部武器装备的70%和全部重武器。

截至1943年2月2日，尽管德国第4装甲集团军和罗马尼亚第4集团军获得重建，但五个集团军已从东线轴心国军队作战序列中消失，其中包括德国第6集团军和原第4装甲集团军约30万人、罗马尼亚第3和第4集团军23万人、意大利第8集团军221875人和匈牙利第2集团军204334人。由于这些集团军遭受到灾难性损失，大多已调离作战地域，这使东线轴心国军队的总兵力降至100万人左右。对德国而言，这是个难以弥补的战斗力损失。

## 简评

### 策划"天王星"行动

·斯大林格勒方面军司令员叶廖缅科将军1942年10月6日提出"天王星"反攻的作战概念。

·斯大林的最高副统帅朱科夫将军接受了叶廖缅科的概念，并将之扩展为"天王星"反攻的最终计划。

·为集结部队实施"天王星"反攻，苏军最高统帅部故意"牺牲了"顿河方面军第24、第66集团军和斯大林格勒方面军第62集团军。崔可夫将军的第62集团军获得刚刚够用的补充兵，以阻止德军彻底攻占斯大林格勒城。

·德军情报部门没能发现苏军为"天王星"反攻所做的准备工作。

·红军坦克和机械化部队得到更好的组织和准备，以实施比以往战役更加持续深入的行动。

· 苏军策划者以罗马尼亚军队, 而非德军的防御作为突破目标。

## "天王星" 行动前夕的轴心国军队

· 从战略观点看, OKW和OKH在斯大林格勒方向没有足够的德国部队, 必须投入以盟国集团军 (罗马尼亚第3、意大利第8、匈牙利第2) 临时组建的一个集团军群。

· OKH和B集团军群没有保留足够的装甲、摩托化部队和战役预备队, 以抗击苏军在斯大林格勒地域发起的大规模反攻。

· 作为一支有效反击力量, 第6集团军的装甲和摩托化部队实力太弱, 也太过分散, 无法击败或遏止苏军的大举反攻。

· 苏军发起反攻前, 第6集团军和第4装甲集团军将大部分马匹转移到冬季预备阵地, 削弱了集团军的机动性。

## "天王星" 反攻, 11 月 19 日—30 日

· 苏军坦克、机械化和骑兵部队轻而易举地突破了罗马尼亚人的防御, 但他们试图攻破德军防御时持续遭遇到困难。

· 罗马尼亚部队的反坦克和炮兵力量不足, 无法击败或遏止进攻中的苏军。

· 事实证明, 苏军坦克、机械化和骑兵部队能够将作战行动维持至纵深100公里处, 但坦克的损失率太高 (80%~90%), 主要是机械故障所致。

· 西南方面军和斯大林格勒方面军快速部队用了5天才完成会师, 而不是计划规定的3天。

· B集团军群的装甲预备队 (第48装甲军) 迟滞了西南方面军发展胜利的快速集群, 但未能遏止或击败对方。

· 第6集团军遂行反突击的部队 (第14装甲军) 实力太弱, 无法在苏军快速集群夺取卡拉奇、在苏维埃茨基会师前击败或遏制对方。

· 德国人没有炸毁卡拉奇的顿河大桥, 苏军随后夺得该桥, 这成为苏军成功合围第6集团军的关键。

· 第4装甲集团军遂行反突击的部队 (第29摩步师) 迟滞了斯大林格勒方面军发展胜利的快速集群, 但未能遏制对方。

・将德国和罗马尼亚部队困于斯大林格勒包围圈后，苏军的实力也很虚弱，无法消灭被围之敌。

・前进中的西南方面军未能夺取奇尔河对岸的登陆场和至关重要的上奇尔斯基、雷奇科夫斯基镇。

・斯大林格勒方面军发展胜利的第51集团军没能攻占科捷利尼科沃。

・如果第6集团军在12月初发起突围，半数兵力有可能平安逃回德军防线。

## 击败德军救援企图："冬季风暴"和"霹雳"，12月1日—23日

・苏军未能打垮第6集团军包围圈，迫使最高统帅部将担任预备队的近卫第2集团军派去增援顿河方面军，率领对第6集团军的进攻。结果，近卫第2集团军无法用于"土星"行动，切断罗斯托夫以南轴心国军队的退路，这使德国人避免了更大的损失。

・"顿河"集团军群（冯·曼施泰因元帅）策划"冬季风暴"行动，增援或解救被围的第6集团军，计划以第4装甲集团军第48装甲军从上奇尔斯基向东攻击前进，以第57装甲军从科捷利尼科沃向东北方突击。

・曼施泰因对救援部队的实力不满，但希特勒拒绝调拨更多部队。

・坦克第5和突击第5集团军沿奇尔河发起进攻，前者遭到战术性失败，但后者赢得战役性胜利，一举夺取上奇尔斯基和雷奇科夫斯基，遏止了德国第48装甲军向斯大林格勒发起救援行动的企图。

・12月12日和13日，第4装甲集团军第57装甲军轻松击败斯大林格勒方面军第51集团军，渡过阿克赛河向前推进。但12月14日—19日，该军在上库姆斯基和克鲁格利亚科夫陷入与苏军机械化第4和坦克（机械化）第13军的一场消耗战，12月20日—23日又沿梅什科瓦河与近卫第2集团军鏖战，致使第57装甲军的装甲力量降至约80辆坦克和突击炮。

・第57装甲军的顺利推进迫使苏军最高统帅部12月14日将近卫第2集团军转隶斯大林格勒方面军，堵截第57装甲军的救援行动，"土星"行动不得不缩减为"小土星"行动。

・12月20日—23日，保卢斯将军计划并准备发起代号为"霹雳"的突围行动，但没有下达突围令，首先是因为曼施泰因无法获得希特勒的批准并保证

第57装甲军能够完成计划中的相关任务，其次是因为苏军组织起猛烈的地面和空中攻击，打击第6集团军计划中的突围地段。

· 如果第6集团军在12月18日前发起"霹雳"行动，40%的人员有可能逃回德军防线。此后，逃脱人员的百分比每天呈几何式下降，12月26日后，有可能突围逃生的人员已不到10%。

· 12月19日前，斯大林格勒方面军近卫第2集团军和数个加强坦克、机械化军出现在梅什科瓦河，德国第57装甲军救援行动取得成功的希望化为泡影。

· 12月19日—23日，苏军援兵出现在第6集团军包围圈南部防线前，并对该地段发起猛烈的地空突击，阻止了第6集团军的一切突围企图。实际上，"如果保卢斯发起突围，就有可能挽救他的集团军"的说法毫无事实依据。

· 第6装甲师及其占全军近50%的装甲力量从第57装甲军转隶第48装甲军，致使第4装甲集团军发起救援行动的一切可能性就此告终。

· 此后，只有希特勒将A集团军群辖内部队交给曼施泰因，才有可能提供救援第6集团军的机会。

## 顿河中游和科捷利尼科沃：苏军扩展攻势，12月16日—31日

· 西南方面军12月16日发起"小土星"行动，以歼灭意大利第8集团军并夺取塔钦斯卡亚和莫罗佐夫斯克的德军机场，意图干扰德国人为第6集团军提供空中补给，并分散第57装甲军救援力量。

· 西南方面军歼灭意大利第8集团军之际，坦克第24军12月24日夺取塔钦斯卡亚机场，迫使"顿河"集团军群当晚将第57装甲军辖下的第6装甲师转隶第48装甲军。苏军这场突袭还给德国人空运补给第6集团军的行动造成破坏。

· 斯大林格勒方面军辖下的近卫第2和第51集团军12月24日发起科捷利尼科沃进攻战役，一举粉碎第57装甲军沿梅什科瓦河的防御，迫使该军仓促向南退却，12月26日撤过阿克赛河。

· 失去第6装甲师后，第57装甲军被迫实施战斗后撤，退往科捷利尼科沃，12月29日弃守该镇。

· 在第6装甲师支援下，"霍利特"集团军级集群12月27日重新夺回塔钦斯卡亚，12月31日前沿塔钦斯卡亚—莫罗佐夫斯克一线暂时稳定住防线。

·西南方面军坦克第5集团军、斯大林格勒方面军突击第5集团军和近卫第2集团军右翼部队分别于12月27日和29日发起托尔莫辛进攻战役，意图歼灭"顿河"集团军群辖下的第48装甲军、"米特"军，并夺取托尔莫辛和莫罗佐夫斯克。

·近卫第2集团军12月31日攻克托尔莫辛，迫使第48装甲军和"米特"军向西退往齐姆拉河。坦克第5集团军表现不佳，未能夺取莫罗佐夫斯克，导致集团军司令员罗曼年科将军被解职。

·由于希特勒拒绝将A集团军群交由曼施泰因指挥，截至1943年1月初，第6集团军任何一部平安脱困的可能性已彻底消失。

·希特勒希望2月中旬后以党卫队装甲军解救第6集团军，但这纯属是白日梦。

## "指环"行动：歼灭第6集团军，1943年1月1日—2月2日

·顿河方面军的"指环"行动故意制订为一场节约兵力的进攻，旨在以炮兵和空中力量打垮第6集团军包围圈，以便将节省下来的兵力用于苏德战场其他地段日后的作战行动。

·"指环"行动1月10日发起时，第6集团军的部队已处于半饥饿状态，缺乏燃料和弹药，这是因为德国空军提供的空运补给不足，而OKH和"顿河"集团军群又不愿将补充兵或援兵运入包围圈内。

·第6集团军12月24日后的任务是尽可能实施长时间抵抗，牺牲自己，尽力牵制大批苏军部队。

·1月20日，保卢斯请求批准他的部队突围，希特勒拒绝了这一要求。

·1月22日，保卢斯请求批准辖内部队投降，但希特勒严令禁止任何投降行为。

## "指环"行动的背景

·苏军最高统帅部组织并实施了七场进攻，意图打垮德军在苏联南部的防御，并使红军向西前出至第聂伯河。

·德军少量装甲师（特别是第19、第6、第7、第11）以巧妙的防御作战

拖缓了西南方面军的进军步伐，给对方11个坦克和机械化军的坦克力量造成重创，为曼施泰因1943年2月中旬后发起反攻、大败西南方面军铺平道路。

　　毫无疑问，斯大林格勒战役代表着苏德战争中的一个根本性转折点。1941年"巴巴罗萨"行动的失败表明，德国无法以希特勒原定的"巴巴罗萨"目标为基础赢得战争，而德军在斯大林格勒的惨败则证明，德国无论如何都无法赢得这场战争。唯一的问题是，苏联人取得最后的胜利还需要多久，以及德国最终会败到何种程度。第6集团军在斯大林格勒投降六个月后，德军在库尔斯克的失利表明，德国将会彻底败亡。

## 注释

1. 1941—1942年冬季攻势期间，红军包围或孤立了德国人的数支师级部队，例如在霍尔姆包围了"舍雷尔"集群的第213步兵师第416团、第123步兵师第386团和数个提供支援的营；在韦利日包围了第83步兵师第257团；在苏希尼奇包围了第216步兵师的一个团和第56步兵师的一部。杰米扬斯克包围圈困住德国第2军第30、第12、第32、第123、第290步兵师、党卫队"骷髅"师和提供支援的第105炮兵指挥部，约70000人左右。

2. 斯大林的会见记录表明，8月31日至9月26日，他并未接见朱可夫。朱可夫9月12日—13日策划"天王星"行动的说法至少是个不准确的回忆。参见A.A.切尔诺巴耶夫（主编）的《斯大林的接见：I.V.斯大林会见相关人员日志，1924—1953年》。

3. 例如，红军1941年11月在季赫温和罗斯托夫、1941年12月—1942年2月在莫斯科、1942年12月在叶列茨、1942年1月在柳班和巴尔文科沃—洛佐瓦亚发起的进攻，策划得都很仓促。1942年5月在哈尔科夫和刻赤的进攻行动策划得更加细致，但由于计划不佳或斯大林亲信的横加干涉而受挫。

4. 罗科索夫斯基，《伏尔加河畔的伟大胜利》，第468页。

5. 托马斯·L.延茨，《装甲部队》，第31页。

6. 海沃德，《止步于斯大林格勒》，第310页。这些数字只是重复了普洛歇尔将军对德国空军作战行动的详细研究中所说的损失数。

# 参考资料

## 缩略语表

BA-MA：Bundesarchiv Militärarchiv（德国军事档案）

JSMS：Journal of Slavic Military Studies（《斯拉夫军事研究》杂志）

NAM：National Archives Microfilm（国家档案馆微缩胶片）

TsAMO：Tsentral'nyi arkhiv Ministerstva Oborony（国防部中央档案馆）

TsPA UML：Tsentral'nyi partiinyi arkhiv Instituta Marksizma-Leninizma（马列主义研究院中央党务档案馆）

VIZh：Voenno-istoricheskii zhurnal（《军事历史》杂志）

VVI：Vestnik voennoi informatsii（军事信息通报）

VV：Voennyi vestnik（军事通报）


## 原始文献
### 德军作战日志 [ Kriegstagebuch ]

"弗雷特·皮科"集团军级支队，*Kriegstagebuch Nr. 1, Armee-Abteilung Fretter-Pico, 18.12. 1942-2.2. 1943. BA-MA XXX A.K.*（第 30 军军事档案，"弗雷特·皮科"集团军级支队 1 号作战日志，1942 年 12 月 18 日—1943 年 2 月 2 日），31783/1 号文件，原件副本。

"霍利特"集团军级支队，*Anlagen zu KT.B. 1, Armee Abteilung Hollidt, Skizzen, Nov 1942, AOK 6*（第 6 集团军，"霍利特"集团军级支队 1 号作战日志附件集，草图，1942 年 11 月），26624/5 号文件，NAM 序列号 T-312，1452 卷。

"霍利特"集团军级支队，*Anlagen zu KT.B. 1, Armee Abteilung Hollidt, Lagekarten, Dez. 1942. AOK 6*（第 6 集团军，"霍利特"集团军级支队 1 号作战日志附件集，态势图集，1942 年 12 月），26624/6 号文件，NAM 序列号 T-312，1542 卷。

"霍利特"集团军级支队，*Anlagen zu KT.B. 1., Armee Abt. Hollidt, Tagl. Meldungen, Teil A: 23-27.11.42, Teil B: 28.11-31.12.42.*（"霍利特"集团军级支队 1 号作战日

志附件集，报告，A 部分：1942 年 11 月 23 日—27 日；B 部分：1942 年 11 月 28 日—12月 31 日），德国军事档案 RH 20-6/249，原件副本。

"霍利特"集团军级支队，*Kriegstagebuch Armee Abteilung Hollidt, 23.11.42 bis 27.12.42, Deutscher Generalstab bei 3. rum. Armee, 27.12.42 bis 31.12.42 Armeegruppe Hollidt.*（"霍利特"集团军级支队作战日志，1942 年 11 月 23 日—12 月 27 日，罗马尼亚第 3 集团军德军参谋部，"霍利特"集团军级集群，1942 年 12 月 27 日—12 月 31 日），德国军事档案 RH 20-6/246，原件副本。

"顿河"集团军群，*Heeresgruppe Don Kriegstagebuch vom 22.12.42 –31.1.43, Anlagen Band 6.*（"顿河"集团军群作战日志，1942 年 12 月 22 日—1943 年 1 月 31 日，附件第 6 册），NAM 序列号 T-311，270 卷。

"顿河"集团军群，*Kriegstagebuch Nr. 1, Oberkommando der Heeresgruppe Don/Süd, 20 November 1942–23 März 1943.*（"顿河/南方"集团军群司令部 1 号作战日志，1942 年 11 月 20 日—1943 年 3 月 23 日），德国军事档案［数字不清］，原件副本。

第 4 装甲集团军，*Lagenkarten zum KTB. Nr. 5 (Teil III), PzAOK 4, Ia, 21 Oct–24 Nov 1942. PzAOK 4.*（第 4 装甲集团军作训处，5 号作战日志（第 3 部分）中的态势图集，1942 年 10 月 21 日—11 月 24 日），28183/12 号文件，NAM 序列号 T-313，359 卷。

第 4 装甲集团军，*Lagenkarten zum KTB. Nr. 5 (Teil IV), PzAOK 4, Ia, 21 Nov–Dec 1942, PzAOK. 4*（第 4 装甲集团军作训处，5 号作战日志（第 4 部分）中的态势图集，1942 年 11 月 21 日—12 月），28183/13 号文件，NAM 序列号 T-313，359 卷。。

罗马尼亚第 3 集团军，*Anlagen zu K.T.B 1, Armee Abt. Hollidt, Befehl und sonst. Anlagen, Teil A: 1-29 & Teil B: 30-143*（1 号作战日志附件集，"霍利特"集团军级支队，指挥和其他，附件，A 部分：1-29；B 部分：30-143），第 6 集团军 26624/2 号文件，NAM 序列号 T-312，1452 卷。

罗马尼亚第 3 集团军，*Anlagen zu. K.T.B. 1, Armee Abt. Hollidt, Skizzen, Teil A: 1-5, Teil B: 6-26.*（1 号作战日志附件集，"霍利特"集团军级支队，草图，A 部分：1-5；B 部分：6-26），第 6 集团军 26624/5 号文件，NAM 序列号 T-312，1452 卷。

罗马尼亚第 3 集团军，*Tätigkeitsbericht 5.–31. Dez. 1942, Ic, Rum. AOK. 3, der Chef des Deutschen Gen.–Stabes, dann Armeegruppe Hollidt, 1. Text, 2. Anlagen, 1–11 Feindlagenkarten,3. Zwischen u. Tagesmeldungen.*（1942 年 12 月 5 日—31 日

的行动报告，罗马尼亚第 3 集团军情报处，德军参谋部参谋长及"霍利特"集团军级集群，
1：文本；2：附件：1—11 号敌军态势图；3：日中及每日报告），第 6 集团军 26624/7 和
26624/9 号文件，NAM 序列号 T–312，1452 卷。

第 6 集团军，NAM 序列号 T–312，1453 卷。

第 6 集团军，*K.T.B.–AOK 6, Ia., Karten, Nov 1942–Jan 1943.*（第 6 集团军作训处
作战日志，地图集，1942 年 11 月—1943 年 1 月），30155/37 号文件，NAM 序列号 T–312，
1459 卷。

第 30 军，*K.T.B. Gen. Kdo. XXX. A.K. vom 6.11.42–13.12.42.*（第 30 军军部作战日志，
1942 年 11 月 6 日—12 月 13 日），31296/1–2 号文件，德国军事档案［数字缺失］，原件副本。

第 48 装甲军，*Generalkommando XXXXVIII.Pz. Korps., Lagenkarten, 16.11.1942–
31.12.1942.*（第 48 装甲军军部，态势图集，1942 年 11 月 16 日—12 月 31 日），德国军事
档案 RH 26775/6，原件副本。

第 48 装甲军，*Kriegs–Tagebuch, Dezember 1942., Gen. Kdo. XXXXVIII. Panzer
Korps.*（第 48 装甲军军部 1942 年 12 月的作战日志），德国军事档案 RH 26776/3，原件副本。

第 11 装甲师，*K.T.B. 11th Panzer–Divizion.*（第 11 装甲师作战日志），原件副本。

第 22 装甲师，*Kriegstagebuch Nr. 3 vom .12.42–5.3.43 d. 22. Pz. Division Ia.*（第
22 装甲师作训处 3 号作战日志，1942 年 12 月—1943 年 3 月 5 日），德国军事档案 RH
27–22/15，原件的副本。

第 22 装甲师，*Kriegstagebuch Nr. 3 Anlagenband I der 22 Panzer Division vom
1.12.42–5.3.43.*（第 22 装甲师 3 号作战日志 I 号附件，1942 年 12 月 1 日—1943 年 3 月 5 日），
德国军事档案 RH 27–22/16，原件副本。

第 22 装甲师，*Kriegstagebuch Nr. 3 Anlagenband II der 22 Panzer Division vom
1.12.42–5.3.43.*（第 22 装甲师 3 号作战日志 II 号附件，1942 年 12 月 1 日—1943 年 3 月 5 日），
德国军事档案 RH 27–22/17，原件副本。

第 62 步兵师，*62. I.D., K.T.B. Nr. 7, Buch 2 vom 1.8.42 bis 28.2.43.*（第 62 步兵
师 7 号作战日志第 2 册，1942 年 8 月 1 日—1943 年 2 月 28 日），德国军事档案 RH 26–
62/70，原件副本。

第 294 步兵师，*Anlagenband. 1, Kriegstagebuch Nr. 4, 294. I.D. vom 1.12.42–
21.12.42, Nr. 1559–1683.*（第 294 步兵师 4 号作战日志 1 号附件，1942 年 12 月 1 日—

12 月 21 日，第 1559-1683），德国军事档案 RH 26-294/34，原件副本。

第 294 步兵师, *Anlagenband. 2, Kriegstagebuch Nr. 4, 294. I.D. vom 22.12.42-14.1.43, Nr.1685-1819.*（第 294 步兵师 4 号作战日志 2 号附件，1942 年 12 月 22 日—1943 年 1 月 14 日，第 1685-1819），德国军事档案 RH 26-294/35，原件副本。

**苏军作战日志 [ Zhurnal boevykh deistvii ]**

第 62 集团军，1942 年 9 月—11 月。

突击第 5 集团军（1942 年 12 月 15 日—1943 年 3 月 31 日），F. 333, op. 4885, d. 25, ed.khr. 24.

坦克第 5 集团军（1942 年），*F. 333, op. 5041, d. 130.*

坦克第 7 军（1942 年 8 月 25 日—1943 年 1 月 20 日），*F. 3401, op. 1, d. 8.*

近卫机械化第 2 军（1942—1943 年），*F. 3426, op. 1, d. 6.*

近卫机械化第 3 军（1942 年 12 月），*F. 3428, op. 1, ed. khr. 3.*

近卫骑兵第 7 军（1942—1943 年），*F. 3475, op. 1, ed. khr. 12.*

近卫机械化第 9 军（1942 年），*F. 3443, op. 1, d. 11.*

步兵第 95 师

步兵第 112 师

步兵第 138 师，*138-ia Krasnoznamennaia strelkovaia diviziia v boiakh za Stalingrada*（斯大林格勒战役中的红旗步兵第 138 师）

步兵第 284 师

步兵第 308 师

近卫步兵第 37 师

近卫步兵第 39 师

步兵第 10 旅

步兵第 42 旅

**新发现的第 6 集团军每日作战记录**

弗洛里安 · 冯 · 翁德 · 楚 · 奥夫塞斯男爵, *Die Anlagenbänder zu den Kriegstagebüchern der 6. Armee vom 14.09.1942 bis 24.11.1942, Band I*（第 6 集团军作战日志附

件册，第一卷，1942 年 9 月 14 日至 11 月 24 日）（德国施瓦巴赫：2006 年 1 月）。

弗洛里安·冯·翁德·楚·奥夫塞斯男爵，*Die Anlagenbänder zu den Kriegstagebüchern der 6. Armee vom 24.11.1942 bis 24.12.1942, Band II*（第 6 集团军作战日志附件册，第二卷，1942 年 11 月 24 日至 12 月 24 日）（德国施瓦巴赫：2006 年 1 月）。

弗洛里安·冯·翁德·楚·奥夫塞斯男爵，*Die Anlagenbänder zu den Kriegstagebüchern der 6. Armee vom 24.12.1942 bis 02.02.1943, Band III*（第 6 集团军作战日志附件册，第三卷，1942 年 12 月 24 日至 1943 年 2 月 2 日）（德国施瓦巴赫：2006 年 1 月）。

## 其他原始文献

*Boevoi sostav Sovetskoi Armii, chast 2 (lanvar–dekabr 1942 goda)*（《苏军集团军作战编成，第二部（1942 年 1—12 月）》）（莫斯科：军事出版社，1966 年）

*Boevoi sostav Sovetskoi armii, chast 3 (lanvar–dekabr 1943 goda)*（《苏军集团军作战编成，第三部（1943 年 1—12 月）》）（莫斯科：军事出版社，1972 年）

V.V. 杜申金（主编），*Vnutrennye voiska v Velikoi Otechestvennoi voine 1941–1945 gg.:Dokumenty i materially*（《1941—1945 年，伟大卫国战争中的内卫部队：资料和文件》）（莫斯科：法律文献出版社，1975 年）

GKO（国防委员会）法令，*TsPA UML. f. 644, op. 1, delo*（文件）*(d), 23, listy*（页数）*(ll.) 127–129* 和 *f. 644, op. 1, d. 33,ll. 48–50.*

"*Ia, Lagenkarten Nr. 1 zum KTB Nr. 1, November 1942–January 1943.*"（1942 年 11 月 1 日—1943 年 1 月，第 6 集团军作训处，1 号作战日志 1 号态势图集），30155/37 号文件，国家档案馆微缩胶片，NAM 序列号 T–312，第 1459 卷

*Kommandovanie korpusnovo i divizionnogo svena Sovetskikh vooruzhennijkh sil perioda Velikoi Otechestvennoi voiny 1941–1945 g.*（《1941—1945 年，伟大卫国战争期间的苏联武装力量军、师级指挥员》）（莫斯科：伏龙芝军事学院，1964 年）

*Kriegstagebuch des Oberkommandos der Wehrmacht (Wehrmachtfuhrungsstab), 1940–1945*（《1940—1945 年，德国国防军最高统帅部作战日志》），第二册（德国法兰克福：1963 年）

*Organy gosudarstvennoi bezopastnosti SSSR v Velikoi Otechestvennoi voine: Sbornikdokumentov, Tom chetvertyi, Kniga 1: Sekrety operatsii "Tsitadel'," 1*

692

*ianvaria-30 iiunia 1943 goda*（《伟大卫国战争中的苏联国家安全机构：文件集，第一卷，第一册，"堡垒"行动的秘密，1943 年 1 月 1 日—6 月 30 日》）（莫斯科：俄罗斯出版社，2008 年）

*Pogranichnye voiska SSSR v Velikoi Otechestvennoi voine 1942-1945: Sbornik dokumentov i materialov*（《1942—1945 年，伟大卫国战争中的苏联边防军 文件和资料集 》）（莫斯科：科学出版社，1976 年）

*Sbornik materialov po izucheniiu opyta voiny, No. 6 (Aprel-mai 1943 g.)*（《战争经验研究资料集 》，第 6 期（1943 年 4—5 月 ））（莫斯科：军事出版社，1943 年），原为机密级。

*Sbornik materialov po izucheniiu opyta voiny, No. 7 (Iun-iuV 1943 g.)*（《战争经验研究资料集 》，第 7 期（1943 年 6—7 月 ））（莫斯科：军事出版社，1943 年），原为机密级。

*Sbornik materialov po izucheniiu opyta voiny, No. 8 (Avgust-oktiabr 1943 g.)*（《战争经验研究资料集 》，第 8 期（1943 年 8—10 月 ））（莫斯科：军事出版社，1943 年），原为机密级。

*Sbornik materialov po izucheniiu opyta voiny, No. 9 (Noiabf-dekabr 1943 g.)*（《战争经验研究资料集 》，第 9 期（1943 年 11—12 月 ））（莫斯科：军事出版社，1944 年），原为机密级。

*Sbornik voenno-istoricheskikh materialov Velikoi Otechestvennoi voiny, Vypusk 18*（《伟大卫国战争军事和历史资料集 》，第 18 期）（莫斯科：军事出版社，1960 年）

*Stalingradskaia epopeia*（《斯大林格勒史诗 》）（莫斯科：叶翁尼察 –MG 出版社，2000 年），NKVD 文件集。

V.A. 日林（主编），*Stalingradskaia bitva: Khronika, fakty, liudi v 2 kn.*（《斯大林格勒战役：编年史、真相和人物，两卷本 》）（莫斯科：奥尔玛出版社，2002 年）

V.A. 佐洛塔廖夫（主编），*General'nyi shtab v gody Velikoi Otechestvennoi voiny: Dokumenty i materialy 1942*（伟大卫国战争中的总参谋部：1942 年的文献资料），刊登在 *Russkii arkhiv: Velikaia Otechestvennaia*（《俄罗斯档案：伟大卫国战争 》），第 23 册（12—2）（莫斯科：特拉出版社，1999 年）

V.A. 佐洛塔廖夫（主编），*General'nyi shtab v gody Velikoi Otechestvennoi voiny: Dokumenty i materially, 1943 god"*（伟大卫国战争中的总参谋部：1943 年的文献资料），

刊登在 *Russkii arkhiv: Velikaia Otechestvennaia*（《俄罗斯档案：伟大卫国战争》），第 23 册（12-3）（莫斯科：特拉出版社，1999 年）

V.A. 佐洛塔廖夫（主编），*Preliudiia Kurskoi bitvy: Dokumenty i materialy 6 dekabria 1942 g.–25 aprelia 1943 g.*（库尔斯克战役的序幕：1942 年 12 月 6 日—1943 年 4 月 25 日的文件和资料），刊登在 *Russkii arkhiv: Velikaia Otechestvennaia*（《俄罗斯档案：伟大卫国战争》），第 15 册（4-3）（莫斯科：特拉出版社，1997 年）

V.A. 佐洛塔廖夫（主编），*Prikazy narodnogo komissara oborony SSSR, 22 iiunia 1941 g-1942*，（苏联国防人民委员部命令，1941 年 6 月 22 日—1942 年），刊登在 *Russkii arkhiv: Velikaia Otechestvennaia [voina], 13 (2-2)*（《俄罗斯档案：伟大卫国战争》），第 13 册（2-2）（莫斯科：特拉出版社，1997 年）

V.A. 佐洛塔廖夫（主编），*Prikazy narodnogo komissara oborony SSSR, 1943-1945 gg.*（苏联国防人民委员部命令，1943—1945 年），刊登在 *Russkii arkhiv: Velikaia Otechestvennaia [voina], 13 (2-3)*（《俄罗斯档案：伟大卫国战争》），第 13 册（2-3）（莫斯科：特拉出版社，1997 年）

V.A. 佐洛塔廖夫（主编），*Stavka VGK: Dokumenty i materialy 1942*（最高统帅部大本营：1942 年的文献资料），刊登在 *Russkii arkhiv: Velikaia Otechestvennaia [voina], 16 (5-2)*（《俄罗斯档案：伟大卫国战争》），第 16 册（5-2）（莫斯科：特拉出版社，1996 年）

V.A. 佐洛塔廖夫（主编），*Stavka VGK: Dokumenty i materialy 1943*（最高统帅部大本营：1943 年的文献资料），刊登在 *Russkii arkhiv: Velikaia Otechestvennaia [voina], 16 (5-2)*（《俄罗斯档案：伟大卫国战争》），第 16 册（5-2）（莫斯科：特拉出版社，1999 年）

## 二手资料：书籍

G.H. 阿布罗希诺夫、M.K. 库济明、L.A. 列别杰夫、N.F. 波尔托拉科夫，*Gvardeiskii Nikolaevsko-Budapeshtskii: Boevoi put' 2-go gvardeiskogomekh-anizirovannogo korpusa*（《尼古拉耶夫－布达佩斯近卫军：近卫机械化第 2 军的征途》）（莫斯科：军事出版社，1976 年）

V. 亚当，*Trudnoe reshenie: Memuary polkovnika 6th Germanskoi armii*（《艰难的决定：德国第 6 集团军一名上校的回忆录》）（莫斯科：军事出版社，1967 年），这是威

694

廉·亚当《艰难的决定》（东柏林：1965 年）一书的俄文译本。

N.I. 阿法纳西耶夫，*Ot Volgi do Shpree: Boevoi put' 35-i gvardeiskoi strelkovoi Lozovskoi Krasnoznamennoi, ordena Suvorova i Bogdan Khmel'nitskogo divizii*（《从伏尔加河到施普雷河：荣获苏沃洛夫勋章和波格丹·赫梅利尼茨基勋章的近卫红旗洛佐瓦亚步兵第 35 师的征途》）（莫斯科：军事出版社，1982 年）

S.Kh. 阿加诺夫（主编），*Inzhenemye voiska Soverskoi Armii 1918-1945*（《1918—1945 年，苏军工程兵部队》）（莫斯科：军事出版社，1985 年）

K.V. 阿米罗夫，*Ot Volgi do Alp: Boevoi put' 36-i Gvardeiskoi strelkovoi . Verkhnedneprovskoi Krasnoznamennoi ordenov Suvorova i Kutuzova II stepeni divizii*（《从伏尔加河到阿尔卑斯山：荣获苏沃洛夫勋章和二级库图佐夫勋章的近卫红旗上第聂伯罗夫斯克步兵第 36 师的征途》）（莫斯科：军事出版社，1987 年）

理查德·H. 阿姆斯特朗，《红军坦克指挥员：装甲近卫军》（宾夕法尼亚州阿特格伦：希弗出版社，1994 年）

马克·阿克斯沃西、科尔内尔·斯卡费什和克里斯蒂安·克拉丘诺尤，《第三轴心第四盟友：欧战中的罗马尼亚军队，1941—1945 年》（伦敦：兵器和铠甲出版社，1995 年）

Iu.P. 巴比奇和 A.G. 巴耶尔，*Razvitie vooruzheniia i organitzatsii Sovetskikh sukhoputnykh voist v gody Velikoi Otechestvennoi voiny*（《伟大卫国战争中，苏联军备和地面部队编制的发展》）（莫斯科：伏龙芝军事学院，1990 年）

康瑞利·伯内特（主编），《希特勒的将领》（纽约：格鲁夫·韦登费尔德出版社，1989 年）

奥马尔·巴托夫，《东线，1941—1945 年：德国军队和战争的野蛮化》（纽约：圣马丁出版社，1986 年）

P.I. 巴托夫，*V pokhodakh i boiakh*（《在行军和战斗中》）（莫斯科：呼声出版社，2000 年）

安东尼·比弗，《斯大林格勒：决定命运的围攻，1942—1943 年》（纽约：维京出版社，1998 年）

卡尤思·贝克尔，《德国空军作战日志》（纽约：双日出版社，1968 年）

维塔利伊·别洛孔和伊利亚·莫什昌斯基，*Na flangakh Stalingrada: Operatsii na Srednem i Verkhnem Donu, 17 iiulia 1942-2 fevralia 1943 goda*（《在斯大林格勒侧翼：顿河中游和上游之战，1942 年 7 月 17 日—1943 年 2 月 2 日》）（莫斯科：PKV 出版社，

2002 年）

V.V. 别沙诺夫，*God 1942—'Uchebnyi'*（《1942 年—"锻炼"》）（明斯克：丰收出版社，2002 年）

N.I. 比留科夫，*Trudnaia nauka pobezhdat'*（《艰难的技术胜利》）（莫斯科：军事出版社，1975 年）

*Bitva pod Stalingradom, chast' II. Kontranastuplenie Sovetskikh voisk*（《斯大林格勒战役，第二部：苏军的反攻》）（莫斯科：伏罗希洛夫总参学院，1956 年），原为机密级。

*Bitva za Stalingrad*（《斯大林格勒战役》）（伏尔加格勒：伏尔加河下游出版社，1973 年）

乔治·E. 布劳，《德国对苏战争：策划和行动，1940—1942 年》，陆军部手册，No：20-261a（华盛顿特区：陆军部，1955 年）

霍斯特·布格、尤尔登·弗斯特、约阿希姆·霍夫曼等人，《德国与第二次世界大战，第 4 卷：入侵苏联》（埃瓦尔德·奥泽斯、迪安·S. 麦克默里和路易斯·威尔莫特译，英国牛津：克拉伦登出版社，2001 年）

霍斯特·布格、维尔纳·拉姆、赖因哈德·施通普夫、贝恩德·韦格纳，《德国与第二次世界大战，第 6 卷，全球战争：冲突扩大为世界大战及战争主动权的转移，1941—1943 年》，埃瓦尔德·奥泽斯等人译（英国牛津：克拉伦登出版社，2001 年）。

德莫特·布拉德利、卡尔－弗里德里希·希尔德布兰德、马库斯·勒韦坎普，*Die Generale des Heeres 1921-1945*（《德国陆军将领，1921—1945 年》）（奥斯纳布吕克：文献记录出版社，1993 年）

保罗·卡雷尔，《斯大林格勒：德国第 6 集团军的败亡》，戴维·约翰斯顿译（宾夕法尼亚州阿特格伦：希弗出版社，1993 年）

A.A. 切尔诺巴耶夫（主编），*Na prieme u Stalina. Tetradi (zhurnaly) zapisei lits, pronyatykh I. V. Stalinym (1924‐1953 gg.)*（《斯大林的接见：I.V. 斯大林会见相关人员日志，1924—1953 年》）（莫斯科：新计时器出版社，2008 年）

I.M. 奇斯佳科夫，*Sluzhirn otchizne*（《为祖国服役》）（莫斯科：军事出版社，1975 年）

I.M. 奇斯佳科夫（主编），*Po prikazu Rodiny: boevoi put' 6-i gvardeiskoi armii v Velikoi Otechestvennoi voine*（《奉祖国之命：伟大卫国战争中近卫第 6 集团军的战斗历程》）（莫斯科：军事出版社，1971 年）

瓦西里·I. 崔可夫，《斯大林格勒战役》，哈罗德·西尔弗译（纽约：霍尔特、莱因哈

特和温斯顿出版社，1964 年）

瓦西里·I. 崔可夫，*Stalingrada do Berime*（《从斯大林格勒到柏林》）（莫斯科：军事出版社，1980 年）

《斯大林格勒攻势中苏军的集结》（美国陆军欧洲司令部历史处，MS P-096 号报告，1952 年）

威廉·克雷格，《兵临城下：斯大林格勒战役》（纽约：读者文摘出版社，1973 年）

弗拉基米尔·代涅斯，*Rokossovsky: Genii manevra*（《罗科索夫斯基：机动战天才》）（莫斯科：亚乌扎－艾克斯摩出版社，2008 年）

V.A. 德明和 R.M. 波尔图加利斯基，*Tanki vkhodiat v proryv*（《坦克进入突破口》）（莫斯科：军事出版社，1988 年）

G. 德尔，*Pokhod na Stalingrad*（《进军斯大林格勒》）（莫斯科：军事出版社，1957 年），这是汉斯·冯·德尔 *Der Feldzug nach Stalingrad*（《斯大林格勒战役》）（西德，达姆施塔特：E.S. 米特勒＆泽恩股份有限公司，1955 年）一书的俄文译本。

理查德·L. 迪纳多，《德国与轴心国军队：从联盟到崩溃》（劳伦斯：堪萨斯大学出版社，2005 年）

理查德·L. 迪纳多，《德军装甲部队》（康涅狄格州韦斯特波特：格林伍德出版社，1997 年）

理查德·L. 迪纳多，《机械化力量或军事落伍：马匹与二战中的德国军队》（康涅狄格州韦斯特波特：格林伍德出版社，1991 年）

M.S. 多库恰耶夫，*Vboi shli eskadrony: Boevoi put' 7-go gvardeiskogo ordena Lenina, Krasnoznamennogo, ordena Suvorova korpusa v Velikoi Otechestvennoi voine*（《骑兵中队投入战斗：荣获列宁勋章和苏沃洛夫勋章的近卫红旗骑兵第 7 军在伟大卫国战争中的征程》）（莫斯科：军事出版社，1984 年）

V.M. 多姆尼科夫（主编），*V nastuplenii gvardiia: Ocherk o boevom puti 2-i Gvardeiskoi Armii*（《进攻中的近卫军：对近卫第 2 集团军征途的研究》）（莫斯科：军事出版社，1971 年）

D.A. 德拉贡斯基（主编），*Ot Volgi do Pragi*（《从伏尔加河到布拉格》）（莫斯科：军事出版社，1966 年）

亚历山大·瓦西列维奇·叶戈罗夫，*V Donskiky Stepyakh*（《在顿河草原上》）（莫

斯科：海陆空三军合作志愿协会，1988 年）

A.I. 叶廖缅科，*Stalingrad: Uchastnikam Velikoi bitvy pod Stalingradom posviat-shchaetsia*（《斯大林格勒：斯大林格勒光荣会战中的一位参与者》）（莫斯科：AST 出版社，2006 年）

A.I. 叶廖缅科，*Stalingrad: Zapiski kornanduuishchevo frontoni*（《斯大林格勒：方面军司令员笔记》）（莫斯科：军事出版社，1961 年）

约翰·埃里克森，《通往斯大林格勒之路：苏德战争，第一卷》（纽约：哈珀＆罗出版社，1975 年）

约翰·埃里克森，《通往柏林之路：苏德战争续篇》（科罗拉多州博尔德：西景出版社，1983 年）

西摩·弗里丁和威廉·理查森（合编），《致命的决定》（纽约：威廉·斯隆联合出版社，1956 年）

莱因哈德·盖伦，《盖伦将军回忆录》，戴维·欧文译（纽约：世界出版社，1972 年）

*Geroi Sovetskogo Soiuza, tom 1*（《苏联英雄，第一册》）（莫斯科：军事出版社，1987 年）

戴维·M. 格兰茨，《斯大林格勒战役后：红军 1942-1943 年的冬季攻势》（英国西米德兰兹郡索利赫尔：氦核出版社，2008 年）

戴维·M. 格兰茨，《斯大林格勒战役地图集：红军的进攻行动，1942 年 11 月 19 日—1943 年 2 月 2 日》（宾夕法尼亚州卡莱尔：自费出版，2000 年）

戴维·M. 格兰茨，《巨人重生：战争中的苏联红军，1941—1943 年》（劳伦斯：堪萨斯大学出版社，2005 年）

戴维·M. 格兰茨，《1941—1945 年，苏德战争中被遗忘的战役，第四册，冬季战役（1942 年 11 月 19 日—1943 年 3 月 21 日）》（宾夕法尼亚州卡莱尔：自费出版，1999 年）

戴维·M. 格兰茨，《从顿河到第聂伯河：红军 1942 年 12 月—1943 年 8 月的进攻行动》（伦敦：弗兰克·卡斯出版社，1991 年）

戴维·M. 格兰茨，*Krupneishee porazhenie Zhukova. Katastrofa Krasnoi Armii v operatsii "Mars" 1942 g.*（《朱可夫最大的败仗：红军 1942 年"火星"行动的惨败》）（莫斯科：阿斯特列利出版社，2006 年）

戴维·M. 格兰茨，《红军指挥员，1941—1945 年，第一册：方向总司令部、方面军、

集团军、军区、防御地域和快速军指挥员 》（宾夕法尼亚州卡莱尔：自费出版，2002 年 ）

戴维·M. 格兰茨，《二战期间，情报在苏联军事战略中的作用 》（加利福尼亚州诺瓦托：要塞出版社，1990 年 ）

戴维·M. 格兰茨，《二战中的苏军军事欺骗 》（伦敦：弗兰克·卡斯出版社，1989 年 ）

戴维·M. 格兰茨，《苏联的战争经验：坦克战 》（宾夕法尼亚州卡莱尔：自费出版，1998 年 ）

戴维·M. 格兰茨，《中欧和东欧，地形对军事行动的战略和战术影响 》（宾夕法尼亚州卡莱尔：自费出版，1998 年 ）

戴维·M. 格兰茨（主编），《1984 年战争艺术研讨会，从顿河到第聂伯河：红军 1942 年 12 月—1943 年 8 月的进攻行动，研讨会记录 》（宾夕法尼亚州卡莱尔：美国陆军军事学院地面战争研究中心，1985 年 ）；美国陆军联合作战司令部外军研究室添加地图后予以再版（堪萨斯州利文沃斯堡：1992 年 ）；戴维·M. 格兰茨再次自费出版，未装订版（宾夕法尼亚州卡莱尔，1999 年 ）。

戴维·M. 格兰茨，"尼古拉·费多罗维奇·瓦图京"，刊登在舒克曼（主编）的《斯大林的将领 》一书（伦敦：韦登费尔德＆尼科尔森出版社，1993 年 ）

戴维·M. 格兰茨，*1941–1943 Sovetskoe boennoe chudo: Vozrozhdenie Krasnoi Armii*（《1941—1943 年的苏联军事奇迹：红军的重生 》）（莫斯科：亚乌扎－艾克斯摩出版社，2008 年 ）

戴维·M. 格兰茨、乔纳森·M. 豪斯，《巨人的碰撞：红军是如何阻止希特勒的 》（劳伦斯：堪萨斯大学出版社，1995 年 ）

瓦尔特·格尔利茨，《保卢斯与斯大林格勒：陆军元帅弗里德里希·保卢斯传，他的笔记、书信和文件 》，R.H. 史蒂文斯译（纽约：城堡出版社，1963 年 ）

S. 戈利科夫，*Vydaiushchiesia pobedy Sovetskoi Armii v Velikoi Otechestvennoi voine*（《伟大卫国战争中红军的辉煌胜利 》）（莫斯科：军事出版社，1954 年 ）

S.G. 戈尔什科夫，*Na luzhnom flange, osen 1941 g.–vesna 1944 g.*（《1941 年秋季至 1944 年春季，在南翼 》）（莫斯科：军事出版社，1989 年 ）

罗尔夫·格拉姆斯，*Die 14. Panzer-Division 1940- 1945*（《第 14 装甲师，1940—1945 年 》）（西德，巴特瑙海姆：汉斯－亨宁·波德聪出版社，1957 年 ）

A.A. 格列奇科，*Bitva za Kavkaz*（《高加索会战 》）（莫斯科：军事出版社，1973 年 ）

A.A. 格列奇科（主编），*Istoriia Vtoroi Mirovoi voiny 1939–1945 v dvenadtsati tomakh, Tom shestoi: Korennoi perelom v voine*（《1939—1945年，第二次世界大战史，12卷本，第6卷：战争的根本性转折点》）（莫斯科：军事出版社，1976年）

瓦西里·S. 格罗斯曼，《战争中的一位作家：瓦西里·格罗斯曼在红军中，1941—1945年》，安东尼·比弗、卢芭·维诺格拉多瓦编译（纽约：万神殿书局，2005年）

B.A. 古宾、V.A. 基谢列夫，*Vos'maia Vozdushnaia: Voenno-istoricheskii ocherk boevogo puti 8-i Vozdushnoi Armii v gody Velikoi Otechestvennoi voiny*（《空军第8集团军：对空军第8集团军在伟大卫国战争中的征程的历史研究》）（莫斯科：军事出版社，1986年）

"库兹马·阿基莫维奇·古罗夫"，刊登在 *Voennaia Entsiklopediia v vos'mi tomakh, 2*（《八卷本苏联军事百科全书，第二卷》）第534页，该书由 P.S. 格拉乔夫主编，莫斯科军事出版社1994年出版

*Gvardeiskaia Chernigovskaia: Boevoi put' 76-i gvardeiskoi strelkovoi Chemigovskoi Krasnoznamennoi divizii*（《切尔尼戈夫近卫军：近卫红旗切尔尼戈夫步兵第76师的征程》）（莫斯科：军事出版社，1976年）

弗朗茨·哈尔德，《哈尔德战时日记，1939—1942年》（加利福尼亚州诺瓦托：要塞出版社，1988年），查尔斯·布尔迪克、汉斯－阿道夫·雅各布森编

冯·哈德斯蒂，《火凤凰：苏联空军力量的崛起，1941—1945年》（华盛顿特区：史密森学会出版社，1982年）

维尔纳·豪普特，《南方集团军群：德国国防军在苏联，1941—1945年》，约瑟夫·G·威尔士译（宾夕法尼亚州阿特格伦：希弗出版社，1998年）

乔尔·S. A. 海沃德，《止步于斯大林格勒：德国空军和希特勒在东线的失败，1942年—1943年》（劳伦斯：堪萨斯大学出版社，1998年）

赫尔穆特·海贝尔和戴维·M. 格兰茨，《希特勒和他的将领：军事会议，1942—1945年》（纽约：恩尼格玛图书出版社，2002年）

《历史研究：德国侵苏战争中小股部队的作战行动》，陆军部20-269号手册（华盛顿特区：陆军部，1953年7月）

阿德尔贝特·霍尔，《斯大林格勒的一名步兵：1942年9月24日至1943年2月2日》，詹森·D. 马克和尼尔·佩奇译（澳大利亚，悉尼：跳跃骑士出版社，2005年）

700

A.N. 扬钦斯基，*Boevoe ispol'zovanie istrebitel'no-protivotankovoi artillerii RVGK v Velikoi Otechestvennoi voine*（《伟大卫国战争中，最高统帅部预备队反坦克歼击炮兵的作战部署》）（莫斯科：伏罗希洛夫学院，1951 年）

V.T. 伊米诺夫中校，*Nastupatel'naia operatsii 5-i Tankovoi Armii v kontrnastuplenii pod Stalingradom (19-25 noiabria 1942 g)*（《坦克第 5 集团军在斯大林格勒反攻中的进攻行动，1942 年 11 月 19 日—25 日》）（莫斯科：伏罗希洛夫总参学院，1979 年），原为机密级。

戴维·欧文，《希特勒的战争》（麦克米兰平装书出版社，1977 年）

阿列克谢·伊萨耶夫，*Stalingrad: Za Volgoi dlia nas zemli net*（《斯大林格勒：伏尔加河后方没有我们的容身处》）（莫斯科：亚乌扎－艾克斯摩出版社，2008 年）

*Istoricheskii podvig Stalingrada*（《斯大林格勒的历史性胜利》）（莫斯科：思想出版社，1985 年）

托马斯·L. 延茨，《装甲部队》（宾夕法尼亚州阿特格伦：希弗出版社，1996 年）

杰弗里·朱克斯，"亚历山大·米哈伊洛维奇·华西列夫斯基"，刊登在舒克曼（主编）的《斯大林的将领》一书中（伦敦：韦登费尔德＆尼科尔森出版社，1993 年）

杰弗里·朱克斯，《希特勒的斯大林格勒决策》（伯克利：加州大学出版社，1985 年）

V.P. 卡丘尔和 V.V. 尼科利斯基，*Pod znamenem Sivashtsev: Boevoi put' 169-i strelkovoi Rogachevskoi Krasnoznamennoi ordena Suvorova II stepeni i Kutuzova II stepeni divizii (1941-1945)*（《在西瓦什采夫的旗帜下：荣获红旗勋章、二级苏沃洛夫勋章、二级库图佐夫勋章的罗加乔夫步兵第 169 师的征程，1941—1945 年》）（莫斯科：军事出版社，1989 年）

N.Z. 卡德罗夫，*Ot Minska do Veny: Boevoi put' 4-i Gvardeiskoi strelkovoi Apostolovsko-Venskoi Krasnoznamennoi divizii*（《从明斯克到维也纳：近卫红旗阿波斯托洛沃－维也纳步兵第 4 师的征程》）（莫斯科：军事出版社，1985 年）

曼弗雷德·克里希，*Stalingrad: Analyse und Dokumentation einer Schlacht*（《斯大林格勒：战役分析和相关文件》）（斯图加特：德意志出版社，1974 年）

沃尔夫·凯利希，*Die Generale des Heeres*（《德国陆军将领》）（巴特瑙海姆：波德聪出版社，1983 年）

威廉·凯特尔，《为帝国服务》，戴维·欧文译（纽约：斯坦＆戴出版社，1966 年）

基里尔·康斯坦丁诺夫·罗科索夫斯基，*Pobeda ne liuboi tsenoi*（《不惜代价的胜利》）（莫斯科：亚乌扎－艾克斯摩出版社，2006 年）

马克西姆·科洛米耶茨和伊利亚·莫什昌斯基，*"Oborona Kavkaza (iiul'-dekabr' 1942 goda)"*（1942 年 7—12 月，高加索防御战），刊登在 *Frontovaia illiustratsiia*（《前线画刊》）2000 年第 2 期（莫斯科：KM 战略出版社，2000 年）

*Komandarmy. Voennyi biograficheskii slovar' (Velikaia Otechestvennaia)*（《伟大卫国战争中的集团军司令员，军事人物志》）（莫斯科：俄罗斯联邦国防部，军事历史研究所，库奇科沃原野出版社，2005 年）

*Kommandovanie korpusnovo i divizionnogo svena Sovetskikh vooruzhennijkh sil perioda Velikoi Otechestvennoi voiny 1941–1945 g.*（《1941—1945 年，伟大卫国战争期间苏联武装力量军、师级指挥员》）（莫斯科：伏龙芝军事学院，1964 年）

*Komkory, Voennyi biograficheskii slovar' (Velikaia Otechestvennaia), Tom 1 and 2.*（《伟大卫国战争中的军级指挥员，军事人物志，第一、二册》）（莫斯科：俄罗斯联邦国防部，军事历史研究所，库奇科沃原野出版社，2006 年）

M.N. 科热夫尼科夫，*Komandovanie i shtab VVS Sovetskoi Armii v Velikoi Otechestvennoi voine 1941–1945 gg.*（《伟大卫国战争中的苏联空军指挥和参谋部，1941—1945 年》）（莫斯科：科学出版社，1977 年）

M.M. 科兹洛夫（主编），*Velikaia Otechestvennaia voina 1941–1945: Entsiklopediia*（《1941—1945 年，伟大卫国战争：百科全书》）（莫斯科：苏联百科全书出版社，1985 年）

*Krasnoznamennyi Chernomorskii Flot*（《红旗黑海舰队》）（莫斯科：军事出版社，1987 年）

I.M. 克拉夫钦科，*Nastupatel'naia operatsiia 5-i Tankovoi Armii v kontrnastuplenii pod Stalingradom (19–25 noiabria 1942 g.)*（《斯大林格勒反攻中，坦克第 5 集团军的进攻行动，1942 年 11 月 19 日—25 日》）（莫斯科：伏罗希洛夫总参军事学院，1978 年），原为机密级。

G.F. 克里沃舍夫（主编），*Grif sekretnosti sniat: Poteri vooruzhennykh sil SSSR v voinakh, boevykh deistviiakh, i voennykh konfliktakh*（《揭秘：苏联武装力量在战争、作战行动和军事冲突中的损失》）（莫斯科：军事出版社，1993 年）

G.F. 克里沃舍夫（主编），*Rossiia i SSSR v voinakh XX veka: Poteri vooruzh-ennykh sil, Statistichqskoe issledovanie*（《二十世纪战争中的俄国和苏联：武装部队的损失，调查统计》）（莫斯科：奥尔玛出版社，2001 年）

G.F. 克里沃舍夫（主编），《二十世纪苏联的伤亡和作战损失》（伦敦和梅卡尼克斯堡：希弗出版社，1997 年）

G.F. 克里沃舍夫（主编），*Velikaia Otechestvennaia bez grifa sekretnosti. Kniga poter'*（《伟大卫国战争揭秘，损失卷》）（莫斯科：维契出版社，2009 年）

阿尔贝特·克鲁尔，*Das Hannoversche Regiment 73: Geschichte des Panzer-Grenadier-Regiments 73 (vorm. Inf. Regt. 73), 1939-1945.*（《汉诺威第 73 团：第 73 装甲掷弹兵团（原第 73 步兵团）战史，1939—1945 年》）（第 73 团战友会出版，1967 年）

N.I. 克雷洛夫，*Stalingradskii rubezh*（《斯大林格勒战线》）（莫斯科：军事出版社，1984 年）

乔治·W. S. 库恩，《地面部队伤亡率表：经验证据，FP703TR1 报告》（马里兰州贝塞斯达：后勤管理署，1989 年 9 月）

S. 库利奇金，《瓦图京》（莫斯科：军事出版社，2001 年）

G.A. 库马涅夫（主编），*Sovetskii tyl v pervyi period Velikoi Otechestvennoi voiny*（《伟大卫国战争第一阶段的苏联后方》）（莫斯科：科学出版社，1988 年）

G.A. 库马涅夫，*Voina i zhelznodorozhnyi transport SSSR 1941-1945*（《战争与苏联铁路运输，1941—1945 年》）（莫斯科：科学出版社，1988 年）

G.A. 库马涅夫和 L.M. 丘扎夫科夫，*"Sovetskii soiuz i lend-liz 1941-1945 gg."*（《1941—1945 年，苏联与租借法案》），刊登在 M.N. 苏普龙（主编）的 *Lend-liz i Rossiia*（《租借法案与俄罗斯》）（阿尔汉格尔斯克：OAO IPP 真北出版社，2006 年）

I.I. 库兹涅佐夫，*Sud'hy general'skie: Vysshie komandnye kadry Krasnoi Armii v 1940-1953 gg.*（《将军们的命运：1940 年—1953 年的红军高级指挥员》）（伊尔库茨克：伊尔库茨克大学出版社，2002 年）

I.A. 拉斯金，*Na puti k perelomu*（《通往转折点之路》）（莫斯科：军事出版社，1977 年）

Ia.A. 列别捷夫和 A.I. 马柳金，*Pomnit dnepr-reka: Vospominaniia veteranov 193-I strelkovoi Dneprovskoi ordena Lenina, Krasnoznamennoi, ordena Suvorova i Kutuzova divizii*（《牢记第聂伯河：荣获列宁勋章、苏沃洛夫勋章和库图佐夫勋章的红旗第

聂伯河步兵第 193 师老兵的回忆》）（明斯克：白俄罗斯出版社，1986 年）

约阿希姆·莱梅尔森等人，《第 29 师：第 29 步兵师，第 29 摩步师，第 29 装甲掷弹兵师》（西德，巴特瑙海姆：波德聪出版社，1960 年）

*Le Operationi della Unita Italiane Al Fronte Russo (1943-1944)*（《意大利军队在俄国前线的作战行动，1943—1944 年》）（罗马：陆军部，总参军史办，1977 年）

I.I. 柳德尼科夫，*Doroda dlinoiu v zhizn*（《生活的道路是漫长的》）（莫斯科：军事出版社，1969 年）

I.I. 柳德尼科夫，*Doroda dlinoiu v zhizn*（《生活的道路是漫长的》）（莫斯科：中学出版社，1985 年）

约亨·勒泽，*Bittere Pflicht: Kampf und Untergang der 76.Berlin-Brandenburg-ischen Infanterie Division*（《艰难的职责：柏林 – 勃兰登堡第 76 步兵师的战斗与毁灭》）（奥斯纳布吕克：文献记录出版社，1988 年）

O.A. 洛西科，"*StroiteVstvo i boevoe primenenie Sovetskikh tankovykh voisk v gody Velikoi Otechestvennoi voiny*"（《伟大卫国战争中，苏联坦克部队的组建和作战使用》）（莫斯科：军事出版社，1979 年）

*L '8'Armata Italiana nella Seconde Battaglia Difensiva Del Don*（《第二次顿河防御战中的意大利第 8 集团军，1942 年 12 月 11 日—1943 年 1 月 31 日》）（罗马：陆军部，总参军史办，1946 年）

W. 维克多·马德伊，《德军作战序列》（西弗吉尼亚州新马丁斯维尔：游戏营销出版社，1978 年）

陆军元帅埃里希·冯·曼施泰因，《失去的胜利》，安东尼·G·鲍威尔译（芝加哥：亨利·莱格尼里出版社，1958 年），译自德文版 *Verlorene Siege*（波恩：图书馆出版社，1955 年）

V.F. 马尔格洛夫，*Sovetskie vozdushnoi-desantnye: Voenno-istoricheskii ocherk*（《苏联空降兵：军事历史研究》）（莫斯科：军事出版社，1986 年）

詹森·D. 马克，《"跳跃骑士"的覆灭：第 24 装甲师在斯大林格勒，1942 年 8 月 12 日—11 月 20 日》（澳大利亚悉尼：跳跃骑士出版社，2003 年）

詹森·D. 马克，《烈焰之岛：斯大林格勒"街垒"火炮厂之战，1942 年 11 月—1943 年 2 月》（澳大利亚悉尼：跳跃骑士出版社，2006 年）

V. 马尔特诺夫和 S. 斯帕霍夫，*Proliv v ogne*（烈焰中的海峡）（基辅：乌克兰政治文

献出版社，1984 年）

马斯洛夫，《陨落的苏军将领》，（伦敦：弗兰克·卡斯出版社，1998 年）

威廉·麦克科罗登，《二战德国陆军编成：集团军群、集团军、军、师和战斗群》，五卷本，未出版，年代不详

弗雷德里希·W. 冯·梅伦廷，《我所知道的二战德军将领》（诺曼：俄克拉荷马大学出版社，1977 年）

弗雷德里希·W. 冯·梅伦廷，《坦克战》，H. 贝茨勒译（诺曼：俄克拉荷马大学出版社，1956 年）

蒙戈·梅尔文，《曼施泰因：希特勒最具争议的指挥官》，未出版，2009 年

艾尔哈德·米尔希日记，戴维·欧文微缩胶片系列，关于第三帝国的记录和文件

V.T. 伊米诺夫，*Nastupatel'naia operatsii 5-i Tankovoi Armii v kontrnastuplenii pod Stalingradom (19–25 noiabria 1942 g)*（《坦克第 5 集团军在斯大林格勒反攻中的进攻行动，1942 年 11 月 19 日—25 日》）（莫斯科：伏罗希洛夫总参学院，1979 年），原为机密级

苏伦·米尔佐扬，*Stalingradskoe Zarevo*（《斯大林格勒战火》）（埃里温：阿纳斯坦出版社，1974 年）

小塞缪尔·W. 米查姆，《希特勒的军团：二战中的德国陆军作战序列》（纽约：斯特恩 & 戴出版社，1985 年）

I.K. 莫罗佐夫，"*Na iuzhnom uchaske fronta*"（《在前线的南部地区》），刊登在 Bitva za Volge（伏尔加河之战）一书中（斯大林格勒：图书出版社，1962 年）

I.K. 莫罗佐夫，*Ot Stalingrada do Pragi: Zapiski komandira divizii*（《从斯大林格勒到布拉格：一名师长的笔记》）（伏尔加格勒：伏尔加河下游出版社，1976 年）

M.E. 莫罗佐夫（主编），*Velikaia Otechestvennaia voina 1941-1945 gg. Kampanii i strategicheskie operatsii v tsifrakh v 2 tomakh. Tom 1*（《1941—1945 年，伟大卫国战争，数据中的战役和战略行动，两卷本，第一册》）（莫斯科：俄罗斯联邦内务部联合社论出版社，2010 年）

K.S. 莫斯卡连科，*Na iugo-zapadnom napravlentii*（《在西南方向上》），第一册（莫斯科：科学出版社，1969 年）

罗尔夫－迪特尔·米勒、格尔德·R. 乌贝夏尔，《希特勒的东线战争，1941—1945 年：

批评性评估》（英国牛津普罗维登斯：博格翰图书出版社，1997 年）

威廉姆森·穆雷，《德国空军》（巴尔的摩：航海和航空出版社，1985 年）

B.I. 穆托温，*Cherez vse ispytaniia*（《历经考验》）（莫斯科：军事出版社，1986 年）

*Nasha 252-ia: Veterany divizii vospominaiut*（《我们的第 252 师：第 252 师老兵的回忆》）（彼尔姆：彼尔姆出版社，1983 年）

Iu.A. 瑙缅科，*Shagai pekhota !*（《步兵前进！》）（莫斯科：军事出版社，1989 年）

K.E. 瑙缅科，*266-ia Artemovsko-Berlinskaia: Voenno-istoricheskii ocherk boevogo puti 266-i strelkovoi Artemovsko-Berlinskoi Krasnoznamennoi, Ordena Suvorova II stepeni divizii*（《阿尔乔莫夫斯克 - 柏林步兵第 266 师：对荣获二级苏沃洛夫勋章的红旗阿尔乔莫夫斯克 - 柏林步兵第 266 师征途的军事历史研究》）（莫斯科：军事出版社，1987 年）

汉斯·内德哈特，*Mit Tanne und Eichenlaub: Kriegschronik der 100. Jäger-Division vormals 100. leichte Infanterie-Division*（《松树和橡树叶：第 100 猎兵师（原第 100 轻步兵师）战史》）（格拉茨 - 斯图加特：利奥波德斯托克出版社，1981 年）

N.I. 尼科弗洛夫等人主编的 *Velikaia Otechestvennaia voina 1941-1945 gg.: Deistvuiushchaia armiia*（《伟大卫国战争，1941—1945 年：作战部队》）（莫斯科：勇气出版社和库奇科沃原野出版社，2005 年）

A.I. 奥莱尼科夫，*Rozhdennaia na zemliahk zaporozhskikh*（《生于扎波罗热》）（基辅：乌克兰政治文献出版社，1980 年）

*Operatsii Sovetskikh vooruzhennykh sil v Velikoi Otechestvennoi Voine 1941-1945:Voenno-istoricheskii ocherk, Tom II: Operatsii Sovetskikh vooruzhennykh sil v period korennogo pereloma v khode Velikoi Otechestvennoi voiny (19 noiabria 1942 g.-dekabf 1943 g.)*（《1941—1945 年，苏联武装力量在伟大卫国战争中的作战行动：军事历史研究，第二册，苏联武装力量在伟大卫国战争根本性转折点时期的作战行动（1942 年 11 月 19 日至 1943 年 12 月）》）（莫斯科：军事出版社，1958 年），原为机密级。

A. 帕宁、S. 佩列斯列金，*Stalingrad: Tsena pobedy*（《斯大林格勒：胜利的代价》）（莫斯科：AST 出版社，2005 年）

M.F. 帕诺夫，*Na napravlenii glavnogo udara*（《在主要突击方向上》）（莫斯科：

什切尔宾斯卡亚印务出版社，1993 年）

沃尔夫冈·保罗，《第 6 装甲师（原第 1 轻装师）师史，1937—1945 年》（奥斯纳布吕克：文献出版社，1984 年）

I.N. 巴甫洛夫，*Legendarnaia Zheleznaia: Boevoi put' motostrelkovoi Samaro-Ul'ianovskoi, Bedichevskoi, Zheleznoi ordena Oktiabr'skoi Revolutsii, trizhdy Krasnoznamennoi, ordena Suvorova i Bogdana Khmel'nitskogo divizii*（《传奇铁师：荣获十月革命勋章、三枚红旗勋章、苏沃洛夫勋章和波格丹·赫梅利尼茨基勋章的红旗萨马拉－乌里扬诺夫斯克别尔季切夫铁军摩托化步兵师的征途》）（莫斯科：军事出版社，1987 年）

普利耶夫，*Pod gvardeiskimi znamenem*（《在近卫军的旗帜下》）（奥尔忠尼启则：IR 出版社，1976 年）

赫尔曼·普洛歇尔、哈里·R. 弗莱彻（编辑），《德国空军对苏作战，1942 年》，美国空军历史研究第 154 期（美国空军历史研究部、航空研究所、空军大学，1966 年 6 月）

*Pod gvardeiskim znamenem: Boevoi put' 66-i gvardeiskoi strelkovoi Poltavskoi Krasnoznamennoi divizii*（《在近卫军的旗帜下：近卫红旗波尔塔瓦步兵第 66 师的征程》）（莫斯科：军事出版社，1992 年）

P.P. 波波夫、A.V. 科兹洛夫、B.G. 乌西科，《转折点：斯大林格勒战役苏军参与者和目击者的回忆》，詹姆斯·F. 格布哈特译（澳大利亚悉尼：跳跃骑士出版社，2008 年）

R.M. 波图加尔斯基，*Analiz opyta nezavershennykh nastupatelnykh operatsii Vel-ikoi Otechestvenoi voyny. Vyvody i uroki*（《分析伟大卫国战争期间未完成的进攻战役，结论和教训》）（莫斯科：科学院出版社，1991 年）

P.N. 波斯佩洛夫，*Istoriia Velikoi Otechestvennoi voiny Sovetskogo Soiuza 1941-1945 v shesti tomakh, tom vtoroi*（《1941—1945 年，伟大卫国战争史，六卷本，第二册》），（莫斯科：军事出版社，1961 年）

N.M. 拉马尼切夫和 V.V. 古尔欣，*"Rzhevsko-Sychevskie operatsii 1942"*（"勒热夫－瑟乔夫卡"战役，1942 年），刊登在《八卷本苏联军事百科全书》，第七册，S.B. 伊万诺夫编，第 233-234 页（莫斯科：军事出版社，2003 年）。

埃哈德·劳斯，《坦克战：劳斯将军东线回忆录，1941—1945 年》，史蒂文·H. 纽顿编译（纽约：达·卡波出版社，2003 年）

*Razgrom Italo-Nemetskikh voisk na Donu (Dekabr 1942 r): Kratkii operativno-takticheskii ocherk*（《1942年12月，意大利－德国军队在顿河的覆灭：战役－战术的简短总结》）（莫斯科：军事出版社，1945年），原为机密级。

恩斯特·雷本蒂施，《第23装甲师战史》（宾州梅卡尼克斯堡：斯塔克波尔出版社，2012年）

克劳斯·莱因哈特，《莫斯科—转折点：1941—1942年冬季，希特勒在战略上的失败》，卡尔·基南译（英国，牛津&罗得岛州，普罗维登斯：牛津大学出版社，1992年）

杰弗里·罗伯茨，《斯大林的战争：从世界大战到冷战，1939—1953年》（康涅狄格州纽黑文：耶鲁大学出版社，2006年）

K.K. 罗科索夫斯基，*Soldatskii dolg*（《军人的天职》）（莫斯科：呼声出版社，2000年）

K.K. 罗科索夫斯基（主编），*Velikaia bitva na Volge*（《伏尔加河畔的伟大胜利》）（莫斯科：军事出版社，1965年）

帕维尔·A. 罗特米斯特罗夫，*Stalnaia gvardiia*（《钢铁近卫军》）（莫斯科：军事出版社，1984年）

*Rozhdennaia v boiakh: Boevoi put' 71-i gvardeiskoi strelkovoi Vitebskoi, ordena Lenina, Krasnoznamennoi divizii*（《生于战斗：荣获列宁勋章的近卫红旗维捷布斯克步兵第71师的征程》）（莫斯科：军事出版社，1986年）

S.I. 鲁坚科，*Kryl'ia pobedy*（《胜利之翼》）（莫斯科：国际关系出版社，1985年）

S.I. 鲁坚科等人合编，*Sovetskie voenno-vozdushnye sily v Velikoi Otechestvennoi voine, 1941-1945 gg.*（《伟大卫国战争中的苏联空军，1941—1945年》）（莫斯科：军事出版社，1968年）

卡尔·吕夫，*Odysee einer Gebirgsdivision: Die 3. Geb. Div. im Einsatz*（《山地师传奇：战斗中的第3山地师》）（格拉茨－斯图加特：利奥波德斯托克出版社，1976年）

达纳·V. 萨达拉南达，《斯大林格勒战役后：曼施泰因和"顿河"集团军群的行动》（纽约：普雷格出版社，1990年）

I.A. 萨姆丘克，*Gvardeiskaia Poltavskaia: Kratkii ocherk o boevom puti 97-i gvardeiskoi Poltavskoi Krasnoznamennoi, ordenov Suvorov i Bogdan Khmel'mitskogo strelkovoi divizii*（《波尔塔瓦近卫军：荣获苏沃洛夫勋章和波格丹·赫梅利尼茨基勋章的近卫红旗波尔塔瓦第97步兵师的征程简史》）（莫斯科：军事出版社，1965年）

I.A. 萨姆丘克，*Trinadtsataia gvardeiskaia*（《近卫步兵第13师》）（莫斯科：军事

出版社，1971 年）

　　I.A. 萨姆丘克、P.G. 斯卡奇科、Iu.N. 巴比科夫、I.L. 格涅多伊合著的 *Ot Volgi do El'byi Pragi (Kratkii ocherk o boevom puti5-i Gvardeiskoi Armii)*（《从伏尔加河到易北河和布拉格：近卫第 5 集团军征程简史》）（莫斯科：军事出版社，1970 年）

　　A.M. 萨姆索诺夫，*Ot Volgi do Baltiki: Ocherk istorii 3-go gvardeiskogo mekhan-izirovannogo korpusa 1942-1945 gg.*（《从伏尔加河到波罗的海：近卫机械化第 3 军战史》）（莫斯科：科学出版社，1963 年）

　　A.M. 萨姆索诺夫，*Stalingradskaia bitva*（《斯大林格勒战役》）（莫斯科：科学出版社，1983 年）

　　A.M. 萨姆索诺夫，*Stalingradskaia bitva*（《斯大林格勒战役》）（莫斯科：苏联科学院出版社，1960 年）

　　A.M. 萨姆索诺夫，*Stalingradskaia epopeia*（《斯大林格勒的史诗》）（莫斯科：科学出版社，1968 年）

　　S.M. 萨尔基西安，*51-ia Armiia*（《第 51 集团军》）（莫斯科：军事出版社，1983 年）

　　米夏埃尔·沙德维茨，*Panzerregiment 11, Panzerabteilung 65 und Panzerersatz- und Ausbildungsabteilung 11*（第 11 装甲团，第 65 装甲支队，第 11 装甲预备教导营）（西德吕嫩：施密特出版社，1987 年）

　　霍斯特·沙伊贝特，*Nach Stalingrad—48 Kilometers! Der Einsatzvorstoss der 6. Panzerdivision. Dezember 1942.*（《攻向斯大林格勒—48 公里！第 6 装甲师 1942 年 12 月的推进》）（内卡尔格明德：库尔特·福温克尔出版社，1956 年）

　　霍斯特·沙伊贝特，*Zwischen Don und Donez—Winter 1942/43*（《顿河与顿涅茨河之间：1942—1943 年冬季》）（内卡尔格明德：库尔特·福温克尔出版社，1961 年）

　　弗兰茨·施奈德，查尔斯·古兰斯译，《来自斯大林格勒最后的信件》（康涅狄格州韦斯特波特：格林伍德出版社，1974 年）

　　总参少校海因茨·施奈德，"1942 年 12 月 10 日—16 日，苏军机械化第 5 军在奇尔河的突破行动：1942 年 12 月 10 日—16 日，德军第 336 步兵师和第 11 装甲师在奇尔河抗击苏军机械化第 5 军的防御作战"，收录在 48 号项目，《分队战术：单兵武器战术》，第二部分，MS P-060 f，第 3 装甲集团军参谋长布克哈特·米勒－希勒布兰德少将主编（德国柯尼希施泰因：欧洲司令部历史部外军研究处，1951 年）

海因茨·施勒特尔，《斯大林格勒》（纽约：百龄坛出版社，1958 年）

海因茨·施勒特尔，*Stalingrad: "... bis letzten Patrone."*（《斯大林格勒："……直至最后一颗子弹"》）（伦格里希：克莱恩印务出版社，未注明出版日期）

弗里德里希·舒尔茨，《南翼的逆转，1942—1943 年》，军事研究 T-15 期，驻欧美军司令部，未注明出版日期

费迪南德·冯·森格尔·翁德·埃特林，*Die 24. Panzer-Division vormals 1. Kavallerie-Division 1939-1945*（《第 24 装甲师（原第 1 骑兵师），1939—1945 年》）（内卡尔格明德：库尔特·福温克尔出版社，1962 年）

弗里多林·冯·森格尔·翁德·埃特林，《无惧无望：弗里多林·冯·森格尔·翁德·埃特林将军的战时生涯，卡西诺的守卫者》（纽约：E.P. 达顿出版社，1964 年）

罗纳德·塞特，《斯大林格勒，转折点：1942 年 8 月—1943 年 2 月之战》（纽约：考拉德 - 麦凯恩出版社，1959 年）

*73-ia Gvardeiskaia: Sbornik vospominanii, dokumentov i materialov o boevom puti 73-i gvardeiskoi strelkovoi Stalingradsko-Dunaiskoi Krasnoznamennoi divizii*（《近卫步兵第 73 师：关于近卫红旗斯大林格勒 - 多瑙河步兵第 73 师征途的回忆、文件和资料集》）（阿拉木图：哈萨克斯坦出版社，1986 年）

奥列格·舍恩，*Neizvestnyi front Velikoi Otechestvennoi*（《伟大卫国战争中不为人知的战线》）（莫斯科：亚乌扎 - 艾克斯摩出版社，2009 年）

S.M. 什捷缅科，《战争年代的总参谋部，1941—1945 年》（莫斯科：进步出版社，1970 年）

S.M. 什捷缅科，《战争年代的总参谋部，1941—1945 年》，第一册，罗伯特·达格利什译（莫斯科：军事出版社，1985 年）

哈罗德·舒克曼（主编），《斯大林的将领》（纽约：格罗夫出版社，1993 年）

N.M. 斯科莫罗霍夫等人合编，*17-ia Vozdushnaia Armiia v boiakh ot Stalingrada do Veny: Voenno-istoricheskii ocherk a boevom puti 17-i Vozdushnoi Armii v gody Velikoi Otechestvennoi voiny*（《从斯大林格勒到维也纳，战斗中的空军第 17 集团军：对空军第 17 集团军在伟大卫国战争中的征程的历史研究》）（莫斯科：军事出版社，1977 年）

肯尼斯·斯列普扬，《斯大林的游击战 二战中的苏联游击队》（劳伦斯：堪萨斯大学出版社，2006 年）

《关于使用战争经验的苏联文件，第三册：1941—1942 年的军事行动》，哈罗德·S.

奥伦斯坦译（伦敦：弗兰克·卡斯出版社，1993 年）

阿尔贝特·施佩尔，《第三帝国内幕》，理查德、克拉拉·温斯顿译（纽约：麦克米伦出版社，1970 年）

瓦尔特·J. 施皮尔贝格尔和乌韦·费斯特，《四号坦克：德军装甲部队的主力》（伯克利：费斯特出版社，1968 年）

*Stalingradskaia epopeia: Vpervye publikuemye dokumenty, rassekrechennye FSB RF*（《斯大林格勒的史诗：首次出版的俄罗斯联邦安全局解密文件》）（莫斯科：叶翁尼察 –MG 出版社，2000 年）

*Stalingrad: Tsena pobedy*（《斯大林格勒：胜利的代价》）（莫斯科：AST 出版社，2005 年）

*Stalingrad: Zabytoe srazhenie*（《斯大林格勒：被遗忘的战役》）（莫斯科：AST 出版社，2005 年）

罗尔夫·施托弗斯，*Die gepanzerten und motorisierten deutschen Grossver-bande: 1935-1945*（《德国大编制装甲和摩托化部队，1935—1945 年》）（弗里德贝格：波德聪 – 帕拉斯出版社，1986 年）

罗尔夫·施托弗斯，《第 22 装甲师，第 25 装甲师，第 27 装甲师和第 233 预备装甲师》（弗里德贝格：波德聪 – 帕拉斯出版社，1985 年）

安娜·斯特罗耶娃，*Komandarm Kravchenko*（《集团军司令员克拉夫钦科》）（基辅：乌克兰政治文献出版社，1984 年）

A.Ia. 苏哈列夫（主编），*Marshal A. M. Vasilevsky—strateg, polkovodets, chel-ovek*（《A.M. 华西列夫斯基元帅—战略家、军事统帅和男子汉》）（莫斯科：老兵协会出版社，1998 年）

小查尔斯·W. 西德诺，《毁灭之师：党卫队"骷髅"师，1933—1945 年》（新泽西普林斯顿：普林斯顿大学出版社，1977 年）

V.E. 塔兰特，《斯大林格勒：对这场痛苦的剖析》（伦敦：利奥·库珀出版社，1992 年）

*3. Infantrie-Division, 3.Infantrie-Division (mot), 3. PanzerGrenadier-Division*（《第 3 步兵师，第 3 摩步师，第 3 装甲掷弹兵师》）（德国库克斯港：高级教师格哈德·迪克霍夫，1960 年）

威廉·蒂克，《高加索和石油：1942—1943 年高加索地区的苏德战事》，约瑟夫·G.

威尔士译（温尼伯：J.J. 费多罗维奇出版社，1995 年），译自威廉·蒂克的 Der Kaukasus und das Öl: Der Deutsch-sowjetische Krieg in Kaukasien 1942/43（奥斯纳布吕克：穆宁出版社，1970 年）

I.V. 季莫霍维奇，Operativnoe iskusstvo Sovetskikh WS v Velikoi Otechestvennoi voine（《伟大卫国战争中苏联空军的作战艺术》）（莫斯科：军事出版社，1976 年）

V.F. 托卢布科、N.I. 巴雷舍夫，Na iuzhnom flange: Boevoi put' 4-go gvardeisk-ogomekhanizirovanogo korpusa (1942–1945 gg.)（《在南翼：近卫机械化第 4 军的征程，1942—1945 年》）（莫斯科：科学出版社，1973 年）

休·R. 特雷弗－罗珀（主编），《从闪电战到失败：希特勒的战争指令，1939—1945 年》（纽约，芝加哥：霍尔特、莱因哈特＆温斯顿出版社，1964 年）

A.D. 奇尔林、P.I. 比留科夫、V.P. 伊斯托明和 E.N. 费多谢耶夫，Inzhenemye voiska v boiakh za Sovetskuiu Rodinu（《为祖国而战的工程兵部队》）（莫斯科：军事出版社，1970 年）

A.V. 图佐夫，V ogne voiny: Boevoi put' 50-i Gvardeiskoi dvazhdy Krasnozname-nnoi ordena Suvorova i Kutuzova strelkovoi divizii（《在战斗的火焰中：荣获两枚红旗勋章、苏沃洛夫勋章和库图佐夫勋章的近卫步兵第 50 师的征途》）（莫斯科：军事出版社，1970 年）

《浴血 200 天：斯大林格勒战役亲历者和目击者的记述》（莫斯科：进步出版社，1970 年）

S.I. 瓦西里耶夫和 A.P. 季坎，Gvardeitsy piatnadtsatoi: Boevoi put' Piatnadtsatoi Gvardeiskoi strelkovoi divizii（《近卫步兵第 15 师的征途》）（莫斯科：军事出版社，1960 年）

A.M. 华西列夫斯基，Delo vsei zhizni（毕生的事业）（莫斯科：政治书籍出版社，1983 年）

A.M. 华西列夫斯基，《毕生的事业》（英文版）（莫斯科：进步出版社，1976 年）

Velikaia Otechestvennaia Komkory: Voennyi biograficheskii slovar v 2-kh tomakh（《伟大卫国战争中的军级指挥员，两卷本》）（莫斯科－茹科夫斯基：库奇科沃原野出版社，2006 年）

B.S. 文科夫和 P.P. 杜季诺夫，Gvardeiskaia doblest': Boevoi put' 70-i gvardeiskoi strelkovoi glukhovskoi ordena Lenina, dvazhdy krasnoznamennoi, ordena Suvorova, Kutuzova i Bogdana Khmel'nitskogo divizii（《英勇近卫军：荣获列宁勋章、

两枚红旗勋章、苏沃洛夫勋章、库图佐夫勋章和波格丹·赫梅利尼茨基勋章的近卫红旗格卢霍夫步兵第 70 师的征程 》)(莫斯科：军事出版社，1979 年)

伊奥阿卡希姆·维杰尔，*Stalingradskaia tragediia: Za kulisami katastrofy*（《斯大林格勒的悲剧：灾难背后的真相 》），A. 列别捷夫和 N. 波尔图加洛夫译（莫斯科：亚乌扎－艾克斯摩出版社，2004 年）

I.N. 维诺格拉多夫，*Oborona, shturm, pobeda*（《防御、突击、胜利 》）(莫斯科：科学出版社，1968 年)

*Voennaia entsiklopediia v vos'mi tomakh, 1*（《八卷本苏联军事百科全书，第一册 》），I.N. 罗季奥诺夫编（莫斯科：军事出版社，1997 年）

德米特里·沃尔科戈诺夫，《斯大林：胜利与悲剧 》，哈罗德·舒克曼翻译编辑（加州罗克林：格罗夫出版社，1992 年）

N.I. 沃罗斯特诺夫，*Na ognennykh rubezhakh*（《在发射阵地上 》）(莫斯科：军事出版社，1983 年)

F.D. 沃罗比耶夫、V.M. 克拉夫措夫，*Pobedy Sovetskikh vooruzhennykh sil v Velikoi Otechestvennoi voine 1941–1945 (kratkii ocherk)*（《1941 年—1945 年，苏联武装部队在伟大卫国战争中的胜利（概要 ）》）(莫斯科：军事出版社，1953 年)

N.N. 沃罗诺夫，*Na sluzhbe voennoi*（《服役 》）(莫斯科：军事出版社，1963 年)

I.A. 沃夫琴科，*Tankisti*（坦克兵 》）(莫斯科：海陆空三军合作志愿协会，1976 年)

I.Ia. 维罗多夫（主编），*V srazheniiakh za Pobedu: Boevoi put' 38-i armii v gody Velikoi Otechestvennoi voyny 1941–1945*（《为祖国而战：第 38 集团军在伟大卫国战争中的征途，1941—1945 年 》）(莫斯科：科学出版社，1974 年)

瓦尔特·瓦利蒙特，《德国国防军大本营，1939—1945 年 》，R.H. 巴里译（加利福尼亚州诺瓦托：要塞出版社，1964 年）

沃尔夫冈·韦尔滕，*Geschichte der 16. Panzer-Division 1939–1945*（《第 16 装甲师师史，1939—1945 年 》）(弗里德贝格：波德聪－帕拉斯出版社，1958 年)

I. 维德尔，*Katastrofa na Volge*（《伏尔加河上的灾难 》）(莫斯科：军事出版社，1965 年)，这是约阿希姆·维德尔 *Die Tragödie von Stalingrad. Erinnerungen eines Überlebenden*（《斯大林格勒的悲剧：一名幸存者的回忆录 》）(西德：德根多尔夫出版社，1955 年)一书的俄文版

汉斯·J. 韦杰斯，《斯大林格勒战役，"冬季风暴"行动——第 57 装甲军的救援行动》，自费出版，2003 年

理查德·沃夫，"崔可夫"，刊登在哈罗德·舒克曼主编的《斯大林的将领》一书第 67—76 页（伦敦：韦登费尔德＆尼科尔森出版社，1993 年）

理查德·沃夫，"罗科索夫斯基"，刊登在哈罗德·舒克曼主编的《斯大林的将领》一书第 177—198 页（伦敦：韦登费尔德＆尼科尔森出版社，1993 年）

蒂莫西·A. 雷，《坚守：二战期间德军在东线的防御学说，战前至 1943 年》（堪萨斯州利文沃思堡：作战研究协会，1986 年）

维甘德·维斯特博士，《斯大林格勒的一名炮兵：一名战役参加者的回忆》，托本·劳尔森、詹森·D. 马克、哈拉德·施泰因米勒译（澳大利亚，悉尼：跳跃骑士出版社，2007 年）

Iu.D. 扎哈罗夫，*General armii Vatutin*（《瓦图京大将》）（莫斯科：军事出版社，1985 年）

康斯坦丁·扎列斯基，*Vermacht: Sukhoputnye voiska i Verkhovnoe komandovanie*（《德国国防军：陆军与最高统帅部》）（莫斯科：亚乌扎出版社，2005 年）

史蒂夫·扎洛加和彼得·萨森，《T-34/76 中型坦克，1941—1945 年》（伦敦：鱼鹰/芦苇出版社，1994 年）

A.S. 扎多夫，*Chetyre goda voyny*（《战争的四年》）（莫斯科：军事出版社，1978 年）

哈里森·E. 索尔兹伯里（主编），《朱可夫元帅最伟大的战役》（纽约：哈珀＆罗出版社，1969 年）

G. 朱可夫，《回忆与思考》，第二册（莫斯科：进步出版社，1985 年）

厄尔·F. 齐姆克，《从斯大林格勒到柏林：德国在东线的失败》（华盛顿特区：美国陆军军事历史办公室，1968 年）

厄尔·F. 齐姆克和麦格纳·E. 鲍尔，《从莫斯科到斯大林格勒：东线决战》（华盛顿特区：美国陆军，军事历史中心，1987 年）

V.A. 佐洛塔廖夫（主编），*Velikaia Otechestvennaia, Deistvuiushchaia armiia 1941-1945 gg.*（《伟大卫国战争中的作战部队，1941—1945 年》）（莫斯科：勇气出版社和库奇科沃原野出版社，2005 年）

V.A. 佐洛塔廖夫（主编），*Velikaia Otechestvennaia voina 1941-1945: Voenno-istoricheskii ocherki v chetyrekh knigakh, Kniga 1: Surovye ispytaniia*（《伟大卫国战争，1941—1945 年，四卷本军事历史文集，第一册：严酷的考验》）（莫斯科：科学出版社，

1998 年）

V.A. 佐洛塔廖夫（主编），*Velikaia Otechestvennaia voina 1941-1945: Voenno-istoricheskii ocherki v chetyrekh knigakh, Kniga 2: Perelom*（《伟大卫国战争 1941—1945: 四卷本军事历史文集，第二册：转折点》）（莫斯科：科学出版社，1998 年）

A.M. 兹瓦尔采夫（主编），*3-ia gvardeiskaia tankovaia armiia*（《近卫坦克第 3 集团军》）（莫斯科：军事出版社，1982 年）

## 二手资料：文章

V. 多姆尼科夫，*"Protiv 'Zimnei grozy'"*（《抗击"冬季风暴"》），VIZh，第 7 期（1969年 7 月），第 35—44 页。

弗拉基米尔·叶利谢耶夫、谢尔盖·米哈列夫，*"Liudskie poteri v Stalingradskoi bitva"*（《斯大林格勒战役中的人员损失》），VVI，第 12 期（1992 年 12 月），第 1—4 页。

戴维·M. 格兰茨，《苏联和平时期和战时的动员，1924—1942 年：调查》，JSMS，总第 5 期，1992 年 9 月第 3 册，第 345—352 页。

V.V. 古尔金，*"Liudskie poteri Sovetskikh Vooruzhennykh sil v 1941-1945 gg.: Novye aspekty"*（《1941—1945 年，苏联武装力量的人员损失：新观念》，VIZh，第 2期（1999 年 3—4 月》），第 2—13 页。

乔尔·S. A. 海沃德，《希特勒寻求石油：经济因素对军事战略的影响，1941—1942 年》，《战略研究》杂志总第 18 期，1995 年 12 月第 4 期，第 94—135 页。

S.A. 伊利延科夫，《关于苏联武装力量战时无法挽回之损失的统计，1941—1945 年》，JSMS，1996 年 6 月第 2 册，总第 9 期，第 440-442 页。

P. 伊林，*"Boi za Kalach-na-Donu"*（《顿河畔卡拉奇之战》），VIZh，第 10 期（1961年 10 月），第 70—81 页。

S.I. 伊萨耶夫，*"Vekhi frontovogo puti"*（《前路的里程碑》），VIZh，第 10 期（1991年 10 月），第 24—25 页。

V. 伊万诺夫、N. 帕夫连科、N. 福金，*"Klassicheskaia operatsiia na okruzhenie"*（《一场经典的合围行动》），VIZh，第 11 期（1969 年 11 月），第 26—37 页。

戴维·卡恩，"情报案例研究：奥苏加河防御战，1942 年"，《航天历史》杂志总第 28 期，1981 年 12 月第 4 期，第 242—252 页。

*"Khronika deiatel'nosti Marshala Sovetskogo Soiuza G. K. Zhukova v period Velikoi Otechestvennoi voiny 1941-1945 gg."*（1941—1945 年，伟大卫国战争期间苏联元帅朱可夫的活动纪要），刊登在 *"Vekhi frontovogo puti"*（《前路的里程碑》），VIZh，第 10 期（1991 年 10 月），第 23—33 页。

M. 科兹洛夫，《斯大林格勒的战略和战役艺术》，VIZh，第 11 期（1982 年 11 月），第 9—16 页。

I.V. 库兹米切夫，*"Shtafniki"*（《惩戒部队》），《军士》杂志，2006 年第 14 期，第 25—34 页。

P.N. 拉什琴科，*"Prodiktovan surovoi neobkhodimost'iu"*（《规定的严厉措施》），VIZh，第 8 期（1988 年 8 月），第 76—80 页。

A. 连斯基，*"Stalingrad-konets i probuzhdenie"*（《斯大林格勒——结局与觉醒》），VIZh，第 3 期（1961 年 3 月），第 85—90 页。

S. 米哈列夫，*"O razrabotke zamysla i planirovanii kontrnastupleniia pod Stalingradom"*（《关于斯大林格勒反攻的概念和策划》），VVI，第 8 期（1992 年 8 月），第 1—7 页。

P. 奥加列夫，*"Boi u Verkhne-Kumskovo (15-19 dekabria 1942 goda)"*（《上库姆斯基之战，1942 年 12 月 15 日—19 日》），VIZh，第 5 期（1959 年 5 月），第 51—59 页。

马尔基安·M. 波波夫，*"Iuzhnee Stalingrada"*（《在斯大林格勒南部》），VIZh，第 2 期（1961 年 2 月），第 67—98 页。

K.K. 罗科索夫斯基，*"Pobeda na Volge"*（《伏尔加河上的胜利》），VIZh，第 2 期（1968 年 2 月），第 64—76 页。

K.K. 罗科索夫斯基，*"Soldatskii dolg"*（《军人的天职》），VIZh，第 2 期（1990 年 2 月），第 47—52 页。

P. 罗特米斯特罗夫，*"O Sovetskom voennom iskusstve v bitve na Volge"*（《关于伏尔加河战役中的苏联军事艺术》），VIZh，第 12 期（1962 年 12 月），第 1—14 页，VIZh，第 1 期（1963 年 1 月），第 9—20 页。

V. 鲁诺夫，*"Ot oborony-k reidu"*（《从防御到突袭》），VV，第 5 期（1991 年 4 月），第 42—46 页。

V. 鲁诺夫，*"Boevye deistviia 87-i strelkovoi divizii v Kotel'nikovsko operatsii (15-31 dekabria 1942 g.)"*（《步兵第 87 师在科捷利尼科沃进攻战役中的作战行动，1942 年 12

月 15 日—31 日》），VIZh，第 11 期（1987 年 11 月），第 72—76 页。

M. 沙波什尼科夫，*"Boevye deistviia 5-go mekhanizirovannogo korpusa zapadnee Surovikino v dekabre 1942 goda"*（《机械化第 5 军 1942 年 12 月在苏罗维基诺以西的作战行动》），VIZh，第 10 期（1982 年 10 月），第 32—38 页。

亚历山大·斯塔蒂耶夫，《武装力量中的丑小鸭：罗马尼亚装甲部队，1919—1941 年》，JSMS，1999 年 6 月第 2 册，总第 12 期：第 225—240 页。

亚历山大·斯塔蒂耶夫，《一支军队沦为'仅仅是个负担'时：罗马尼亚的国防政策和战略，1918—1941 年》，JSMS，2000 年 6 月第 2 册，总第 13 期，第 67—85 页。

A. 华西列夫斯基，*"Nezabyvaemye dni"*（《难忘的日子》），VIZh，第 10 期（1965 年 10 月），第 13—24 页。

F. 沃罗比耶夫，*"Ob operatsii ' Kol'tso '"*（《关于"指环"行动》），VIZh，第 11 期（1962 年 11 月），第 52—58 页。

N. 沃罗诺夫，*"Operatsiia 'Kol'tso'"*（《"指环"行动》），VIZh，第 5 期（1962 年 5 月），第 71—84 页，第 6 期（1962 年 6 月），第 68—76 页。

## 网 站

轴心国人物传记研究，http://www.geocities.com/~orion/

轴心国资料手册，德国陆军，http://www.axishistory.com/index

德国陆军将领，http://balsi.d/Homepage-Generale/Heer/Heer-Startseite.html